OLIVIER GUEZ | JEAN-MARC GONIN

Die Mauer fällt

OLIVIER GUEZ | JEAN-MARC GONIN

Die Mauer fällt

Ein Tatsachenroman

Aus dem Französischen
von Helmut Reuter

Piper
München Zürich

Mehr über unsere Autoren und Bücher:
www.piper.de

ISBN 978-3-492-05233-7

Satz: Fotosatz Amann, Aichstetten
Druck und Bindung: CPI – Clausen & Bosse, Leck
Printed in Germany

»Betrete nie einen Raum oder ein Land, wo die Tür nicht von innen zu öffnen ist.«

UNGARISCHES SPRICHWORT

Dieses Buch beruht auf veröffentlichten Erinnerungen, historischen Dokumenten und privaten Berichten. Wörtlich belegte Zitate und Quellen sind im Text kursiv gesetzt. Alle anderen Dialoge und Protokolle von Gesprächen zwischen den unterschiedlichen Protagonisten sind auf der Basis von Interviews mit zahlreichen betroffenen Zeitzeugen sowie der Verarbeitung öffentlich zugänglicher Quellen gestaltet. Persönlichkeiten aus der Politik und Prominente treten unter eigenem Namen auf, die anderen unter Pseudonym. Wir wollten sie nicht dadurch in Verlegenheit bringen, dass wir die – manchmal intimen – Details weitergeben, die sie uns im Laufe vieler Gesprächsstunden mitgeteilt haben.

JEAN-MARC GONIN UND OLIVIER GUEZ

Inhalt

PROLOG

Die hundertjährige Mauer

Ostberlin, Nacht vom Sonntag, 5. Februar, auf Montag, 6. Februar 1989

Zwei Männer, die Gesichter mit Kohle geschwärzt, gehen am Kanal im Stadtteil Britz entlang. Vorsichtig und ungehindert überwinden sie eine erste Sperre, dann eine zweite, die mit dem zentralen Sicherheitssystem der Mauer verbunden ist.

Eine Sirene durchschneidet plötzlich die kalte Nacht; automatisch durchfluten Scheinwerfer den Bereich, in dem sie in der Falle sitzen; von einem nahe gelegenen Wachtturm aus feuern drei Grenzposten Warnschüsse ab. Panisch laufen die beiden Flüchtlinge im Zickzack, um den Lichtkegeln zu entgehen; sie versuchen, die Spree zu erreichen, um hineinspringen und an das andere Ufer gelangen zu können.

Eine wie aus dem Nichts auftauchende Wachpatrouille nimmt sie aufs Korn. Einer bekommt zehn Kugeln in die Brust. Er stirbt sofort. Der andere wird am Fuß verletzt und von den Grenztruppen festgenommen.

Plätz, Hauptquartier der ostdeutschen Grenztruppen, Mittwoch, 8. Februar 1989

Mit einem Satz nehmen sie Haltung an. Generaloberst Klaus Dieter Baumgarten, Chef der Grenztruppen der Deutschen Demokratischen Republik, betritt den Raum. Verärgert blickt er sich um, und es kostet die acht vom Generalstab abgeordneten Generäle und Obersten keine Mühe, den Grund dafür zu erraten. Nachdem es Gerüchte gab, dass der seit dem Mauerbau am 13. August 1961 halboffiziell geltende Befehl zum »tödlichen Schuss« hinfällig sei, haben schon zwei Männer versucht, die Grenze zu überqueren. In der Nacht vom 5. auf den 6. Februar hat sich ein »bedauerlicher Zwischenfall« ereignet.

»Genossen«, schnarrt Baumgarten, »feindliche Elemente im Sold des Imperialismus sind bereit, jedes Risiko auf sich zu nehmen, um sich unseren Feinden anzuschließen. Die Berliner Flüchtlinge haben sich eines Verbrechens der versuchten Republikflucht schuldig gemacht. Die Grenzwächter, die sie abgefangen haben, haben ihre Pflicht erfüllt und sich heldenhaft verhalten. Diese tapferen Soldaten haben schriftliche Glückwünsche des Genossen Erich Mielke bekommen. Sie werden demnächst ausgezeichnet, erhalten eine Prämie, und die Staatssicherheit wird ihnen nächsten Sommer einen zweiwöchigen Sonderurlaub in einem Feriendorf an der Ostsee genehmigen. Was den vor zwei Tagen verhafteten jungen Mann angeht, so wird er verurteilt werden. Und den Verwandten von Gueffroy, dem Opfer, ist mitgeteilt worden, dass er bei einem tragischen Grenzzwischenfall verstorben ist.«[1]

---

1 Die Angehörigen von Chris Gueffroy konnten sich nie um seine sterbliche Hülle versammeln, da die Stasi den Leichnam sofort hatte verbrennen lassen, was in vergleichbaren Fällen üblich war, damit niemand die Todesursache feststellen konnte.

»Diese Angelegenheit«, fährt der General fort, »kommt, Sie ahnen es bereits, äußerst ungelegen. Sollten die westliche Presse und das Kanzleramt zufällig etwas über die genauen Todesumstände Gueffroys erfahren, würde die DDR erneut verleumdet. Im Jahr des 40. Jahrestags unseres Arbeiter- und Bauernstaates dürfen wir jedoch nicht isoliert werden.« Er setzt seine Schildpattbrille auf und wiederholt mit erhobener Stimme:

»Die Grenze, die Berlin teilt, ist die am schwersten zu überwindende Grenze der Welt. Doch trotz der kürzlich erfolgten Errichtung zusätzlicher Metallsperren und der Konstruktion ferngesteuerter Pforten in gewissen Abschnitten haben meine Dienste in den letzten Jahren einen erneuten Anstieg gelungener Ausbrüche festgestellt. Zur Freude der westlichen Medien. Für die Zukunft müssen wir ein sehr hohes Sicherheitsniveau aufrechterhalten und die Grenzkontrollen weiter verstärken. Aber wir müssen das anders angehen. Die Anweisungen sind klar: Kurz gesagt, mehr Hochtechnologie als Blutvergießen. Deshalb ist es absolut notwendig, die Vorbereitungen und die Umsetzung des Plans für die High-Tech-Mauer-2000 zu beschleunigen.«

General Baumgarten zieht einen dicken Packen mit Plänen und Skizzen aus seiner Mappe. Während seine Untergebenen die Dokumente durchblättern, die er an sie hat verteilen lassen, geht er zum Fenster. Dichter Schneefall geht über der brandenburgischen Ebene nieder; auf der Straße schlittert ein Trabant über den weißen Puder.

Die High-Tech-Mauer-2000: seine letzte Herausforderung, die ehrgeizigste von allen! Seit 35 Jahren arbeitet er für die Sicherung und den Schutz der DDR-Grenzen, speziell an der Mauer. Vor ihrer Errichtung hatten jährlich bis zu 300 000 Ostdeutsche, von denen die meisten jung und gut ausgebildet waren, das Land verlassen. In den ersten Stunden des 13. August 1961 hat dann Erich Honecker, der künftige Generalsekretär der Partei, den Ablauf der für den Mauerbau unabdingbaren Umzingelung überwacht: Schließung von 13 U-Bahn-Stationen und der meisten Übergänge zu den West-Sektoren, Neuorganisation der gesamten Infrastruktur, der Verwaltung sowie der Gas-, Wasser- und Stromnetze. Die provisorischen Stacheldrahtsperren und die mit Stacheldrahtrollen gekrönten Mauern aus Hohlblocksteinen hat man anschließend durch vorgefertigte, oben mit einem runden Abschluss versehene Mauersegmente aus dickem Stahlbeton von 3,6 Metern Höhe ersetzt.

Der General ist mächtig stolz auf diesen an manchen Stellen 100 Meter breiten Grenzstreifen, wo nicht weniger als elf Reihen von Hindernissen auf die Grenzverletzer warten. Seinen Besuchern, Delegationsmitgliedern aus den Bruderländern, zeigt er gern Einzelheiten der Alarmsysteme, die Stolperdrähte, mit denen Leuchtraketen ausgelöst werden, die im Beton verankerten Stahlspitzen, die Hundelaufwege, die Panzergräben, die als Hindernisse für die Fahrzeuge allzu Wagemutiger vorgesehenen Spanischen Reiter, die am Fuß des inneren Gürtels ausgelegten Nagelbretter, deren zwölf Zentimeter lange Spitzen einen Menschen, der von der inneren Mauer herunterspringt, buchstäblich am Boden festnageln können. Vor der Spree, dem Fluss, der die beiden Stadthälften streckenweise voneinander trennt, erläutert er ihnen die Funktion der Unterwasseranlagen, der nagelgespickten Stahlplatten und der an Schwimmkörpern befestigten Sperren; er verweist auf die wirkungsvollen, unter Strom stehenden Gitter, die den Zugang zu den unterirdischen Kanälen zwischen den beiden Teilen Berlins verhindern. Von der asphaltierten Straße, die innerhalb des Grenzbereichs verläuft, können sie den Ring der 260 Wachttürme betrachten, die zwischen dem Westen und dem kleinen Volk von Berlin stehen, das von der Ausreise abgehalten werden muss.

Baumgarten denkt noch an diesen glanzvollen Tag im August 1961, als eine bunte Menschenmenge, begeistert kleine dreifarbige Fähnchen mit Ähren, Hammer und Sichel schwenkend, über die Straße Unter den Linden gezogen war. Auf diesen wie ein Volksfest wirkenden Mauerumzug waren in den Jahren darauf Militärparaden, Manöver, Vorbeimärsche und Versammlungen der FDJ (der Jungkommunisten) gefolgt, deren Glanz und Pracht er nicht vergessen hat.

Draußen ist der Schneefall heftiger geworden. Langsamen Schrittes, mit sorgenvoller Miene, wendet der General sich wieder seinen Leuten zu. »Damit wir die tödlichen Zwischenfälle reduzieren können, soll uns die High-Tech-Mauer-2000 ermöglichen, jeden, der sich der Mauer nähert, schon lange bevor er die ersten Sperren erreicht, aufzuspüren und zu verfolgen. Mit der Zeit werden alle Fluchtversuche durch ein elektronisches Überwachungssystem aufgezeichnet werden, das sich zunehmend weiter vor den Einrichtungen der Mauer befindet.« Mit monotoner Stimme spricht er von Bewegungsmeldern, die auf Klettersuche reagieren, von akustischen Infrarot-Detektoren, von neuen Sensoren entlang der gesamten Grenze. Die Grenzpatrouillen werden künftig mit mobilen Sendern und Infrarotgeräten ausgerüstet sein.

»Sie verstehen, Oberst Hoffmann, warum die Ergebnisse des Geophysischen Zentralinstituts Potsdam in Hinblick auf die Registrierung von Erdbeben mit größter Ungeduld erwartet werden.«

Hoffmann, Vertreter der Abteilung für Materialplanung der nationalen Verteidigung, erhebt sich zögernd.

»Sie sind noch nicht fertig. Die letzten Versuche haben ergeben, dass unser System noch nicht imstande ist, Personen von Tieren zu unterscheiden. Auch hat sich die Lieferung von Zubehör und Chips seitens der Elektronikkombinate mangels Finanzierung verspätet.«

Baumgarten schlägt mit der Faust auf den Tisch.

»Die sind unfähig! Setzt euch zusammen, damit die ihre Planvorgaben einhalten. Die High-Tech-Mauer-2000 hat absoluten Vorrang!«

Erster Teil

Die Oktoberrevolution

1 Der Herbst des Patriarchen

Wandlitz, Waldsiedlung[1], Wohnanlage für die Mitglieder des Politbüros der SED, Freitag, 6. Oktober 1989

»Guten Morgen, Uli, gut geschlafen?«

»Sehr gut, danke, Genosse Erich«, antwortet die junge Hausangestellte mit schüchternem Lächeln, ehe sie sich davonmacht. Erich Honecker geht weiter zum Badezimmer.

Seit seiner Rückkehr aus der Klinik hat es sich der Generalsekretär der Sozialistischen Einheitspartei Deutschlands (SED) zur Gewohnheit gemacht, sich jeden Morgen zu wiegen. Er sieht schlecht aus. Er streckt die Zunge heraus: Sie ist weißlich belegt. Am Abend zuvor hat er sich unvernünftig verhalten. Gegen den Rat seiner Ärzte – einige Wochen vorher haben sie ihm einen bösartigen Darmtumor entfernt – hat er sein Lieblingsgericht vertilgt, Kassler mit Sauerkraut und Kartoffeln, das ihm sein Leibkoch überall auf der Welt zuzubereiten pflegt. Nach diesem Festschmaus hat Erich Honecker sich in seinem kleinen Kinosaal – eine der wenigen Extravaganzen, die er sich je gestattet – niedergelassen,

1 Aus Furcht vor möglichen Aufständen beschloss das Politbüro der SED im Jahr 1960, Berlin zu verlassen und in die Waldsiedlung umzuziehen. Einige Kilometer von der zur Stadt Bernau gehörenden Siedlung Wandlitz entfernt lag mitten im Wald das Anwesen Waldsiedlung. Es beherbergte neben den Mitgliedern des Politbüros auch eine Armee von Angestellten, die in der Umgebung wohnten. Bewacht wurde es durch Eliteeinheiten der Stasi. Jedes Mitglied des Politbüros mietete dort eine Villa.

um ganz allein zwei seiner bevorzugten Filme anzusehen: Einen Tierfilm über finnische Elche und anschließend – so ein Jahrestag verpflichtet – eine frivole Fantasie der DEFA mit dem Titel *Erotica in Weiß und Rot*.

Übermüdet, aber nervös hat er in dem kleinen Zimmer, in dem er seit Jahren allein schläft, keinen Schlaf finden können. Albträume haben seine Nacht verkürzt; in ihnen vermischten sich Folterszenen, der Arbeiteraufstand von 1953 und sein Vorgänger Walter Ulbricht – den er mit Unterstützung der Genossen aus der UdSSR geschickt abgesägt hat – mit Bommelmütze beim Schlittschuhlaufen in Thüringen. Er ist aus dem Schlaf aufgeschreckt, wie gelähmt von Schmerzen in den Eingeweiden. Dabei hatten ihm die Ärzte versichert, seine Operation sei perfekt verlaufen.

Honecker hat die Überzeugung gewonnen, dass die neuerdings abtrünnigen Mächte des Warschauer Paktes seinen überraschenden Klinikaufenthalt im Juli in Bukarest genutzt haben, um die Solidarität aufzuweichen, von der die Geschicke der sozialistischen Gemeinschaft seit Jahrzehnten geleitet werden. Sie haben die Breschnew-Doktrin aufgehoben: Es gibt kein allgemeingültiges Vorbild des Sozialismus mehr, jedem steht es frei, seine politische und gesellschaftliche Ordnung je nach der eigenen Lage, den eigenen Traditionen und Bedürfnissen ohne Einmischung von außen zu entwickeln.

Der Generalsekretär kennt die Schuldigen: Polen und Ungarn. Die polnischen Kommunisten haben die Ouvertüre gegeben und im Frühling die Solidarność legalisiert. Das ist Jaruzelski schlecht bekommen: Seit Ende August führt Tadeusz Mazowiecki, ein Nichtkommunist und langjähriger Berater Walesas, die Regierung. »Wir hätten 1981 besser mit Leonid [Breschnew] zusammen eingreifen sollen, als der Ausnahmezustand ausgerufen wurde. Die Polen kriegen nichts richtig hin; kein Volk hat uns im Lauf der letzten 30 Jahre mehr auf die Palme gebracht.« Doch, sagt er sich, als er genauer nachdenkt, es gibt noch Schlimmeres als die Polen: die Ungarn.

Die sind niemals gute linientreue Kommunisten gewesen. Seit den Siebzigerjahren haben sie ihrer Wirtschaft mit dem stinkenden »Gulaschsozialismus« das Gift des Kapitalismus eingeträufelt. Im Frühjahr haben sie sich vor den westlichen Kameras ein entehrendes Spektakel geleistet: Sie haben die Schlagbäume an der österreichischen Grenze abgebaut und sich dann mit den Österreichern zusammen zur Schau gestellt und gemeinsam Stacheldrahtabschnitte zerlegt. Und warum? Damit ihr Pöbel einen lustigen Tag in Wien verbringen und sich dem dekadentesten Konsumrausch hingeben kann. Schlimmer noch: Kaum war der Sommer da, haben die Ungarn angesichts der zu Zehntausenden hereinströmenden »Touristen« aus Ostdeutschland mit der Bonner Regierung diskret deren Übertritt nach Österreich ausgehandelt, »aus humanitären Gründen«, wie es hieß. Die Ungarn haben das Protokoll vom 20. Juni 1969 einseitig aufgekündigt. Es hat sie verpflichtet, ostdeutsche Flüchtlinge, die versuchen, in den Westen zu gelangen, an die DDR auszuliefern. Diese Verräter, die unsere Mitbürger für Hunderte Millionen, wenn nicht Milliarden Mark[2] an die BRD verhökert haben!

Nach Ansicht des Generalsekretärs hat die BRD auch den Exodus der vielen Tausend Ostdeutschen eingefädelt, die sich im September in die Prager Botschaft geflüchtet hatten. Der wackere tschechoslowakische Führer Miloš Jakeš, den er schon aus seiner Zeit als Vorsitzender der FDJ kennt, der

2 Ungarn erhielt aufgrund dieses Abkommens von der BRD 500 Millionen DM.

Massenorganisation für Jugendliche ab 14, hat es ihm bestätigt. Die Weigerung Westdeutschlands, seine Botschaft für die Ostdeutschen zu schließen, hat sie erst zur Desertion ermutigt; weil es den Bürgern der DDR sogleich westdeutsche Pässe ausgehändigt hat, stellt es die durch den Krieg geschaffenen Realitäten infrage.

Zwei Jahre zuvor hatte Ronald Reagan im Nachklang auf John F. Kennedys »Ich bin ein Berliner!« aus Westberlin ein schallendes »Tear down this wall!« ertönen lassen. Da hat Erich Honecker schon andere gesehen. Solange er das Ruder in der Hand hat, werden die DDR und der Sozialismus sich zu wehren wissen und den Frieden garantieren. Die tschechoslowakische Krise? Voller Nachsicht hat er den Botschaftsflüchtlingen gestattet, in die BRD auszureisen. Doch er hat sie gedemütigt, weil er sie gezwungen hat, einen Umweg über die DDR zu machen, damit man bei der Durchreise ihre Personalpapiere konfiszieren konnte. Künftig wird es diese von Bonn dirigierten Ausreiseszenen nicht mehr geben: Seit dem 3. Oktober muss man ein Visum beantragen, wenn man in die Tschechoslowakei will, nach Polen ebenso. Die DDR ist zweifach abgeriegelt; Erich Honecker hat eine zweite Mauer errichten lassen.

Heute, am 6. Oktober, kommt Michail Sergejewitsch Gorbatschow, der große Bruder, um die 40 Jahre der Deutschen Demokratischen Republik mitzufeiern. Seit mehr als 18 Jahren ist er, Erich Honecker, deren unbestrittener Führer. »Falls einige langhaarige Spinner auftauchen sollten, um die Feiern zum 40. Jahrestag zu stören, dann wird man nett zu ihnen sein – auf die chinesische Art!« Während er sich rasiert, geht Erich Honecker zur Sicherheit noch einmal die Fakten durch: Ein vom 1. Juni stammender Bericht der Stasi schätzt das maximale Potenzial der Opposition auf 2500 Personen, zusammengeschlossen in ein paar Hundert kleinen feindseligen Gemeinschaften, die den protestantischen Kirchen nahestehen. Alle sind von der Geheimpolizei unterwandert und werden von »Kämpfern an der unsichtbaren Front« beobachtet.

Ein leises, von draußen kommendes Geräusch lässt ihn aufspringen. Er geht zum Fenster: Erich Mielke nähert sich mit lebhaftem Schritt, gefolgt von seiner Gattin, der getreuen Gertrud. Der Chef der Stasi, im kastanienbraunen Trainingsanzug mit den gelben und roten Litzen des SV Dynamo, der Sportorganisation der inneren Sicherheitsorgane der DDR, dessen Präsident er seit 1953 ist, kommt von seiner täglichen Schwimmrunde im Becken der Waldsiedlung zurück.

Erich & Erich. Der Polizist, ein ehemaliger Agent des sowjetischen Geheimdienstes NKWD, und der Diktator des roten Preußen vereint im Geschmack an der Macht, die umso unerbittlicher ist, als sie beide glauben, Träger einer historischen Mission zu sein. Mielke und Honecker, geformt durch die harte Schule der KPD der Zwanziger- und Dreißigerjahre, treffen sich jeden Mittwoch nach den Sitzungen des Politbüros abseits von den anderen; sie teilen eine Leidenschaft, die Jagd, der sie im Reservat Schorfheide nachgehen. »Erich, dieser Teufel, 82 Jahre und immer noch so gut in Form ...«

Unter der Dusche findet Erich Honecker wieder ein wenig zu seiner legendären Kampfeslust zurück. Sein ganzes Leben lang hat er für den Sozialismus gekämpft. Als junger antifaschistischer Aktivist hat er nach seiner Verhaftung im Jahr 1935 den Rohlingen der Gestapo widerstanden, den physischen und psychischen Torturen in ihrem Hauptquartier an der Prinz-Albrecht-Straße in Berlin. Zehn Jahre hindurch hat er weder im Gefängnis noch während der Zwangsarbeit jemals klein beigegeben. Nie hat er seinem kommunistischen Glaubensbekenntnis abgeschworen – er, dessen erste Erinnerung der Streik der saarländischen Bergarbeiter im Jahr 1919 ist, er, der beim Tod Lenins die heißen Tränen der Jugend vergossen hat.

Er greift nach seinem Shampoo der Marke Guhl, das er vor zwei Jahren auf seiner triumphalen Reise durch die BRD entdeckt hat. Uli hat es im Supermarkt der Waldsiedlung für ihn gekauft, wo die Mitglieder des Politbüros alle geächteten Güter des Westens zu konkurrenzlosen Preisen erwerben können. »Ach, diese herrliche Reise nach Westdeutschland ... Nie werde ich den geschlagenen Ausdruck des dicken Helmut Kohl vergessen, als er an meiner Seite die Ehrengarde abschreiten musste.«

Er hat es ihnen gezeigt, den Imperialisten! Er hat den Terroristen der Roten-Armee-Fraktion Asyl gewährt und dem großen Carlos unschätzbare logistische Hilfe zukommen lassen. Sein Meisterspion Günter Guillaume hat Willy Brandt gestürzt; seine Agenten, gefürchtete »deutsche Liebhaber«, Asse der Verkleidung und Tarnung, haben Hunderten Sekretärinnen das Herz gebrochen, sich die neuesten Schlachtpläne der NATO besorgt und sich der bestgehüteten Patente der bundesrepublikanischen Industrie bemächtigt: Sie sind die besten auf der Welt.

Dank Honecker ist die DDR zu einer von allen anerkannten und geachteten Macht geworden, sie ist in der UNO und allen internationalen Organisationen vertreten. Seit seiner Inthronisierung eilt er an Bord seiner Iljuschin von der Interflug durch die Welt, predigt das wahre Wort des Marxismus-Leninismus und verteilt Pfründen und Ratschläge für nationale Befreiungsbewegungen und blockfreie Länder. In

Vietnam hat er Ho Chi Minh eine mitreißende Huldigung dargebracht; er hat sich begeistert angesichts der Mildtätigkeit der nordkoreanischen Bruderpartei, die ihre Kinder so hervorragend nährt. In Libyen hat Gaddafi ihm den Bruderkuss gegeben, um die Jahre gemeinsamen Kampfes zu feiern, und in Begleitung Fidel Castros hat er Kuba, die »Insel der Freiheit«, kreuz und quer bereist.

Erich Honecker hat sich auch am Tisch der Mächtigen eingeladen. Der japanische Kaiser hat ihm eine tolle Toyota-Limousine des Typs Silverfire geschenkt, die er sehr schätzt, ohne sie selbst zu fahren – er hat nie den Führerschein gemacht. Doch ab und zu pilotiert er sie heimlich durch den an die Waldsiedlung anschließenden Wald. In seiner Sammlung fehlt nur noch eine offizielle Visite im Weißen Haus, aber er ist voller Zuversicht, dass man ihn demnächst dorthin einladen wird.

Erich Honecker begibt sich zu seinem Zimmer; er freut sich bei dem Gedanken, dass er am nächsten Tag seine lieben alten Freunde wiedersehen wird: Jassir Arafat, dem er ständig Waffen geliefert und geholfen hat, den Häschern Syriens und Israels im Libanon zu entkommen; Nicolae Ceaușescu, das Karpaten-Genie …

Er geht seine diversen Anzüge durch. Den Wüstenanzug, ein Geschenk des sambischen Staatspräsidenten Kenneth Kaunda, lässt er ebenso beiseite wie den glänzenden olivgrünen Drillichanzug, den er von Freund Fidel bekommen hat. »Zurückhaltung, Zurückhaltung«, sagt er sich und entscheidet sich schließlich für einen klassischen dunkelblauen Flanellanzug und ein Hemd in Beige. Mit der Hand auf dem Geländer schickt er sich schließlich an, die Granittreppe hinabzusteigen, die Margot mit einem dicken roten Läufer hat belegen lassen.

»Da ist der General ja endlich!«, ruft sie aus, als er das Wohnzimmer betritt. In letzter Zeit mag Erich Honecker diesen Spitznamen, mit dem Margot ihn schon vor langer Zeit ausgezeichnet hat. Sie steht vor ihm, die Hände leicht auf eine Konsole gestützt, auf der eine Büste Lenins und fein gearbeitete Bronzefigürchen stehen. Seit sie sich im Dezember 1949 beim 70. Geburtstag Stalins in Moskau zum ersten Mal getroffen haben, hat sie sich kaum verändert.

Erich Honecker hatte sich auf den ersten Blick unsterblich in Margot Feist verliebt, die für die Jungen Pioniere, die Organisation für Kinder im Alter von 6–14 Jahren, verantwortlich war. Diese Liebe war vom Schicksal begünstigt: Auf dem Rückflug aus der UdSSR fiel so viel Schnee, dass ihr Flugzeug in Polen notlanden musste. In einem eisigen Zimmer liebten sie sich zum ersten Mal. Mehr als ihre kalte Schönheit waren es die Kraft der Überzeugungen Margots und ihr großes Engagement innerhalb der Partei, was den Vorsitzenden der FDJ so durcheinanderbrachte, dass er ihretwegen seine erste Frau Edith Baumann verließ. Von dem Moment an haben Erich und Margot gemeinsam die Stufen der Macht erklommen bis zum nunmehr einflussreichsten Paar des Landes.

»Du bist spät dran. Was hast du die ganze Zeit gemacht?«, fragt Margot. Erich Honecker senkt den Kopf und geht in den anschließenden Speisesaal. Uli hat das mit den Initialen E.H. versehene und mit epischen, revolutionären Szenen dekorierte Geschirr aufgelegt. Margot und Erich frühstücken schweigend. Flex, ihr furchterregender Cocker, bester Wachhund der Waldsiedlung, der alle Nachbarn nervt, wedelt zu ihren Füßen mit dem Schwanz. Da die Gemahlin des Generalsekretärs in die Lektüre des Parteiorgans *Neues Deutschland* vertieft ist, gibt er Flex heimlich ein Plätzchen.

Das Zentralorgan hat Erich Honecker schon am Vorabend

gelesen: Joachim Herrmann bringt ihm regelmäßig die Fahnen, die er durchgeht und ändert, wenn es ihm notwendig erscheint. Er schlägt die *Junge Welt* auf, die Tageszeitung seiner geliebten Kommunistischen Jugend. Auf den Seiten acht und neun der Zeitung werden die größten Erfolge des ersten deutschen sozialistischen Staates aufgeführt. »Margot, anlässlich des 40. Jahrestages spielen wir jetzt ein kleines Spiel«, verkündet Honecker mit näselnder Stimme.

Neugierig schaut Margot auf. Erich lächelt. Seit Monaten wirbt er um ihre Aufmerksamkeit: Sie ist zurückhaltender als je zuvor und verbringt immer mehr Zeit bei ihrer Tochter Sonja. In der Waldsiedlung hat sie sich nie wohlgefühlt, doch in jüngster Zeit hat sich ihr Unbehagen noch verstärkt. Nostalgisch denkt Erich an ihre einstige Vertrautheit zurück. In seinen Augen ist dieses Jubiläum auch ein wenig ihr eigenes – das Jubiläum ihrer Liebe und ihres der Sache des Sozialismus gewidmeten Lebens.

»Ich schlage vor, du zählst die herausragenden Triumphe unserer schönen DDR auf!«

Ein rascher Blick auf die Uhr zeigt ihr, dass sie noch ein wenig Zeit haben. Da kann sie ihm die Freude ruhig machen.

»Gut, Genosse General. Geben wir dem Kaiser, was des Kaisers ist: der VIII. Kongress der Partei im Jahr 1971, dein erster Sieg als Generalsekretär.«[3]

»Ja, dass die DDR heute die zehntstärkste Industriemacht der Welt ist, hat sie diesem Kongress zu verdanken«, fügt Honecker hinzu und wirft sich in die Brust.

»Was mich betrifft, so werde ich das Gesetz zur Chancen-

---

3 Auf diesem Kongress verkündet Honecker die Einheit von Wirtschafts- und Sozialpolitik, eine mit hohen Ausgaben – öffentliche Investitionen und Sozialausgaben steigen im Lauf der Jahre exponentiell an – verbundene Politik, mit der die DDR in den Konkurs geführt wurde.

gleichheit in der Schule von 1950 ansprechen, die Verordnung über die Schulkantinen von 1965, die erste Damenmodenschau in Berlin zwei Jahre darauf und natürlich den Bau des Fernsehturms.«

»Und wenn ich Leningrad sage?«

Margot streicht über eine Locke ihrer silbernen Dauerwelle. Sie hat keine Antwort.

»Nun?«

»Ich weiß es nicht mehr.«

»Das erste Fernsehgerät der DDR, das Modell Leningrad! Erinnere dich – wir haben uns die Intervention der sowjetischen Genossen in Ungarn angesehen. Außerdem hast du die Erfolge von Helmut Recknagel, dem Olympiasieger im Skispringen 1960, vergessen, auch die von Täve Schur, dem Radrennfahrer, der zweimal Weltmeister wurde, oder die erste olympische Medaille eines ostdeutschen Sportlers in Melbourne durch den Boxer Wolfgang Behrendt ...«

Aufgeregt wie ein Kind hört Erich gar nicht mehr auf, Rekorde, Siege, Triumphe, Namen und Daten aufzuzählen: vom Beginn der Serienproduktion des Trabant 500 im Jahr 1959 bis hin zu den Dreifach-Axeln von Katarina Witt ...

»200 Medaillen bei den letzten Spielen in Seoul: Nur die UdSSR war besser. Und ohne Betrug! Nicht wie dieser Ben Grohnson ...«

»Johnson«, korrigiert Margot.

»Johnson, wenn du meinst, dieses wie eine Weihnachtsgans aufgeblasene Monster – mithilfe von Anabolika. Ich rufe gleich Aurich[4] an, um ihm zu sagen, wie ich darüber denke ...«

»Mit ihm kannst du heute Abend bei der Gratulationscour sprechen. Komm jetzt, sonst verspäten wir uns noch.«

4 Eberhard Aurich war im Herbst 1989 Vorsitzender der FDJ.

Einige Minuten später fährt ihr gepanzerter Volvo 760 los – über seinen Scheinwerfern ist je eine Standarte der DDR und der UdSSR aufgepflanzt. Als er am Wachhäuschen der Pforte vorbeikommt, werfen sich die Wachposten des Regiments Dserschinski, die über die Sicherheit der verbotenen Stadt Ostdeutschlands wachen, in Habtachtstellung, während mehrere Mitglieder der Politbüro-Delegation ihren großen Mann erwarten.

Mielke, angetan mit einer elfenbeinfarbenen Prunkuniform, diskutiert erregt mit Willi Stoph, dem Vorsitzenden des Ministerrats und ewigen Zweiten nach Honecker in der Hierarchie der Partei. Joachim Herrmann plaudert liebenswürdig mit Günter Mittag, dem großen Strategen der ostdeutschen Wirtschaft. Es fehlt nur Egon Krenz, der im Politbüro für die innere Sicherheit verantwortliche vermutliche Nachfolger Honeckers.

»Habt ihr Egon gesehen?«, fragt der Generalsekretär verkniffen durch das heruntergelassene Fenster.

»Nein. Wenn du willst, Erich, kann ich bei der Wache anrufen«, schlägt Herrmann eilfertig vor.

»Na ja, wahrscheinlich ist er noch in der Badewanne«, meint Mittag in aufgeräumter Stimmung.

Einige Wochen zuvor hat Egon Krenz sich eine großartige Badewanne liefern lassen, deren Vorzüge er schon gegenüber vielen seiner Genossen vom Politbüro gerühmt hat. Alle prusten vor Lachen. Honecker wird blass.

»Lachen, das können sie, diese unfähigen Gestalten! Aber in meiner Abwesenheit haben sie sich von den Ungarn und Polen an der Nase herumführen und von der Kohl-Clique und den Amerikanern umschmeicheln lassen. Vor allem Egon. Dabei habe ich ihn wie einen Sohn gehegt; ich habe mich bemüht, ihm alles beizubringen. Nichts zu machen. Es hat nicht diese Charakterstärke wie ...« Margot unterbricht ihn. Gerade kommt ein Volvo angefahren. Mit breitem Lächeln hat Krenz es sich auf der Rückbank bequem gemacht.

»Mit der Mikroelektronik zum Kommunismus!«; »Für uns ist immer Oktober!«; »Sowjetunion, Freunde für immer!«

Erich und Margot Honecker lesen die an den Autobahnbrücken befestigten gigantischen Spruchbänder. Die Propagandaabteilung Joachim Herrmanns hat die Transparente vom 30. Jahrestag ausgegraben. Honecker erinnert sich an den 7. Oktober 1979: Damals stand Leonid I. Breschnew an seiner Seite, sein Protektor, der ihn beim Putsch gegen Walter Ulbricht unterstützt hat. In der gastlichen Atmosphäre der Datscha auf der Krim, wo der Deutsche jeden Sommer hinfuhr, haben sie ehrgeizige Programme ausgearbeitet, um den Sozialismus zum Sieg zu führen. Im Herbst jagten die beiden Genossen in der Schorfheide Hirsche und Hasen.

»Margot«, seufzt er. »Leonid fehlt mir. Er war ein leidenschaftlicher Kämpfer für den Frieden, ein Ausnahmekommunist. Und ein hervorragender Schütze, anders als Michail Sergejewitsch, der nie im Leben ein Gewehr in der Hand gehalten hat ...«

»Du weißt genau, dass ich die Gorbatschows auch nicht sehr schätze. Michail Sergejewitsch redet und redet und hält sich für unwiderstehlich. Und Raissa, Raissa ist eine dumme Pute. Erinnerst du dich an die Peinlichkeit beim XI. Parteikongress? Sie wollte, dass ich sie zur Siegessäule begleite! In Westberlin! Sie hat sich tatsächlich eingebildet, ich, die Erziehungsministerin der DDR, würde ihrer schönen Augen wegen wie eine Touristin über die Straße des

17. Juni[5] marschieren. Diese Frau hat überhaupt kein politisches Format. Sie denkt nur an ihre Pelzmäntel. Sie ist übrigens eine Freundin von Barbara Bush.«

Seit er aufgewacht ist, hat Honecker sich gezwungen, seine Ressentiments gegenüber seinem sowjetischen Amtsbruder zurückzudrängen. Doch jetzt kann er sich nicht mehr zurückhalten: »Wenn ich an unser erstes Treffen 1966 zurückdenke, dann kann ich es gar nicht fassen. Michail Sergejewitsch ging in seiner Delegation unter, ein kleiner unbedeutender Apparatschik, auf den ich keinen Pfennig gewettet hätte! Heute gibt er im Westen mit seinem Heiligenschein als großer Reformator und als universeller Friedensbringer an.«

»Ja, die imperialistischen Medien haben ihn zu einem Übermenschen aufgeblasen ... Erich, ich muss dir was sagen: Der Architekt der Entspannung mit dem Westen bist du. Michail Sergejewitsch wildert nur in deinem Gehege.«

»Wer hat denn während der Raketenkrise für Mäßigung und Ausgleich gepredigt? Das war ich. Wer hat die Annäherung an die BRD in Gang gebracht? Ich. Nur dass ich diese Schlachten im Namen des Sozialismus schlage. Erinnerst du dich an 1984? Als Tschernenko[6] mich aufgefordert hat, meinen Besuch in der BRD abzusagen, um die Sicherheit der DDR nicht zu gefährden, wer hat mir das mitgeteilt? Michail Sergejewitsch!! Und wer hat erst vor ein paar Monaten in der BRD den Helden gespielt? Michail Sergejewitsch! Mit Kohl hat er elf Kooperationsabkommen

5 Die Siegessäule befindet sich auf der Straße des 17. Juni in Westberlin. Am 17. Juni 1953 kam es in der ostdeutschen Hauptstadt und in vielen Städten der DDR zu großen Arbeiterdemonstrationen. Sie wurden durch sowjetische Panzer gewaltsam aufgelöst.

6 Konstantin U. Tschernenko, Generalsekretär der KPdSU 1984/85, Vorgänger von Michail Gorbatschow.

paraphiert – elf, ist dir das klar, Margot? Hat er sich denn da gefragt, ob ›die Sicherheit der DDR gefährdet‹ sei, wie er mir vor fünf Jahren vorgeworfen hat? Ach was! Und all das, um zu verkünden, dass Helmut Kohl und er ›einen Schlussstrich unter die Nachkriegszeit gezogen‹ hätten!«

Erich Honecker ist kurz davor, in die Luft zu gehen.

»Nachkriegszeit? Was weiß der denn vom Krieg und vom Faschismus? Nichts! Er war kaum vier, als ich von der Gestapo verhaftet wurde. Und er war noch nicht einmal auf der Welt, als ich zum Studium an die Leninschule der Komintern nach Moskau gegangen bin. Damals waren die Völker der Sowjetunion voller Begeisterung; es war ihnen bewusst, dass sie die Geschichte jeden Tag weiter voranbrachten. In der UdSSR von Michail Sergejewitsch ist nichts von alledem mehr übrig, glaube mir: Die kleinbürgerlichen Interessen haben Vorrang, die Durchlässigkeit für westliche Ideen fördert den Sittenverfall. Gar nicht zu reden davon, dass er mich seit drei Jahren bei jedem unserer Treffen mit seinen Ratschlägen löchert! Perestroika, Glasnost[7], er redet von nichts anderem! Er sollte besser vor der eigenen Tür kehren, ehe er mir etwas über Reformen erzählt.«

»Du hast recht, Genosse General. Wie es aussieht, haben Hunderttausende Überlebende des Erdbebens in Armenien immer noch kein Obdach. Und diesen Sommer sind bei einem Eisenbahnzusammenstoß im Ural fast 200 Menschen ums Leben gekommen.«

»In Moskau und Leningrad gibt es nichts mehr zu essen. Michail Sergejewitsch zerstört die Planwirtschaft, seine wirren ›Neuerungen‹ nützen nur einer kleinen Schicht von

---

7 Der Begriff Perestroika stand für die von Gorbatschow angestoßenen wirtschaftlichen Reformen; Glasnost (russisch für »Transparenz«) bezeichnete die neue Meinungsfreiheit in den Medien der Sowjetunion.

Privilegierten und verbessern die Lebensbedingungen des Volkes überhaupt nicht.«

»Michail Sergejewitsch ist ein Zauberlehrling.«

»Michail Sergejewitsch ist ein Abenteurer.«

2 Ein Held unserer Zeit

Zwischen Moskau und Berlin,
an Bord des Präsidentenflugzeugs
von Michail S. Gorbatschow,
Freitag, 6. Oktober 1989

Michail Sergejewitsch sieht zu, wie das Aspirin sich sprudelnd auflöst und dabei das Dossier über die DDR bekleckert, das seine Berater und die *Germanisty* der dritten Europa-Abteilung des MID[1] in den letzten Wochen für ihn zusammengestellt haben. Ein Packen diplomatischer Depeschen und vertraulicher Analysen, die er lieber schon am Vorabend überflogen hätte. Eine dringende Sitzung im Kreml und ein Anruf von Nikolai I. Ryschkow haben ihn daran gehindert. Der Vorsitzende des Ministerrats hat ihm mitgeteilt, dass der Mangel an Zucker, Treibstoff und Seife in den Städten anhalten werde. In den Moskauer Hotels fehlten Milch und Mineralwasser, für die Gäste sei nicht mehr genug Kaffee vorrätig. Und das ist noch nicht alles: Der Streik der Minenarbeiter im Donez-Becken droht auf Sibirien überzuspringen.

»Ich wollte nicht kommen und hätte nicht kommen sollen«, murmelt er. »Man wird mir wieder vorwerfen, dass ich im Ausland den Charmeur spiele, anstatt mich um die Pro-

1 Das MID war das Außenministerium der UdSSR.

bleme des Landes zu kümmern. Und wenn es durch einen unglücklichen Zufall wieder zu einer Naturkatastrophe kommt, was werde ich dann zu hören bekommen? Michail Sergejewitsch stößt auf die Gesundheit des Genossen Honecker an, während sein Volk stirbt …«

Vergangenen Dezember, als in Armenien die Erde bebte, hielt sich das Präsidentenpaar in New York auf. Ohne sich auch nur umzuziehen, kehrten die Gorbatschows eilig zurück, und im sowjetischen Fernsehen erschienen sie weiter von der Gesellschaft entfernt als je zuvor: er in einem Anzug aus der Savile Row, sie im Nerz – inmitten der Trümmer und der Obdachlosen. In der Sowjetunion schlagen die entfesselten Elemente seitdem unablässig weiter zu, und Michail Sergejewitsch wird zunehmend angespannter.

Er muss sich auf die DDR konzentrieren, aber seine Gedanken wandern von Vilnius nach Wladiwostok über dieses ungeheuer große Imperium, in dem mehr als 170 Nationalitäten unter zunehmend schwierigeren Bedingungen leben. Die Ostseevölker fordern Selbstbestimmung, die Litauer Unabhängigkeit. Armenier und Aserbaidschaner bringen einander wegen der Provinz Bergkarabach um, in Moldawien brechen Unruhen aus. Auch Georgien hat sich in den Tanz eingereiht und droht seit dem blutigen Sonntag von Tiflis, an dem die Rote Armee Zivilisten massakriert hat, mit der Abspaltung.

Zu Beginn seiner Amtszeit hat Michail Sergejewitsch den sowjetischen Massen hingegen Anlass zum Träumen gegeben. Er ist jung, energisch und umgänglich und will das durch zwei Jahrzehnte der Stagnation und der Korruption – jene zwei Jahrzehnte unter der Ägide Breschnews – ausgehöhlte Kollektiv wieder in Schwung bringen. Sein Plan: die Sowjetgesellschaft reformieren und humanisieren. Sein

Mittel: eine regenerierte, entschlossen leninistische Partei, die der Emanzipation der Volksmassen erneut als Avantgarde dient. Und seine Methode: das Volk dazu zu bringen, sich auszudrücken und die Ärmel hochzukrempeln, um die ungeheure Herausforderung zu meistern, die er ihm zugedacht hat. Inspiriert wird er von seiner einflussreichen, ehrgeizigen und anmutigen Ehefrau Raissa, die ihn auf all seinen Auslandsreisen begleitet. Und er hat einen Kreis von ihm nahestehenden, treuen Ratgebern um sich geschart. An erster Stelle sind das sein loyaler, rühriger und gebildeter Außenminister Eduard A. Schewardnadse, der ihn auch jetzt nach Ostberlin begleitet, sowie Alexander N. Jakowlew, ein nonkonformistischer Intellektueller, der ihn davon überzeugt hat, statt in Begriffen des Klassenkampfes eher in Kategorien menschlicher Werte zu denken.

Michail Sergejewitsch hat das Blaue vom Himmel versprochen: Verdoppelung des Nationaleinkommens in 15 Jahren, Modernisierung der industriellen Ausrüstung, Steigerung der Produktivität, Ende der Fehlzeiten und des Alkoholismus am Arbeitsplatz, nachdrückliche Bekämpfung der Privilegien für Parteikader und am Ende eine gerechtere Gesellschaft mit mehr Gleichheit.

An diesem 6. Oktober 1989 kann man auf den »neuartigen neuen Menschen«, zu dessen Propheten er sich gemacht hat, nur verzweifelt hoffen. Und der alte, der nicht verschwunden ist, bereitet ihm große Sorge. Er lässt sich nicht mehr hypnotisieren durch die großen Worte, die er sich in Stawropol am Fuße des Kaukasus angeeignet hat, wo er sein Rüstzeug als erster Regionalsekretär der Partei erwarb. Die Kampagne gegen den Alkoholmissbrauch hat zu einer Zuckerknappheit geführt und entwickelt sich zur Katastrophe. Auf dem Land und in den Gemeinschaftswohnungen destilliert man aus Insektiziden und Reinigungsmitteln so manch »köstliche« Spirituose, und jedes Jahr sterben Tausende an diesem giftigen Gebräu. Enthüllungen über die Verbrechen Stalins und die Entdeckung gigantischer Massengräber[2] haben die Bevölkerung, deren Lebensstandard sich verschlechtert hat, am Ende demoralisiert. *Ogonjok* und *Znamja*, zwei herausragende Zeitschriften der von ihm eingeführten liberalen Presse, haben nun ihn im Visier und zerpflücken unnachsichtig seine Lebensführung sowie die kleinsten Launen seiner Frau. Die Parteihäuptlinge und Neostalinisten beschuldigen ihn, er mache 60 Jahre revolutionären Kampfes zunichte; die Liberalen werfen ihm vor, er trödle auf dem Weg des Fortschritts, und die Mafia genießt das alles aus vollem Herzen …

Das wird sicher wieder alles in Ordnung kommen. Gorbatschow entspannt sich ein wenig. So ist er eben, immer optimistisch und von unzerstörbarer Hoffnung. Ein wenig später lächelt er sogar wieder, als er eine kleine Hand spürt, die seinen Schenkel streift. Raissa Maximowna ist aufgewacht. Ihre großen dunklen Augen sind noch verquollen vom Schlafen, und im Gesicht sind Abdrücke des Sitzbezuges zu sehen.

»Mischa, sind wir bald da?«

»Nein, Genosse General[3], ich glaube, wir haben noch nicht einmal die polnische Grenze überflogen.«

Er beugt sich vor; durch das Fenster erkennt er ein Mosaik unregelmäßiger Rechtecke in honiggelben und tabakbraunen Farbtönen und dazu dunkle Nadelwälder. »Weißrus-

---

2 Bei der Aufdeckung der Verbrechen Stalins ist Gorbatschow sehr viel weiter gegangen als Chruschtschow. Erst gegen Ende der Achtzigerjahre werden Existenz und Modalitäten des deutsch-sowjetischen Paktes von 1939 für alle Sowjetbürger enthüllt. Zu jener Zeit leben übrigens 80 Millionen Sowjetbürger unter der Armutsgrenze.

3 Wie bei Honeckers war auch bei Gorbatschows dieser Spitzname gebräuchlich.

sische Kolchosen«, sagt er ihr. In der Ferne, im Westen, glaubt er die funkelnden Seen Masurens auszumachen.

»Umso besser. Ich bin nämlich wirklich nicht scharf darauf, die Honeckers so schnell wiederzusehen.«

»Wie du weißt, habe ich lange gezögert, ehe ich ihre Einladung angenommen habe. Wir kommen nicht ihretwegen, sondern zur Unterstützung der Ostdeutschen. Ich konnte sie nicht genau in dem Augenblick enttäuschen, in dem Stimmen laut werden, die für die DDR die Perestroika fordern.«

Raissa findet Berlin langweilig. Die ständig graue Stadt stinkt nach Kohle. Sie zieht das pulsierende New York vor, oder die klassische Schönheit von Paris und von Rom; statt des überlebten Dogmatismus der Honeckers und ihrer kleinbürgerlichen Mittelmäßigkeit hält sie es lieber mit der raffinierten Kultiviertheit eines Mitterrand oder dem britischen Humor Margaret Thatchers, auch wenn diese ein wenig zu vertraut mit Mischa tut.

»Mutter Honecker wird mich wieder belehren. Die mit ihrem überheblichen Getue, für wen hält sie sich eigentlich? Ich habe immerhin an der Universität Philosophie mit Auszeichnung abgeschlossen und bin promoviert! Ich habe nicht auf diesen Trampel Margot gewartet, um den Marxismus-Leninismus zu entdecken. Übrigens habe ich Nancy Reagan in dessen Feinheiten eingeweiht, und auch einige Grundlagen der russischen Geschichte habe ich ihr eingetrichtert. Sie wusste das zu schätzen.«

»So sind die Honeckers eben: anmaßend und herrisch. Sie halten sich für die alleinigen Erben ihrer Landsleute Marx und Engels. Wann immer wir uns treffen, fängt Erich an, mir seine Liebe zum Marxismus-Leninismus zu gestehen, um dann hinzuzufügen: Das Land Lenins ist sein Vaterland, die Partei der Sowjetunion ist seine Partei ... Und immer die gleichen Geschichten über sein Studium in Moskau und seine Arbeit in der Metallfabrik Lenin in Magnitogorsk, wenn ich mich recht erinnere.«

»Ein Schwätzer. Einmal hat er mir erzählt, dass er Stalin zweimal begegnet ist. Damit gibt er 1989 immer noch an!«

»Weißt du, Erich ist sentimental, glaube ich.«

»Sentimental bist du, Mischa! Die Honeckers leben in einer anderen Zeit. Diese beiden Dinosaurier lehnen Perestroika und Glasnost völlig ab.«

Raissa Maximowna verlässt ihren Gatten für einige Zeit, um sich mit Eduard Amrossjewitsch zu unterhalten. Michail Sergejewitsch bleibt nachdenklich zurück. Derzeit fällt es ihm leichter, mit Helmut Kohl zu sprechen als mit Honecker. Ihren Spaziergang im Park des Kanzleramts in Bonn außerhalb des Protokolls hat er nicht vergessen, auch nicht das vertrauensvolle Gespräch über ihre jeweilige Herkunft, ihren Werdegang und ihre Kriegserfahrungen als Jugendliche, die sie damals gewesen sind. Dagegen ist er jedes Mal, wenn er versucht hat, Erich Honecker von den notwendigen Reformen in der DDR und der SED zu überzeugen, gegen eine Mauer der Verständnislosigkeit gerannt. Alle seine Emissäre, angefangen bei Wadim Medwedew, dem Sekretär des Zentralkomitees, bis hin zu Kotschemassow, dem sowjetischen Botschafter in Ostberlin, sind gleichermaßen zurückgewiesen worden. Dabei kennen die beiden sich seit den Vierzigerjahren und treffen sich jede Woche zu langen Gesprächen. Eigentlich hätte der Diplomat den Generalsekretär zu einer allmählichen Weiterentwicklung veranlassen müssen, doch Honecker hat sich quergelegt und ist sogar so weit gegangen, dass er ihm verkündet hat, von jetzt an werde der Begriff Perestroika aus allen in der DDR verbreiteten sowjetischen Dokumenten verbannt. Angeblich ist ein Teil der Äußerungen von Michail Sergejewitsch und seinen wichtigsten Reformberatern für die Öffentlichkeit nicht mehr zugänglich. Einige Monate später ist dann die Zeitschrift *Sputnik*, die ausgewählte sowjetische Pressebeiträge auf Deutsch veröffentlicht, ebenso verboten worden wie die deutsche Ausgabe der *Moskauer Nachrichten*, deren Redaktionsleiter Jakowlew ist. Dagegen sind die Lobredner der harten Linie in der UdSSR und in China in der offiziellen Presse stets willkommen.

»Erich ist nicht nur starrköpfig und beschränkt, er lügt auch, dass sich die Balken biegen«, wettert Gorbatschow. Kotschemassow hat ihm berichtet, die Durchfahrt der Flüchtlinge aus der Prager Botschaft der BRD durch die DDR sei eine schreckliche Demütigung für die Regierung gewesen. Entlang der Gleise haben ihnen Tausende ihrer Landsleute Beifall gespendet. In Dresden haben sie sich geweigert, ihre Papiere auszuhändigen, und vorgezogen, sie zu zerreißen und aus den Zugfenstern zu werfen. Ausreisekandidaten haben die Schienen blockiert und sogar den Hauptbahnhof belagert. Am Abend vor ihrer Abreise sind Mitarbeiter der Kulturstiftung zu Raissa Maximowna gekommen, um sie zu informieren, dass es nach Ansicht des Kulturbunds[4] »in der DDR fünf vor zwölf« sei.

Michail Sergejewitsch streckt seine eingeschlafenen Glieder aus und schlägt schließlich eine dicke ostdeutsche Akte auf, die ihn schon seit mehreren Tagen zu belasten scheint. Seit der Gründung der DDR weiß Moskau alles – fast alles – über seinen Satellitenstaat. Stalin hat geschworen, dass die Russen Deutschland nie verlassen würden: Die DDR ist der Vorposten seiner Einflusssphäre in Mitteleuropa.

4 Der Kulturbund war der Kulturverband der DDR. Er vereinte Künstler und Schriftsteller und war mit der SED verbunden.

Sie soll im Fall eines Krieges gegen die NATO den Kriegsschauplatz abgeben und schützt die Nordwestflanke des Reiches, diese Abfolge von Ebenen, über die sich die Armeen Napoleons und Hitlers ergossen hatten, ehe sie in den Metropolen und Steppen Russlands zusammenschmolzen. 400 000 Mann der Roten Armee sind ständig in der DDR stationiert. Die NVA ist immer von der großen sowjetischen Schwester ausgerüstet und ausgebildet worden. Im Warschauer Pakt ist sie mittlerweile die zweitstärkste Armee.

Um jeder Bedrohung gegen den ostdeutschen Verbündeten begegnen zu können, müssen die Sowjets die allerneuesten Informationen sammeln. Der KGB wacht hier unermüdlich – dank der wirksamen Unterstützung durch die Stasi und des eifrigen Einsatzes von Erich Mielke, der im Geiste Iwan A. Serows[5] wirkt. Zwischen den sowjetischen und den ostdeutschen Tschekisten besteht eine fast vollkommene Harmonie. Neun geheime bilaterale Abkommen haben ihre Zusammenarbeit besiegelt. Der KGB ist mit der operationellen Ausbildung der Stasioffiziere befasst. Im Gegenzug sind mehr als 2000 beim Generalstab der sowjetischen Truppen in Karlshorst und in den Abteilungen des militärischen Geheimdienstes in Potsdam tätige Agenten in die bestgehüteten Geheimnisse des Landes eingeweiht. Das Kontingent des KGB in der DDR ist das stärkste außerhalb Moskaus und dient als Zentrum aller Spionageaktivitäten in Westeuropa.

Seufzend schaut der Generalsekretär der KPdSU auf die Tabellen der ostdeutschen Wirtschaft. In den Fabriken spielt die Partei, die seit zwei Jahren absolut nichts unternommen hat, keine Rolle mehr; ihre Mitglieder treten einer nach dem

5 Iwan A. Serow war 1954 der erste Chef des KGB.

anderen aus, und die Gewerkschaften haben darauf verzichtet, die Arbeiter weiterzubilden. Im Chemischen Kombinat Bitterfeld werden Dutzende Gebäude mit schweren strukturellen Mängeln gemeldet; mehrere drohen einzustürzen, und die Produktivität nimmt unaufhaltsam ab. Der Bausektor mit seinen hinfälligen Infrastrukturen und den unzureichenden menschlichen und technischen Ressourcen ist nicht besser dran. »Ich habe den Eindruck, ich lese einen Bericht über die sowjetische Wirtschaft!«, schimpft Michail Sergejewitsch.

Er legt eine Pause ein und ruft Natascha, die fesche Stewardess von Aeroflot, zu sich. Sie bringt ihm ein khakifarbenes Gebräu, dessen geheimnisvolle Zusammensetzung zurzeit die herausragendsten Kremldeuter und die sowjetischen Medien fasziniert. Diesen Energietrank, der auch ein homöopathisches Heilmittel gegen Diabetes ist, nimmt er inzwischen gewohnheitsmäßig überall und bei jeder Gelegenheit zu sich. Das Getränk wird ihm, ehe er sich mit Honecker trifft, sehr guttun.

Michail Sergejewitsch schreibt ein paar Sätze in den Louis-Vuitton-Notizblock, den Raissa ihm während ihres letzten Aufenthalts in Paris geschenkt hat. Er schließt mit den Worten: »DIE DDR LEBT ÜBER IHRE VERHÄLTNISSE UND FÄHRT GERADEWEGS GEGEN DIE WAND. DIE LAGE KANN JEDEN MOMENT UMKIPPEN!«

»Wenn diese Politik wenigstens die Zustimmung der Bevölkerung verbessern würde, dann ginge es ja noch …« Doch wenn man den Umfragen der Stasi über den Stand der öffentlichen Meinung in Ostdeutschland glauben darf, ist das nicht der Fall. Offensichtlich identifiziert die Jugend sich immer weniger mit der Regierung: Dessen Wertschätzung bei Arbeitern und Lehrlingen ist im freien Fall begriffen, ebenso bei den doch eigentlich gehätschelten und ideologisch zuverlässigeren Studenten – andernfalls wären sie gar nicht an die Universität gekommen. Die kürzlich vorgenommene Schließung der Grenzen zur Tschechoslowakei wird in den unterschiedlichsten Milieus mehrheitlich sehr kritisch bewertet. »Diese Entscheidung ist eine Bankrotterklärung der Regierung. Ein schönes Geschenk zum Jahrestag der Republik. Es bleibt einem nichts anderes mehr übrig als der Versuch, das Land um jeden Preis zu verlassen …«, liest Michail Sergejewitsch. Zwischen zwei leeren Blättern stößt er plötzlich auf eine ebenso vertrauliche wie alarmierende Information des sowjetischen Generalstabs in der DDR: »Elemente der FDJ könnten die Parade an diesem Abend dazu nutzen, bis zum Brandenburger Tor an der Mauer vorzudringen.«

Abrupt schließt er die Akte und gibt Schewardnadse ein Zeichen. Sein Außenminister unterbricht die Partie Dorak[6] mit Georgij Schachnasarow, einem der Berater Gorbatschows und dem in Moskau bevorzugten Gesprächspartner der sowjetischen Botschaft in Berlin, und eilt sofort herbei.

»Eduard Amrossjewitsch, die Lage in der DDR ist offensichtlich schlimmer, als ich dachte. Worauf warten sie, um die Liberalisierung der Wirtschaft und die Demokratisierung der Institutionen anzugehen? Die Ostdeutschen wissen, dass in der UdSSR, in Polen und in Ungarn bedeutende Änderungen vonstattengehen. Mit der Auswanderung der letzten Monate zeigen sie ihre Unzufriedenheit.«

»Honecker sollte begreifen, dass es für niemanden Freiheit gibt, wenn es keine Freiheit für den Andersdenkenden gibt. Das stammt nicht von mir, sondern von Rosa Luxemburg. Wenn die ostdeutsche Regierung die Bürger stärker in

6 Dorak »der Idiot« ist ein russisches Kartenspiel.

seine Entscheidungen einbinden würde, könnte es seine Legitimität zurückgewinnen. Insgesamt gesehen sollte es sich nicht davor fürchten, aus dem Kapitalismus das Beste zu übernehmen, damit der Sozialismus besser funktioniert und die Modernisierung beschleunigt wird. Denk dran, wenn man es genau überlegt, hat das alles nichts mit Kapitalismus zu tun: Der Markt ist eine vorkapitalistische Einrichtung ohne politische Einfärbung.«

»Du gehst wie immer zu weit! Man sollte Erich nicht erschrecken, er ist sowieso schon auf der Hut. Ich werde ihn eher noch einmal davon zu überzeugen versuchen, dass seine Autorität und das Ansehen des Kommunismus in der DDR durch Liberalisierungsmaßnahmen gestärkt würden. Er sollte zum Beispiel die Regeln für Ausreisegenehmigungen mildern: Diese Beschränkungen untergraben den Sozialismus und dienen letztlich den Interessen der BRD.«

»Letzte Woche habe ich Oskar Fischer[7] Folgendes mitgeteilt: Die DDR könnte ruhig ein wenig mehr Bürger ausreisen lassen. Ich habe ihm sogar vorgeschlagen, die Regierung solle eine Kommission einrichten, um ihre Politik in Hinblick auf Ausreisen zu überdenken. So könnte sie einen Dialog mit den oppositionellen Kräften aufnehmen und sie nötigenfalls spalten. Honecker könnte damit nur gewinnen: Er würde zeigen, dass die SED für Veränderung steht, und seine Popularität würde steil ansteigen. Weißt du, Michail Sergejewitsch, vielleicht hat diese Flüchtlingskrise auch etwas Gutes. Ich denke, sie ist so besorgniserregend, dass sie die Regierung am Ende davon überzeugen könnte, Reformen einzuleiten, doch zum Glück besteht nicht die Gefahr, dass es deswegen total zusammenbricht.«

7 Oskar Fischer war Außenminister der DDR.

Einige Minuten später verlässt Michail Sergejewitsch, gefolgt von Raissa Maximowna und Eduard Amrossjewitsch, seinen Platz und geht zu seinen anderen Mitarbeitern zurück; es ist Zeit für ein letztes Briefing vor der Landung. Georgij Schachnasarow ist eingenickt. Zwei Reihen hinter ihm sitzt schweigend Valentin M. Falin, ein hervorragender Germanist und ehemals Botschafter in Bonn – und zurzeit Vorsitzender des Ausschusses des ZK der KPdSU für die Probleme der internationalen Politik. Er ist in die Lektüre der Zeitschrift *Argumenty i Fakty* vertieft, wo einer Umfrage zu entnehmen ist, dass nun Jelzin und Sacharow die beliebtesten politischen Persönlichkeiten der UdSSR sind.

»*Towarischtschi*[8], an die Arbeit«, fordert der Generalsekretär sie auf.

Eduard Schewardnadse geht ihn von der Seite an: »Michail Sergejewitsch, kennst du den neusten Witz? Du, Bush und Honecker werden im Dschungel von Kannibalen gefangen genommen. Bush versucht sich zu retten, indem er ihnen einen Haufen Dollar anbietet. Sie lehnen ab. Du versprichst ihnen das Paradies auf Erden. Das wollen sie auch nicht. Honecker teilt ihnen mit, sie seien nur 200 Meter von der Grenze der DDR entfernt. Da hauen die Wilden ab!«

Alle fangen zu lachen an, abgesehen von Falin, der nur höflich lächelt:

»Michail Sergejewitsch, welche Haltung wirst du während deines Besuchs einnehmen? Die Lage ist äußerst angespannt ...«

»D.D.R.!«

»Wie bitte?«

---

8 Genossen.

»D.D.R.: *Dawai, Dawai, Rabotai*[9]!«

Wieder prusten Schewardnadse und Schachnasarow los: Diesen schönen Spruch haben sie schon oft gehört; in Hinblick auf die DDR ist es der Lieblingsspruch ihres Präsidenten.

»Im Ernst, Valentin Michailowitsch«, fährt Gorbatschow fort. »Die Ostdeutschen sollen sich wieder an die Arbeit machen. Mit ihrer Wirtschaft steht es zwar nicht zum Besten, aber sie ist die leistungsfähigste des ganzen RGW. Die Arbeiterschaft ist gut ausgebildet, und auf einigen Sektoren ist die Industrie noch konkurrenzfähig. Die DDR muss den Schwung und die Energie wiederfinden, die ihr zuletzt gefehlt haben. Es ist Sache der Regierung, neue Impulse zu setzen.«

»Hier an diesem Tisch sind alle deiner Meinung. Die Haltung Honeckers ist frustrierend. Ich will hier nicht den *Advocatus Diaboli* spielen, aber ist es nicht ebenso riskant, den Kurs der DDR wieder auf Unterdrückung zurückzuwerfen?«

Der erfahrene Falin streicht sich eine graue Strähne aus der Stirn. Seit Tagen versucht er, die Lage in Deutschland mit Michail Sergejewitsch zu erörtern.

»Der Schlüssel ist die sozialistische Identität der DDR. Was das angeht, erkennt man eindeutig einen prinzipiellen Unterschied zwischen der DDR und den anderen sozialistischen Ländern. Vor ihrem sozialistischen Wiederaufbau waren sie alle eigene Staaten mit einer kapitalistischen oder halbfeudalen Ordnung. Bei der DDR ist das anders.«

Durchsage des Bordkommandanten: Die Präsidentenmaschine überfliegt Warschau.

---

9 Mit dem Ruf »Los, los, arbeiten!« trieben die deutschen Wachen während des Zweiten Weltkriegs die sowjetischen Gefangenen an. Nach dem Krieg wurde er in der UdSSR zum geflügelten Wort.

»Schaut euch Polen an«, spricht Valentin Michailowitsch weiter. »Es wird nicht mehr von einer sozialistischen Regierung regiert. Auch wenn es immer noch Mitglied des Warschauer Paktes ist, hat es unseren Kreis verlassen. Doch Polen existiert: Die polnische Nation, die polnische Sprache, die polnische Kultur sind Realitäten. Welche Existenzberechtigung hätte dagegen eine nichtsozialistische oder gar kapitalistische DDR neben der BRD? Offensichtlich keine: Die DDR ist einzig als sozialistische Alternative zur BRD denkbar! Sieh dich vor, Michail Sergejewitsch: Wenn du die DDR verlierst, wird dir das sowjetische Volk das nicht vergeben ...«

»Du wirfst mir vor, ich würde Westdeutschland in die Hände spielen? Du hast den Kopf verloren, Valentin Michailowitsch! Es steht außer Frage, die DDR fallen zu lassen oder sie gar zu verlieren. Zwar sind unsere Beziehungen zur BRD in letzter Zeit gefestigt worden. Aber du weißt sehr wohl, dass Bonn ein entscheidender Mittler ist, um Unterstützung durch den Westen zu bekommen, und dass es in Hinblick auf militärische und finanzielle Kraft in Mitteleuropa heute fast auf der Höhe der USA steht! Wenn wir die westdeutsche Karte spielen, so verschärfen wir damit auch die Widersprüche innerhalb der NATO. Du selbst arbeitest doch seit Jahren an dieser Politik, oder? Dennoch, und darauf bestehe ich, geht unsere Annäherung an die BRD nicht zulasten unseres Bündnisses mit der DDR. In diesem diplomatischen Dreiecksspiel hat die UdSSR gute Karten. Bei meiner Reise nach Westdeutschland habe ich keinen der von Helmut Kohl angebotenen Köder aufgegriffen. Als er Honecker kritisierte, bin ich ausgewichen, und als er mir sagte, die Deutschen würden sich mit der Teilung ihres Landes nicht abfinden, habe ich geantwortet, sie sei ein Ergebnis der Geschichte. Du betreibst Fantasiepolitik, Valentin Michailowitsch: Die

Zeit der deutschen Wiedervereinigung ist nicht gekommen, glaube mir!«

Schewardnadse mischt sich ein: »Ich sage dir, letzte Woche habe ich die BRD und ihre ›revanchistischen Kräfte‹[10] bei der UNO feierlich davor gewarnt, den Status quo vom Ende des Krieges in irgendeiner Weise infrage zu stellen. Die Westmächte würden das übrigens gar nicht akzeptieren. In Europa haben alle Angst vor einem Großdeutschland. Franzosen und Briten liegen mit uns auf einer Linie: Dumas und Major[11] haben mir das bestätigt. Die Amerikaner haben gewisse Deklarationen abgegeben, ich bin aber sicher, dass sie selbst nicht daran glauben. Sie waren vor allem an Helmut Kohl gerichtet: Washington sieht die Verbesserung seiner Beziehungen zu uns nicht gerade gern und versucht auf diese Weise, ihn zu beschwichtigen. Die DDR ist für alle unverzichtbar.«

»Und für die sowjetische Wirtschaft bleibt sie ein wichtiger Faktor: Von unseren Verbündeten in Mitteleuropa beliefert nur sie uns mit ausgezeichneten Werkzeugmaschinen sowie mit Traktoren und landwirtschaftlichen Gütern erster Qualität. Anlässlich des 70. Jahrestags der Oktoberrevolution ist ein Programm zur verstärkten Zusammenarbeit und zur gemeinsamen Planung beschlossen worden. Wir haben keinerlei Interesse daran, die DDR zu beerdigen, Valentin Michailowitsch«, fügt Georgij Schachnasarow hinzu. Seine Augen glänzen beim Anblick des Kruges mit Kwass[12], den Natascha gerade auf das Tablett stellt.

---

10 Beim Bremer CDU-Parteitag am 11. September 1989 hatten einige Delegierte offen die Rückkehr Deutschlands zu seinen Grenzen von 1937 angesprochen.

11 Während des Geschehens war Roland Dumas französischer und John Major britischer Außenminister.

12 Ein schwach alkoholhaltiges, in Russland und der Ukraine sehr beliebtes Getränk aus vergorenem Roggenbrot.

»Aus all diesen Gründen versuchen wir die Führung der SED davon zu überzeugen, die Reformen anzugehen und die Bevölkerung besser in ihre Entscheidungen einzubeziehen… Eduard Amrossjewitsch hat eine hervorragende Synthese unserer Ziele geliefert: Wir sind keineswegs bestrebt, die DDR zu destabilisieren; wir haben genügend andere Sorgen. Unsere Politik ist im Gegenteil darauf ausgerichtet, die Lage unter Kontrolle zu behalten. Kern der Perestroika ist die sozialistische Erneuerung der Gesellschaft. Seitens des ostdeutschen Politbüros läuft das über Liberalisierungsmaßnahmen, die für eine neue Dynamik sorgen sollen…«

»Das habe ich sehr wohl verstanden, Michail Sergejewitsch. Aber wie willst du es anstellen, Honecker zu überzeugen?«, fragt der nach wie vor skeptische Falin schulterzuckend.

Unvermittelt fährt Raissa dazwischen:

»Mehr Vertrauen, Valentin Michailowitsch! Reagan, Mitterrand, Kohl, Thatcher, Andreotti: Michail Sergejewitsch hat die größten Politiker der Welt für sich eingenommen und sie überzeugt. Das gemeinsame europäische Haus wird in Moskau entworfen; nie zuvor war die UdSSR im Ausland so beliebt. Erich Honecker hat nicht das Format, sich dem zu widersetzen. Und hier geht es um sein Überleben.«

»Und wenn er sich weigert, was wahrscheinlich ist – verzeih, liebe Raissa Maximowna, dass ich deinen Optimismus nicht teile –, ja, wenn er dich wieder abblitzen lässt, was willst du dann machen?«, wiederholt Falin unerbittlich.

»Nichts«, antwortet Gorbatschow zunehmend genervt. »Wir achten die Souveränität und Unabhängigkeit aller Länder und mischen uns nicht mehr in die inneren Angelegenheiten der sozialistischen Bruderstaaten ein, wenn ich dich daran erinnern darf. Jedenfalls verfügt die UdSSR nicht mehr über die Mittel, ihren Satelliten zu Hilfe zu eilen. Soll sich doch die DDR selbst eine Lösung für ihre Probleme einfallen lassen.«

Der Flugkapitän teilt ihnen mit, dass der Landeanflug auf Ostberlin beginnt. Natascha bittet die Damen und Herren, ihre Plätze wieder einzunehmen. Michail Sergejewitsch geht sich frisch machen. Trotz der Zweifel der einen und der Vorwürfe der anderen haben seine Augen jenen intensiven Glanz, der seine Gesprächspartner hypnotisiert. Dieser Blick hat ihn zu einer modernen Ikone werden lassen – bei jedem seiner Auftritte im Ausland skandieren Menschenmassen seinen Namen. Seit seinen Anfängen in Stawropol, wo er seine Gäste in den Thermen von Mineralnye Vody empfing, hat er gelernt, das Wesen der Menschen auszuloten, ihre Stärken, ihre Schattenzonen. Seine Rhetorik ist ausgefeilt: ein Schauspieler ohnegleichen. Er ist sich sicher: Es wird ihm gelingen, Erich Honecker sachte und ohne ihn vor den Kopf zu stoßen von den Vorzügen seiner Therapie zu überzeugen.

Michail Sergejewitsch kehrt zu seinem Platz zurück und schließt den Gurt. Er legt den Arm um Raissa und murmelt ihr etwas ins Ohr. Während die Iljuschin sich dem Boden nähert, fliegt sie immer engere Kreise um Berlin. Durch das Kabinenfenster beobachtet Gorbatschow den morgendlichen Trubel und den Autoverkehr im Westteil der Stadt. Zwischen den beiden Städten schlängelt sich die Spree friedlich dahin. Im Osten herrscht Ruhe. Er kann die Mauer ausmachen, dieses endlose Korsett aus Beton und Stahl, rechtwinklig und im Zickzack verlaufend – die Mauer, das einzige irdische Bauwerk neben der Chinesischen Mauer, das man vom Mond aus mit bloßem Auge sehen kann … so wird zumindest behauptet.

Punkt zehn Uhr setzt das Fahrwerk der Präsidentenmaschine auf dem Asphalt des Flughafens Schönefeld auf. Die sowjetische Delegation macht sich bereit. Während Raissa Maximowna ihre Föhnwelle korrigiert, wirft Gorbatschow einen letzten Blick auf die Piste. Sowjetische und ostdeutsche Fahnen flattern im Wind; eine bunte, durch Barrieren auf Abstand gehaltene Menschenmenge erwartet sie ebenso wie die Abordnung des Politbüros der SED. Egon Krenz, in einen zu engen Regenmantel gezwängt, wirkt wie ein Konfirmand. Honecker plaudert mit der Meute der Journalisten und Fotografen.

Endlich ist Raissa Maximowna fertig; in ihrem dreiviertellangen Pelzmantel mit hochgeschlossenem, kastanienbraunem Persianerkragen sieht sie hinreißend aus. Noch ein paar Minuten, dann geht die Tür auf. Am Fuß der Gangway stehen Erich und Margot Honecker, steif und mit eingefrorenem Lächeln.

3 Die große Parade

Ostberlin, Freitag, 6. Oktober 1989

»Jürgen, komm doch bitte mal her.«

Im Flur taucht ein Strubbelkopf auf.

»Was ist denn, Mama?«

»Ich muss gleich weg. Kannst du auf Petra aufpassen?«

»Wir spielen in zehn Minuten Fußball. Die warten auf mich. Bastian ist schon weg. Ehrlich gesagt …«

»Na und, dann kommst du eben ein wenig später, dein Bruder und deine Freunde werden schon zurechtkommen. Es dauert nicht lang.«

Der Junge, schon im Trikot von Lokomotive Leipzig[1], gehorcht: Er wird seine kleine, knapp ein Jahr alte Schwester hüten. Emma zündet sich derweil eine Zigarette an und schaut noch schnell aus dem Fenster. Aus den benachbarten Wohnungen hängen rote Fahnen und kleine Wimpel mit den Farben der DDR. Entlang der Schönhauser Allee sind Hunderte Menschen auf den Bürgersteigen versammelt, umringt von einem beeindruckenden Polizeikordon. Die junge Frau umarmt ihre Kinder und stürmt voller Spannung die Treppen hinunter. Um nichts in der Welt möchte sie Gorbatschow verpassen.

---

1 Lokomotive Leipzig war mehrfacher DDR-Pokalsieger und im Europapokal einige Male weit gekommen – 1973/74 Halbfinalist im UEFA-Cup, 1987 Finalist im Europacup der Pokalsieger.

Der sowjetische Staatschef ist die Triebfeder des Neuen Forums, dessen Gründungsaufruf am 9. September die bald 37-jährige Kinderpflegerin gleich zu Beginn unterzeichnet hat. Diese Versammlung von Intellektuellen, Wissenschaftlern und Künstlern ist eine der zahlreichen kleinen Dissidentengruppen, die mit Beginn des Herbstes entstanden sind. Mit den Gründern, unter ihnen die Malerin Bärbel Bohley und der Physiker Sebastian Pflugbeil, teilt Emma die gleiche bittere Erkenntnis: In der DDR findet zwischen dem Staat und der Gesellschaft keine Kommunikation mehr statt. Die schöpferischen Möglichkeiten der Gesellschaft sind gelähmt. An den Reformen muss eine größere Zahl von Menschen beteiligt werden.

Am 19. September haben die Initiatoren des Neuen Forums unter Berufung auf den Artikel 29 der Verfassung, der die Versammlungsfreiheit garantiert, die Eintragung ihrer Vereinigung beantragt. Zwei Tage später wies der Innenminister den Antrag in ungewöhnlicher Eile zurück. Als Begründung gab er an, die Ziele der Gruppe stünden im Widerspruch zur Verfassung der DDR, und ihr Programm sei staatsfeindlich. In einer geheimen Aktennotiz zeigte die Stasi sich entschiedener: Das Neue Forum ziele darauf ab, das Land politisch zu destabilisieren.

Das Verbot, über das die von der überwiegenden Mehrheit der Ostdeutschen regelmäßig gesehenen westdeutschen Fernsehsender ausführlich berichtet haben, hat zur Popularität der Bewegung beigetragen. Bei den Initiatoren des Aufrufs, der von immer mehr Menschen[2], besonders von Rock- und Popsängern, unterzeichnet wird, läutet ununterbrochen das Telefon. Emma kann die Unnachgiebigkeit der Regie-

2 Anfang Oktober waren es 6000, eine zu dieser Zeit für die Opposition der DDR beachtliche Zahl.

rung nicht verstehen. Schließlich will man nichts weiter als endlich einen Dialog zwischen der Regierung und der Bevölkerung in Gang bringen und einen Sozialismus mit menschlichem Antlitz entwerfen. Sie hofft, dass Gorbatschow die Einstellung der Führung ändern wird.

An der Schönhauser Allee muss Emma die Ellenbogen einsetzen, um einen guten Platz zu ergattern. Die begeisterte, aber noch recht gesittete Menge wird von Minute zu Minute größer. Um sie im Zaum zu halten, halten die Polizisten sich an den Händen. Plötzlich kommt Applaus auf: In einiger Entfernung sind vom Alexanderplatz her die ersten Motorräder der Eskorte mit aufgeblendeten Scheinwerfern zu sehen. Als die gewaltigen SIL-Limousinen, neben denen die Autos des Politbüros der SED harmlos und winzig wirken, vorbeifahren, nimmt der Beifall noch zu. Gorbatschow und Honecker haben in einem der Sowjetautos Platz genommen. »Gorbi! Gorbi!«, schreit die Menge, als seine Gestalt zu erkennen ist. Emma kann es nicht fassen: Obwohl viele Stasiagenten in Zivil – leicht zu erkennen am akkuraten Haarschnitt und den beigefarbenen oder grauen Parkas – unterwegs sind, fürchtet sich die Bevölkerung Berlins nicht, ihre Zuneigung für den Reformer aus der Sowjetunion zu zeigen.

Die politische Polizei Ostdeutschlands kann Emma schon seit geraumer Zeit nicht mehr erschrecken. Sie hat gelernt, mit den Häschern Erich Mielkes in ihrem Gefolge zu leben: Man überwacht sie seit 1973. Niemals ist sie eine untadelige Bürgerin des deutschen Arbeiter- und Bauernstaats gewesen. Sie hat zwar die Oberschule besucht, doch wegen ihrer provokativen und »antisozialistischen« Einstellung hat man ihr untersagt, das Abitur zu machen. Von da an war ihr Weg vorgezeichnet: Sie suchte sich kleine Jobs, um überleben zu können, und wurde in der verschwindend kleinen Opposition aktiv – geleitet von der Hoffnung, ihr Land werde sich eines Tages ändern. Anfang der Achtzigerjahre schloss sie sich den Friedenskreisen an. Diese pazifistischen Gruppen mit oft nur einem Dutzend Aktivisten hatten sich als Reaktion auf die zunehmende Militarisierung der Honecker-Regierung zur Zeit der Krise um die Stationierung von zusätzlichen Raketen in Europa konstituiert. 1984 wurde sie von der Stasi verwarnt: Wenn sie ihre politischen Aktivitäten nicht beendete, würde sie Gefahr laufen, ihre beiden kleinen Söhne zu verlieren. Sie blieb standhaft. Nicht im Rahmen der Pazifistenkreise, die allmählich dahinschwanden – viele ihrer Anhänger wurden von Honecker in den Westen abgeschoben oder an ihn verkauft[3] –, sondern in anderen sich bildenden Grüppchen, die sich für die Bürgerrechte einsetzten.

Die Bravorufe wärmen Michail Sergejewitsch, der nach seiner Landung einer schweren Prüfung ausgesetzt ist, das Herz. Seit den protokollarischen Bruderküssen am Flughafen wirft Erich Honecker sich in die Brust. Als die lange Wagenkolonne an den neu gebauten Wohnblocks der Leninallee vorbeifährt, erläutert der SED-Chef seinem sowjetischen Gast seine Wohnungsbaupolitik, auf die er mächtig stolz ist – ohne ihm auch nur das kleinste Detail zu ersparen: 3 172 365 Wohnungen gebaut, seit er an die Spitze des Staates gelangt ist; jeder Arbeiter verfügt im Schnitt über 23,6 Quadratmeter ... Während sie die Schönhauser Allee hinunterfahren, verheimlicht Honecker ihm keine einzige der jüngsten Großtaten der ostdeutschen Wirtschaft.

»Michail Sergejewitsch, schau dir dieses blühende und glückliche Volk an. Wie du weißt, liegen wir beim Gemüse-

3 Seit dem Mauerbau war es üblich geworden, dass die BRD die DDR im Austausch gegen klingende und werthaltige D-Mark von manchen politischen Opponenten »befreite«.

verbrauch pro Arbeiter weltweit auf dem neunten Platz; beim Fleisch ist es Rang 14 ...«

»Erich, ich bewundere die Leistungen des ostdeutschen Sozialismus sehr, aber wenn meine Informationen stimmen, dann ist die Produktivität doch ...«

»Bedenke nur, dass die DDR allein mehr Schweine besitzt als ganz Deutschland vor dem Krieg. Und unsere Lebenserwartung ist eine der höchsten der Welt.«

Gorbatschow verkneift sich die Erwiderung, dass das Durchschnittsalter der ostdeutschen Politbüros – 67 Jahre – tatsächlich eine außerordentliche Langlebigkeit belege. Im Lauf seines zweitägigen offiziellen Besuchs wird er noch eine passende Gelegenheit finden, ihm seinen Standpunkt deutlich zu machen. Er wendet den Kopf ab und schaut durch die Scheibe auf die Berliner, die hergekommen sind, um ihn zu begrüßen.

Die dichte Menge aufgeregter Menschen vibriert in der Erwartung, Gorbatschow zu sehen. Nachdem er vor der Neuen Wache[4] einen Kranz niedergelegt hat, macht der Generalsekretär der KPdSU sich an seine liebste Übung: Er begibt sich zum *Narod*, zum Volk, um Hände zu schütteln und ein paar Worte zu wechseln. Man reicht ihm ein Mikrofon. Der Lautsprecher pfeift, die Übersetzung ist nicht zu hören. Für die große Menge ist Gorbatschow nur ein grauer, winziger Punkt.

Eine junge Frau von 24 Jahren, die schwarzen Haare im Wind, bahnt sich einen Weg durch das Geschiebe und ver-

---

4 Die von Karl Friedrich Schinkel, dem großen Architekten Berlins, zu Anfang des 19. Jahrhunderts erbaute Neue Wache beherbergte zunächst die Wachmannschaft des Stadtschlosses und diente dann als Ehrenmal für die Gefallenen des Ersten Weltkriegs, ehe sie 1960 von der ostdeutschen Regierung den Opfern des Faschismus und Militarismus geweiht wurde.

sucht, die Worte des Sowjetführers aufzuschnappen. Vera ist aus Neugier zur Straße Unter den Linden gekommen, auf der Suche nach Aufregung und starken Emotionen. Ihren Freunden wird sie von der Stimmung und von dem allein Gorbatschow vorbehaltenen Empfang erzählen. In ihrem Rucksack hat sie eine Zahnbürste, ein wenig Unterwäsche und Stricknadeln verstaut. Sie verzieht sich rasch wieder: Sie hat Besseres zu tun, als ein Groupie für den Genossen Gorbatschow abzugeben. Sie macht sich Richtung Nordost auf den Weg, um ihre Freunde von der Umweltbibliothek der Zionskirchengemeinde zu treffen.

Vera arbeitet seit drei Jahren in der Umweltbibliothek – der UB, wie man in Untergrundkreisen sagt –, einem unabhängigen Zentrum, wo man Informationen verbreitet und konspirativ in Umlauf gebrachte Flugschriften produziert. Man befasst sich hier mit den ökologischen Katastrophen der zu einer gigantischen Müllkippe unter freiem Himmel verkommenen DDR. In einem Land, in dem man die Schwerindustrie mit Kohle und Stahl verehrt, ist es aufgrund einer Anordnung verboten, irgendwelche Daten über die Umweltschäden zu veröffentlichen. Dennoch sind sie offensichtlich: Das Wasser aus der Leitung schmeckt nach Eisen, Autos und Häuser sind mit einer Schicht aus fettigem Staub überzogen. Das von der offiziellen Presse ignorierte Reaktorunglück von Tschernobyl hat eine neue Generation von Aktivisten hervorgebracht. Zu ihnen gehören Carlo und Simon, die 1986 unter dem Schirm des Pastors Hans Simon von der Berliner Zionskirchengemeinde[5] die UB gegründet haben. Bekannt wird sie aufgrund einer dilettantischen Aktion der Stasi. In

5 Alle in diesem Buch aufgeführten Kirchengemeinden in Berlin wie in Leipzig gehören dem lutherischen Bekenntnis an. Das bezieht sich auch auf die im Buch genannten Bischöfe, die alle Mitglieder der evangelischen Kirche in Deutschland sind.

der Nacht vom 24. auf den 25. November 1987 soll der UB eine Falle gestellt werden. Die Stasi will in ihren Räumen eine Untergrundzeitschrift drucken lassen. Doch der Trabbi des Agent provocateur hat eine Panne, die Stasihäscher erscheinen zu früh auf der Bildfläche. Zwei Mitarbeiter werden zwar verhaftet, doch aufgrund landesweiter Proteste, begleitet von internationalem Medienecho, gelingt es, sie freizubekommen. Die für die Partei peinliche Geschichte verbreitet sich schnell in der DDR und im Ausland.

Vera beschleunigt ihren Schritt. Sie hat es eilig, zur Gribenowstraße Nummer 16 zu kommen, wo die UB zu Hause ist. 1986 hat sie eine schlimme Zeit durchgemacht. Ihr Freund ist nach Westberlin abgeschoben worden; damals hatte sie an Ausreise gedacht. Als Bibliothekarin der Humboldt-Universität hat sie sich zu Tode gelangweilt, ihr erstes Ausbildungsjahr hat sie damit zugebracht, Bücher abzustauben, im zweiten hat sie eine Depression bekommen ... Und genau in jenem Sommer hat Vera am Ufer des Plattensees in Ungarn Carlo getroffen. Er hat ihr vorgeschlagen, zur UB zu kommen, und ihr seinen Kollegen Wolfgang vorgestellt, der sich schnell in die hübsche junge Frau verliebt hat. In der Folge lebte Vera wieder auf: Endlich hatte sie das Gefühl, in diesem Land etwas verändern zu können, in dieser versteinerten Gerontokratie von »Volvograd«, wie die Oppositionellen den Klüngel der Waldsiedlung Wandlitz spöttisch nennen.

Im Schaufenster eines Fischgeschäfts entziffert sie mit einem Seufzen ein Plakat mit der Aufschrift »Soziale Sicherheit, Verwirklichung der Menschenrechte«, das zwischen einem Ostseeaal und Bismarckheringen steckt. Als sie auf dem schlecht verfugten Pflaster stolpert und fast hinfällt, klappern die Stricknadeln in ihrem Rucksack. Die junge Oppositionelle hat sie immer dabei – nicht, um sich gegen mögliche Angreifer zu wehren, sondern für den Fall einer Verhaftung: Sie sollen ihr helfen, Ruhe zu bewahren und nicht an die Zigaretten zu denken, von denen sie gewöhnlich eine nach der anderen raucht. Vor dem Gebäude der UB angekommen, entdeckt sie keine Anzeichen von Polizei. Als sie durch den Vorraum geht, schießt ein in einem Lieferwagen versteckter Fotograf Bilder von ihr.

Am Prenzlauer Berg ist die Gethsemanekirche seit mehreren Tagen von jungen Aktivisten besetzt, die gegen die Verhaftungen der letzten Wochen protestieren und die Freilassung ihrer Gesinnungsgenossen fordern. Der von einem Garten mit prächtigen Linden und Nussbäumen umgebene neugotische Bau aus roten Ziegeln ähnelt einem befestigten Feldlager. Schulter an Schulter mit Stasiagenten in Zivil umstellen Polizeikräfte das Gebäude. Auf dem Bürgersteig und hinter dem Zaun des Gartens trotzen ihnen einige Hundert friedliche junge Menschen. Sie machen sich darüber lustig, dass man sie abhört, fotografiert und identifiziert; sie haben Tausende Kerzen angezündet. Der Platz ist voller Menschen.

»Den Jungs aus Magdeburg ist es endlich gelungen, zu uns zu stoßen. Sie haben mir bestätigt, was wir befürchtet haben: Von den 500 Demonstranten gestern sind 250 von der Polizei vorübergehend festgenommen worden, und viele sind noch in Haft.« Ein knappes Dutzend Leute steht im Kreis um Barbara und hört, was sie in festem Ton sagt: »Morgen kommt Bewegung in die Sache. Unsere Freunde aus Leipzig und Karl-Marx-Stadt haben versprochen, wieder aktiv zu werden. Auch in den Kleinstädten reagieren die Leute allmählich. In Potsdam wird es wohl eine Demonstration geben. Ebenso in Arnstadt. Und natürlich in Berlin. Wenn ihr Journalisten aus dem Ausland trefft, dann sagt ihnen vor allem, was gestern in Magdeburg geschehen ist. Jetzt muss mich einer von euch ablösen. Ich bin völlig fertig.« Ein junger Mann setzt sich am Schreibtisch nieder und lässt das Telefon nicht aus den Augen – prompt fängt es zu läuten an.

Der ständige Bereitschaftsdienst in der Telefonzentrale der Gethsemanekirche ist anstrengend, aber auch aufregend. Barbara spürt, dass das Land endlich in Bewegung kommt. Offensichtlich hat der Exodus des Sommers ihren Landsleuten zur Redefreiheit verholfen. Im September hat man Barbara zu zahlreichen Foren in der ganzen DDR eingeladen; nie zuvor hatten sich so viele Leute in Bewegung gesetzt. Viele haben sich über den Verfall des Wohnungsbestands und der Infrastruktur beklagt. Von der Reaktion Honeckers auf die Ausreisewelle waren sie wie vor den Kopf geschlagen. Überdies sind ihre Forderungen politischer geworden. Sie haben sie über die Lage in Berlin und zu den Programmen der neuen oppositionellen Foren befragt, speziell zu »Demokratie Jetzt!«, das von Barbara mitgegründet worden ist. »Demokratie Jetzt!« ruft die ostdeutschen Bürger dazu auf, sich in die inneren Angelegenheiten der Republik einzumischen. Am Vorabend hat Barbara an einem Treffen zur Koordination verschiedener Kleingruppen teilgenommen, wo das »Neue Forum«, »Demokratie Jetzt!« und »Demokratischer Aufbruch« anwesend waren. Sie haben eine gemeinsame Erklärung verfasst, deren Hauptforderung die Abhaltung freier geheimer Wahlen unter der Kontrolle der Vereinten Nationen ist.

Barbara lächelt. Das ist eindeutig der Herbst der Überraschungen. Klar, es ist nichts entschieden, aber wenigstens hat sie nicht mehr das Gefühl, allein oder fast die Einzige zu sein, die die Regierung herausfordert und dessen Sanktionen sie ausgesetzt ist. Barbara gilt als »Staatsfeindin« und steht deshalb unter »operativer persönlicher Überwachung« durch die

Stasi. Ihre Post wird systematisch geöffnet, ihr Telefon abgehört, ihre Wohnung regelmäßig durchsucht. Zu Hause verständigt sie sich nur durch kurze Worte mit ihrem Mann und unterhält sich nur draußen mit ihm. Mehrmals hätte sie beinahe aufgegeben und beantragt, das Land verlassen zu dürfen. Doch dieses Geschenk würde sie der SED um nichts in der Welt – abgesehen von der Freiheit ihrer Kinder – machen. Und jetzt, da Opposition sich nicht mehr auf einige Hundert Jazzbegeisterte, radikale Ökos, Pazifisten, Hippies, Homosexuelle und Punks beschränkt, hat sie allen Grund zu lächeln!

Sven, den sie in der Küche der Kirchengemeinde antrifft, verkörpert diese neue Protestgeneration. Barbara mag diesen Kerl mit der Ausstrahlung eines Gavroche[6]. Ihm ist die Theorie egal. Er will konkrete und rasche Veränderungen: Den tristen Alltag in Ostdeutschland erträgt er nicht mehr. Und mit seinen 19 Jahren ist er bereit, jedes Risiko auf sich zu nehmen. Seit den Scheinwahlen vom 7. Mai[7] hat er an allen gegen die Betrügereien des Staates gerichteten Demonstrationen teilgenommen – an jedem 7. des Monats. Und er ist der Meinung, dass nur symbolische Aktionen die Solidarität der schweigenden Mehrheit wecken und die internationale Öffentlichkeit aufrütteln, vor allem jene in Westdeutschland.

Am 2. Oktober haben Sven und seine Freunde um 16 Uhr die Gethsemanekirche[8] besetzt. Sie hatten Lebensmittel und

---

6 Der Straßenjunge aus Victor Hugos Roman *Les Misérables*. – Anm. d. Ü.

7 Am 7. Mai 1989 fanden in der DDR Kommunalwahlen statt. Die von der Partei vorgestellten Einheitslisten erhielten bei einer Wahlbeteiligung von 98,78 der Wahlberechtigten offiziell 98,85 Prozent der Stimmen. Die Beobachter der Bürgerrechtsbewegung stellten erhebliche Unregelmäßigkeiten fest.

8 Seit der 1978 mit der Regierung geschlossenen Vereinbarung gewährte die Kirche, insbesondere in Berlin, wo die Spitze der Diözese ziemlich tolerant war, »Basisgruppen« von Dissidenten Asyl. Man glaubte, die Gemeinden würden ihre Schäfchen kontrollieren und zur Mäßigung anhalten, wofür der Staat sich im Gegenzug verpflichtete, in den Gotteshäusern nicht physisch einzugreifen.

Schlafsäcke dabei. Man bereitete sich auf eine lange Belagerung vor. Am Kirchturm befestigten sie ein großes Spruchband: »Freiheit für die politischen Gefangenen!« In der ersten Nacht schlief nur ein knappes Dutzend unter den Gewölbejochen des Gotteshauses. Dann erhielten sie rasch Verstärkung, und der tägliche Gottesdienst um 18 Uhr wurde zum Versammlungsort der Berliner Protestbewegung. Nur vier Tage nach Beginn des Unternehmens drängten sich fast 3000 Menschen in der Kirche und hielten den Garten besetzt – unter der Bedrohung durch die Ordnungskräfte und in Anwesenheit von Journalisten aus aller Welt, die als Beobachter des 40. Jahrestags angereist waren.

Barbara winkt Sven zu. Geschmeichelt kommt er zu ihr. Er ist nicht als Einziger davon überzeugt, dass die ostdeutsche Opposition, wenn sie sich eine inspirierende Galionsfigur suchen muss, sie wählen wird.

»Wie geht's, Sven?«

»Gut wie immer! Stell dir vor, als ich vorhin die Telefonzentrale verlassen wollte, bin ich ihnen grade noch entwischt. Ich war schon an der Tür, als ein Typ sagte: ›Sieh dich vor, zwei Bullen warten auf dich!‹ Ich bin gerannt, so schnell ich konnte, aber die Polizisten haben mich an den Armen erwischt, genau vor dem Zaun der Kirche. Sie wussten, wie ich heiße, wollten aber trotzdem meine Papiere prüfen! Ich hab ihnen gesagt, dass ich sie in der Kirche zurückgelassen habe. Ein Pastor ist dazwischengegangen, und sie haben mich in den Garten gehen lassen. Durch das Gitter habe ich ihnen meinen Personalausweis gezeigt. Das war knapp!«

»Und wie läuft's in der Kirche?«

»Geht so, die Spannung steigt, aber die Leute bewahren die Ruhe. Die Leute im Hungerstreik halten durch. Dagegen wird die Kirchenleitung ungeduldig. Die Leute werden immer mehr, und das Kirchenschiff sieht langsam aus wie ein Campingplatz. Draußen wird gebechert und geraucht. Bleibst du zum Gottesdienst?«

»Nein, ich muss meine Kinder suchen. Ich hoffe, ich kann die Kirche verlassen ...«

Ein italienisches Fernsehteam unterbricht ihr Gespräch. Freundlich beantworten sie die Fragen des Sonderkorrespondenten der RAI: »Wir fordern die Freilassung aller politischen Gefangenen, freie Wahlen und die Legalisierung des Neuen Forums sowie von Demokratie Jetzt! ...«

An der Straße Unter den Linden ist die Nacht hereingebrochen; es ist kälter geworden. Der Wind zerrt am Gabardinemantel Erich Honeckers, doch das ficht ihn nicht an: Der Fackelzug der FDJ wird sich gleich in Bewegung setzen. Der Nachmittag ist ohne falsche Töne abgelaufen, sogar ein wenig besser, als er selbst erwartet hat. Am Palast der Republik, diesem wunderbaren, monumentalen Haus des Volkes am Marx-Engels-Platz, ist Erich Honecker sich brillant vorgekommen. Auf der Tribüne hat er sich erneut unbeugsam gezeigt: »1949 bis 1989: Immer vorwärts, nimmer rückwärts!«, hat er mit Nachdruck verkündet, die Augen auf den Horizont gerichtet. »Wir werden unsere Probleme selbst lösen, mit sozialistischen Mitteln.« Am Ende seiner Ansprache haben sich die Volksvertreter erhoben und ihm wie Roboter frenetisch applaudiert.

Michail Sergejewitsch scheint sich wieder gefangen zu haben. In seiner eigenen Rede ist er kein einziges Mal auf seine gebetsmühlenhaften Formeln von Perestroika und Glasnost zurückgekommen. Zwar hat er die Partei aufgefordert, sich mit den diversen Untergruppen der ostdeutschen Gesellschaft zu beraten, um die Probleme des Landes lösen zu können. Er hat auch betont, dass die Sowjetunion sich nicht mehr in die Angelegenheiten Ostberlins einmischen werde. Aber er hat wiederholt, dass er die DDR unterstützen wolle. Er hat sogar der BRD vorgeworfen, dass sie die Reformen auszunutzen versuche, um das Gespenst eines Großdeutschen Reiches wiederzubeleben. Honecker kann aufatmen: Die Mauer, seine Mauer, hat noch viele Jahre vor sich ...

Unter den Linden nimmt Gorbatschow auf der Ehrentribüne an der Seite des ostdeutschen Staatschefs Platz. »Ohne die FDJ ist die Geschichte der DDR undenkbar. Sie ist stets die entscheidende Kraft der jungen Generation gewesen; noch heute führt sie sie zum Sozialismus und zum Frieden«, lässt ihn der Zeremonienmeister in seinem näselnden Tonfall wissen. »Seit vier Jahrzehnten ist der Bund zwischen der SED und der FDJ, zwischen dem Sozialismus und der Jugend unauflösbar. Wir können optimistisch in die Zukunft schauen.«

Erich Honecker lässt den Arm von Gorbatschow los und steht auf. Der Umzug beginnt. Eine Woge von Blauhemden, eingehüllt in ockerfarbenes Fackellicht, zieht im Takt von Trommeln und Becken vorbei. Soweit Honecker die Straße überblickt, kann er das jugendliche Fußvolk der landwirtschaftlichen Kollektive und Kombinate ausmachen, eine Legion strahlender Gesichter. Es sind 100 000, fast so viele wie vor 40 Jahren. Emotionen überfluten ihn: Nie wird er den ersten Fackelzug vergessen, der triumphierend durch die in Trümmern liegende Stadt marschierte. In jener Nacht hatte der junge Honecker als Vorsitzender der FDJ dem neuen sozialistischen Deutschland die Treue geschworen. Seinen Eid hat er nie gebrochen, und die Prophezeiung ist Wirklichkeit geworden. Der Vorbeimarsch dieses Abends, die überwältigende Machtdemonstration, ist erneut der schlagende Beweis dafür.

Plötzlich ertönt ein dumpfes Grummeln. Das Murmeln wird zum Aufschrei, zu einem aus dem Bauch aufsteigenden Schrei der Zuneigung:

»Gorbi! Gorbi! Gorbi! Gorbi, hilf uns!«

Erich Honecker erbleicht. Mühsam hält er sich aufrecht und grüßt weiter die Menge. Mieczysław Rakowski, Erster Sekretär der Kommunistischen Partei Polens, wendet sich zu Gorbatschow: »Michail Sergejewitsch, hast du verstanden, was sie rufen?« Rakowski übersetzt. »Sie fordern deine Hilfe. Sie wollen, dass du sie rettest. Und das sind doch Anhänger der Partei, die man für die Parade heute sorgfältig ausgesucht hat. Das ist das Ende!«

In der Umweltbibliothek verfolgt man zerstreut die Übertragung auf einem alten Fernseher. »Hört mir mit diesem Zirkus auf. Fangen wir mit der Sitzung an«, erregt sich ein Bärtiger mit schmalem Gesicht. Die jungen Aktivisten versammeln sich um Wolfgang, den Theoretiker der Gruppe. Er ist zehn Jahre älter als sie. Vera stößt wenig später zu ihnen.

»Diese Jungs haben keine Ahnung, echt. Ein Fackelzug wie zu den Zeiten von Stalin und Ulbricht! Alles ist bestens, wir leben in der besten aller Welten, die DDR ist in ausgezeichneter Verfassung. Demonstrationen im ganzen Land: 30 000 Leute ...«

»45 000«, berichtigt Vera sofort.

»45 000 sind abgehauen, aber die tun so, als sei nichts geschehen. Das ist nicht zu fassen!«, klagt ein Lehrling im Blaumann.

»Wundert dich das? Hast du vielleicht erwartet, dass Honecker öffentlich Buße tut? Oder dass er am Vorabend des 40. Geburtstags seines Babys den Rücktritt erklärt? Vom Politbüro ist absolut nichts zu erwarten. Wir sollten uns besser auf unsere kleinen Geschichten von morgen konzentrieren. Wer geht zur Demo? Wer bleibt in der Bibliothek und passt auf sie auf? Wer geht zur Gethsemanekirche?«, fragt Wolfgang in den Raum.

Sie verteilen die Aufgaben; Vera soll das freie Elektron der Gruppe sein, die Verbindungsfrau zwischen den verschiedenen Brennpunkten des folgenden Tages. Wolfgang seufzt: Sie hat ihn erst wenige Wochen zuvor verlassen.

Als sie auseinandergehen, erinnert er alle an die Verhaltensregeln: »Nehmt ein bisschen Geld mit, falls man euch einbuchtet, damit ihr uns anrufen oder mit der Zentrale in der Gethsemanekirche Verbindung aufnehmen könnt. Schreibt euch die Nummer auf, 4 484 235, und behaltet sie bei euch. Und vor allem keine Gewalt, auf keinen Fall! Lasst euch nicht von der Stasi provozieren: Die warten nur darauf. Viel Glück, Jungs!«

4 Jagd auf »Saboteure«

Ostberlin, Samstag, 7. Oktober 1989

Seit Heinrich Knopf vor einem Jahr in dieses nagelneue Hochhaus gezogen ist, liebt er es, am frühen Morgen mit einer Tasse schön schwarzen Kaffees in der Hand die Haftanstalt Hohenschönhausen[1] zu betrachten. Sachte, um seine Frau und seine Kinder nicht zu wecken, schließt er die Schiebetür des Balkons, ehe er in seinen Regenmantel schlüpft.

Die Straßen sind noch menschenleer, und Knopf in seinem Wartburg-Dienstwagen drückt aufs Gas. An einer Kreuzung lässt er einem Spezialtransport die Vorfahrt, der Panzer zur Karl-Marx-Allee befördert, wo in drei Stunden die große Militärparade beginnen soll. Noch zehn Minuten Fahrt, und es zeichnet sich der Umriss der gewaltigen Festung aus grauem Beton ab, die »Firma Mielke«: Das Hauptquartier der Stasi in der Normannenstraße, an dem die Berliner möglichst nicht entlanggehen. Dutzende Schattenkämpfer in Grau und Beige, Diplomatenköfferchen in der Hand, durchschreiten das Portal. Wie jeden Morgen seit mehr als 30 Jahren zeigt Heinrich Knopf automatisch seinen Dienstausweis vor.

An diesem Vormittag gleicht das neuralgische Zentrum der Regierung wahrhaft einem Bienenstock. Alle Abteilungen des Ministeriums für Staatssicherheit sind auf dem Sprung.

---

1 Das große Stasigefängnis in Berlin.

Abteilung II – HA/II – ist wegen der extrem hohen Zahl der akkreditierten ausländischen Journalisten überlastet; Abteilung PS feilt an der Aufteilung ihrer mit dem Schutz der ausländischen Gäste betrauten Leute; HA/IX ermittelt wegen der in den letzten Tagen festgenommenen Personen… Am Abend zuvor hat Heinrich Knopf ihnen einige Beweismittel geliefert.

Er trifft Rainer und Bernd, zwei seiner sechs Verbindungs-Unteroffiziere. Ihre Augen sind gerötet von der Nacht, die sie damit zugebracht haben, auf die Anrufe vieler Polizeispitzel zu reagieren. Der Bericht sei fertig, teilen sie ihm mit. Er betritt das Büro und begrüßt Bärbel, seit 15 Jahren seine treue Mitarbeiterin, eine stämmige, unverheiratete Mutter, die seit dem frühen Morgen dabei ist, die Ereignisse der letzten Nacht für ihn zusammenzufassen.

Knopf öffnet die Akte auf seinem Schreibtisch. Die Agitationskampagne und die Verleumdungen der negativen feindlichen Kräfte werden an diesem Jubiläumstag fortgesetzt werden. Im Presbyterium von Schwante soll an diesem Nachmittag endgültig die neue Sozialdemokratische Partei (SDP) gegründet werden. Die Anhänger des Neuen Forums setzen ihre Aktivitäten fort und sammeln weiter Unterschriften für ihren Aufruf. Die Agitation greift auf weitere Kirchen in Berlin über. Nichts weist darauf hin, dass die Fanatiker von Gethsemane ihre Kraftprobe mit den Ordnungskräften beenden werden. Im Gegenteil: Sie werden immer mehr, und in Flugblättern wird wie an jedem 7. eines Monats für 17 Uhr eine weitere Demonstration auf dem Alexanderplatz angekündigt. Heinrich Knopf wird blass: Zur selben Zeit und am selben Ort wird das Fest des Volkes in vollem Gang sein, und seinen Informanten zufolge könnten es dieses Mal mehrere Hundert Demonstranten werden. Zuvor waren bei diesen

Demonstrationen immer nur ein paar Dutzend Krawallbrüder zusammengekommen, für die Agenten der Stasi kein Problem. Als er liest, dass es in der Nähe der Grenzposten, speziell am Brandenburger Tor und in der Umgebung des Bahnhofs Friedrichstraße, zu »Provokationen« kommen könne, rubbelt er nervös die Ohren des Bären Mischa, des Maskottchens der Olympischen Spiele von Moskau, die er zu seiner Freude hatte besuchen dürfen.

An seinem Telefon blinkt die Verbindung mit der Nummer eins. Knopf wird dringend zu einer Koordinationssitzung der ZAIG gerufen, der Gruppe für Zentrale Auswertung und Information unter der Leitung von Rudolf Mittig. Dieser ehemalige SS-Angehörige, der nach dem Krieg durch den vierjährigen Aufenthalt in einem Gefangenenlager in der Sowjetunion zum Sozialismus bekehrt wurde, ist heute einer der vier Stellvertreter Mielkes. Als Chefanalytiker der mit der Beobachtung der Opposition beauftragten HA/IX ist Knopf ein wichtiges Element in der Struktur der politischen Polizei Ostdeutschlands. Er leitet eine Gruppe von etwa 50 Mitarbeitern, die sich auf ein Netz mehrerer Tausend Informanten stützen. Knopfs Maulwürfe haben am Ende alle oppositionellen Kreise unterwandert: Das Viertel der Bohème am Prenzlauer Berg, die evangelische Kirche bis hinein in die höchsten Instanzen, die Menschenrechtsgrüppchen. Die Mitglieder der Initiative für Frieden und Menschenrechte sind zur Hälfte Offizielle Mitarbeiter der Stasi; einer der Mitbegründer des Demokratischen Aufbruchs, der Rechtsanwalt Wolfgang Schnur, ist zugleich ein Informant …

Mit seinen 50 Jahren hat Knopf das jugendliche Aussehen eines gut gebauten Wehrpflichtigen. Der ausgezeichnete Schwimmer hat sein Leben dem Kampf gegen die Untergrundaktivitäten der polit-ideologischen Saboteure geweiht.

Der junge Heinrich, vorzeitiger Abiturient und einer der Verantwortlichen der FDJ in Plauen, ist von der örtlichen Stasi sowohl wegen seiner geistigen Fähigkeiten als auch wegen fehlender Verwandtschaft im Westen entdeckt worden, wie er später erfahren sollte. Mit nur 17 Jahren verpflichtete er sich, lebenslang dem Vaterland zu dienen, es vor Saboteuren zu schützen und die Richtlinie 1/58 zu achten, in der die Aufgabe des Ministeriums für Staatssicherheit definiert ist, nämlich »alle Versuche, den Sieg des Sozialismus aufzuhalten oder zu verhindern – mit welchen Mitteln und Methoden es auch sei –, vorbeugend und im Keime zu ersticken«. Seitdem ist Heinrich Knopf, überzeugt vom prometheischen Wirken der Republik, einer von 91 000 Mitarbeitern des Ministeriums für Staatssicherheit und trägt dazu bei, das Leben von sechs Millionen Landsleuten in Akten zu bannen.

Nachdem Heinrich Knopf ein Linoleumlabyrinth durchschritten, den Innenhof der »Firma« überquert und anschließend einen altertümlichen Paternoster benutzt hat, kommt er schließlich im Sitzungssaal der ZAIG an. Über einem gigantischen Plan von Ostberlin flimmert eine Neonleuchte. Am Tisch, wo die Vertreter der anderen Abteilungen des Ministeriums und der Volkspolizei bereits Platz genommen haben, wartet Rudolf Mittig auf ihn, um mit der Sitzung zu beginnen. Knopf, mit einem langen Lineal in der Hand, teilt ihnen seine Informationen über die Brennpunkte des Tages mit und legt den Akzent besonders auf die Gethsemanekirche. Stolz verkündet er, dass er über etwa 20 Spitzel verfüge, die ihn ständig informieren.

Danach wendet sich Mittig, wie gewohnt mit schwarzer Brille, ohne Umschweife an seine Untergebenen: *»Der Minister für Staatssicherheit hat mir sehr strikte Anweisungen ge-*

geben. Unsere Kräfte und die der Polizei müssen Zusammenrottungen und jede andere Art der Provokation unterbinden; sie sollen die Demonstranten auseinandertreiben und unter Kontrolle halten. Setzen Sie Ihre Leute unter Druck: Jeder Vertreter der Ordnung, der den Befehl verweigert, wird ins Militärgefängnis Schwedt verbracht und nachhaltig bestraft. Transparente jeder Art werden nicht geduldet, Unruhestifter werden auf der Stelle von öffentlichen Versammlungen ausgeschlossen. Beim Fest des Volkes muss absolute Sicherheit herrschen. Insbesondere wird sie durch die Aufstellung zahlreicher Kräfte in Zivil gewährleistet, die sich unter die Menge mischen werden. An den Grenzposten werden die Kontrollen verschärft, jedes verdächtige Subjekt ist zu melden. Es interessiert uns wenig, wenn dadurch der Strom der Touristen aus Westberlin nachlässt. An diesem großen Tag werden die Saboteure weder Chaos noch Anarchie verbreiten.«

»Schaut alle hin, was Quini gleich macht. Such, Quini, such! Brav, guter Hund. Jetzt spring! Gut. Simon, du ziehst jetzt die Montur des Angreifers an. Fass, Quini, ein Saboteur!« Der Hund springt hoch und packt den unglücklichen Simon bei den Kniekehlen. Dann folgen noch ein paar Übungen im Zubeißen und Attacken mit Maulkorb, bei denen Quini sich auszeichnet. Anschließend ist die Hundepflege fällig. Siggi genehmigt seinen Unteroffiziersanwärtern ein paar Minuten Pause.

Endlich kann er aufatmen. Seit dem frühen Morgen kläfft und scharrt Quini und zerrt an der Leine. Liegt das vielleicht an Zecken? Oder an den Offizieren? Die sind seit gestern sehr nervös und haben ihre Unruhe möglicherweise auf die Tiere übertragen. Siggi mag ihn gern, diesen Hund. Ein Glücksfall:

Seit mehr als zwei Jahren teilt das Tier sein tristes Dasein in der Potsdamer Michendorf-Kaserne, wo Siggi seinen Dienst bei den Grenztruppen des gefürchteten Generals Baumgarten ableistet.

Für den jungen Wehrpflichtigen ist die erste Zeit hart gewesen. Er hat mehrere Wochen benötigt, um sich an das Gebrüll des Hauptfeldwebels Grobstock zu gewöhnen, an die NVA mit ihrer Gardekorps-Geselligkeit und ihrer preußischen Härte. Wecken am frühen Morgen, Trainingslauf, Liegestütze, Bauchmuskelübungen, Liegestütze, ABC-Ausbildung, Schießübungen mit dem AK-47, Auseinandernehmen des AK-47, Reinigen des AK-47, ideologischer Unterricht ... Und als Prämie ein wenig, sehr wenig Freizeit und vor allem dieser Hund, Quini, an den der junge Sachse sich hat gewöhnen müssen, er, der nie ein größeres Tier als einen Hamster besessen hat.

Nach sechs Monaten Grundausbildung versetzte man ihn nicht mitsamt seinem Zerberus zu einem Grenzposten an der innerdeutschen Grenze wie seine Kameraden, sondern schlug ihm angesichts seiner dienstlichen Bewertungen vor, Hundeführer-Ausbilder für die neuen Rekruten zu werden. Siggi ließ sich nicht zweimal bitten: Wenn er in Potsdam blieb, konnte er sich weiterhin mit Anna treffen, Studentin der Finanzwirtschaft in Ostberlin – Anna mit ihren blauen, grau gesprenkelten Augen ... Am Ende seiner Wehrpflicht beschloss er, um 18 Monate zu verlängern. Nicht aus Liebe zur Hundeführung, sondern weil seine freiwillige Weiterverpflichtung ihm den Zugang zur Wirtschaftsfakultät öffnen wird. Schon in jungen Jahren hat Siggi es verstanden, sich mit dem System zu arrangieren. Er hat einen ausgezeichneten jungen Pionier abgegeben, nie vergessen, den Monatsbeitrag für die FDJ zu begleichen, und auf den unteren Rand der Seiten seines mit einer aufgehenden Sonne geschmückten Notizbüchleins regelmäßig die Aufkleber mit den Lobpreisungen des Wirkens der kommunistischen Jugendverbände geklebt.

Seine Pause ist zu Ende, und in leichtem Sprühregen macht er mit den Geländetouren weiter. Da ertönt eine Trillerpfeife: Wegen des 40. Jahrestags wird die Ausbildungseinheit abgebrochen; die angehenden Unteroffiziere müssen umgehend ihren Ausgehanzug anlegen. Ein dickbäuchiger Oberst verliest mit bebender Stimme eine Lobrede auf den Arbeiter- und Bauernstaat. Siggi, voller Gleichmut unter der Schirmmütze, nimmt am Fahnenappell und an der Auszeichnung seiner Kameraden teil.

Anschließend tritt Hauptfeldwebel Grobstock vor, um die Glücklichen zu bestimmen, die am Nachmittag Dienst an den Grenzposten verrichten sollen. Siggi hofft inständig, dass es ihn nicht trifft, dass er nicht am Brandenburger Tor Wache schieben muss. Er wirft einen Blick auf seine Kumpel Simon und Christian, René und Andreas. Alle haben begriffen, dass sich in Berlin seltsame Dinge anbahnen, und sie haben nicht die geringste Lust, da mit hineingezogen zu werden.

Am Ende werden die zwei Kolosse Christoph und René auserkoren. Siggi atmet auf und begibt sich leichten Schrittes zum Lehrsaal, wo Major Radeberger, der Ausbilder in Marxismus-Leninismus, auf ihn wartet.

»Jetzt oder nie«, sagt sich Michail Sergejewitsch, als er die Vorhalle von Schloss Niederschönhausen durchschreitet, wo er mit Erich Honecker gleich ein Gespräch unter vier Augen führen wird. Er hat schon während der Militärparade versucht, mit ihm zu reden, aber wie am Abend zuvor ist er jämmerlich gescheitert. Der Greis hatte nur Augen für seine neuesten Spielsachen und seine stolzen Soldaten und sprang in die Höhe, als der Überschallknall einiger Düsenjäger den Himmel erbeben ließ.

Da die Beziehungen zwischen der DDR und der Sowjetunion ausgezeichnet und die Bande, die die SED mit der KPdSU vereinten, enger seien als je zuvor, könnten ihre Führungen doch in aller Offenheit miteinander reden, schlägt Gorbatschow gleich zu Anfang vor. »Die Gemeinschaft der sozialistischen Staaten braucht einen langen Atem, um den Wettbewerb mit dem Kapitalismus nicht zu verlieren. Wir befinden uns in einer entscheidenden Etappe unserer Geschichte. Erich, unser Schicksal steht auf dem Spiel«, sagt er und schaut dem Deutschen direkt in die Augen. »Sicher, der Prozess ist nicht einfach. Eine erneuerte Partei, erfinderisch und stark, dazu die Prinzipien des Marxismus-Leninismus: Schon haben wir das Mittel gegen das Chaos. Wir können gar nicht verlieren …«

Der leicht angesäuselte Honecker unterbricht ihn:

»Vollkommen deiner Meinung. Das habe ich in meiner Rede gestern angesprochen. Und wir werden nicht verlieren, glaube mir!«

»Erich, hör doch bitte zu. Am Palast der Republik hast du den langen Weg angesprochen, den die DDR zurückgelegt hat, und dazu ihre zahlreichen Erfolge. Das ist legitim, wir feiern ein Jubiläum. Aber du musst nach vorn schauen. Ihr bereitet den XII. Kongress der SED vor. Das ist eine wichtige Etappe: Die Partei muss etwas unternehmen, sonst werden es an ihrer Stelle die Demagogen tun, glaube mir.«

Um sein Anliegen zu untermauern, zählt Michail Sergejewitsch mehrere der Reformen auf, deren Früchte er inzwischen zu ernten beginnt. Honecker folgt seiner lieben Gewohnheit und ergeht sich in übertriebenen Höflichkeitsadressen gegenüber der Sowjetunion, ehe er seinem Gesprächspartner versichert: »Die inneren Reformen sind eingeleitet, Michail Sergejewitsch. Die Partei hat in Hinblick auf den XII. Kongress Kommissionen zur Zukunft des Sozialismus in den Neunzigerjahren auf die Beine gestellt. Wir arbeiten sehr aktiv an den ideologischen Fragen: Die Beratungen erstrecken sich auch auf die Mitglieder des Politbüros, die Bezirkssekretäre, die Vertreter der Kombinate ...«

Von plötzlicher Unruhe getrieben erhebt er sich aus seinem Sessel und marschiert im Prunksalon des Schlosses Niederschönhausen auf und ab. »Du solltest jedoch nicht vergessen, dass die Klassenkonflikte zugenommen haben. Kohl hat erklärt, er werde uns, wenn wir Reformen einleiten, materiell unterstützen. Wir haben ihm selbstverständlich eine klare Absage erteilt. Es kommt nicht in Frage, dass wir uns von irgendwem Bedingungen auferlegen lassen, schon gar nicht von der BRD!« Dann kommt der Generalsekretär auf die Gefahren durch Neonazis in Westdeutschland und auf die jüngsten großen Manöver der NATO zu sprechen, ehe er sich zu einer langen Tirade gegen Ungarn hinreißen lässt. Scheinbar etwas beruhigt setzt Honecker sich wieder hin und kündigt an, er werde sich nächste Woche mit den Vertretern der Blockparteien[2] treffen: »Der Erfolg des Wohnungsbauprogramms hat die Autorität der SED gestärkt. Derzeit hat jeder Einwohner ein Dach über dem Kopf. Es ist noch nicht lange her, da hatten nur sieben Prozent der Wohnungen Toiletten und eine Dusche oder Badewanne. Jetzt sind 90 Prozent damit ausgestattet. Was die technisch-wissenschaft-

2 Formal gab es in der DDR mehrere politische Parteien – die CDU, die liberale Partei LDPD, die Bauernpartei DBD und die Nationalisten der NDPD. Sie waren in der Regierung und in der Volkskammer vertreten, aber der SED vollkommen unterstellt.

liche Revolution betrifft, so ist sie im Gang. Du siehst, Michail Sergejewitsch, die DDR ist ein kleines Land, aber sie ist ein moderner Industriestaat, dessen wissenschaftliches Potenzial beachtlich ist ...«

Gorbatschow ist es leid, und schließlich unterbricht er ihn: Sie müssen zu den Delegationen zurück, die sie zu einer gemeinsamen Arbeitssitzung erwarten.

Wieder eröffnet Michail Sergejewitsch die Veranstaltung. Er hofft, dass die Debatte in Anwesenheit des Politbüros, wo er einige Sympathisanten hat, endlich stattfinden wird. Er versichert seinen Zuhörern: »Die aktuelle DDR ist die bemerkenswerte Vollendung des langen und schwierigen Weges, der seit der Gründung des ersten Arbeiter- und Bauernstaates auf deutschem Boden zurückgelegt wurde. Wir haben Jahre, was sage ich, Jahrhunderte der Zusammenarbeit vor uns!« Um nicht als Spielverderber dazustehen, redet er die Schwierigkeiten und Fehler der ostdeutschen Führung klein: »Nur in der Planung laufen die Dinge ohne kleine Hindernisse ab. In der Wirklichkeit sieht es anders aus. Ihr dürft hier keine Überheblichkeit unsererseits sehen.« Gorbatschow spricht lieber die Spannungen in der UdSSR und die Probleme der Bruderparteien in Polen und Ungarn an, als die Führung der SED frontal anzugehen. Dann setzt er lächelnd die erste Spitze: »Gerade für Kommunisten ist es doch selbstverständlich, zum Wohl künftiger Generationen über die Zukunft zu sprechen und nachzudenken«, ruft er aus. »Auf euch warten schwierige Zeiten; es wird nötig sein, mutige Entscheidungen zu treffen. Ein Teller Aufschnitt mit Brot wird nicht ausreichen.« Seine deutsche Metapher verblüfft die ostdeutsche Delegation. Gorbatschow erläutert seine Anspielung auf »Brot und Spiele« der alten Römer näher: »Eine Gesellschaft darf sich nicht allein mit materiellem Wohlstand begnügen, sie braucht eine spirituelle Dimension, denn nur diese kann sie mobilisieren. Es ist an der erneuerten Partei, diese treibende Kraft zu verkörpern! Genossen, wir dürfen die Chance, die sich uns bietet, nicht verpassen. Wer zu spät kommt, den bestraft das Leben.«

»Genossinnen, Genossen…«: Erich Honecker übernimmt wieder die Initiative und verkündet, als Vorbereitung für ihren kommenden Kongress im Frühling habe die Partei eine umfassende Reflexion angeregt, zu der die Akademie der Wissenschaften, die Gewerkschaften und die Blockparteien beitragen würden. »Ich kann den sowjetischen Genossen versichern, dass wir mit allen Mitteln bestrebt sind, in der DDR den Sozialismus der Zukunft auf stabilen Fundamenten zu entwickeln. Wir sind die Partei des Fortschritts. In der Vollversammlung des Zentralkomitees haben wir uns für die Politik der Kontinuität und der Erneuerung entschieden.« Als die Mitglieder der sowjetischen Delegation diese zumindest zweideutige Formulierung hören, versteinern ihre Gesichter. Eine Fliege surrt umher; Falin hebt die Augen gen Himmel und Schewardnadse beißt sich auf die Lippen.

Honecker wird vor Freude rot, sein Gesicht glänzt: »Schon 1978 hat das Zentralkomitee beschlossen, die Mikroelektronik zu meistern. Dank beispielloser Investitionen in Höhe von 15 Milliarden Mark verfügen wir über eine Industrie von sehr hohem Niveau. Die Elektronisierung der gesamten Industrie ist auf dem Weg.« Am Ende des Tisches kneift sich Gerhard Schürer. Der Leiter der Plankommission des Ministerrats der DDR, der sich stark für die Entwicklung der Mikroelektronik einsetzt, kämpft seit Jahren gegen den Widerstand Mittags und Honeckers an. Und siehe da, plötzlich wird Erich zum Vorkämpfer einer computerunterstützten Produktion von numerisch gesteuerten Werkzeugmaschinen! Der Ökonom kennt die Leistungsfähigkeit der ostdeutschen Industrie: »Um einen Walkman zu produzieren, kommt es uns teurer, die einzelnen Teile zu importieren, als wenn wir die fertigen Geräte direkt in Japan kaufen. Wie kommt Erich dazu, dem Chef eines Landes, das Raumschiffe in die Umlaufbahn bringt, von unseren elenden Chips zu erzählen?«, murmelt er im Stillen. Zu seiner Rechten rutscht Günter Schabowski auf seinem Platz herum. »Michail Sergejewitsch redet vom Schicksal der Welt, und Erich plaudert über Mikroelektronik«, flüstert ihm der Erste Sekretär der Partei in Berlin ärgerlich zu.

Während Honecker nicht aufhört, immer neue Heldentaten der Volkswirtschaft aufzuzählen, sucht er den Blick Gorbatschows. Der Reformer rührt in seinem Kaffee, trommelt mit den Fingern auf den Tisch oder kratzt sich an der Wade. Ihm wird das alles zu viel. Am Ende seines Sermons fragt Honecker, ob es Fragen gebe. »Ich glaube, wir sind alle einer Meinung«, schließt der Generalsekretär.

»Sehr schön«, sagt Michail Sergejewitsch. »Und die Ökonomie?«

Schürer fühlt, wie ihm das Blut in den Schläfen pocht:

»Die Zusammenarbeit mit der Sowjetunion kommt an allen Fronten voran, einschließlich der fortgeschrittenen Technologien. Die Frage der Lieferungen von Rohstoffen ist geregelt«, stammelt er.

»Gilt das auch für die Kredite?«, setzt Honecker noch eins drauf.

»Daran wird gearbeitet.«

»Noch etwas, Gerhard?«

Der Technokrat senkt den Blick:

»Nein, das ist alles, Erich.«

»Sehr schön«, wiederholt Michail Sergejewitsch resigniert.

Erfreut hebt Honecker die Sitzung auf und gibt als nächsten Treffpunkt den Ehrenempfang im Palast der Republik an. Während sie den Saal verlassen, wechseln Egon Krenz und Günter Schabowski einen langen Blick.

»Ist der Russe da?«

»Ja, und da sind viele um ihn herum. All die alten Krokodile sind an seiner Seite. Schau dir diese Visagen an. Beeil dich, das solltest du dir nicht entgehen lassen.«

Ilse setzt sich neben ihre Tochter Marina. Auf dem Bildschirm ist gerade die Infanterie vorbeiparadiert, und jetzt sind die Panzerregimenter dabei, an der Tribüne der Offiziellen vorbeizufahren. Marina schaltet den Ton aus: Die lyrischen Ergüsse des Sprechers sind ihr unerträglich.

»Dieser Schwachsinn steht mir bis hier! Was für ein Witz! Wie lange soll diese Komödie noch dauern?«

»Die Regierung muss zeigen, dass es noch am Leben ist.«

»Machst du Witze, Mama? Glaubst du, diese Art von Militärparade und der Fackelzug von gestern Abend beeindruckt noch jemanden? Das ist erbärmlich. Ich schwöre dir, die Leute um mich herum, meine Kumpel – zumindest die, die diesen Sommer nicht abgehauen sind – sind noch viel wütender als ich. Wir alle warten nur auf eines: dass diese alten Säcke abtreten und wir zu etwas anderem übergehen können.«

Nichts regt Marina mehr auf als die ostdeutsche Armee. In der Oberschule musste sie entsprechend den neuen Anweisungen Erich Honeckers zwei Wochen Militärausbildung ableisten. In Uniform und mit schweren Stiefeln hatte sie an einer Übung mit simuliertem Atomkrieg und an der Evakuierung eines strategisch wichtigen Kombinats teilgenommen. Als sie lernen sollten, in voller Montur zu schwimmen, waren die Dinge aus dem Ruder gelaufen. Sonia hatte sich geweigert, sich in der Matrosenjacke ins Wasser zu stürzen, und Marina hatte ihre beste Freundin in Schutz genommen. Zwischen der Jugendlichen und dem Ausbilder der demokratischen Volksarmee wurde es laut. Eine negative feindliche Haltung, die er umgehend der Direktorin der Einrichtung berichtete. Für Marina, die hier nicht das erste Mal einen Bock geschossen hatte, war die Strafe hart – raus, hat man ihr bedeutet, sie könne Verkäuferin werden, sie, die davon geträumt hatte, an der Universität Geschichte oder Astronomie zu studieren. Seitdem versetzt sie der Anblick einer NVA-Uniform in blinde Wut.

Marina versucht, sich wieder in die Lektüre von *Die neuen Leiden des jungen W.* zu vertiefen, doch die Geschichte über die Leiden von Edgar Wibeau, einem Berliner Lehrling, der versucht, sich aus seiner kleinbürgerlichen Welt zu befreien, verstärkt ihr Unbehagen nur noch mehr. Sie pfeffert das Buch von Urich Plenzdorf vor den Kamin. »Hier erstickt man!« Sie verzieht sich in ihr Zimmer. Gleich darauf schallen die ersten schnellen Takte von *99 Luftballons* durchs ganze Haus.

»Marina! Das ist ja nicht auszuhalten!«, ruft ihre Mutter. »Dein Vater will sich ausruhen. Komm, wir gehen raus und drehen eine Runde.«

Die beiden Frauen gehen an der gotischen Friedhofskapelle von Mühlberg an der Elbe vorbei, an deren Fassade die Blätter des wilden Weins sich rot gefärbt haben. Marinas Mutter macht sich Sorgen. Nachdem ihre Tochter von der Oberschule geflogen ist, hat sie umgehend die FDJ verlassen. Wenn sie an den Wochenenden in Mühlberg ist, kommt sie spät nachts nach Hause, raucht alle möglichen Zigarettensorten, und ihr Atem stinkt nach üblem Wodka. Gott weiß, was sie in Berlin macht, wo sie die halbe Woche verbringt.

»Hör bitte auf zu schmollen. Honecker wird die Macht nicht abgeben, weil du den ganzen Tag 'ne Schnute ziehst. Hör zu, Marina, ich versteh dich doch. Ich kann die Bonzen von Wandlitz und ihre schäbigen Privilegien auch nicht mehr ertragen. Doch du machst uns allen das Leben schwer. Dein Vater ist krank, und ich habe genug Sorgen wegen deines Bruders.«

Im letzten Jahr hat man seinen Pass eingezogen. Stattdessen hat ihm die Polizei eine für Kriminelle vorgesehene Bescheinigung »BM-12« ausgestellt, die ihm untersagt, das Gebiet der DDR zu verlassen. Und er hat einige Tage im Gefängnis in Dresden verbracht: Die Polizei hat ihn nahe der Grenze zur Tschechoslowakei in Begleitung eines fahnenflüchtigen Offiziersanwärters festgenommen.

»Ich verbiete dir, die gleichen Dummheiten zu machen wie er. Bleib hier. Die Politik ist kein Spiel. Sie ist sogar sehr gefährlich.«

»Ich habe nicht vor, die DDR zu verlassen. Inzwischen ist es sowieso zu spät. Nein, jetzt muss sich schon hier etwas ändern.«

»Ich weiß, ich weiß, Marina. Erzähl mir doch lieber von dir. Du sagst mir gar nichts mehr. Wie geht es bei der Arbeit?«

»Was soll ich dir erzählen? Ich gehe jeden Morgen um sieben zum Schuften in dieses Kieswerk. Als Assistentin der Einkaufsabteilung bestelle ich Spitzhacken, Schaufeln, Filterkies, Schaufeln... damit das Kombinat die besten sortierten, gemischten, ungewaschenen Kiessorten produziert. Vor allem mach ich Kaffee. Schön stark für den Genossen Direktor, mit viel Milch und wenig Zucker für den Genossen Betriebsleiter. Da kommt Freude auf, was? Das Beste hätte ich fast vergessen: Fräulein Knobloch, die neben mir im Büro sitzt, diese alte Zicke, von der ich dir schon erzählt habe, ist befördert worden und nun für die Kran-LKW zuständig. Mit meinen 18 Jahren habe ich nur die Perspektive, eines Tages für die Schaufellader und Container des Kieswerks Mühlberg an der Elbe zuständig zu sein. Du hast ja so recht, das Leben ist schön!«

»Du musst Geduld haben, Martina! Du hast wenigstens eine Stelle. Dein Cousin in Hannover ist seit sechs Monaten arbeitslos ...«

»Gnade, nicht die Propaganda des Schwarzen Kanals ...«

»Ist ja schon gut, reden wir nicht mehr darüber. Und deinem tollen Soldaten geht es gut?«

»Wir sehen uns nicht mehr. Seit einem Monat hat er mir nicht geschrieben. Pech für ihn: Inzwischen habe ich Klaus kennengelernt, im Kaffee Burger, einer Berliner Disko. Ein klasse Typ, wenn auch nicht sehr groß. Ach ja, ich habe vergessen dir zu sagen, dass ich ihn zum Wochenende eingeladen habe ...«

»Nein, wir gehen nicht!«

Hans nimmt sie in die Arme und schaut sie durch die kleinen runden Brillengläser mit seinem Spanielblick an.

»Hansi, du brauchst mich wirklich nicht so anzuschauen: Du wirst mich nicht umstimmen. Spiel dich nicht so auf! Immerhin bin ich deinetwegen gekommen, und du hältst deine Versprechungen nicht ein.«

»Annette, wir haben den 7. Oktober! Seit den gefälschten Wahlen bin ich bei jeder Demo dabei gewesen. Die von heute kann ich nicht ausfallen lassen, schon gar nicht unter den aktuellen Umständen. Verdammt, Sven, kannst du nicht versuchen, deine Schwester zur Vernunft zu bringen?«

Sven hat nicht die geringste Lust, sich in die Angelegenheiten seines besten Freundes und seiner älteren Schwester einzumischen. Insgeheim erkennt er an, dass sie nicht unrecht hat: Annette hat Halle und ihren Mann verlassen, um gemeinsam mit Hansi eine Wohnung zu suchen, wo sie zusammen mit den beiden Kindern der jungen Frau einziehen können. Doch das Wochenende, so viel ist sicher, scheint nicht gerade günstig für die Wohnungssuche. Vor allem gibt es Besseres, sehr viel Besseres zu tun: Sie müssen die Verpflegung für die Gethsemanekirche organisieren, und er muss mit Pastor Albani über die weitere Besetzung der Kirche reden. Danach wird er die Bereitschaft in der Telefonzentrale gleich hinter der Kirche übernehmen. »Klärt das unter euch«, sagt er. Hansi verweist auf die richtige Einstellung ihrer Freundin Vera, die mit ihrem kleinen Rucksack auf dem Rücken vorbeikommt und verkündet, sie wolle zur Demo, »um mal zu schauen«. Doch Annette lässt sich nicht erweichen.

Im Garten zanken sie sich weiter, dann gibt der lange Lulatsch mit den welligen langen Haaren den Aufforderungen seiner Gebieterin endlich nach. Das Paar verlässt den Garten unter den inquisitorischen Blicken der Polizisten und der zivilen Stasibeamten, die ihren Druck auf die Rebellen der Gethsemanekirche nicht verringert haben. An der Kreuzung der Lychener mit der Dimitrov-Straße besichtigen sie eine schmuddelig wirkende Wohnung mit grob gemauerten Fensterlaibungen. In der friedlichen Choriner Straße glauben sie, in einer dieser rechtwinklig angeordneten Mietskasernen endlich ihr Glück zu finden. Doch als der Verwalter der genossenschaftlichen Wohnanlage die Aufmachung der künftigen Mieter sieht, schickt er sie ohne weitere Umstände wieder weg.

Sie verlassen das Bohemeviertel Prenzlauer Berg, und zufällig steigen sie an der U-Bahn-Station Alexanderplatz aus. Es ist fast 16 Uhr, und das Fest des Volkes ist in vollem Gang.

Zu Füßen des Fernsehturms tanzt die Menge in Festtagsstimmung zum Umtata der Blasorchester aus Erfurt und Schwerin. Vor dem Kaufhaus Centrum drängt sich eine Gruppe Junger Pioniere um Oskar, den berühmtesten Feuerschlucker Mecklenburgs; noch mehr Leute applaudieren einem Bärenführer mit seinem gewaltigen Tier – sie sind speziell für dieses Ereignis aus Sibirien gekommen. In frisch gestrichenen Bauwagen wird Erbsensuppe verkauft. Das Bier fließt in Strömen, und es riecht gut nach Bratwurst und gegrilltem Schweinebauch.

Eine Hundertschaft von Störern ist rund um die Normaluhr versammelt und skandiert: »Freiheit, Freiheit! Neues Forum! Neues Forum! Wie bleiben hier! Wir bleiben hier! Stasi raus! Stasi raus! Stasi raus!« Die Vandalen mit gebleichten Strähnchen, umstellt von Polizisten, die den Platz abgesperrt haben, brüllen immer lauter und zeigen das V als Siegeszeichen. Die Szenerie wird aus allen Blickwinkeln fotografiert und gefilmt.

Hansi und Annette sehen einander an. Er deutet ein scheues Lächeln an; sie nickt: »Da gehen wir hin!«

Vor dem Palast der Republik setzt sich das Ballett der Limousinen fort. Im Foyer schwatzen Staats- und Regierungsoberhäupter, Botschafter und mit der Regierung verbandelte Künstler bei einem Glas Sekt. Alle suchen den Blick von Michail Sergejewitsch und fragen sich, wie seine Gespräche mit Honecker wohl abgelaufen sein mögen.

»Zum Palast!«, ruft ein junger Typ mit Irokesenfrisur. Der im Minutentakt anschwellende Protestzug bewegt sich nach Westen. Spontan schließen Passanten sich dem Zug an, zum Missfallen der Stasileute, die nichts unternehmen können und dazu verdammt sind, sie zu eskortieren: Die Führung der ZAIG hat ihnen strikt untersagt, inmitten der Menge und vor den Kameras der ganzen Welt einzugreifen. Vorbei am Fernsehturm und am Roten Rathaus gelangen die Demonstranten rasch bis zu den beiden Brücken, die zum Palast der Republik führen: Sie sind durch quergestellte LKW und einen beeindruckenden Kordon von Ordnungskräften blockiert. Sie bauen sich vor ihnen auf, mit angespanntem Nacken, eingehakt, Schulter an Schulter. »Gehen Sie zurück! Gehen Sie zurück!«, warnen sie.

Für seinen letzten Auftritt des Tages vor den Vertretern des sozialistischen Adels hat Erich Honecker sich erneut umgezogen. Schwarzer Anzug, Krawatte in Elfenbein und Grau. Würdevoll, fast steif beginnt er seine Rede: »Freunde aus aller Welt, zu diesem 40. Jahrestag können Sie versichert sein, dass der Sozialismus auf deutschem Boden auf soliden Fundamenten steht…«

»Gorbi! Gorbi! Gorbi, hilf uns! Freiheit! Freiheit!« Hansi, Annette und Vera, die sich, erstaunt, sie hier zu treffen, zu ihnen gesellt hat, schreien im Chor. Am Ufer der Spree, vor der ausladenden Fensterfront des Palasts, kommen immer mehr Demonstranten zusammen: 2000, vielleicht 3000. Seit dem 17. Juni 1953 hat Ostberlin Derartiges nicht mehr erlebt.

Gorbatschow wirkt irritierter denn je. Raissa neben ihm schaut andauernd auf die Uhr. Nachdem Honecker seine Rede beendet hat, applaudiert er sich als Erster. Strahlend eilt er zu Ceaușescu und lässt die arme Margot, die schon ihr Glas erhoben hat, einfach stehen. Nacheinander bringen Daniel Ortega, Jassir Arafat und der undurchschaubare Shambyn Batmunch, Generalsekretär der Kommunistischen Partei der Mongolei, einen Toast auf das Wohl der DDR aus.

Vom Marx-Engels-Forum her wird das Geschrei der Demonstranten immer lauter. Solange Gorbatschow da ist, fühlen sie sich sicher. Außerdem ist er ihre letzte Hoffnung.

Die Gäste lassen sich zum Essen nieder. Ochsenfilet mit Gemüsebouquet für Mielke, klare Hühnerbrühe für Erich Honecker, den Margot aus den Augenwinkeln überwacht. Doch das Getrommel der Protestierenden stört den geregelten Ablauf der Gala. Der Lärm nimmt zu und dringt bis an die Ohren der Tischgenossen, von denen immer mehr ihren Platz verlassen, um die Szene durch die kupferfarbenen Scheiben des Palasts zu betrachten: Tausende junger Leute, erregt und Schmähungen ausstoßend, rufen den Generalsekretär der KPdSU an. »Wir sind dabei, wie die Titanic untergeht«, flüstert Joëlle Timsit, der französische Botschafter, seinem polnischen Kollegen zu. Egon Krenz und Günter Schabowski, die sich im Foyer aufgebaut haben, entgeht nichts von dem Schauspiel, das sich ihnen bietet.

Ein dicker, rothaariger Kellner schneidet einen Baumkuchen an, auf dem in Schokoladenbuchstaben das Wort »DDR« steht, als Krenz wieder in den Speisesaal zurückkehrt. Er stößt auf Falin. »Erich hat nicht verstanden, was Michail Sergejewitsch ihm vermitteln wollte.«

»Aber ja, aber ja doch«, antwortet sybillinisch der hohe sowjetische Diplomat.

Schabowski unterhält sich mit Gennadi Gerassimow, dem außenpolitischen Sprecher Gorbatschows, der zum Glück allein an einem Tisch sitzt. »Die Rede von Honecker war unsinnig«, vertraut er ihm an.

Unerschütterlich vertilgt Erich Honecker die zweite Hälfte seines Stücks Mirabellentorte. Ungeduldig wartet er auf das Feuerwerk.

Erich Mielke wiederum ist von rasendem Zorn erfüllt. Er lässt sofort den für die Sicherheit der Palastumgebung zuständigen Offizier herbeibeordern. »Was ist das für eine Sauerei? Ist Gorbatschow weg?«, fragt der Leiter der Stasi.

In der Tat haben sich Michail Sergejewitsch und Raissa Maximowna zum Flughafen Schönefeld abgesetzt. Ihnen hat die »Sauerei« zu lange gedauert.

Mit triumphierender Miene gluckst Mielke: »Gut, dann hat das Humanismus-Getue jetzt ein Ende!«

Heinrich Knopf, seine sechs Verbindungs-Unteroffiziere und die gewissenhafte Bärbel sind überlastet. Seit dem frühen Morgen haben die Telefone nicht mehr stillgestanden. »Warum hat man so lange gewartet?«, fragt sich der Chefanalytiker im Zusammenhang mit den sich auf seinem Schreibtisch stapelnden Alarmmeldungen. »Die Störenfriede kennen wir doch seit Jahren, und wir hätten sie weit früher ausschalten können.« Doch leider reagiert die SED nicht mehr nachdrücklich auf die Warnungen ihrer politischen Polizei. Knopf möchte glauben, dass es noch nicht zu spät ist, um die Ordnung wiederherzustellen. Seinen Informanten von der Gethsemanekirche zufolge gebärden sich die antisozialistischen Elemente zunehmend radikaler und aggressiver. Und vor dem Palast der Republik ist die Lage bis zum Äußersten gespannt: Einer seiner Spitzel versichert, dass die Demonstranten dabei seien, einen Durchbruch zur Mauer zu versuchen, die nur einen Kilometer entfernt ist. Auf diese neuerlichen Provokationen hin reagiert die von Knopf umgehend alarmierte ZAIG (die Zentrale Auswertungs- und Informationsgruppe im MfS) schnell: Das Chaos muss aufhören. Man befiehlt den vor dem Palast aufgezogenen Truppen, die Rebellen mit militärischen Mitteln in Richtung Prenzlauer Berg zurückzudrängen, wo Polizei und Stasi auf sie warten.

So flutet der Zug der Menschen allmählich nach Norden in die Richtung der Gethsemanekirche. Mit hochgereckten Fäusten skandieren die Demonstranten: »Keine Gewalt!«

Für die vielen Neugierigen, die sich aus den Fenstern lehnen und sie beobachten, singen sie: »Bürger, Fernseher aus, runterkommen, mitmachen!« Hansi und Annette, die hinter dem Zug hertrödeln, werden mitgerissen und beginnen zu rufen: »Anarchie! Anarchie!« Der junge Mann mit der Strubbelfrisur hat keine 100 Meter zurückgelegt, als vier kräftige Männer wie aus dem Nichts auftauchen und sich auf ihn stürzen. Sie packen ihn an den Haaren, halten seine Arme und Beine fest und heben ihn wie eine Feder hoch. Schreiend klammert Annette sich an die Jacke eines Mannes, doch sie wird mit einem kräftigen Fußtritt abgewehrt und stürzt zu Boden. Bis sie sich aufgerappelt hat, sind Hansi und seine Angreifer verschwunden.

»Sven, kannst du das bitte notieren? Im Augenblick sind etwa 10 000 Menschen auf dem Leipziger Karl-Marx-Platz versammelt. Die Polizei hat schon viele verhaftet. In Arnstadt waren es gegen 16 Uhr ungefähr 600, und auch da haben die Bullen brutal eingegriffen.«

»Gibt es Verletzte?«

»Keine Ahnung. Die Verbindung mit Leipzig ist sehr schnell zusammengebrochen.«

Wieder klingelt das Telefon. Schrill und belastend für die Nerven der kleinen Gruppe, die an diesem verrückten Spätnachmittag in der Gethsemanekirche Telefonwache hält.

»Was sagt ihr? Ich verstehe gar nichts, hinter euch ist zu viel Krach. Entschuldigung«, sagt der Amateurtelefonist und legt die Hand auf die Sprechmuschel. »Könnt ihr bitte mal den Mund halten? Potsdam! O.K., ich höre: 2000 bis 3000 Leute sind auf die Straße gegangen. Die Polizei hat eingegriffen; mehrere Zeugen haben gesehen, wie eine Schwangere von Typen in Zivil brutal abgeführt und ein zwölfjähriger Junge misshandelt wurde.«

»Diese Schweine! Wie kommen die dazu?«, schreit Sven leichenblass. »Und Magdeburg, was ist aus Magdeburg bekannt?«

»Ja, die haben kurz vorher angerufen. 500 Demonstranten sind marschiert, und 50 bis 90 von ihnen sollen verhaftet worden sein. Das ist im Augenblick nicht zu überprüfen.«

Schon wieder das Telefon. Diesmal ist Karl-Marx-Stadt dran. Auf dem Luxor-Platz sind 1000 Leute versammelt, und die Ordnungskräfte haben Wasserwerfer eingesetzt, um sie auseinanderzutreiben. Es gibt Verletzte. Die Jugendliche, die den Anruf angenommen hat, bricht in Tränen aus.

»Sven? Sven? Gebt mir bitte Sven! Es ist sehr dringend.«

»Wer ist denn dran?«, fragt das Mädchen.

»Gib ihn mir, verdammt!«

»Hier Sven, wer ist dort?«

»Was zum Teufel ist bei euch los?«

Sven erkennt die Stimme Veras sofort, doch heute Abend scheint sie aufgeregt wie nie zuvor.

»Vera, wo bist du? Was ist los?«

»Ihr seid nicht zu erreichen! Persönlich geht es mir gut. Ich rufe von der Zelle gegenüber der UB an. Ich habe mich grade von der Demo abgesetzt. Die kommen zu uns. Du hast das gewusst, oder?«

Sven schweigt für ein paar Sekunden. Sein Puls wird schneller. »Äh, um die Wahrheit zu sagen, nein. Wo war der Umzug, als du ihn verlassen hast?«

»Vor dem Haus des ADN[3], der beim Vorbeimarsch ordentlich ausgepfiffen wurde. Als wir ›Lügner! Lügner!‹ und ›Pressefreiheit! Meinungsfreiheit!‹ riefen, hat die Polizei angegriffen und vergeblich versucht, die Demo aufzulösen. So viele

3 Der Allgemeine Deutsche Nachrichtendienst war die offizielle Presseagentur der DDR.

Menschen hab ich noch nie gesehen, das ist sicher. Und fast genauso viele Bullen! Sven, ihr müsst höllisch aufpassen. Am Marx-Engels-Forum hab ich gesehen, wie sie einige Dutzend Demonstranten festgenommen haben. Die Stasi isoliert ein paar Jungs, dann verprügelt sie sie. Der Demonstrationszug ist von Provokateuren unterwandert. Und wie läuft es bei euch?«

»Bei der Messe um 18 Uhr war die Kirche voller als jemals zuvor. Die Belagerung hält an, und die Lage ist immer noch sehr angespannt. Aber man kann noch rein und raus.«

»Ich komme zu euch.«

Eilig legt Vera auf. Sven läuft zur Kirche, um seine Genossen zu warnen.

Die Auseinandersetzung hat nur Sekunden gedauert. Hansi war so überrascht, dass er nicht einmal aufgeschrieen hat. Er hat sich auch nicht gewehrt, weil ihm klar war, dass er keine Chance hatte, seinen Angreifern zu entkommen. Sie haben ihn zu einem vor dem Roten Rathaus geparkten Bus gezerrt, wo ihm etwa ein Dutzend ihrer Kollegen mit Schlägen und Beleidigungen einen herzlichen Empfang bereitete. Zehn Minuten darauf findet sich bei dem »Hippie-Gammler« eine junge Frau mit geschwollener Nase ein – ihr Haar ist blutverschmiert. Sie wird auf der Stelle zu einem Polizeirevier gebracht, während er die Fahrt bis zum Gefängnis Rummelsburg im Stadtteil Lichtenberg fortsetzt. Eskortiert von zwei Aufsehern, die ihm die Arme auf den Rücken drehen, wird Hansi in einen kahlen Raum mit verpissten Wänden geworfen.

Automatisch tastet er die Taschen seiner Jacke ab. Sie sind leer: Man hat ihm seine Zigaretten der Marke Karo ohne Filter abgenommen, seine Papiere und das bisschen Geld, das er dabeihatte. Um sich zu beruhigen, streckt er sich auf einer

Holzbank aus. »Ich Volltrottel, also wirklich! Hab ich mich als Einziger erwischen lassen und noch nicht einmal ansatzweise versucht, abzuhauen. Annette war mutiger als ich. Gut, immerhin bin ich noch heil, und vor allem ist sie nicht verhaftet worden. Sie kann die anderen warnen.«

Seine Augen brennen, der ganze Körper fühlt sich steif an: Seit einer Woche hat er praktisch nicht geschlafen. Nach den langen Arbeitstagen im Krankenhaus Grünau, wo er einen Lehrgang als Pflegehelfer absolviert, hat er einige kurze Nächte auf dem eisigen Boden der Gethsemanekirche zugebracht. An den Abenden, an denen er nach Hause gegangen ist, haben ihn die Freunde aus Halle in seiner kleinen Wohnung für lange Besäufnisse erwartet. Und dann ist da Annette. Seit sie sich letzten Sommer im Pankower Schwimmbad kennengelernt haben, ist er von ihr besessen. »Daran bin ich ganz allein schuld. Ich flehe sie seit Monaten an, ihren Mann zu verlassen, und dann lasse ich mich einen Tag nach ihrer Ankunft in Berlin einbuchten!« Seine Gebieterin, ihre Umarmungen, die Gethsemanekirche, Sven, die Stasi, Gorbatschow, die Bettlägerigen, die er allmorgendlich gewaschen hat: All das geht ihm unaufhörlich durch den gemarterten Kopf. In der Hoffnung, am frühen Morgen wie jedes Mal, wenn man ihn in der Vergangenheit verhaftet hat, wieder entlassen zu werden, schläft er ein.

Als Vera in der Schönhauser Allee ankommt, ist sie verblüfft: Einen derartigen Truppenaufmarsch hat sie noch nie gesehen. Einige Dutzend Regimenter zur Bekämpfung von Unruhen. Helmbewehrte Polizisten, Schutzschild in der Faust und mit Gummiknüppeln bewaffnet. Hunde. Wasserwerfer. Fahrzeuge, an deren Front mächtige Stahlschaufeln montiert sind, die an Schneepflüge erinnern. Während sie die Allee entlanggeht, stellt sie fest, dass noch immer mit

Planen abgedeckte Truppentransporter Stellung beziehen. Wie ein kleiner schmaler Schatten schlängelt sie sich durch bis zur Gethsemanekirche, die rundum eingekreist ist. Das Gebäude erstrahlt im Lichtschein Hunderter flackernder Kerzen.

Sven schließt sie herzlich in die Arme. Ihre Hände zittern. Nachdem sie einige Stückchen Schokolade geknabbert hat, hat sie sich wieder gefangen und ihre alte Entschlossenheit zurückgewonnen.

»Hansi und Annette sind nicht da?«

»Nein, warum?«

»Hinter dem Palast der Republik waren wir noch zusammen, dann haben wir uns aus den Augen verloren. Du hast nichts von ihnen gehört?«

»Nein, nicht dass ich wüsste«, erwidert Sven, dessen Unterlippe zu zittern beginnt.

Um sie herum ist die Aufregung auf dem Höhepunkt. Die Protestierenden müssen sich dazu durchringen, ihre Kirche zu verlassen: Das Gebäude ist überfüllt, und die vielen Tausend Demonstranten, die auf dem Weg sind, werden hier niemals Zuflucht finden können. Mit ernsten und blassen, aber auch entschlossenen Minen versammeln sie sich im Kirchenschiff; sie sind bereit, die Schläger Erich Mielkes herauszufordern. Als das schwere Portal aufschwingt, laufen sie in Wellen hinaus; sie halten sich an den Händen, um sich Mut zu machen, und rufen: »Keine Gewalt!« Es hört sich an wie ein Echo auf »Neues Forum!« und »Demokratie!«, was von den Demonstranten vom Alexanderplatz kommt, von denen einige bis zum Platz vor der Kirche vorgedrungen sind. Dann marschieren sie bis zur Schönhauser Allee, wo sie sich mit den übrigen Demonstranten vereinen wollen. Die Straße ist durch die Ordnungskräfte und ihre Fahrzeuge blockiert. Ansonsten ist das ganze Viertel abgeriegelt. Sven und seine Kameraden sitzen in der Falle; sie sind völlig eingeschlossen.

Sie versammeln sich unter der Rampe der Hochbahn und organisieren ein spontanes Sit-in; sie wiederholen immer lauter ihre Wünsche nach Demokratie, nach einem Dialog, nach Befreiung der politischen Gefangenen und nach Gewaltlosigkeit. Die Polizisten mit ihren Fleischerhunden kommen näher. Sie sind nur noch fünf Meter entfernt. Die Leute von der Stasi versuchen alles, um sie auf die Füße zu bringen: Sie beschimpfen sie als Scheißer, stoßen sie um, bedrohen sie mit Steinen und lassen ihre Gummiknüppel rotieren. Es ist 20.30 Uhr, und die Spannung steigt weiter.

Pfiffe aus Trillerpfeifen zerreißen die laue Nacht: der Befehl zum Eingreifen. Mit beispielloser Brutalität werden Demonstranten aus der Menge gezerrt. Die Demonstanten laufen auseinander, versuchen mit allen Mitteln, die Nebenstraßen oder die Kirche zu erreichen, und das alles in einem Durcheinander aus Schreien und Bellen, dumpfen Schlägen, Stürzen und gebrochenen Gelenken. Die Stasi im Einsatz: Mit manchmal bis zu acht Mann stürzen sie sich auf ihre Opfer. Das sind vorzugsweise Frauen, weil man deren Begleiter dazu bringen will, ihrerseits die Sicherheitskräfte anzugreifen, während Provokateure die Polizisten herausfordern, um sie zu mehr Gewalt gegen die Demonstranten anzustacheln. Sie greifen Fotografen und Fernsehteams an und beschlagnahmen deren Material. Die Anlieger, die sich an den Fenstern drängen, werden mit Wasserwerfern vertrieben. Die Niederwerfung der »Saboteure« duldet keine ungebetenen Zaungäste.

Sven hat sich so schnell wie möglich davongemacht, und er ist nicht mehr weit von der Kirche entfernt, als ihn zwei brutale Typen der Stasisondereinheiten, zu denen rasch zwei Polizisten stoßen, in die Zange nehmen. Sie packen ihn und wollen ihn zu einem der Truppentransporter zerren, wo ihre Kollegen den Gefangenen dieses Abends eine Abreibung verpassen, als Gottfried Forck, der die Szene von der Höhe der Kirchentreppe aus beobachtet hat, zu Hilfe eilt:

»Lasst den Jungen in Ruhe. Das ist einer meiner Mitarbeiter beim Diözesanrat, der bald zum Pastor geweiht wird. Lasst ihn auf der Stelle los«, kommandiert der Landesbischof von Berlin-Brandenburg.[4]

Misstrauisch schätzen sie den langen Lulatsch mit den rasierten Schläfen ab, der mit seiner abgeschabten Lederjacke und dem Brilli im linken Ohr selbst in der DDR kaum auf eine kirchliche Berufung schließen lässt. Als sie dann aber verstehen, dass sie mit einem der höchsten Würdenträger der evangelischen Kirche zu tun haben, lassen sie ihre Beute bedauernd los.

Svens Herz macht wilde Sprünge, und er zittert vor Wut. Die Szenen irritierender Gewalt, deren Zeuge er gerade gewesen ist, haben ihn die Beherrschung verlieren lassen: Er will nicht in die Kirche zurück, sondern in den Kampf ziehen. Und als er sieht, wie kaum zehn Meter entfernt ein Riese über seinen Freund Simon herfällt, ihn am Knöchel packt, zu Boden wirft und dann auf ihn einprügelt, will er losstürzen. Doch der alte Bischof hält ihn fest im Arm.

»Hör auf, Sven. Einmal bist du ihnen entkommen, aber eine zweite Chance wirst du nicht kriegen. Noch einmal lassen sie dich nicht entwischen. In Freiheit bist du nützlicher als im Gefängnis. Der Kampf hat gerade erst begonnen.«

---

4 Gottfried Forck hat sich sehr früh für die Dissidentengruppen eingesetzt, die im Schutz zahlreicher Pfarreien seiner Diözese ihren Aktivitäten nachgehen und sich entfalten konnten.

Sein Überlebensinstinkt gebietet ihm, auf Forck zu hören. Als er unter hohem Begleitschutz die Kirchenschwelle überschreitet, kann er in der Entfernung einige Dutzend seiner Gefährten ausmachen, wie sie, Hände über dem Kopf und widerstandslos, zu den Lastwagen der Volkspolizei gestoßen werden. In der Kirche Leute im Hungerstreik; geschundene, an die Säulen des Gotteshauses gelehnte Körper; Gesichter mit aufgerissenen Augen, aus denen Angst und Verständnislosigkeit sprechen. Im Halbdunkel des Querschiffs verpflastert ein bärtiger junger Mann seine Verletzungen. Bei der Kanzel umarmt Vera, die als Telefonwache geblieben ist, ihre weinende Schwester Annette.

Der Tag war herrlich. Frühmorgens haben Emma, ihr Mann Julian und ihre drei Kinder sich in den Trabbi »Atlasweiß« gezwängt und sind in die Uckermark, die »Toskana der DDR« gefahren. Unter einer blassen Herbstsonne sind sie am Ufer des Grimitzsees spazieren gegangen. Jürgen hat gegen Bastian Tore geschossen; Petra hält sich zunehmend besser auf ihren gedrungenen Beinchen, auch wenn sie noch nicht richtig gehen kann. Später haben Nachbarn mit einer Flasche bulgarischem Cabernet in ihrer Datsche vorbeigeschaut: Im Garten hat man über Literatur, Musik und auch ein wenig über Politik geplaudert. Julian hat ein paar gute Witze über Erich Honecker erzählt, die er in der Kantine des Kombinats, wo er als Informatiker arbeitet, gehört hat. Einer davon geht so: Am Ufer eines Sees bemerken zwei Fischer Honi. Er ist allein und verzweifelt und fleht zu Gott: »Herr, ich weiß nicht mehr, was ich tun soll, alle hauen ab. Hilf mir, ich bitte dich.« Jesus erscheint und antwortet ihm: »Erich, wandle auf dem See, ich werde dich beschützen.« Das Wunder geschieht: Honecker geht auf dem Wasser! Unerschrocken beobachten die Fischer die Szene. Sie schauen einander an und rufen: »Der arme Alte kann noch nicht mal schwimmen!« *Just a perfect day*, wie im Song von Lou Reed, der gerade von RIAS Berlin[5] über den Äther geht.

Um 20 Uhr tönt die ernste Stimme des Moderators vom Abendjournal aus dem Transistorradio. »In Ostberlin und in vielen Städten des Landes werden die Demonstrationen fortgesetzt. Die Polizei hat zahlreiche Verhaftungen vorgenommen, und es sind Hunderte von Verletzten zu beklagen. Im Augenblick, auf der Schönhauser Allee ...«

»Julian, ich fahre sofort nach Berlin zurück.«

»Wieso das? Machst du Witze? An einem Samstagabend? Vor dem Abendessen?«

»Du hast mich ganz richtig verstanden: Ich fahre nach Berlin zurück. Ich bin wegen der Kinder mitgekommen, aber ich hatte dir gesagt, dass ich dieses Wochenende nicht wegfahren wollte.«

Emma zündet sich eine Club an.

»Ich glaube, du begreifst gar nicht, was sich derzeit in diesem Land abspielt. Das ist wirklich ernst.«

Julian ist verblüfft.

»Ja, ja, ich weiß. Die Regierung wird infrage gestellt, es gibt Demonstrationen ... Jedenfalls sprichst du den ganzen hellichten Tag von nichts anderem. Erklär mir doch bitte, was es ändert, wenn du heute Abend in Berlin bist. Wenn du willst, können wir morgen in aller Frühe zurückfahren. Das verspreche ich dir.«

»Auf dem Land habe ich nichts verloren. Verstehst du nicht? Aber ja, ich weiß, du verstehst es nicht. Das alles geht an dir vorbei. Abgesehen von deinen Computern, deiner

---

5 RIAS Berlin (Radio im Amerikanischen Sektor) wurde 1946 gegründet und war in der ganzen DDR zu empfangen, was den Machthabern sehr geschadet hat.

Heimwerkerei und deinem kleinen Komfort ... Das Land ist dabei, in Gewalt zu versinken. Während ich hier den Haushalt für dich mache, sitzen meine Freunde vielleicht im Gefängnis oder Schlimmeres ... Ich will gar nicht daran denken. Und du meinst, ich soll so tun, als wäre nichts? Es ist entschieden. Ich fahre. Das Abendessen ist fertig, du musst es den Kindern nur noch hinstellen.«

»Madame ist zu gütig! Danke, Rosa Luxemburg! Hörst du, wie Petra im Wohnzimmer weint? Das ist dir egal, nehme ich an? Für dich ist die Revolution wichtiger als deine Gören. Aber gut, wenn es denn so sein soll, dann hau doch ab, meine Liebe!«

Durch den Waggon, in dem Emma Platz genommen hat, zieht ein Geruch von kaltem Tabakrauch. Nur zwei kümmerliche kleine Alte, die direkt aus einem Gemälde Wolfgang Mattheuers[6] entstiegen scheinen, leisten ihr Gesellschaft. Der Bummelzug der Reichsbahn fährt gerade in den Bahnhof von Strahlau ein, nachdem er zuvor in Werneuchen, Ahrensfelde und Herzberge gehalten hat – Bahnhöfe, die dunkel und verlassen daliegen und das schlechte Gewissen Emmas verstärken. Am Vorabend war sie in der Pankower Kirche bei einer Diskussion gewesen, an der die Blüte der ostdeutschen Intelligenz teilgenommen hatte. Christa Wolf, Jens Reich und einige andere haben aus Furcht vor einer Eskalation an diesem Jahrestag dazu aufgerufen, Ruhe zu bewahren und nicht mehr zu demonstrieren. »Sie hatten recht«, murmelt Emma. Was haben diese Jungs denn geglaubt? Dass die Regierung ihnen freundlich gestattet, die Feierlichkeiten zu stören? Die Mahnwachen, die Kerzen –

6 Der Maler Wolfgang Mattheuer (1927–2004) war einer der Meister des sozialistischen Realismus und gehörte zu den Gründern der Leipziger Schule. Einige seiner Bilder sind heute in der Neuen Nationalgalerie in Berlin zu sehen.

sehr schön! Doch heute zu demonstrieren, das ist eine Dummheit, die unsere Bewegung möglicherweise dauerhaft in Misskredit bringt.« Bei diesem Gedanken bricht ihr erneut der kalte Schweiß aus: Mit ihren bald 37 Jahren hat sie keine Zeit mehr zu verlieren. »Nein, das wäre wirklich zu dumm. Nicht jetzt! Nicht jetzt, wo sich allmählich eine embryonale Opposition herausbildet und in der Öffentlichkeit Fuß fasst, die bisher so passiv gewesen ist…«

Emma ist vor ihrem Fernseher zusammengesunken; sie raucht Kette und trinkt ein Glas Cabernet nach dem anderen. Sie hat es nicht geschafft, einen ihrer Freunde zu treffen, und als sie mit 4484235 die Nummer der Gethsemanekirche wählt, hört sie das Besetztzeichen, als wäre die Leitung unterbrochen. Was die Bilder angeht, die sie sieht, so sind sie noch dramatischer, als sie es sich den ganzen Tag ausgemalt hatte. Der ARD zufolge hat die Polizei mehr als 700 Personen verhaftet und anschließend auf Lastwagen zu bisher unbekannten Zielen geschafft. Ein Reporter erklärt, die Schönhauser Allee sei um Mitternacht immer noch blockiert, und vor der S-Bahn-Station säßen etwa 300 von Ordnungskräften eingekreiste Demonstranten fest.

Noch eine Kippe. Ein Gläschen, vielleicht noch zwei. Doch es ändert sich nichts: Am anderen Ende geht niemand ran. In heller Verzweiflung ruft sie ihre Schwester in Wien an. Die zumindest wird beruhigt sein.

»*Boys, boys, boys*…« – durch die Baracke tönt die warme Stimme Sabrinas. Siggi tanzt: überdreht, mit glasigen Augen und schwerem Atem. Sein Freund Andreas liegt inmitten umgestürzter Gläser und leerer Flaschen. Einige ihrer Kameraden jagen einander und stoßen dabei seltsame Laute aus, während andere kurz davor zu sein scheinen, handgreiflich zu werden. Der Schnaps, in den sie Koffeinpastillen geworfen haben, hat sie alle erledigt. In der Potsdamer Michendorf-Kaserne haben die Unteroffiziere der Grenzwachen den 40. Jahrestag der DDR auf ihre Weise gefeiert.

Vera hat es geschafft, die Gethsemanekirche zu verlassen und sich zur UB durchzuschlagen. Dort trifft sie Wolfgang in seinem ewigen grünen Parka, allein und fürchterlich verängstigt. Gemeinsam stellen sie die Nachrichten des Tages zusammen, um sie am nächsten Tag zu veröffentlichen und den westlichen Medien zukommen zu lassen. Ihr früherer Geliebter sieht sie mit großen traurigen Augen an, doch sie weist seine Avancen zurück: »Wolfgang, bitte, das ist wirklich nicht der richtige Moment!« Sie möchte allein schlafen, in Ruhe, fern von der Aufregung und dem Stress des Prenzlauer Bergs. Es ist drei Uhr morgens, als sie zu Hause ankommt. Sie wirft sich aufs Bett, ohne auch nur zu bemerken, dass das ihrer Mitbewohnerin Kirstin leer ist.

5 Höchste Alarmstufe

Wandlitz und Ostberlin, Sonntag, 8. Oktober 1989

Es ist noch Nacht, und Egon Krenz wälzt sich fiebrig im Bett hin und her. Im Namen der übergeordneten Interessen der Nation und der Partei und ganz nebenbei auch seiner Karriere zuliebe hat er sich entschieden: Er, der sein politisches Handeln stets von Pflichtgefühl und Opferbereitschaft leiten ließ, weiß, dass es keine Alternative mehr gibt. Egon Krenz ist bereit, die DDR und den Sozialismus auf deutschem Boden zu retten. Er ist entschlossen, sich seines Mentors Erich Honecker zu entledigen.

Die Ereignisse der letzten 48 Stunden haben ihn überzeugt. Am Ende wird die Geschichte seine Treue und seine Geduld angesichts eines Mannes bezeugen, der in letzter Zeit Vergnügen darin gefunden hat, ihn vor den versammelten Genossen zu schikanieren und zu demütigen. Honecker bezieht ihn nicht in seine Mittwochnachmittags-Geheimtreffen mit Erich Mielke ein, obwohl Krenz doch im Politbüro für Sicherheitsfragen zuständig ist. Honecker hat ihn gezwungen, in diesem Sommer Urlaub zu nehmen, wo Krenz sich doch seit Langem darauf vorbereitet hatte, ihn während dessen krankheitsbedingter Abwesenheit zu ersetzen. Anschließend hat er Honeckers Wohlwollen verloren – zugunsten Günter Mittags, der sich jetzt als sein Nachfolger an der

Spitze der SED sieht, obwohl diese Nachfolge schon seit Jahren Krenz versprochen worden ist.

Diese Ungerechtigkeiten hat er stoisch weggesteckt. Schon zweimal hat er sich geweigert, an einer Verschwörung gegen Honecker teilzunehmen. Im Februar hatte Gerhard Schürer ihm seine Absicht verkündet, beim Politbüro einen Antrag gegen Honecker und Mittag zu stellen und ihn, Krenz, für den Posten des Generalsekretärs der SED vorzuschlagen. Nach drei Stunden intensiver Debatten hat Krenz schließlich abgelehnt. Einige Monate darauf, als er sich in seiner erzwungenen Sommerfrische befand, hat er Besuch bekommen von Eberhard Aurich, seinem Nachfolger an der Spitze der FDJ. »Egon«, hat der ihm gesagt, »das Politbüro ist mit dem Flüchtlingsproblem überfordert, und die an der Spitze suchen nach Sündenböcken. Sie haben die Verantwortlichen für die Jugendorganisationen – besonders dich und mich – im Visier: Man wirft uns vor, unserer Aufgabe nicht gerecht geworden zu sein; wir haben es angeblich nicht verstanden, neue Generationen heranzubilden, die gegenüber Regierung und SED loyal sind.« An einem Ostseestrand, von Gischt umweht, mit hochgekrempelten Hosenbeinen und den Füßen im Wasser, hat Aurich versucht, Krenz dazu zu überreden, Honecker abzusetzen. Doch erneut hat er den Sirenenklängen widerstanden: Ein paar Wochen vor dem Jubiläum konnte er sich nicht zu solchen Manövern gegen den kranken alten Mann durchringen.

Egon Krenz denkt an den Augenblick zurück, als sein Weg das erste Mal den von Erich Honecker kreuzte. Eines Tages im Februar 1951 kam der dynamische Erste Sekretär der FDJ nach Rostock, um eine Ansprache an die Massen zu halten. Das Idol der ostdeutschen Jugend, breitschultrig und große Reden schwingend, schrieb dem begeisterten jungen Pionier ein Autogramm in sein Büchlein. Da hatte der 14-jährige Egon ein Vorbild gefunden. Nachdem er ebenfalls begonnen hatte, die Stufen der Macht zu erklimmen, waren die beiden Männer einander nähergekommen. Honecker entwickelte Sympathie für diesen Burschen mit Backenbart, dem der Wimpelzipfelkragen so gut zu Gesicht stand. Er brachte ihn dazu, ins Zentralkomitee einzutreten, berief ihn an die Spitze der FDJ. Und er unterstützte seine Kandidatur für das Politbüro.

Ihre Beziehung hat sich im Anschluss an den Besuch verschlechtert, den Honecker ihm nach seiner Gallenblasenoperation in der Klinik abgestattet hat. Die beiden Männer sprachen über den neuen Generalsekretär der KPdSU Gorbatschow, und Krenz bezeichnete dessen Politik als »vernünftig«. Seitdem verdächtigt ihn der jähzornige Generalsekretär der philogorbatschowschen Abweichung, anders gesagt, der Schwäche. Doch deswegen hat Krenz nicht weniger Zuneigung zu seinem Paten empfunden. Bis zu dieser schlaflosen Nacht.

Krenz steht auf und gießt sich ein großes Glas Whisky ein. »Ich muss meine Autorität bekräftigen und meine Opposition gegenüber seiner Vogel-Strauß-Politik betonen, ohne ihn zu provozieren: In diesen Zeiten ist Erich zu allem fähig. Wir müssen das Schweigen durchbrechen. Am besten wäre es, bei der nächsten Sitzung des Politbüros eine Diskussion anzustoßen. Ja, aber wie? Und wer wird den Mut haben, sich uns anzuschließen?«, fragt er sich mit den Händen hinter dem Rücken. Er gibt sich einen Ruck, setzt sich hin und beginnt fieberhaft zu schreiben.

»Du mit den langen Haaren, mitkommen!« Man führt Hansi in ein verqualmtes Büro, wo drei Uniformierte auf ihn warten. Sie sitzen neben einem kahlköpfigen, dickbäuchigen

Zivilisten, der stolz sein Parteiabzeichen im Knopfloch zur Schau stellt. Hansi hatte erwartet, freigelassen zu werden, nicht aber, vor diesen vier Häschern zu erscheinen. Das alles lässt nichts Gutes erwarten.

»Genosse, ich bin Richter Külz. Gegen Sie ist ein Verfahren eingeleitet worden – wegen Teilnahme an einer nicht genehmigten Demonstration, bei der Sie feindselige Parolen gegen den sozialistischen Staat gerufen haben. Darüber hinaus haben Sie die Staatsorgane bei der Durchführung ihres Auftrags behindert. Wissen Sie, was das bedeutet, Genosse? Sie haben erheblichen Ärger zu erwarten. Dabei hatte man Sie doch gewarnt, Sie und Ihre Freunde. Aber Sie sind unvernünftig und machen seit allzu langer Zeit nur, wonach Ihnen der Kopf steht. Jetzt, mein junger Freund, werden Sie für Ihre Dummheiten büßen müssen. Einsperren, den Saboteur, aber schnell!«, befiehlt Külz.

Dieses Mal bringt man Hansi in eine richtige Zelle. Sie ist eng und stinkt nach Desinfektionsmittel und Urin; das Waschbecken hat der Vorgänger verstopft hinterlassen. Kaum hat Hansi sich auf einer der Holzpritschen ausgestreckt, hört er, wie ein Schlüssel ins Schloss gesteckt wird. Im Türrahmen erscheint ein Gefängniswärter, gefolgt von drei sehr jungen Männern mit Handschellen um die Gelenke. Einer von ihnen, der Stämmigste, hat sich eine Glatze rasiert, trägt Springerstiefel an den Füßen und eine khakifarbene Bomberjacke. »Ein Skinhead! Derzeit hab ich wirklich eine Glückssträhne«, denkt Hansi.

Bei trockenen Keksen und lauwarmem Blümchenkaffee, ihrem ersten Frühstück in der Haftanstalt Rummelsburg, machen die Gefangenen sich miteinander bekannt: Die drei Burschen haben sich am Abend in der Mollstraße erwischen lassen und werden der gleichen Vergehen beschuldigt wie der Ältere. Alle haben Külz kennengelernt; alle sind der Ansicht, dass die Lage in der DDR kritisch ist; alle bedauern den Rücktritt von Wolfgang Mathies, dem legendären Torhüter des FC Union Berlin. Die Zukunft der DDR und – allgemeiner – ganz Deutschlands ist eher Anlass für Streitereien: Zwischen Hansi, der nur auf Bakunin und Mühsam schwört, und seinem Plateausohlen-Neonazi laufen die Dinge tatsächlich schnell aus dem Ruder. Ihre beiden Gefährten trennen sie und setzen einen Waffenstillstand durch. Doch als Hansi sich der Gemeinschafts-Kloschüssel nähert, zischt ihm der Skin zu: »Ich kenne hier im Knast einige Leute, Kumpel. Glaub mir, dich mit deinem Schwulenringlein im Ohr, dich werden wir schon erwischen!«

Andrei, der Portier der sowjetischen Botschaft, hat seit dem Eingreifen der Truppen des Warschauer Paktes in Prag noch nie erlebt, dass er an einem Sonntagmorgen so viele Fahrzeuge hereinlassen muss. Kotschemassow hat seine engsten Mitarbeiter zu einer dringenden Konferenz einbestellt. »Ich habe gerade mit Michail Sergejewitsch gesprochen und möchte euch mitteilen, was er sagt. Der Generalsekretär ist, wie soll ich sagen, gespalten: Die Bevölkerung und vor allem die Jugend, die in seinen Worten ›lebendig und begierig nach Veränderung ist‹, hat ihn sehr beeindruckt. Für die SED gilt das nicht, und noch weniger für Erich Honecker. ›Er hat nichts begriffen, obwohl ich es ihm zweimal erklärt habe, und das sehr nachdrücklich‹, hat er mir gesagt. Der Generalsekretär hat sehr deutlich gemacht, dass wir uns weder in die inneren Angelegenheiten der DDR einmischen noch Druck auf ihre Führung ausüben sollen. Es ist an den Verantwortlichen der DDR, ihrer Verantwortung gerecht zu werden und zu entscheiden. Übrigens«, er wendet er sich an die Vertreter des sowjetischen Generalstabs in der DDR, »unsere Streitkräfte dürfen die Kasernen keinesfalls verlassen. Michail Sergejewitsch ist überzeugt, dass bald neue Unruhen ausbrechen werden, und, ich wiederhole das, er will nicht, dass unsere Truppen da mit hineingezogen werden. Haltet die Augen offen, und vor allem kein Abenteurertum!«

Zur gleichen Zeit tagen im Stasihauptquartier an der Normannenstraße Erich Mielke, seine Stellvertreter, der Leiter der Volkspolizei, der Innenminister Egon Krenz sowie Günter Schabowski. Auch sie sind davon überzeugt, dass weitere Unruhen bevorstehen. Noch an diesem Tag, um genauer zu sein. Das zumindest ist die zentrale Aussage im Bericht des Generals Rudolf Mittig, der seine Informationen von den stets zuverlässigen, von Heinrich Knopf abgeschöpften Quellen bezieht. »Wie Sie wissen, ist es den Provokateuren nicht gelungen, den ordnungsgemäßen Ablauf der Feiern am Palast der Republik zu stören. Sie wurden abgedrängt ...« Während Mielke sich brüstet, schiebt Krenz Schabowski heimlich einen Zettel zu – das Ergebnis seiner nächtlichen Denkanstrengungen: Ein Textentwurf, in dem die jüngsten Ereignisse erklärt werden und den er schnellstmöglich dem Politbüro unterbreiten und im *Neuen Deutschland* veröffentlichen will.

»Alles murrt, Egon: Der sozialistische Staat und die öffentliche Ordnung sind ernstlich bedroht. Wir müssen einschneidender reagieren und dem Volk die Hand reichen, anstatt nichts zu tun und keinerlei Risiko einzugehen. Die Zeit läuft gegen uns: Je mehr die Gewalt zunimmt, desto größer wird das Risiko, dass unser Plan eines sanften Übergangs scheitert«, flüstert der Erste Sekretär der Berliner SED, den die erste Version seines Kollegen nicht sonderlich überzeugt hat. Krenz seufzt: Schabowski hat nicht unrecht, er muss einen Schritt weiter gehen.

Die beiden Apparatschiks machen sich ans Werk; sie wägen jedes Wort, noch das nebensächlichste Komma. So gelingt ihnen ein Stück vorbildlicher sozialistischer Rhetorik, in das drei Spitzen gegen Honecker eingeflossen sind. Sie stellen fest, dass die Situation der Medien und der Versorgung »unbefriedigend« sei, beklagen die Ausreise von DDR-Bürgern und räumen schließlich ein, dass die Ursache des sommerlichen Exodus in der DDR und sonst nirgends zu suchen sei. Krenz und Schabowski sehen einander an: Trotz aller Vorsicht ist dieser Text eine schallende Ohrfeige für die Politik Honeckers. Ein direkter Affront.

Nun müssen sie ihre Karten auf den Tisch legen: Wenn sie ihren Text übermorgen im Politbüro präsentieren wollen, müssen sie ihn zuvor Erich vorlegen. Krenz wählt die Nummer der Honeckers in der Waldsiedlung. Er lässt es einmal, zweimal läuten, dann legt er rasch wieder auf. Mit hochrotem Kopf fängt er erneut an und holt tief Luft.

»Weißt du, Günter, ich glaube, sie sind nicht ...«

»Hallo?«

»Guten Tag, Margot. Schöner Sonntag, nicht? Und das Fest gestern Abend, das war großartig. Kannst du mir sagen, ob Erich zufällig im Haus ist?«

»Deine Stimme klingt so seltsam, Egon. Alles in Ordnung?«

»Ich habe mich erkältet, Freitagabend, während des Umzugs der FDJ. Aber es geht schon, danke. Erich ...?«

»Hallo Egon, welch glücklicher Zufall verschafft mir die Ehre?«

»Erich, ich habe da den Entwurf für eine Erklärung, die ich schnellstens dem Politbüro unterbreiten möchte.«

»Schau an, schau an, das ist ja sehr merkwürdig. Und an

einem Sonntagmorgen, wo du doch gern bis in die Puppen schläfst! Lass es mir schnellstmöglich zukommen, und dann unterhalten wir uns darüber.«

Alea iacta est. Schabowski macht sich davon: Mielke hat ihn gebeten, ihm für die Demonstrationen dieses Tages seine örtlichen Agitatoren zur Verfügung zu stellen.

Allein in seinem großen Büro kann Krenz nur eine kurze Pause genießen, ehe er den Rückruf Honeckers empfängt:

»Wie kannst du es wagen! Nicht nur deine ›Erklärungen‹, wie du das nennst, sind falsch, nein, dieser Text ist auch gegen mich gerichtet. Ich weiß genau, was du da heimlich anzettelst. Übrigens, den Fackelzug hast du torpediert, und du hast auch die von der FDJ dazu gebracht, ›Gorbi! Gorbi!‹ zu rufen, um mich zu demütigen. Pass nur auf, Egon. Dieser Text wird im Politbüro nicht erörtert werden!«

Krenz protestiert, versichert, dass er ihm nur das Beste wünsche, widersetzt sich dem Greis.

»Nun gut, Egon, wie du willst. Wir sehen uns morgen früh bei mir, um das zu besprechen.«

»Herzhaft! Und wenn ich euch so ansehe, dürfte euch eine kleine leckere Platte überaus guttun«, amüsiert sich Ilse, während sie sich am Herd zu schaffen macht. Für Marina und Klaus ist es eine lange und offensichtlich feuchtfröhliche Nacht gewesen. Sie haben zu den Rhythmen eines Diskomoderators der Klasse S[1] abgetanzt, und der hat ihnen eine erste Ahnung von Acid House verpasst. S'Express ... Voll die Dröhnung!

---

1 In der DDR mussten sogar die DJs Examina ablegen und Bescheinigungen erwerben, um ihre Talente ausüben zu dürfen. Es gab vier Klassen von DJs: Die der Klasse S waren die besten und konnten im gesamten Land arbeiten, sofern sie die vorgegebenen Quoten der Partei einhielten: 60 Prozent Musik aus Ostdeutschland oder dem kommunistischen Block, 40 Prozent »nichtsozialistischer« Musik.

Bei seiner Ankunft hat Klaus einen guten Eindruck gemacht, weil er der Mutter seiner Freundin eine Schachtel Pralinen überreicht hat. Doch die fängt an, ihr Urteil zu revidieren: Der Typ, in dumpfes Schweigen gehüllt und den Kopf tief über dem Teller, hat doch glatt das Freundschaftsbier ausgeschlagen, das ihr Mann ihm angeboten hat. Dagegen haben bei Marina schon ein paar Schlucke ausgereicht, sie wieder voll in Schwung zu bringen. Sie erzählt mit gespielter Empörung, dass Klaus ihr am Abend vorgeschlagen habe, zum Fest des Volkes zu gehen. »Also nein, das ist ja völlig daneben, hast du sie noch alle? Gut, als ich noch kleiner war, allenfalls mal, um ein wenig Taschengeld zu kriegen: Zehn Mark für das Rumtragen eines kleinen Spruchbands, 20 für das große, beim Fest der Arbeiter oder für den Tag der Republik. Aber bei dem Durcheinander jetzt, nicht für alles Gold der Welt würde ich beim Volksball einen Fuß rühren.«

Mit einem Lächeln auf den Lippen quatscht Marina drauflos oder summt leise vor sich hin. Hinter ihrer guten Laune verbirgt sich etwas, davon ist ihre Mutter überzeugt.

Bei einem Spaziergang an der frischen Luft, Arm in Arm, in den unermesslichen Rapsfeldern hinter dem Haus, werden sie endlich richtig wach.

»Klaus, was hast du morgen vor?«

»Na ja, in der Fabrik malochen, warum?«

»Weil du mit mir nach Leipzig kommen wirst«, sagt sie und nimmt seine Hand. »Da soll eine große Demonstration stattfinden. Mein Bruder war letzten Montag dort und ist schwer beeindruckt zurückgekommen. Er sagte, es seien an die 20 000 Leute gewesen; sie haben gesungen, sich an den Händen gehalten und rund um die Nikolaikirche Kerzen angezündet. Alles spielt sich da unten ab. Ich werde da hingehen, Klaus, und du musst mitkommen.«

Seit der ersten großen Montagsdemonstration am 25. September ist Leipzig zum Zentrum des Protests geworden, aber Klaus bleibt skeptisch. Von den abendlichen Montagszusammenkünften ist ihm vor allem die gewalttätige Reaktion der Polizeikräfte in Erinnerung geblieben. Es hat Schlägereien gegeben. Verlegen murmelt er was von viel Arbeit und vom üblen Charakter seines Vorgesetzten ...

Aber Marina ist nicht in der Stimmung; so leicht gibt sie nicht auf: »Steht es dir etwa nicht bis hier, deinen Urlaub auf vergammelten Campingplätzen in der Tschechoslowakei zu verbringen? Träumst du vielleicht nicht davon, auf Mallorca oder in Rimini mit mir schwimmen zu gehen? Klaus, ich will in Freiheit leben, mein Abi machen und an der Uni studieren. Niemand soll mehr für mich Entscheidungen treffen, schon gar nicht die alten Knacker von der Partei. Das ist alles vorbei! Und ich werde das Land nicht verlassen, um all diese Möglichkeiten zu bekommen. Wir haben gar keine Wahl: Morgen müssen wir nach Leipzig!«

Zum Schluss drückt sie die Lippen auf den Mund von Klaus. Er kann sich nicht mehr entziehen: Er willigt ein, mitzukommen.

Vera ist am Morgen zur Gethsemanekirche gegangen, wo die Umklammerung durch die Ordnungskräfte nicht gelockert worden ist. Drinnen schwebt ein strenger Geruch nach schmutzigen Füßen, Schweiß, kaltem Tabakrauch. Fettiges Haar, erschöpfte Gesichter, Schlafmangel ... Sogar Sven scheint sich von den Ereignissen des Vorabends noch nicht erholt zu haben. Man stellt eine Liste der Verschwundenen zusammen, die Stunde um Stunde länger wird. Was ist mit Kirstin? Arbeitet ihre Mitmieterin, die Krankenschwester, heute in der Klinik? Sie glaubt es nicht. Nachdem sie weitere zwei Stunden gewartet hat, hält sie es nicht mehr aus und lässt die erdrückende Stimmung in dem Gotteshaus hinter sich, um ihre Eltern zu besuchen.

Kaffee, Kuchen, Umarmungen, auch ein paar Tränen – ihre Mutter ist so sehr besorgt. Als Vera wieder geht, versuchen ihre Eltern nicht, sie zurückzuhalten, weil sie wissen, das ist verlorene Liebesmüh: Ihre Tochter hat eine Mission, und sie bewundern ihre Entschlossenheit. Sie springt in eine Straßenbahn, um so schnell wie möglich aus Weißensee mit seinen Plattenbauten wegzukommen, diesem Viertel der Kleinbürger und verbrauchten Funktionäre, vor denen sie geflohen ist, seit sie erwachsen wurde.

Sie steigt aus der Straßenbahn und geht zu Fuß weiter. Sie ist nicht mehr weit von der Gethsemanekirche entfernt – es sind kaum noch 80 Meter –, als sie an der Kreuzung Pappelallee und Stargarderstraße vor einem Gründerzeitgebäude mit Ziergiebeln und Wasserspeiern eine Ansammlung von einigen Hundert Leuten entdeckt. Keine Punks, keine langhaarigen Ökos, sondern ehrenwerte Bürger, die still gegen die Gewalt der letzten Tage demonstrieren. Ein paar Stunden zuvor sind es erst einige Dutzend gewesen – Vera hat sie im Vorübergehen bemerkt. Im Augenblick haben sie sich zwischen brennenden Kerzen, deren Wachs sich auf dem Pflaster verteilt, rund um einen Samowar versammelt und futtern Stullen. Einige Meter von ihnen entfernt stehen Reservisten der NVA, die sich sichtlich unwohl fühlen, und Kerle von der Stasi, die die Schultern kreisen lassen und die Leute anstarren, um sie einzuschüchtern. Vera setzt sich mit ihnen auf das Trottoir.

Die Spannung ist mit Händen zu greifen. Vera beobachtet die Typen von der Stasi, die sich den ersten Reihen der Protestierenden bedrohlich nähern und auf den kleinsten Anlass lauern, um loszuschlagen. Plötzlich stürzt sich von Osten her eine Schwadron Polizisten im Kampfanzug auf sie, gepanzert mit eindrucksvollen Ellenbogen- und Knieschonern und rhythmisch mit den Gummiknüppeln auf ihre Schutzschilde trommelnd. Bei den Protestierenden bricht Panik aus. Voller Schrecken laufen sie davon, doch die Straßen im Umkreis sind abgesperrt. Stasi und Polizei, vor allem jedoch die Stasileute, drängen wie Bulldozer vorwärts. Vera türmt sofort. Aber wo soll sie hinlaufen? Sie dreht sich um und sieht, dass vier Mann hinter ihr her sind – Polizisten, noch dazu ganz junge, die von ihrer schweren Ausrüstung behindert werden. Sie rennt schneller und holt eine kleine Gruppe Männer ein, die völlig außer Atem sind. Einer droht zusammenzubrechen, da ruft eine aus einem Gebäude kommende Stimme: »Schnell, kommt hier rauf, ich mache euch die Tür auf!« Vera und ihre Fluchtgefährten nehmen die Stufen in langen Sätzen. Im dritten Stock ist eine Tür offen, und sie stürzen sich in dem Augenblick in die Wohnung, in dem die Polizisten in das Gebäude eindringen. Die Flüchtigen hören, wie die Treppen unter ihren Schritten beben. Ihr Retter, ein Mann in den Dreißigern, hat an dem Sit-in teilgenommen, ehe er nach Hause gegangen ist, weil er spürte, wie ein anderer Wind aufkam. Wortlos stellt er einige Gläser auf den niedrigen Tisch des Wohnzimmers und holt eine Flasche Pfirsichlikör heraus, während seine Gäste sich in höchster Eile die Schuhe ausziehen und sich auf die Kanapees lümmeln. Sie löschen das Licht. Jemand schlägt gegen die Tür. Grabesstille im Raum. Die Schläge werden stärker, bis die Türangeln fast nachgeben.

Unter den Gewölbebögen der Gethsemanekirche drängt sich eine riesige Menschenmenge. Manche, die am Gottesdienst um 18 Uhr teilnehmen, sitzen auf der Orgelempore; nachdem

Pastor Albani die Namen der in den letzten Stunden von der Polizei festgenommenen Gefährten aufgerufen hat, lauschen 3000 Menschen andächtig seiner Predigt. Sogar die Ungläubigen scheinen den Himmel anzuflehen. »Wer dem Nächsten willkürlich die Freiheit entzieht, schließt für sich selbst rasch alle Auswege«, verkündet der Geistliche mit dem Palästinensertuch um den Hals. Seine Worte spenden den Gläubigen Trost. Der Glaube an Gott, an die Menschen, an die Vorsehung – das ist allen ein großes Bedürfnis. Abgesehen von wenigen Ausnahmen hat fast jeder einen Verwandten oder Freund, von dem er seit 24 Stunden nichts mehr gehört hat. Die Regierung hat ihnen keinerlei Zugeständnisse gemacht, es kennt nur Unterdrückung: Am 7. September sind in Berlin 80 Personen verhaftet worden, am 18. hat man in Leipzig an die 100 weitere festgenommen, Anfang Oktober folgen brutale Auseinandersetzungen in Dresden, Magdeburg und erneut in Leipzig, Dutzende sind zu mehrmonatigen Gefängnisstrafen oder zu hohen Geldbußen verurteilt worden. Und dann dieses Jubiläumswochenende, an dem die Gewalt der Ordnungskräfte ihren Höhepunkt erreicht hat.

Kirstin hat mehr Glück im Unglück: Nach 24 Stunden Untersuchungshaft hat man sie gerade entlassen. »Ich musste mich für alles rechtfertigen – warum ich ein schwarzes T-Shirt trage, warum ich einen Gorbatschow-Anstecker auf dem Pulli habe, warum ich Flugblätter der UB und der Kirche in der Tasche hatte. Das hat Stunden gedauert, und dann ließ man mich eine Erklärung unterschreiben, in der ich anerkenne, dass das Neue Forum gegen die Verfassung verstößt und die öffentliche Ordnung stört. Sie haben mir eindringlich klargemacht, dass ich strafrechtlich verfolgt werde, wenn ich mich mit dem NF identifiziere und seine Ideen verbreite«, berichtet sie der Gruppe, die sich um sie geschart hat.

»Wir haben eine Kraftprobe mit den Machthabern in Gang gesetzt. Es ist ein Machtkampf. Man muss mit allem rechnen. Aber eines ist sicher: Für einen Rückzug ist es zu spät«, stellt Barbara fest.

»Ich glaube, Gorbatschow ist unsere einzige Hoffnung«, sagt Kirstin und streichelt ihren Anstecker wie einen Glücksbringer.

»Gorbatschow lässt es geschehen, mischt sich aber nicht ein. Die Sowjets werden nicht zur Unterstützung der Regierung eingreifen. Andererseits kann man sich fragen, was Gorbatschow wirklich noch unter Kontrolle hat. Was werden die 400 000 in der DDR stationierten Rotarmisten machen? Hoffentlich nichts. Auf alle Fälle solltet ihr euch keine Illusionen machen: Gorbi wird uns nicht zu Hilfe kommen. Es wird uns übrigens überhaupt keiner zu Hilfe kommen. Alles hängt von uns ab.«

Eine Frau, bleich wie ein Gespenst, ergreift das Wort; ihre Stimme klingt gepresst, aber aggressiv:

»Mein Mann hat mir das gleiche Gewäsch erzählt: friedliche Revolution, Demokratie, Mahnwachen, Meinungsfreiheit, Kerzen ... Seit er gestern an der Demo am Alexanderplatz teilgenommen hat, ist er verschwunden. Es ist nicht herauszubringen, wo er sich befindet. Wir greifen einen Gegner an, der ein paar Nummern zu groß für uns ist: Die SED wird nie auch nur das kleinste Fitzelchen Macht abgeben.«

»Leider glaube ich, dass sie recht hat«, mischt sich ein Bursche im Trainingsanzug ein. »Warum riskieren wir so viel? Was will die schweigende Mehrheit in diesem Land? Okay, hier am Prenzlauer Berg ist die Bewegung beliebt. Aber in Hohenschönhausen? In Mitte[2]? Im übrigen Land?«

---

2 In Hohenschönhausen lebten viele Stasiagenten und kleine Funktionäre, in Mitte zahlreiche Parteikader.

Sven in seinem merkwürdigen Umhang mit der Aufschrift »Befreit Hansi Z.« wird das zu viel. Er geht hoch:

»Es gibt zwei Möglichkeiten: Entweder du bist eine treulose Tomate und willst eigentlich an die Uni, merkst aber endlich, dass es dich vielleicht teuer zu stehen kommt, wenn du hier mit uns in der Kirche bleibst, oder wir müssen uns fragen, für wen du eigentlich arbeitest.«

»Bitte?«

»Ja, kann es vielleicht sein, dass du für die Normannenstraße die Ohren aufhältst? Typen wie dich, die kennen wir schon lange: Ihr sorgt für Unfrieden, um uns zu schwächen. Übrigens hab ich dich noch nie hier gesehen...«

»Sag das noch mal!«

»Das reicht jetzt, alle beide«, geht Barbara dazwischen. »Sven, halt dich bitte zurück.«

»Nein, ich hab es so dick, mich manipulieren zu lassen, verflucht! Seit dem frühen Morgen höre ich alarmierende Gerüchte über die Demo morgen in Leipzig: Blutkonserven in Bereitschaft, man hat Klinikbetten freigemacht, die Kampfgruppen der Kombinate sind mobilisiert, man soll rund um die Stadt sogar Auffanglager eingerichtet haben... Wo stammen diese Gerüchte eurer Meinung nach her?«

Ein sichtlich bewegter Mann in einem zu engen, an den Ellenbogen abgewetzten Anzug drängt nach vorn, um etwas zu sagen:

»Hört zu, ich bin seit 25 Jahren Parteimitglied, und es widert mich an, was da zurzeit alles passiert. Noch vor ein paar Monaten sind mir eure Aktionen ziemlich übel vorgekommen. Heute weiß ich, dass ihr keine Feinde seid, und ich habe Sympathie für euch. Die Regierung sollte sich schämen dafür, dass es Jagd auf euch macht und euch wie die Hasen hetzt. Mit der Polizei! Mit der Volkspolizei! Das ist eine Katastrophe für unser Land! Mein Vater war überzeugter Antifaschist und ist deportiert worden; ich selbst habe lange geglaubt, mit dem Militarismus seien wir fertig. Mir sind die Augen aufgegangen: Ich habe kein Vertrauen mehr in unseren Staat und seine pseudohumanistischen Werte. Glaubt mir: Ihr seid nicht allein. Es gibt eine Menge Leute, speziell aus meiner Generation und sogar in der Partei, die Gewalt verurteilen und sich in dieser Politik nicht wiederfinden.«

Alle blicken anerkennend auf den etwa 50-Jährigen mit dem leichten Bauchansatz. Sven schüttelt ihm herzlich die Hand, und seine Züge entspannen sich.

»Ihr habt keine Ahnung, wie viele Jahre ich schon darauf hoffe, so etwas von einem Parteimitglied zu hören«, gratuliert ihm Barbara. »Für uns Ostdeutsche, für viele Ostdeutsche, ist die Zeit gekommen, in der wir der Möglichkeit ins Auge sehen müssen, für unsere Ideen ins Gefängnis zu wandern. Je mehr Leute uns unterstützen und auf die Straße gehen, desto schwieriger wird es für die Polizei, Gewalt anzuwenden. Das ist unsere Stärke. Aber unter einer Bedingung: Gewaltlosigkeit. Wir sollten unsere Bemühungen nicht dadurch entwerten, dass wir uns von Provokateuren hinreißen lassen. Für dieses Spiel sind wir sowieso nicht gerüstet: Da werden sie immer als Sieger vom Platz gehen, immer … Morgen wird Leipzig vielleicht zum entscheidenden Wendepunkt. Wir werden sehen, ob die Bevölkerung in ihrer Mehrheit den Mut hat, der Macht zu trotzen. Glaubt mir, selbst wenn das naiv erscheinen mag, aber ich bin zuversichtlich!«

Plötzlich gellen Schreie: Die Kirche ist umstellt!

Ein paar Hundert Kilometer entfernt wird ein anderer Mann ebenfalls von Zweifeln geplagt. In seinem Büro im Bonner Kanzleramt macht Helmut Kohl sich Sorgen. Er fürchtet die Fortsetzung der Ereignisse in der DDR. Er möchte gern glauben, dass Honecker und seine auf Militär und Polizei gestützte Kamarilla nicht so weit gehen werden und Truppen einsetzen, um die morgige Demonstration in Leipzig niederzuschlagen. Rudolf Seiters, im Kanzleramt zuständig für innerdeutsche Fragen, ist der gleichen Meinung: Gorbatschow wird jeden Waffeneinsatz untersagen, und mangels sowjetischer Unterstützung wird die ostdeutsche Armee nicht ausrücken. Die Gewaltausbrüche des Wochenendes zeigen Stunde um Stunde, dass die Lage möglicherweise bald kippen könnte. Ein Steinwurf würde vielleicht ausreichen oder eine außer Kontrolle geratende Auseinandersetzung. In diesem Fall würde die DDR definitiv destabilisiert werden, und Zehntausende von Flüchtlingen würden gegen die Pforten der BRD anbranden. Was so viel hieße wie schwerste Probleme, und das ein Jahr vor der Wahl, die nach allen Umfragen nur sehr schwer zu gewinnen sein wird.

Seit ein paar Wochen ist der gewöhnlich so ruhig wirkende Helmut Kohl wie im Fieber; seine Emotionen gewinnen die Oberhand. Er muss etwas unternehmen, um diesen Ablauf in geregelte Bahnen zu lenken; die benachbarte Regierung muss unter Druck gesetzt, aber auch gemäßigt werden – er weiß, es steckt in schlimmsten finanziellen Schwierigkeiten: Die BRD sorgt weiterhin für den Unterhalt ihres mit allen Wassern gewaschenen Bruderstaats, und dieser versucht seinerseits, ihr immer mehr Devisen abzuzwacken. Kohl verachtet diese kleinen Apparatschiks, und er hat die DDR stets für einen grundsätzlich illegitimen Staat gehalten. Nur weil er die Zwistigkeiten leid war, hat er sich dazu bereitgefunden, die Ostpolitik seiner sozialdemokratischen Vorgänger fortzusetzen.

Er arbeitet an einer Erklärung, die er morgen vor der Demonstration in Leipzig verlesen will, damit eine neue Eskalation der Gewalt um jeden Preis vermieden wird. »Solidarität gegenüber der aufrechten und mutigen Bevölkerung. Festigkeit gegenüber den Führern, die in vollem Umfang für die Verschlechterung der Lage verantwortlich sind. Innerer Frieden und Stabilität lassen sich jedenfalls nicht durch Gewalt und Bevormundung der Menschen gewährleisten! Lösung: Die Regierung ist aufzufordern, dass es endlich Reformen einleitet und sich um die Bedürfnisse und Sorgen seiner Bürger kümmert. Lockmittel: der Tresor unserer reichen Bundesrepublik. Ankündigung: Die westdeutsche Regierung ist bereit, die grundlegenden politischen, sozialen und wirtschaftlichen Reformen, die die DDR einleiten wird, entschlossen und in vollem Umfang zu unterstützen.«

Die Eskalation wird von Erich Mielke im Hauptquartier an der Normannenstraße geplant. Seit dem Spanischen Bürgerkrieg hat der 81-Jährige keine solche Begeisterung mehr verspürt – damals hatte er auf Befehl Stalins an den Fronten Kataloniens und Asturiens die Anarchisten und Trotzkisten der Internationalen Brigaden liquidieren lassen. Er überarbeitet seine »Alarmstufe Rot«, mit der den Sicherheitstruppen die Erlaubnis zum Töten gegeben wird:

»Durch die zügellose Hetz- und Verleumdungskampagne des Gegners und verschiedene massive Einmischungsversuche hat sich die politisch-operative Lage im Inneren der DDR erheblich verschärft. Es verschärfen sich die Erscheinungen und damit verbundenen Gefahren der Zusammenrottung feindlich-negativer Kräfte [...] Zur konsequenten und wirksamen

Zurückdrängung/Unterbindung aller diesbezüglichen Handlungen und Aktivitäten weise ich an:

Für alle Diensteinheiten besteht bis auf Widerruf entsprechend der Anweisung 1/89, Ziffer II, ›volle Dienstbereitschaft‹. Angehörige, die ständig Waffenträger sind, haben ihre Dienstwaffe entsprechend den gegebenen Erfordernissen ständig bei sich zu führen.

Die [...] getroffenen Festlegungen zur Überprüfung und Bereitstellung der erforderlichen Kräfte und Reserven sind nochmals unter der gegenwärtigen Lageentwicklung zu präzisieren. Es sind ausreichende Reservekräfte bereitzuhalten, deren kurzfristiger Einsatz auch zu offensiven Maßnahmen zur Unterbindung und Auflösung von Zusammenrottungen zu gewährleisten ist.

Mobilisierung der Betriebskampfgruppen und Bereitstellung der Krankenhäuser, damit große Mengen Verwundeter aufgenommen werden können ...«

Kurz betrachtet Erich Mielke die Replik der Totenmaske Lenins auf seinem Schreibtisch, ehe er seinen Alarm der Stufe Rot feierlich unterzeichnet. Er wird sofort an alle lokalen Führungsstellen von Partei und Stasi weitergeleitet.

Wjatscheslaw Kotschemassow hat den ganzen Nachmittag in der Botschaft gearbeitet und ist vor einem Berg diplomatischer Telegramme fast eingeschlafen, als das Telefon klingelt. Am anderen Ende der Leitung ist Egon Krenz.

»Erich hat mich gebeten, mit der Armee und der Polizei die ›notwendigen Maßnahmen‹ zu der für morgen geplanten Demonstration in Leipzig zu koordinieren.«

»Am wichtigsten ist es, ein Blutbad zu vermeiden, Egon. Ich gebe dir einen kategorischen Rat: Auf keinen Fall repressive Mittel einsetzen, und auf keinen Fall die Armee.«

»Klar, einverstanden, Wjatscheslaw, das ist undenkbar«, erwidert Krenz mit einem Seufzer der Erleichterung. »Übrigens ... was ich dir sagen wollte ...«

»Ja, Egon?«

»Nichts, nichts, entschuldige, ich muss los. Wir reden später darüber.«

›Krenz ist nicht sauber. Er brütet etwas aus‹, sagt der sowjetische Botschafter zu sich, nachdem er aufgelegt hat. Sofort ruft er den Generalstab der sowjetischen Streitkräfte in der DDR an: »Haltet eure Kräfte morgen aus Leipzig heraus, und instruiert die Leute in den Kasernen dahingehend, dass sie möglichst alles unterlassen sollen, was antisowjetische Provokationen auslösen könnte.«

Pastor Albani verschränkt die Arme, beugt sich nach vorn und wieder zurück und reibt sein Ohr. Nachdem er auf der Freitreppe der Gethsemanekirche eine halbe Stunde lang mit einem General in Uniform diskutiert hat, ergreift er ein Megaphon: »Sie haben die Erlaubnis, nach Hause zu gehen, vorausgesetzt, Sie begehen keine Tätlichkeiten gegen die Ordnungskräfte. Unter dieser Bedingung verpflichten sich Letztere, Sie alle ungehindert passieren zu lassen.« Die vielen Tausend Besetzer der Kirche sehen einander schweigend und ungläubig an. Als Albani seine Ankündigung wiederholt, fangen alle zusammen zu reden an. Die Aussicht, nach Hause gehen und so billig davonkommen zu können, ruft bei den meisten große Erleichterung hervor. »Zu einfach, ich versteh das nicht«, grummelt Emma, die beruhigt ist, weil sie ihre Freundin Barbara gesund und munter wiedergetroffen hat. Den Leuten Erich Mielkes kann man auf keinen Fall vertrauen, umso weniger, weil es als einzigen Ausweg nur die kleine Brücke über die Bahnlinie hinter der Kirche gibt – eine richtige Mausefalle. Emma zögert – ihre besorgten Söhne erwarten sie sicher zu Hause –, dann beschließt sie, in dem Gotteshaus zu bleiben.

Plötzlich erregt ein hereinkommender Jugendlicher Aufsehen. Er ist ernstlich an der Hand verletzt, doch es ist ihm gelungen, den Sicherheitskordon zu durchbrechen, um seine Gefährten zu warnen: Am Ende der Brücke wartet die Stasi auf sie; ein paar Dutzend Leute sind schon festgenommen worden. Für Emma steht nun fest, dass sie rausgehen und den Ordnungskräften trotzen müssen, um sich mit ihren Mitstreitern solidarisch zu zeigen. Knapp 100 Mutige erheben sich. Sie verlassen die Kirche, Kerzen in der Hand wie bei einer Prozession, und durchschreiten die Sperren der Ordnungskräfte, die angesichts dieser merkwürdigen Pilger sprachlos sind und sie ziehen lassen. An der Kreuzung Stargarderstraße und Schönhauser Allee setzen sie sich in einem mittlerweile gut eingeübten Ritual – Sit-in, Kerzen auf dem Gehweg – nieder und nehmen dicht aneinandergedrängt ihre bevorzugten Sprechchöre wieder auf: »Keine Gewalt!« und »Schämt euch!«, wobei sie die Schläger, die sich vor ihnen aufgebaut haben, direkt ansehen.

In ihrem vorläufigen Versteck verbringt Vera eine verrückte Nacht. Die Polizisten haben geläutet, gebrüllt, immer stärker gegen die Tür gehämmert – die hat gebebt, aber standgehalten – und schließlich aufgegeben. Sie sind sicher zu dem Schluss gekommen, dass sie an diesem Abend mit dem Geruch nach Bürgerkrieg Besseres zu tun hätten. Nachdem die Furcht gewichen ist, haben sie und ihre Gefährten Bekanntschaft geschlossen; der Pfirsichlikör hat die Zungen der wie durch ein Wunder Geretteten gelöst. Aufgrund eines merkwürdigen Zufalls sind sechs der acht Flüchtlinge Busfahrer, die das Wohnzimmer schnell in eine surreale Gewerkschaftsdependance verwandeln… Vera brennt darauf, wieder auf die Straße zu gehen, doch das erscheint selbst für Draufgänger ihres Schlages gefährlich. Die Leute von der Stasi gehen zu regelrechten Razzien über. Jedes Mal, wenn sie auf Zehenspitzen ans Fenster geht, beobachtet sie ausnehmend gewalttätige Szenen.

Kaum 100 Meter von Veras Zuflucht entfernt durchleben Emma und ihre Gefährten einen dramatischen Augenblick. Die Polizisten sind, um sie stärker zu provozieren, näher an sie herangerückt. Hinter ihnen heulen und kläffen die Hunde, denen man die Maulkörbe abgenommen hat, aus Leibeskräften. Plötzlich gehen die Leute der Stasi zur Seite und machen einem der Schneepflüge der Armee Platz. Das stählerne Monstrum fährt langsam weiter und zerquetscht dabei die Kerzen. Als es nur noch zwei Meter von den Protestierenden entfernt ist, springen diese hastig auf und rennen in Richtung S-Bahn, verfolgt von den Bullen, die blindlings ein halbes Dutzend von ihnen herausgreifen. Emma und eine andere Frau retten sich rechtzeitig zur Station, doch deren Eingang wird von einem jungen Wehrpflichtigen versperrt. Sie flehen ihn an, verweisen auf ihre vielen Sprösslinge, lassen abwechselnd Lächeln und Tränen wirken – vor allem Emma, die sich ganz auf ihre großen hellblauen Augen verlässt. Der anfangs unbeugsame Wachtposten lässt sich schließlich erweichen.

Die beiden Flüchtenden eilen die Treppe hoch auf den verlassenen Bahnsteig und fluchen auf den verdammten S-Bahn-Zug, der nicht kommen will. Sie beschließen, zu Fuß zu flüchten. Doch der Ausgang ist durch einen quergestellten LKW versperrt. Am Fuß der Treppe warten Männer mit Hunden auf sie. In großen Sätzen rennen sie wieder nach oben, Emma verpasst eine Stufe und fällt fast hin. Plötzlich hören sie den Zug in die Station einfahren. Sie hasten auf den Bahnsteig und kommen genau in dem Augenblick an, als die Waggons sich wieder in Bewegung setzen. Sie schreien aus Leibeskräften, fuchteln mit den Armen, laufen am Zug entlang. Im letzten Moment bemerkt der Zugführer sie, hält kurz an und öffnet die Tür des letzten Wagens. Dann verschwindet der Zug in der Nacht.

6 Stadt in Angst

Leipzig, Montag, 9. Oktober 1989

Es ist kurz vor acht Uhr, und Martin hat gerade noch Zeit, einen Kaffee zu trinken, ehe er sich um seine Patienten kümmern muss – alte Menschen, die in einem zum Kirchenbezirk Leipzig gehörenden Pflegeheim untergebracht sind. In seinen Pausen beobachtet der junge Pflegehelfer gern das benachbarte Polizeirevier – das Kommen und Gehen der Polizisten im Hof, die Schritte der Missetäter mit den Handschellen um die Gelenke. An diesem Morgen herrscht ungewöhnliche Aufregung. Man rennt, es wird gebrüllt, das sieht nach großen Truppenbewegungen aus. Am Ende des Hofes verstärken Mechaniker und Arbeiter die seitliche Panzerung der Lastwagen und befestigen vorne Gitter aus gehärtetem Stahl.

»Dann ist es also wahr«, murmelt Martin. Bis jetzt hat er die Gerüchte, die in letzter Zeit durch Leipzig schwirren, nicht glauben wollen. Er hat nur mit den Schultern gezuckt, als er drei Tage zuvor in der *Leipziger Volkszeitung* die Erklärung des Kommandeurs einer Brigade der Betriebskampfgruppen las, dass »Recht und Ordnung ein für alle Mal und nötigenfalls mit Gewalt und der Waffe in der Hand wiederhergestellt« würden.

Und tatsächlich kommen die Leute der Stasi im ganzen Land mit der Waffe in der Hand aus den Waffenkammern.

Die von Mielke ausgegebene »höchste Alarmstufe« hat alle Ordnungskräfte der DDR in Bewegung gesetzt. In Berlin hat Heinrich Knopf seine Walther PP im Pistolenhalfter unter seinem Anzug untergebracht. In den Polizeirevieren und Kasernen Leipzigs ist die Zeit für die Einweisung gekommen.

Die Sitzung läuft überall gleich ab. Man projiziert moralstärkende Dias und Propagandafilme: Volkspolizisten, die bei lebendigem Leib verbrennen, Straßenschlachten, bei denen entfesselte Meuten gegen die Ordnungskräfte vorgehen. Diese Bilder beeindrucken altgediente Bereitschaftspolizisten ebenso wie junge Wehrpflichtige. Anschließend halten die Offiziere eine Ansprache:

»Sie oder wir. Heute, Genossen, ist die Konterrevolution auf der Straße, und wir stehen einer schwerwiegenden Bedrohung gegenüber, vergleichbar jener, die die VR China vor vier Monaten erschüttert hat. Die Demonstration heute Nachmittag wird ganz anders sein als die der früheren Montage. Wir werden mit Extremisten zu tun haben, die zu allem fähig sind, um die Regierung zu stürzen. Diese Ganoven sind mit Helmen ausgestattet und mit Steinen und Stöcken bewaffnet. Wir betonen es noch einmal: Heute sind es die oder wir!

Diese Umtriebe sind ein für alle Mal abzustellen. Wir werden nicht an den Ausgängen der Kirchen und in der Fußgängerzone der Stadtmitte zuschlagen. Dafür werden wir, sobald die Demonstranten den Ring erreicht haben, die Versammlung zerstreuen. Auf Höhe Ostknoten, an der Kreuzung Georgiring und Bahnhofsplatz, wird abgeriegelt, damit wir die radikalen Elemente zum Schwanenteich zurückdrängen können. Dort wird das Gros unserer Truppen zusammengezogen. Rund um den Hauptbahnhof, vor der Hauptpost und dem Rundfunk- und Fernsehsender sind Einheiten der Volksarmee und Panzer postiert. Im Falle eines Angriffs schlagen Sie unter Einsatz der Waffe zurück. Sie haben mich richtig verstanden: Sie können von der Schusswaffe Gebrauch machen. Dazu müssen Sie wissen, dass Sie in bereitgestellten LKWs in der Nähe geladene Kalaschnikows vorfinden werden. Ab sofort beziehen einige Hundertschaften von Ihnen in den Straßen und auf den Bahnsteigen Stellung: Potenziell verdächtige Personen müssen aufgehalten und zurückgedrängt werden. Übrigens ist es allen Journalisten und speziell ausländischen Fernsehteams verboten, die Stadt zu betreten. Nach Einschätzung von General Straßenburg[1] dürften am Abend maximal 50 000 an der Demonstration teilnehmen. Wahrscheinlich ist aber nur mit 20 000 bis 30 000 Demonstranten zu rechnen. Insgesamt sind heute Abend 3100 Polizisten und 1500 Soldaten über die ganze Stadt verteilt; acht Hundertschaften der Betriebskampfgruppen stehen zur Ergänzung bereit, dazu zivile Einheiten der Stasi und unbewaffnete Parteimitglieder, die sich in die Menge mischen. Dieser Tag ist entscheidend für die Zukunft unserer sozialistischen Republik. Rührt euch, und fertig machen zum Einsatz!«

»Gut, Marina, wir müssen los, und zwar jetzt. Mag ja sein, dass wir nur 80 Kilometer von Leipzig weg sind, aber es wird sicher Straßensperren und Verkehrskontrollen geben. Jens und Leo müssten jeden Augenblick aufkreuzen. Was macht dein kleiner Freund?«

»Ich versteh das nicht. Er hat fast eine Stunde Verspätung … Warten wir noch ein Weilchen. Du wirst sehen, Gerhard, auch wenn Klaus nicht danach aussieht, er ist ein prima Kerl.«

---

1 General Gerhard Straßenburg war Polizeichef in Leipzig.

Marina wird immer nervöser, ihr Bruder ärgert sich, und Jens und Leo, die zu ihnen gestoßen sind, werden ungeduldig. Plötzlich läutet es an der Tür. Als die junge Frau den Briefträger auf der Schwelle stehen sieht, wird sie blass. »Ein Telegramm für Sie, Fräulein!«

»erkältet – stop – bettlägerig – stop – kann nicht kommen – stop – denke an dich – stop – bin mit dir – stop – von ganzem herzen – stop – dein kleiner klaus.«

In dem Wartburg, der bei jedem Schlagloch, dem Gerhard auszuweichen versucht, wegen schlaffer Stoßdämpfer ins Schlingern gerät, herrscht schlechte Stimmung. Mit durchgetretenem Gaspedal bemüht sich der Fahrer, die verlorene Zeit gutzumachen. Angesichts dessen, was vielleicht auf sie zukommt, sind Jens und Leo nicht besonders gesprächig. Marina ist nachdenklich und verflucht erst die Kolonnen der gepanzerten Fahrzeuge, die sie überholen, dann Erich Honecker und schließlich die Männer im Allgemeinen. Schneller als gedacht erreichen sie die Vororte von Leipzig, wo sie ihren Wagen abstellen. Um zur Nikolaikirche zu gelangen, müssen sie zuerst die belagerte Stadt durchqueren.

Dass das Gotteshaus zum Zentrum des Protests geworden ist, verdankt es vor allem einem wagemutigen Mann mit freiheitlicher Gesinnung, dem Pastor Christoph Wonneberger. Drei Jahre zuvor waren zum Friedensgottesdienst am Montagabend[2] nur eine paar Abweichler erschienen. Innerhalb weniger Monate machte Wonneberger daraus ein wöchentliches Stelldichein von Pazifisten, Umweltschützern, Menschenrechtsaktivisten und einer wachsenden Zahl von einfachen Bürgern, die hier ihre Beschwerden frei äußern

---

2 1982 wurde in der Nikolaikirche ein Gottesdienst abgehalten, mit dem gegen die zunehmende Militarisierung der ostdeutschen Gesellschaft protestiert werden sollte. Seitdem fand jeden Montag am Spätnachmittag ein »Friedensgottesdienst« statt.

konnten. Im Januar 1988, schockiert durch die Verhaftung mehrerer Oppositionellen anlässlich einer Berliner Gedenkveranstaltung zur Ermordung Rosa Luxemburgs[3], richtete er ein Koordinierungsbüro für die lokalen Oppositionsgruppen ein, das auch als Informationsquelle für westliche Medien diente. Unter dem Druck der Stasi musste sich Friedrich Magirius, Superintendent des Kirchenbezirks Leipzig Ost und zugleich Pfarrer an der Nikolaikirche, damals dazu durchringen, sich von dem impertinenten Pastor zu trennen.

Wonneberger war schon länger im Visier der Behörden – seit er angefangen hatte, durch die Länder des Ostblocks zu reisen. Der gutmütige, ruhelose *Peacenik* mit dem Schnurrbart war gerade in Prag, als 1968 die sowjetischen Panzer in die Stadt rollten; später hielt er sich in Polen auf, von Krakau bis Danzig und Warschau, wo er Jazzkonzerte besuchte und Kontakte zu den Oppositionsbewegungen vor Ort knüpfte. Mitte der Achtzigerjahre setzte er sich für die Einrichtung eines »Sozialen Friedensdienstes« ein – als Alternative sowohl zum herkömmlichen Militärdienst mit der Waffe als auch zum Dienst als nicht bei Kämpfen eingesetzter »Bausoldat[4]« in der NVA. Die Regierung und die Stasi wollen jedoch um keinen Preis Kriegsverweigerer aus Gewissensgründen zulassen: Wonnebergers Initiative wurde für verfassungswidrig erklärt; er handelte sich eine Gefängnisstrafe ein, und seine Vorgesetzten drohten ihm mit Abberufung, wenn er seine subversiven Tätigkeiten nicht einstellte.

---

3 Dissidenten war es gelungen, sich dem offiziellen Umzug anzuschließen und mit einem Transparent – »Freiheit ist immer die Freiheit der Andersdenkenden« – mitzumarschieren. Dem waren viele Verhaftungen gefolgt.

4 Der Dienst als Bausoldat wurde in den Sechzigerjahren eingerichtet. So konnten Wehrpflichtige die Ausbildung an der Waffe zwar vermeiden, doch trugen sie damit dennoch zu den militärischen Anstrengungen der DDR bei – beispielsweise durch den Bau von Kasernen. Bausoldaten waren auch in Kasernen untergebracht und mussten Uniformen tragen.

Am 9. Oktober 1989 fährt Christoph Wonneberger mit dem Fahrrad durch das Stadtzentrum Leipzigs. Er möchte sich selbst ein Bild davon machen, ob die Gerüchte, die er gehört hat, einen realen Hintergrund haben. Östlich des Rings stehen in den angrenzenden Gassen mehrere Kompanien der Bereitschaftspolizei BePo, und hinter der Oper beziehen rund um den Teich Lastwagen und Panzerfahrzeuge Stellung. Zutiefst beunruhigt zieht er sich zurück. Nach dem Erfolg der vorherigen Montagsdemonstrationen – seit einem Monat hat sich die Zahl der Demonstranten von Woche zu Woche verdoppelt – und der gewaltsamen Unterbindung von Wochenendversammlungen im ganzen Land muss mit dem Schlimmsten gerechnet werden. Zu Hause trifft er auf seine Mitstreiter vom Menschenrechtskreis. Alle haben die Truppenbewegungen bemerkt.

Leipzig soll nicht zum Tian'anmen Ostdeutschlands werden. Die für heute geplante Demonstration darf nicht in einem Blutbad enden. Wie am Abend zuvor verfassen sie mit Feuereifer neue Flugblätter. »Die Ordnungskräfte sind keine Feinde; Wir sind das Volk – ›wir‹, Polizisten und Demonstranten, sind das Volk; Gewalt ist keine Lösung; Partei und Regierung sind für die aktuelle Situation verantwortlich, doch es ist an uns, den Bewohnern Leipzigs, heute eine Eskalation der Gewalt zu verhindern. Davon hängt unsere Zukunft ab ...«

Ein paar 100 Meter entfernt sind die Anhänger des Neuen Forums voller Sorge. Wer könnte die Machthaber davon überzeugen, dass sie auf Gewaltanwendung verzichten? Nur eine moralische Autorität, die von den Parteispitzen ebenso respektiert wird wie von der Bevölkerung, könnte die Katastrophe verhindern. Plötzlich kommt ihnen eine offensichtliche Möglichkeit in den Sinn: Kurt Masur! Wieso haben sie nicht früher an ihn gedacht? Der Orchesterleiter ist ein erklärter Verfechter des Dialogs. Ende August hat er die Pforten des Gewandhauses[5] für die Einwohner Leipzigs geöffnet, damit sie nach der Absage eines Straßenmusik-Festivals durch die Behörden ihre Meinung äußern konnten. Es sind Künstler erschienen, aber auch Stasimitarbeiter und einfache Bürger, die neugierig darauf waren, unter Leitung des Maestros frei diskutieren zu können.

Mit kräftigem Bart, Stentorstimme, hohem Wuchs und athletischer Statur hätte Kurt Masur einen hervorragenden Darsteller in Sandalenfilmen à la *Ben Hur* abgegeben. Zwei Emissäre des NF, die etwas eingeschüchtert an die Tür seines Büros im Gewandhaus klopfen, erläutern ihm den Grund ihres Besuchs. Er beruhigt sie. Er liebt diese Stadt, in der er studiert hat, und würde niemals zulassen, dass eine Clique alter Männer und Generäle ihrem Namen auf ewig den Glanz nimmt. Auch er hält es nicht mehr aus. »Die Berliner Parade am Freitag war eine ebenso makabre wie groteske Farce«, sagt er. Er werde sein Möglichstes tun, um die gefürchtete Konfrontation zu verhindern. Doch er muss sich rasch verabschieden; seine Musiker erwarten ihn zur Generalprobe für das Konzert am Abend.

Kaum sind die letzten Takte der Zweiten Symphonie von Brahms verklungen, eilt Kurt Masur mit großen Sätzen wieder in sein Büro hinauf und ruft Kurt Meyer an, den Leipziger SED-Kultursekretär. Er setzt Vertrauen in den hohen Funktionär, der ihn bei seinen letzten triumphalen Tourneen in Japan und den Vereinigten Staaten begleitet hat. Dieser wird ihm gewiss genaue Informationen über die Pläne des Generalstabs liefern können, und vielleicht könnten sie ja, falls

---

5 Der bedeutendste Konzertsaal Leipzigs, zwei Minuten Fußweg von der Nikolaikirche entfernt am Karl-Marx-Platz gelegen.

notwendig, gemeinsam intervenieren. Der Sekretär ist keine große Hilfe, schwört aber, er werde schnellstmöglich zurückrufen. Kurt Masur kommt gerade in seiner Wohnung in der Hellerstraße an, als das Telefon klingelt.

»Das hört sich wirklich übel an. Aber am Telefon kann ich nichts sagen. Ich schlage vor, ich komme sofort mit den Parteigenossen Roland Wötzel und Jochen Pommert, dem Kabarettisten Bernd-Lutz Lange und dem Theologen Peter Zimmermann zu Ihnen. Wir müssen etwas unternehmen. Wir müssen gemeinsam versuchen, das Schlimmste zu verhüten.«

Masur schaut auf die Uhr. Bald 14 Uhr: Bis zum Beginn des Friedensgottesdienstes sind es kaum noch drei Stunden.

Martin hat seinen Dienst im Heim beendet und schwingt sich aufs Fahrrad, um wieder ins Zentrum zu gelangen. Im Hals kratzt ihn ein vertrauter Geschmack von Schwefel. Der gigantische, etwa 40 Kilometer entfernte Chemiekomplex Bitterfeld, wo man im offenen Tagebau Braunkohle abbaut und anschließend in überalterten Chemiekombinaten weiterverarbeitet, ist der Totengräber der zweitgrößten Stadt in der DDR. Die Luft ist voller Stickoxide und Schwefeldioxid; der Fluss Mulde ist zur Deponie verkommen, in die man Säuren und Chlorite, Phenole und Schwermetalle kippt. Nach einem Wehrdienst, in dessen Verlauf Martin permanenten Schikanen ausgesetzt war, weil er sich weigerte, die neuen Rekruten zu quälen, ist er durch das ökologische Desaster endgültig in die Arme der Opposition getrieben worden. Er durchquert das Stadtzentrum, und der Anblick der verlotterten Patrizierhäuser aus den Gründerjahren macht ihn wütend. Wenn er bedenkt, dass Leipzig vor dem Krieg eine wohlhabende und betriebsame Stadt gewesen ist, Verlags-

und Druckzentrum des Reiches ... Der Krieg und die anschließende Gründung der DDR haben das Ende des Goldenen Zeitalters eingeläutet. Die Glanzstücke der Industrie haben die Stadt verlassen und sich in Westdeutschland angesiedelt, während die Stadt, die aus Ostberlin keine Finanzmittel erhielt, allmählich untergegangen ist. Zweimal jährlich gewinnt Leipzig anlässlich der Messetermine etwas von seinem früheren Glanz zurück. Die Regierung investiert irrsinnige Summen, um den ausländischen Besuchern das Bild einer modernen, blühenden Stadt zu vermitteln, was regelmäßig den Zorn und die Frustration der von diesen Wochen des Überschwangs ausgeschlossenen Einwohner entfacht.

Die Kneipen und Geschäfte, an denen Martin vorbeifährt, haben die eisernen Rollläden heruntergelassen: Anordnung der Partei. Die Stadt wirkt wie ausgestorben – die Ruhe vor dem Sturm. Auf dem Burgplatz trifft Martin zwei Kampfgefährten, Joachim und Markus. Am 4. September haben sie die Messe genutzt, um vor den Kameras des Westfernsehens lautstark zu demonstrieren. Es war der erste Friedensgottesdienst nach den Ferien gewesen, und da hatten sie erstmals auch »Wir wollen bleiben!« geschrien, nicht mehr nur »Wir wollen ausreisen!«. Die Protestbewegung innerhalb der DDR war in Gang gekommen. Eine Woche darauf nahm die Stasi viele Demonstranten fest, darunter sechs der engsten Freunde Martins.

Jo und Markus sind leichenblass. Wie alle anderen haben sie gehört, dass eine gewaltsame Niederschlagung geplant ist, und wie alle haben sie Angst. Als Väter kleiner Kinder wissen sie nicht mehr, ob sie heute Abend mitmarschieren sollen. Auch wenn Martin sie verstehen kann, so hat er nicht vor, aufzugeben: Er hat weder Frau noch Kind, er ist wütend und er will seine Freunde schnellstmöglich aus dem Gefängnis holen. Er umarmt seine Kameraden und ballt die Fäuste: Heute oder nie muss das Volk seine Macht und seinen Zusammenhalt zeigen!

Als er den Vorplatz der Nikolaikirche erreicht, muss Martin, weil sich vor dem Gotteshaus schon eine unübersehbare Menschenmenge drängt, fast die Ellenbogen einsetzen. Man quatscht, man raucht, man versucht, seine Angst zu verbergen. Ein paar Wagemutige schreien: »Gorbi! Gorbi!« oder »Wir sind das Volk!«, doch die Mehrheit bleibt ruhig. Jemand hat ein Transparent entfaltet: »Bürger, keine unangemessene Gewalt, halte dich zurück und lass die Finger von den Steinen!« Martin kommt zu spät zur Informationsversammlung. Sie findet im Büro von Christian Führer statt, der gemeinsam mit Friedrich Magirius Pfarrer an der Nikolaikirche ist. Magirius leitet die Sitzung und wirft dem verspäteten Martin einen finsteren Blick zu. Der Superintendent sieht aus, als hätte er schlimme Tage hinter sich. Martin vertraut Magirius: Er hat von Anfang an die Basisgruppen der Dissidenten unterstützt, und obwohl er ständigen Pressionen der Stasi ausgesetzt ist, beschützt er sie in den Pfarreien im Osten Leipzigs seit Jahren.

»Meine lieben Freunde, dies ist eine schwere Stunde. Wäre ich Pessimist, würde ich sagen, sie ist fast verzweifelt. Alles deutet darauf hin, dass die Ordnungskräfte heute Abend von der Waffe Gebrauch machen werden. Auf jeden Fall haben sie die Erlaubnis dazu erhalten. Die Stadt ist von einer sehr großen Zahl bewaffneter Truppen eingeschlossen.«

Ein anderer Teilnehmer der Runde meldet sich zu Wort:

»Durch Zufall habe ich diesen Morgen mit Verantwortlichen der Sicherheitsorgane gesprochen, und obwohl man mich gebeten hat, keine Informationen weiterzugeben, verbietet mir mein christliches Gewissen, Stillschweigen zu bewahren. Rund um die Stadt haben 20 000 Soldaten der NVA Stellung bezogen. Ein befreundeter Chirurg hat mir anvertraut, dass die Krankenhäuser sich darauf einstellen, massenhaft Verletzte aufzunehmen«, verkündet er.

Zu seiner Rechten gibt der Rechtsanwalt Schnurr, seit Langem ein Mitarbeiter der Dienste von Heinrich Knopf in Berlin, seine Meinung kund:

»Ich habe gehört, dass die Messehallen und die der Landwirtschaftsausstellung als Auffanglager vorgesehen sind. Und außerdem dürfte Ihnen bei Ihrer Ankunft sicher nicht entgangen sein, dass die Kirche – und zwar seit 14 Uhr – bereits voller Leute ist, die ich noch nie gesehen habe; sie sind grüppchenweise und mit jeweils ein paar Minuten Abstand eingetroffen. Das sind sicher Mitarbeiter der Stasi oder Parteimitglieder, deren Auftrag darin besteht, die Örtlichkeit zu besetzen, um eine Teilnahme der Leute am Gottesdienst zu verhindern oder ihn gar zu stören.«

Ein schlaksiger Jugendlicher unterbricht ihn und stürzt auf Dr. Berger zu, der ihn anhört und sich dann wieder Gehör verschafft.

»Dieser junge Mann arbeitet in einer Chemiefabrik und hat mir soeben mitgeteilt, dass mehrere Hundert Behälter mit Farbe konfisziert wurden. Er meint, die Farbe solle in den Wasserwerfern verwendet werden, um die Demonstranten zu kennzeichnen und so ihre Festnahme zu erleichtern.«

»Hören Sie«, unterbricht ihn Christian Führer mit zitternden Händen, »heute Nachmittag dürften sehr viele Menschen hierher kommen. Frauen, Familien, sogar Kinderwagen habe ich auf dem Vorplatz gesehen. Wir müssen verantwortlich handeln. Doch die Bewegung ist unkoordiniert. Es gibt keinen Ordnungsdienst, der den Demonstrationszug im Rahmen hält. Vielleicht sollten wir darauf verzichten, nach dem Gottesdienst zu demonstrieren? Vielleicht ist es ja klüger …«

Martin geht hoch:

»Das kommt nicht in Frage! Wir werden heute keinen Rückzieher machen. So kann es nicht weitergehen. Wir müssen beweisen, dass wir weder Kriminelle noch Gammler sind. Wir können uns nicht von den Medien und der Regierung verleumden lassen, ohne darauf zu reagieren. Unser Kampf gilt der Wahrheit, mein Gott! So schnell geben wir nicht auf!«

Friedrich Magirius zögert einen Augenblick, ehe er mit einer Handbewegung Gemurmel und Beifallsbekundungen zum Schweigen bringt.

»Allein Klugheit, Vorsicht und Zurückhaltung können uns heute helfen. Wir müssen alles vermeiden, was ein Zurückschlagen der Ordnungskräfte provozieren könnte. Ich bitte alle Verantwortlichen der Gottesdienste in dieser Stadt, in ihren Predigten auch die kleinste Provokation zu unterlassen. Ich bitte euch inständig um Zurückhaltung! Dieser Gottesdienst soll die Menschen versöhnen und die Leidenschaften mäßigen. Gott helfe uns, und geht in Frieden!«

Christoph Wonneberger und seine Freunde vom Menschenrechtskreis schauen ungeduldig auf die Uhr, während sie darauf warten, dass die Flugblätter mit den Aufrufen zu Eintracht und Gewaltlosigkeit aus der Druckerei kommen – sie wollen sie vor dem Beginn der Gebete verteilen. Als sie zufällig die frostige Stimme Erich Honeckers im Radio hören, horchen sie auf: Anlässlich des Besuchs einer hochrangigen Delegation aus China preist er die gewaltsame Repression der konterrevolutionären Erhebung durch die Pekinger Machthaber.

Vor ihnen ist ein großer Stadtplan von Leipzig ausgebreitet; die vier Kirchen, an deren Gottesdiensten sie teilnehmen werden, sind mit Reißzwecken markiert. Sie haben Großes im Sinn: Da keine ausländischen Journalisten anwesend sind, sollen sie möglichst viele Informationen über den Ablauf der Demonstration sammeln. Christoph Wonneberger hat beschlossen, zu Hause zu bleiben. Wie die Protestierenden der Gethsemanekirche will er alle Informationen zusammenführen und sie telefonisch an die internationalen Medien weiterleiten, die im Lauf des Abends sicher an ihn herantreten werden: Wonneberger ist mit den Kommunikationstechniken seiner Freunde von der Charta 77 und von Solidarność bestens vertraut.

Die drei Apparatschiks von der SED, der Kabarettist Lange und der Theologe Zimmermann sind in der Wohnung von Kurt Masur, wo man im Biedermeiersalon des Maestros heftig diskutiert. Die sechs Männer sind übereingekommen, einen Aufruf zur Gewaltlosigkeit zu verfassen, der in den Kirchen und anschließend im Rundfunk verlesen werden soll; außerdem will man ihn über die riesigen Lautsprecher überall in der Stadt verbreiten – es sind genau die, mit denen sonst die Partei ihre Parolen, die Nachrichten und sogar den Wetterbericht unter die Leute bringt. Masur, Lange und Zimmermann setzen sich für die Demonstranten und ihre Forderungen ein. Sie wollen den Text nur unter der Bedingung unterzeichnen, dass die Vertreter der Partei die Ordnungskräfte dazu aufrufen, sich auf keine Provokationen einzulassen. Die sechs Männer sollen auch ihre Bereitschaft erklären, einen Dialog mit der Bevölkerung in Gang zu bringen – nicht nur in Leipzig, sondern auch auf höherer, nämlich auf Regierungsebene. Die drei Kommunisten starren einander unentschlossen an. Sie sind aus eigenem Entschluss, ohne jedes Mandat der SED, zu dem Dirigenten gekommen, und es ist so ziemlich das erste Mal, dass sie selbst die Initiative ergreifen ... Masur poltert und droht; er nimmt Meyer zur Seite, den er um einen Kopf überragt, versucht Wötzel zur Vernunft zu bringen, dann Pommert. »Die Uhr läuft weiter, Genossen, ihr müsst euch entscheiden. Schnell! Eure Verantwortung ist gewaltig«, hämmert der Dirigent ihnen ein.

In einer Ecke des weitläufigen Esszimmers halten die drei Apparatschiks ein schnelles Mikro-Plenum ab. Dann greift Wötzel zum Telefonhörer. Er ruft das Zentralkomitee an und verlangt Egon Krenz zu sprechen. Schweigen. Der Kronprinz ist nicht erreichbar, bitte später noch einmal anrufen. Wötzel besteht darauf, dass Krenz ihn beim Dirigenten Kurt Masur anruft. Dieser sähe es lieber, wenn Pommert, dessen Einfluss in der Partei größer ist, sich der Sache annähme. Wötzel geht nicht darauf ein und versucht es wieder in Berlin. Krenz ist nach wie vor unerreichbar. Es ist 15.30 Uhr. Schließlich geben die drei Männer nach.

Lange, eine lokale Berühmtheit mit guter Schreibe, übernimmt es, den Aufruf zu verfassen. Jedes Wort wird abgewogen; sie ändern, sie streichen, sie lesen den Text wieder und wieder. Dann teilt man sich die Aufgaben: Der Theologe Zimmermann bringt den Aufruf zu den Kirchen. Die drei Apparatschiks sollen mit der örtlichen Parteihierarchie Verbindung aufnehmen und Berlin so schnell wie möglich informieren. Kurt Masur als der Prominenteste von ihnen wird den Text für die Ausstrahlung lesen.

Doch zunächst muss er aufgezeichnet werden. Der Maestro ist zum Gewandhaus geeilt; am Schreibtisch sitzend, vor sich ein kleines Tonbandgerät, beginnt er zu sprechen:

»Bürger! Professor Kurt Masur, Pfarrer Dr. Zimmermann,

der Kabarettist Bernd-Lutz Lange und die Sekretäre der SED-Bezirksleitung Dr. Kurt Meyer, Jochen Pommert und Dr. Roland Wötzel wenden sich mit folgendem Aufruf an alle Leipziger:

Unsere gemeinsame Sorge und Verantwortung haben uns heute zusammengeführt. Wir sind von der Entwicklung in unserer Stadt betroffen und suchen nach einer Lösung. Wir alle brauchen freien Meinungsaustausch über die Weiterführung des Sozialismus in unserem Land. Deshalb versprechen die Genannten heute allen Bürgern, ihre ganze Kraft und Autorität dafür einzusetzen, dass dieser Dialog nicht nur im Bezirk Leipzig, sondern auch mit unserer Regierung geführt wird. Wir bitten Sie dringend um Besonnenheit, damit der friedliche Dialog möglich wird.

Es sprach Kurt Masur.«

So geht es nicht – seine Stimme hat gezittert. Er spult zurück, setzt erneut an, findet den passenden Tonfall: getragen, feierlich. Ein Kurier übernimmt die Kassette und macht sich in Richtung Rundfunkanstalt davon.

Um 17 Uhr läuten in Leipzig die Glocken. Die Friedensgottesdienste beginnen, die Gotteshäuser sind überfüllt. Dort drängen sich 6000 verängstigte Menschen, darunter auch Marina und Gerhard, denen es gelungen war, sich in letzter Sekunde zur Nikolaikirche durchzuschlagen. Der Kirchenraum war schon voll besetzt gewesen, als die vier jungen Leute eine Stunde zuvor dort aufgetaucht waren, doch dann fiel eine dicke Frau in Ohnmacht, während Marina an der Tür verhandelte: Gemeinsam mit ihrem Bruder ließ man sie ein. Jens und Leo blieben zusammen mit vielen Tausend weiteren Protestierenden auf dem Vorplatz zurück. Sie haben Kerzen angezündet, was die Bewohner der umliegenden

Häuser nachmachen; sie haben als Zeichen der Unterstützung für die in den letzten Wochen verhafteten Menschen auch Blumen in die Fenster gestellt.

Marina ist zutiefst ergriffen; als sie die gefassten und konzentrierten Gesichter ihrer Nachbarn in der Bank sieht, wird ihr bewusst, dass die Revolution eine seriöse Angelegenheit ist. Es herrscht bedrückende Stille, als der Pfarrer Günther Hanisch eintritt und die Menge begrüßt. Er verkündet, die katholische Diözese Leipzig unterstütze alle gewaltlosen Bemühungen. Sie sollten in einen gemeinsamen Dialog münden, mit dem die verschiedenen Teile der ostdeutschen Gesellschaft zu vereinigen sind, damit der Graben zwischen Regierten und Regierenden wieder zugeschüttet werden könne. Das Vertrauen würde wiederkommen, wenn die Medien mehr Freiheit bekämen, verkündet er unter starkem Beifall seiner Zuhörer. Dann singt Martin Jankowski, ein Vertreter der örtlichen Opposition, das Lied *Frischer Wind*. Beim Refrain – *»die Welt ist wie verwandelt, man kann freier gehen…, der frische Wind, er weht schon durch die Straßen…«* – scheint das Publikum für einen Augenblick die Gefahr zu vergessen. Dann erscheint Pastor Weidel. Er predigt über den Frieden, über den Geist des Friedens, der »sich über diese Mauern hinaus verbreiten« soll. Er bittet die Zuhörer eindringlich, die Männer in Uniform nicht anzugreifen, nicht zu singen und keine Parolen zu rufen, die sie provozieren könnten. »Lasst den Stein fallen, den ihr in der Faust habt«, mahnt er. Doch keiner hat einen Stein dabei, im Gegenteil, alle sind entschlossen, aber friedlich. Selbst die von der SED abgestellten wachsamen Genossen stören die Feiern nicht. Manche gehen sogar so weit, dass sie die Refrainzeilen mitsingen, in denen Frieden und Freiheit gepriesen werden: »Frischer Wind, weh durch die Straßen…«

Jetzt, wo es Abend wird, hört man draußen den Lärm von Megaphonen und Sirenengeheul. Jemand schlägt an die Pforten des Gotteshauses. Marina und ihr Bruder sehen einander sprachlos an. Sie sorgen sich um Jens und Leo, um all jene, die nicht in der sicheren Nikolaikirche Zuflucht gefunden haben. Die Kirchenbesetzer sind so verängstigt, dass sie jeden Augenblick mit dem Schlimmsten rechnen. Doch die Geräusche, die bis zu den Kirchenbesuchern dringen, kommen in Wahrheit von den Lautsprechern der Protestierenden, die den Namen Gorbatschow skandieren und »Nein zur Gewalt« oder »Wir sind das Volk« rufen. Im Augenblick ist keine Verhaftung zu vermelden: Das Stadtzentrum scheint von den Ordnungskräften verlassen. Martin kann das bestätigen; auf dem Weg von der Reformationskirche, wo er anfangs am Gottesdienst teilgenommen hat, bis zum Vorplatz der Nikolaikirche ist ihm kein einziger Polizist begegnet. Er kann die Lieder unterscheiden, die im Inneren des Gotteshauses gesungen werden. Pastor Hempel, der außer Atem von der Thomaskirche kommt, schlägt mit aller Kraft an die Tür. Langsam teilt sich die Menge, um ihn durchzulassen. Er begibt sich ans Rednerpult: »Ein Dialog zwischen der Regierung und den jungen Menschen auf der Straße ist unumgänglich. Kein Blutvergießen bitte, keine Gewalt! Alles möge sich zum Besten wenden, Amen!« Das ist alles. So schnell, wie er gekommen ist, macht Hempel sich wieder auf den Weg zu den anderen Kirchen, um seine Botschaft zu wiederholen. Als er hinausgeht, trifft er den Theologen Zimmermann, der den vervielfältigten Aufruf in der Hand hat.

»Bürger! Professor Kurt Masur, Pfarrer Dr. Zimmermann, der Kabarettist Bernd-Lutz Lange und die Sekretäre der SED-Bezirksleitung ...«

Als die Namen Meyer, Pommert und Wötzel fallen, kommt

in der Kirche Gemurmel auf… Marina fragt Gerhard, wer Kurt Masur und diese drei Herren seien. Ihr Bruder greift herzhaft nach ihrem Arm und schärft ihr ein, den Mund zu halten; als Zimmermann dann seine Lesung beendet, applaudiert er gemeinsam mit der gesamten Zuhörerschaft aus Leibeskräften.

Der Chor stimmt sein letztes Lied an, während Pastor Führer die Pforten der Kirche öffnen lässt: 2400 Menschen schicken sich an, sich mit flauem Magen ins Unbekannte zu stürzen.

»Jetzt geht's lo-hos!« Vorwärts, marsch, zum Karl-Marx-Platz! So dicht ist die Menschenmasse, dass man nur schwer vorankommt. Die Leipziger, angetan mit Regenmänteln und alten Parkas gegen die Wasserwerfer oder Farbkanonen der Polizei und mit hochschäftigen Schuhen gegen Hundebisse, marschieren langsam. Marina hat sich bei einem alten Mann untergehakt, der zum Parteiabzeichen am Revers eine Fellmütze mit einem Foto von Gorbatschow trägt. Sie kommen in das alte, in Halbdunkel getauchte Stadtzentrum, und wenn sie in einer kleinen Nebenstraße eine Gruppe der Betriebskampfgruppen oder eine Kompanie der BePo entdecken, schließen sie ihre Reihen noch enger und singen, um sich Mut zu machen – erst *We shall overcome*, dann aus vollem Hals die Internationale.

»Auf zum letzten Gefecht! Die Internationale erkämpft das Menschenrecht…« Martin traut seinen Ohren und auch seinen Augen nicht. Er wird von einem Meer aus Menschen verschluckt, das unendlich langsam und in Wellen vorankommt: Für die 150 Meter, die zwischen Nikolaikirche und Karl-Marx-Platz liegen, benötigt er 20 Minuten. »Auf eine solche Menge von Demonstranten werden sie nicht schießen können. Wenn sie aber Tränengasgranaten, wenn sie Wasserwerfer einsetzen oder Warnschüsse abgeben, um uns auseinanderzutreiben, dann geraten die Leute in Panik, und das könnte in einem Blutbad enden«, sagt er sich. Auf dem Platz vor dem Gewandhaus klettert er auf einen Laternenmast: Vor ihm Demonstranten, so weit das Auge reicht.

»Bip, bip, bip!« Aus den Lautsprechern schrillen die drei elektronischen Töne des lokalen Rundfunksenders. Wegen der bekannten Tonfolge sehen viele Protestierende einander verblüfft an; sie glauben, dass man gleich den Ausnahmezustand ausrufen wird.

»Bürger! Professor Kurt Masur, Pfarrer Dr. Zimmermann, der Kabarettist Bernd-Lutz Lange und die Sekretäre der SED-Bezirksleitung ...«

General Gerhard Straßenburger im Hauptquartier der Leipziger Polizei ist beunruhigt. Die von ihm zur Verstärkung angeforderten vier Kompanien der BePo aus Halle sind nicht eingetroffen. Die Betriebskampfgruppen haben ebenso wie manche Polizeikräfte Fälle von Desertion gemeldet; in mehreren Kasernen haben Wehrpflichtige sich krankschreiben lassen. Dabei kommt es heute Abend auf jeden Mann an; er hat die Zahl der Demonstranten unterschätzt, und die Ordnungskräfte haben zu wenig Leute. Als Straßenburg erfährt, dass der Demonstrationszug den Karl-Marx-Platz verlässt und sich über den Georgiring Richtung Bahnhof zu bewegen beginnt, befiehlt er seinen Männern, sich ihnen entgegenzustellen.

Beim Anblick der weißen Schilde und Helme, die sich in ihre Richtung bewegen, bleiben die Demonstranten wie angewurzelt stehen. Der Zusammenstoß steht unmittelbar bevor. Die Ordnungskräfte halten ebenfalls an. Auf ein paar

Dutzend Meter Entfernung schätzten sie sich gegenseitig ab, starren einander an, belauern einander.

Auf Straßenburgs Telefonanlage blinkt die Leitung 2. Am anderen Ende ist Helmut Hackenberg, der Erste Parteisekretär Leipzigs.

»Gerhard, wir müssen die Demonstration durchlassen. Kurt Masur und drei Genossen der Partei haben einen Aufruf zur Gewaltlosigkeit erlassen. Ich glaube, das ist vernünftiger.«

»Was den Aufruf angeht, bin ich nicht auf dem Laufenden. Ist dir klar, was du da sagst? Du kennst die Befehle aus Berlin ebenso gut wie ich.«

»Kümmere dich nicht darum. Es ist meine Sache, das Zentralkomitee zu benachrichtigen. Ich werde sofort Kontakt mit Egon Krenz aufnehmen; er wird mit dem Generalsekretär reden. Und damit du zurechtkommst, solltest du mit Dickel[6] Verbindung aufnehmen. Gerhard, wenn die Situation außer Kontrolle gerät, wird man uns das nie verzeihen. Ein Zusammenstoß mit den Demonstranten muss mit allen Mitteln verhindert werden.«

Mit dem Ärmel wischt General Strassenburg sich den Schweiß ab, der seine grauen Schläfen hinunterrinnt. Er legt keinen Wert darauf, als der Schlächter von Leipzig in die Geschichte einzugehen, schon gar nicht, wenn die örtliche Parteileitung daherkommt und ihn fallen lässt. Er weist seine Untergebenen an, sich bis auf Weiteres nicht von der Stelle zu rühren. Und weil er schon in Schwung ist, ruft er Dickel an:

»Genosse Minister, ich schlage vor, dass ich meine Kräfte abziehe. Wir haben keine ausreichenden Mittel, um den Demonstrationszug auflösen zu können. In der derzeitigen

6 Friedrich Dickel war Innenminister und damit Leiter der Volkspolizei.

Konstellation ist es uns nicht möglich, einen Angriff zu beginnen. Es sind zu viele feindliche Elemente: Wir können nicht auf die klassischen Verfahren zurückgreifen. Es ist klar, dass wir bei der kleinsten Provokation, oder wenn ein Volkspolizist angegriffen wird, reagieren. Aber wir dürfen nicht zum Angriff übergehen.«

»Bleiben Sie, wo Sie sind. Ich rufe Sie wieder an.«

Alles ist in der Schwebe. Die Demonstranten spüren, dass die Ordnungskräfte zögern. Sie schreien wie nie zuvor: »Keine Gewalt! Gorbi! Gorbi! Freiheit für die politischen Gefangenen! Wir sind keine Gammler! Wir sind das Volk! Auf die Straße! Reiht euch ein!«

Um 18.14 Uhr ruft Dickel, der in Berlin den Ablauf der Demonstration auf dem Videomonitor verfolgt, General Strassenburg an:

»Sie sind am besten in der Lage, das zu entscheiden. Sie haben freie Hand!«

Sofort lässt Strassenburg seine Leute abziehen, damit die Demonstration passieren kann. Der Weg ist frei, und über den Ostknoten ergießt sich eine Sturmflut.

»Hier Helmut Hackenberg, Erster Sekretär des Distrikts Leipzig. Verbinden Sie mich mit dem Genossen Egon Krenz, es ist dringend.«

»Er ist nicht im Büro«, erwidert die Sekretärin, die es leid ist, seit dem Morgen ihren Vorgesetzten zu suchen.

»Holen Sie ihn mir«, stößt der Apparatschik hervor. »Egon, endlich! Wir müssen die Demonstration friedlich ablaufen lassen. Wir haben keine Wahl: Das Kräfteverhältnis ist viel zu ungünstig, es sind um die 100 000 Demonstranten!«

Krenz schnürt es die Kehle zu.

»Was sagst du?«

»Ja, da sind 100 000 Leute auf der Straße! Wenn wir eingreifen, gibt es ein Massaker. Wir haben das mit dem Genossen Strassenburg beschlossen, und ich bitte dich, das zu genehmigen.«

Krenz überlegt. Der große Erfolg der Demonstration arbeitet ihm in die Hand: Honecker wird damit noch mehr geschwächt. Andererseits will er eine so weitreichende Entscheidung nicht allein tragen. Also spielt er auf Zeit.

»Helmut, werden die Maßnahmen, von denen du sprichst, schon umgesetzt?«

»Ja.«

»Hmmm. Ich kann das nicht genehmigen. Ich muss noch andere Verantwortliche vom Zentralkomitee um Rat fragen. Ich rufe dich so schnell wie möglich wieder an.«

Pastor Wonneberger, der immer mehr gute Nachrichten erhält, entspannt sich allmählich. Seine Sendboten informieren ihn von der äußerst positiven Wirkung des Aufrufs der Sechs auf die Demonstranten, die überrascht sind, dass hohe Funktionäre der Partei zur Besonnenheit und zum politischen Dialog aufrufen. Einer schildert ihm sogar eine völlig verrückte Szene: In der Nähe des Bahnhofs haben die Protestierenden angefangen, Uniformierte anzusprechen. Auch Marina ist darunter. Sie tritt an zwei junge Wehrpflichtige heran: »Chaoten! Chaoten! Sehe ich aus wie ein Chaot? Wie ein Feind des Volkes? Ihr werdet nicht auf mich schießen, oder?«, schleudert sie ihnen entgegen. Einer der Soldaten flüstert ihr zu, er habe nur noch ein paar Tage, dann werde er sich ihnen anschließen. Ein Stück weiter erklärt eine junge Frau einem der Militärs, sie gehörten doch alle demselben Volk an, sie seien doch alle Bürger Ostdeutschlands, und dann steckt sie ihm eine Blume in den Lauf seines Karabiners.

Martin ist erleichtert, doch das Spiel ist noch nicht vorüber: Bald werden die ersten Demonstranten das Hauptquartier der Stasi auf der anderen Seite des Rings erreichen. Er verzieht sich aus der Menge; mit dem Fahrrad durchquert er das Stadtzentrum und gelangt rasch zu dem gewaltigen Bau aus behauenem Stein. Die Runde Ecke, wie die Leipziger dazu sagen, ist in Dunkel gehüllt, und zufrieden stellt Martin fest, dass man die Maschinengewehre von den Posten vor dem Eingang abgezogen hat. Das Gebäude wird von gepanzerten Fahrzeugen und schwer bewaffneten Ordnungskräften bewacht. Die von Pfiffen untermalten Rufe »Nein zur Gewalt!« und »Wir sind das Volk!« kommen langsam näher. Den Wachposten rufen die Demonstranten ein mitreißendes »Reiht euch ein!« zu, und die Mutigsten zünden Kerzen an, die eine Art Demarkationslinie bilden, an der die Anhänger wachen: Kein Demonstrant soll sie überschreiten. Die Polizisten bleiben ungerührt. Der Umzug setzt seinen triumphalen Weg fort.

In Leipzig beginnt ein langer Abend ausgelassener Fröhlichkeit. Erstmals in der Geschichte der DDR ist eine nicht genehmigte Versammlung ohne den kleinsten Zwischenfall abgelaufen. Kein einziger Verletzter, nicht einmal ein Kratzer – ein Wunder!

Nur allmählich löst der Demonstrationszug sich auf. Niemand will nach Hause gehen; jeder will den Augenblick genießen, dessen historische Tragweite zu spüren ist. Inmitten eines Hupkonzerts und im Licht der Laternen beglückwünscht man einander, umarmt einander, applaudiert sich gegenseitig und stößt mit anderen an – alles sitzt auf dem Gehweg oder sogar mitten auf der Straße. Jeder hat das Bedürfnis zu reden. Mit allen. Vor der Thomaskirche führen

Marina und Gerhard, die auch Leo und Jens wiedergefunden haben, eine große Diskussion mit Männern im Grau der Betriebskampfgruppen. Sie scherzen und rauchen gemeinsam; alle haben viel Angst gehabt; *sie* sind doch keine Vandalen und *die anderen* sind keine Mörder! Demonstranten und Führer der örtlichen Milizen versprechen, sich baldmöglichst zu treffen und über Politik zu reden.

Kurz nach 19.15 Uhr ruft Krenz schließlich wieder beim Ersten Sekretär Hackenberg an: »Ich habe mit mehreren Ministern und Mitgliedern des Politbüros gesprochen, und wir billigen eure Entscheidung. Ich verfolge die Lage genau. Bleib ruhig!«

In Berlin übermittelt Pastor Albani den Protestierenden in der Gethsemanekirche die guten Nachrichten aus Leipzig. Heute Abend sind es noch 3000; Vera, Barbara, Sven und Emma jubeln, nicht zuletzt deshalb, weil die Belagerung der Kirche teilweise aufgehoben ist. Die Glocken läuten Sturm.

Pastor Wonneberger gibt den ausländischen Journalisten, die ihn am Telefon bestürmen, Interviews am laufenden Band. »Ja, ja, der 9. Oktober bezeichnet einen Wendepunkt in der Geschichte der DDR. Doch noch ist nichts entschieden, und niemand weiß, wie die Regierung nach dieser neuerlichen Demütigung reagieren wird …«, wiederholt er für die Sonderkorrespondenten. Vor allem bereitet er sich auf die *Tagesthemen* der ARD vor, die an diesem Abend kein Deutscher, ob im Osten oder im Westen, verpassen will.

Martin bleibt freudestrahlend in der Umgebung der Nikolaikirche. Als er plötzlich Markus entdeckt, erstarrt er.

»Also du auch? Du warst da!«

»Na klar, ich konnte nicht widerstehen …«

Die beiden Männer umarmen einander und beschließen, zum Neuen Forum zu gehen. Sie landen auf dem Karl-Marx-

Platz, wo erneut der von Kurt Masur verlesene Aufruf ertönt. Spontan versammeln sich Tausende Leipziger unter den Fenstern des Gewandhauses und jubeln ihrem großen Mitbürger zu: »Lang lebe Genosse Masur!«

Der Orchesterleiter ist überwältigt. Diesen Tag wird er nie vergessen, das schwört er sich, als er wieder in den Konzertsaal zurückkehrt. Als er eintritt, wird er vom Orchester und vom Publikum mit einer *standing ovation* empfangen. Kein Schrei, kein Wort: Minutenlang nichts als begeisterter Applaus. Masur fasst sich wieder; er hebt die Arme, und in andächtiger Stille erklingen die ersten Takte von *Till Eulenspiegel*.

7 Die Woche der langen Messer

Ostberlin, Dienstag, 10. Oktober 1989

»Genossen, bevor wir zur Tagesordnung übergehen und auf die Machenschaften der imperialistischen Mächte zu sprechen kommen, die darauf abzielen, unsere sozialistische Republik zu destabilisieren, möchte ich mit euch über einen neuen Bericht diskutieren, der dem aktuellen Meinungsbild der Jugend gewidmet ist.« Erich Honecker schwenkt ein Aktenbündel, bedenkt Egon Krenz mit einem kalten Blick und setzt seinen Vortrag fort. »Stellt euch vor, Genossen, hier kann man nachlesen, dass unsere blühende Jugend desillusioniert ist. Sie soll die Führung des Landes für überaltert und für unfähig halten, die Situation des Landes zu verbessern und ihre Aufgaben zu erfüllen. Es handelt sich hier um eine Übung in totaler Desinformation, die die Moral der Bevölkerung untergraben soll. Egon! Die Autoren dieses Berichts gehören zu deinem Stab, und du bist für dieses Geschreibsel verantwortlich!«

Krenz, der mit seinen 52 Jahren das jüngste Mitglied der Parteiführung ist, errötet. Er hat das Ablenkungsmanöver Honeckers nicht vorausgesehen – der versteht es, das ganze Politbüro gegen ihn aufzuhetzen, indem er das kanonische Alter seiner Mitglieder betont. Am Vorabend, als Honecker ihn bei sich zu Hause empfangen hat, hat er ihn erneut vor den unerfreulichen Folgen gewarnt, die sich aus der Veröffentlichung seiner Erklärung ergeben könnten. Dann hat er erstmals seit Monaten wieder seine Nachfolge angesprochen – »Ich bin nicht für alle Ewigkeit da, und die Nachfolge steht dir offen, außer natürlich, du bestehst darauf«. Krenz hat sich geweigert, und als Dank hat er noch mitbekommen: »Mach, was dir richtig erscheint, du wirst schon sehen, was du davon hast.«

Im Zentralkomitee ist Krenz dann, anstatt das Vorgehen in Leipzig zu koordinieren, ständig zum Büro von Günter Schabowski und zurück gependelt. Die beiden Männer haben eine Liste der Politbüromitglieder zusammengestellt, die sie ins Vertrauen ziehen können – natürlich nicht in Hinblick auf ihre Umtriebe, sondern wegen der Thematik der Sitzung am nächsten Tag. Zwei Kreuze für alle, die sie für absolut zuverlässig halten, eines für jene, die sie vielleicht auf ihre Seite ziehen können, und keines für die engen Verbündeten Honeckers, denen nichts verraten werden darf.

Wie erwartet verläuft die Sitzung dramatisch. Anfangs versucht Krenz, die Wogen zu glätten. Die Verfasser des Berichts seien guten Willens; sie hätten sich damit begnügt, eine Umfrage zu analysieren, und nicht die eigene Meinung über die Führung des Landes geäußert. Dann gewinnt er seine Sicherheit zurück und erklärt, dieser Bericht zeige – was auch aus seiner eigenen Erklärung hervorgehe –, dass es für die Partei höchste Zeit sei, Änderungen in Angriff zu nehmen. Zu seiner großen Überraschung stoßen andere in die Bresche, die er geschlagen hat. Der alte Alfred Neumann, einst Mitglied der Internationalen Brigaden, nimmt sich Mittag vor: Er hat ihm nie verziehen, dass er anlässlich der Nachfolge Ulbrichts zugunsten Honeckers gegen ihn intrigiert hat. Innerhalb weniger Minuten wird er den Hass und die Frustration los, die 18 Jahre lang in ihm gearbeitet haben.

Die Einigkeit der Partei zerbricht. Der Generalsekretär, wie gelähmt von der Heftigkeit der Debatten, gibt keinen Mucks von sich. Normalerweise hält er am Dienstag Monologe, und keiner widerspricht ihm. Heute ist ihm klar, dass die Angriffe auf seinen Protegé ihm persönlich gelten. Und zu seiner völligen Verzweiflung ist Mittag nicht gewillt, eine passende Antwort zu geben und die internationale Lage, den Mangel an Rohstoffen oder die Verzögerung bei Lieferungen aus der UdSSR anzusprechen ...

An diesem Dienstag, dem 10. Oktober, wagt kein Mitglied des Politbüros, die Wirklichkeit schönzureden. Einer nach dem anderen gibt zu, dass die Wirtschaftslage in seinem Bereich zunehmend problematisch wird. »Genossen, ich muss mit allem Nachdruck festhalten, dass die Lage sich zugespitzt hat. Sie ist sogar äußerst zugespitzt«, erklärt Erich Mielke, auf dessen Eingreifen alle Kollegen gelauert haben. Nur Verteidigungsminister Heinz Kessler, der beim Mauerbau 1961 einer der effizientesten Stellvertreter Honeckers gewesen war, kommt ihm zu Hilfe: Er warnt vor den Gefahren eines Zerwürfnisses innerhalb der Parteiführung, beklagt sich über die Undankbarkeit der Jugend und reitet dann auf seinem Lieblingsthema herum – der NATO mit ihren machiavellistischen Umtrieben. Doch keiner fällt darauf herein, und der gewiefte Taktiker Honecker beschließt, die Fortsetzung der Debatten auf morgen zu vertagen.

Der Generalsekretär hat Mittag aufgefordert, sich wieder aufzurappeln, und die ganze Nacht hindurch nachgedacht. Da er das Politbüro nicht auflösen kann, wird er versuchen, es zu besänftigen: »Genossen, es ist klar, dass wir alle die Lage übereinstimmend bewerten«, behauptet er bei der Eröffnung der folgenden Sitzung. Er erklärt sich bereit, Ballast abzuwerfen und den Text von Krenz zu veröffentlichen. Im letzten Augenblick wirft er dann ein Papier vor diesen auf den Tisch:

»Da, Egon, ich habe mir erlaubt, einen kleinen Text zu verfassen, der deine Version der jüngsten Ereignisse ganz wunderbar ergänzen dürfte. Mit Günter und Joachim[1] könntet ihr daraus sicher einige Argumente entnehmen, die in deine Erklärung einzubringen wären.«

»Nur unter der Bedingung, dass Schabowski dabei ist«, erwidert Krenz geistesgegenwärtig.

Der alte Mann gibt nach, und die vier Männer ziehen sich für diese Arbeit in Herrmanns Büro zurück. Dieser scheint kaum eine Vorstellung davon zu haben, was da alles auf dem Spiel steht. Das kommt Krenz und Schabowski zugute, umso mehr, als Mittag sich als zaghafter denn je erweist: Die in ihrem Projekt vorgenommenen Änderungen sind minimal.

»Der Sozialismus braucht jeden. Er hat Platz und Perspektive für alle. Er ist die Zukunft der heranwachsenden Generationen. Gerade deshalb lässt es uns nicht gleichgültig, wenn sich Menschen, die hier arbeiten und leben, von unserer Deutschen Demokratischen Republik losgesagt haben ... Die Ursachen für ihren Schritt mögen vielfältig sein. Wir müssen und wir werden sie auch bei uns suchen, jeder an seinem Platz, wir alle gemeinsam.«

Die Erklärung wird an die Presseagenturen weitergeleitet und am folgenden Tag im *Neuen Deutschland* veröffentlicht.

Als Helmut Kohl die Eilmeldung aus Ostberlin erhält, reibt er sich die Hände: Nach dem Rückzieher in Leipzig vor zwei Tagen steht die Regierung mit dem Rücken zur Wand, die

1 Günter Mittag und Joachim Herrmann.

SED ist in einer Krise und Honecker angezählt. »Die Dinge kommen voran«, murmelt er, während er auf das Porträt Konrad Adenauers schaut. Ein Spruch seines Vorgängers kommt ihm in den Sinn: »Wir müssen aufpassen, ob der Augenblick kommt. Aber wenn ein Augenblick naht oder sich zu nahen scheint, der eine günstige Gelegenheit bringt, dann dürfen wir ihn nicht ungenutzt lassen.« Der Kanzler beschließt, Gorbatschow anzurufen.

Am Telefon kommt ihm der sowjetische Gesprächspartner müde vor. Kohl weiß, dass der Generalsekretär der KPdSU wegen der Rolle Westdeutschlands bezüglich der DDR besorgt ist. Also versucht er ihn zu beschwichtigen, versichert ihm, die anlässlich seines Juni-Besuchs in Bonn gemeinsam festgelegte politische Leitlinie bleibe »ohne jede Einschränkung« gültig. Um seine Zweifel zu zerstreuen, schlägt er ihm vor, engen Kontakt zu halten, und bittet ihn, jederzeit anzurufen, wenn er es für nötig halte. »Für Sie bin ich immer zu erreichen«, sagt er. Gorbatschow stimmt zu, und man vereinbart, zwischen Bonn und Moskau schnellstmöglich ein »rotes Telefon« einzurichten. Die beiden Männer bringen ihre Anerkennung für die jüngsten Entwicklungen in Ungarn und Polen zum Ausdruck – sie würden »im Sinne Gorbatschows« verlaufen, wie Kohl versichert, worauf er ihm ankündigt, er werde Mitte November nach Polen reisen. Am Ende spricht der Kanzler noch die Krise in Ostdeutschland an:

»Es liegt nicht im Interesse der Bundesrepublik Deutschland, dass die Entwicklung in der DDR außer Kontrolle gerät. Unser Interesse ist vielmehr, dass die DDR sich dem Kurs Gorbatschows anschließt und dass die Menschen dort bleiben.«

»Ich halte Ihre Erklärung für sehr wichtig. Ich nehme sie zur

Kenntnis und hoffe, Ihr Handeln wird mit Ihren Worten übereinstimmen. Ich glaube, dass die DDR selbst eine Lösung für ihre Probleme finden wird.«

Abends stattet Egon Krenz Willi Stoph einen Besuch ab. Leider steht ihm das Schwierigste noch bevor: Er muss eine große Mehrheit des Politbüros dazu überreden, Honecker abzusetzen. In Stoph glaubt er einen gewichtigen Verbündeten zu haben, der in der Lage ist, die alte Garde der Partei davon zu überzeugen, dass es für sein Vorgehen gute Gründe gibt. Als Vorsitzender des Ministerrats kümmert der zweite Mann im Staat seit ewigen Zeiten im Schatten Honeckers dahin, und wie viele andere verabscheut er Mittag und seine kostspielige Politik, mit der die DDR geradewegs auf den Bankrott zusteuert. Stoph, ein kranker und mürrischer alter Mann, seiner Launen wegen beim ganzen Personal der Waldsiedlung verhasst, hat die Idee aufgegeben, je die Nummer eins der Partei zu werden.

»Willi, glaubst du nicht, dass es an der Zeit wäre, einen Schritt weiter zu gehen?«

Stoph, hinter seinen gefärbten Brillengläsern undurchschaubar, sieht ihn an.

»Gewiss, gewiss, doch zuvor benötigen wir eine sichere Mehrheit. Wir müssen uns mit den Mitgliedern des Politbüros absprechen, aber auch mit denen des Zentralkomitees. Nimm du dir die Sekretäre des Zentralkomitees vor, dazu die Ersten Distriktsekretäre im Politbüro und Harry Tisch[2]. Ich kümmere mich um die anderen.«

---

2 Harry Tisch, Chef des FDGB. Die Einheitsgewerkschaft der DDR unterstand der Partei.

Im Lauf des Vormittags hat Barbara bei Emma angerufen und sie für den Abend auf ein Glas Wein bei sich zu Hause eingeladen. »Wir wollen über die Reformen des Erziehungssystems reden. Dazu sollte ein Lehrerpaar aus Westberlin kommen. Es ist wichtig, dass du dabei bist, damit du die Ansichten des Neuen Forums zu dieser Frage vorstellst. Die Foren der Opposition müssen besser zusammenarbeiten. Wir müssen die Auswirkungen von Leipzig nutzen«, erklärt sie.

Die Wangen von der Kälte gerötet und mit einer Flasche Cabernet unter dem Arm ist Emma allein und ziemlich spät als Letzte eingetroffen. Barbara ist bester Laune: Mit einer brennenden Cabinet in der Hand erzählt sie, wie sie am Nachmittag einen Agenten der Stasi abgehängt hat – dank dem wundersamen Beistand des Fahrers einer Tram, in die der Spitzel ihr gefolgt war. »Er war mir seit zwei Stunden auf den Fersen. Dieses Schwein ließ nicht locker, also bin ich zum Fahrer gegangen, der gleich zu schreien anfing: ›Was wollen Sie von der Frau? Warum belästigen Sie sie?‹ Der Kerl ist rot geworden, war aber so dreist zu sagen, dass wir uns kennen. Alle haben mitgekriegt, dass er von der Stasi ist. Daraufhin hat mir der Fahrer zugezwinkert und mir die Tür zum Aussteigen geöffnet, aber hinter mir sofort wieder geschlossen. Der Typ war eingeklemmt und hat zu brüllen angefangen! Seit Montag passiert in der DDR etwas ganz Neues, das kann ich euch sagen! Das Klima hat sich geändert, gestern haben sie sogar in kleinen Städten wie Ilmenau und Wernigerode demonstriert. Noch vor drei Wochen hätte mir der gute Mann nicht geholfen, da bin ich mir ganz sicher!«

Die Agenda des Abends gerät einigermaßen durcheinander – wegen des Texts von Krenz, den alle im Rundfunk oder in der *Aktuellen Kamera*[3] von 19.30 Uhr gehört haben. Die Kommentare sind in vollem Gang, und niemand scheint mehr besorgt, man könne von der Stasi überwacht werden, auch wenn Barbara automatisch die Lautstärke der Stereoanlage weiter aufdreht. Soll man sich über den neuen Ton im Politbüro freuen? »Im Grunde hat sich gar nichts geändert«, erklärt Emma. »Das Politbüro meint, die DDR sei eine echte sozialistische Demokratie. Was uns angeht, die Demonstranten vom Wochenende, uns bezeichnen sie zwar nicht mehr als Nichtstuer oder Faschisten, aber jetzt stellt man uns als ›von konterrevolutionären Kräften missbrauchte Opfer‹ dar!«

»Das ist die Höhe«, murrt ein Sprachtherapeut, der Mitglied bei Demokratie Jetzt! ist. »Sie halten uns weiter für Vollidioten. Solange sie uns nicht als mündige Bürger ansehen, wird es keine konkreten Fortschritte geben. Die Regierung versteht es, uns Sand in die Augen zu streuen, ohne die kleinste nennenswerte Reform einzuleiten. Zum Beispiel hat man seit gestern begonnen, Inhaftierte freizulassen, doch wie ich dem *Telegraph*[4] von heute Abend entnehme, sind allein in Berlin immer noch mindestens 200 Leute in Haft. Wir müssen weiter aktiv bleiben und vor allem den Druck auf die Partei aufrechterhalten.«

»Genau«, stimmt Barbara zu. »Auf nationaler Ebene ist sie der Opposition keinen Schritt entgegengekommen. Die Regierung versucht vor allem Zeit zu gewinnen, und die Führung ist möglicherweise gespalten. Bei uns, bei Demokratie Jetzt!, beim Neuen Forum oder bei der SDP sind die Forderungen ganz konkret: gesetzliche Anerkennung der Bürgerforen, Pressefreiheit, freie Wahlen, unabhängige Gewerk-

3 Abendnachrichten des ostdeutschen Fernsehens.
4 Untergrundzeitung der UB.

schaften, Streikrecht, neue Umweltpolitik, Beteiligung der Arbeiter an der Leitung der Unternehmen … Doch von alledem ist absolut nicht die Rede.«

»Nicht zu vergessen die Reform des Erziehungswesens«, meint Emma. Sie zieht eine Notiz aus der Tasche, die sie am Nachmittag aufgeschrieben hat, als sie ihren beiden Jungen dabei zusah, wie sie sich abmühten, den Umfang von Artilleriegeschossen und die Geschwindigkeit von Düsenjägern auszurechnen.

Die Kinderpflegerin verweist auf die ideologische Indoktrination der Kinder ab dem dritten Lebensjahr, die autoritäre Erziehung, der sie während der Schulzeit unterworfen sind, auf die Unmöglichkeit, sich frei zu äußern. Wer dafür verantwortlich ist, wissen in diesem Wohnzimmer alle: Margot Honecker, seit mehr als 25 Jahren Ministerin für Volksbildung. Noch im vergangenen Sommer hat sie vier Schüler der Berliner Carl-von-Ossietzky-Oberschule von der Schule verweisen lassen, weil diese es gewagt hatten, den Sinn von Militärparaden infrage zu stellen. Ehe es gegen 23.30 Uhr aufbrechen muss[5], erklärt das Lehrerpaar aus Westberlin, wie das sehr rigide westdeutsche Erziehungswesen nach 1968 umgekrempelt wurde. Emma und Barbara wollen so schnell wie möglich ein Erziehungsforum in Ostberlin veranstalten. »Von Utopie ist keine Rede mehr, es geht um ein politisches Programm. Wir müssen den Druck auf die Regierung erhöhen!«

---

5 Besucher aus dem Westteil Berlins waren verpflichtet, vor Mitternacht wieder in Westberlin zu sein.

Ostberlin, Donnerstag, 12. Oktober 1989

Erich Honecker hat sein letztes Wort noch nicht gesprochen. Er beschließt, das Politbüro zu umgehen und die Ersten Sekretäre der Parteibezirke nach Berlin einzuberufen – alles Leute, die ihm viel zu verdanken haben.

Helmut Hackenberg, der drei Tage zuvor in Leipzig zurückgewichen ist, wird ein eisiger Empfang zuteil. Der Generalsekretär ist wieder ganz obenauf: »Die Feiern zum 40. Jahrestag sind wunderbar verlaufen; sie haben das Ansehen der DDR gestärkt, einem Hort der Stabilität in der sozialistischen Welt, deren bester Garant sie ist …« Honecker übergeht das missbilligende Gemurmel und lässt seiner gewohnten Suada freien Lauf: »Die Ränke der NATO sind wieder einmal gescheitert …«

Das ist eindeutig zu viel für einige Bezirkssekretäre, die gehofft hatten, die Nummer eins werde zur Erklärung des Politbüros und zu der schweren Krise Stellung nehmen, die sie gerade durchmachen. Hans Modrow aus Dresden beklagt sich bitter über fehlende Anweisungen der Führung zu der Zeit, als letzte Woche während der Durchfahrt der Flüchtlingszüge aus Prag in seiner Stadt Unruhen ausgebrochen sind. Für Günter Jahn aus Potsdam kommen die Erklärungen des Politbüros zu spät und sind unzureichend. Indirekt fordert er sogar den Rücktritt des Generalssekretärs.

Verblüfft wendet Honecker sich Günter Schabowski zu:

»Hast du dem etwas hinzuzufügen?«

Der Berliner Parteichef lässt sich nicht lange bitten:

»Die Genossen beklagen sich zu Recht über die Passivität des Politbüros: Wir haben uns sicherlich zu spät geäußert. Aber es wäre völlig falsch, sie glauben zu lassen, unsere letzte

Sitzung sei den Machenschaften der NATO gewidmet gewesen und nicht den brennenden Problemen des Landes. Ganz im Gegenteil! Dienstag und Mittwoch hat das Politbüro die Lage sehr ernsthaft erwogen und die Gründe für unsere Probleme festgestellt ...«

Honecker, zum zweiten Mal innerhalb zweier Tage desavouiert, verlässt den Versammlungsraum.

Eine Stunde Pause, und Schabowski nutzt sie, um mit Modrow zu reden, den er aus dessen Zeit als Chef der Agitpropabteilung in Berlin gut kennt. In letzter Zeit schwirren durch die westdeutsche Presse beunruhigende Gerüchte über eine eventuelle Absprache zwischen Modrow und Markus Wolf über die Nachfolge Honeckers; dieser Plan soll angeblich vom KGB und möglicherweise sogar von Gorbatschow unterstützt werden. Gestern hat Wolf, der ehemalige ostdeutsche Meisterspion, der BBC erklärt, die in der DDR stattfindenden Veränderungen seien minimal und würden bei Weitem zu langsam ablaufen. Auf die Frage nach den Möglichkeiten der derzeitigen Führung, die erhofften Reformen zu organisieren, hat er sich mit einem lakonischen, von sibyllinischem Lächeln unterstrichenen »*No comment*« begnügt. Auf dem Pissoir spricht Schabowski Modrow freundschaftlich an: »Deine Kritik war berechtigt. Ich bin mit dir solidarisch.« Und er schlägt vor, dass man die Unterhaltung rasch wieder aufnehmen solle: Er habe ihm einige interessante Dinge mitzuteilen.

Als er wieder ins Foyer zurückkommt, stößt er auf Krenz und Siegfried Lorenz, den Ersten Sekretär von Karl-Marx-Stadt und Mitglied des Politbüros, die lebhaft diskutieren. Alle drei schwören, dass es eine weitere Vorstellung Honeckers auf der gleichen Linie wie heute niemals mehr geben dürfe. Da kommt Günter Jahn vorbei, dessen Beitrag sie beeindruckt hat. Krenz holt ihn her und spricht ihn unverblümt an:

»Günter, wir wollen offen reden – so kann es nicht weitergehen, oder?«

»Egon«, flüstert der Mann aus Potsdam, »für mich heißt das, offen gesagt, ehrenvoller Rücktritt.«

»Genau das.«

Später kommen Stoph und Krenz überein, Honecker bei der nächsten Sitzung des Politbüros am Dienstag, den 17. Oktober, abzusetzen.

Ostberlin, Freitag, 13. Oktober 1989

Honecker verliert jeden Tag mehr an Boden. Gestern hat er sich am Nachmittag in seinem Büro eingeschlossen – kraftlos und nach der erregten Sitzung mit den Bezirkssekretären der Partei nicht in der Lage zu arbeiten. Als er an diesem Morgen jedoch die Presseschau der westdeutschen Zeitungen durchblättert, reißt es ihn hoch. »Honecker, Mittwoch, 18. Oktober: Letzter Tag vor dem Ruhestand!« kann er als Aufmacher der *Bild*-Zeitung lesen. Als Quellen nennt der Artikel Leute aus dem innersten Zirkel in Ostberlin.

»Egon, was bedeutet diese Komödie?«, schreit er am Telefon.

Krenz tut überrascht: Natürlich hat er keine Ahnung, wovon Erich spricht.

»Du willst mir doch nicht weismachen, dass du die Titelseite der *Bild*-Zeitung nicht gelesen hast?«

»Ach das? Also wirklich, Erich, das ist doch nicht ernst zu nehmen! Du vertraust dem Tratsch der westlichen Rinnsteinpresse? Das ist wieder so eine Schmutzkampagne von Springer, wie kannst du nur! Ein niederträchtiger Winkelzug, sicher von Kohl und seiner Clique ferngesteuert!«

»Glaubst du wirklich? Kann ich dir vertrauen?«

»Selbstverständlich, Erich. Zuletzt hatten wir zwar ein paar Meinungsverschiedenheiten. Aber du bleibst für uns alle ein Vorbild. Keiner hat vor, dich loszuwerden. Einigkeit war immer unsere Stärke, das weißt du genau.«

Honecker seufzt.

»Gut, ich schlage vor, du organisierst für heute Nachmittag eine Konferenz der Blockparteien. Wir könnten alle drei hingehen, mit Mittag.«

»Bedaure, aber das ist unmöglich. In zwei Stunden muss ich nach Leipzig, um die Vorbereitungen der Polizei und der NVA für die kommende Montagsdemonstration zu überwachen. Bis bald, Erich.«

Als der Generalsekretär auflegt, überfällt ihn ein Schwindelgefühl, doch er will nicht lockerlassen. Er möchte an die Männer herankommen, die ihn herausgefordert haben, um sie in sein Lager zurückzuholen. Um jeden Preis muss er wieder Anschluss an den Gang der Geschichte gewinnen. Er ruft Günter Schabowski an. Der Berliner Parteisekretär hat in jüngster Zeit viele Produktionsbetriebe aufgesucht – er könnte ihm rasch den Besuch eines Kombinats organisieren. In Krisenzeiten ist der Kontakt zu den Proletariern durch nichts zu ersetzen, genau wie in der guten alten Zeit, denkt Honecker. Doch da täuscht er sich. Schabowski rät ihm dringend davon ab, sich zum VEB Bergmann-Borsig zu begeben, wie er es vorhatte: »Es könnte sein, dass man dich feindselig empfängt; seit ein paar Tagen ist die Arbeiterschaft ziemlich aufgebracht.« Dem Generalsekretär verschlägt es die Sprache; verwirrt legt er auf.

Auf dem Weg nach Leipzig geht Egon Krenz in Gedanken alles nochmals durch: Wer war gegenüber der Westpresse indiskret? Der KGB? Die Stasi? Mit welchem Ziel? Offensichtlich will man seinen Plan sabotieren. Aber wem würde das nützen? Den Sowjets? Kohl? Sobald er wieder in Berlin ist, wird er noch am Abend Wjatscheslaw Kotschemassow anrufen, um die Lage zu sondieren. Bis dahin muss er sicherstellen, dass die für Montag vorgesehene Demonstration in Leipzig friedlich verläuft, sonst ist sein Plan zum Scheitern verurteilt. Wenn wieder Zehntausende auf die Straße gehen, sagt er sich, dann werden die letzten Widerspenstigen im Politbüro einwilligen, Honecker dem Pöbel zu dessen Besänftigung zum Fraß vorzuwerfen. Zusammen mit Fritz Streletz, dem Generalstabschef der NVA, General Rudolf Mittig und zwei anderen hohen Sicherheitsverantwortlichen bereitet er sich auf das Treffen mit Hackenberg und Strassenburg in Leipzig vor. Alle kommen überein, den Schießbefehl für die Truppen zurückzunehmen, außer bei Angriffen auf die Einheiten oder auf offizielle Gebäude. Während des Rückflugs beschließt Krenz, die hochrangigen Militärs in seine Absichten einzuweihen: »Mit Honecker kann man nicht mehr weitermachen. Das Politbüro wird sich am Dienstag damit befassen müssen.«

Diese Botschaft wiederholt er auch gegenüber dem sowjetischen Botschafter, der zustimmt, ohne sich seine Sorge im Geringsten anmerken zu lassen. Seit mehreren Tagen schickt der Diplomat warnende Telegramme nach Moskau: Seiner Ansicht nach arbeitet die Zeit gegen die SED; die Bevölkerung ist aufsässig und erwartet ungeduldig umfassende Reformen; man zählt mehr als 150 oppositionelle Veröffentlichungen. Kotschemassow bezweifelt, dass die Absetzung Honeckers, von der Willi Stoph ihn bereits informiert hat, ausreichen wird, die Ruhe in der DDR wiederherzustellen.

Im Lauf des Gesprächs versucht Krenz, dem Botschafter

einen Hinweis zu entlocken, ob die Sowjets hinter seinem Rücken etwas anzetteln. Er lauert auf das leiseste Beben, die kleinste Schwankung in der Stimme des Botschafters. Vergebens. Also beschließt er, eine weitere Karte auszuspielen, um den Kreml oder, falls erforderlich, die Lubjanka[6] zu überrumpeln. Er bittet Kotschemassow, Gorbatschow die Bitte zu übermitteln, er möge in Moskau Harry Tisch empfangen, der am Montag an der Spitze einer Gewerkschaftsdelegation dort sein wird: Der Chef des FDGB werde den Generalsekretär der KPdSU über seine Absicht informieren, Honecker aller Ämter zu entheben.

Als es Nacht geworden ist, schlüpft eine schmale Gestalt in die Gethsemanekirche. Vera erkennt als Erste, wer das ist. »Mein Gott, Hansi«, ruft sie. Sven und ein paar andere kommen angelaufen, um den Aktivisten zu begrüßen, der einen erbärmlichen Anblick bietet. Als Hansi den Spruch »Befreit Hansi Z.« liest, den Sven seit einigen Tagen auf seiner Jacke trägt, fällt er seinem Freund mit Tränen in den Augen in die Arme.

»Ich träume von einem Steak mit Fritten und einem schönen kalten Bier«, verkündet er seinen Gefährten. Sie begleiten ihn in die Anka-Klause, eine Kneipe gegenüber der Kirche, wo Hansi ihnen von seinen üblen Knasterlebnissen berichtet: »Montag ist ein Kerl reingekommen, der versucht hatte, das Land illegal zu verlassen. Zusammen mit dem Skinhead haben mich die anderen dann nach allen Regeln der Kunst fertiggemacht. Schlimmer als die Aufseher! Jede Nacht haben sie mich geweckt, mein Essen haben sie ausgeschüttet. Keinen Augenblick Ruhe in der Zelle. Und beim Hofgang

6 Sitz des KGB in Moskau.

musste ich ständig auf der Hut sein: Der Skin kannte wirklich haufenweise Leute im Knast. Die Hölle!«

Als Hansi von den Ereignissen der Woche hört, ist er fassungslos; er hat den Eindruck, das Land vor ewigen Zeiten verlassen zu haben. Dann nimmt er, ein Glas Schnaps in der Hand, Sven beiseite.

»Wie geht es Annette?«

»Ihr geht es gut. Deine Verhaftung hat sie mitgenommen, aber sie hat sich wieder gefangen.«

»Ist sie noch in Berlin?«

»Nein, sie ist Montag zurückgefahren. In einer Kirche in Halle hat sie eine Mahnwache organisiert. Gestern war ich dort, um ihnen zu helfen – sie haben Material zum Drucken im Keller, können aber nicht damit umgehen.«

»Soll ich sie vielleicht besuchen? Sie hat mir so gefehlt, und Samstag war ich nicht wirklich auf der Höhe, weißt du …«

»Das würde nichts nützen. Im Moment ist sie wieder bei ihrem Mann. Aber demnächst kommt sie nach Berlin zurück, hat sie gesagt. In der Zwischenzeit solltest du dich erholen, das hast du echt nötig. Aber mach nicht so ein Gesicht! Ich sage dir doch, dass sie wiederkommt. Mach es wie ich; widme dich der Revolution! Komm doch morgen zur Versammlung der UB, du wirst sehen, ich hab da eine kleine Überraschung für dich …«

In Moskau und im ganzen sowjetischen Imperium feiert man während der gesamten Woche die DDR. Kurt Masur und sein Gewandhaus-Orchester sind Ehrengäste des Moskauer Konservatoriums, dessen großer Saal gerammelt voll ist. Die Crème de la crème der Moskauer Intelligenzija hat sich um die Plätze gerissen. Der sowjetische Kulturminister ist ebenso anwesend wie Kurt Hager, seit 1955 Chefideologe der SED.

Hager, ein treuer Vasall Honeckers, hatte zwei Jahre zuvor mit einem flotten Spruch – »Würden Sie, wenn Ihr Nachbar seine Wohnung neu tapeziert, sich verpflichtet fühlen, Ihre Wohnung ebenfalls neu zu tapezieren?« – jede Aussicht auf eine Perestroika in der DDR zurückgewiesen.

Ein glanzvolles Konzert steht bevor, doch das Protokoll hat einen Haken. Wieder einmal sagt Kurt Masur »nein«. Er weigert sich, sein Orchester die ostdeutsche Hymne spielen zu lassen. »In der DDR ereignen sich derzeit zu viele Dinge. Zu viele Fragen sind in der Schwebe. Das ist nicht der richtige Augenblick«, erklärt er dem peinlich berührten Verwalter des Konservatoriums.

Ostberlin, Samstag, 14. Oktober 1989

Günter Schabowski, angetan mit einem Trainingsanzug und brandneuen Sportschuhen, verlässt in der Dämmerung seine Villa in der Waldsiedlung. Er muss Krenz treffen, mit dem er Harry Tisch besuchen will, den Gorbatschow am kommenden Montag empfangen wird. Der Berliner Parteisekretär schlägt sich seitwärts durch die Büsche – er nimmt lieber einen langen Umweg in Kauf, als eventuell auf Erich oder Margot zu stoßen, deren Bungalow auf halbem Weg zwischen seinem und dem von Krenz liegt. Dieser geht die 100 Schritte bis zu der Erle an der Kreuzung von Parkallee und Märkischer Allee, wo sie sich verabredet haben. Schnell sind sie bei der Villa 22; zweimal kurz und einmal lang geklopft, und der Gewerkschaftsführer empfängt sie in Hemdsärmeln und Hosenträgern.

Die drei Männer referieren über die Botschaft, die Tisch an Gorbatschow übermitteln soll, dann besprechen sie die letzten Einzelheiten für die Sitzung des Politbüros am Dienstag. Krenz kündigt an, dass Stoph die erste Attacke reiten wird; Mittag und Herrmann sollen ebenfalls ausgebootet werden. Da erscheint Frau Tisch mit einer Wurstplatte in den Händen.

»Mielke hat angerufen«, sagt sie im Verschwörerton einer Mata Hari. »Er wollte Egon sprechen. ›Was für eine komische Idee, ihn bei uns zu vermuten‹, habe ich ihm gesagt.«

»Also wirklich, meine Süße, du hättest das Gespräch weitergeben sollen. Du bist unglaublich, weißt du! Wie kommst du ...«

»Das ist mein Fehler, Harry«, meint Krenz. »Ich hätte es deiner Frau gleich bei der Ankunft sagen müssen, dass Mielke weiß, wo ich bin. Hat er Ihnen eine Nachricht hinterlassen?«

»Nein. Aber seiner Stimme nach war es wohl dringend.«

Sofort ruft Egon den Chef der Stasi an.

»Was ist los?«

»Erich sucht dich überall. Geh nach Hause, damit er dich erreichen kann. Sonst schöpft er noch Verdacht.«

Der Kronprinz begibt sich in seine Villa zurück. Kaum ist er im Haus, klingelt das Telefon. Honecker fordert ihn auf, so schnell wie möglich zu ihm in die Wohnung zu kommen.

Als Krenz eintritt, sitzt der Generalsekretär am Küchentisch und hat einen großen Stadtplan von Leipzig vor sich ausgebreitet.

»Mein lieber Erich, was kann ich für dich tun?«

»Wir müssen über die kommende Montagsdemonstration in Leipzig reden. Was hast du beschlossen?«

»Ich habe den Befehl erteilt, außer in Fällen legitimer Notwehr nicht zu schießen.«

»Da bin ich nicht einverstanden. Ich sage nicht, dass die Demonstranten niederzuschießen sind, aber man sollte ihnen das Leben auch nicht allzu leicht machen. Sie sollen voller Angst marschieren, verstehst du? Warum bauen wir in der Stadt keine Sperren mit Panzern auf? Schau, ich habe mehrere strategische Punkte ausgemacht, wo man sie aufstellen könnte.«

Krenz zügelt seine Wut. Mit äußerster Selbstbeherrschung versucht er, Honecker zur Vernunft zu bringen:

»Das ist eine ganz schlechte Idee, Erich. Viele Demonstranten haben ihre Ausbildung bei der NVA gemacht; sie wissen, wie man einen Panzer blind macht oder gar zerstört. Die brauchen nur einen Molotow-Cocktail in den Turm zu werfen. Denk an Prag 1968. Die Demonstration läuft Gefahr, zum Blutbad zu werden. Es wäre der reine Wahnsinn. Ist es das, was du willst?«

Honecker starrt den azurblauen Küchenschrank an.

»Nein. Du hast recht. Also wird nichts unternommen.«

Nach Svens Ansicht ist es an der Zeit, die Besetzung der Gethsemanekirche zu beenden, in der seine Freunde und er noch während der ganzen Woche übernachtet haben. Pastor Albani hat ihn darum gebeten: Die Kirche ist zum Unterschlupf für die Säufer des Viertels geworden und in einem beklagenswerten Zustand; man kommt und spaziert darin herum wie in einer Bahnhofshalle. Der junge Mann befragt das Dutzend seiner Gefährten, die ihn im Versammlungsraum der UB umringen.

»Ich denke, wir sollten erst mal ein wenig Musik auflegen«, schlägt Hansi vor. Seit er einen Joint reingezogen hat, trägt er ein albernes Grinsen zur Schau. Bei der von Sven angesprochenen Überraschung ging es nicht um Annette und auch nicht um ein paar Sixpacks – im UB trinkt man nur Rotwein, was Hansi verabscheut –, sondern um einen großen Beutel mit Marihuana unbekannter Herkunft, den er am Vorabend in einem Winkel der Gethsemanekirche gefunden hat. Seinen ersten Joint hatte Hansi im vorigen Sommer in der Tschechoslowakei geraucht, und da hatte er viel gelacht. Mit der Tüte zwischen den Lippen erhebt sich der Anarchist und legt einen Live-Mitschnitt von *Ton Steine Scherben* auf.

»Hansi, kannst du das etwas leiser stellen, bitte?«, fragt Martin.

Der Aktivist aus Leipzig kennt Sven seit Jahren; nach Berlin ist er wegen einer heimlichen Koordinationssitzung des Neuen Forums gekommen, an der Abordnungen der Bewegung aus dem ganzen Land teilgenommen haben.

»Sven hat recht: Die Kirchenbesetzungen müssen beendet werden. Derzeit spielt sich alles auf der Straße ab, das haben unsere Erfahrungen in Leipzig gezeigt. Wir dürfen uns nicht mehr verstecken, sondern müssen versuchen, möglichst viele Leute zusammenzubringen. Die überwiegende Mehrheit der Bevölkerung hat die Schnauze gestrichen voll, zögert aber noch, sich uns anzuschließen. Seit dem letzten Montag hat die Auseinandersetzung ein neues Stadium erreicht. Nur Massendemonstrationen können den Druck auf die Regierung aufrechterhalten, die in keinem Punkt wirklich nachgegeben hat, das muss ich euch nicht eigens sagen. In der DDR wird es keine chinesische Lösung geben, deshalb sollten wir nicht lockerlassen: Bleiben wir auf der Straße und veranstalten wir noch mehr Happenings, genau wie diese Woche in Leipzig. Ich kann euch jetzt schon garantieren, dass bei der Demo am Montag 'ne Menge Leute kommen werden. Wir haben Transparente und dazu Flugblätter mit allen

Namen und Adressen des Neuen Forums vorbereitet, damit die Leute sich uns anschließen können. Das mit dem Untergrund ist vorbei!«

»Das ist doch ein Witz«, unterbricht ihn Hansi. »Von wegen, das Neue Forum versteckt sich nicht mehr! Wo waren sie denn, die Führer des NF, als es letzte Woche gefährlich wurde? Wo war Bärbel Bohley denn?«

»Ich glaube, du solltest mal den einen oder anderen Joint auslassen, Hansi«, erregt sich Martin. »Du spinnst ja ...«

»Er hat nicht ganz unrecht«, geht Sven dazwischen. »Unsere Kritik bezieht sich nicht speziell auf das NF, sondern auf die Anführer der Oppositionsforen, ausgenommen Barbara natürlich. Seit der Wind sich Anfang der Woche gedreht hat, sind sie wieder aufgetaucht; sie kommen in die Kirche, und vor den Fernsehkameras aus dem Ausland geben sie den Charmeur ... Erst gestern habe ich Ibrahim Böhme[7] vor die Tür gesetzt, der sich aufspielen wollte, so in der Art: ›Da bin ich, der große Böhme, ich stelle euch das Programm der SDP vor ...‹ Wir sind doch nicht im Wahlkampf! Wir haben das ganze Risiko getragen, und heute kommen die daher und wollen den Erfolg einheimsen.«

»Das stimmt so nicht«, erwidert Martin. »Ohne die Berichterstattung der westdeutschen Medien wären wir nicht da, wo wir heute stehen!«

»Schön, Jungs, das reicht jetzt«, unterbricht Vera sie. »Wir sind alle damit einverstanden, die Besetzung der Kirchen zu beenden. Die entscheidende Schlacht wird auf der Straße stattfinden, das wissen wir auch. Berlin muss sich an Leipzig orientieren, das ist klar. Warum versuchen wir nicht, morgen was auf die Beine zu stellen?«

---

7 Ibrahim Böhme war einer der Gründer der SDP und ... ein Informant der Stasi, was damals niemand ahnte.

»Ein Straßenmusik-Festival! Heute Abend drucken wir Flugblätter ›Aktion Rot-Schwarz‹ von der Gethsemane-Gruppe, um möglichst viele Leute zusammenzubringen«, schlägt Hansi vor.

»Prima Idee«, freut sich Martin. »Wie in Leipzig!«

Laurenzia, liebe Laurenzia mein
wann wollen wir wieder beisammen sein
am Montag
Ach wenn es doch schon wieder Montag wär
Und ich bei meiner Laurenzia wär
Laurenzia wär.[8]

Sven hat sich auf den Boden vor der Kirche gekauert und spielt auf einer Bongotrommel, Hansi quält die Saiten einer Balalaika, Vera hat aus Karton und Sand Maracas improvisiert, und andere begleiten sie mit Gitarre und Flöte. Man sitzt in der Sonne und pichelt, gemeinsam wird der Refrain von Laurenzia gesungen, dann versucht man sich aus voller Kehle an »Die Internationale«. Marina ist in der Nähe, Wolfgang verschlingt Vera mit den Augen ... Die ganze Familie von der UB und der Gethsemanekirche ist versammelt. Doch der Karneval nimmt ein Ende, als die Volkspolizei eingreift, die Rädelsführer bittet, die Straße zu räumen und im Garten neben der Kirche weiterzusingen. Zur Überraschung aller sprechen die Vopos sie ganz gesittet an. Fast liebenswürdig.

8 Kinderlied, das in Ostdeutschland alle Kinder in der Krippe lernten.

Ostberlin, Montag, 16. Oktober 1989

Egon Krenz hat Erich Mielke und General Fritz Streletz, den Generalstabschef der NVA, dazu eingeladen, auf Bildschirmen, die man im Innenministerium aufgestellt hat, den Ablauf der Leipziger Demonstration zu verfolgen. Dazu kommt Friedrich Dickel, der Hausherr. Krenz hat die wichtigsten für die öffentliche Ordnung verantwortlichen Minister um sich versammelt, um absolut sicherzustellen, dass seine Anweisungen peinlichst genau befolgt werden. Am Vorabend der Verschwörung möchte er vor allem seine ranghöchsten Kollegen im Auge behalten. Kurz vor dem Beginn des Friedensgebets in der Nikolaikirche hat sich ein später Gast zu ihnen gesellt: Erich Honecker.

In Dickels Büro sehen die fünf Männer schweigend zu, wie eine Flut von Menschen über das Pflaster des Leipziger Rings flaniert und ihre Autorität infrage stellt. Ruhig ziehen die mehr als 120 000 Menschen dahin; sie fordern die Legalisierung des Neuen Forums, die Abhaltung freier Wahlen, Reisefreiheit, Pressefreiheit, Meinungsfreiheit. Sie hören sie rufen: »Wir sind das Volk!«, »Keine Gewalt!«, »Gorbi! Gorbi!« und »Die Mauer muss weg!«. Mit seinen eingefallenen Wangen wirkt der Generalsekretär wie gelähmt. Als er sieht, wie der Zug den Karl-Marx-Platz erreicht, denkt er an jenen Abend im April 1930, an dem er sich den 100 000 Anhängern der Jungkommunisten angeschlossen hat, genau auf diesem Platz, um Ernst Thälmann zu hören, den damaligen Vorsitzenden der KPD. Der junge Erich hatte das Fahrrad, das ihm seine Eltern geschenkt hatten, verkauft, um nach Sachsen zu gelangen.

Plötzlich richtet Honecker sich auf und starrt Streletz an: »Fritz! Jetzt müssen wir etwas tun!«

»Nein, wir können nichts ausrichten. Wir bemühen uns, die Geschichte friedlich ablaufen zu lassen«, erwidert der Generalstabschef der Volksarmee gütlich. Der Graukopf setzt sich wieder neben Krenz. Das Telefon klingelt. Dickel murmelt ein paar Worte ins Ohr des Verschwörers:

»Harry Tisch in Moskau ist dran.«

Krenz möchte im Boden versinken, doch Honecker ist in Gedanken ganz in Leipzig und lässt den Bildschirm nicht aus den Augen.

»Egon, ich habe gerade mit Michail Sergejewitsch gesprochen. Er wünscht dir viel Erfolg.«

8 Goodbye, Honi!

Ostberlin, Dienstag, 17. Oktober 1989

Wo kann er bloß sein? Warum ist er nicht da? Es ist 10.05 Uhr, und Erich Honecker, dessen Pünktlichkeit legendär ist, lässt sich immer noch nicht im Versammlungsraum des Politbüros blicken, wo man ihn nicht ohne Angst erwartet. Egon Krenz hält es nicht mehr auf seinem Platz. Erich Mielke dagegen ist eher heiter. Früh am Morgen hat der Chef der Stasi seine Vorkehrungen getroffen, ehe er seine täglichen Bahnen im Schwimmbecken der Waldsiedlung aufgenommen hat. Er hat den Sicherheitschef des Großen Hauses[1] angerufen, einen seiner treuesten Untergebenen, und ihm befohlen, eine Bewachung der Sitzung durch vertrauenswürdige Männer zu gewährleisten; sie sollen die Leibgarde Honeckers am Eingreifen hindern, wenn das Drama seiner Auflösung entgegengeht. Günter Schabowski schaut immer wieder nervös auf die Uhr und wiederholt zum hundersten Mal seine Stimmenzählung. Willi Stophs Gesicht verrät keinerlei Regung, doch innerlich jubelt der Vorsitzende des Ministerrats. Gleich wird er mit Genuss das Gewand des Brutus anlegen. Seit Jahren redet er bei Kotschemassow und den Sowjets schlecht über den Tyrannen; 1986 hat er dem KGB sogar ein umfangreiches Dossier über die katastrophale

1 Das Gebäude des Zentralkomitees hatte den Beinamen »Großes Haus«.

Amtsführung durch Mittag übermittelt und Gorbatschow mehrere Szenarien zum Sturz Honeckers vorgeschlagen, von dem er annahm, er habe sich »gegen die UdSSR verschworen«.

Um 10.10 Uhr kommt Honecker herein. Erstaunlich frisch und anscheinend gut gelaunt. Wie jeden Dienstag begrüßt er die Genossen einzeln, und dazu ergeht er sich in Entschuldigungen: »Die Verspätung tut mir leid, aber Hans Modrow hat mich angerufen. Er will mich sehen.« Als Krenz den Namen des Dresdner Parteichefs hört, der als einer von wenigen in die Machenschaften des Politbüros eingeweiht ist, erstarrt er. Was hat Modrow vor? Wieso ist Honecker heute so ausgelassen, wo er die letzten Tage so schweigsam gewesen ist? Doch er hat keine Zeit, sich in Vermutungen zu verlieren.

Der Generalsekretär an der Stirnseite des Tisches verliest die Tagesordnung. Kein einziger Punkt befasst sich mit der Riesendemonstration von Leipzig oder einem der anderen Umzüge des Vorabends, für die sich in Halle, Berlin, Dresden und Magdeburg Zehntausende versammelt hatten. Anschließend blickt er, seiner Sache sicher, in die Runde und stellt schließlich die von den Verschwörern erwartete Frage:

»Habt ihr der Tagesordnung noch etwas hinzuzufügen?«

»Wenn du gestattest, Erich«, entgegnet Stoph höflich.

»Ich bitte darum.«

»Als ersten Punkt schlage ich vor, den Genossen Erich Honecker aller seiner Funktionen als Generalsekretär zu entheben und den Genossen Egon Krenz an seiner Stelle zu wählen.«

Schweigen.

Ungerührt beginnt Stoph seine Anklage. Er wirft Honecker die katastrophale Amtsführung vor, die zur aktuellen Krise geführt habe; er sagt ihm, dass sein prekärer Gesundheitszustand ihn daran hindere, sich an die neue Konstellation anzupassen, weshalb er die Macht abgeben müsse.

Honecker ist wie vor den Kopf geschlagen; er hatte nicht gedacht, dass sie es eines Tages wagen würden. Er zeigt keine Emotion und wartet ab, wie viel Mumm die andern vorzuweisen haben:

»Sehr gut! Die Debatte ist eröffnet.« Er erteilt denen das Wort, die er als seine engsten Verbündeten ansieht.

Einer nach dem anderen lässt ihn fallen. Kein einziges Mitglied des Politbüros weist den Vorschlag Stophs zurück. Günter Mittag als Erster. Sein treuester Statthalter stottert herum, belastet ihn aber ohne Skrupel. Joachim Herrmann, bleich wie ein Bettlaken, heult ebenso mit den Wölfen, wobei er seine Verantwortung für das Versagen der nationalen Medien zugibt. Alfred Neumann kann endlich Rache nehmen: Er schlägt vor, beide auf der Stelle aus ihren Ämtern zu entfernen.

Das Schicksal verfolgt Honecker bis zum Beitrag Mielkes. Der Chef der Stasi erteilt seinem alten Freund eine Lektion:

»Ich hatte dich gewarnt, dass die Lage äußerst ernst ist, doch du hast es nicht hören wollen. Du hast nicht darauf reagiert. Durch deinen Fehler ist unsere Macht in Frage gestellt …«

»Erich, du solltest dein Maul nicht so weit aufreißen!«, herrscht Honecker ihn an.

Als er das hört, lässt Mielke seinem Zorn freien Lauf; er überschüttet Honecker, den keiner in Schutz nimmt, mit einem Schwall Verwünschungen.

Damit ist die Messe gelesen. Die weiteren Wortmeldungen sind bedächtiger. Krenz, der noch nichts gesagt hat, erklärt sich bereit, die Funktionen des Partei- und Staatschefs zu übernehmen; Schabowski spielt den Guten und präsentiert sich als der Besonnenste des Clans: »Wir müssen vor allem nach vorn schauen. Hier geht es nicht um eine persönliche Auseinandersetzung, sondern um politische Probleme, die dringlichst geregelt werden müssen: Reisegenehmigungen, Wirtschaftsaufschwung, Neuorganisation der Medien ...«

Schließlich wird abgestimmt. Erich Honecker fragt die regulären Mitglieder des Politbüros und deren Stellvertreter, ob sie seiner Ablösung von den Posten des Generalsekretärs, des Vorsitzenden des nationalen Verteidigungsrats und des Vorsitzenden des Staatsrats der Deutschen Demokratischen Republik zustimmen. Er sieht zu, wie sie einer nach dem anderen den Arm heben und so den Vorschlag von Willi Stoph billigen. Ohne ein Wort hebt dann auch der Generalsekretär den Arm. Bis zum Schluss wird der Genosse Honecker das Prinzip der Einstimmigkeit hochhalten, das dem demokratischen Sozialismus teuer ist. Auch für die Abberufung Mittags und Herrmanns ergibt sich diese Einstimmigkeit. Nach etwas mehr als drei Stunden ist die Palastrevolution vollzogen.

Erich Honecker geht in sein Büro zurück, ordnet seine Angelegenheiten und sammelt die dringlichsten Akten zusammen, die er seinem Nachfolger übergeben wird. Er ruft Margot im Erziehungsministerium an: »Es ist so gekommen«, teilt er ihr lakonisch mit, dann begrüßt er seine Sekretärin Elli, mit der er seit den glücklichen Tage in der FDJ zusammenarbeitet, und dazu seine engsten Mitarbeiter. Schließlich ruft er Krenz an und bittet ihn, in sein Büro zu kommen.

»Du ahnst sicher, dass mich das alles ziemlich aufregt?«

Ungerührt richtet Krenz den Blick zum Himmel.

»Na schön, Egon ... Tu einfach so, als ob nichts wäre. Aber könntest du mir wenigstens eine kurze Erklärung vorbereiten, die ich im Plenum des Zentralkomitees vorlesen werde, um in Würde abzutreten?«

Krenz verspricht es ihm.

»Gut, in diesem Fall bin ich einverstanden, das Plenum vorzuverlegen.[2] Elli! Elli!«

Die Sekretärin eilt herein – der gestürzte Staatsmann wird ihr ein letztes Schreiben diktieren:

Werte Genossen!
Auf Beschluss des Politbüros ist die Tagung des Plenums des Zentralkomitees der SED auf Mittwoch, den 18. Oktober, 14 Uhr, vorverlegt worden.
Mit sozialistischem Gruß

Erich Honecker

Noch ist nicht alles endgültig geregelt. Nur das Zentralkomitee hat die Macht, den Generalsekretär abzuberufen. Also müssen die Verschwörer sicherstellen, dass diese Institution ihren Beschluss nicht zurückweisen wird. 1957 hatte Nikita Chruschtschow einen solchen Gewaltakt erfolgreich durchgezogen: Nachdem er vom Politbüro überstimmt worden war, hatte ihn das Plenum des Zentralkomitees am nächsten Tag wieder in seine Funktionen als Generalsekretär der KPdSU eingesetzt. Honecker genießt immer noch den Respekt zahlreicher Mitglieder des Zentralkomitees, doch Krenz, Schabowski und die anderen halten ihn nicht für fähig, sein Schicksal zu wenden. Dazu hat er ganz einfach keine Lust mehr. Nein, viel mehr Sorge bereitet es ihnen, ein tragfähiges Motiv für die Entmachtung Honeckers zu liefern. Seine wirtschaftliche Inkompetenz? Seine ideologische Machtprobe in Hinblick auf den Reformkurs des großen Bruders Sowjetunion? Seine Absicht, die Panzer nach Leipzig zu

---

2 Ursprünglich sollte das Plenum vom 15. bis 17. November 1989 tagen.

schicken? Nein, es wäre zu heikel, diese Gründe öffentlich anzusprechen. Honecker allein soll die Schuld zugeschoben werden. Honecker ist krank: Der alte Mann wird seinen Rücktritt aus gesundheitlichen Gründen bekannt geben. So, wie er Ulbricht vor 18 Jahren dazu gezwungen hatte …

Mit Unterstützung von Krenz tippt Günter Schabowski auf der Tastatur eines Amiga-2000-Computers die Erklärung, die von der scheidenden Nummer eins am nächsten Tag verlesen werden soll:

»Liebe Genossinnen und Genossen,
nach reiflicher Überlegung und im Ergebnis der gestrigen Beratung im Politbüro bin ich zu folgendem Entschluss gekommen: Infolge meiner Erkrankung und nach überstandener Operation erlaubt mir mein Gesundheitszustand nicht mehr den Einsatz an Kraft und Energie, den die Geschicke der Partei und des Volkes heute und künftig verlangen. Deshalb bitte ich das Zentralkomitee, mich von der Funktion des Generalsekretärs des ZK, vom Amt des Vorsitzenden des Staatsrates der DDR und von der Funktion des Vorsitzenden des nationalen Verteidigungsrats der Deutschen Demokratischen Republik zu entbinden. Dem Zentralkomitee und der Volkskammer sollte ein Genosse vorgeschlagen werden, der fähig und entschlossen ist, der Verantwortung und dem Ausmaß der Arbeit so zu entsprechen, wie es die Lage [erfordert].«

Auf die letzte Formulierung ist der SED-Chef von Ostberlin besonders stolz: Der Westpresse und der Bevölkerung soll nicht der Eindruck vermittelt werden, Honecker habe seinen Nachfolger bereits »ausgesucht«. Krenz muss sich auf jeden Fall von seinem Image als Thronfolger absetzen, wenn er seine Popularität festigen und für eine Zäsur stehen will.

Am 18. tagt das Sekretariat des Zentralkomitees in Abwesenheit Honeckers, und Stoph kündigt die »Änderungen bei den Kadern« an, die einstimmig gebilligt werden. Dann tritt das Politbüro erneut zusammen, diesmal aber unter dem kollegialen Vorsitz von Honecker und Krenz: eine Premiere. Nachdem der Ex-Generalsekretär seine von den Verrätern verfasste Erklärung verlesen hat, wird ihm herzlicher Beifall zuteil. Die Antrittsrede, an der der neue Generalsekretär die ganze Nacht hindurch gearbeitet hat und die noch am Nachmittag vor dem Zentralkomitee gehalten werden soll, wird vom Gremium der Kollegen genehmigt.

In den Fluren des »Großen Hauses« ist das Gerücht vom Abschied Honeckers unablässig kolportiert worden. So halten die 206 Delegierten des Zentralkomitees den Atem an, als der alte Mann auf dem Podium erscheint.

»Liebe Genossinnen und Genossen ...«

Honecker gibt seine Rücktrittserklärung mit den vorgesehenen Worten ab, allerdings mit einer Ausnahme: Er schlägt Egon Krenz als seinen Nachfolger vor! Günter Schabowski schäumt vor Wut.

Strahlend lässt Stoph abstimmen: 205 Delegierte billigen den Rücktritt des Generalsekretärs aus gesundheitlichen Gründen – nur die 80-jährige Stalinistin Hanna Wolf spricht sich dagegen aus. Margot hat an der Abstimmung nicht teilgenommen; sie ist zu Hause geblieben. Dann bittet Stoph, dass Honecker sich zurückziehen dürfe, und fordert das Zentralkomitee auf, ihm für sein Handeln und für sein Lebenswerk Dank auszusprechen. Alle im Saal erheben sich und applaudieren dem zu Tränen gerührten Greis frenetisch.

Krenz betritt die Bühne. Er verkündet den Genossen, mit der heutigen Sitzung würden sie »eine Wende einleiten«, und die Partei werde die politische und ideologische Handlungsmacht wiedererlangen. Die SED sei fest davon überzeugt, dass alle Probleme der ostdeutschen Gesellschaft politisch zu lösen seien; er sei entschlossen, Frieden und Ordnung aufrechtzuerhalten und nicht auf den Sozialismus auf deutschem Boden zu verzichten. Der neue Generalsekretär erklärt, die Perestroika sei unumgänglich, keine Partei könne sich von einem Prozess ausschließen, der »die gesamte kommunistische Bewegung, die Umgestaltung in der UdSSR und in den anderen Bruderländern betrifft«. Außerdem verkündet er, das Politbüro habe der Regierung vorgeschlagen, ein neues Gesetzesvorhaben zu Reisen ins Ausland auszuarbeiten.

Diese »Wende« teilt er eiligst den Medien, seinem braven Volk und dem ganzen Planeten mit. Doch dabei begeht er einen Anfängerfehler: Anstatt frei zu sprechen und dem Volk in die Augen zu sehen, verliest er seine lange Rede vor dem Zentralkomitee noch einmal und bedenkt seine Landsleute, die das alles satthaben, mit der Anrede »Genossen«.

Während Krenz vor den Kameras posiert, verlässt Erich Honecker das Gebäude des Zentralkomitees zum letzten Mal. Er hat seinen Fahrer gebeten, ihn am Waldrand bei der Waldsiedlung abzusetzen. Niedergeschlagen, wie er ist, möchte er dort allein spazieren gehen. In nur zehn Tagen ist er von der ostdeutschen Oktoberrevolution hinweggefegt worden.

Zweiter Teil

Die Mauer muss weg!

9 Unbeliebt

Ostberlin, Donnerstag, 19. Oktober 1989

Egon Krenz steht zögernd vor dem Kleiderschrank. Heute Morgen zählt jedes Detail. Haltung, Erscheinung, Gestik. All das Gekünstelte, diese Image-Besessenheit, die im Westen solche Bedeutung genießt und über die er sich stets lustig gemacht hat.

Um die Wende einzuleiten, hat der neue Generalsekretär beschlossen, eine Fabrik in Berlin zu besuchen, eine der 16 Niederlassungen des Kombinats »7. Oktober«, wo man Werkzeugmaschinen herstellt. Weißes Hemd, dunkler Anzug, Krawatte mit feinen Diagonalstreifen – er überprüft sein Aussehen im Spiegel. Eine letzte Korrektur der angegrauten, nach hinten gekämmten Mähne. Er hat sich gründlich rasiert, um den Bartschatten auf der Haut unsichtbar werden zu lassen. »Du siehst immer aus, als kämst du direkt aus dem Gefängnis«, hat sein Sohn mal gesagt, nachdem er ihn im Fernsehen gesehen hatte. Und eben dieses Fernsehen wird ihn heute schon vor dem Eingang des Kombinats erwarten. Die Objektive werden einen Mann im besten Alter einfangen, einen Reformer, der bereit ist, die Zügel der DDR in die Hand zu nehmen: offen, mit einem Lächeln, modern.

Als er sich ins Auto setzt, erwarten ihn im Fond einige Akten: der tägliche Lagebericht der Stasi, eine Präsentation des Kombinats »7. Oktober« sowie Gratulationsbotschaften der kommunistischen Bruderparteien. Doch es ist ein anderer Aktendeckel, den Egon Krenz gespannt aufklappt: Die Auslands-Presseschau. Was sagt man in der BRD über ihn? Eine Minute genügt, um ihm die Zornesröte ins Gesicht zu treiben. Dabei hätte er damit rechnen müssen: Die Journalisten des kapitalistischen »Klassenfeindes« lassen kein gutes Haar an der Ablösung in Ostberlin. Was ihn betrifft, so kommt es knüppeldick: »Hüter der harten Linie«, »Kind des Stalinismus«, »Unglaubwürdig«, »Wahlfälscher[1]«, »Lügner«, »fragwürdige Gestalt«. Das reicht jetzt aber. Ein Artikel erbost ihn besonders. Der Liedermacher Wolf Biermann rechnet ab: *»Krenz, der versoffene FDJ-Veteran, der Jubelperser[2] des Politbüros, der optimistische Idiot, [...] das ewig lachende Gebiss, ist von allen möglichen Kandidaten am verachtenswertesten. Mit ihm geht es im Rückwärtsgang vorwärts!«*

Egon Krenz holt tief Luft und wird wieder ruhiger. Denen wird er zeigen, aus welchem Holz er geschnitzt ist. Die DDR braucht nur wieder flottgemacht zu werden. Honecker hat sich halsstarrig und dumm verhalten, wo ein paar Konzessionen gereicht hätten, um die Gemüter zu beruhigen. Krenz glaubt, das allmähliche Ausbluten durch eine flexiblere Regelung für Auslandsreisen eindämmen zu können. Und um die Jugend ruhigzustellen, sagt er sich, dürfte es genügen, den Medien etwas mehr Vielfalt einzuimpfen. Seine Version von Perestroika wird die Wagnisse Gorbatschows in den Schatten stellen.

---

1 Am 7. Mai 1989 hatte die SED die Kommunalwahlen mit 98,85 Prozent der Stimmen gewonnen. Die Bürgerbewegungen hatten Egon Krenz als Organisator der Abstimmung beschuldigt, das Ergebnis gefälscht zu haben.

2 Der Ausdruck »Jubelperser« geht auf den Besuch des Schahs von Persien in Berlin im Juni 1967 zurück. Der Herrscher hatte Geheimagenten in der Menge verteilt, die ihm applaudieren und feindselige Demonstranten einschüchtern sollten. Der Besuch endete in Tumulten, bei denen der Demonstrant Benno Ohnesorg von einem Polizisten erschossen wurde.

In Wandlitz ist der marineblaue Volvo zusammen mit der Eskorte am frühen Morgen abgefahren. Die Kolonne erreicht die Vororte Berlins. Während sie durchrauscht, machen die Trabbis Platz, um nicht vom Luftsog mitgerissen zu werden. Der Fahrer steuert den Wagen in das Industriegebiet von Weißensee und parkt vor einem kargen dreistöckigen Gebäude mit schwärzlich verdreckter Fassade – es ist der Sitz des Kombinats »7. Oktober«. Auf dem Gehsteig sind schon der Generaldirektor, die örtlichen Parteivertreter und ein paar Journalisten versammelt, um Krenz zu empfangen.

Doch der will keine Zeit mit Liebenswürdigkeiten vertändeln; er ist gekommen, um den Zug des Sozialismus wieder auf die Schienen zu setzen. Kaum ist er ausgestiegen, wendet er sich an die Arbeiter, die sich aus den Fenstern lehnen. »Guten Tag, Genossen, wie seht ihr die Lage? Habt ihr die Beschlüsse des Zentralkomitees von gestern gelesen?« »Wir warten ab«, »Mal sehen«, »Wir haben schon so viele Versprechungen gehört« – spöttisch bieten ihm die Metaller eine Kostprobe der »Berliner Schnauze«. Der Generalsekretär regt sich auf: »Genug gewartet, genug damit, dass ihr sagt, wir hier unten, ihr da oben! Weiter voran kommen wir nur gemeinsam und mit der Hingabe, die jeder in seine Arbeit legen muss. Seid ihr da oben einverstanden?« Einer der Aufmüpfigen zuckt mit den Schultern: »Einigermaßen, ja.«

In der ersten Werkshalle dankt ein Arbeiter dem Generalsekretär herzlich und mit einem Lächeln dafür, dass er gekommen ist: Die seit Monaten defekten Glühbirnen und Neonstäbe sind endlich ausgetauscht worden. Ein Gewerkschafter ergreift seinen Arm, um ihm die Anschlagtafel zu zeigen, wo regelmäßig die Wandzeitungen zerrissen werden. Niemand hat sich die Mühe gemacht, die Parolen zu entfernen, mit denen die Wand bedeckt ist: Beförderung nach Leistung, unabhängige Gewerkschaft, Modernisierung der Anlage ... Diese Forderungen sind keine große Überraschung für ihn. Sie bestätigen, was die Stasi in ihren Berichten anführt. Ihn wundert eher die Kühnheit. In dieser Fabrik, die doch als Vorzeigebetrieb gilt, hat erkennbar weder die SED noch die Gewerkschaft auch nur die geringste Autorität. Deren Ansehen scheint so abgeschabt zu sein wie die Parolen zum Ruhme des Kommunismus auf den verrottenden Wänden.

Der Generaldirektor, der ihn zwischen den Produktionsbändern herumführt, wagt einige Kritik. »Wir sind stolz darauf, dass unsere Produkte zu den besten der Welt gehören. Doch das gilt nur für einige Produktlinien. Wir sind Weltmeister der Improvisation, aber leider nicht der Rechnungsführung. Die Planziele müssen eingehalten werden. Doch das erreichen wir nicht mehr mit Reden; statt des bequemen Konformismus, der in der Partei herrscht, brauchen wir einen Geist der Entschlossenheit ...«

Der Besuch wird durch eine Diskussion abgeschlossen. Man bittet Egon Krenz, an einem U-förmigen Tisch in einem kleinen Versammlungsraum Platz zu nehmen. Etwa 50 von der Partei handverlesene Arbeiter erwarten ihn ungeduldig. Über den zunehmend angespannten Generalsekretär ergießt sich eine Flut von Vorwürfen. Alles muss raus. Die Partei habe kein Vertrauen in die Bürger, die Materialknappheit halte die Produktion auf, in den Kaufhäusern gebe es keine Qualitätsprodukte – man müsse Jahre warten, um ein erbärmlich schlechtes Auto erwerben zu können. Ein Werkmeister, Mitglied der SED, nimmt die Medien aufs Korn: »Was man uns in euren Zeitungen und im Fernsehen erzählt, hat mit der Wirklichkeit nichts zu tun. Diese Märchen glaubt doch keiner mehr!« Eine Arbeiterin wirft die Frage auf, die allen auf den Nägeln brennt: »In den Werkstätten macht es sich stark bemerkbar, dass so viele Leute abgehauen sind. Die Arbeit ist nicht mehr richtig organisiert. Genosse Krenz, wir brauchen eine Neuregelung bei den Auslandsreisen, um die Abwanderung zu begrenzen!« Da kommt Beifall auf, von allen Seiten hagelt es Vorwürfe. Ein Dreher wird laut, um sich Gehör zu verschaffen: »Wer weder Verwandte im Westen noch einen Passierschein hat, steckt wirklich in der Scheiße[3]!«

Die Kameras haben diese Wortwechsel ebenso vollständig eingefangen wie die Rundfunksender. Das Unbehagen der Arbeiter des »VEB 7. Oktober« geht noch am selben Abend auf Sendung. Egon Krenz versucht, mit seiner Erwiderung gegenzuhalten: »Die Frage des freien Reiseverkehrs scheitert an der Politik der BRD. Solange Bonn die ostdeutsche Staatsangehörigkeit eines jeden Bürgers der DDR nicht automatisch anerkennt, werden wir die Angelegenheit nicht voranbringen können.«

Konsterniert schütteln die Arbeiter den Kopf. Mehr als das alte Lied, das andere Deutschland sei schuld, hat der neue Mann der Regierung also nicht anzubieten. Sie sind enttäuscht. Er, der davon träumt, der Gorbatschow von der Spree zu werden, hat es eilig, die Sache zu Ende zu bringen. Er beendet die Sitzung mit einer Wendung zu den Reportern: »Das sind keine Nörgler, denen ich hier zugehört habe, sondern ernsthafte Leute, die Vorschläge gemacht haben, welche im Sinne unserer Partei sind. Vielen Dank!«

Erich Mielke und Harry Tisch hatten ihm anvertraut, dass

---

3 Die zwischen den beiden deutschen Staaten geschlossenen Abkommen boten den Bürgern der DDR die Möglichkeit, Angehörige in der BRD zu besuchen. Wer dort keine Verwandten besaß, hatte, abgesehen von besonders Privilegierten, kaum Chancen, in die Bundesrepublik zu gelangen.

sie befürchteten, Streiks könnten die Fabriken lähmen. Die Arbeiter vom »7. Oktober« haben bei Egon Krenz die letzten Zweifel ausgeräumt.

Helmut Kohl, der die am Vorabend im Fernsehen übertragene Rede von Egon Krenz verfolgt hat, ohne darin den kleinsten Hoffnungsschimmer entdeckt zu haben, nimmt an diesem Morgen die Aktennotiz zur Kenntnis, die einer seiner Berater zur Lage auf der anderen Seite der Mauer verfasst hat. Beim dritten und letzten Punkt hält er inne: »Es ist wenig wahrscheinlich, dass die Veränderungen an der Macht ausreichen, um den Druck zu vermindern, dem die Führung der DDR im Augenblick ausgesetzt ist. Krenz, obschon jünger als sein Vorgänger, gehört der alten Garde an und leidet deshalb unter demselben Vertrauensverlust. Er ist ein Mann, der die Macht der SED kompromisslos und mit aller notwendigen Brutalität verteidigen wird; er ist bereit, das mit allen Mitteln durchzusetzen. Wahrscheinlich ist er lediglich ein Protagonist des Übergangs, doch er selbst sieht sich sicher nicht in dieser Rolle.« Der Kanzler hebt die Augen zum Himmel und seufzt tief auf. Sein politischer Instinkt sagt ihm, dass die Krise noch nicht ausgestanden ist. Dramatische Entwicklungen können nicht ausgeschlossen werden. In den bislang sieben Jahren seiner Kanzlerschaft hat er über alle Stürme hinweg einen Wahlspruch gefunden: Kurs halten. So lautet denn auch sein Glückwunschtelegramm an Krenz: *»Ich wünsche Ihnen, dass Sie zum Wohle aller arbeiten, ebenso erhoffe ich eine signifikante Konsolidierung des Dialogs und der Zusammenarbeit zwischen unseren beiden Staaten in dieser Epoche unumgänglicher Erneuerung.«*

Ivan Nowikow stützt sich mit beiden Armen auf den Rand des Schwimmbeckens und stemmt sich aus dem Wasser. Während er nach seinem Handtuch greift, wirft der Oberst des KGB einen zufriedenen Blick auf die Uhr. »500 Meter in acht Minuten! Gar nicht so eingerostet für meine 50 Jahre!« In der Schule 302 in Minsk, wo er seine Ausbildung als KGB-Agent erhalten hat, hatte der junge Sibirier im 50-Meter-Becken alle Kameraden geschlagen. »Der einzige Russe, der das Wasser dem Wodka vorzieht«, behauptete sein Zimmergenosse immer stolz, wenn er ihn den Mädchen vorstellte, die sie in Bars ansprachen.

Zu dieser Morgenstunde hat er das Schwimmbecken der sowjetischen Botschaft für sich allein. Die Funktionäre und Diplomaten im anschließenden Gebäudekomplex sind noch am Aufwachen. Iwan Nowikow genießt diese morgendliche Stunde, sie ist für ihn eine Möglichkeit, dieser abgeschotteten Welt zu entkommen, die bei ihm Klaustrophobie auslöst.

Er hört die Schwingtür hinter sich aufgehen und dreht sich um. Vor ihm steht, in grüner, mit einem breiten roten Band geschmückter Uniform, General Snetkow, Oberkommandierender der Westgruppe der Truppen[4].

»Genosse General, so früh habe ich dich hier noch nie gesehen. Du musst schon vor Sonnenaufgang in Wünsdorf losgefahren sein.«

»Ich muss dich unter vier Augen sprechen.«

»Mich oder das Komitet[5]?«

»Beides. Ich weiß, dass ich dir vertrauen kann. Wir haben so oft über Deutschland diskutiert, ich kenne deine Ansichten. Und ich bin sicher, du teilst meine Befürchtungen.«

---

4 So lautete die Bezeichnung der in der DDR stationierten Roten Armee.

5 Kurzbezeichnung für das Nationale Verteidigungskomitee der UdSSR.

»Wegen der Zukunft der DDR?«

»Genau. Und wegen der Vertretung unserer Interessen. Ich habe den Eindruck, wir haben hier nichts mehr unter Kontrolle. Honecker war am Ende, doch Krenz wird das Land nicht aus der Patsche holen. Jedenfalls nicht allein. Ich bin mit dem Botschafter verabredet, um die Lage mit ihm zu besprechen. Ich weiß nicht, was in seinen Telegrammen an das MID steht, aber Moskau muss die Sache wieder in die Hand nehmen, ehe es zu spät ist.«

»Du verschwendest deine Zeit. Kotschemassow ist ein Bezirkssekretär der Partei, dem man zur Belohnung einen Botschafterposten zugeschoben hat. Er träumt nur von zwei Dingen: Vom Leninorden und vom Garten seiner Datscha, um dort Heidelbeeren zu pflücken. Ich kann mir keinen Moment lang vorstellen, dass er sich gegen die Höflinge im Kreml wendet. Er hasst es, negativ aufzufallen!«

»Genau deshalb wollte ich vorher mit dir reden. Ich lasse dem Verteidigungsministerium ständig Informationen zukommen. Meine Offiziere in Wünsdorf sind besorgt. Als sie an der Akademie studiert haben, hat man ihnen in allen Tonlagen eingebleut, sie seien die Elite der Roten Armee, allein ihre Anwesenheit lasse die NATO zittern. Und plötzlich, seit die Demonstranten vorüberziehen, weist Moskau sie an, in den Kasernen zu bleiben. Man befiehlt ihnen, vor ein paar Tausend Demonstranten ohne Waffen zu kuschen ... Gorbatschow hat die Breschnew-Doktrin gekippt, sei's drum! Aber im Ernst, für die DDR kann das nicht gelten.«

»Was willst du? Sollen unsere Soldaten in die Menge schießen?«

»Nein, einige aufsehenerregende Manöver würden ausreichen. Auf diese Weise haben wir die Dinge in Polen gestoppt, und Jaruzelski hat den Ausnahmezustand ausgerufen. Aber ich brauche die Unterstützung des KGB, um das durchzubringen.«

»Genosse General, ›der‹ KGB, wie du ihn dir vorstellst, existiert nicht mehr. Die einen denken so, die anderen so. Diese verdammte Perestroika hat nicht nur das sozialistische System aus den Fugen geraten lassen, sie hat auch die besten Köpfe des Komitet vergiftet. Vergiss nicht, dass es Andropow war, der die Karriere Gorbatschows gefördert hat. Auch ich übermittle ständig Informationen an die Lubjanka. Ich habe ihnen gesagt, was unsere Agenten in Leipzig und anderswo berichten: Die Demonstrationen werden von Asozialen und von westdeutschen Provokateuren organisiert. Einige Abteilungen des KGB werden unruhig. Aber keiner wagt es, sich dem Kreml zu widersetzen. Umso weniger, als Krenz von Mielke gestützt worden ist, was unsere alte Garde als Vertrauensbeweis wertet.«

»Der Fisch stinkt vom Kopf her, Iwan.«

»Sicher, Genosse General, aber ich muss dich jetzt verlassen. Ich muss mich auf die Konferenz vorbereiten.«

Als Iwan Nowikow den Konferenzsaal betritt, sind die Verantwortlichen der diplomatischen Vertretung schon alle um Wjatscheslaw Kotschemassow versammelt. Am Abend zuvor hatte der Bericht des Botschafters aus einem einzigen Satz bestanden: »Heute findet das Plenum des Zentralkomitees der SED statt.« An diesem Morgen ist er gesprächiger: »Das Politbüro und die Vollversammlung haben Egon Krenz einstimmig gewählt. Die Entscheidung, die vorige Führung abzusetzen, ist allein Sache der SED. Ulbrichts Abschied wurde mithilfe der sowjetischen Führung vollzogen. Dieses Mal ist die Inszenierung völlig anders gewesen. Das Zentralkomitee der SED hat selbst die Kraft zum Richtungswechsel aufgebracht.« Was die neue Nummer eins angeht, ist er voll des Lobes. »Seine Rede war gut. Er hat eine solide Beratertruppe um sich versammelt. Er wird wissen, warum er nicht alle zusammen ablöst; die Kontinuität muss gewahrt bleiben.«

Iwan Nowikow lässt sich nichts vormachen: Diese Erklärung stammt direkt aus Moskau. »Die sind nicht nur naiv, die sind blind! Für Gorbatschow und seine Clique liegt in der DDR das Schlimmste schon hinter uns. Ein paar Wochen der Anpassung, und die neue Mannschaft hat die Geschichte wieder in der Hand. Mit diesem Tölpel Egon Krenz in der Rolle des Zauberkünstlers …« seufzt er, während er zu seinem Büro zurückkehrt.

Er schickt sich an, der Lubjanka den x-ten Alarmruf zu senden. Er kommt sich vor, als würde er eine Flaschenpost ins Meer werfen.

Bei den Hausbesetzern in der Leipziger Mariannenstraße 46 herrscht explosive Stimmung. Es ist Mittag, und Martin ist gerade aufgewacht. In der letzten Nacht hat er im Altenheim als Nachtwache gearbeitet. Er öffnet den Kühlschrank: leer. Wegen der Regeln der Wohngemeinschaft ist Martin stinksauer auf Werner.

»Du gehst mir auf die Nerven! Wir leben hier zu sechst! Arbeit und Einkäufe sind von allen zu tragen. Du spülst nie das Geschirr ab, du nimmst keinen Besen in die Hand und du frisst weg, was die anderen einkaufen. Zum Glück habe ich keine Freundin, die würde ich wahrscheinlich bei dir im Bett finden!«

»Ich bin Student. Ihr kriegt doch alle ein Gehalt. Außerdem hab ich die Last mit dem Forum am Hals. Ich laufe von einem Haus zum anderen, um die Infos zu verbreiten. Ich liefere die Flugblätter aus.«

»Ey, findest du nicht, dass du das ein wenig aufbauschst? Wir alle rennen ständig irgendwohin, um die Verbindung zwischen den Gruppen herzustellen, aber das hält uns nicht davon ab, uns um den Haushalt zu kümmern! Wenn du so weitermachst, mein Kleiner, dann fliegst du raus!«

Reiner, ein Mitbewohner und verfemter Gelegenheitsautor, geht dazwischen. Er stammt aus Bitterfeld und hat sich aus ökologischem Engagement der Opposition angeschlossen, als sein Vater, der im Chemiekomplex gearbeitet hatte, an Lungenkrebs gestorben ist.

»*Peace*«, wirft er belustigt ein, als er sieht, dass sie kurz davor stehen, sich zu prügeln. »Ich muss euch was aus Bitterfeld erzählen.«

»Hast du vielleicht saubere Luft eingeatmet?«

»Nee, ich habe Figuren aus der Partei getroffen, die absolut nichts mehr kapieren. Gestern hat uns ein örtlicher Parteisekretär eingeladen, über die Umweltverschmutzung zu diskutieren, das ist das Neuste! Der Typ hat ein paar Probleme eingeräumt, und dann hat er uns seine Sicht der Dinge klargemacht: Ihr habt nichts als negative Argumente, ihr macht die Massen verrückt, ihr verhaltet euch wie Staatsfeinde usw. Er wurde immer lauter. Plötzlich kam der Erste Sekretär von Bitterfeld rein und bittet ihn, ihm zu folgen.«

»Wollte er ihn anschnauzen?«

»Bis er zurückkam, hatten wir keine Ahnung. Er macht die Tür auf, leichenblass, mit Tränen in den Augen. Grade hatte er erfahren, dass Honecker gefeuert war.«

»Habt ihr gelacht?«

»Ein wenig. Doch der Sekretär ist ausgerastet und hat gemeint, die Feinde der Regierung würden das als Sieg werten, man täte gut daran, ihnen aufs Maul zu hauen usw. Das ist ein gutes Zeichen – sie verlieren die Nerven.«

»Na ja, da wäre ich mir nicht so sicher«, sagt Martin. »Weißt du, mit seiner Geschichte von der Wende könnte Krenz uns den Wind aus den Segeln nehmen, und wenn wir nächsten Montag weniger Leute auf die Straße bringen, wird die SED das Land wieder in den Griff bekommen, als wenn nichts gewesen wäre.«

Martin, den die Leipziger Stasi als »Staatsfeind Nummer eins« bezeichnet, interessiert sich weder für Palastintrigen noch für die Konvulsionen des Politbüros. Mit organisatorischen Fragen ist er voll ausgelastet. Es wird Zeit, dass die ostdeutsche Opposition aus dem schützenden Schoß der Kirchen herauskommt. Die protestantische Kirche zeigt sich furchtsam, genau wie Pastor Führer von der Nikolaikirche, der sich schon mehrfach gegen seine politischen Initiativen gewandt hat, und die Nähe ihrer Bewegung zu religiösen Kreisen stößt die Ungläubigen ab, die sich ihnen ansonsten angeschlossen hätten.

Allerdings kann der Kokon der Kirchen nicht auf Kommando verlassen werden. Ohne die Genehmigung irgendeines untergeordneten Parteiheinis ist es unmöglich, einen Versammlungsraum zu finden. Unvorstellbar, ohne grünes Licht der Machthaber einen Telefonanschluss zu kriegen. Wenn es um Möglichkeiten zum Drucken und Vervielfältigen geht, sind sie einem streng überwachten Monopol des Staates unterworfen. Doch daran soll es nicht scheitern: Martin sagt sich immer wieder, dass sie das schon schaffen werden. Gelegenheiten werden sich zwangsläufig ergeben, schon wegen des sich beschleunigenden Zerfalls der Macht.

Wie gewohnt wirft Hansi einen kurzen Blick hinter sich, um den Mann in Blousonjacke oder Anorak ausfindig zu machen, der sich gleich an seine Fersen heften wird. Die Bullen von der Stasi zu erkennen ist Spiel und Notwendigkeit zugleich geworden. Seit er aus dem Gefängnis freigekommen ist, lassen die Häscher Mielkes ihn nicht aus den Augen. Es sind mindestens zwei, die unten vor seinem Haus in Bereitschaft stehen.

Wenn er, wie heute, zur UB geht, dann findet er es komisch, verfolgt zu werden: Der Agent, der ihm hinterherdackelt, wird am Ende der Strecke auf seine zahlreichen Kollegen in Zivil stoßen, die rund um die Zionskirche postiert sind.

Wenn Hansi die Strecke ändert, dient das allein dazu, den Verfolger zu ärgern – und es geht darum, nicht die Initiative zu verlieren. Er biegt nach rechts ab und geht plötzlich wieder in die Gegenrichtung. Er läuft in eine Sackgasse, kehrt um und steht vor seinem »Schutzengel«, der plötzlich mit hoch konzentrierter Miene den Himmel absucht. Dann bleibt er vor einem Hauseingang stehen und studiert scheinbar die Namen auf dem Klingelbrett, ehe er seinen Weg fortsetzt. Als er die Tür der UB aufstößt, ist er eine gute Stunde durch die Straßen am Prenzlauer Berg marschiert, während er für den kürzesten Weg weniger als 20 Minuten gebraucht hätte.

Sven und Vera sind im Souterrain beschäftigt. Sie sind begeistert über ihren jüngsten Einfall, den sie als Titel für ein Flugblatt gegen Krenz verwenden wollen: »Dialüger«, eine Verbindung der beiden Worte Dialog und lügen. Und die Unterzeile lautet: Zu dumm zum addieren – aber ein ganzes Land regieren. Die Matrizen sind bereits fertig.

»Wer ist denn heute dran?«, fragt Hansi und lacht laut auf.

»Krenz. Wer denn sonst?«, erwidert Sven.

»Egon! Erinnerst du dich an die dänische Fernsehserie ›Die Olsenbande‹? Der Anführer der Gaunerbande hieß Egon. Ein Gangster wie er. Und ein Trottel, auch wie er.«

Die beiden Jungs kringeln sich vor Lachen. Vera, die einen Stapel schlechtes graues Papier in der Hand hält, kann ihre Heiterkeit nicht teilen. Empört sagt sie:

»Diesen Krenz, den finde ich nicht zum Lachen. Wieder einmal hat die SED uns für blöd verkauft. Ausgerechnet den an die Macht zu bringen, der die Wahlen gefälscht hat, das ist eine Beleidigung für alle!«

»Borniert, die sind so borniert«, bestätigt Sven. »Die Mächtigen bilden sich ein, sie könnten sich mit Reförmchen herauswinden. Diese Typen begreifen es einfach nicht, was im Land geschieht.«

Seit dem Morgen ist die Opposition in Wallung geraten. Die Ernennung von Egon Krenz hat im ganzen Land eine Welle der Unzufriedenheit ausgelöst. Man ruft zu Demonstrationen auf, organisiert Sit-ins, öffentliche Diskussionen und Pfeifkonzerte. All die Initiativen, von denen es mehr denn je gibt, laufen bei der UB zusammen. Der *Telegraph* soll die Ankündigungen verbreiten. Die Ausgabe 5 der Untergrundzeitung, die am 22. Oktober in Druck gehen sollte, quillt über von Nachrichten aus allen Teilen des Landes.

24 Stunden nach seiner Machtübernahme hat Egon Krenz alle Rekorde in Sachen Mobilisierung gebrochen. Gegen sich.

10 Kein Volk zu finden

Wandlitz, Samstag, 21. Oktober 1989

Erstarrung und Erschütterungen. Seit einigen Wochen wird Günter Schabowski von Zweifeln geplagt. Die kommunistische Regierung, dem er so viele Jahre alle seine Anstrengungen gewidmet hat, ist ins Wanken geraten.

Schabowski hat sich nie vom Anblick des kriegszerstörten Landes erholt, vom Anblick der in Trümmern liegenden Städte, durch die er als Jugendlicher gekommen ist, der abgemagerten, den Schutt wegräumenden Frauen, die er damals getroffen hat. Wie so viele Deutsche seiner Generation hat er sehr schnell die von den sowjetischen Besatzern aufgezwungene kommunistische Ideologie angenommen. Von 1947 an hat er, aufgeweckt und zu einfachen Formulierungen fähig, für das Gewerkschaftsorgan *Tribüne* gearbeitet. Er fiel seinen Vorgesetzten auf und erhielt eine ideologische Ausbildung, wie sie den Hoffnungsträgern der Partei vorbehalten war. An der Leipziger Karl-Marx-Universität schloss er mit einem Diplom in Journalismus ab, worauf er nach Moskau ging, um an Seminaren der Parteihochschule der KPdSU teilzunehmen. Zu jener Zeit stand die UdSSR unter der Regierung von Leonid Breschnew, dem Mann, der Dissidenten in psychiatrische Anstalten einweisen ließ und Panzer schickte, um den Prager Frühling niederzuwalzen. Von seinen Jahren in der sowjetischen Hauptstadt nahm der Ostdeutsche am

Ende eine wesentliche Lektion mit nach Hause: Die Vasallen der UdSSR dürfen nicht von der Linie des Kreml abweichen.

Bei seiner Rückkehr nach Deutschland stellte man Günter Schabowski für die Tageszeitung *Neues Deutschland* ab, deren Chefredakteur er wurde. Der Posten beförderte ihn ins Zentrum der Macht. Erich Honecker hatte Vertrauen zu ihm, und so gelangte er an die Spitze der Partei: Mitglied des Zentralkomitees, dann des Politbüros und schließlich Erster Sekretär für den Bezirk Berlin. Eine beneidenswerte Position, zu der er sich bis zu diesem Herbst 1989 nur beglückwünschen konnte.

Er hatte erwartet, dass einiges vom Glanz der in Berlin, seinem »Lehen«, abgehaltenen Feiern zum 40. Jahrestag der DDR auf ihn fallen würde. Doch ganz im Gegenteil: Die Demonstrationen und vor allem die anschließende energische Unterdrückung haben ihn in eine missliche Lage gebracht. Die Vertreter der Bürgerrechtsbewegungen, Anwälte und die Würdenträger der protestantischen Kirche haben die Brutalität der Ordnungskräfte heftig angeprangert. Alle haben darauf aufmerksam gemacht, dass die jungen Protestierenden sich damit begnügt hätten, »Gorbi! Gorbi!« zu rufen und den Beginn einer ostdeutschen Perestroika zu fordern. In Berlin hat ihm sogar die Basis der SED ihre Unzufriedenheit zu verstehen gegeben. Hier verkehren die Parteimitglieder – Intellektuelle, Forscher, Funktionäre – in anderen Kreisen als in Magdeburg oder Jena. Viele gehen auf Reisen, speziell in die UdSSR, wo sie vor Ort die Erschütterungen der Revolution Gorbatschows beobachten konnten. Und manche haben ihm ungeniert erklärt, Honecker sei auf dem falschen Weg.

Von den Demonstranten ist er als Mann der liebedienerischen Medien an den Pranger gestellt worden. Schabowski verkörpert den Staatsjournalismus der vorgefertigten Artikel, der dem Generalsekretär unterstellten Titelseiten und der vom Politbüro diktierten Leitartikel. Diese öde und verlogene Propaganda kann keiner mehr ertragen. Schabowski und Krenz sind sich dessen durchaus bewusst: Wenn sie die Wende zum Erfolg führen wollen, müssen sie die Presse für Kritik öffnen.

An diesem Morgen sucht Schabowski nach einer symbolischen Geste, einem Bravourstück, das die Stimmung trifft. Er liebt das Wagnis, die glanzvollen Manöver – im Gegensatz zu Krenz, dessen Ängstlichkeit er fürchtet. Das tun offensichtlich auch die Sowjets. Bei seiner Rückkehr aus Moskau hat Harry Tisch ihm erzählt, Gorbatschow habe bei ihrem Gespräch unter vier Augen den Namen Hans Modrow genannt. Erneut haben bei Günter Schabowski die Alarmglocken geläutet. Die Methoden des »großen Bruders« ändern sich nicht, der Kreml hat schon seinen Kandidaten. Für den Berliner SED-Sekretär kommt es gar nicht in Frage, über ein Zuviel an Vorsicht zu stürzen. Wer wagt, gewinnt: Den Demonstrationen muss ein Ende bereitet werden, und damit die Straßen frei werden, muss die Macht sich dem Dialog öffnen.

Mit der Brille auf der Nasenspitze blättert er die von den Dienststellen des Zentralkomitees vorbereiteten Notizen durch. Die Berliner Vopo teilt mit, Oppositionsgruppen hätten vor, am Nachmittag zwischen dem Palast der Republik und der Polizeidirektion eine Menschenkette aufzuziehen. Sie wollen die Freilassung der letzten Gefangenen vom 7. und 8. Oktober fordern, dazu die Einstellung der gegen sie geführten Gerichtsverfahren. Der Leiter der Vopo hat angeordnet, dass den Protestierenden durch einen am Ende des Alexanderplatzes aufgestellten Sicherheitskordon der Zugang zu seinem Hauptquartier verwehrt werden soll.

Das ist die Gelegenheit für ein starkes Signal. Die Menschenkette wird sich durch das Zentrum ziehen, wo das politische Herz des Landes schlägt, der Staatsrat, das Zentralkomitee, das Rathaus. Anstatt der Herausforderung der Straße nur als Zuschauer zu begegnen, wird er sie annehmen. Er wird mit den Opponenten sprechen, Auge in Auge. Zum ersten Mal wird die SED ihren Elfenbeinturm verlassen, und der Dialog wird ein Gesicht bekommen. Seines!

Wie gewohnt ist Egon Krenz um vier Uhr in der Frühe aufgestanden. Im noch in Dunkelheit getauchten Wald ist er zehn Kilometer gelaufen und hat vergeblich versucht, die Angst hinter sich zu lassen, die ihn seit mehreren Wochen im Griff hat.

Gegen 9.30 Uhr klingelt das Telefon. Er fährt hoch – seit mehr als vier Stunden hat er sich in seine Post und seine Akten vertieft. »Genosse Generalsekretär, ein Anruf aus Moskau.« Am anderen Ende der Leitung hört er die singende Stimme von Michail Gorbatschow: »Ich gratuliere dir von ganzem Herzen zu deinem Aufstieg in die höchsten Ämter. Ich beneide dich nicht, Egon. Wer außer dir hätte diese Last auf sich nehmen können? Ich bin erfreut, dass du Mut bewiesen hast. Ich begrüße dich als neuen Partner, mit dem ich gern zusammenarbeiten werde.«

Krenz antwortet auf Russisch; er wählt seine Worte:

»Danke, Michail Sergejewitsch. Die schwerste Last ruht auf deinen Schultern. Vom Erfolg der Perestroika hängt das Schicksal des Sozialismus ab. Ich wünsche dir viel Mut. Hier bei uns unterstützen dich die Menschen. Das konntest du am 6. Oktober selbst sehen und hören. Was mich betrifft, so haben mir deine Botschaften an Kohl und andere Staatschefs in den letzten Tagen sehr geholfen. Ich danke dir sehr herzlich.«

Gorbatschow lädt seinen Amtskollegen nach Moskau ein. Er schlägt ihm vor, an den Feierlichkeiten anlässlich des Jahrestags der Oktoberrevolution teilzunehmen. Der Deutsche lehnt ab:

»Die Stimmung hier ist nicht nach Feiern. Es gibt sehr vieles, worüber ich mit dir sprechen muss. Darunter auch über die BRD. Anfang der Woche schicke ich einen Emissär[1] nach Bonn. Er soll sondieren, wie Kohl auf die Veränderungen bei uns reagiert.«

»Hüte dich vor einer Erpressung durch Kohl, Egon. Er hat das Thema Nationalgefühl aufgegriffen. Nichts ist gefährlicher als das. Er fordert Reformen, aber die sollen im Sinne Bonns verlaufen. Das ist unannehmbar. Du darfst dich auf keinen Fall von ihm abhängig machen …«

Kurt Masur ist aus der UdSSR zurück. Politik hat ihn nie besonders interessiert, die Musik nimmt seinen Geist ausreichend in Anspruch. Aber er empfindet Respekt für den in Ungnade gefallenen alten Generalsekretär. Ohne Honecker hätte sein geliebtes Gewandhaus nie das Licht der Welt erblickt. Er erinnert sich an die Kämpfe um den Wiederaufbau dieser Hochburg der Musik. Als er Anfang der Siebzigerjahre die Leitung des Leipziger Orchesters übernahm, war vom Gewandhaus nichts mehr übrig – die Ruinen des im Jahr 1944 durch alliierte Bomben zerstörten Gebäudes hatte man schon 1968 abgetragen. Von da an hatte das heimatlose Orchester im Kongresspalast in der Nähe des Zoos gespielt, in einem Saal mit miserabler Akustik. Man hatte vage Bauprojekte außerhalb der Stadtmitte skizziert, doch die waren an ört-

---

1 Egon Krenz hatte Alexander Schalck-Golodkowski, die Schlüsselfigur des ostdeutschen Außenhandels, damit beauftragt, der Bundesregierung die Bitte um eine zur Grenzöffnung erforderliche Finanzhilfe zu übermitteln.

lichen Widerständen oder an der Trägheit der Bürokratie gescheitert.

Dann hatte Masur entschlossen an den neuen Generalsekretär Erich Honecker geschrieben, der für offener und moderner gehalten wurde als sein Vorgänger. In seinem Brief erinnerte er daran, wie viel den Leipzigern das Gewandhaus bedeutet. Als einziges nicht von einem Fürsten oder Erzbischof gegründetes deutsches Orchester verdanke es seine Existenz den Händlern dieser Stadt, nicht umsonst habe es den Namen des Messehauses der Tuchwarenhändler – Gewandhaus – angenommen, in dem die Musiker im 18. Jahrhundert für die Bürger der Stadt gespielt hätten. Zuletzt erinnerte Masur noch daran, dass das Orchester 1981 sein 200-jähriges Jubiläum begehen würde und dass es »eine Schande« sei, wenn die DDR ihre Schatzkammer nicht mit diesem Juwel bereichere.

Einen Monat später beschloss Erich Honecker, das Gewandhaus wieder an seinem ursprünglichen Standort aufbauen zu lassen – gegenüber der Oper am Karl-Marx-Platz. Am 8. Oktober 1981 öffnete ein Palast mit gläserner Fassade, gekrönt von einem mächtigen Betondach, seine Pforten. Das vernachlässigte Leipzig, von der kommunistischen Regierung in den Schatten Berlins gedrängt, hatte endlich ein seinem Stolz angemessenes Monument erhalten. Der lateinische Wahlspruch des Orchesters auf der Orgel – *Res severa verum gaudium*[2] – gab sein Selbstverständnis umfassend wieder.

An den Einweihungsabend erinnert sich Masur auch jetzt, nach acht Jahren, noch sehr gut: eine Flut von Lichtern im tristen Grau Leipzigs, das Foyer von Gesprächen erfüllt, die ersten Töne, die den großen Konzertsaal durchdringen, die freudigen

2 Wahre Freude ist eine ernste Sache (Seneca).

Gesichter. Genau deshalb greift er jetzt wieder zur Feder, um Erich Honecker ein Wort der Sympathie zukommen zu lassen, dem Mann, der für die Auferstehung des Gewandhauses verantwortlich war und heute entmachtet worden ist.

In der Stadt stellt der Orchesterchef fest, dass sich die Stimmung weiter verschlechtert hat. Die Amtsübernahme durch Egon Krenz hat die Geister nicht beruhigt, ganz im Gegenteil. Die Leipziger haben kein Vertrauen zu ihm. Die Montagsdemonstrationen haben ihnen Mut und Risikofreude vermittelt. Man will sich nicht mehr von einem neuen, in Berlin eingesetzten Potentaten unterjochen lassen.

Die Sechs von Leipzig, die einen Zusammenstoß fürchten, vereinbaren hastig ein Treffen. Der Musiker, der Kabarettist und der Theologe kommen mit den drei örtlichen SED-Verantwortlichen zusammen und suchen nach einer Möglichkeit, die Spannungen abzubauen. Ein Aufruf zur Gewaltlosigkeit wie am 9. Oktober wird kein zweites Mal wirken. Sie beschließen, an die Initiative des letzten Sommers anzuknüpfen, wo Masur, schockiert vom Verbot eines Straßenmusikfestivals, das Foyer des Gewandhauses für die Bevölkerung geöffnet hat. Ein weiteres Mal wird jeder seine Befürchtungen, Hoffnungen und Wünsche frei ausdrücken können. Die Apparatschiks – Kurt Meyer, Roland Wötzel und Jochen Pommert – haben nichts dagegen einzuwenden. Dabei ist Letzterer für die Propaganda im Bezirk Leipzig zuständig: Ein Bürgerforum würde seinem Amt jeden Sinn nehmen. Doch wie seine Genossen ahnt er, dass es ohne einen Dialog zum Zusammenbruch der Partei und damit der DDR kommen würde.

Am nächsten Tag werden die Leipziger durch Plakate an den Mauern der Stadt eingeladen, am Sonntag, den 22. Oktober, an den »Treffen im Gewandhaus« teilzunehmen.

In der Normannenstraße sind die Samstage normalerweise ruhig. Freie Tage verbringt Heinrich Knopf gewöhnlich nicht im Büro, und wenn er kommt, beschränkt er sich auf eine kurze Unterhaltung mit dem Wachhabenden der Bereitschaft und einen schnellen Blick auf die Berichte der Informanten über die Aktivitäten der Staatsfeinde. Doch seit Ende September verlangt die Parteiführung von ihm, den Zustand der oppositionellen Kräfte täglich zu analysieren. Inzwischen verbringt Knopf seine Wochenenden am Sitz der Stasi.

An diesem späten Vormittag fehlt es ihm nicht an Gesellschaft. Mielke hat seinen gesamten Generalstab und sämtliche Abteilungsleiter einschließlich der Stellvertreter zusammengerufen. Das sind 74 Generäle und Oberste. Bei einigen verrät der ärgerliche Gesichtsausdruck, dass eine Geburtstagsfeier verpasst oder eine Kartenpartie unter Freunden in letzter Minute abgesagt wurde.

Wie ein Tornado stürmt der Chef der Stasi in den Raum, ohne ein Wort der Entschuldigung für diese eilige Einbestellung: »Genossen, ich habe euch heute hier zusammengeholt, um euch die Weisungen des neuen Generalsekretärs zu übermitteln.« Leicht verlegen macht der oberste Bulle der Regierung eine kurze Pause, ehe er seine Truppen auffordert, anders mit den Staatsfeinden umzugehen. »Wir können diese Kräfte nicht mehr so behandeln, wie sie es verdienen«, setzt er hinzu. »Denken Sie an die Antrittsrede des Genossen Generalsekretär, in der er erklärt hat: ›Wir sind der festen Überzeugung, dass es für alle Probleme unserer Gesellschaft eine politische Lösung gibt.‹ Deshalb müssen wir uns von jetzt an darauf beschränken, die Demonstrationen zu beobachten, die Versammlungen zu überwachen und die Organisationen zu unterwandern.« Es läuft darauf hinaus, dass für die Stasi als einzige Aufgabe die geheimdienstliche Aufklärung bleibt. Er ermahnt seine Leute, dass sie sich unbedingt an diese Richtlinie zu halten hätten, »trotz der Konsequenzen, die das nach sich ziehen könnte«. Den zahlreich anwesenden Anhängern einer harten Linie ruft der Minister für Staatssicherheit in Erinnerung, dass man nicht gegen den Willen Moskaus handeln werde. »Ohne die Sowjetunion gäbe es keine DDR«, sagt er zuletzt, den Blick ins Leere gerichtet.

Die Generäle und Oberste wanken völlig erledigt hinaus. Keiner sagt etwas – im Reich der Denunziation ist es besser, seine Zunge im Zaum zu halten. Aber die niedergeschlagenen Blicke und resignierten Mienen sagen alles. Während sie das Haus verlassen, denken viele, der Höllenhund der Partei habe keinen Biss mehr. Sie haben ihren Chef noch im Ohr: »Trotz der Konsequenzen …« Mielke, 40 Jahre Stasi, lässt die Arme sinken. Er, der Verhöre liebend gern selbst führte und Verdächtigen androhte, er werde ihnen »den Kopf abreißen«, verzichtet auf Gewaltanwendung. Wie ein Militärchirurg, der sich plötzlich der Kräutermedizin zuwendet.

Zurück im Büro zeigt Heinrich Knopf Wirkung. Er schaut auf seine tadellos geführten Dossiers, auf die Akten, die Fotos, die Abhörprotokolle, die Ablagen voller zu bearbeitender Berichte. Zum ersten Mal in seiner Karriere macht er sich Sorgen um das Überleben der Regierung. Er geht seine Mitteilungen ans Politbüro durch und stößt auf die letzte Schätzung der gegnerischen Kräfte: 2500 Personen und 250 organisierte Gruppen im ganzen Land. Er hätte nie geglaubt, dass die Parteiführung eines Tages angesichts einer Handvoll Aufrührer im Solde des Westens nachgeben würde.

Als Leiter der Abteilung XX weiß der Oberst alles über diese Papiertiger, denen man das Etikett Opponent aufgepappt hat. Die geheimdienstliche Aufklärung und deren Analyse, das ist er. Das genügt ihm, um sich als letztes Schutzschild der Stasi zu sehen. Er verfügt über ein machtvolles Arsenal. In diesen Papierstapeln, diesen Aktendeckeln und Ordnern sind alle Tatsachen und Handlungen – bis hin zu den intimsten – der Aufrührer zusammengetragen. Ihre Pläne durchkreuzen, ihre Ansätze vorwegnehmen, die kleinste Geste vorhersehen: Die Stasi muss ihnen das Leben unmöglich machen.

Zigarettenqualm füllt die Gewölbe der Moritzbastei wie dicker Nebel. Die alten Ziegelmauern werfen Stimmengewirr zurück, ein Gemisch aus Gesprächen und einer Platte des westdeutschen Rocksängers Udo Lindenberg. Der Treffpunkt der Karl-Marx-Universität ist brechend voll. Diese Bastion der ehemaligen Leipziger Stadtbefestigung beherbergt den größten Jugendklub der DDR. Die Organisation der kommunistischen Jugend hatte die Bastion in den Siebzigerjahren zu einem Symbol gemacht. Sie hatte ihren Wiederaufbau betrieben und dazu »Freiwillige« aufgerufen – ohne die Hilfe professioneller Bauhandwerker. Die Leipziger hatten sich darüber lustig gemacht und das Bauwerk als »Denkmal der Schwarzarbeit« bezeichnet.

Martin hat diesen Ort nie gemocht. Das Signum der FDJ, die Studenten, die sich der SED-Regierung angepasst haben, um an der Uni zugelassen zu werden, die vorgeblich kritischen Schlagworte auf den Plakaten: All das löst Unbehagen bei ihm aus. Er hält die Moritzbastei für einen Hort von Spitzeln.

Als Martin im Hauptraum des Treffs an der Bar entlanggeht, hat er den Eindruck, dass ihn jemand anstarrt. Nur mit Mühe kann er sich einen Weg bahnen. Am Ende des Raums entdeckt er schließlich Werner, der sich hinter einem Bier verschanzt hat.

»So viel Leute hab ich hier noch nie gesehen«, sagt Martin.

»Klar, du kommst ja auch so selten! Seit den Montagsdemonstrationen ist die Moritzbastei nie leer. Schau dich doch um: Kein Tisch, an dem nicht über Politik geredet wird. Die Universität steht an der Spitze der Revolution.«

»Die und Revolutionäre? Die Eltern sind in der Partei, sie selbst waren bei den Jungen Pionieren, in der FDJ, haben den Wehrdienst als Unteroffizier abgeleistet, eine vorgezeichnete Parteikarriere gemacht und sitzen auf einem Arbeitsplatz mit den besten Bedingungen, die das Land zu bieten hat. Mit solchen Revolutionären kann Egon Krenz in aller Ruhe sein Jubiläum angehen!«

»So pauschal darfst du das nicht sehen, Martin ... Ich sage dir, die Stimmung ist umgeschlagen. Kommenden Montag werden sie mit uns demonstrieren.«

»Das glaube ich nicht. Die trifft man morgen eher im Gewandhaus. Hast du die Plakate für die ›Treffen‹ am Eingang gesehen?«

»Gehst du hin?«

»Kommt nicht in Frage. Ich hab keine Zeit. Es macht einfach zu viel Arbeit, die neue Opposition zu organisieren. Zwischen meinem Dienst im Altenheim und den Koordinationsversammlungen sehe ich kein Land mehr. Außerdem kommt mir diese Geschichte im Gewandhaus eher wie ein Rettungsversuch vor. Diese Privilegierten, diese verhätschelten Kinder der Regierung, die zu einem Bürgerforum einladen, das stinkt doch zum Himmel!«

Als Emma ihr Fenster öffnet, seufzt sie behaglich auf. Der Tag scheint mild zu werden – milchiggrauer Himmel, eine leichte Brise und vor allem kein Regen. Alle, die sich am Nachmittag in die Menschenkette einreihen wollen, werden nicht vom Wetter abgeschreckt werden. Die Veranstalter vom Neuen Forum haben sich viel vorgenommen: Sie möchten eine Großdemonstration organisieren, die sich an der westdeutschen Friedensbewegung orientiert. 1983 hatten sich Hunderttausende Gegner der Stationierung von Atomraketen bei den Händen gefasst und zwischen Ulm und Stuttgart eine mehr als 100 Kilometer lange Menschenkette gebildet. Auf dieser Seite der Mauer werden die Ausmaße bescheidener sein. Die Kette wird von der Volkskammer bis zum Polizeipräsidium reichen – entlang der Karl-Liebknecht-Straße, einer Verlängerung der Straße Unter den Linden, eine Strecke von etwa eineinhalb Kilometern.

Die Aufrufe des Neuen Forums haben Wirkung gezeigt. Rund um das Parlamentsgebäude drängt sich eine dichte Menschenmenge auf den Gehwegen und der Fahrbahn. Den Verkehr hat man umgeleitet. Ein Kordon uniformierter Polizisten blockiert den Zugang zur Brücke über die Spree. Einer nach dem anderen reihen sich 3000 Berliner entlang der von den monumentalen Standbildern von Marx und Engels beherrschten Karl-Liebknecht-Straße Seite an Seite auf und nehmen einander bei der Hand. Innerhalb weniger Minuten ist die Kette durchgehend geschlossen. Sie schlängelt sich bis zum Alexanderplatz. Ein weiterer Kordon uniformierter Agenten verhindert, dass sie sich weiter fortsetzt. Die Protestierenden jubeln: Eine nicht genehmigte Demonstration hat das Stadtzentrum eingenommen.

Zusammen mit ihren Freunden vom Neuen Forum steht Emma strahlend am Ende der Kette ganz in der Nähe der Spree, unter der Fassade des Palast-Hotels mit seinen vier Sternen, wo die Regierung offizielle Delegationen unterbringt. Die Flüsterpropaganda hat weit besser funktioniert, als sie erhofft hatten. Und die stoischen Volkspolizisten scheinen keine Gewalt anwenden zu wollen.

Sven und Hansi lehnen abseits der Kette an der Fassade des Hotels und beobachten die Szene. Die Typen von der Stasi können sie auf den ersten Blick ausmachen. Seit Tagen organisieren die beiden Jungs hier im Viertel kleine Spontandemos. Jedes Mal sind es dieselben Polizisten in Zivil, die sie kontrollieren und auseinandertreiben. Einer von ihnen hat Sven vorgestern am Abend festgenommen; er hat seinen Familiennamen gebrüllt und ihn als »Arschloch« beschimpft. Der Agent wohnt in Marzahn in einem Gebäude neben dem der Familie des jungen Oppositionellen.

Was sie beeindruckt, ist die Zahl der Demonstranten, nicht die Parolen. Sven tritt ungeduldig auf der Stelle. Das Neue Forum geht nicht weit genug. All diese Künstler und Intellektuellen fassen die Regierung mit Samthandschuhen an, wo doch die Zeit für radikale Forderungen gekommen ist. Wie die Opferung Honeckers beweist, ist die Macht schon mit einem Knie am Boden, und Sven will sie dazu zwingen, sich ganz zu ergeben.

Hansi hält sich nicht mehr zurück. Er fängt an, aus Leibeskräften seine anarchistischen Lieblingsparolen zu brüllen. Die Bullen von der Stasi zucken nicht mit der Wimper. Man hat sein Gesicht so oft fotografiert, dass jeder Agent sein Porträt schon mehrfach gesehen haben muss. Heute behalten die Männer in den Blousons jedoch die Hände in den Taschen und tun so, als würden sie nichts hören. Dafür bringen ihm seine Beschimpfungen eher Vorwürfe von den Demonstranten des Neuen Forums ein. Sie sind gegen jede Art von Gewalt, ob körperlich oder verbal, und so fordern sie ihn auf, den Mund zu halten, und lesen ihm die Leviten.

Ihre Auseinandersetzung ist in vollem Gang, als plötzlich eine Gruppe Offizieller auf der Brücke erscheint. Die hochgewachsene Gestalt Günter Schabowskis überquert mit großen Schritten die Straße, in seinem Schlepptau ein Team des Staatsfernsehens. Die Demonstranten stellen ihren Streit sofort zurück. Ein Mitglied des Politbüros, hier, direkt vor ihnen. Diese gewöhnlich so starre, distanzierte, fast immaterielle Macht nimmt menschliche Formen an. Schon seit Wochen kämpfen Regierung und Opposition gegeneinander, ohne sich jemals getroffen zu haben, Wochen, in denen die Machthaber ihre Gegner nicht zur Kenntnis nahmen, wenn sie sie nicht einfach von den Ordnungskräften niederknüppeln ließen. Den Menschen »in Ketten« stockt der Atem. Emma und ihre Freunde machen große Augen.

Ohne Krawatte und mit offenem Hemdkragen mischt das Mitglied des Politbüros sich unter die Demonstranten. Er gibt ein paar Leuten die Hand, dann schlägt er vor, man könne sich über dieses und jenes unterhalten. Die Kamera vollführt einen Schwenk. Schabowski fordert seine Gegenüber auf, sich zu äußern. »Na los! Sagt mir, was ihr auf dem Herzen habt. Dafür bin ich hier.« Ein Augenblick herrscht Erstarrung, dann legen die Demonstranten zunächst verschüchtert los, werden dann kühner. In kürzester Zeit wird der hohe Würdenträger von einem Gewitter aus Beschwerden zugedeckt. Jeder will seinen Fall schildern. Keiner der Gesprächsteilnehmer begrüßt die Wachablösung, niemand erweist sich als Anhänger des neuen Generalsekretärs.

Emma mustert den Apparatschik. Er weiß nicht mehr, wohin er den Kopf wenden soll, und bewegt sich wie auf glühenden Kohlen. Seine Sätze kann er nicht zu Ende bringen; man unterbricht ihn, widerspricht ihm, krakeelt, macht sich lustig. Für die Partei ist die Lehrzeit in direkter Demokratie ebenso hart wie für die Oppositionsgruppen, stellt Emma belustigt fest.

Als ein Passant die heikle Frage der Auslandsreisen anspricht, explodieren alle Demonstranten vor Wut. Im allgemeinen Geschrei versucht Günter Schabowski, sich Gehör zu verschaffen: »Das hat für uns absoluten Vorrang. Ab Montag wird die Regierung sich mit dem Problem befassen.« In der Menge wird gehöhnt, geseufzt, gebrüllt. Keiner glaubt ihm ein Wort. »Ihr werdet uns wieder bloß eine Falle stellen«, meint ein Demonstrant. Der Amtsträger zuckt mit den Schultern: »Für eine gewisse Zeit wird alles, was wir beschließen, als Falle wahrgenommen werden, auch wenn es nicht so ist. Damit muss man leben.« Günter Schabowski versichert, die gesamte Partei, allen voran Egon Krenz, werde tun, was er sagt. Seine Ansprache bringt ihm allgemeines Murren und einen Chor von Sarkasmen ein. Sei's drum. Hauptsache, seine Worte werden in der Tagesschau gesendet und im Osten wie im Westen gesehen …

Im Verlauf von Schabowskis Rede hat Hansi unverdrossen »Lügner« gebrüllt, während Sven die ganze Szene aus der Entfernung beobachtet hat. Gar nicht dumm, findet er – er kann nicht umhin, einen gewissen Respekt für diesen hart attackierten hohen Vertreter der Macht zu empfinden, der seine Fehler zugibt. Zurück am Prenzlauer Berg hört er, wie eine Frau vom Dialog zwischen dem Parteiführer und den Leuten auf der Straße berichtet. »Er wirkte aufrichtig«, sagt sie voller Überraschung. Sven wendet sich um: »Einem Kerl wie ihm kann man nie wirklich vertrauen. Er wollte nur die Spannung abbauen, damit die SED sich an der Macht halten kann.«

Endlich ein Tag ohne die UB! Seit Wochen schon verbringt Vera die Hälfte ihrer Tage in dem feuchten Untergeschoss. Das Leben als Verschwörerin, die Tricks, mit denen die Stasi abzuhängen ist, das Abenteuer – all das findet sie toll. Doch ab und zu muss sie mal auf andere Gedanken kommen und andere Gesichter sehen. Als ihr älterer Bruder Bernd sie zu seinem 30. Geburtstag in sein Haus in Weißensee eingeladen hat, ist Vera wieder eingefallen, dass es auch noch eine andere Welt gibt.

Bernd öffnet die Tür. Mit einem Blumenstrauß in der Hand fällt sie ihm um den Hals. »Alles Gute zum Geburtstag, Bruder. Für einen Dreißiger hast du dich gut gehalten, wirklich!« Im Wohnzimmer ist alles für die Feier vorbereitet: Wurstplatten, Schnittchen, Kuchen und am Ende des Tisches der Rotkäppchen-Sekt.

Auch wenn sie sich noch so mögen – Bruder und Schwester leben doch in sehr verschiedenen Welten. Bernd wird allmählich alt, setzt Bauch an und hat sich etabliert – solides Berufsleben, Familie, Haus. Er denkt nur daran, das bereits Erreichte zu behalten, und sieht die politischen Beben, von denen die DDR erschüttert wird, eher negativ.

»Du bist noch immer in Sachen Revolution tätig, Schwesterchen?«

»Tag und Nacht.«

»Das Land hat das nicht nötig. Die Leute hauen ab, sobald sie können. Deine Freunde und du, ihr vergrößert das Chaos bloß.«

»Aber sie hauen doch nur ab, weil die DDR ihnen nicht gibt, was wir fordern. Keine Freiheit, eine zerstörte Umwelt, Dinosaurier an der Macht, eine Partei, die sich nur noch mit Tricks halten kann. Ist doch wunderschön, dieses Paradies der Arbeiter und Bauern!«

»Dir ist klar, dass du unsere Familie in Gefahr bringst?«

»Ach hör doch auf, Bernd…«

»Die Stasi hat Papa einen Besuch abgestattet. Sie haben ihm ins Gewissen geredet und sich über deine Aktivitäten beklagt. Deinetwegen verliert er vielleicht seine Stelle an der Humboldt-Universität. Auch zu mir sind sie gekommen und haben mich aufgefordert, dich zur Ruhe zu bringen. Du kennst die ja: Sie kommen nie ein zweites Mal…«

»Die Dreckskerle!«

Die Türglocke unterbricht das Gespräch. Es sind die Eltern von Bernd und Vera. Ihre Mutter schließt sie fest in den Arm und flüstert ihr ins Ohr: »Pass auf, Liebes.« Ihr Vater lässt den Blick auf ihr ruhen. Mit keinem Wort geht er auf den Besuch von Mielkes Leuten ein. Es ist sie, die es als Erste anspricht:

»Hast du meinetwegen Probleme mit der Stasi?«

»Dein Bruder redet zu viel.«

Mehr sagt er nicht. Veras Vater hat seiner Tochter nie Vorhaltungen wegen ihrer politischen Aktivitäten gemacht. Die väterliche Liebe ist mit einer Portion schlechten Gewissens verbunden. Was ist schlimmer: Sich der Partei zu widersetzen oder sich mit ihr zu arrangieren?

Die Korken knallen; endlich fängt die Feier an. Ein Gesprächsthema behält die Oberhand: die politische Zukunft des Landes. Bernds Freunde umringen seine Schwester. Sie wollen alles über die Opposition wissen, über die Kirchen, die Überwachung durch die Polizei. Vera findet wachere Bürger vor als früher; die jüngsten Ereignisse haben sie in ihren Bann gezogen. Als die ersten Gäste sich verabschieden, verteilt sie die Flugblätter mit dem Thema *Dialüger*, mit denen sie ihren Rucksack vollgestopft hat. Die ersten Empfänger zögern peinlich berührt. Das Papier ist ihnen zu heiß. Noch nie haben sie etwas so Kompromittierendes angefasst. Nach einem Moment des Schweigens nehmen sie es schließlich doch. Drei Wochen zuvor hätte einen der Besitz solcher Dinge direkt ins Gefängnis bringen können.

11 Leipziger Sprechchöre

Leipzig, Sonntag, 22. Oktober 1989

Der Karl-Marx-Platz ist vom Sonnenlicht überflutet. Auf dem weitläufigen Vorplatz des Gewandhauses stehen Hunderte Leipziger in kleinen Grüppchen herum und diskutieren. Die Sonntagsdemonstranten unterscheiden sich von denen des Montags. Sie sind älter, tragen verwaschene Hemden und Hosen aus grobem Tuch und nicht die Jeans, T-Shirts und Parkas, die bei den wöchentlichen Umzügen schon fast Pflicht sind. Sie reden über Arbeitsbedingungen, Verknappung von Qualitätsware in den Kaufhäusern oder Reisefreiheit. An diesem Morgen sind es die »kleinen Leute« der Stadt, die der Einladung des Maestros gefolgt sind.

Als die Türen des Foyers aufgehen, ist so etwas wie Lampenfieber zu spüren – als ginge es darum, ein Orchester zu dirigieren, mit dem nie geprobt wurde. Die Leute strömen hinein, laufen durcheinander, füllen jeden Winkel. Innerhalb weniger Minuten ist alles überfüllt: Treppen, Balkone, jede Ecke. Von seinem Pult aus mustert Kurt Masur mit seinen stahlblauen Augen die Versammlung. Er heißt alle willkommen, dankt der Handvoll Offizieller, die erschienen sind. Dann sagt er: »Wie jeder weiß, ist diese Zusammenkunft offiziell genehmigt. Keiner hat etwas zu befürchten«, und erteilt den Leuten im Saal das Wort. Sein vertrauenerweckender Tonfall hört sich wie eine Garantie der Redefreiheit an. Die Stimmung wird allmählich gelöster, die Worte werden freier.

Drei Stunden lang wird das Gewandhaus zur Agora – ein unwirkliches Zwischenspiel in der ostdeutschen Parteidiktatur. Die wenigen anwesenden Vertreter der SED werden zu allen möglichen Themen befragt. Mit jeder Wortmeldung werden die Leipziger kühner. Je weiter die Zeit voranschreitet, desto mehr Hände gehen hoch. Man reißt sich die drei im Saal verteilten Mikros gegenseitig aus der Hand. Die Menschen fordern Rechte. Das Recht zu demonstrieren, zu wählen, zu reisen, eine freie und vielfältige Presse zu lesen. Auch die Nöte Leipzigs werden angesprochen, der Verfall der Häuser, der erbärmliche Zustand der Straßen, die Privilegien, die man Berlin und Dresden zugestanden hat, die unerträgliche Luftverschmutzung, die veralteten öffentlichen Verkehrsmittel.

Angesichts dieser Flut werden die drei örtlichen Sekretäre der Partei, die nebeneinander wie auf der Anklagebank sitzen, immer bleicher. Fast schlägt ihr Wagemut auf sie selbst zurück. Mutig haben sie den Aufruf vom 9. Oktober unterzeichnet, haben dieses Forum mitorganisiert, doch nun sitzen sie da und sind für 600 Leipziger zum Prügelknaben geworden. Mit besorgter und konzentrierter Miene versuchen sie, die Forderungen als Vorschläge zu begreifen. Doch die Leute im Saal treiben sie in die Enge, und sie durchleben die vermutlich schlimmsten Stunden ihres bisherigen Lebens. Diese sächsischen Apparatschiks müssen für die Sünden ihrer Regierung aus 40 Jahren büßen – sie werden von aufgebrachten Bürgern angegriffen, die durch offizielle Plakate zum öffentlichen Dialog eingeladen worden sind.

Als Kurt Masur die Versammlung aufhebt, schaut er voller Stolz auf den Saal. Die Gesichter strahlen vor Zufriedenheit.

Es ist alles angesprochen worden, man hat alles sagen können. Selbst am Ende eines seiner Konzerte hat er in der DDR noch nie so viele Menschen glücklich gesehen! Die Debatte war lebhaft, aber gewaltlos. Darüber hat der Maestro persönlich gewacht. Auch ohne seinen Dirigentenstab hat er das Ensemble harmonisch geleitet.

Die letzten Wochen haben ihn nicht unberührt gelassen. Der Orchesterleiter träumt von einer idealen DDR, einem Sozialismus, der sich für die Freiheit öffnet, ohne die Sicherheit zu opfern, die er allen garantiert. Er hat sich fest vorgenommen, das Gewandhaus als eines der Foren zu etablieren, in denen diese neue Gesellschaft aufblühen kann. Künftig wird er seine Pforten jeden Sonntag öffnen, um Raum zu geben für öffentliche Diskussionen, aus denen schließlich ein Manifest hervorgehen soll.

Marina, angetan mit weiten, schwarzen Jeans mit Hosenträgern und einem Pullunder, hat sich im Gras ausgestreckt und genießt die frische Luft. Sie lässt die Gedanken wandern. Wenn Berlin in Sonne getaucht ist, bietet der Park von Friedrichshain eine friedliche Zuflucht inmitten der Großstadt. Klaus, der gerade zu ihr gekommen ist, hat sich neben sie gelegt. Als er ihr mit der Hand durchs Haar fährt, stößt sie ihn mit einer knappen Bewegung zurück und dreht ihm den Rücken zu. Marina kramt in ihrer Handtasche. Sie holt ihre Packung Club heraus und zündet sich nervös eine Zigarette an.

»Kann ich auch eine haben?«

»Bedien dich«, erwidert sie und wirft ihm die Packung zu.

Der junge Mann nimmt lange Züge und macht ihr dabei schöne Augen, doch Marina weigert sich hartnäckig, ihn anzusehen. Allein der Anblick des lieben Klaus regt sie auf.

Sie verzeiht ihm nicht, dass er sich bei der politischen Agitation in diesem Oktober abseits gehalten hat. Seit dem Tag, als er sie versetzt hat, hat ihr Zorn nicht nachgelassen.

»Weißt du, Marina, ich würde gern mit dir zusammen nach Leipzig gehen, morgen.«

Schweigen.

»Ich hab wirklich Lust darauf, am Montag mit den anderen zu demonstrieren. Dem Krenz muss gezeigt werden, dass sich nichts geändert hat, dass ihn keiner haben will.«

»Hoho! Ein Revolutionär ist geboren! Klaus wird die Partei erbeben lassen! Egon, pass auf! Der Tiger von Berlin ist aufgewacht!«

»Du machst dich über mich lustig. Ich meine es ernst. Ich glaube daran und will mich dafür einsetzen.«

»Zu spät. Heute riskierst du nichts mehr, wenn du mitmarschierst. Du bist bloß ein Mitläufer. Gerade gut genug, hinter den Anführern herzulatschen, wenn nichts mehr zu befürchten ist.«

»Du bist ungerecht. Ich wollte meine Stelle nicht wegen eines Fotos verlieren, das die Stasi macht.«

»Du meinst wohl, die anderen hatten nichts zu verlieren? Foto oder nicht, sie sind für die Freiheit auf die Straße gegangen. Ich will dich nicht mehr sehen, Klaus. Ciao!«

Hastig sammelt die junge Frau ihre Sachen ein. Sie feuert die Sonnenbrille in die Handtasche, lässt ihre Zigaretten zurück und rauscht entschlossenen Schrittes davon. Erfolglos versucht Klaus, sie einzuholen. Ohne sich umzudrehen, rennt sie den Hang hinab und erreicht die Umzäunung des Parks.

Als sie bei ihrer Freundin Petra ankommt, trifft sie dort ihre ganze Clique, sie wollen zusammen die Sendung »Pop Café« des Senders DT 64 anhören. Heute ist es eine Sondersendung über *The Cure*, deren neue Scheibe »Disintegration« gerade erschienen ist. Marina ist ein Fan der Gruppe und auf Wolke sieben. Da entdeckt sie ein neues Gesicht. Auf einem abgewetzten Sofa sitzt, Zigarette zwischen den Lippen, ein strubbeliger Junge, der ebenso empfindsam auf die melancholische Stimme von Robert Smith zu reagieren scheint wie sie. Er heißt Michael und kommt aus Kreuzberg, dem Viertel der rebellischen Jugend Westberlins. Auf der anderen Seite der Mauer hat er sich einen soliden Ruf als Straßenkämpfer erworben. In letzter Zeit erscheint er regelmäßig, um »der Revolution zu helfen«. Petra und ihre Clique hat er auf der Straße getroffen.

Michael gibt Marina eine Lehrstunde über die Autonomen von Kreuzberg. Sie wohnen in besetzten Häusern und leben von der Sozialhilfe; aus allen Teilen der BRD kommend, haben sie sich Westberlin ausgesucht, weil man hier dem Wehrdienst entgeht.[1] Als Anarchisten lehnen sie jede Form der Ordnung ab und legen sich regelmäßig mit der Polizei an. Michael sagt, er finde Leipzig spannend. Solche Demos gebe es nicht einmal in Westberlin. Marina nutzt die Gelegenheit:

»Ich glaube, morgen kommen viele Leute zusammen.«

»Gehst du hin?«

»Ich glaube, ja.«

»Meinst du, ich kann mit Kumpels aus Kreuzberg kommen?«

»Kein Problem. Bei der Ankunft in Leipzig kontrollieren die Bullen keinen mehr.«

Am späten Vormittag des nächsten Tages hält ein alter, schmutziggelber VW-Kombi am Kontrollpunkt Invaliden-

---

1 Der entmilitarisierte Status von Berlin, unterzeichnet von den vier Siegermächten, die die Stadt 1945 unter sich aufgeteilt hatten, verbot den Einwohnern, Militärdienst abzuleisten. Das wurde allerdings nur in den drei Westsektoren beachtet.

straße.[2] Michael sitzt am Steuer, begleitet wird er von einer jungen Frau und zwei Kerlen. Nach den üblichen Fragen gestattet man ihnen, in die »Hauptstadt der DDR« einzureisen, wie das Transparent über dem Posten verkündet. Marina erwartet sie ein Stück weiter an der Kastanienallee. Als sie in den Kleinbus steigt, schlägt ihr das Herz schneller. Bis jetzt hat sie nichts Illegales getan; jedenfalls nichts, was wirklich böse wäre. Aber mit Leuten aus dem Westen, denen es nicht erlaubt ist, Ostberlin zu verlassen, nach Leipzig zu fahren, das ist gravierender. Nach dem DDR-Strafgesetzbuch ist es sogar ein Vergehen: Sollten sie geschnappt werden, setzt sie sich dem Bannstrahl der Stasi aus.

Auf der Autobahn nach Leipzig warnt Marina Michael: »Achte auf die Geschwindigkeitsbeschränkung. Bei Autos mit Westkennzeichen ist die Polizei unnachgiebig.« Er verspricht, die erlaubten 100 km/h nicht zu überschreiten.

Mehr als zwei Stunden lang rumpelt der Kombi über die schlecht verfugten Betonplatten der A9. Man ist entspannter Stimmung und lauscht den geistigen Abschweifungen Falcos: »Alles klar, Herr Kommissar!« Einer von Michaels Freunden hat einen Joint gedreht und lässt ihn herumgehen. Marina, die erstmals einen reinzieht, wird blass; leichter Schwindel überfällt sie – sie hat zu tief und zu schnell inhaliert, und ihre Reisegefährten kringeln sich vor Lachen.

Als sie von einem weißen Lada mit aufgemalten grünen Flügeln überholt werden, vergeht Michael das Lachen. Der Wagen der Volkspolizei setzt sich mit laufendem Blaulicht direkt vor sie. Aus dem rechten Seitenfenster zeigt ein Stab mit schwarz-weißem Zebrastreifenmuster an, dass Michael auf dem nächstgelegenen Rastplatz anhalten soll.

2 Dieser Übergang war nur für Westberliner vorgesehen, die in den Osten reisten.

Als die Vopos herankommen, halten Marina und die anderen im Auto den Atem an. Mit ausgeprägtem sächsischem Akzent erklärt ein Polizist Michael, dass er beim Überholen mehrmals nicht den Blinker betätigt hat. Der Vopo verlangt 40 DM Verwarnungsgebühr, die sofort zu entrichten sind. Keine Frage, was er so nahe bei Leipzig sucht, keine Bemerkung über den seltsamen Geruch, der den Kombi durchzieht. Abgesehen vom Führerschein des Fahrers wollen sie nicht einmal die Papiere der übrigen Passagiere sehen. Während Marina noch zittert, merkt Michael ironisch an: »Diese Bullen sind nur dazu da, Devisen abzukassieren.«

In der Nikolaikirche ist gerade das Friedensgebet zu Ende gegangen. Die Menge, in Richtung Karl-Marx-Platz unterwegs, füllt die von den beeindruckenden Bauten der Kaufhäuser aus der Vorkriegszeit beherrschte Grimmaische Straße. Aus allen Straßen strömen Leute herbei. Die Altstadt erscheint wie von einem anschwellenden Strom durchflossen, der von seinen Zuflüssen her immer stärker wird. Für die 100 Meter von der Kirche bis zu dem von Oper und Gewandhaus begrenzten Platz benötigt man fast eine halbe Stunde.

Michael und Marina tauchen in die Flut der Demonstranten ein. Die Menge ruft »Gorbi, hilf uns!«, Plakate und Transparente sind auf Egon Krenz gemünzt: »Egon, sei klug, vierzig Jahre sind genug!« Ein Stück weiter verkündet ein langes Spruchband: »Wie wir heute demonstrieren, werden wir morgen leben!« und »Wir sind das Volk!« – diese Parole wird von allen aufgegriffen und gerufen. Der Ton wird schärfer, als man an der Runden Ecke der Stasi vorbeikommt. Tausende Demonstranten brüllen: »Stasi in die Produktion! Stasi in den Tagebau!«

Ein wenig abseits steuert ein stämmiger junger Mann sein Fahrrad auf ein Haus zu. Er steigt ab und nimmt ein Heft zur Hand. Eifrig notiert er, während er die Menge beobachtet, die Parolen. Marina, die auf ihn aufmerksam geworden ist, stürzt zu ihm hin. »Scheiß-Spitzel, du willst einen Bericht für die Bullen machen! Die brauchen dich nicht, wir stehen direkt unter ihren Fenstern.« Lachend unterbricht Martin sie und erklärt ihr, er sei eine der Stützen der Opposition in Leipzig und Gründer des örtlichen Neuen Forums.

»Warum machst du dir Notizen, anstatt mitzumarschieren?«

»Ich bin es, der die Medien im Westen anruft und ihnen sagt, wie viele Demonstranten unterwegs sind und welche neuen Parolen sie erfunden haben.«

»Was übermittelst du heute Abend?«

»Die größte Montagsdemonstration, seit es sie gibt: 300 000 Menschen.«

»Und die Parole?«

»›Stasi in die Produktion!‹ Die Leute haben keine Angst mehr vor den Bullenschweinen.«

Martin schwingt sich wieder auf sein Fahrrad und radelt zum Gemeindesaal, wo die Kirche ihm ein Telefon zur Verfügung gestellt hat. Er ruft den Journalisten Roland Jahn vom Sender Freies Berlin an, der schon auf diesen Anruf wartet. Die wenigen Leitungen nach Westberlin sind ständig besetzt. Martin wählt die Nummer einmal, zweimal, dreimal ... Beim zehnten Versuch erreicht er den Reporter schließlich. Die Nachricht ist schnell übermittelt. In weniger als einer Viertelstunde wird Roland Jahn auf Sendung sein und verkünden: »300 000 Menschen in Leipzig. Parolen gegen die Stasi. Dutzende Transparente gegen die neuen Leute an der Macht.«

Egon Krenz hat wirklich einen schlechten Start.

Potsdam, Dienstag, 23. Oktober 1989

Der himmelblaue Trabant ist ohne Licht unterwegs. 200 Meter vor der Wache erstirbt der Lärm des Zweitakters plötzlich. Der Fahrer weckt Siggi, der auf dem Beifahrersitz zusammengesunken ist.

»Endstation! Michendorf-Kaserne. Alles aussteigen!«

»Nicht so laut. Mir platzt gleich der Schädel.«

»Ab, wo du hingehörst, Don Juan, ich bleib hier nicht länger stehen. Keine Viertelstunde mehr, bis es hell wird. Und ein Unteroffizier, der über den Zaun steigt, ist dem Knast näher als einer ehrenvollen Erwähnung im Tagesbefehl der Armee ...«

Siggi schraubt sich nicht ohne Anstrengung aus der Seifenkiste seines Pygmalion. Ein Hemdzipfel ist ihm aus der verknitterten Hose gerutscht. Bei Sabine, seiner Eroberung vom Abend zuvor, hat er sich aus Angst, sie zu wecken, heimlich und ohne das Licht einzuschalten davongemacht. Er hat sich hastig im Dunkeln angezogen, und jetzt richtet er, hinter Bäumen verborgen, seine Uniform wieder her.

Viel Alkohol und eine Liebesnacht ohne Reue haben dem jungen Soldaten den Kopf verdreht. Er kniet am Rand eines kleinen Baches, spritzt sich das eisige Wasser ins Gesicht, kneift sich in die Wangen und atmet die frische Luft tief ein. Nun ist er bereit, den Kasernenzaun in der anderen Richtung zu überqueren. Im Unterholz kommt er nur schwer voran; die Füße verfangen sich in Brombeerranken, er stolpert über Baumstämme.

Gut zehn Minuten geht Siggi am Zaun entlang, bis er die schmale Lücke im Stacheldraht wiederfindet. Vorsichtig zwängt er sich hindurch, wobei er sorgfältig darauf achtet, nicht mit der Uniform hängen zu bleiben, dann zieht er sein großes Gestell auf die Mauerkrone. Es gelingt ihm, die Beine auf die Seite zu schwingen, doch dann verliert er den Halt und fällt drei Meter tief. Der dumpfe Laut seines Sturzes hat den Hundezwinger alarmiert. Einige Köter beginnen zu bellen. Für lange Minuten bleibt Siggi bewegungslos im Gras liegen. Das Gebell hört allmählich auf. Kein Soldat hat sich vom Wachposten aus auf den Weg gemacht.

Schüchtern kriecht die Sonne über den Horizont, und Siggi muss unbedingt vor Tagesanbruch im Quartier der Unteroffiziere sein. Er rennt los, stürzt in sein Zimmer und macht die Tür hinter sich zu. Sein plötzliches Erscheinen weckt seinen Stubenkameraden. Christoph greift nach seiner Uhr. »6.20 Uhr, du Knallkopf. Du hast deinen Rekord überboten!« Siggi antwortet nicht. Er zieht sich aus und wirft sich ins Bett. Sein Kamerad ruft ihn zur Ordnung.

»Du spinnst. In zehn Minuten ist Wecken. Du wirst nicht zum Schlafen kommen.«

»Reg dich nicht auf. Offiziell bin ich heute Morgen im Hundezwinger. Also muss ich auch nicht beim Appell anwesend sein.«

»Um 8.30 Uhr rückt General Baumgarten wieder an, und alle Offiziere und Unteroffiziere sind hinbefohlen.«

»Ich werde da sein. Ich penne für eine Stunde, das ist alles.«

Schlag 8.29 Uhr betritt General Baumgarten den Speisesaal der Michendorfer Kaserne. Die an langen Tischen aufgereihten Offiziere und Unteroffiziere nehmen sofort Haltung an. Mit weit ausholenden Schritten durchquert der Kommandeur der Grenztruppen den Mittelgang. Mit einem Satz ist er auf dem Podium. Oberst Schäfer, der Regimentskommandeur, salutiert. »Rührt euch!« Baumgarten nimmt seine Mütze ab und beginnt mit seiner Belehrung.

Nachdem er schon fast zehn Minuten lang die Fortschritte beim Projekt Mauer 2000 dargelegt hat, geht die Tür des Speisesaals auf. Siggi tritt ein und murmelt mitleiderregend »Entschuldigen Sie«. Oberst Schäfer ist außer sich. Hauptfeldwebel Grobstock durchbohrt Siggi mit seinen Blicken. Eines ist sicher: Die nächsten 20 Strafdienste des Regiments sind ihm zugedacht. Da gibt es für ihn keinen Zweifel, und er weiß auch, dass er weit davon entfernt ist, für einen Abend Ausgang nach Potsdam zu kriegen. Adieu Anna, adieu Sabine!

Egon Krenz ist verblüfft. Gestern Abend hat General Snetkow, der Oberbefehlshaber der Sowjettruppen in der DDR, ihn um ein dringendes Gespräch ersucht. Doch kaum ist er heute Morgen in seinem Büro angekommen, hat er einen Anruf des sowjetischen Botschafters Wjatscheslaw Kotschemassow erhalten, der gerade von dem für heute Nachmittag geplanten Besuch Snetkows erfahren hatte. Seine in ärgerlichem Ton vorgebrachte Warnung hatte auf einmal gar nichts Diplomatisches mehr an sich gehabt: »Finden Sie nicht, Genosse Krenz, dass ein Treffen mit unseren Generälen am Vorabend Ihrer Wahl zum Vorsitzenden des Staatsrats ein falsches Signal darstellt?«

Was soll er von der Sowjetunion, dem leuchtenden Vorbild des Sozialismus, halten, wenn der Repräsentant der Außenpolitik sich gegen den der Verteidigung stellt? Und was ist über das »Signal« zu sagen, das sie selbst aussendet?

Kotschemassow gelingt es nicht, das Treffen zu verhindern. Aber er setzt durch, dass dieses Gespräch vertraulich bleibt.

Auf einen Schlag wird Krenz klar, dass Snetkow nur eines beabsichtigt: Er will ihm in kaum verhüllter Form seine

Dienste anbieten. »Genosse Krenz, wir sind bereit, der DDR in welcher Form auch immer zu Hilfe zu kommen. Wenn Sie uns brauchen, lassen Sie es mich im Namen der Waffenbrüderschaft zwischen der Roten Armee und der NVA wissen…«

Vernon A. Walters hat viel von einem Militär und sehr wenig von einem Diplomaten an sich. Diese Naturgewalt, auf ausdrücklichen Wunsch seines Freundes George Bush Botschafter der USA in der Bundesrepublik Deutschland, hat sich gewisse Reflexe des früheren Lebens bewahrt. Als As der militärischen Aufklärung, stellvertretender Direktor der CIA, Spezialist für geheime Missionen, der acht Sprachen einschließlich Russisch und Deutsch spricht, ist Walters ein reines Produkt des Kalten Krieges. Der glühende Katholik hat seine ganze Energie darauf verwendet – und alle Mittel eingesetzt –, um der polnischen Kirche und der Gewerkschaft Solidarność dabei behilflich zu sein, die kommunistische Regierung ins Wanken zu bringen.

Der amerikanische Botschafter mit seinen mehr als 70 Jahren tritt in stolzer Haltung auf, und als er Rudolf Seiters' Büro im Kanzleramt betritt, ist dieser voller Bewunderung. Walters hat Seiters um eine Audienz ersucht, in der die jüngsten Ereignisse in der DDR zur Sprache kommen sollen. Was sich dort offenkundig entwickelt, missfällt ihm ganz und gar nicht. Er vertraut der rechten Hand Kohls an, dass die Lage in Ostdeutschland in Washington mit höchster Aufmerksamkeit beobachtet werde. Diese Nachricht erfreut den deutschen Minister sehr. Denn Bonn ist erstaunt über das geringe Interesse seiner westeuropäischen Verbündeten an den Erschütterungen im anderen Teil Deutschlands. Speziell Paris und London haben das Kanzleramt nicht aufgefordert, ihnen seine Analyse der laufenden Ereignisse zur Kenntnis zu bringen. Vernon Walters wiederum äußert mehrmals seine »Befürchtung«, es könne einen Volksaufstand geben. Er schlägt dem deutschen Minister vor, die BRD und die USA sollten sich eng abstimmen, um dieser Möglichkeit begegnen zu können.

Rudolf Seiters versichert ihm, die deutsche Regierung werde alles unternehmen, um die Reformen in der DDR zu unterstützen. Zwar habe Egon Krenz alle Voraussetzungen eines orthodoxen Kommunisten, doch ungeachtet dessen sollte Ostberlin Reisen in den Westen rasch liberalisieren und den politischen Gefangenen eine Amnestie gewähren. Seiters unterstreicht die Notwendigkeit, sich mit den drei alliierten Mächten USA, Großbritannien und Frankreich abzustimmen.

Ein paar Büros weiter hat Helmut Kohl gerade mit dem Präsidenten der Vereinigten Staaten gesprochen. Nachdem er die Situation in Polen und Ungarn in Erinnerung gerufen hat, spricht der Kanzler das andere Deutschland an: »Leider bezweifle ich sehr, dass Egon Krenz das Format hat, die Reformen zu einem guten Ende zu bringen, die in der DDR zwingend notwendig sind. Eines ist sicher, die Zeit drängt – für ihn wie für mich! Wenn die Menschen weiterhin im derzeitigen Tempo in die BRD flüchten, werden wir bis Weihnachten 150 000 Flüchtlinge aufgenommen haben. Junge Menschen, das Durchschnittsalter liegt bei unter 30 Jahren.« »Verdammt«, erwidert Bush überrascht. »Ich hätte nicht gedacht, dass es so viele sind ...«

Eine Tasse mit heißem Tee hat nicht ausgereicht, um wirklich wach zu werden, dafür ist die Nacht zu anstrengend gewesen: Im Untergeschoss der UB hat sie die Ausgabe 5 des *Telegraph* gegen 20 Uhr abgeschlossen. Anschließend musste sie gedruckt werden, ehe man den landesweiten Versand vorbereiten konnte.

Gegen neun Uhr schlurft Vera ins Badezimmer. Jemand klopft an die Tür. Sie schlüpft in einen abgeschabten Bademantel und fährt sich mit der Bürste durchs Haar, um wieder wie ein Mensch auszusehen. Nun hämmert jemand gegen die Tür. Schlagartig beendet ein Adrenalinstoß ihre Schläfrigkeit. Sie reißt die Tür auf, vor ihr steht Sven. »Du bist der ungeduldigste und ungezogenste Typ, den ich kenne!«

Aber Sven bleibt unbeeindruckt. Hinter ihm steht ein dürrer junger Mann mit langen blonden Haaren. »Darf ich vorstellen: Alexander. Ein Freund aus Westberlin. Er hat eine tolle Überraschung für uns.«

Wenig später rollt der im Westen zugelassene weiße R4 mit geöffneten Fenstern durch die Landschaft Brandenburgs. Vera und Sven haben Alexander bis nach Henningsdorf im Norden der Hauptstadt geleitet. Um zum Havelkanal zu gelangen, mussten sie Westberlin weiträumig umfahren. Im Moment inspizieren die jungen Leute das Ufer der Wasserstraße, um eine Stelle zu finden, wo man diskret an Land gehen kann.

Alexander ist Mitbegründer der selbstverwalteten Druckerei »Oktoberdruck«. Die UB hat sich von dieser Firma aus dem Westen eine schnellere und praktischere Offset-Druckerpresse erbeten, mit der größere Auflagen möglich sind als mit ihren altertümlichen Vervielfältigungsgeräten. Alexander hat eine aufgetrieben. Außerdem hat er mit einem polnischen Flussschiffer Kontakt aufgenommen, der bereit ist, sie auf seinem Lastkahn in die DDR zu schmuggeln. Nur der Treffpunkt muss noch gefunden werden. Auf dem Weg von Westberlin nach Polen fahren die Schiffe zwangsläufig durch diesen breiten Kanal.

Auf den ersten Blick vereint die Schleuse von Schönwalde alle Vorzüge in sich. Man kann mit dem Auto bis zum Kai fahren, doch die Stelle ist zu belebt. Das Abladen würde zwangsläufig die Aufmerksamkeit der Schleusenwärter oder Schiffer erregen. Im weiteren Verlauf überquert die Straße den Kanal mehrmals, ohne an ihm entlang zu verlaufen. Als die beiden Verkehrswege dann endlich parallel liegen, sind sie durch eine breite Wiese voneinander getrennt. Vera schlägt vor, die Presse am Ufer zu entladen und dann querfeldein zu transportieren. Alexander redet ihr das aus – die Maschine ist groß und wiegt mehr als 100 Kilo, man kann sie unmöglich rasch über eine solche Entfernung schleppen.

Das Trio ist den Kanal in ganzer Länge abgefahren, hat jeden Weg besichtigt und sich die fantastischsten Abläufe ausgedacht. Sie müssen sich damit abfinden, dass es nicht funktioniert. Dieser verflixte Havelkanal bietet keine einzige Stelle, die sich für ihr Geheimunternehmen eignen würde. Das Geschenk der Firma »Oktoberdruck«, das Vera und Sven heute Morgen so gefreut hatte, wird nicht auf die andere Seite der Mauer gelangen.

»Es ist eine konstante Entwicklung der Kommunikationsstrukturen innerhalb der Gesamtheit antisozialistischer Bewegungen festzustellen. Neben ›Kontaktadressen‹ und ›Sprechern‹ – diese Personen fungieren als Verbreiter von Informationen, als Anwerber und als Organisatoren – spielen die von den Pfarrgemeinden zur Verfügung gestellten Kontakt-Telefonnummern eine wichtige Rolle bei der schnellen Informationsweitergabe und der Koordination von Aktivitäten der Opposition. In großem Ausmaß werden private technische Einrichtungen zur Vervielfältigung politischer Dokumente verwendet; ihre Verbreitung nimmt ständig zu, und man kann

davon ausgehen, dass diese Prosa in weite Kreise der Bevölkerung vorgedrungen ist.«

Heinrich Knopf hämmert auf die Tastatur seiner Schreibmaschine des Typs Robotron 20. Wenn er ein sehr wichtiges Dokument verfasst, lässt er es von keinem anderen abtippen. An diesem Morgen schreibt er einen langen Bericht über die antisozialistischen Bewegungen, der zunächst für Erich Mielke bestimmt ist. Sobald dieser davon Kenntnis genommen und den Inhalt gebilligt hat, wird der Minister der Staatssicherheit den Bericht unterzeichnen und anschließend an das gesamte Politbüro weiterleiten. Diese Parteibonzen wiegen sich nach Überzeugung des Stasioffiziers in Illusionen, und er hat vor, ihnen das mit einem Dutzend Seiten zu beweisen.

Die während des Wochenendes hereingekommenen Berichte der Bezirksleiter zeugen von den schnellen Fortschritten der feindlichen Kräfte. Aus der ganzen DDR laufen Informationen ein – über die Gründung politischer Bewegungen, die Einrichtung von Koordinationsnetzen zwischen den Gruppen der verschiedenen Großstädte, das Erscheinen von Flugblättern und bisher unbekannter Untergrundzeitschriften. Die Opposition umfasst jetzt das gesamte Gebiet in der Fläche.

Was Heinrich Knopf liest, gefällt ihm nicht. Dresden, Halle, Leipzig, Magdeburg, Jena: Alle Antennen der Stasi registrieren eine neue Solidarität zwischen den Regierungsgegnern. Die Organisatoren stimmen sich untereinander ab und veranstalten gemeinsame öffentliche Versammlungen. Sie überwinden ihre Zersplitterung, um gegenüber der SED eine einheitliche Front zu bilden. Das Neue Forum ist dabei, zur Dachorganisation der Bewegungen zu werden. Bärbel Bohley und ihre Freunde wachsen allmählich zu einer Art Gegenmacht heran, die das Politbüro bald nicht mehr übergehen kann.

Die Zahlen sind wie die Fakten: nicht wegzudiskutieren. Nach der Zählung des Obersten haben zwischen dem 16. und dem 22. Oktober – in nur sieben Tagen! – im ganzen Land mehr als 100 000 Menschen an politischen Versammlungen teilgenommen. Die als Versammlungsorte dienenden Kirchengewölbe leeren sich nicht. Pastoren sahen sich gezwungen, vor ihren Gotteshäusern Lautsprecher aufstellen zu lassen, damit alle Teilnehmer den Diskussionen folgen konnten. In der Potsdamer Friedrichskirche hat das Neue Forum beschlossen, fünf Konferenzen in Folge abzuhalten, um dem Zustrom der Neugierigen gerecht werden zu können. In Berlin organisiert die Gethsemanekirche tägliche Zusammenkünfte.

Heinrich Knopf listet alles auf, was der Normannenstraße Sorge bereitet. Die beste Geheimpolizei des sozialistischen Blocks schwankt zwischen Ohnmacht und Verständnislosigkeit. Krenz ist seit weniger als einer Woche Generalsekretär, doch die Offiziere der Stasi sagen bereits sein Scheitern voraus. Honecker hat sich bis zu seinem Sturz an eine Vogel-Strauß-Politik gehalten; Krenz praktiziert die Politik einer schnellen und ungeschickten Öffnung, die zum gleichen Ergebnis führen wird. Am Abend zuvor hat Knopf mit einem seiner besten Leute, dem jungen und eifrigen Offizier Rainer, Kaffee getrunken – der ist stolz darauf, dem Sozialismus zu dienen. Als der Untergebene über seine letzte Mission berichtete und dabei nervös mit dem Kaffeelöffel spielte, hat Knopf ihn mit seinen durchdringenden grauen Augen fixiert:

»Du hast doch etwas auf dem Herzen, Genosse?«

»Ich erlebe eine zunehmende Feindseligkeit uns gegenüber, Genosse Oberst. Ich bin noch keine 30, ich habe Familie, und ich weiß nicht, ob mir die Stasi eine Zukunft bieten kann.« Knopf hat sich nichts anmerken lassen. Er hat mit gewollt aufbauendem Tonfall erwidert: »Du hast in letzter Zeit viel gearbeitet, du bist erschöpft.« Doch innerlich hat er das Bekenntnis Rainers wie einen Tiefschlag empfunden.

Er hat die Worte des jungen Hauptmanns noch im Ohr, als er den nächsten Absatz in Angriff nimmt:

»Auf diesen Versammlungen kommt es zu massiven Angriffen auf die Politik der Partei und der Regierung, auf deren höchste Repräsentanten sowie auf die Ordnungs- und Sicherheitskräfte.«

Sogar die Künstler, diese verhätschelten Kinder des Sozialismus, verraten die Partei. In seinem Dokument fasst der Oberst die Informationen zusammen, die ihm von seinen in die Kreise der Kulturschaffenden eingeschleusten Maulwürfen übermittelt wurden. Er hat oft an der Loyalität dieser Schriftsteller, Schauspieler und Musiker gezweifelt, deren Treueschwüre durch so manche Privilegien belohnt wurden – Pass, Westauftritte, manchmal sogar eine annehmbare Wohnung im Herzen der Hauptstadt.

»Die antisozialistischen Bewegungen verstärken ihre Aktivitäten auf den Gebieten der Kunst und der Kultur. So ist es Vertretern des Neuen Forums möglich gewesen, ihre Vorstellungen bei Sitzungen der Akademie der Künste der DDR und bei Versammlungen des Schriftstellerverbands vorzutragen. Die Romanautorin Christa Wolf hat sie aktiv unterstützt. Stephan Hermlin wiederum hat am vergangenen 19. Oktober im Rahmen der Vollversammlung der Akademie der Künste das Neue Forum als ›Motor des Fortschritts in der DDR‹ gewürdigt.«

Diese beiden Schriftsteller hat Heinrich Knopf nicht zufällig genannt. Die Regierung hat sie seit Jahren als Botschafter der ostdeutschen Literatur in der Bundesrepublik gehätschelt – in seinen Augen verkörpern sie schamlose Undankbarkeit.

Als der Offizier den Text durchliest, kommt er ihm ein wenig kraftlos vor. Eigentlich sollten allein die dargestellten Fakten die Parteiführung dazu bringen, etwas zu tun. Doch Knopf glaubt nicht daran. Er beschließt, eine Prise Desinformation beziehungsweise grobe Übertreibung einzufügen, um seine Zusammenfassung etwas aufzuwerten. Dafür fischt er sich ein paar Zeilen aus einem Bericht der Plauener Stasi heraus. In der kleinen Stadt an der tschechischen Grenze soll das örtliche Parteibüro feindselige Anrufe erhalten haben. Knopf verwandelt den Vorfall zu einer *»großen Zahl von Drohungen, die in Form von anonymen Anrufen oder Briefen eingegangen sind«*. Weiter schreibt er, die geheimnisvollen Briefeschreiber würden behaupten, Bombenanschläge gegen offizielle Gebäude – oder schlimmer, gegen hohe Parteivertreter – zu planen.

Knopf legt beide Hände auf seine Robotron. Er liest das letzte Blatt noch einmal durch, ehe er es zufrieden an seine Assistentin weiterreicht. Dieses Mal ist es das Politbüro, dem die Stasi Angst machen will.

12 Die Waise Moskaus

Berlin, Dienstag, 24. Oktober

Schwere Böen überraschen die Abgeordneten im Sonntagsstaat, als sie auf dem Platz vor dem Palast der Republik aus dem Auto steigen. Eiligen Schrittes flüchten sie in die sozialistische Kathedrale aus weißem Marmor und kupferfarben verspiegeltem Glas. Die Männer tragen Krawatten in zu stumpfen oder zu schrillen Farben, die Damen dröge Schneiderkostüme unbestimmbaren Alters. Die gewählten Vertreter der Volkskammer, die man für diesen Vormittag einberufen hat, damit sie anstelle des »zurückgetretenen« Erich Honeckers einen neuen Staatsratsvorsitzenden wählen, sind ein getreues Abbild des Sozialismus *made in GDR*.

Die Vollversammlung ist für 10.30 Uhr angesetzt. Zuvor finden vorbereitende Sitzungen statt, bei denen sie auf Wunsch ihrer Parlamentsfraktionen zu erscheinen haben. Neben der umfangreichen Truppe der SED-Parlamentarier halten die Blockparteien als demokratisches Feigenblatt des ostdeutschen Kommunismus ihr Konklave ab.

Gewöhnlich sind die Fraktionssitzungen reine Formsache. Das Parlament nimmt jede Vorlage einstimmig an. Überflüssig, irgendwelche Stimmempfehlungen durchzusetzen oder die auf der Tagesordnung stehenden Gesetzesvorhaben zu erläutern. Doch an diesem Morgen spricht Günter Schabowski zu den Abgeordneten der SED: Er fordert sie auf, die neue Parteiführung zu unterstützen und, vor allem, sich hinter Egon Krenz zu stellen. Er erklärt ihnen, dass er bei der Kirchenleitung vergebens darum gebeten habe, sie möge eine Pressekonferenz verhindern, in der die Oppositionsgruppen die in der Nacht vom 7. auf 8. Oktober begangenen Ausschreitungen der Polizei in allen Einzelheiten geschildert haben. Ein Bischof habe vorgeschützt, sein Einfluss reiche dafür nicht aus. Günter Schabowski verschärft die Stimmlage und endet mit einer gewollt dramatischen Bemerkung: »Sie sollten wissen, dass die SED sich nur noch auf sich selbst verlassen kann und dass ihre Mitglieder zusammenhalten müssen.«

Eine Stunde darauf streben alle zu ihren Plätzen. Innerhalb weniger Minuten ist der weitläufige Saal voll besetzt. Die 500 Abgeordneten im Plenarsaal schauen auf ein Podium, das von einer Doppelreihe mit Würdenträgern der Partei beherrscht wird. Als wolle er seine eigene politische Bedeutungslosigkeit im Parlament deutlich vorführen, eröffnet der Volkskammerpräsident Horst Sindermann die Vollversammlung, indem er direkt zur Abstimmung aufruft. Er übergeht die Forderung nach einer vorher zu führenden Debatte, die der Führer der liberalen Partei, ermutigt durch die Wende, eingebracht hat. Trotz dieser Ablehnung macht niemand den Mund auf. Die Volkskammer weiß, wo ihr Platz ist – unter den Augen des Politbüros erhebt keiner die Stimme.

Soeben hat Heinz Sindermann jene Abgeordneten, die der Wahl von Egon Krenz zustimmen, gebeten, den Arm zu heben. Viele Hundert Hände gehen hoch. Als er nach Gegenstimmen fragt, wirft er kaum einen Blick auf die Versammlung. Doch 26 Abgeordnete äußern sich entsprechend, während weitere 26 sich der Stimme enthalten. Eine unerhörte

Situation, undenkbar für den Mann, der seit mehr als einem Vierteljahrhundert Vorsitzender dieser Kammer ist. Der 70-Jährige ist so irritiert, dass er sich bei der Addition der Stimmen verzählt. Hilflos wendet er sich an seinen Nachbarn: »Zähl doch bitte mit mir nach!« Sindermann meint, die Stimmung mit einem Scherz entschärfen zu können: »Ich werde das Ergebnis nicht verfälschen!« Für Egon Krenz ist dieser Geistesblitz eine Demütigung ...

Weder das Händeschütteln noch die Umarmungen und auch nicht die Rede von Egon Krenz können die allgemeine Verlegenheit vertreiben. 52 Wagemutige haben die Geschichte des ostdeutschen Parlamentarismus verändert. Die Kühnheit einiger macht die anderen fassungslos. Alle sehen einander über die Bankreihen hinweg an, flüstern, tuscheln kurze Sätze. Am Ende hat eine Handvoll Mitglieder der liberalen Partei zusammen mit einigen Freischärlern aus der SED ausgereicht, in der DDR ein politisches Erdbeben auszulösen.

Egon Krenz spult seine Rede leidenschaftslos ab. Die Ohrfeige – eine weitere – hat ihn erschüttert: Die Volkskammer war wirklich der letzte Ort, an dem er mit einem Hindernis gerechnet hätte.

Beim Morgenappell ist Siggi der Erste. Sein wassergrünes Hemd ist faltenlos, der Krawattenknoten absolut regelkonform, die Schuhe blitzblank. Ein ostdeutscher Vorzeigesoldat.

Der junge Unteroffizier hat aber auch einiges abzubüßen. Auf Verlangen von Oberst Schäfer hat man ihm zwei Monate Ausgehverbot aufgebrummt. Gestern hat Hauptfeldwebel Grobstock ihn einbestellt, um ihm die Bestrafung mitzuteilen. Genüsslich hat er ihm in aller Ruhe seine Predigt gehalten. Siggi hat die Missgunst und die Verachtung, die sich in diesem Berufssoldaten angestaut haben, voll abbekommen. Grobstock verabscheut Typen seines Schlages, weil sie ihre Rangabzeichen als Unteroffizier missbräuchlich erwerben, weil sie so tun, als dienten sie ihrem Land, nur um Zugang zur Universität zu erhalten, ehe sie im Zivilleben Privilegien anhäufen. Siggi hatte das Gefühl, für Dutzende seiner Unteroffiziers-Vorgänger in Michendorf zahlen zu müssen, die Grobstock nicht hatte in die Enge treiben können. Der Hauptfeldwebel hat geschworen, er werde ihn bis zum Ende seiner Dienstzeit im Auge behalten; der nächste Vorfall werde ihm einen Aufenthalt in der Arrestzelle einbringen.

Nach dem Appell baut Oberst Schäfer sich vor dem Regiment auf. Er verkündet, dass zwei Kompanien noch am Abend abrücken werden, um die Sicherheit an der Grenze zu erhöhen. Als Grobstock die Mannschaft wegtreten lässt, ruft er Siggi zu sich. Nachdem er ihn von oben bis unten gemustert hat, teilt ihm der Hauptfeldwebel mit, er werde zu dem Kontingent gehören. Damit war zu rechnen gewesen.

Um 18 Uhr fahren sechs LKWs im Regimentshof auf. 200 mit Gewehren und Munition bewaffnete Männer klettern auf die Fahrzeuge, dazu kommen 150 Hunde. Ein Dutzend Offiziere führt die Truppe an. Siggi hat auf einem Planen-LKW Platz gefunden. Sein treuer Hund Quini, nervös kläffend, liegt ihm zu Füßen.

Die LKWs verlassen Potsdam und umfahren Westberlin in weitem Bogen. Dann nehmen die Fahrer, die dicht hinter den Kübelwagen[1] der Offiziere herfahren, Kurs in Richtung Ostberlin. Wenn Siggis Leute die Plane zur Seite ziehen, können sie in der hereinbrechenden Dunkelheit zu ihrer Freude

1 Die Militärversion des Trabant war ein viersitziger Geländewagen mit Klappverdeck.

die Hauptstadt sehen. Für viele der jungen Leute ist das eine Entdeckung. Sie sind nicht berechtigt, sich dort aufzuhalten – ihre Ausgangsgenehmigung erstreckt sich nur auf den Umkreis Potsdams. Nach eineinhalb Stunden Fahrt erkennen sie die Lindenreihen der Straße Unter den Linden. Die Kolonne rollt zum Ende der Allee bis in die für die Öffentlichkeit verbotene Zone und hält dort an.

Auf dem windgepeitschten Pariser Platz vor dem hell erleuchteten Brandenburger Tor befiehlt ein Oberstleutnant den 200 Soldaten, zur Befehlsausgabe anzutreten. Ihr Auftrag ist ganz einfach – den Zugang zur Mauer verhindern. Die ganze Nacht hindurch sollen sie auf einigen Hundert Metern Länge an den Abwehreinrichtungen patrouillieren, die den Betonwall schützen. Waffen und Hunde sind als Abschreckung gedacht. Doch der hohe Offizier fordert die jungen Soldaten auf, jede Grenzverletzung »mit allen Mitteln« zu verhindern.

Siggi ist angespannt, er fragt sich, warum man den am stärksten gesicherten Sektor der Mauer verstärkt bewacht. Warum setzt man als Verstärkung Soldaten ein, deren Ausbildung gerade erst abgeschlossen ist, grüne Jungs, deren Reaktionen nicht absehbar sind? Der in einer weltabgeschiedenen Garnison lebende Unteroffizier hat von einigen Demonstrationen am Monatsanfang gehört. Er fragt sich, ob eine Gruppe antisozialistischer Subjekte vorhat, die Mauer zu stürmen. Doch gegenüber den jungen Provinzlern, die seinem Befehl unterstehen und sich in ihrer Haut nicht wohlfühlen, lässt er sich nichts anmerken.

Im Gegensatz zu den Warnungen des Oberstleutnants verläuft die Nacht ruhig. Frierend hat Siggi elf Stunden vor dem Brandenburger Tor verbracht, ohne dass etwas passiert wäre. Auf einem der LKW, mit denen die Truppen nach Michendorf zurückfahren, zieht Siggi am Morgen des 25. Oktober gemeinsam mit anderen, ein Stück weiter weg eingesetzten Unteroffizieren eine Bilanz dieser Nacht. Einstimmige Meinung: KbV[2].

Erneut sind die Ordnungskräfte im Alarmzustand. Mehrere Oppositionsgruppen haben dazu aufgerufen, an diesem Abend gegen die Wahl von Egon Krenz zum Vorsitzenden des Staatsrats zu demonstrieren. Der Aufruf ist im *Telegraph* veröffentlicht worden und hat die gesamte Bewegung erreicht. Er ist ein Erfolg. Mehr als 12 000 Menschen ziehen vom Alexanderplatz zum Palast der Republik. Alle Parolen richten sich gegen Egon Krenz.

Als die Demonstration endet, löst sie sich – anders als von der Polizei erwartet – nicht auf; die Protestierenden gehen in Richtung Staatsratsgebäude weiter. Ein dichter Kordon der Stasitruppen riegelt das Gebäude ab. Die Demonstranten drängen sich nebeneinander auf dem Bürgersteig gegenüber. Plötzlich überquert einer von ihnen die Straße. Vor einem uniformierten Polizisten zündet er eine Kerze an. Er kauert sich nieder, neigt die Kerze zur Seite, damit einige Tropfen Wachs auf den Boden fallen, und klebt sie auf den Asphaltbelag. Der Agent der Stasi hat nicht die kleinste Bewegung angedeutet. Ein weiterer Opponent zieht nach, dann zwei, dann fünf, dann zehn. Wenig später brennt vor dem Tor des Staatsrats eine ganze Fläche voller Kerzen. Ihr Licht zeichnet flackernde Schatten auf die Gesichter der hilflosen Polizisten. Die Behörden hatten sich auf einen Sturm auf die Mauer vorbereitet, doch sie erleben ein Sit-in vor ihren Fenstern.

---

2 Keine besonderen Vorkommnisse.

Berlin, Donnerstag, 26. Oktober 1989

»Hier Kohl.« Es ist 8.30 Uhr. Seit 30 Minuten wippt Egon Krenz ungeduldig mit den Füßen. Am Vorabend hat das westdeutsche Kanzleramt sein Sekretariat angerufen, um ein Telefongespräch mit dem Kanzler für die Zeit zwischen acht und zehn Uhr zu vereinbaren. Egon Krenz verspricht sich viel von dieser Unterhaltung. Er will die gesetzliche Regelung für Auslandsreisen der DDR-Bürger mildern, und dazu muss er unbedingt ein Arrangement mit der BRD treffen. Die meisten Ostdeutschen, die sich in die BRD begeben, werden Devisen benötigen. Doch darüber verfügt die DDR nicht mehr. Wieder einmal wird die DDR ihr Nachbarland bitten, ihren Staatsangehörigen ein wenig Taschengeld zukommen zu lassen.

»Krenz hier, ich freue mich, Sie so früh am Morgen zu hören.« In privaten Gesprächen zeigt der Kanzler sich sehr viel herzlicher und umgänglicher als in seinen öffentlichen Auftritten, wo er sich schroff und kontrolliert verhält. Das hat der Ostdeutsche bei den Telefonaten Honeckers mit Bonn bereits mitbekommen. Helmut Kohl gratuliert ihm zur Vervollständigung seiner neuen und hohen Ämter. Dann erklärt er, worum es ihm geht:

»Mein erster Wunsch ist, um das gleich vorweg zu sagen, dass wir regelmäßig miteinander telefonieren.«

»Das ist eine gute Idee. Miteinander reden ist immer besser als übereinander reden.«

»Es ist inzwischen möglich, dass ich, um einmal ein Beispiel zu nennen, ganz selbstverständlich zum Telefonhörer greife und den Generalsekretär in Moskau anrufe oder umgekehrt. Und ich wünsche mir, dass das auch zwischen uns geschieht.«

»Also abgemacht, Herr Bundeskanzler.«

Anschließend spricht Egon Krenz an, was ihm Sorgen bereitet – der freie Reiseverkehr der Ostdeutschen und dessen finanzielle Folgen. Vorgestern hatte er einen Emissär nach Bonn geschickt, dem man aber nur hinhaltende Antworten gegeben hat. Die BRD hat zwar vor, den Bürgern der DDR bei den Kosten für die Rückreise finanziell zu helfen, doch sie hat keinerlei Hoffnung gelassen, dass sie die ostdeutsche Staatsangehörigkeit anerkennen werde. Krenz schlägt weitere Treffen vor. Kohl, der keine Eile hat, kündigt an, Rudolf Seiters in der zweiten Novemberhälfte nach Ostberlin zu entsenden. Im selben Atemzug zählt er eine Reihe von Forderungen auf: Amnestie für DDR-Bürger, die das Land illegal verlassen haben, Einstellung der Verfahren gegen Demonstranten, eine schnelle Lösung für jene, die diesen Sommer geflohen sind und ihren Besitz wiedererlangen wollen. In vertraulichem Ton fügt der Kanzler hinzu: »Offen gesagt, wenn Ihr Name mit einer großzügigen Geste in Verbindung gebracht wird, so wird das erhebliche Auswirkungen haben, nicht nur hier, sondern auch in der DDR.«

Egon Krenz hat nicht die Absicht, auf diese Weise in die Geschichte einzugehen. Er unterbricht seinen Gesprächspartner: »Da, hoffe ich, stimmen Sie mit mir überein, dass eine sozialistische DDR auch im Interesse der Stabilität in Europa ist.« Kohl tut so, als verstünde er nicht, und weicht auf das Thema der deutschen Frage und Europas aus.

Beharrlich kommt Egon Krenz auf die Frage der Finanzierung seiner Mitbürger zurück. In einer Note an Bonn hat er einen westdeutschen Beitrag in Höhe von vier Milliarden D-Mark gefordert. Doch Helmut Kohl spielt erneut auf Zeit: Bis zum Ende des Gesprächs macht er keinerlei Zusagen.

Berlin, Samstag, 28. Oktober 1989

Mit entschlossenem Schritt eilt Heinrich Knopf durch die verlassenen Flure des Zentralkomitees. Am Wochenende kommen nur die höchsten Amtsträger zur Arbeit. Als der Stasioberst die Etage der SED-Bezirksleitung Berlin erreicht hat, stößt er die Tür eines großen Versammlungsraumes auf. Dort trifft er neben den Verantwortlichen der Partei und den hochrangigen Vertretern der Staatssicherheit auch den Kulturminister, einen leitenden Vertreter der Künstlergewerkschaft, einen weiteren von der Journalistenvereinigung und dazu den Polizeipräsidenten. Von dieser Geheimsitzung soll das Signal zum Gegenangriff ausgehen. Hier nimmt die Rückeroberung der Macht ihren Anfang. Heinrich Knopf ist froh, zum Kreis derer zu gehören, die die sozialistische DDR retten werden.

Auf der Tagesordnung steht nur ein einziger Punkt: das Treffen zugunsten der Meinungsfreiheit, das die Leute vom Theater für Samstag, den 4. November, auf dem Alexanderplatz planen. In Übereinstimmung mit Günter Schabowski hat die Stasi beschlossen, diese Demonstration zu unterwandern und sie zugunsten der von Egon Krenz herausgestellten Wendepolitik umzudeuten. In den letzten Tagen haben die wichtigsten Statthalter Erich Mielkes ihre Strategie sorgfältig ausgearbeitet. Sie zielt darauf ab, die Oppositionsgruppen an den Rand zu drängen, damit sie aus der Versammlung keinen politischen Gewinn ziehen können. Die Stasi glaubt, mit der Mobilisierung »sympathischer« Persönlichkeiten aus der Kulturszene und mithilfe der zahlreichen Spitzel, die von der Geheimpolizei ins Theatermilieu eingeschleust worden sind, die Steuerung der Versammlung sicherstellen zu können. Es muss nur noch die endgültige Liste der Redner festgelegt werden, außerdem will man sich darauf einigen, welche Parolen die in der Menge verteilten Anhänger der SED rufen sollen.

Erich Mielke ist persönlich erschienen, um seinen ehemaligen Untergebenen General Markus Wolf dazu zu bringen, sich an die Menschenmenge zu wenden. Der frühere Chef der Gegenspionage, Kopf der gemeinsten Schläge gegen die westlichen Dienste, ist vor zwei Jahren in den Ruhestand gegangen. Er steht Moskau sehr nahe und hat im Frühjahr einen Aufsatz mit dem Titel »Die Troika« veröffentlicht, in dem er dringend zu einer Perestroika in der DDR aufruft. Allein der Name des Chefspions auf der Rednerliste hat schon einige kritische Persönlichkeiten – die von der Stasi nicht erwünscht waren – davon abgehalten, aufs Podium zu steigen. Umso besser! Außerdem hat die Geheimpolizei die Veranstalter unter Druck gesetzt, bestimmte Dissidenten nicht zu Wort kommen zu lassen. Knopf und seine Leute haben eine Liste der unerwünschten Personen erstellt. Dazu hat der Oberst seine weitreichenden Kenntnisse über die Vertreter der Opposition genutzt. Das betrifft die Talente jedes Einzelnen, die zwischen ihnen stehenden Eifersüchteleien und die Unterstützung, die die verschiedenen Führer jeweils genießen.

Vor allen anderen hat man die Künstlerin Bärbel Bohley aussortiert. Innerhalb weniger Monate hat sie sich als Ikone des Protests in Ostberlin durchgesetzt. Unablässig wird sie von der Westpresse interviewt, zitiert und abgebildet. Der Auftritt auf der Tribüne des Alexanderplatzes würde sie in den Augen der gesamten DDR zur Oppositionellen Nummer eins weihen, was wiederum ihr Neues Forum in den Status einer politischen Kraft erster Ordnung erheben würde. Als zweite unerwünschte Person gilt Wolf Biermann, einst aus der DDR abgeschoben und ausgebürgert – ihn hatten die Veranstalter ursprünglich eingeladen. Für die Stasi bleibt der Unruhestifter weiterhin ein Schreckgespenst. Die Schmähungen, die er gegen Egon Krenz am Tag von dessen Ernennung als Parteichef geäußert hat, haben nicht gerade dazu beigetragen, diese Angelegenheit beizulegen. Dafür wird die Anwesenheit einiger Persönlichkeiten der Opposition, etwa des Physikers Jens Reich, geduldet.

Der Kulturminister warnt alle: »Diese Regierung ist äußerst unbeliebt. Man kann auftreten lassen, wen man will, er wird von Anfang an ausgepfiffen werden.« Er selbst verzichtet darauf, bei der Versammlung zu sprechen, und überlässt diese Aufgabe Günter Schabowski – dieser ist, wie er glaubt, der Konfrontation besser gewachsen.

Der Polizeipräsident wiederum macht sich Sorgen wegen der zu erwartenden Zahl der Teilnehmer. Man spricht von 300 000 Menschen. Auch wenn die Partei die Demonstration unterwandert, wird sie eine solche Menschenmenge nicht kontrollieren können. In seinen Gesprächen mit den Veranstaltern hat er gefordert, eine »rote Linie« über die Spreebrücken zu legen: Der Chef der Volkspolizei will mit allen Mitteln verhindern, dass die Demonstranten den Weg über die Straße Unter den Linden einschlagen und sich der Mauer nähern.

Schließlich ist die Auswahl der Parolen an der Reihe. Eine heikle Übung mit Tendenz zur Groteske. Die höchsten Funktionäre der Stasi, der Polizei und der Partei bemühen sich um Formulierungen, die der Macht gegenüber so feindlich klingen, dass sie glaubwürdig erscheinen, aber so gemäßigt sind, dass die öffentliche Meinung sich nicht gegen Egon Krenz wendet. »Gegen sozialistischen Provinzialismus«, »Die Straße ist die Tribüne des Volkes«, »Misstrauen ist die erste Bürgerpflicht«, »Rehabilitierung der Opfer der stalinistischen Prozesse in der DDR«... Schließlich gehen die alten Tschekisten auseinander – glücklich, dass sie an das alte Konzept der Unterwanderung anknüpfen konnten.

Heinrich Knopf eilt zu seinem Wartburg. Er fährt nicht ins Büro zurück, sondern schlägt die Richtung zum Prenzlauer Berg ein, stellt den Wagen bei der Zionskirche in einer Nebenstraße ab und verschwindet in einem gesichtslosen Gebäude mit grauer, heruntergekommener Fassade. Im dritten Stock klopft er an eine Tür. Hinter dem Türspion glaubt er einen Schatten zu erkennen. Ein junger Mann im T-Shirt öffnet; der Oberst tritt in den Flur, ohne ein Wort zu sagen. Er schaut sich in allen Winkeln der Wohnung um. Agent Bauer folgt ihm überallhin. Im Hauptraum steht Agent Holzer stramm wie ein Ladestock. Die beiden Stasileute sind wie gelähmt, weil ein so wichtiger Offizier in ihrem Versteck auftaucht.

Knopf nimmt sie hartnäckig nicht zur Kenntnis. Er geht zu dem, was früher ein Schlafzimmer gewesen war und jetzt eher einem Aufnahmestudio ähnelt. Auf einem langen Tisch sind Tonbandgeräte, Steuerpult, Kopfhörer und eine Funkverbindung mit dem Hauptquartier aufgebaut. Auf einer Schreibmaschine liegt ein unfertiges Protokoll. Der vorgesetzte Offizier greift danach, überfliegt es rasch und wendet sich an seine Leute: »Ist das alles?« Holzer und Bauer haben keine Antwort. »Es interessiert mich nicht, dass bei dem Treffen gestern neun Leute im Esszimmer beisammensaßen und darüber geredet haben, die Erziehung in der DDR zu reformieren. Wenn Sie glauben, Ihre Aufgabe bestehe allein darin, sich auf einen Stuhl zu flegeln und dem Geschwätz der Etage darunter zuzuhören, haben Sie nichts begriffen. Heute ist die Staatssicherheit der DDR auf Ihren Einsatz angewiesen. Diese Leute haben regelmäßige Kontakte mit Westagenten, die sie unterstützen und finanzieren. Wir müssen wissen, wer, wann, wo und wie! Diese Feinde des Sozialismus geben sich wie Heilige; unsere Aufgabe ist es, ihr wahres Gesicht zu entlarven: vom Kapitalismus bezahlte Provokateure!«

Dann nimmt Knopf im Wohnzimmer Platz. Er befragt seine Untergebenen zu den Überwachungsmethoden. Die jungen Polizisten teilen ihm mit, was sie tagaus, tagein so tun. Routine. Abgesehen von den Aufzeichnungen unternehmen die rund um die Zionskirche eingesetzten Stasitrupps so gut wie nichts mehr gegen dieses Nest von Gegnern. Sie hätten, sagen sie, die Beschattung aufgegeben, weil ihre Gesichter bei den »Zielen« bekannt seien. Die Zahl der Leute, die zur Kirche und deren Untereinrichtungen wie etwa der Umweltbibliothek kämen und gingen, sei so groß, dass es unmöglich sei, alle zu überwachen und zu registrieren. Überdies würden jeden Tag Dutzende Westjournalisten vorbeischauen. Falls da ausländische Agenten dabei seien, die den Beruf als Tarnung nutzten, hielten sie es für unmöglich, sie ausfindig zu machen, wenn sie nicht einen Skandal in den Westmedien provozieren wollten – dort würde man wegen der Einschränkungen der Pressefreiheit aufheulen.

Heinrich Knopf lässt sich nichts vormachen. »Ihr gehört zur Staatssicherheit. Ihr seid hier, um unsere sozialistische Ordnung zu verteidigen. Allein das zählt. Im Kampf gegen unsere Feinde benötigen wir Informationen, Protokolle, materielle Beweise. Ich erwarte in kürzester Frist Ergebnisse.« Der Oberst macht sich davon, ohne die beiden versteinerten Männer auch nur zu grüßen.

Leipzig, Montag, 30. Oktober 1989

Die Angst lässt Christoph Wonneberger keine Ruhe mehr. Versetzungen, Predigtverbot, Repressalien – der Pastor hat die ganze Bandbreite der Sanktionen durch die Regierung aushalten müssen, auch wenn ihm seit dem Erfolg der Demonstration vom 9. Oktober niemand mehr etwas verbietet.

Trotzdem steht der Mann nach wie vor unter Druck. Seine Pfarrkirche, die Lukaskirche, dient den Oppositionellen Leipzigs als Basis. Dort treffen sie sich, dort drucken sie ihre Unterlagen, dort telefonieren sie. Der Pastor findet nicht einmal mehr die Zeit, die Montagsgebete zu beseelen und selbst zu demonstrieren. Eigentlich ist er fast nur noch auf dem Fahrrad unterwegs. Kreuz und quer fährt er durch die Stadt, um dieses Forum zu koordinieren oder jene Gemeinschaftssitzung zweier Gruppen in die Wege zu leiten. Christoph Wonneberger spürt das nahe Ende der SED-Tyrannei. Er versucht überall gleichzeitig zu sein, um die Zeit danach vorzubereiten, die Zukunft einer DDR, die sich von ihrem verkommenen Sozialismus befreit hat.

An diesem Morgen nimmt er sich kaum Zeit, sein Frühstück hinunterzuschlingen. Mit einer Tasse Kaffee in der Hand zieht er sich so schnell wie möglich in sein Büro in der Wohnung der Pfarrei zurück. Er hat sich geschworen, zum Wochenanfang Ordnung in das biblische Durcheinander zu bringen, das sich auf seinem Schreibtisch ausgebreitet hat. Die Post häuft sich, die aus der ganzen DDR eingetroffenen Unterlagen und Flugblätter liegen stapelweise unsortiert herum. Nachdem Christoph Wonneberger die Papiere geordnet hat, öffnet er die Umschläge und liest die aufgelaufenen Briefe. Dann greift er nach dem Stift, um zu antworten.

Ohne Vorwarnung gehorcht ihm sein rechter Arm nicht mehr. Leichenblass versucht er, seine Frau zu rufen, doch er bringt keinen Ton mehr heraus. Er ist stumm. Vor 15 Jahren hat der Pastor einen Schlaganfall erlitten. Ihm ist klar, das ist ein Rückfall. Er verlässt das Büro und hastet zu seiner Frau. Christoph Wonneberger zeigt stumm auf das Telefon, damit sie die Rettungskräfte anruft. Eine halbe Stunde später wird er von einer Ambulanz eilig ins Leipziger Park-Krankenhaus gebracht.

Abends, als Pastor Wonneberger in der Reanimation liegt, trotzen 250 000 Menschen auf dem Leipziger Ring dem Wind und dem Regen. Ein neuer Sprechchor ist zu hören: »Die Mauer muss weg!«

Moskau, Mittwoch, 1. November 1989

Die lange schwarze SIL-Limousine fährt über die Moskwa-Brücke. Gegen den grauen Himmel des Moskauer Herbstes heben sich die bunten Glühbirnen der Basilius-Kathedrale ab. Das Regierungsfahrzeug schlägt nicht die Richtung zum Erlöserturm ein, den man durchfährt, wenn man die Kremlmauer passieren will. Es biegt nach rechts ab. Als Egon Krenz am Vorabend am Flughafen Wnukowo gelandet ist, hat er erfahren, dass sein Gespräch mit Michail S. Gorbatschow nicht im Machtzentrum, sondern im Zentralkomitee der KPdSU stattfinden soll. Ein Generalsekretär empfängt einen anderen: So soll der ganzen Welt die erneuerte Bruderschaft zwischen KPdSU und SED vor Augen geführt werden.

Den Deutschen hat diese Geste kaum berührt. Er denkt noch intensiv darüber nach, was ihm ein nächtlicher Besucher gestern Abend in der Residenz des Botschafters der DDR verraten hat. Im Park, inmitten von Wind und Schneefall, aber fern von neugierigen Lauschern und Wanzen, ist er von einem hohen KGB-Offizier gewarnt worden: »Genosse Krenz, Ihre Freunde, Ihre *wahren* Freunde, möchten vermeiden, dass Sie sich dem Löwen zum Fraß vorwerfen.« Dann hat der Geheimdienstmann ihm erklärt, Gorbatschow schätze seinen Besuch in der BRD im Juni so hoch ein und habe seine Beziehung zu Kohl so intensiviert, dass die DDR in seinen Augen immer weniger zähle. »Die Sowjetunion durchlebt ihre schlimmste Krise seit der Oktoberrevolution, Genosse Krenz. Um wieder hochzukommen, brauchen wir sehr reiche Freunde. Sie verstehen? Vorsicht! Die DDR ist in großer Gefahr.«

Als der Generalsekretär der SED am nächsten Tag das Büro der sowjetischen Nummer eins betritt, ist Michail Gorbatschow von einem Dutzend Journalisten umringt. Egon Krenz, der nicht damit gerechnet hatte, auf so viele Leute zu treffen, bringt kein Wort heraus. Der Russe stürzt auf seinen neuen Partner zu, umarmt ihn und verpasst ihm herzhafte Bruderküsse.

Alle lassen sich an dem langen Konferenztisch nieder, und der sowjetische Reformer verweist zufrieden darauf, wie sehr die Dinge in Berlin sich beschleunigt hätten. Er betont, man dürfe die Stunde nicht verpassen, in der Veränderungen geboten seien, wie er anlässlich seines Besuchs Anfang Oktober schon erklärt habe. »Wir müssen vermeiden, dass Probleme zu einem Knäuel werden, das nicht mehr entwirrt werden kann.« Egon Krenz stimmt ihm zu: »Deine Worte – wer zu spät kommt, den bestraft das Leben – haben uns zum Handeln veranlasst.« Gorbatschow entgegnet ihm, er habe die DDR nicht belehren wollen, sondern habe die Sowjetunion gemeint. Mit einer Metapher schildert er den Weg, der noch zurückzulegen sei, wenn man die Ziele der Perestroika erreichen wolle: »Das Pferd ist gesattelt, aber der Ritt noch nicht vollendet.«

Nach dem Vorgeplänkel über die Vorzüge des Wandels und die Verspätung dank der konservativen Haltung Erich Honeckers gibt Egon Krenz dem Gespräch eine andere Richtung. Er gesteht Gorbatschow den katastrophalen Zustand der ostdeutschen Wirtschaft ein. Wenn er das Land wieder in den Griff bekommen wolle, benötige der neue Generalsekretär Hilfe, die rasch und großzügig kommen müsse. Krenz weiß, dass nach der Weigerung Kohls heute in Moskau für ihn viel auf dem Spiel steht: Wenn die UdSSR die DDR nicht über Wasser hält, wird sie den kommenden Winter nicht überleben. Er zeichnet seinem Gesprächspartner ein ungeschminktes Bild der finanziellen Katastrophe. Stark zurückgegangene Investitionen hätten das Wachstum abstürzen lassen. Die Ziele des Fünfjahresplans würden nicht erreicht werden. Die von Honecker so gepriesene Mikroelektronik produziere zu derart hohen Kosten, dass man sie mit drei Milliarden Mark subventionieren müsse, um wenigstens einen Anschein von Wettbewerbsfähigkeit herzustellen. Krenz betont, es seien neue Kredite notwendig, um der Verschuldung begegnen zu können. Allein die Zinsen dieser Schulden würden 62 Prozent vom Erlös der Exporte verschlingen. »Wenn wir uns nur auf die eigene Produktion verlassen würden, müssten wir den Lebensstandard um 30 Prozent senken. Das ist politisch unvorstellbar.«

Gorbatschow gesteht ihm, er kenne die Lage in der DDR dank seiner Beziehungen zur Bundesrepublik sehr genau. Egon Krenz ist bestürzt. Der Besucher gestern Abend hatte recht: Moskau und Berlin reden hinter seinem Rücken über die DDR! Der Sowjetchef ist es leid; er weicht aus und begnügt sich damit, ihm Gas- und Öllieferungen zu unveränderten Preisen zu garantieren. Er warnt ihn davor, sich an die BRD zu wenden, da dieser mächtige Nachbar ihn an sich binden könnte. »Die DDR muss so handeln, dass die Entscheidungen in Ostberlin und nicht in Bonn getroffen werden.«

Fassungslos versucht Krenz, die Situation zu nutzen. »Michail Sergejewitsch, welchen Platz gestehst du der BRD und der DDR im gemeinsamen europäischen Haus[3] zu? Die DDR ist gewissermaßen ein Kind der Sowjetunion, und die Vaterschaft über seine Kinder muss man anerkennen.« Gorbatschow denkt nach; als Antwort zitiert er ein russisches Sprichwort: »Wie lang sich die Schnur auch windet, es kommt doch ein Ende.« In seinen Notizen schreibt Egon Krenz ein großes Fragezeichen an den Rand. Als er seine Frage wiederholt, spricht der verärgerte Russe mit gewohntem Schwung weiter. Er berichtet von seinen Gesprächen mit Margaret Thatcher, François Mitterrand, Giulio Andreotti oder General Jaruzelski. Alle hätten ihm versichert, sie würden von der Existenz zweier deutscher Staaten ausgehen.

Egon Krenz stellt die Reformen bezüglich des freien Reiseverkehrs vor, die er schnell umsetzen will. Erster Punkt, die DDR werde den Einsatz von Waffen an der Grenze vermeiden. Er sei nur in Fällen legitimer Notwehr zulässig. Anschließend spricht der Deutsche das neue Reisegesetz an, das er vor Weihnachten verabschieden lassen will. Wie gegenüber Helmut Kohl gesteht er, er wisse nicht, wie das Problem der Devisen zu regeln sei, die die Bürger der DDR bei Reisen in die BRD benötigten. Mit vorgetäuschter Naivität schlägt Gor-

---

3 Um den Kalten Krieg zu beenden und die Spaltung des Kontinents in zwei Blöcke zu überwinden, hatte Michail Gorbatschow das diplomatische Konzept vom »gemeinsamen europäischen Haus« entwickelt.

batschow vor, man könne eine allmähliche Herstellung der Konvertierbarkeit der DDR-Mark ins Auge fassen …

Krenz erzählt ihm von dem Treffen, das die Künstler angeregt haben – zu diesem Anlass könnten am nächsten Samstag 500 000 Menschen zusammenkommen. Er erklärt ihm, dass Günter Schabowski auf die Tribüne steigen werde, und zählt die zehn Themen auf, die über die Parolen vermittelt werden sollen. Michail Sergejewitsch scheint weder vom Ansatz noch von der Strategie überzeugt zu sein.

»Wirst du das Neue Forum anerkennen?«

»Da ist noch nichts entschieden.«

»Bei diesen Fragen ist keine Zeit zu verlieren. Antisozialistische und kriminelle Elemente sind die eine Seite des Problems. Aber insgesamt kann man das Volk nicht als Feind betrachten. Man darf den Zeitpunkt nicht verpassen, sonst besteht die Gefahr, dass solche Bewegungen auf die andere Seite der Barrikade geraten. Die Partei darf solchen Problemen nicht ausweichen, sie muss mit diesen Kräften arbeiten.«

Moskau ist besser informiert, als Egon Krenz gedacht hatte. Und der Generalsekretär der KPdSU schlägt ihm vor, Grüppchen zu legitimieren, die er bestenfalls ignorieren und schlimmstenfalls auslöschen wollte.

Die Sowjetunion flirtet mit Bonn, scharwenzelt mit Washington und erteilt Ostberlin einen Verweis. Sie hat nicht vor, ihm auch nur eine Kopeke zukommen zu lassen! Nach vier Stunden des Zwiegesprächs hat der Generalsekretär der SED das Gefühl, den kommunistischen Boden unter den Füßen zu verlieren. Der bei dem zu seinen Ehren abgehaltenen Essen im Kreml zu jedem Trinkspruch gekippte Wodka wärmt ihn nicht. Das »Kind« der Sowjetunion erkennt für sich keinen Vater mehr.

13 Theater der Agonie

Berlin, Samstag, 4. November 1989

Je näher der Zeitpunkt des Treffens heranrückt, desto mehr steigt die Spannung in der Abteilung XX der Stasi. Man hat ein Merkblatt mit der Adresse von vier im Berliner Stadtzentrum gelegenen Tarnwohnungen an einige Hundert Agenten verteilt, die sich in die Menge mischen werden. Die Quartiere sollen als Rückzugsmöglichkeit dienen, falls die Demonstranten beschließen, den Zugang zum Ministerium für Staatssicherheit zu blockieren. In jeder dieser »konspirativen« Wohnungen stehen ein paar Offiziere in Bereitschaft, die ihre Kollegen in Empfang nehmen können. Losungswort: Blume.

Im Hauptquartier an der Normannenstraße plant man für das schlimmste denkbare Szenario. Die Nachrichten sind so besorgniserregend, dass man sich überlegt hat, das Treffen abzusagen. Doch für einen Rückzieher ist es zu spät: Die Demonstration verspricht eine der größten in der Geschichte der DDR zu werden, und alle, von der Opposition bis zu öffentlichen Organen, haben die Bevölkerung dazu ermuntert, daran teilzunehmen. Es sind zahlreiche Flugblätter im Umlauf; der *Telegraph* wie der *Morgen*, das Organ der überaus beflissenen christlich-demokratischen Partei der DDR, haben den Aufruf abgedruckt; sowohl Künstlerkreise als auch das vom Verbund der Kirchen unterstützte Neue Forum haben die Information im ganzen Land verbreitet.

Da die Verantwortlichen der Stasi seit Tagen spüren, wie ihnen das Ereignis aus der Hand gleitet, überlegen sie fieberhaft, wie sie vermeiden können, dass ihnen ihre gute Idee zur Katastrophe gerät. Sie haben ihre »Freunde« aus der Welt des Theaters und der Kunst zusammengetrommelt, um sich deren Unterstützung zu sichern. Können sie noch darauf vertrauen, dass ihre Maulwürfe diese Possenreißer mit den unvorhersehbaren Reaktionen beeinflussen können? Neue Anführer haben sich durchgesetzt, spontane Initiativen sind entstanden, gewisse Veranstalter, die mit der Regierung geliebäugelt haben, sind im Abseits gelandet. Die Schnüffler Mielkes entdecken, dass die Freiheit der Meinungsäußerung – wie Sprengstoff – heikel zu handhaben ist.

Nach den Prognosen der Ordnungskräfte sollten gegen Mittag etwa eine halbe Million Menschen auf dem Alexanderplatz versammelt sein. Ein Meer aus Menschen, das niemand kontrollieren, ja nicht einmal in Schranken halten kann. Die auf die Demonstration verteilten Agenten haben Anweisungen erhalten, die mit »angemessenen Mitteln« ausgeführt werden sollen. Erstens sind die militanten »Feinde« aufzuspüren und zu isolieren, die die Demonstration vielleicht für Provokationen nutzen wollen; zweitens sind die »positiven und vernünftigen Kräfte« zu unterstützen, um einen friedlichen Verlauf der Veranstaltung zu fördern – im Klartext, man soll den »guten« Rednern applaudieren und die Spötter zum Schweigen bringen; drittens ist dem Ordnungsdienst der Veranstalter zu helfen. Was die SED angeht, so hat sie ihre Anhänger dazu ermuntert, an dem Treffen teilzunehmen, um Egon Krenz zu unterstützen.

Obwohl der Demonstrationszug weit von der Mauer entfernt vorbeiziehen soll, hat die Stasi an den Zufahrtsstraßen

Leute postiert. Die Parteiführung wird weiterhin von der Vorstellung geplagt, die »Grenze« könne in einem Sturmangriff überwunden werden. In einem solchen Fall wird man alles tun müssen, um die Angreifer aufzuhalten. In unmittelbarer Nähe des Brandenburger Tors sind wieder bewaffnete munitionierte Grenzwachen aufgezogen.

Am Abend zuvor hat Egon Krenz in einer Fernsehansprache sein Bestes getan, um sich das Wohlwollen seiner Landsleute zu sichern. Mit einem Lächeln auf den Lippen, warmer Stimme und durchdringendem Blick hat er eine Lawine von Maßnahmen aufgezählt, wie sie die DDR seit ihrer Gründung nicht erlebt hat: Einrichtung eines Verfassungsgerichts, Verwaltungsreform, Beschränkung der Mandatsdauer, Schaffung eines Zivildienstes für Wehrdienstverweigerer aus Gewissensgründen, grundlegende Erneuerung des Wirtschaftssystems, Überprüfung der Schulpolitik ... Als Zeichen guten Willens hat er nach den Rücktritten von Harry Tisch und Margot Honecker einen Tag zuvor die Ablösung weiterer Apparatschiks angekündigt. Um die Wende glaubwürdig erscheinen zu lassen, ist eine Verjüngung, wie Gorbatschow ihm nahegelegt hat, zwingend geboten. Fünf nicht gerade unbedeutende Mitglieder des Politbüros, alte Männer, die seit Jahrzehnten im Amt sind, schicken sich an, aus dem Machtapparat auszuscheiden: Kurt Hager, verantwortlich für Ideologie, Hermann Axen, Alfred Neumann und – die Fernsehzuschauer trauten ihren Ohren nicht – Erich Mielke ... Selbst der oberste Bulle der DDR, noch dazu ein Mann Moskaus, hat sich dazu entschließen müssen, das Handtuch zu werfen.

Zum Schluss hat der Generalsekretär die Bevölkerung zur Geduld aufgefordert. »Die Dinge lassen sich nicht in ein paar Wochen und schon gar nicht in wenigen Tagen korrigieren.

Ein unüberlegtes, überstürztes Vorgehen würde mehr Unannehmlichkeiten als Vorteile nach sich ziehen.«

An diesem Samstagmorgen, als die ersten Spaziergänger am Alexanderplatz ankommen, sind Leute von der Stasi in Zivil bemüht, sie von der Teilnahme an dem Treffen abzuhalten. »Habt ihr die Rede gestern Abend gehört? Krenz hat in allen Punkten nachgegeben, demonstrieren führt zu nichts, Genossen.«

Im Innenministerium ist man nur halbherzig bei der Sache. Egon Krenz, Verteidigungsminister Heinz Kessler, Willi Stoph und Erich Mielke haben sich im Büro des Ministers Friedrich Dickel eingefunden, um sich das große Berliner Happening im Fernsehen anzuschauen. Erich Mielke ist über Nacht um 15 Jahre gealtert: der ausladende Brustkorb eingefallen, die Lider schwer, die Lippen blutleer. Man hat zwei telefonische Standleitungen zu den sowjetischen »Statthaltern« in der DDR eingerichtet. Eine verbindet sie mit dem Generalstab der Roten Armee in Wünsdorf, die andere mit dem KGB in Karlshorst. Letztere sind darauf eingestellt, in jedem Augenblick Verbindung mit Michail Sergejewitsch in Moskau aufzunehmen. Sollte sich in der Nähe der Mauer auch nur der kleinste Zwischenfall ereignen, wird der kommunistische große Bruder es unverzüglich erfahren.

Vor ihnen stehen fünf Fernsehgeräte. Auf einem läuft das Erste Programm Ostdeutschlands, dem Egon Krenz eine Direktübertragung der Demonstration erlaubt hat. Auf den anderen sind Bilder der Überwachungskameras zu sehen, die man an neuralgischen Punkten der Hauptstadt eingerichtet hat. Im Moment entdecken die fünf Parteibonzen nur einen Grund zur Beunruhigung: Ein für einen Samstagnachmittag ungewöhnlich dichter Verkehr verstopft die Straßen der Hauptstadt. Trabbis, Wartburgs, Ladas aus der gesamten DDR treffen auf den ins Zentrum führenden Verkehrsadern zusammen. Es ist noch keine neun Uhr, und für die Verantwortlichen der SED zeichnet sich ein unangenehmer Tag ab.

Am Bahnhof Friedrichstraße, dem einzigen Eisenbahn-Grenzübergang zwischen den beiden siamesischen Stadtzwillingen – einem Ort der Tränen, wo die Deutschen für einen Augenblick von mediterraner Herzlichkeit ergriffen sind, wenn sie sich im Moment des Wiedersehens oder des Abschieds weinend umarmen und küssen –, wartet der Liedermacher Wolf Biermann auf seine Abfertigung an der Grenzkontrolle. Durch ein schmales Schalterfenster reicht er einem hinter einem abblätternden Spiegel verborgenen Polizisten seinen westdeutschen Personalausweis. »Einen Moment«, sagt die gesichtslose Stimme. Auf der anderen Seite des Grenzpostens, hinter einer Schwingtür aus Spanplatten, wartet Bärbel Bohley auf den berühmtesten Dissidenten der DDR. Die Künstlerin hüpft von einem Bein auf das andere. Werden sie ihn passieren lassen? Ihr von kurzen Haaren umrahmtes jugendliches Gesicht verrät Angst. Ohne Zweifel hat die Stasi ihre schmale Gestalt in der Bahnhofshalle bereits ausgemacht. Werden sie ihm wieder einen üblen Streich spielen? Biermann, dem man 1976 seine ostdeutsche Staatsbürgerschaft entzogen hatte, ist nur einmal gestattet worden, in sein Land zurückzukehren – ans Krankenlager eines sterbenden Freundes. Mit der Einladung für ihn will das Neue Forum ein starkes Zeichen setzen; die Symbolgestalt der ostdeutschen Unterdrückung, Sohn eines in Auschwitz ermordeten kommunistischen Juden und Helden des Widerstands gegen die Nazis, ist auf dem Sprung, sein Vaterland wiederzusehen.

Bärbel Bohley ist besorgt, weil sie die rundliche Gestalt des Sängers mit dem Gallier-Schnurrbart im Strom der Reisenden nicht ausmachen kann. Jenseits der Schwingtüren gibt es keinen Einspruch gegen den Bescheid: Der Offizier hat Wolf Biermann seine Papiere zurückgegeben und ihm zu verstehen gegeben, dass ihm die Einreise in die DDR verwehrt sei. Für ihn gilt die von Egon Krenz verkündete »Wende« nicht. Dem Generalsekretär der SED verweigert man nicht ungestraft den Respekt.

»Soll das ein Scherz sein, meine Liebe? Es kommt überhaupt nicht Frage, dass Ihre Kinder heute Morgen nicht in die Schule gehen!«

Barbara wird wütend. Die Direktorin lässt nicht zu, dass Simone und Boris sie zum Alexanderplatz begleiten. Was soll's, sie wird es nicht beachten. In wenigen Augenblicken wird die größte Demonstration der DDR beginnen. Nicht eine dieser lächerlichen Paraden, mit denen die SED sich selbst feiert. Ein beispielloser Demonstrationszug, der mit einer Reihe nicht von der Macht zensierter Reden zu Ende gehen wird; eine davon wird Barbara halten, die von ihren Oppositionsgefährten auf die Rednerliste gesetzt worden ist.

In einem Zug stürzen die beiden Kinder ihren Kakao hinunter; eilig ziehen sie Mantel, Schal und Mütze an. Kommt nicht in Frage, dass sie das verpassen. Diese paar Stunden werden sie stärker prägen als die jahrelange Gehirnwäsche durch die SED in der Schule.

Auf dem Rosa-Luxemburg-Platz lassen die Leute vom Ordnungsdienst vor der Volksbühne die Gruppe »Schwarz-Rot« nicht aus den Augen. Die Veranstalter – sie tragen gelbgrün gestreifte Armbinden mit der Aufschrift »Keine Gewalt« – haben sich gegenüber den Polizeiführern verpflichtet, dass die Demonstration durch keinerlei Übertretungen gestört werden soll. Doch die rund 200 jungen Leute mit rot-schwarzen Fahnen auf dem Rasen vor dem Theater scheinen das anders zu verstehen. Einige der Anarchisten-Setzlinge haben sich vermummt – sie wollen dem Westberliner »Schwarzen Block« nacheifern, der sich auf der andere Seite der Mauer dadurch hervortut, dass er sich bei jeder Gelegenheit regelrechte Schlachten mit der Polizei liefert.

Hansi, der mit seinen revolutionären Kumpeln im Gras sitzt, schwenkt ein Transparent, auf das er einen selbst erfundenen Reim gepinselt hat: »Anarchie ist machbar, Nachbar.« Er hatte die Idee mit den Standarten, mit der die Gruppe »Schwarz-Rot« sich vom übrigen Demonstrationszug abheben soll. Vorgestern haben Sven und er meterweise billigen Stoff gekauft. Freundinnen, die bei der UB gestrandet waren, haben mit drei Nähmaschinen Hunderte Fahnen und Schals genäht. Und an diesem Morgen haben die Anarchos beschlossen, etwa 50 Meter hinter allen anderen herzumarschieren, um so ihr Misstrauen auszudrücken.

Hansi und Sven betrachten diese von allen Seiten begrüßte Demonstration seit einigen Tagen mit Argwohn. Als Bannerträger der »Oktoberrevolution« haben sie gelernt, die Machenschaften der Partei und der Stasi aufzuspüren. Und heute wittern die beiden Aktivisten undeutlich einen Versuch der Rückeroberung oder gar eine Falle, die man der Opposition stellen will. Außerdem haben ihnen die Freunde vom Neuen Forum von den Verhandlungen rund um die Rednerliste erzählt und dann den Auftritt von »Reformern« der SED angekündigt. Bei diesem Wort hat Sven gespürt, wie sein Gesicht rot anlief – in der Partei reimt sich »Reformer«

derzeit auf »Opportunist«. Sein Entschluss stand sofort fest: Seine Freunde und er werden sich nicht unter die Wendehälse mischen.

Emma ist mit der Familie zur Karl-Liebknecht-Straße gekommen. Petra, eingemummelt im Kinderwagen, erkennt in der Menge nur die Gesichter ihrer Eltern und ihrer großen Brüder Jürgen und Bastian. Die vielen Unbekannten, dazu diese ungewohnte Aufregung – all das verstört das kaum ein Jahr alte Mädchen, und Emma muss sie einige Male auf den Arm nehmen, um sie zu beruhigen.

Unter einem langen Transparent mit der Aufschrift »98,85 Prozent! Wer einmal lügt, dem glaubt man nicht!« sind sie auf Nachbarn und Freunde getroffen, und mit einem Glas Schaumwein stoßen sie auf künftige Freiheiten an – nicht ohne ab und zu feindselige Sprechchöre gegen den Bürgerkundeunterricht an den Schulen und die ideologische Indoktrination schon in den Klassen der Kleinsten zu rufen.

Als sie am Palast der Republik vorbeiziehen, bemerkt Emma einen kräftigen Mann mit etwas gelichtetem Haar, der eine Brille mit rechteckigen Gläsern trägt. Sie traut ihren Augen nicht und zupft einen der Nachbarn in der Demo am Ärmel, der ihren ersten Eindruck bestätigt: Ja, das ist er wirklich! Kein Zweifel, es ist Markus Wolf. Der ehemalige Chef der Gegenspionage, intimer Freund des KGB und ein Ratgeber, auf den Erich Mielke gehört hat, demonstriert für die Meinungsfreiheit. Emma möchte sich fast kneifen, um sicherzustellen, dass sie nicht träumt. Sie dreht sich zu ihrem Mann Michael um, der ihr zerstreut zuhört: »Markus Wolf, der Januskopf der Partei! Die sind wirklich zu allem entschlossen, um die Opposition zurückzugewinnen.«

Das Kreischen der Bremsen verhallt unter der Glaskuppel des Bahnhofs Alexanderplatz. Martin und Werner, die am frühen Morgen in Leipzig aufgebrochen sind, springen auf den Bahnsteig. Sie wollen in allen Einzelheiten über das Ereignis berichten, weshalb jeder einen Fotoapparat mitgenommen hat. Martin seine vorsintflutliche Contax, Werner hat sich eine Beirette besorgt.

Auf der Treppe fragt Martin sich immer noch, ob wirklich viele Berliner kommen und ob sie den gleichen Mut zeigen werden wie die Menschen in Leipzig. Er hat da so seine Zweifel. In der Hauptstadt leben all die Funktionäre, Apparatschiks und Angestellten der Partei. Sie verkörpern die Macht. Warum sollten die Kurtisanen und Lakaien des Politbüros den Palast in Brand stecken? Schon die Vorstellung, die Demonstration sei »genehmigt«, kommt ihm grotesk vor. In Leipzig haben sie die Straße in Besitz genommen, ohne jemand um Erlaubnis zu fragen.

Draußen auf der Straße treffen Martin und Werner Demonstranten, die Blumen dabeihaben und jedem uniformierten Polizisten eine anbieten. Die beiden Leipziger sehen einander an und fangen zu lachen an. »Glaubst du, die wollen um ihre Hand anhalten?«

»Ich bin einfach zu gutmütig«, sagt Vera mit zusammengebissenen Zähnen, während sie zusieht, wie Stefan und Lukas, drei und sieben Jahre alt, hingebungsvoll aufeinander eindreschen. Es sind die Söhne einer Freundin, die sie schon vor ein paar Wochen gebeten hat, den ganzen Tag auf sie aufzupassen. Die junge Regierungsgegnerin hilft gern mal aus, doch jetzt, mit der Demo am Alexanderplatz, grenzt das schon an Selbstverleugnung. Alle ihre Freunde sind auf der Straße, und Vera brennt darauf, sich ihnen anzuschließen.

Aber hat sie das Recht, die Kinder einer anderen zu einer solchen Veranstaltung mitzunehmen? Ein Demonstrationszug, an dem Parteimitglieder und Künstler teilnehmen, kann doch nicht ausarten, das ist einfach nicht möglich, sagt sie sich noch einmal. Vera knickt ein.

Sie zieht die beiden Knaben an, setzt Stefan in den Kinderwagen, packt entschlossen die kleine behandschuhte Hand von Lukas und verschwindet in Richtung Karl-Liebknecht-Straße. Aus Sorge um die Gören geht sie den Leuten von »Schwarz-Rot« vorsichtshalber aus dem Weg. Vera bewundert Hansi und seine Kumpel; ihren unbesonnenen Radikalismus, ihre Lust, sich mit der Polizei anzulegen oder gar Konflikte zu suchen, sieht sie jedoch mit Argwohn.

Sie hat vor, sich unterwegs in die Demo einzureihen. Doch obwohl die erste Gruppe des Umzugs schon vor mehr als einer halben Stunde abmarschiert ist, warten immer noch Demonstranten darauf, dass sie sich in Bewegung setzen können. Vera und die beiden Jungen schließen sich der Demonstration an und kommen irgendwann mit kleinen Schritten voran. Der Anblick dieser bunten Menschenmenge, deren Ende sich dem Blick entzieht, macht sie schwindlig. Man könnte glauben, die ganze DDR sei auf die Straße gegangen. Junge, Alte, Angestellte, Arbeiter, Intellektuelle, Professoren, Studenten, Funktionäre, Künstler, Pastoren, Atheisten, Gammler, Sachsen, Brandenburger, Thüringer – alle sind sie dem Aufruf gefolgt.

Lukas, den diese Menschenflut ein wenig ängstlich macht, klammert sich an den Parka seiner Babysitterin. Vera tätschelt ihm den Kopf, um ihn zu beruhigen. »Du musst keine Angst haben. Die schreien viel rum, aber sie sind nicht böse, das geht schon.« Sie schaut in die Runde, beobachtet die Demonstranten, hört Gesprächsfetzen. Diese Demonstration ist anders als alle, die sie bisher erlebt hat. Neben ihr debattiert eine kleine Männergruppe mit Harzer Dialekt – Bergarbeiter, die in Bleicherode Kali abbauen.

»Ihr kommt ja von weit her, sagt mal«, spricht Vera sie an.

»Käme nicht in Frage, das hier zu verpassen«, erwidert ein stämmiger Typ mit schwieligen Händen. »Wir sind an die 30 Leute, wir sind frühmorgens mit einem Bus vom Bergwerk losgefahren. Ohne Genehmigung!«

»Dabei vergöttert die Partei die Bergleute… Ihr seid die Lieblingsarbeiter des Sozialismus, die Vorbilder.«

»Wenn sie uns so gern haben, warum schuften wir dann unter so beschissenen und gefährlichen Bedingungen? Wir haben bloß alte Ausrüstung. Die Wasserleitungen sind leck, wir arbeiten mit den Füßen im Wasser. Dauernd werden die Kumpel krank. Und das Bergwerk verschmutzt die Flüsse so sehr, dass wir im Gemüsegarten nichts mehr anbauen können. Das muss man sich mal vorstellen! So kann es nicht weitergehen!«

Ein Rentnerpaar aus Berlin, das früher an der Charité gearbeitet hatte, nickt bei den Worten des Bergmanns. Sie hätten sich nie vorstellen können, eines Tages zu demonstrieren. Am 17. Juni 1953 haben sie gesehen, wie die Rote Armee den Aufstand der Bauarbeiter niederschlug. Auf den Straßen wurden die Demonstranten von den Kugeln niedergestreckt. Als normale Passanten sind sie davongelaufen, um nicht von Vopos festgenommen zu werden, die wahllos Protestierende und Spaziergänger verhaftet haben. Der reine Terror. 36 Jahre später finden sie sich auf der Straße wieder, um die Privilegien anzuprangern.

»In den Regalen gibt es nichts als Plunder von schlechter Qualität«, sagt die Dame zu Vera. »Selbst die Polen wollen das nicht haben! Und das, wo die Eliten der SED eigene

Kaufhäuser haben, wo sie Westwaren kaufen. Noch nicht mal mit Devisen. Die Parteifunktionäre arbeiten nur halb so viel wie die anderen, haben aber den ganzen Komfort für sich.«

»Mein Schwager in Sachsen-Anhalt«, schiebt ihr Mann nach, »hat mir erzählt, dass der dortige Bezirkssekretär der Partei sich im Wald eine Jagdhütte hat bauen lassen. Da lädt er dann all seine Freunde ein, und sie veranstalten Orgien. Die fressen und saufen, das Übrige will ich Ihnen gar nicht erzählen. Das Ganze im Namen der sozialistischen Ideale. Und wo hat er das Geld her, frage ich Sie?«

Vera freut sich, dass der Demonstrationszug zum Volkstribunal wird. Jeder lässt seine Wut heraus, schimpft auf die Lasterhaftigkeit der Regierung, schreit heraus, was er sich für morgen erwartet. Für einen Moment schließt sie die Augen, um die wütenden Sprechchöre der Straße besser genießen zu können. Vera ist im siebten Himmel: Endlich hört sie, was sie seit Wochen im Untergrund gedruckt hat. Die Gespräche im Untergeschoss der UB werden heute in aller Öffentlichkeit geführt.

»Großmutter, warum hast du so große Zähne?« Im Krisenstab fällt es den um Egon Krenz versammelten Ministern schwer, ein Lächeln zu unterdrücken. Eben bringt ein Kameramann die Transparente in Naheinstellung, und das humorvolle Plakat ist voll im Bild. Der Generalsekretär der SED ist als der Wolf aus Rotkäppchen dargestellt – im Bett und mit einem weißen Häubchen auf dem Kopf.

Krenz tut so, als sei er darüber erhaben: »Das ist doch ganz normal, dass man uns angreift. Die Leute reagieren sich ab. Der Kessel steht seit Jahren unter Druck, und jetzt ist der Deckel angehoben worden. Das Politbüro, die Regierung und ich persönlich, wir müssen die Last all der in den letzten Jahren begangenen Fehler tragen.«

Vor Beginn der Sitzung hat Egon Krenz Willi Stoph beiseitegenommen. Sie haben sich untereinander geeinigt: In zwei Tagen, am 6. November, wird der Vorsitzende des Ministerrats gegenüber Krenz seinen und den Rücktritt seiner Regierung bekannt geben. Bei ihrem Treffen in Moskau hat Michail Gorbatschow seine Zustimmung signalisiert. Er hat die Verjüngung bei den Kadern gebilligt, doch er hat seinen Amtskollegen auch gebeten, den Abschied Stophs mit Fingerspitzengefühl zu gestalten. Er hat ihn daran erinnert, welche Demütigungen der Regierungschef erdulden musste und vor welchen Problemen er stand, als er mehrfach versuchte, sich Honecker zu widersetzen. Also hat Gorbatschow Krenz gebeten, Stoph im Politbüro zu halten.

Der Generalsekretär gibt sich bedeutungsschwer.

»Willi, ich würde gern mit dir über deine Zukunft und die Auswahl deines Nachfolgers reden. Du weißt, ich werde nie vergessen, dass du es warst, der im Politbüro die Debatte über unsere Fehler angestoßen hat. Ohne dich hätten wir es nicht geschafft, Erich abzulösen. Morgen trittst du als Vorsitzender des Ministerrats zurück, aber ich möchte, dass du im Politbüro bleibst. Du solltest wissen, dass Michail Sergejewitsch der gleichen Meinung ist.«

»Danke, Egon. Ich werde darüber nachdenken.«

»Ich habe vor, Hans Modrow als deinen Nachfolger zu nominieren.«

»Hast du dir das gut überlegt?«

»Ja. Wir kennen uns seit der Kommunistischen Jugend. Er hat bereits Erfahrungen in der Außenpolitik gesammelt und ein Diplom in Wirtschaftswissenschaft. Vielleicht erscheint er ein wenig spröde, als wolle er nichts nach außen durchdringen lassen, doch ich glaube, er ist wie für diese Aufgabe gemacht.«

Willi Stoph kann nur schwer akzeptieren, dass er auf dem Altar der Erneuerung geopfert werden soll. Als unermüdlicher Gegenspieler Erich Honeckers hat er in Berlin und beim Kreml seit Jahren auf seinen Sturz hingearbeitet. Doch nach kaum zwei Wochen wirft man ihn jetzt in denselben Topf wie die jeder Veränderung abholden Greise des Politbüros – er selbst ist 75. Nachdem er diese Kröte geschluckt hat, legt er dennoch Wert darauf, sein Misstrauen gegenüber seinem Nachfolger deutlich zu machen. Nach Willi Stophs Ansicht ist Modrow ein verschlagener und ehrgeiziger Mann, dem es gelungen ist, auf den Zug der Perestroika aufzuspringen, was ihm die Gunst von Gorbatschow eingebracht hat. Stoph nutzt die Gelegenheit, seinen Ärger loszuwerden und Egon Krenz zu warnen.

»Du hast Modrow zu Recht ausgesucht. Aber er ist eingebildet. Ich glaube, in Wahrheit hat er den Ehrgeiz, Generalsekretär zu werden.«

Als sie wieder im Büro sind, sehen sie auf den Bildschirmen Ansichten vom Alexanderplatz, der von Menschen überquillt. Die Menge reicht bis in die Zufahrtsstraßen hinein. Voller Angst hatten Mielkes Männer einen Aufmarsch von 500 000 Personen vorhergesagt. Nun sind es fast doppelt so viele.

So etwas hat Berlin noch nicht erlebt, nicht einmal vor der Gründung der DDR. Als der Regisseur die Spruchbänder und Transparente einfängt, kommen sie den Chefs der SED noch subversiver vor. »Freie Wahlen sofort!«, »Kein Machtmonopol für die SED!«, »Glaube nur den Zahlen, die du selbst gefälscht hast!«.

Als die Gruppe »Schwarz-Rot« den Platz erreicht, ist die von der aus Stahl und Glas konstruierten Kugel des Fernsehturms beherrschte Fläche von einer dichten Menschenmenge erfüllt, aus der Spruchbänder und Transparente aufragen.

Seit sie am Palast der Republik vorbeigekommen sind, ist Hansi unaufhörlich am Motzen. Mit Unterstützung der radikalsten Gruppenmitglieder hat er alles versucht, um seine vermummten Freunde dazu zu bringen, die Polizeiabsperrung zu durchbrechen und in die Straße Unter den Linden und Richtung Brandenburger Tor vorzudringen. »Auf geht's, Jungs, diese Demo ist zum Sterben langweilig. Das ist alles zu ruhig, zu freundlich. Da muss was passieren. Die Absperrung ist leicht zu überwinden, das garantiere ich euch.« Seine älteren Kameraden hatten alle Mühe gehabt, Hansi und seine Freunde zu bändigen.

In einiger Entfernung von der Tribüne, wo die ersten Redner ihren Auftritt vorbereiten, hat sich die Gruppe »Schwarz-Rot« nun vor dem »Haus des Lehrers« aufgestellt. Dessen Fassade wird von einem monumentalen Bildfries geziert – einem Meisterwerk des Sozialistischen Realismus. Dort stehen drei Fahnenmasten. Hansi und Sven befestigen rotschwarze Fahnen an den Seilen und ziehen sie ganz nach oben, als befänden sie sich im Hof der UB.

Ihr Verhalten bleibt nicht unbemerkt. Ebenso ihr Aufzug. Leute kommen näher und beschimpfen sie. »Gammler! Vandalen!« Die Vermummten sehen sich angegangen: »Zeigt euer Gesicht!« Einer von den Leuten, die ihnen Belehrungen erteilen, trägt am Jackenaufschlag einen ovalen Button, der eine Faust vor roter Flagge zeigt – das Parteiabzeichen der SED, »Bonbon« genannt und allein den Mitgliedern vorbehalten. »Mach lieber deinen Spezis von der Stasi Vorhaltungen!«, wirft Sven ihm an den Kopf.

Ausnahmsweise mischt Hansi sich nicht ein. Er wirkt wie erstarrt, weil er glaubt, ein Gespenst gesehen zu haben. Ein paar Schritte entfernt wartet ein Mann um die Sechzig mit Rundschädel und rötlichen Backen geduldig darauf, dass mit den Reden begonnen wird. Das Gesicht von Richter Külz, der ihn in den Knast geschickt hat, wird Hansi nie vergessen. Der hat ihm gerade noch gefehlt, damit die Farce wirklich losgehen kann.

Der Richter ist zusammen mit Gerichtsbeamten und anderen SED-Mitgliedern gekommen. Sie diskutieren, lachen, stimmen in die von der Menge gerufenen Sprechchöre »Wir sind das Volk!« ein. Einer ihrer Kollegen stößt mit einer Tasche voller Bierflaschen zu ihnen. Richter Külz öffnet ein Wernesgrüner und stößt mit den anderen geräuschvoll an. Hansi ist angewidert – fast kommt er sich wie bei einer sozialistischen Maifeier vor.

Als Initiatoren der Demonstration sprechen die Theaterleute als Erste zu der versammelten Menschenmenge. Der Schauspieler Ulrich Mühe, Mitglied im Ensemble des berühmten Deutschen Theaters, spricht von der unermesslichen Freude, in der die vielen Hunderttausend Deutschen vor ihm vereint sind, und ruft: »Wunderbar!«

Entgegen den Erwartungen der Normannenstraße kommen die Veranstalter den Vertretern der Macht kein bisschen entgegen. Als wollten sie das Publikum anheizen, ehe Markus Wolf das Wort ergreift, bitten sie Kurt Demmler auf die Bühne. Der Rock-Rebell bereitet der Stasi schon seit Jahren Probleme. Jetzt begleitet er sich selbst auf der Gitarre und stimmt den Song »Irgendeiner ist immer dabei« an. Das Lied stichelt gegen die Allgegenwart der Regierungspolizisten. Die Menge feiert ihn begeistert, und als der Stasigeneral im

Ruhestand auftritt, buht man ihn aus. Seine Worte gehen im allgemeinen Lärm unter. Stoisch hält der »Held des sozialistischen Vaterlands« zehn Minuten lang die Stellung. Er nimmt die Mitarbeiter der Staatssicherheit in Schutz, man dürfe aus ihnen nicht die Prügelknaben der Nation machen. Der Krach nimmt wieder gewaltig zu. Als er das Land auffordert, die »einmalige Chance«, Sozialismus und Demokratie zu versöhnen, nicht vorübergehen zu lassen, hört ihm niemand mehr zu.

Eine halbe Stunde später springt Günter Schabowski im blauen Regenmantel in die Höhle des Löwen. Als er das Podium betritt, wird ihm ein schrecklicher Empfang zuteil. Kaum sagt er ein paar Worte, geht seine Stimme in lauten Missfallensbekundungen unter. Die Leute pfeifen, verhöhnen und beleidigen ihn. »Das reicht! Schnauze! Raus!« Einige von den Veranstaltern versuchen vergeblich, die Menge zum Schweigen zu bringen. Sie beschwören sie, den Redner sprechen zu lassen – schließlich fordert man mit der Demonstration das Recht auf freie Meinungsäußerung »für alle«. Günter Schabowski setzt erneut an. Er versucht sich durchzusetzen, hebt die Stimme, wedelt heftig mit den Armen. Wie eine Sturmbö, die ihm voll ins Gesicht fährt und ihn vom Podium fegt, schwillt das Geschrei auf doppelte Lautstärke an. »Aufhören!«, brüllen Tausende Demonstranten. Schabowski gibt auf. Vollkommen fassungslos, mit aschfahlem Gesicht und hängenden Schultern dreht er sich um und steigt vom Podium.

Barbara wird es nie bis aufs Podium schaffen. Sie ist zu höflich und ein wenig eingeschüchtert, und so hat sie eingewilligt, ihren Platz auf der Rednerliste abzugeben und ein paar Ränge nach hinten zu rutschen. Kurz darauf kommt einer der Veranstalter zu ihr und erklärt verlegen, man habe schon mehr als 25 Redner durch, die Leute würden seit drei Stunden zuhören und es sei leider an der Zeit, die Veranstaltung zu Ende zu bringen.

Als sie frustriert und ein wenig beschämt nach Hause kommt, findet sie die Kinder vor, die der Vater früh am Nachmittag zurückgebracht hat. Voller Stolz zeigt Simona ihrer Mama ein Blatt Papier: Sie hat einen bunten, mit Spruchbändern gespickten Demonstrationszug gezeichnet.

Ein fürchterliches Fiasko! Egon Krenz muss sich dem Offensichtlichen stellen, das ihn niederdrückt: Aus der Demonstration ist eine Pleite geworden, die subtilen Machenschaften der Stasi haben sich in ein Desaster verwandelt. Die zu dem Treffen eingeteilten Genossen der SED sind einfach untergegangen, die Befürworter der neuen Parteilinie sind verhöhnt und die »gemäßigten« Parolen überhört worden. Und das Staatsfernsehen hat das ganze Debakel direkt übertragen. Mehr als eine Million Menschen auf der Straße, und der Rest der DDR vor den Bildschirmen.

In dem riesigen Büro, das er seit gerade mal 17 Tagen belegt, geht er allein auf und ab. Um ihn herum bricht alles zusammen. Was am Vortag noch stand, stürzt am folgenden Tag ein. Ist der Sozialismus in der DDR noch zu reformieren? Was wird daraus werden? Auf die Fragen, die ihn umtreiben, findet Egon Krenz keine Antworten.

Ohne Vorankündigung ruft er die Mitglieder des Politbüros ein, die sich an diesem Samstag in Berlin befinden. Jeder berichtet seine Eindrücke von der Demonstration, jeder ist bemüht, etwas Positives daran zu finden, ein Zeichen der Hoffnung daraus abzulesen. Die vom Gewittersturm erfassten Apparatschiks klammern sich an die letzten Zweige. Zwar seien die Proteste heftig gewesen, stellen sie fest, aber immerhin habe keiner der Redner die Wiedereinführung des Kapitalismus gefordert. Uff!

Als sie wieder gegangen sind, verfasst Egon Krenz ein Telegramm an alle Ersten Bezirkssekretäre der Partei:

»Es gab keine Alternative zu dieser Demonstration, wenn wir dem vom Zentralkomitee beschlossenen Grundsatz treu bleiben wollten, demzufolge den derzeit ablaufenden Vorgängen nur mit politischen Mitteln nachzugehen ist. Deshalb sind wir übereingekommen, eine Zusammenarbeit der Veranstalter des Treffens mit der Volkspolizei einzurichten. Dank ihres Einsatzes sind gewaltsame Zusammenstöße vermieden worden, und die Versammlung ist friedlich zu Ende gegangen. Das spielt eine Rolle für die Stimmung im Land«.

Großmutter, wo sind deine großen Zähne hingeraten?

Hansi hat den Alexanderplatz schon vor dem Ende der Versammlung verlassen. Auch er hat das Gefühl, als Verlierer vom Platz zu gehen. Die Anarchie, seine Träume von einem herrschaftsfreien Sozialismus, all das wird nicht realisiert werden. »Hast du diese Spießer mit den freudig erregten Gesichtern gesehen? Wie eine Hammelherde! Kleinbürger beim Saufen!«, sagt er zu Sven. Immerhin hat er nicht vollkommen verloren: Annette ist wieder in Berlin! Am Ende der Versammlung trifft er sie, und ein wenig gerührt drückt er sie an sich. Sie hat Halle an diesem Morgen verlassen, teils um in Berlin zu demonstrieren, aber vor allem, um diesen mageren Hansi wiederzusehen. Arm in Arm schlendern sie durch die Prenzlauer Allee. Der junge Mann lässt noch einmal den Film des Tages vor seinem inneren Auge ablaufen. Die »Schwarz-Roten«, wie sie ganz klein werden, der dicke

Richter Külz mit seinem Bier, Markus Wolf auf dem Podium als Freund des Volkes, die Parteimacker, wie sie der Opposition aus Leibeskräften applaudieren. Die ganze DDR versinkt in einem laschen Konsens. Man hat keine Feinde mehr, alle mögen einander.

Bakunin hätte es mit Abscheu gesehen.

Angewidert schaltet Heinrich Knopf den Fernseher aus. Heute ist die DDR gestorben, seine DDR, der er seit Jahrzehnten seine ganze Energie gewidmet hat – zu Grabe getragen von einer Million Totengräbern. Ohne Blumen, ohne Kränze.

Auf dem Bildschirm hat er so viele Gesichter wiedererkannt. Natürlich die der Regierungsgegner, die er im Lauf der Jahre im Gedächtnis gespeichert hat. Denen nimmt er es jedoch weniger übel als anderen, den treulosen Tomaten, den wetterwendischen Parteigenossen und ihren Weggefährten. Er hat Apparatschiks ausgemacht, die mit Begeisterung dabei waren, ganze Bataillone von »Deserteuren« aus Pankow, wo die Partei ihre ergebenen Diener in staatlichen Wohnungen aus goldenen Bismarck-Zeiten unterbringt. Sogar einen seiner früheren Stellvertreter, den man auf einen wichtigen Posten in Dresden versetzt hatte, hat er entdeckt.

Und dann hat er gesehen und gehört, wie die Schriftsteller, die Künstler, die Schauspieler auf das System gespuckt haben. Die Stasi hat dabei mächtig eins auf den Deckel gekriegt. Das Letzte! Er hat große Lust, sich ein paar der auf den Regalen seines Stahlschranks aufgereihten Akten herauszugreifen und der Öffentlichkeit den Inhalt zu verraten. Diese Schöngeister, diese Tugendbolde vom Alexanderplatz, diese Moralisten der letzten Stunde, sie haben die Stasi nicht immer so abstoßend gefunden. Sie bot einigen von ihnen eine bequeme Möglichkeit, im Austausch gegen kleine Hilfsdienste die eigene Karriere zu fördern. Die »Folterer«, die »Henker«, die »Mörder« – all diese Beleidigungen hat man der Staatssicherheit entgegengebrüllt – haben manchmal auch die gute Fee gespielt. Und das war nun der Dank dafür.

Der Opportunismus, die Feigheit, der Defätismus ekeln Oberst Knopf an. Er hat das Gefühl, in einem Meer der Niedertracht zu schwimmen. All das wegen Gorbatschow. Er, Knopf, der sich einen unerschütterlichen Glauben in dieses von der UdSSR protegierte sozialistische Deutschland erhalten hat, entdeckt jetzt, was der Kreml wirklich vorhat: Wenn der Sowjetführer die DDR fallen gelassen hat, so deshalb, weil er sie an Kohl verkauft hat.

30 Jahre bei der Stasi, und dann nimmt die Geschichte einen solchen Ausgang! An diesem Abend wird Heinrich Knopf früh nach Hause gehen.

14 Einladung zum Reisen

Berlin, Montag, 6. November 1989

In die Morgenzeitungen vertieft, sucht Egon Krenz nach dem Desaster der Samstagsdemonstration Gründe, die Hoffnung geben könnten. Es ist unbedingt erforderlich, dass er die Dinge wieder in den Griff bekommt, dass er seine Versprechungen einlöst und den Kurs des Wandels beibehält. Die Ankündigung des Gesetzes über Auslandsreisen steht, wie er verlangt hat, als Aufmacher auf den Titelseiten aller Tageszeitungen. Das ist doch etwas, um die Skeptiker ruhigzustellen, sagt er sich. Doch er selbst, mit Knoten im Bauch und leerem Blick, ist davon allenfalls zur Hälfte überzeugt. Er denkt noch einmal an den Besuch Schabowskis am Vortag. Sein Komplize vom Politbüro war zu ihm gekommen, nachdem er sich mit dem Anwalt Gregor Gysi beraten hatte:

»Ich bin beunruhigt, Egon. Gysi findet, das Gesetzesvorhaben sieht zu viele bürokratische Hindernisse vor. Er sagt, die Leute werden nicht darauf hereinfallen ... und ich glaube, er hat recht. Nehmen wir uns die Zeit, den Text noch einmal zu überarbeiten, ehe wir ihn übereilt veröffentlichen.«

»Du weißt genau, dass ich dieses Gesetz letzten Freitag im Fernsehen angekündigt habe«, hatte Krenz erwidert. »Jeder Aufschub wird neuen Wirbel verursachen, und das fürchtest du genauso wie ich. Dieses Vorhaben ist nicht in Stein gemeißelt. Es ist lediglich eine Diskussionsgrundlage. Nichts hält deinen Advokaten davon ab, seine Vorschläge öffentlich bekannt zu geben. Das wäre übrigens zweifellos besser ...«

Später am Nachmittag ärgert Egon Krenz sich schwarz, weil er die Folgen seines Handelns nicht richtig abgeschätzt hat – eine halbe Million Leipziger trotzt der Kälte und dem Regen und schreit »Visafrei bis Shanghai!« und »In 30 Tagen um die Welt – ohne Geld!« ...

Mit drei Regelungen des Gesetzesvorhabens ist es gelungen, die Lunte anzuzünden: Beschränkung der Auslandsaufenthalte auf 30 Tage jährlich, zwingend vorgeschriebenes Ausreisevisum und eine Deckelung des Währungsumtauschs auf einmalig 15 DDR-Mark gegen 15 D-Mark harten Westgelds pro Jahr. Dieser letzte Punkt kommt besonders schlecht an: Die Demonstranten haben den Eindruck, Opfer eines gewaltigen Betrugs zu sein. »Keine Reise ohne Geld!«, schreien sie stundenlang. Nach den Pfiffen vom Alexanderplatz, deren Echo ihn seit 48 Stunden verfolgt, ist der Generalsekretär angesichts dieses weiteren Fiaskos völlig niedergeschlagen.

Als er nach einem Empfang bei der sowjetischen Botschaft wieder zu Hause ist, klammert er sich an eine schwache Hoffnung: Vielleicht ist Bonn einverstanden, ihm ein wenig zu helfen? Der Bericht von Alexander Schalck-Golodkowski, den Ostdeutschland ins Kanzleramt gesandt hatte, um Devisen für die künftigen ostdeutschen Touristen (die DDR rechnet mit 12 bis 13 Millionen Reisen jährlich) lockerzumachen, liegt auf der Ablage in seiner Diele.

Wieder einmal hat das Gespräch keinen Erfolg gebracht. Die Demo vom 4. November hat die Regierung Kohl in ihrer abwartenden Haltung bestärkt. Rudolf Seiters hat es sehr deutlich ausgedrückt: »Der Bundestag würde es nicht verstehen, warum man der DDR zu Hilfe eilen sollte.« Schlimmer noch, er hat zu verstehen gegeben, die Bundesregierung werde gar nichts mehr unternehmen, solange Krenz sich weigere, die Oppositionsbewegungen »öffentlich« anzuerkennen und zu freien Wahlen aufzurufen. »Aber das ist doch reine Erpressung!«, klagt konsterniert der Generalsekretär der SED.

Berlin, Dienstag, 7. November 1989

Als der Generalsekretär pünktlich um neun Uhr im Politbüro ankommt, haben alle anderen Mitglieder schon Platz genommen. Sie wollen dringend darüber diskutieren, welche Kandidaten dem Zentralkomitee als Ersatz für die Ausgeschiedenen vorgeschlagen werden sollen. Egon Krenz ergänzt die Tagesordnung um einen Punkt, der seiner Ansicht nach viel dringlicher ist: Es muss ein neuer Text zur Genehmigung von Auslandsreisen verfasst werden. Er weiß, dass er seine Version schnellstmöglich überarbeiten muss. Da die Staatskasse leer ist, bleibt dies die einzige Maßnahme, mit der er die Bevölkerung unmittelbar beruhigen kann. Aus der neuen Version soll nun das gestrichen werden, was die Straße am Vortag missbilligt hat, und vor allem soll sie nicht mehr in Form eines Gesetzes, sondern als Verordnung verwirklicht werden – so geht keine Zeit damit verloren, dass die Volkskammer sie verabschieden muss. Vor den Genossen dieses Gremiums kann der Generalsekretär jedoch nicht zugeben, dass er auf Druck der Straße handelt ... Mit ernstem Ausdruck erhebt er sich und ergreift das Wort:

»Genossen, Miloš Jakeš[1] hat mich gestern angerufen, um

1 Vorsitzender der KP der Tschechoslowakei.

mir seine Besorgnis angesichts der seit einer Woche stattfindenden massenhaften Einreise unserer Landsleute in sein Land mitzuteilen. Stellt euch vor, er denkt sogar daran, die Grenze zu schließen, falls wir nichts unternehmen! Ich habe ihm gesagt, dass daran nicht zu denken ist; wir können nicht noch eine Grenze dichtmachen!«

Seit dem Sommer ist die Tschechoslowakei in der Tat zum Sammelbecken der ostdeutschen Flüchtlinge geworden. Sie richten sich auf dem Gelände der Botschaft der BRD ein, bis sie in die Bundesrepublik ausreisen dürfen. Am 30. September hatte Honecker nach Verhandlungen mit Bonn sich damit einverstanden erklärt, die 4000 in den Park der diplomatischen Vertretung geflüchteten Ostdeutschen in die BRD zu lassen. Am 3. Oktober hatte der greise Generalsekretär die Grenze schließen lassen: Ein zweites Mal würde man ihn nicht demütigen. Am 1. November hatte Egon Krenz sie wieder geöffnet, um sich von seinem Vorgänger abzuheben. Doch zwei Tage darauf kampierten unter den Fenstern des Botschafters schon wieder 6000 Menschen. Und kaum hatte Ostberlin ihnen gestattet, in die BRD auszureisen, kamen immer mehr Flüchtlinge nach. Am letzten Wochenende waren nicht weniger als 23 200 Deutsche nach Prag gelangt! Ein Fass ohne Boden.

Die Frage spaltet das Politbüro, und so kommt es zu einer hitzigen Debatte – auf der einen Seite die Hardliner mit der Forderung, die Grenze erneut zu schließen, auf der anderen Seite jene, die dringend auf einer Liberalisierung der Ausreise bestehen. Krenz, den das unvorbereitet trifft, hat nur einen Wunsch: Er will zu einer Entscheidung kommen. Auf den genauen Inhalt kommt es nicht so sehr an, entscheidend ist in seinen Augen, so schnell wie möglich eine Ankündigung vorzulegen. Mangels klarer politischer Ausrichtung bringt die Auseinandersetzung einen spitzfindigen und zweideutigen Text hervor, dessen vier unklar formulierte Punkte kein Problem lösen:

1. *Genosse Fischer soll dem Zentralkomitee der SED in Abstimmung mit den Genossen Dickel und Mielke einen Vorschlag unterbreiten, wie der die endgültige Ausreise berührende Teil des Reisegesetzes durch eine sofort in Kraft tretende Verordnung zu ersetzen ist;*
2. *Genosse Fischer informiert den Botschafter der UdSSR, Genossen Kotschemassow, und die tschechoslowakische Seite über unseren Vorschlag und den Standpunkt des Politbüros. Gleichzeitig müssen Beratungen mit der BRD stattfinden.*
3. *In den Medien ist in der Weise vorzugehen, dass die Bürger der DDR aufzufordern sind, ihr Land nicht zu verlassen. Man soll über jene berichten, die zurückgekehrt sind. Verantwortlich: G. Schabowski.*
4. *Genosse Schabowski wird damit beauftragt, dieses Problem mit den Blockparteien zu erörtern, damit ein gemeinsamer Standpunkt erreicht wird.*

Wjatscheslaw Kotschemassow stürmt in sein Büro. Er setzt sich, bemüht sich, wieder zu Atem zu kommen, und greift zum Telefon: »Verbinden Sie mich mit dem Genossen Schewardnadse.« Nach ein paar Sekunden steht die Verbindung zwischen Berlin und Moskau.

»Eduard Amrossjewitsch, ich komme gerade vom Außenministerium. Wie Oskar Fischer mir erklärt hat, droht die Tschechoslowakei damit, ihre Grenze zu schließen, was hier ein wahres Erdbeben auslösen würde. Um das zu verhindern, ist die DDR im Begriff, einen Erlass herauszugeben, der ihren Staatsangehörigen erlaubt, das Land ständig in Richtung

BRD zu verlassen. Ehe man damit fortfährt, hat er mich selbstverständlich gebeten, dich davon in Kenntnis zu setzen und deine Meinung zu diesem Thema einzuholen.«

»Wenn unsere deutschen Freunde glauben, dass eine solche Lösung möglich ist«, erwidert der sowjetische Außenminister, »dann werden wir uns dem nicht widersetzen. Ich werde lediglich die Sachverständigen des Ministeriums bitten, darüber nachzudenken.«

»Sehr gut, aber du musst wissen, dass Genosse Fischer unsere Antwort spätestens für übermorgen erwartet ...«

Als Kotschemassow seine Leute versammelt, um sie über den Vorstoß Fischers zu informieren, hagelt es sarkastische Bemerkungen:

»Diese Konsultation im Vorhinein zeigt doch nur eines – wie feige Krenz ist«, sagt einer der Botschaftsräte. »Er weiß genau, dass die geplante Maßnahme praktisch auf eine Öffnung der Grenze hinausläuft, was unfassbare Folgen hätte. Allein aus diesem Grund will er sich die Verantwortung mit uns teilen ...«

Berlin, Donnerstag, 9. November 1989

Um neun Uhr kommen vier Männer im Büro 509 des Innenministeriums zusammen – ein General und ein Oberst der Polizei, die die Abteilung für Passwesen und Einwohnerkontrolle leiten, treffen auf zwei Obersten der Stasi, nämlich den Chef der Abteilung zur Überwachung der Volkspolizei und den der Justizabteilung. Ihre Anweisungen sind klar: Sie haben einen Text abzufassen, der den Menschen erlauben soll, ungehindert aus der DDR auszureisen.

Ohne Umschweife erklärt Oberst Gerhard Lauter vom Innenministerium seinen drei Kollegen, der Gegenstand ihrer Konferenz sei absurd. »Wir stecken bis obenhin in Schizophrenie«, sagt er. »Wir werden Genossen diskriminieren, die bloß eine alte Tante in Hamburg besuchen und dann nach Hause zurückkehren wollen, zugunsten derer, die vorhaben, für immer auszureisen!« Bei der Stasi und bei der Volkspolizei weisen alle Berichte in dieselbe Richtung: Die überwältigende Mehrheit der Ostdeutschen will ungehindert reisen und nicht auswandern. Wenn man ihren Wünschen jedoch nicht nachkomme, dann würden sie beschließen, in die BRD umzusiedeln. Im Büro 509 sind sich alle über das Risiko einig, das die DDR eingeht, wenn sie eine Verordnung erlässt, die dem Problem nur zu einem zu kleinen Teil gerecht wird. Auf der Stelle ermächtigen die vier Männer sich selbst – was einer Missachtung der Partei gleichkommt –, über das vom Politbüro vorgegebene Mandat hinauszugehen. Sie machen sich an einen Text, der sowohl die Bedingungen für eine ständige Ausreise als auch für einen vorübergehenden Auslandsaufenthalt erleichtert.

Immerhin behalten sie – aus Vorsicht und der administrativen Diplomatie zuliebe – den von ihren Vorgesetzten vorgeschriebenen Titel bei: »*Beschluss zur Veränderung der Situation der ständigen Ausreise von DDR-Bürgern nach der BRD über die ČSSR.*« Doch von der ersten Zeile an verlässt das Projekt die Vorgaben der Überschrift: »*Privatreisen nach dem Ausland können ohne Vorliegen von Voraussetzungen (Reiseanlässe und Verwandtschaftsverhältnisse) beantragt werden. Die Genehmigungen werden kurzfristig erteilt. Versagungsgründe werden nur in besonderen Ausnahmefällen angewandt.*«

Die vier Apparatschiks wissen um die Tragweite dieser Sätze, und so empfehlen sie nachdrücklich, die Nachrichtenagentur ADN solle diese Informationen nicht vor dem 10. November, vier Uhr, verbreiten, damit die zuständigen Stellen der Polizei und der Stasi sich für den Sturm auf die Schalter, den diese Verordnung unvermeidlich auslösen werde, vorbereiten könnten.

Kurz vor Mittag befördert Oberst Lauters Fahrer den Textentwurf zum Gebäude des Zentralkomitees, wo Egon Krenz seit zwei Tagen Vorsitzender der Vollversammlung ist. Am Ende der Sitzung überreicht man dem Generalsekretär das Dokument.

Die Mittagspause beginnt pünktlich um zwölf Uhr. Mitglieder des Politbüros, von denen die meisten gerade erst in die Staatsspitze aufgerückt sind, laufen auseinander. Egon Krenz ruft alle zurück, die noch in Hörweite sind, und bittet sie in einen anderen Raum. Günter Schabowski ist nicht dabei; seit dem Vortag ist er dafür verantwortlich, die Verbindung mit den Medien aufrechtzuerhalten, weshalb er die meiste Zeit mit Journalisten diskutiert und Interviews gibt.

Tags zuvor hat der Generalsekretär seine neuen Kollegen vom Politbüro schon eine fette Kröte schlucken lassen – die Legalisierung des Neuen Forums. Dabei hat er die Pressionen aus Bonn – die doch seine Entscheidung erzwungen haben – sorgsam ausgespart und sich mit den brüderlichen und nachdrücklichen Ratschlägen gerechtfertigt, die er in Moskau von Michail Gorbatschow erhalten hat. Noch so eine Unterlassungssünde …

Dieses Mal schildert Krenz den Neulingen zunächst die Proteste der tschechoslowakischen Genossen. Dann geht er rasch zur Verlesung des Verordnungsentwurfs über. Vorgestern hätte die von dem Offiziersquartett verfasste Version noch einen Aufstand hervorgerufen, doch die »harte Fraktion«, die alten Weggefährten Honeckers, sind aus dem höchsten Gremium der Partei ausgeschieden. Die Neugewählten achten nicht auf den Sinngehalt des Mandats, das dem ihnen vorgelegten Textentwurf zugrunde liegt. Sie billigen ihn mit einigen rein formalen Änderungen. Nun muss das Dokument zur Kenntnisnahme nur noch an die verschiedenen Minister weitergeleitet werden, dann wird es definitiv in Kraft gesetzt sein.

Ehe der Text innerhalb der Regierung verteilt wird, durchläuft er noch die Zentralabteilung des Ministerrats. Dort lässt man den Text unverändert, fügt aber einen Vermerk an:

An die Mitglieder des Ministerrates
Sie werden gebeten, die beigefügte Beschlussvorlage
zur Übergangsregelung für Reisen und ständige
Ausreise aus der DDR vor heute Abend 18 Uhr
zu prüfen.

Die Formulierung ist eindeutig: Die Verordnung schließt die Reisen ein. Die 44 Minister in der Regierung der DDR, an die die Nachricht geht, werden das nicht übersehen können.

Im Innenministerium arbeitet Oberst Lauter jetzt an den Ausführungsbestimmungen des bald in Kraft tretenden Texts. Der Offizier feilt an dem Fernschreiben, das an alle Polizeiwachen, Gemeindeämter und Bezirksverwaltungen gerichtet ist und die Verwaltungsabläufe festlegt, nach denen Visa auszustellen sind. Außerdem bereitet er eine Benachrichtigung der Grenzposten vor, die ebenfalls Gefahr laufen, überrollt zu werden.

Alles ist vor 18 Uhr abgeschlossen. Im Innenministerium wartet man nur noch auf grünes Licht von Ministerrat und Politbüro, ehe man die Weisungen an die ausführenden Organe ausgibt. Mit dem Gefühl, seine Pflicht erfüllt zu haben, schickt Oberst Lauter sich nun an, das Ministerium zu verlassen, um sich gegen 19 Uhr am Theater mit seiner Frau zu treffen.

Das Zentralkomitee hat dagegen seine Arbeit wieder aufgenommen. Vor dem Plenum verliest Egon Krenz den vollständigen Text. Im dritten Absatz ist von einer Pressemitteilung die Rede, die »am 10. November veröffentlicht werden soll«. Der Generalsekretär, der dieses Dokument ebenfalls erhalten hat, stellt dessen Inhalt vor:

»Die Presseabteilung des Innenministeriums teilt mit, dass der Ministerrat bis zur Verabschiedung einer entsprechenden Regelung durch die Volkskammer eine zeitweilige Übergangsregelung für Reisen und die ständige Ausreise aus der DDR erlassen hat.«

Die vier Punkte, die Krenz schon vorher vorgestellt hat, verliest er kein zweites Mal. Er fügt einen illusionslosen persönlichen Kommentar an:

»Ich sagte: Wie wir es machen, machen wir es verkehrt. Aber das ist die einzige Lösung, die uns die Probleme erspart, alles über Drittstaaten zu machen, was dem internationalen Ansehen der DDR nicht förderlich ist.«

Die anschließende Debatte betrifft ein paar Änderungen. Auf Anregung des Kulturministers wird das Wort »zeitweilig«, das eine Verdoppelung darstellt, gestrichen. Sein Kollege vom Innenministerium wiederum schlägt vor, die Ankündigung solle nicht durch sein Ministerium, sondern durch die Regierung erfolgen. Egon Krenz ist einverstanden:

»Ich würde vorschlagen, dass das der Regierungssprecher gleich macht.«

Dieser kleine Satz wird den Lauf der Geschichte beschleunigen.

Gegen 17.15 Uhr kommt Günter Schabowski zu Egon Krenz,

um sich abzumelden. Er muss vom Zentralkomitee ins IPZ, das Internationale Pressezentrum, wo um 18 Uhr eine Pressekonferenz beginnen soll. Zu diesem Zeitpunkt hätte das Plenum des ZK bereits beendet sein müssen, doch aufgrund der zu umfangreichen Tagesordnung ist sie vom Generalsekretär um zwei Stunden verlängert worden. Die beiden Genossen beraten sich kurz. Schabowski, der den wesentlichen Teil der Debatten nicht mitbekommen hat, lässt sich über die wichtigen Punkte des Tages informieren. Er hat nicht einmal den Text zur neuen Reiseverordnung erhalten. Egon Krenz übergibt ihm sein eigenes Exemplar.

»Das musst du unbedingt weitergeben. Das ist eine Weltnachricht!«

Der Regierungssprecher nimmt das Papier an sich. Ohne es zu lesen, steckt er es beiläufig in einen kartonierten Umschlag.

Im IPZ an der Mohrenstraße hält Günter Schabowski also seine zweite Pressekonferenz ab. Bei der ersten am Tag zuvor hat er von der Tagesarbeit in der Vollversammlung des Zentralkomitees berichtet. Diese Zusammenkünfte mit den Medien sind von einem in der DDR vollkommen unbekannten, einige Tage zuvor noch unvorstellbaren Ablauf geprägt. Das DDR-Fernsehen strahlt sie ungekürzt und direkt aus; die Korrespondenten aus aller Welt können jede Frage stellen, die ihnen einfällt: Eine kopernikanische Wende in diesem Teil Deutschlands, wo – abgesehen von Sportereignissen, Varietéveranstaltungen und am letzten Samstag das Treffen vom Alexanderplatz – nichts »live« gesendet wurde und die ausländischen Journalisten niemals Zugang zu den Mitgliedern des Politbüros gehabt hatten!

Günter Schabowski, grauer Anzug, blassrosa Hemd, schlecht gebundener Krawattenknoten, geht mit großen Schritten durch den Mittelgang des zum Bersten gefüllten Raums im ersten Stock des IPZ. Die Journalisten haben auf den Sitzreihen in kräftigem Rot Platz genommen, manche stehen am Rand. Hinter der letzten Reihe sind die Objektive von etwa 20 auf Stative montierten Kameras auf das Podium gerichtet. Flankiert von der Vorsitzenden der Gewerkschaft Unterricht und Erziehung, dem Außenhandelsminister und Manfred Banaschak, dem Chefredakteur der Zeitschrift *Einheit*[2], lässt Günter Schabowski sich vor einem khakifarbenen Faltenvorhang nieder. Vor ihm sind sechs Mikrofone aufgebaut. Die Korrespondenten der Presseagenturen stellen ihre Tonbandgeräte am Tischrand ab.

Seit einigen Wochen belegt die DDR in den internationalen Nachrichten die vorderen Ränge, und voller Aufregung erwarten die Medien der ganzen Welt täglich Neues. Doch die Pressekonferenz versinkt rasch in Trübsinn. Müde verkündet der auf seinem Stuhl zusammengesunkene Günter Schabowski mit monotoner Stimme seinen Bericht über die Debatten, die während des Tages im Zentralkomitee abgelaufen sind. Die Journalisten legen ihre Notizblöcke ab oder kritzeln nur noch ein paar Satzfetzen darauf. Aus diesen Politikphrasen lassen sich keine fetten Schlagzeilen für die Titelseiten gewinnen! Ganz anders als am Vortag, wo eben dieser Günter Schabowski ihnen den kraftvollen Säuberungsakt geschildert hatte, den das Politbüro erlebt hatte. Mit einer gnadenlosen Jagd auf die alten Krokodile, darunter der gefürchtete Mielke, war die Ära Honecker beendet worden. Von dem Bericht über dieses »Massaker« hatten die Korrespondenten keine Silbe verpasst. Und sie hatten ihren Aufmacher für die Titelseite gehabt.

---

2 Das offizielle Organ des Zentralkomitees der SED, in dem vor allem theoretische Artikel über Sozialismus und Marxismus-Leninismus veröffentlicht wurden.

Heute Abend hat die Presse den Eindruck, wieder in der Eiszeit der DDR angekommen zu sein. Weitschweifige Auslassungen über eine nachfolgende Parteikonferenz der SED (die einem außerordentlichen Parteitag vorgezogen wurde), allgemeine Äußerungen über das Programm der SED, eine Kleinigkeit zum Wahlgesetz. Gähnen und gelangweilte Seufzer wetteifern miteinander. Um die für die Pressekonferenz vorgesehene Stunde irgendwie zu füllen – das Fernsehen überträgt live –, überlässt Günter Schabowski dem exzellenten Professor Banaschak das Wort. Der Theoretiker der SED erledigt das Publikum mit seinen pathetisch verschnarchten Formulierungen vollends. Keine einzige Frage unterbricht den Monolog des Chefs der *Einheit*.

Ins Café Moskau? Ins Ganymed? Oder ins Café Becher? Es ist 18.53 Uhr, und die Korrespondenten überlegen schon, in welchem Ostberliner Restaurant sie essen gehen, wenn sie aus dem IPZ raus sind. Da steht ein italienischer Journalist auf und bittet ums Wort.

»Mein Name ist Riccardo Ehrman. Ich vertrete die italienische Presseagentur ANSA. Herr Schabowski, Sie haben von Fehlern gesprochen. Glauben Sie nicht, dass die Einführung des neuen Reisegesetzes vor ein paar Tagen ein großer Fehler war?«

Der ANSA-Journalist hat offenkundig einen wunden Punkt erwischt. Schabowski ist in der Tat der Meinung, dass Egon Krenz, als er einen Text verkündet hat, der nichts regelt, einen Fehler begangen hat. Dabei hatte er ihn gewarnt. Doch das ist nicht der Augenblick, das zuzugeben oder von den Unstimmigkeiten innerhalb der Parteiführung zu reden. Zögernd und langsam sprechend versucht er sich in wirren Erklärungen. Während er einen hohlen Satz an den anderen reiht, sucht er nach einem Weg, wie er sich aus dieser Fangfrage herauswinden kann. Er stellt das Wort Fehler infrage. Dann preist er die Politik der Erneuerung, die von der neuen Mannschaft eingeleitet wurde, da diese dafür sorgen werde, dass die Bürger das Land nicht mehr verlassen wollen.

Günter Schabowski weiß, dass seine Worte von Millionen Ostdeutschen verfolgt werden. Er stellt sich vor, wie sie vor den Fernsehgeräten sitzen, ungeduldig und fordernd wie jene, die ihn am Samstag auf dem Alexanderplatz am Reden gehindert haben. Einer solchen Prüfung ist er noch nie ausgesetzt gewesen, und er erkennt plötzlich, wie schwer das hier ist.

Auf einmal fallen ihm die Anweisungen des Politbüros wieder ein. Es geht darum, die Ausreisewilligen abzuschrecken, man hat ihn gebeten, von denen zu sprechen, die nach einigen mühseligen Wochen in der Bundesrepublik enttäuscht in die DDR zurückgekehrt sind.

»Die Unterbringungsmöglichkeiten der BRD sind ausgeschöpft. Wenn die Leute unterkommen wollen, können sie nur noch mit mehr oder weniger provisorischen Lösungen rechnen. Dabei ist ein Dach über dem Kopf das Mindeste, wenn man sich eine Existenz aufbauen will! Entscheidend ist es, Arbeit zu finden und die notwendige Integration in eine Gesellschaft zu schaffen, und davon ist man weit entfernt, wenn man im Zelt oder einer Notunterkunft haust oder arbeitslos ist…«

Uff! Er hat einen Trumpf aus dem Ärmel gezogen. Die BRD ist kein Eldorado, das sollte man sich gesagt sein lassen! Er kommt auf das Reisegesetz zurück und stellt es als schlichten Entwurf vor, der in dieser Form nicht verabschiedet werden wird. Plötzlich fällt es ihm wieder ein: Diese Anordnung, von der Egon Krenz gesprochen hat… Er schaut seine Nachbarn auf dem Podium kurz an, um sich ihrer Zustimmung zu vergewissern, dann spricht er die Angelegenheit an.

»Auf Empfehlung des Politbüros tritt ein Teil eines Gesetzesvorhabens in Kraft, das die ständige Ausreise aus dem Staatsgebiet betrifft. Denn es ist nicht hinzunehmen, dass sie über ein befreundetes Land geht, was für diesen Staat nicht einfach ist. Deshalb ist heute beschlossen worden, eine Regelung zu treffen, die es jedem Bürger der DDR möglich macht, über Grenzübergangspunkte der DDR auszureisen.«

Plötzlich löst sich die Erstarrung der Pressekonferenz. Die Journalisten heben die Augenlider und spitzen die Ohren. Endlich eine berichtenswerte Information! Hände heben sich, es werden Fragen gestellt.

»Wann tritt das in Kraft?«

Überrumpelt setzt Günter Schabowski seine Brille auf und fummelt, während er weiterspricht, in seinen Unterlagen. Er ist irritiert und wundert sich, dass die Journalisten nicht über das Communiqué verfügen. Er zieht das Papier hervor, das Egon Krenz ihm überreicht hat, als er das Plenum des Zentralkomitees verließ. Er verliest es, ohne Luft zu holen oder den Kopf zu heben:

»Privatreisen nach dem Ausland können ohne Vorliegen von Voraussetzungen (Reiseanlässe und Verwandtschaftsverhältnisse) beantragt werden. Die Genehmigungen werden kurzfristig erteilt. Die zuständigen Abteilungen Pass- und Meldewesen der VPKÄ – der Volkspolizeikreisämter – sind angewiesen, Visa zur ständigen Ausreise unverzüglich zu erteilen, ohne dass dafür noch geltende Voraussetzungen für eine ständige Ausreise vorliegen müssen. Ständige Ausreisen können über alle Grenzübergangsstellen der DDR zur BRD erfolgen. Damit entfällt die vorübergehend ermöglichte Erteilung von entsprechenden Genehmigungen in Auslandsvertretungen

der DDR bzw. die ständige Ausreise mit dem Personalausweis der DDR über Drittstaaten.«

Günter Schabowski blickt auf. Der Inhalt des Dokuments ist ihm erst beim Vorlesen bewusst geworden. Er ist nicht in der Lage, die Verordnung näher zu erläutern. Zunächst lässt er das Publikum wissen, dass er auf technische Fragen nicht eingehen werde, insbesondere nicht auf die Frage der Pässe. Fragend schaut er seine Nebenleute an, doch die sind ihm kaum eine Hilfe. Professor Banaschak wagt eine vernünftige Überlegung:

»Entscheidend ist ja die inhaltliche Aussage.«

Nun sind die Journalisten wirklich wach. Sie überfliegen ihre Notizen noch einmal. *»Privatreisen«, »ohne besondere Voraussetzung«, »unverzüglich«:* Die DDR ist nicht mehr die DDR. Das Gefängnis unter offenem Himmel hat seine Gitterzäune geöffnet.

Wieder gehen Arme hoch. Günter Schabowski soll mehr dazu sagen, soll präzisieren, wiederholen. Die Nachricht ist so unerhört, dass man es nicht bei einer so kurzen Deklaration belassen kann. Ein westdeutscher Korrespondent wiederholt die Frage, auf die der Parteisekretär noch immer keine Antwort gegeben hat:

»Wann tritt das in Kraft?«

Günter Schabowski scheint überfordert. Angesichts der Ungeduld im Raum erinnert er sich an Egon Krenz' Worte – »das ist eine Weltnachricht!« Nervös und unsicher sucht er nach einer Antwort, während er erneut in seinen Papieren kramt. Die Kameras bleiben auf Sendung. Sein Schweigen wird allmählich peinlich. Er muss eine schnelle, eindeutige und unmissverständliche Antwort geben.

»Das tritt nach meiner Kenntnis… ist das… sofort, unverzüglich.«

Auf einmal fangen die Journalisten an, verstärkt miteinander zu reden. Aus dem Stimmengewirr kristallisiert sich eine Frage heraus.

»Sie haben nur BRD gesagt, gilt das auch für Westberlin?«

Günter Schabowski drückt sich noch stärker in seinen Sessel und liest schnell und abgehackt weiter:

»[...] hat der Ministerrat beschlossen, dass bis zum Inkrafttreten einer entsprechenden gesetzlichen Regelung durch die Volkskammer diese Übergangsregelung in Kraft gesetzt wird.«

»Gilt das auch für Berlin-West?«

Günter Schabowski hebt die Schultern und senkt die Nase wieder in seine Unterlagen, um dann mit unsicherer Stimme zu erklären:

»Ja. Ja. ›Ständige Ausreisen können über alle Grenzübergangsstellen der DDR zur BRD ... bzw. zu Berlin (West) erfolgen.‹«

Im Saal kommt Unruhe auf. Die Journalisten vergleichen ihre Notizen. Sie ordnen ihre Gedanken und bemühen sich, die Tragweite des soeben Gehörten zu verstehen.

Allmählich wird Günter Schabowski klar, was durch seine Ankündigung ausgelöst werden wird. Im Augenblick selbstverständlich nur in den Medien. Doch im Saal geht es zu wie in einem Bienenstock. Ist das der Grund, weshalb er gleich noch einen von Vorsicht geprägten Satz nachschiebt, der auch dem Wunsch entspringt, die Verantwortung mit anderen zu teilen? Der eingeschliffene Reflex des Partei-Apparatschiks, ein am Leben gebliebener Selbsterhaltungsinstinkt, den er im Moskau Leonid Breschnews erworben hat ...

»Ich sage das unter Vorbehalt, da ich bei dieser Frage nicht

sehr auf dem Laufenden bin ... Man hat mir diese Information in die Hand gedrückt, kurz bevor ich hierher gekommen bin ...«

Während einige Journalisten den Saal eilig verlassen, kommt eine weitere Frage auf.

»Herr Schabowski, was wird aus der Berliner Mauer?«

Ehe er antwortet, erinnert er die Journalisten daran, dass es bereits 19 Uhr und deshalb die allerletzte Frage ist.

»Die Möglichkeit, die Mauer von unserer Seite aus zu überschreiten, hat nichts mit der Frage zu tun, welche Bedeutung die – sagen wir – befestigte Grenze der DDR hat.«

Anschließend beginnt Günter Schabowski eine der gewohnten Tiraden über die jeweiligen Verdienste des Westens und des Ostens in Friedensangelegenheiten. Formulierungen, die geradewegs aus dem vorgeblich pazifistischen Gebetbuch des sozialistischen Blocks stammen. Seine letzten Überlegungen gehen in der Hektik und dem Hin und Her unter, die das Ende der Pressekonferenz markieren.

Nachdem Günter Schabowski den Zuhörern gedankt hat, steht er auf und geht zum Ausgang. Ein Journalist eines Westberliner Senders hält ihm das Mikro hin und fragt, ob er einen Massenansturm von Flüchtlingen fürchte.

»Ich hoffe, dass es nicht so weit kommt.«

Im Saal hat ein elegant gekleideter Amerikaner mit angegrautem Haar die ganze Pressekonferenz hindurch einem neben ihm sitzenden Dolmetscher zugehört. Der Fernsehstar Tom Brokaw präsentiert jeden Abend die *NBC Nightly News*, die große Nachrichtensendung des Senders. Gleich nach dem Vortrag Günter Schabowskis ist er mit ihm für ein Interview verabredet. Als erfahrener Pressemann – er war während der Watergate-Affäre beim Weißen Haus akkreditiert gewesen – weiß der Reporter, dass er da an einem sensationellen Thema dran ist. Er steht dem Mann gegenüber, der gerade die Berliner Mauer geöffnet hat.

Man hat vereinbart, das Interview auf Englisch zu führen. Brokaw geht gleich im ersten Satz zum Angriff über: Er will von seinem Gesprächspartner eine eindeutige Aussage.

»Herr Schabowski, habe ich das richtig verstanden? Die Bürger der DDR dürfen aus persönlichen Gründen über eine Grenzkontrollstation ihrer Wahl ausreisen. Sie müssen nicht mehr über ein Drittland reisen?«

»Sie sind nicht mehr gezwungen, die DDR im Transit über ein anderes Land zu verlassen.«

»Können sie über die Mauer ausreisen?«

»Sie haben die Möglichkeit, die Grenze[3] *zu überschreiten.«*

»Reisefreiheit?«

»Ja, natürlich. Aber das ist nicht einfach nur eine Frage des Tourismus. Es ist die Genehmigung, die DDR wirklich zu verlassen.«

Tom Brokaw versteht gar nichts mehr. Während des Gesprächs hat Günter Schabowski mehrfach sein Papier überflogen, als wäre er sich der Maßnahmen, mit deren Ankündigung man ihn beauftragt hatte, nicht sicher.

In den Büros des IPZ sind die Journalisten, die an der Pressekonferenz teilgenommen haben, über Standleitungen mit ihren Redaktionen verbunden. Andere hören das Band ihres Aufzeichnungsgeräts noch einmal ab, um sich zu vergewissern, was sie da gehört haben. Viele zögern noch, die wahre Bedeutung der angekündigten Maßnahmen zu bewerten. Ihre Überlegungen kreisen um die schwammigen Formulierungen des Verantwortlichen aus dem Politbüro. Doch die Vertreter der Agenturen, für die jede Sekunde zählt, haben

---

3 Offizielle Vertreter der DDR vermieden in ihren Erklärungen das Wort »Mauer« und ersetzten es so oft wie möglich durch das Wort »Grenze«.

bereits ihre »Eilnachricht« in die Fernschreiber eingegeben. Günter Schabowski hat erklärt, die Ostdeutschen könnten *»ab sofort«* ausreisen. Seit dem 13. August 1961 am frühen Morgen, als Maurer unter der Bewachung durch Soldaten eine Mauer aus Hohlblocksteinen quer durch die Hauptstadt zogen, waren sie eingesperrt gewesen. 28 Jahre im Gefängnis.

Die Redaktionen werden von einer Lawine von Depeschen überschüttet.

15 »Aufmachen!«

Berlin, Donnerstag, 9. November 1989

»Was ist das denn für ein Scheiß!? Was erzählt der da?« In der Kantine des Grenzpostens Bornholmer Straße geht Oberstleutnant Harald Jäger hoch, als er hört, was Schabowski da sagt. Die Polizisten, Zollbeamten und Grenzwachen um ihn herum verstummen – sie hatten der direkt übertragenen Pressekonferenz keine Beachtung geschenkt. Erstaunt schauen sie auf den Befehlshaber ihres Postens, der hervorstößt: »Schabowski ist verrückt geworden! Er hat eben verkündet, dass die Grenzen geöffnet sind und die Bürger der DDR das Land über jede beliebige Grenzkontrollstelle verlassen können!«

Harald Jäger springt auf, stürzt aus dem Speisesaal und ins Büro des diensthabenden Offiziers. Er schnappt sich das Telefon, das direkt mit dem Operativen Leitzentrum Schönweide[1] verbunden ist, um einen Vorgesetzten der Abteilung VI der Stasi[2] zu sprechen. Heftig drückt er den roten Knopf nieder. Der Offizier vom Dienst, MfS-Oberst Rudi Ziegenhorn, hebt ab.

»Hier Oberstleutnant Jäger vom Grenzposten Bornholmer Straße.«

---

1 Das Viertel liegt im Südosten Berlins an der Spree.

2 Die Grenzkontrollstellen waren mit Polizisten, Zollbeamten und Grenzwachen besetzt, während als Postenkommandanten ausschließlich Offiziere der Stasi eingesetzt wurden.

»Was ist los. Jäger? Hast du auch den Schwachsinn von Schabowski gehört?«

»Ja.«

»Und deswegen rufst du an?«

»Was hat das zu bedeuten?«

»Nichts! Was sollte es denn zu bedeuten haben? Er hat nichts von dem begriffen, was er da erzählt hat, das ist alles! Sind bei dir schon welche, die ausreisen wollen?«

»Keine Ahnung. Von hier aus kann ich das nicht sehen.«

»Erkunde erst einmal die Lage und ruf mich dann wieder an.«

Der Oberstleutnant hastet auf die Straße hinaus. Absolute Ruhe. Aber Schabowski hat die Lawine ja auch erst vor kaum zehn Minuten losgetreten. Drei Spaziergänger, die sich hinter dem Schutzgitter des Grenzpostens aufgebaut haben, beobachten aufmerksam das Schaulaufen der Offiziere. Während Jäger seine Untergebenen befragt, schließen sich den Neugierigen zwei weitere Personen an. Vom Wachhäuschen aus ruft der Offizier wieder beim Obersten an.

»Also, es sind fünf... Nein, inzwischen sind es sieben...«

»Wenn sie bis zum Grenzposten kommen, schick sie wieder nach Hause. Wir haben noch keine neuen Anweisungen bekommen. Aus unserer Sicht hat sich also nichts geändert.«

Jäger übermittelt den Befehl an den sprachlosen Melder, der von der Aussage Schabowskis absolut keine Ahnung hat. Warum gibt er sich so ernst, um persönlich einen so absurden Befehl zu geben? Er zuckt mit den Schultern: Seit 28 Jahren schickt man die Leute wieder nach Hause, wenn sie ohne Erlaubnis über die Grenze wollen...

In der sowjetischen Botschaft stellt Igor Maximytschew den Ton seines Fernsehers lauter, aber das ändert nichts daran, dass er glaubt, nicht richtig zu hören. Hat doch Günter Schabowski soeben live im Fernsehen die Öffnung der Mauer verkündet, ohne die diplomatische Vertretung der Sowjetunion vorzuwarnen! Die Nummer zwei der Botschaft kennt das Vorhaben, das der Außenminister der DDR ihnen unterbreitet hat. Doch das bezieht sich absolut nicht auf den sehr speziellen Fall Berlin. Der Verkehr in der früheren Reichshauptstadt ist durch Abkommen der vier alliierten Mächte des letzten Krieges geregelt. Die Sowjetunion hätte darüber informiert werden müssen, dass die Bürger der DDR ungehindert nach Westberlin wechseln können, und das hätte sie dann den Amerikanern, Franzosen und Briten mitgeteilt, die für die Sicherheit im Westteil der Stadt verantwortlich sind.

»Was für ein Volk, diese neue Mannschaft der SED! Was sagt man dazu? Nicht zuverlässiger als die Vorgänger ...« Mit zornrotem Kopf schimpft er auf das Politbüro der SED. Für ihn wie die übrigen Botschaftsräte ist das alles zwangsläufig so abgelaufen: Egon Krenz hat auf alle diplomatischen Gepflogenheiten gepfiffen und sich direkter Kanäle bedient, wahrscheinlich jener der Stasi und des KGB, um sich von Gorbatschow oder Schewardnadse grünes Licht geben zu lassen. Und wie so oft haben die es unterlassen, die Botschaft zu unterrichten. Wenn nicht einfach dieser alte Trottel Kotschemassow vergessen hat, die Nachricht weiterzuleiten ...

Seit dem Abend drucken Vera und Sven im Keller der Umweltbibliothek Flugblätter. Eine Sklavenarbeit! Sie schleppen Papierstapel heran, überwachen das vorsintflutliche Vervielfältigungsgerät, prüfen den Zustand der Matrizen und bringen Tinte auf die Rollen auf. In einer Ecke des Raumes läuft ein alter Fernseher mit instabilem und verschneitem Bild. Ohne dem Geschehen besondere Aufmerksamkeit zu widmen, haben sie die Vorstellung Schabowskis mitbekommen. Wegen des Maschinenlärms ist der Ton der Pressekonferenz nicht bis zu ihnen durchgedrungen. Doch um 19.30 Uhr informiert die blonde Moderatorin der Nachrichtensendung »Aktuelle Kamera« im ersten Kanal der DDR die Fernsehzuschauer, dass »ab sofort Anträge auf Privatreisen ins Ausland ohne besondere Anlässe gestellt werden können«. Und um 20 Uhr berichtet die »Tagesschau« der westdeutschen ARD gleich zu Anfang über Schabowski. Der vom Sprecher verlesene Titel lässt kaum noch Zweifel zu: »Die DDR öffnet ihre Grenze.« Mit dem Bericht über die Ostberliner Pressekonferenz sind dann endgültig alle Ungewissheiten ausgeräumt. Als wolle er unterstreichen, wie bedeutsam dieser Augenblick ist, richtet der Sprecher sich auf, während er seinen Kommentar mit einem unmissverständlichen Satz beendet: »Damit ist die Mauer von heute Abend an nicht mehr unüberwindbar!«

»Ständige Ausreise erlaubt«, »Frei reisen ohne Anlass«, »Grenze offen«. Sven will mehr darüber erfahren. Er zieht seine Jacke an.

»Wo gehst du hin?«, fragt Vera.

»Ich möchte nachsehen, ob das alles Blödsinn ist, oder ob man wirklich über die Grenze kommt.«

»Aber wir haben doch noch wahnsinnig viel zu tun!«

»Reg dich nicht auf, ich bin gleich wieder zurück.«

Sven rennt in rekordverdächtigem Tempo zum Bahnhof Friedrichstraße. Das Stadtzentrum ist ruhig und wird wie jeden Tag um diese Zeit allmählich menschenleer. Es ist kalt und feucht, das lädt keinen zum Spaziergang ein. Das bleiche Licht der Straßenlaternen beleuchtet ein paar warm eingepackte Passanten, die es eilig haben, nach Hause zu kommen. Keiner kommt auf die Idee, einen Schaufensterbummel zu machen – die Auslagen der Läden sind sowieso leer. Er betritt einen seelenlosen Behelfsbau, eine Art graues Anhängsel entlang der Bahnhofshalle, wo man die Kontrollen hinter sich bringt, wenn man den Osten verlässt und die U- oder S-Bahn Richtung Westberlin nimmt. Er nähert sich einem um diese späte Stunde eher unterbeschäftigten Offizier.

»Stimmt es, dass man von heute Abend an ohne Genehmigung ausreisen kann?«

»Es gibt nichts Neues«, erwidert der junge Offizier verkniffen.

»Genosse Schabowski hat aber erklärt ...«

»Ich habe Ihnen doch gesagt, dass sich NICHTS geändert hat!«

Sven hakt nicht nach. Er ist erkennbar nicht der Erste, der diese Frage gestellt hat. Nichtsdestoweniger weitet er seine Erkundung bis zum Haus des Reisens[3] auf dem Alexanderplatz aus. Dort trifft er auf ungefähr 30 Berliner, die wie er vergeblich versuchen, mehr zu erfahren. Die Türen sind verschlossen, und im Schaufenster ist kein Hinweis angebracht. Vor dem Gebäude klagt jeder sein Leid über die ewigen Zaubersprüche der DDR: Immer das Gleiche, das Politbüro verkündet etwas, und die Bürokratie ist nicht in der Lage, es in die Tat umzusetzen. Was glauben die, wie lange sie sich noch so über die Leute lustig machen können? Sven lässt sich von den Nörglern nicht aufhalten. In der Gewissheit, von Vera heruntergeputzt zu werden, weil er sie zu lange allein hat arbeiten lassen, hastet er zur UB zurück.

---

3 Sitz des zentralen Reisebüros der DDR und der Büros der DDR-Fluggesellschaft Interflug.

Helmut Kohl, der einen Staatsbesuch in Warschau absolviert, wird von der Ankündigung Günter Schabowskis kalt erwischt. Während dieser seine Pressekonferenz eröffnete, unterhielt der Kanzler sich gerade mit Lech Walesa. Der Solidarność-Vorsitzende, dessen Freunde seit August in Polen regieren, hat ihm gesagt, seiner Meinung nach werde die Berliner Mauer allenfalls noch eine oder zwei Wochen stehen …

Kurz darauf, als der Bundeskanzler sich mit seinen Gastgebern im Regierungspalast zu einem offiziellen Essen niedergelassen hat, erfährt er von einem dringenden Anruf aus dem Kanzleramt. Kohl entschuldigt sich bei Ministerpräsident Mazowiecki und zieht sich zurück, um den Anruf entgegenzunehmen. Sein treuer Berater Eduard Ackermann am anderen Ende der Leitung scheint äußerst aufgeregt zu sein.

»Herr Bundeskanzler, halten Sie sich fest, die DDR-Leute machen die Mauer auf!«

»Sind Sie sicher?«

»Das Fernsehen überträgt es live aus Berlin, ich kann es mit eigenen Augen sehen.«

Schweigen.

»Das ist unfassbar!«

Wenig später übermittelt Helmut Kohl, der im polnischen Staatspalast von einem Journalisten interviewt wird, dem ZDF seine ersten Eindrücke. Das kurze Gespräch wird im »Heute-Journal« um 21.45 Uhr gesendet. Er steht noch unter dem Schock der Nachricht und bleibt vorsichtig abwartend. Die Entscheidung Ostberlins nimmt er wohlwollend zur Kenntnis, doch es scheint, dass er weder ihre Folgen noch ihre historische Tragweite ermessen kann.

Mehrere Mitglieder seiner Delegation raten ihm voller

Aufregung dringend, seinen Aufenthalt in Polen abzubrechen und sich so schnell wie möglich nach Berlin zu begeben. Doch der Kanzler mag es nicht, wenn ihm sein Verhalten von den Ereignissen diktiert wird. Er ist nach Warschau gereist, um jene zu beglückwünschen, die den Kommunisten die Macht entrissen haben. Da kommt es nicht in Frage, sie einfach sitzen zu lassen. Helmut Kohl weigert sich, sein Besuchsprogramm umzustoßen. Er nimmt wieder am Tisch Platz und bringt einen Trinkspruch auf die Rückkehr der Freiheit in Polen aus.

Im Bundestag debattieren die Abgeordneten gerade über Subventionen für Verbände. Von der Bundestagspräsidentin wird ein bayrischer Abgeordneter aufgerufen, der aufgeregt und mit einer Eilmeldung in der Hand nach vorn eilt. Bewegt verliest er den Text: »Die Bürger der DDR können ab sofort über Grenzkontrollposten ihrer Wahl in die Bundesrepublik einreisen.« Die Nachricht wird mit tosendem Beifall aufgenommen.

Rudolf Seiters platzt in Begleitung von drei Fraktionsvorsitzenden in den Bundestag und bittet ums Wort. In feierlichem Tonfall verliest er eine Regierungserklärung, mit der er die von der DDR angekündigte Maßnahme zu Protokoll gibt. »Das ist ein beachtlicher Schritt«, sagt er zum Schluss.

In den Sitzreihen erheben sich spontan drei Abgeordnete und stimmen die Nationalhymne an. Einer nach dem anderen folgen die Abgeordneten ihrem Beispiel und singen aus voller Kehle. Als die letzten Töne von Haydns Melodie verklingen, holen viele Abgeordnete ihr Taschentuch heraus. Die Präsidentin hebt die Sitzung auf. Willy Brandt, der ehemalige regierende Bürgermeister von Berlin, der neben John F. Kennedy stand, als dieser der Welt seinen Satz »Ich bin ein

Berliner!« entgegenrief, ist zutiefst erschüttert. Der Altkanzler, der wegen des DDR-Spions Guillaume zurückgetreten war, verlässt mit feuchten Augen seinen Platz.

Es ist fast 21 Uhr. Egon Krenz hält sich noch im Gebäude des Zentralkomitees auf, als Erich Mielke ihn auf der internen Verbindungsleitung der Ministerien anruft. Der Stasipensionär will die Zügel definitiv nicht aus der Hand geben! Er erzählt, man habe ihm von Berlinern berichtet, die sich gruppenweise in Richtung Grenze bewegten. Nach seinen Quellen solle Schabowski während der Pressekonferenz etwas gesagt haben, was diese Massenbewegung ausgelöst habe. Er werde versuchen, mehr darüber in Erfahrung zu bringen.

Ein paar Minuten später ist Mielke wieder am Apparat. Dieses Mal wirkt er vollkommen aufgelöst.

»Es sind tatsächlich Tausende, die sich zu den Grenzkontrollstellen begeben, zu Fuß und im Auto. Von überallher kommen welche. Was sollen wir machen? Egon, wenn wir nicht sehr schnell reagieren, werden wir vollkommen die Kontrolle über die Situation verlieren.«

»Was schlägst du vor, Erich? Du hast die Erfahrung ...«

»Aber du bist der Chef!«

Erdrückende Verantwortung legt sich auf Egon Krenz. Ungeachtet seiner Jahrzehnte bei der Stasi kneift der alte Mielke. Was tun? Eine Anweisung an die Grenzposten, um jeden Preis standzuhalten, würde direkt in die Katastrophe führen. Schüsse, Blut, Tote. Die Grenzen zu öffnen hieße, der Masse nachzugeben – damit wäre dem Staat jede Autorität genommen, seine eigene Macht verlöre jegliche Legitimation, es würde sicherlich das Ende der DDR einläuten.

Sein Puls geht schneller, in den Schläfen hämmert es. Der Generalsekretär zögert, überdenkt alle Optionen und findet keine, an der er sich festhalten könnte. Definitiv ist nicht er der Chef, das ist Gorbatschow. Er beschließt, ihn anzurufen – er wird wissen, was zu tun ist. Schließlich ist die Sowjetunion nicht nur die Schutzmacht der DDR, sondern hat dem Viermächtestatut zufolge bei jeder Berlin betreffenden Entscheidung mitzureden. Die Telefonistin versucht, den Kreml zu erreichen. In Moskau ist es jedoch schon Mitternacht, und man sagt ihr, der Generalsekretär der KPdSU sei nach Hause gefahren. Es sei heikel, ihn zu so später Stunde zu stören, betont man. Egon Krenz könnte darauf bestehen, doch er zögert und lässt es schließlich bleiben. So verzweifelt wird die Lage schon nicht sein, sagt er sich.

Oberstleutnant Jäger bekommt es allmählich mit der Angst zu tun. Aus jedem an der Endstation Bornholmer Straße ankommenden Straßenbahnzug steigen Dutzende Fahrgäste, die sich vor dem Grenzposten gegenüber dem Wachhäuschen und auf der Fahrbahn zusammenrotten. Die mutiger gewordenen, aber immer noch etwas eingeschüchterten Ostberliner sprechen die Wachposten durch den Gitterzaun an. Sie wollen in den Westen, so wie Schabowski es gesagt hat. Der junge diensthabende Hauptmann hat große Schwierigkeiten, sich bei den Leuten Gehör zu verschaffen. Hartnäckig, aber ohne wirklich den Ton zu verschärfen, versucht er sie dazu zu überreden, wieder nach Hause zu gehen. Harald Jäger geht auf die Straße hinaus, um ihn zu unterstützen. Als er hinter der Schranke in Hörweite der Menschenansammlung ist, ruft er:

»Ihr kriegt alle eine Erlaubnis. Aber die wird nicht von uns bewilligt, sondern von der Polizei. Also müsst ihr euch gedulden, bis ...«

»Schabowski hat sofort gesagt. Ja, sofort!«

In diesem Augenblick fährt ein Streifenwagen der Volkspolizei am Grenzposten vor. Ein Leutnant steigt aus und bahnt sich mühsam einen Weg durch die gegen die Absperrung drängende Menge.

»Hast du neue Informationen für uns, Genosse?«, fragt Harald Jäger.

»Was Neues? Ich hatte eher gehofft, ihr könntet mir etwas sagen ...«

Verlegen kehrt der Offizier der Vopo zu seinem Wagen zurück und greift nach dem Mikrofon, das mit dem Lautsprecher auf dem Wagendach verbunden ist. Auf dem Beifahrersitz, die graue Dienstmütze bis zu den Augenbrauen heruntergezogen, wendet er sich mit unsicherer Stimme an die Umstehenden. Der Lautsprecher pfeift; der Polizist versucht in mehreren Anläufen, seinen Landsleuten klarzumachen, dass man sie unmöglich hier und jetzt ausreisen lassen könne, dass die Genehmigungen auf den Polizeirevieren ausgegeben würden.

Daran soll es nicht liegen, sagen sich zahlreiche Berliner und begeben sich in lockerer Marschordnung zum nächstgelegenen Polizeirevier, das nur 200 Meter entfernt liegt. Als sie eine Viertelstunde darauf zurückkommen, sind sie schwer verärgert: Natürlich haben sie von den diensthabenden Polizisten eine Abfuhr erhalten. Ihre Geduld wird allmählich ernsthaft auf die Probe gestellt. Die vor dem Grenzposten versammelte Menge – mittlerweile sind es mehrere Hundert zunehmend entschlossene Leute – skandiert: »Wir wollen da durch! Wir wollen da durch!«

In der Bornholmer Straße hält der Zustrom an. Der Verkehr ist mittlerweile vollständig zum Erliegen gekommen. Eine lange Reihe von Trabbis und Wartburgs mit aufgeblendeten Scheinwerfern zieht sich bis außer Sichtweite hin. Gegen 21 Uhr staut sich die Schlange bis zur Schönhauser Allee zurück – das ist mehr als einen Kilometer von den Gebäuden des Grenzpostens entfernt. Durch den Krach werden die Bewohner des Viertels aufmerksam; sie gehen auf die Straße, um herauszufinden, was da los ist. Kaum haben sie begriffen, was vor sich geht, stimmen sie in die Rufe der Leute ein. Die Hupen geben den Takt vor, der Lärm ist ohrenbetäubend.

Mittlerweile hat Harald Jäger Angst um seine Männer. Die Masse der vor ihm versammelten Individuen und deren wachsender Ärger lassen nichts Gutes erwarten. Der Posten ist mit ungefähr 20 Polizisten besetzt. Selbst mit einer Pistole pro Mann und vier automatischen Waffen als Reserve wäre es unmöglich, eine solche Horde in Schach zu halten. »Wenn wir eingreifen, hängen sie uns an den Lichtmasten auf«, denkt der Oberstleutnant. Er ruft noch einmal Ziegenhorn beim OLZ an:

»Ich muss eine Entscheidung treffen, so kann das nicht weitergehen!«

»Jäger, du weißt doch, wie das läuft. Ich kann dir keine Anweisung geben, ohne dass sie von ganz oben kommt. Und die haben mir nichts gesagt.«

Erstmals in seiner Karriere gehorcht der Oberstleutnant nicht. Er schlägt bei Parteimitgliedern Alarm. Seine Untergebenen telefonieren eine vorbereitete Liste von etwa 50 SED-Angehörigen mit Wohnsitz im Viertel ab und fordern sie dringend auf, sich umgehend im Grenzposten Bornholmer Straße einzufinden. Als Verstärkung eher dünn, aber es ist alles, was ihm zur Verfügung steht.

Zehn Minuten später ruft er erneut bei Ziegenhorn an und berichtet von seinem nicht regelkonformen Vorstoß. Der Oberst geht nicht einmal darauf ein.

»Wie viele Leute sind vor der Schranke versammelt?«

»Autos und Menschen stauen sich bis zur Schönhauser Allee.«

»Bleib, wo du bist! Ich rufe den Minister an.«

Einige Minuten darauf meldet sich der Vorgesetzte wieder.

»Hör zu, wir machen es so: Lass die Aufsässigsten einfach raus. Denen macht ihr im Ausweis einen Stempel halb über das Lichtbild und tragt sie dann sofort ins Fahndungsbuch ein – die kommen nicht wieder rein!«

Harald Jäger befiehlt einigen seiner Männer, in der Menge die entsprechende Auswahl zu treffen. Man lässt die »Aufsässigen« in kleinen Gruppen in den Grenzposten kommen. Die Wachen schließen die Tür hinter ihnen und führen sie zu einem der drei Schalter. Dort stempeln die Funktionäre Papiere und Fotos nach den Anweisungen eines Offiziers. Nach wenigen Minuten finden sich die »Rebellen« – sie wissen nicht, dass man sie soeben ausgebürgert hat – mit einem Lächeln auf der in den Westen führenden Eisenbrücke über die Bahngleise wieder. Es ist 21.45 Uhr. Allmählich bekommt die Berliner Mauer Risse.

Weil die Leitung der Stasi eine Handvoll Berliner ausreisen lässt, glaubt sie, ein Sicherheitsventil geöffnet zu haben. Unbegrenztes Warten in der Kälte, so hofft sie, werde die weniger entschlossenen Bürger bald dazu veranlassen, nach Hause zu gehen und dort friedlich den nächsten Tag abzuwarten, um dann in aller Form einen Reiseantrag zu stellen.

Doch es geschieht genau das Gegenteil. Der Anblick Dutzender von den Grenzposten ausgewählter Landsleute, die über die Brücke gehen und gen Westen verschwinden, lässt die Wut derer wachsen, die diesseits der Grenze zurückbleiben. Sie empfinden sich erneut als Opfer der Willkür der Regierung. Doch so wird es heute Abend nicht wieder ablaufen! Im nächtlichen Berlin erhebt sich ein Aufschrei aus vielen Tausend Kehlen: »Aufmachen!«

Am Checkpoint Charlie, der Grenzkontrollstation, die am 28. Oktober 1961 zum Mythos geworden war – damals standen sowjetische und amerikanische Panzer einander stundenlang drohend gegenüber –, ist auf der Westseite einiges los. Seit die unfassbare Nachricht im Fernsehen verbreitet wurde, sind der Chef des Café Adler – dessen Fenster auf die Mauer sehen – und einige seiner Gäste zu den ostdeutschen Grenzwachen hinübergegangen. Auf einem Tablett haben sie ihnen Schampus und Kaffee mitgebracht. Nachdem die Grenzbeamten höflich abgelehnt haben, haben sie den Spaßvogel und Kaffeehausbesitzer samt seinen fröhlichen Gästen gebeten, hinter die weiße Linie zurückzutreten, welche die Trennung Ost/West markiert.

Doch der Checkpoint Charlie liegt in Kreuzberg, dieser Hochburg der Westberliner Linken, der Künstler und der Nachtschwärmer. In der folgenden Stunde ist ein anarchistisches und witzelndes Völkchen zum Kontrollposten geeilt; es geht so hoch her, dass der Kommandant sich gezwungen sieht, einige Schritte von der Demarkationslinie entfernt einen Sicherheitskordon aufzuziehen.

Gegen 23 Uhr fürchtet der Offizier, seine Leute könnten überrannt werden. Er beschließt, den Sperrzaun zu schließen. Ein politisch nicht ungefährlicher Akt. Am Checkpoint Charlie wechseln zu jeder Tages- und Nachtzeit Fahrzeuge der Alliierten von einer Seite der Stadt zur anderen. Mit einer Schließung riskiert er einen diplomatischen Zwischenfall. »Lasst uns rein!«, johlt die Kreuzberger Festgemeinde im

Chor. Auf der anderen Seite haben sich, vom Radau auf der Westseite angestachelt, einige Hundert Ostdeutsche versammelt, die als Echo zurückrufen: »Lasst uns raus!«

An der Bornholmer Straße wird die Lage langsam unhaltbar. Die immer dichter werdende Menschenmenge übt wachsenden Druck aus – der Sperrzaun droht nachzugeben. Die Wachen fühlen sich zunehmend unwohl. Denn inzwischen sind sie ins Kreuzfeuer geraten: Einige von den »Aufsässigen«, denen sie kurz zuvor den Grenzübertritt erlaubt haben, sind schon wieder zurück. Und denen wird nun klar, dass man sie nicht mehr in die DDR lassen will. Mütter werden von Verzweiflung gepackt und flehen die Posten an – sie haben ihre Kinder allein zu Hause gelassen. Die Abgewiesenen rasten fast aus vor Zorn. »Wir kommen zurück!«, schreien sie. Als jene Berliner, denen man dieses Privileg verweigert hat, den Trick der Stasi durchschauen, werden sie ihrerseits aufsässig.

Harald Jäger steht kurz vor einem Nervenzusammenbruch. Es scheint, als stünde der Sturm unmittelbar bevor, und seine Leute, die sich hilflos und umzingelt vorkommen, lassen allmählich Anzeichen von Panik erkennen. Der Offizier weiß nicht mehr, auf welches Argument er zurückgreifen könnte, um die Menge zu beeinflussen, welche Tricks er anwenden soll, um wieder für Ruhe zu sorgen. Weil ihm absolut nichts mehr einfällt, greift er zum Telefon und sendet Ziegelhorn zum x-ten Mal einen Notruf:

»Hier Oberstleutnant Jäger.«

»Ich habe keine anderen Anweisungen! Du kennst die Befehle, Jäger!«

Außer sich knallt der Oberst im OLZ den Hörer auf die Gabel. Der Kommandant der Bornholmer Straße kommt sich verlassen vor, allein angesichts einer tobenden Menge, die die Berliner Mauer bedroht und die DDR mit sich reißen könnte. Seine Untergebenen schauen ihn an; sie warten auf einen Befehl.

»Wir könnten die Schranken öffnen und die Personenkontrollen einstellen ...«, sagt er in den Raum, als wolle er die Reaktion seiner Leute prüfen.

Niemand protestiert.

»Aber ihr kennt die Befehle. Wir müssen stattdessen die Stellung halten. Und wenn einer der Provokateure zu weit geht, wenn er sich zu körperlicher Aggression hinreißen lässt, dann muss das Feuer eröffnet werden.«

Die Erwähnung eines Waffeneinsatzes genügt, um den Männern jede Moral zu rauben – sie werfen einander erschrockene Blicke zu. Jeder weiß, diese Lösung würde geradewegs in ein Massaker ausarten. Auf beiden Seiten.

Es ist die Menschenmenge, die das Gewissen des Oberstleutnants mit der vorbildlichen Beurteilung erleichtert. Die Verriegelung des Sperrgitters hat nachgegeben. Die Leute drängen sich jetzt gegen die Schranke, einen Meter von den unglücklichen Wachsoldaten entfernt, die der Postenführer zur Sicherung der Grenze aufgereiht hat. Im Augenblick gehen sie nicht weiter; sie bleiben diesseits der weißen Linie, gehen die Posten jetzt aber direkt an, klopfen ihnen auf die Schulter und skandieren abwechselnd wütende Parolen und die Aufforderung, sich ihnen anzuschließen. »Sei doch nicht blöd!«, sagt ein kleiner Lockenkopf zu einem Offizier, um ihn zum Aufmachen zu bewegen.

Wie viele mögen es sein? 20 000? 30 000? Unmöglich, das abzuschätzen. Um 23 Uhr 30 kommen immer noch Leute dazu. Die westdeutschen Fernseh- und Rundfunksender haben ihre Programme geändert, einer nach dem anderen geht zur Direktübertragung über. Und aufgrund ihrer Berichte werden immer mehr Ostberliner dazu angeregt, sich der Bewegung anzuschließen.

Harald Jäger versucht es mit einem letzten Anruf bei Ziegenhorn:

»Wir können nicht mehr standhalten, wir müssen aufmachen. Ich stelle die Kontrollen ein und lasse die Leute raus.«

Ohne eine Antwort abzuwarten, legt er auf.

Plötzlich beugt sich ein Wachtposten vor und beginnt, die rotweiß gestreifte Schranke anzuheben. Die Menschenmenge drängt sich mit solcher Gewalt durch, dass er beinahe niedergetrampelt wird und sich an einer Stange festklammern muss. Tausende schreien ein siegesgewisses »Ja!«; sie pfeifen und jubeln aus Leibeskräften. Fäuste werden hochgereckt, Finger zum Sieges-V gespreizt. Weit öffnen sich die Schleusentore. Eine ununterbrochene Flut von Berlinern stürzt von der anderen Seite der bislang bestgesichertsten Grenze Europas herein. Ohnmächtig und überwältigt, aber auch ein wenig erleichtert haben Jägers Männer sich vorsichtshalber zurückgezogen; an das nun überflüssig gewordene Wachhäuschen gelehnt beobachten sie mit hängenden Armen oder mit einer Zigarette zwischen den Lippen, wie ihre Landsleute voller Freude und von Gefühlen überwältigt an ihnen vorbeimarschieren, ohne sie eines Blickes zu würdigen. Die Leute auf der Brücke lachen, weinen, umarmen einander, rufen »Wahnsinn!«. Die Westberliner auf der anderen Seite empfangen sie wie Helden. Improvisierte Spruchbänder heißen sie im Westen willkommen. Menschen, die sich nie zuvor begegnet sind, umarmen einander wie Brüder und Schwestern. Sie fallen einander um den Hals, beglückwünschen sich. Starke Kerle beginnen zu schluchzen; alte Leute schicken Fürbitten gen Himmel; eine Frau mit

Fellkappe küsst den Boden, als sei sie im gelobten Land angekommen.

Als die ersten Autos das Ende der Brücke erreichen, nehmen die Beifallsrufe zu. Die Anwohner bilden ein Ehrenspalier und schlagen als Willkommenszeichen mit der Faust auf die Autodächer. Über die Windschutzscheibe des ersten Trabbi schüttet die Menge wie bei einer Schiffstaufe oder einer Siegerehrung der Formel 1 Schampus und Coca-Cola. Lachend schaltet der Fahrer die Scheibenwischer an, während sich ihm Hände entgegenstrecken, um ihm Schokolade oder Marshmallows zu reichen ... »Darauf haben wir 28 Jahre gewartet! 28 Jahre!«, versichern sich Ost- wie Westberliner immer wieder.

Einer nach dem anderen, wie fallende Dominosteine, werden jetzt die Grenzkontrollposten in der geteilten Stadt geöffnet. Nachdem sie von der kampflosen Übergabe an der Bornholmer Straße gehört haben, machen die anderen Postenführer dasselbe wie Harald Jäger. Sonnenallee, Invalidenstraße, Chausseestraße, Checkpoint Charlie, Heinrich-Heine-Straße, Oberbaumbrücke: Die Berliner überwinden nacheinander alle Pforten der Mauer. Überall steigt der gleiche Radau gen Himmel.

»Wahnsinn!«, »Wahnsinn!«, »Wahnsinn!« Noch ungläubig, aber freudetrunken führt Berlin nur noch dieses eine Wort im Mund. Die Hauptstadt wirkt wie eine einzige Familie, die sich nach 28 Jahren in einem Tohuwabohu aus Geschrei, Böllern wie zu Sylvester, Hup- und Pfeifkonzerten wiedertrifft. Eine überschäumende und anarchische Ode an die Freiheit!

16 »Wahnsinn!«

Seit der Demonstration vom 4. November ist Marina krankgeschrieben. Berlin kommt ihr viel zu aufregend vor, als dass sie wieder in die Einkaufsabteilung des Kieswerks am Elbufer zurückkehren wollte. Sie hat sich bei ihrer Freundin Katia einquartiert. Heute Abend hängen sie vor dem Fernseher ab – bei abgedrehtem Ton – und hören Musik. Gegen 22 Uhr bleibt Marinas Blick an den Bildern der Menschenmenge in Berlin hängen. Sie dreht den Ton lauter. Ein Reporter erklärt, Ostdeutsche hätten die DDR verlassen können; andere würden demonstrieren, um ebenfalls ausreisen zu dürfen. Mit der Zeit kommen immer mehr Live-Bilder. Die beiden jungen Frauen sehen, wie die Erregung zunimmt. Dann erkennen sie, dass die Schranken hochgehen und die freudetrunkene Menge in den Westen stürmt.

Katia beginnt vor Glück zu tanzen. Marina fängt zu lachen an. Sie denkt sofort an ihren Bruder. Er ist gestern in die Tschechoslowakei gefahren, um sich von dort in die BRD abzusetzen!

»Der arme Gerhard. Das musst du dir mal vorstellen, Katia. Er dümpelt in Prag rum, während wir im Westen Rambazamba machen!«

In aller Eile werfen sie ihre Mäntel über, poltern die Treppen hinunter und rennen zur Bornholmer Straße. Als sie atemlos die Menschenmenge erreichen, herrscht ein unbeschreibliches Gedränge. Die Masse ist so dicht, dass sie von einer Bewegung erfasst werden, die unaufhaltsam scheint. Um sich herum sehen sie, so weit das Auge reicht, nur die lachenden oder weinenden Gesichter der Berliner, die sich zum Grenzkontrollposten voranschieben. Gelegentlich berühren sie nicht einmal mehr den Boden. Sie nehmen kaum wahr, dass sie die Grenze überschritten haben.

Marina und Katia haben nie einen Fuß in den Westen gesetzt. Am anderen Ende der Brücke entdecken sie das Stadtviertel Wedding. Eine Woge der Euphorie reißt sie mit sich fort. Anwohner in Pantoffeln schließen sie in die Arme, bieten ihnen Getränke und Essen an oder Zigaretten. Ein Fernsehteam nimmt die Szene auf und hält den beiden jungen Frauen ein Mikro hin.

»Das ist einfach unglaublich! Einfach unglaublich! Unvorstellbar, jetzt kann man ein- und ausreisen, wie man will!«, schreien sie der Journalistin von der ARD zu. Dann umarmen sie sie und brechen anschließend in Tränen aus.

Keine zehn Meter weiter kommt ein Bus nur unter Schwierigkeiten voran. Alle applaudieren und rufen »Gorbi! Gorbi!«, als sie auf der Bordwand Werbung für Wodka Gorbatschow entdecken …

Marina und Katia kommen genau in dem Moment wieder ein wenig zu sich, als ein untadeliger junger Mann ihnen eine Besichtigungstour durch Westberlin im Auto vorschlägt. In einem Opel Coupé mit offenen Fenstern jauchzen sie vor Freude, während ihr dienstbereiter Ritter sie mit Dauerhupen und voll aufgedrehtem Radio Richtung Kurfürstendamm mit seinen Neonreklamen kutschiert.

Emma irrt schon eine ganze Weile durch die Straßen Ostberlins. Sie betrachtet den um sie herum herrschenden verrückten Trubel, ohne im Geringsten daran teilzunehmen. Ihr

Kopf ist leer; sie fühlt sich wie erschlagen. Vor einer Stunde noch hat sie einen runden Tisch zum Thema Erziehung geleitet. Die Initiative des Neuen Forums hatte Dutzende Teilnehmer angelockt, und die Ideen – von völlig vernünftig bis absolut abwegig – gingen in alle Richtungen. Ein Augenblick kreativer Freiheit, so etwas wie das Jahr null, in dem alles vorstellbar ist auf der Baustelle DDR.

Und dann stürzt da eine Gruppe Störenfriede in den Raum und schreit: »Die Mauer ist offen!« Drei Viertel der Teilnehmer sind sofort aufgesprungen und wie ein Schwarm Spatzen davongeschwirrt. Die anderen haben dann beschlossen, die Sitzung aufzuheben.

Emma braucht sich das nicht anzusehen. Sie kann sich die Leute sehr gut vorstellen, die nach Westberlin pilgern. Es sind die gleichen, die sie letzten Samstag am Alexanderplatz gesehen hat – die fand sie ekelhaft. So, wie sie aus reinem Opportunismus angefangen haben, die Machthaber zu beschimpfen und auszupfeifen, werden sie auch den Westen und sein kapitalistisches System bedenkenlos annehmen. Ihre »Traumrepublik« wird es nie geben. Die Hammelherde zertrampelt sie, während sie auf die andere Seite der Mauer rennt.

Emma stößt die Haustür auf. Im Treppenhaus werden ihr die Beine schwer. In ihrer Wohnung brennt kein Licht. Jürgen, Bastian und Petra schlafen mit geballten Fäusten, aber es ist keiner da, der auf sie aufpasst. Ihr Ehemann Michael hat ihr eine Nachricht auf dem Küchentisch hinterlassen.

»Liebes, wir feiern! Ich bin mit Freunden vom Kombinat auf die andere Seite. Ich konnte nicht widerstehen!«

»Dieser Mann wird es sicher nie begreifen!«, schimpft sie – ihre Einsamkeit in dieser rauschhaften Nacht drückt sie nieder.

Ehe er von der Botschaft in seine Residenz am Rheinufer gefahren ist, hat Vernon Walters alle seine Abteilungen ermahnt: Wer eine neue Nachricht zur Lage in Berlin hat, soll ihn unverzüglich anrufen, ungeachtet der Uhrzeit. Heute Abend findet er Bonn unerträglich. Die Botschaftsviertel, die von übermäßig gepflegten Gärten umgebenen Villen, die leeren Straßen – diese ganze ruhige und geschichtslose Provinzstadt geht ihm auf die Nerven. Mit einem Glas in der Hand geht er im Salon auf und ab und lässt die Eiswürfel in seinem Drink klimpern.

Schabowskis Pressekonferenz findet er nach wie vor erstaunlich. Weder der Bundesregierung noch dem Westberliner Senat war etwas mitgeteilt worden. Kein Wort der Sowjets gegenüber den westlichen Alliierten, obwohl das Schicksal der Stadt sie doch unmittelbar angeht. All das riecht nach Improvisation, nach Panik, nach Chaos.

Walters zappt durch die Fernsehkanäle. Dort wird berichtet, die Menschen warteten ungeduldig darauf, dass die Grenzen nach Westberlin geöffnet würden; die Stimmung werde gereizter, die ostdeutschen Machthaber würden seit Stunden nichts von sich hören lassen. Was steckt dahinter?

Das Telefon klingelt. Sofort hebt der Botschafter ab. Es ist Westberlin.

»Herr Botschafter, die Grenzkontrollen brechen zusammen, die DDR hat die Schranken geöffnet. In der ganzen Stadt überschreiten Tausende Menschen die Grenze.«

Die Augen Vernon Walters leuchten auf. Unverzüglich lässt er Washington informieren. Dann ruft er das Militärhauptquartier an. Nicht in diplomatischem, sondern in kriegerischem Ton. Hier erteilt der General im Ruhestand die Befehle.

»Ich fliege sofort nach Berlin. Stellt mir bei meiner Landung in Tempelhof einen Hubschrauber zur Verfügung. Ich will mir das von oben ansehen.«

»Das können Sie nicht machen! Wir wissen noch nicht, wie die Sowjets reagieren werden. Wir erreichen keinen von denen. Stellen Sie sich vor, die halten unser Vorgehen für eine Provokation ...«

Walters bleibt unnachgiebig.

»Auch wenn Sie ein persönlicher Freund des Präsidenten sind«, erwidert man ihm, »heute Abend wird kein Hubschrauber abheben, das garantiere ich Ihnen!«

Ein Berater mahnt später zur Besonnenheit:

»Die Lage ist zu ungewiss. Sie sollten hier in Bonn bei der Regierung sein.«

»Na schön, aber ich bleibe nur bis morgen früh. Wenn die Rote Armee sich nach dem Wecken nicht gerührt hat, verschwinde ich nach Berlin.«

Es ist fast Mitternacht. Sven und Vera stellen ihre Pakete mit den frisch vervielfältigten Flugblättern zusammen. Da klopft es an der Tür. Noch vor wenigen Wochen wären sie bei einer solchen nächtlichen Visite erschrocken. Doch das Gespenst der Stasi hat sich inzwischen verflüchtigt. Vera schließt auf. Ein langer Kerl mit Backenbart baut sich in der Tür auf. Es ist Ralf, ein Veteran der UB, dem man zwei Monate zuvor die ständige Ausreise aus der DDR gestattet hatte, der nun einen kleinen Job in einer Kreuzberger Kneipe hat.

»Ralf! Was zum Teufel machst du hier?«, fragt Vera.

»Ich bin beim Checkpoint Charlie über die Mauer. Die haben alles aufgemacht, das ist der Wahnsinn. Man kommt ohne Kontrolle durch. In Kreuzberg ist ganz Ostberlin am Tanzen. Und Leute aus dem Westen ziehen haufenweise Unter den Linden und am Alex umher. In alle Richtungen sind Trabis unterwegs. Auf den Bürgersteigen trinken sie Sekt. Es ist irre, sag ich euch!«

Da will Sven natürlich auch dabei sein.

»Komm, Vera, das müssen wir sehen.«

Westberlin! Die junge Frau muss plötzlich an Thomas denken, der seit ihrer schon einige Jahre zurückliegenden Trennung dort lebt – einer Trennung, von der sie sich nie erholt hat. Wenn sie sich auf die andere Seite der Mauer begibt, so ihre tiefe Überzeugung, wird sie Thomas wieder verfallen. Es ist absurd, aber nicht zu leugnen: Die Vorstellung kommt ihr unerträglich vor.

»Nein, Sven, ich hab keine Lust, hinzugehen.«

»Red keinen Quatsch! Du siehst aus, als hättest du es noch nicht kapiert: Die Mauer ist of-fen, of-fen! Also los, zieh den Mantel an, dann hauen wir hier ab.«

»Und ich sage dir, ich gehe nicht mit. Lass mich in Ruhe. Ich bleibe hier.«

Sprachlos zuckt Sven mit den Schultern und verzieht sich zusammen mit Ralf.

Vera bleibt allein zurück. Mit leerem Blick denkt sie an Thomas, vor allem aber an die Zukunft ihres Landes. Wenn die Mauer nicht mehr steht, was bringt es dann noch, weiterzumachen? All unsere Projekte für eine bessere DDR haben keinen Sinn mehr. Die engstirnigen Spießer werden leben wollen wie die in der BRD: Ein Haus kaufen, einen Volkswagen, auf Mallorca in der Sonne liegen, dem Geld nachlaufen. Sie schaut auf die nutzlos gewordenen Flugblätter und tritt gegen einen Stapel, dass er auseinanderfliegt.

Sie greift in ihre Tasche und holt eine Strickarbeit heraus, an der sie in Mußestunden strickt, um ihre Nerven zu beruhigen. Eins links, eins rechts. Das Klicken der Nadeln wird schneller, die Maschenreihen folgen immer schneller aufeinander, als plötzlich eine Nadel bricht. Es ist wohl wirklich nicht ihr Abend.

Vor den Fenstern der Botschaft der UdSSR sieht es auf der Straße Unter den Linden aus wie bei einem Volksfest. Vor der Marmorbüste Lenins feiern die über den Checkpoint Charlie gekommenen Westberliner zusammen mit ihren Landsleuten aus dem Osten, die sich ihrerseits anschicken, die Grenze zu passieren. Ihr Geschrei dringt bis ins Büro von Igor Maximytschew. Der zweite Mann der sowjetischen Vertretung ist völlig fertig. Ohnmächtig muss er einer Katastrophe historischen Ausmaßes zusehen. Für den Karrierediplomaten, der seit Jahrzehnten über die Interessen Moskaus wacht, stehen das Lachen und die Gesänge auf der Straße für den angekündigten Tod der DDR, dieses Schmuckstücks des Imperiums. Eine mit dem Blut der Soldaten der Roten Armee eroberte Trophäe, verschleudert von ein paar unfähigen Figuren an der Spitze der SED, während ein im Kreml sitzender inkompetenter Haufen gleichgültig zusieht.

Was ist zu tun? Zu dieser späten Stunde ist er allein auf der Kommandobrücke. Der Botschafter ist schon lange im Bett, und die lärmenden Freudenkundgebungen, die für Leben auf den Straßen der Hauptstadt sorgen, stören seinen Schlaf offenbar nicht. Was würde es nützen, ihn zu wecken? Kotschemassow ist die Vorsicht in Person. Er fürchtet sich so sehr davor, höheren Ortes Missfallen zu erregen, dass er immer erst die Moskauer Temperatur fühlt, ehe er dem Kreml oder dem Ministerium irgendetwas übermittelt. Der tapfere Parteisoldat kennt die Regeln: Den Vorgesetzten ist nur das zu schreiben, was sie gerne lesen. Igor Maximytschew verzichtet darauf, ihn aus dem Bett zu holen. Die

Dringlichkeit der Lage würde nichts daran ändern – er würde auf alle Fälle bis zum Morgen abwarten, ehe er den MID benachrichtigte.

Draußen, einen Steinwurf von der Botschaft entfernt, dringen die ersten Feiernden in die Verbotszone unter dem Brandenburger Tor ein. Einen Augenblick lang erwägt der Diplomat, seine Befugnisse zu überschreiten, Moskau auf eigene Verantwortung zu benachrichtigen und das Alarmsignal auszulösen, damit die Sowjetmacht die DDR auffordert, dem unanständigen Berliner Karneval ein Ende zu setzen. Auch darauf verzichtet er. Wer wird es da unten lesen, wenn er mitten in der Nacht eine dringende Nachricht übermittelt? Falls die Nachricht einem Hardliner in die Hand fiele, könnte der andere Anhänger einer Politik der Stärke davon in Kenntnis setzen. Maximytschew weiß, wie viel Mühe es die Rote Armee kostet, ihren Zorn zu zügeln, und wie sehr sie es dem Kreml verübelt, dass er seine Leute in die Kasernen verbannt und ihnen strengstens verboten hat, sich in der DDR einzumischen. Er hat die drohenden Worte des Generals Snetkov gehört. Außerdem ist ihm nicht entgangen, dass eine ganze Clique des KGB die aktuelle Entwicklung in Ostberlin missbilligt. Das Risiko ist zu groß. Er wird nicht derjenige sein, der die »chinesische Lösung« in Gang gesetzt hat. Er wird denen, die die DDR mit Panzern auf den Straßen erledigen wollen, keinen Vorwand liefern.

Ehe er das Licht ausmacht, wirft Igor Maximytschew einen letzten Blick auf sein Büro. Vier Jahrzehnte lang ist das Schicksal der DDR hier entschieden worden, auf dieser Etage, in diesem imponierenden weißen Gebäude. Das ist wohl vorbei.

In dem Lada, der den Prenzlauer Berg hinabrollt, kurbelt Barbara die Scheibe herunter. Sie ist ein wenig beschwipst, ihr ist sehr heiß – sie braucht frische Luft. Das kommt davon, dass sie den Geburtstag ihrer Freundin Viola ein wenig zu sehr begossen hat. An diesem Abend haben alle so viel getrunken, dass Peter, der Lebensgefährte Violas, mitten in der Feier in die Kneipe an der Ecke musste, um Nachschub zu besorgen. Bei seiner Rückkehr ist er dann in einem solchen Zustand gewesen, dass alle geglaubt haben, er hätte unterwegs eine ganze Flasche allein weggesüffelt. Atemlos und schwitzend hat er geschrieen:

»Die haben die Mauer aufgemacht!«

Im nächsten Augenblick hat sich die ganze Bande in drei Autos – acht pro Fahrzeug – gezwängt und ist zum Brandenburger Tor gefahren.

Am Ende der Straße Unter den Linden kommt der Konvoi zum Stehen. Ein einmaliger Anblick: Unter den Augen der Wachposten besetzen Dutzende Berliner den Pariser Platz, der sich vor dem mit einer Quadriga gekrönten Tor erstreckt. Im Hintergrund trinken und tanzen die Leute zu Hunderten auf der Mauer selbst.

Barbara und ihre Freunde lassen die Autos zurück, gehen unter dem Tor durch und bis hin zur Mauer. Hände strecken sich ihnen entgegen.

»Kommt rauf! Wir helfen euch.«

Ein kräftiger Kerl mit Bart hievt Barbara auf den Betonwall. Sie findet sich an der Seite einer Westberlinerin wieder, die über ihrem Nachthemd einfach einen Mantel angezogen hat. Die Frau drückt ihr eine Flasche Sekt in die Hand. Barbara packt den Flaschenhals und nimmt einen ordentlichen Schluck. Sie ist von einem tiefen Freiheitsgefühl durchdrungen. Vor ihr liegt der Westen: Die lange und geradeaus verlaufende Straße des 17. Juni[1], die den Tiergarten durchquert, die Siegessäule, die massige Silhouette des Reichstags. Immer wieder von Gelächter unterbrochen, schreien die Leute in Barbaras Umgebung aus Leibeskräften in die Stadt: »Nur wer tot ist, schläft heut Nacht!«

Als Barbara Richtung Westen hinunterspringt, folgen ihr ein paar Leute. Per Anhalter schaffen sie es zum Viertel der Nachtschwärmer am Savignyplatz. Tattersall, Zwiebelfisch, Schwarzes Café: Zunehmend beschwipst ziehen sie von einer Kneipe zur nächsten. Überall werden sie zur Feier ihres ersten Tages in der Freiheit auf ein Glas eingeladen.

Auf dem Rückweg sind die Bürgersteige dann voller Menschen, auf den Straßen stauen sich Fahrzeuge mit DDR-Kennzeichen. Die Nacht ist eisig, doch keiner kommt auf die Idee, sich über die Kälte zu beklagen. Die Deutschen aus dem Osten wollen alles entdecken, alles kennenlernen, sich richtig sattsehen. Da macht es gar nichts, dass die Kaufhäuser geschlossen haben – sie begeistern sich vor den hell erleuchteten Schaufenstern, den Neonlichtern, den Leuchtreklamen. Vor den Reisebüros träumen sie von fernen, bislang unerreichbaren Zielen: Paris, London, Mallorca, Ägypten, Bali, Thailand, New York! Zwölf Stunden zuvor hatten sie auf einem anderen Planeten gelebt.

Barbara und ihre Begleiter gehen erneut in der Nähe des Brandenburger Tores an der Mauer entlang. Die Stimmung ist noch viel ausgelassener als auf dem Hinweg. Ein junger Typ aus dem Westen mit schwarzer Lederjacke ist mit einer Spitzhacke hinaufgeklettert. Angefeuert von Hunderten in seiner Nähe, die jeden Schlag mit einem Freudengebrüll be-

---

1 Die Straße erhielt den Namen vom Westberliner Senat, der damit die Opfer des Arbeiteraufstands des Jahres 1953 in der DDR ehren wollte. Der Aufstand war von Polizei und Roter Armee blutig niedergeworfen worden.

gleiten, hämmert er bis zur Erschöpfung auf den Beton ein. Als er nicht mehr kann und seine Finger klamm werden, nimmt ihm ein Kerl im Parka das Werkzeug aus der Hand und klopft weiter. Allmählich, Schlag um Schlag, zerbröckelt die Mauer und lässt ihre Eisenarmierung ans Licht kommen. »Die Mauer ist weg!«, singen die Umstehenden voller Begeisterung. Am frühen Morgen, als die letzten Abbruchspezialisten erschöpft ins Bett sinken, ist die Mauerkrone von vielen Tausend leeren Flaschen bedeckt.

Als Barbara den Grenzposten Invalidenstraße passiert, merkt sie, dass sie nicht einmal ihren Personalausweis dabeihat. Sie bekommt ein wenig Bammel, doch die Polizisten winken sie spöttisch durch …

Berlin, Freitag, 10. November 1989

Gegen 22.30 Uhr hat Hansi sich vom »Treffen der Anarchie« verabschieden müssen. Er hat seine in einem verqualmten Raum der UB zur Neuerschaffung der Welt versammelte Bande von Anarchos zurückgelassen und sich für seinen Nachtdienst ins Krankenhaus begeben.

Im Personalraum sitzen alle vor dem kleinen Fernseher. Assistenzärzte, Krankenschwestern und Reinigungspersonal lauern auf die nächste Live-Übertragung bei einem der Westsender.

»Was ist los? Hat Honecker einen Putsch gegen Krenz angeleiert?«, fragt Hansi fröhlich.

»Hast du nicht mitgekriegt, was da läuft? Die probieren zu Tausenden, nach Westberlin zu kommen. Die brüllen überall rum.«

»Wahnsinn!«

Hans macht hastig seine Runde, damit er schnell wieder vor den Fernseher kommt – gerade rechtzeitig, um die ersten Berliner zu sehen, die die Mauer passieren. Das ganze Personal vom Nachtdienst starrt wie gebannt auf den Bildschirm. Die Kranken können warten.

Um sechs Uhr ist die Nachtschicht vorüber. Hansi ist zwar übermüdet, doch er zögert keinen Augenblick. Ein Ausflug in den Westen drängt sich auf: Richtung Grenzposten Oberbaumbrücke. Keiner kontrolliert ihn, er sieht nicht einmal Grenzwachen hinter den Schaltern. Er überquert die Brücke, die sich über die Spree spannt. Am anderen Ufer liegt Kreuzberg. Wie ein Moslem, der das erste Mal Mekka entdeckt, macht Hansi seine ersten Schritte im Paradies der Anarchos. Besetzte Häuser, Graffiti, Klamottenläden, die nur schwarze Ware verkaufen, Kneipen an jeder Straßenecke, zugedröhnte Typen, die unter Hausdurchgängen eingepennt sind ... in echt ist das alles noch viel besser!

Oliver, ein Kumpel aus Jena, den man letztes Jahr aus der DDR ausgebürgert hat, wohnt ganz in der Nähe. Hansi findet das Mietshaus und klingelt an der Sprechanlage. Eine schwerfällige Stimme meldet sich.

»Oli, ich bin's, Hansi. Ich bin gerade durch die Mauer gekommen.«

»Genial. Komm hoch, es ist im sechsten Stock.«

Mit zerzauster Frisur empfängt Oliver seinen Kumpel und drückt ihn an sich.

»Verdammt, Hansi, was für eine Nacht!«

»Wahnsinn! Hast du was zu trinken?«

»Ich mach dir Kaffee.«

»Nee, ein Bier. Unser Wiedersehen feiern wir nicht mit Sockenaufguss. Gib mir ein kapitalistisches Pils! Mal sehen, ob es genauso schmeckt wie in der Fernsehwerbung ...«

Michail Gorbatschow hat sich noch nicht fertig rasiert, als das interne Telefon der Regierung in seiner Privatwohnung läutet. Sein Freund Anatoli Tschernajew ist dran.

»Tola, was willst du so früh am Morgen?«

»Michail Sergejewitsch, halt dich gut fest: Krenz und seine Bande haben in der Nacht die Berliner Mauer geöffnet!«

Der oberste Sowjetführer lässt ein nervöses Lachen hören, das seinen Berater irritiert.

»Siehst du, ich habe gesagt, dass es so kommen würde.«

Als der Generalsekretär sein Büro im Kreml erreicht, ist er ruhig und gut gelaunt. Während bei den hohen Beamten des Außenministeriums mit Ausnahme von Eduard Schewardnadse angesichts der Agenturmeldungen Verzweiflung herrscht, betrachtet man das Ende der Mauer im Kreml lediglich als Anwendung der »Sinatra-Doktrin[2]«: Jedem Staat des sozialistischen Blocks steht es frei, seinen eigenen Weg zu gehen.

Die Lage in der DDR macht Gorbatschow nur auf einem ganz anderen Gebiet Sorgen. Er ruft Tschernajew an:

»Benachrichtige Berlin, damit der Botschafter unsere Anweisungen für General Snetkov noch einmal unterstreicht: *Wir werden uns nicht in die Dinge einmischen*, die in der DDR geschehen, auch nicht nach Öffnung der Mauer!«

Als der General ein paar Stunden später in Wünsdorf den Telefonhörer abnimmt, drückt sich der ergebene Wjatscheslaw Kotschemassow deutlicher aus als der Generalsekretär der UdSSR: »Bleibt in euren Garnisonen, und rührt euch vor allem nicht von der Stelle.«

---

2 Geprägt wurde der Begriff von Gennadi Gerassimow, dem Sprecher des sowjetischen Außenministeriums. Als Gast der Sendung *Good Morning America* des Senders ABC hatte er am 25. Oktober 1989 erklärt, Moskau überlasse es von nun an jedem Satellitenstaat, seinen Weg selbst zu bestimmen, frei nach Sinatras Song *I did it my way*.

Siggi, der seit 6.30 Uhr auf den Beinen ist, sagt sich, dass er sich mit Sicherheit nie an die Brutalität des Weckens beim Militär gewöhnen wird. Eisige Dusche, exakte Rasur, einmal mit dem Kamm durch die Frisur. Untadelige Erscheinung, um nicht den Unwillen der Vorgesetzten auf sich zu lenken.

Anders als vorgestern verkündet der Oberst nicht, dass das Regiment die Wache am Brandenburger Tor verstärken wird. Siggi, der die Reise jedes Mal mitzumachen hat, beglückwünscht sich.

Im Hof trifft er auf Major Radeberg, der sichtlich besorgt wirkt. Der Politkommissar des Regiments, der gewöhnlich strikt auf die Einhaltung der Dienstordnung achtet, reagiert kaum auf den Gruß seines Untergebenen. Siggi erkundigt sich bei einem Unteroffizierskollegen:

»Heute schaut Radeberg aber belämmert drein!«

»Gerüchteweise ist zu hören, dass sie in der Nacht die Mauer geöffnet haben.«

»Unmöglich!«

»Doch, doch. Ein paar von den Jungs haben es im Radio gehört.«

Siggi überlegt einen Augenblick. Dann zieht ein Lächeln über sein Gesicht.

»He, aber wenn es keine Mauer mehr gibt …«

»Genau, dann werden wir nicht mehr gebraucht!«

»Martin, bist du da? Mach auf!« Erregt trommelt ein Mann mit ausländischem Akzent an die Wohnungstür. Martin fällt es schwer, überhaupt die Augen aufzukriegen. Einen guten Teil der Nacht hat er damit zugebracht, die Aufrufe des Neuen Forums zu bearbeiten. Jetzt, wo die Organisation legalisiert worden ist, muss man schleunigst Büros, Material und

Freiwillige auftreiben. Bei Martin wächst sich das zur Obsession aus. Politik, das ist vor allem die Logistik, der Krieg mit anderen Mitteln. Vor allem gegenüber der SED, die ihnen nichts schenken wird, auch jetzt nicht.

»MARTIN! MARTIN!«

Dieser Idiot tritt noch die Tür ein. Der Krankenpfleger steht auf, zieht sich Jeans an und macht die Tür auf. Im Treppenhaus findet er drei Typen vor; einer hat eine Kamera mit der Aufschrift NOS auf der Schulter. Es ist das holländische Fernsehteam, das ihn vorigen Montag interviewt hat.

»Wir wollen von dir erfahren, was du von alledem hältst, was heute Nacht in Berlin passiert ist«, erklärt der Reporter.

»Was soll in Berlin passiert sein?«

»Du weißt schon, die Mauer!«

»Was ist mit der Mauer?«

»Also, die haben sie aufgemacht!«

Über Martin stürzt der Himmel ein. Die holländischen Journalisten hatten erwartet, er würde freudige Luftsprünge machen, doch er wirkt niedergeschlagen und verstört. Er bittet sie, später wiederzukommen. Ehe er im Namen des Neuen Forums Leipzig etwas sagt, möchte er nähere Informationen einholen.

Martin schlägt die Tür zu und bleibt kraftlos eine Weile auf einem Stuhl sitzen. Dabei müsste er doch glücklich sein. Schließlich setzt er sich seit Monaten für die Freiheit ein. Doch er merkt, dass ihn ein unerwartetes Gefühl der Frustration überfällt. »Klar musste sie aufgemacht werden. Aber nicht so schnell. Und nicht so! Nicht jetzt! Wir waren noch nicht dafür bereit!« So hat er all diese Wochen damit zugebracht, hinter der Zeit herzulaufen. Ohne sie je einzuholen.

Um sieben Uhr hat Egon Krenz zusammen mit Fritz Streletz, dem Generalstabschef der Volksarmee, in seinem Büro beim Zentralkomitee Platz genommen. Er hat die ganze Nacht kein Auge zugemacht. Am Abend zuvor ist er gegen 23 Uhr mit verwirrtem Ausdruck durch das Gebäude geirrt. »Aber was kann ich denn tun?«, hat er zwei verschreckte Mitglieder des Zentralkomitees gefragt, denen er in einem Flur begegnet ist.

Diesen Morgen wird er sich wieder fangen, das ist klar. Der Generalsekretär bittet Streletz, ein Eingreifkommando einzurichten, das die Lage wieder in den Griff bekommen soll. Insbesondere verlangt er, das Durcheinander am Brandenburger Tor zu beenden; dazu sollen die bewaffneten Kräfte alle aufhalten, die die Mauer von Westen her überklettern.

»Auf der Mauer tanzen Tausende herum. Einige springen auf das Gebiet der DDR. Das sind Grenzverletzungen. So etwas kann jeden Augenblick militärische Operationen auslösen.«

Als Egon Krenz zwei Stunden später das Plenum des Zentralkomitees eröffnet, entscheidet er sich dafür, die Ereignisse der Nacht zu übergehen. Als wäre nichts geschehen, nimmt der Staatschef die Debatte über das Aktionsprogramm der Partei wieder auf. Alle brennen darauf, mehr zu erfahren und zu verstehen, wie es zu einer solchen Katastrophe kommen konnte, aber keiner aus dem Saal wagt es, ums Wort zu bitten.

Gegen zehn Uhr kommt Streletz und flüstert ihm ein paar Worte ins Ohr. Er teilt mit, Kotschemassow habe bereits dreimal angerufen.

»Er sagt, Moskau sei wütend wegen der Mauer ... Er verlangt Erklärungen von der Führung der SED und fordert, dass du sofort Gorbatschow anrufst.«

Egon Krenz weist den General an, ein Telegramm zu verfassen, das den Kreml beruhigen und vor allem die Öffnung der Grenzen als spontane Reaktion der Führung des Landes darstellen soll.

Die mit Krenz unterzeichnete Botschaft informiert den Sowjetführer, die Regierung der DDR habe zur Vermeidung schwerwiegender Folgen einer größeren Ansammlung von Menschen die Ausreise genehmigt. Streletz, eine Koryphäe der Tarnung, hat noch hinzugefügt, die Grundsätze des Viermächteabkommens seien nicht berührt, da es die Genehmigung über Ausreisen zu Verwandten nach Berlin (West) schon jetzt gebe.

Als Wjatscheslaw Kotschemassow erneut bei Egon Krenz anruft, wirkt der Diplomat erleichtert.

»Genosse Krenz, im Namen Gorbatschows und der gesamten sowjetischen Führung übermittle ich Ihnen und allen unseren deutschen Freunden unsere Glückwünsche für die mutige Initiative, die Mauer in Berlin geöffnet zu haben.«

Krenz ist zunächst sprachlos, dann stammelt er ein paar Dankesworte und legt auf. Wenn er denn mit Glückwünschen gerechnet hätte, dann ganz sicher nicht mit denen des Generalsekretärs der KPdSU!

Dieses Mal ist es nicht mehr möglich, die Dinge wieder in den Griff zu bekommen. Mit seinem Beifall verbietet ihm der Kreml jeden Rückgriff auf gewaltsame und autoritäre Maßnahmen. Zwei Eliteregimenter aus der Region Potsdam waren auf seine Anforderung hin in Alarmbereitschaft versetzt worden und bereit, die Mauer und die Grenzkontrollposten mit militärischen Mitteln wieder unter Kontrolle zu bringen. Doch was sollte das jetzt noch bringen?

Erst seit 22 Tagen steht er an der Spitze der SED, doch er fühlt sich älter und verbrauchter als Honecker nach 18 Jahren. Eine schlaflose Nacht nach der anderen, und die Angst, die ihn bei der Machtübernahme ergriffen hat, hat nie aufgehört, in seinem Inneren zu nagen. Seit dem 18. Oktober durchlebt er einen Albtraum: Ungeheure Demonstrationen, bei denen sein Name nur Schmähungen und Pfiffe hervorruft, sich überschlagende Reformen, die niemanden zufriedenstellen, eine aufsässige SED-Basis, Kohl, der ihm den Kopf unter Wasser drückt, und dann der letzte Dolchstoß aus Moskau! Der Kreml beantwortet die Nachricht vom Hinscheiden der Mauer mit Glückwünschen! Wahrhaftig, Michail Gorbatschow hat nicht die gleiche Vorstellung von Deutschland wie seine Vorgänger. Will er nach wie vor zwei deutsche Staaten? Sein nächtlicher Besucher in Moskau hat die Wahrheit gesagt, und Honecker hatte vielleicht nicht unrecht: Ja, Michail Sergejewitsch ist ein Zauberlehrling. Am Ende hat er die DDR liquidiert …

In seinem Krankenzimmer im Park-Krankenhaus Leipzig erholt Christoph Wonneberger sich allmählich von seinem Schlaganfall. Sein physischer Zustand stellt die Mediziner zufrieden, doch er kann weiterhin nicht sprechen.

Als er an diesem Morgen aufwacht, sieht er die Bilder aus Berlin im Fernsehen. Ein Reporter spricht unmittelbar vor der Mauer. Hinter ihm passieren Autos voller euphorischer Mitfahrer den Checkpoint Charlie. Beim Durchfahren schreien sie ihre Freude in das Mikrofon, das ihnen der Journalist hinhält. Christoph Wonneberger wird unruhig. Schweigend deutet er mit dem Finger auf das Fernsehgerät, um die Krankenschwester, die ihm seine Medikamente bringt, darauf aufmerksam zu machen.

»Ja, ja, Herr Pastor. Die haben gestern Abend die Mauer aufgemacht.«

Sie schüttelt ihm kräftig die Hand. Die Augen des Pastors füllen sich mit Tränen.

Rudolf Seiters hat keine Zeit verloren. Nach einer schlaflosen Nacht hat er den amerikanischen, den britischen und den französischen Botschafter ins Kanzleramt gebeten. Wenn es um Berlin geht, muss die Bundesrepublik mit ihren wichtigsten Verbündeten reden.

Die drei Diplomaten treffen um 11.30 Uhr ein. Erst der Brite Christopher Mallaby, dann der Franzose Serge Boidevaix und schließlich der Amerikaner Vernon Walters. Man begrüßt sich herzlich, aber auch sorgenvoll.

Gleich zu Beginn gibt Seiters bekannt, dass der Kanzler seinen Terminplan umgestoßen hat. Er habe seinen Besuch in Polen abgebrochen und werde am Nachmittag an einem Treffen im Westberliner Rathaus Schöneberg teilnehmen. Außerdem wünsche der Kanzler, so schnell wie möglich mit François Mitterrand, Margaret Thatcher und George Bush sowie mit Michail Gorbatschow zu sprechen.

Der Kanzleramtsminister sagt, man müsse mit einer beispiellosen Flüchtlingswelle rechnen. Er fragt an, ob sie in Westberlin Unterkünfte zur Verfügung stellen könnten.

Vernon Walters hört nur halb zu; es hält ihn nicht mehr auf seinem Platz. Am Flughafen Köln/Bonn wartet ein Flugzeug auf ihn – sobald die Konferenz zu Ende ist, will er nach Berlin fliegen.

Unter strahlend blauem Himmel überfliegt Vernon Walters zwei Stunden später an Bord eines Hubschraubers der US-Armee die feiernde Stadt. Ungeheure Menschenmassen und nicht abreißende Autoschlangen treffen in wahren Engpässen zusammen. Man hat alle Übergänge von Ost nach West – selbst die seit Jahren gesperrten – geöffnet, doch das reicht nicht aus. Jetzt sind es nicht mehr die Partygänger der vergangenen Nacht, sondern ganze Familien, die die Mauer passieren. Das führt dazu, dass der Stillstand nach und nach alle wichtigen Verkehrsadern Berlins betrifft. Volkswagen und Mercedes mischen sich unter die Sturmflut aus qualmenden und knatternden Trabbis. Man könnte meinen, die ganz DDR habe sich in den Westen aufgemacht.

Vernon Walters macht große Augen. Er bittet den Piloten, einen bestimmten Punkt anzufliegen, dann den nächsten. Kreuzberg, Kurfürstendamm, Charlottenburg, Wedding, Schöneberg, Tiergarten: Die Stadtviertel Westberlins werden im Sturm genommen. Hunderttausende Besucher, die nur ein paar Hundert oder Tausend Meter entfernt gelebt hatten, können die für sie verbotene Stadt endlich erkunden. Der Botschafter genießt das Schauspiel in vollen Zügen – der Kalte Krieg ist gewonnen! 40 Jahre lang hat er auf diesen Augenblick gehofft und hingelebt.

»Test the West.« Mit dem Blick auf ihre Packung *West* bestätigt Marina den auf dem Zigarettenautomaten angebrachten Werbespruch.

Hier in der Sonne, wo sie nebeneinander auf einer Bank am Wittenbergplatz sitzen, spüren Marina und Katia nicht einmal die Müdigkeit, die sie einer schlaflosen Nacht verdanken. Sie haben getrunken, gesungen, getanzt. In jeder Kneipe, jeder Diskothek hat man die Ankömmlinge aus dem Osten als Helden empfangen, beglückwünscht, eingeladen, umarmt.

Ihr Schutzengel Markus kommt mit zwei Bechern Kaffee zurück, die er am Imbiss der U-Bahn-Station besorgt hat. In seiner Tasche steckt eine aktuelle Tageszeitung, die *BZ*. Der Herold der Berliner Schnauze verkündet in Balkenlettern: »Berlin ist wieder Berlin!«

»Los, los, ihr Zauberprinzessinnen«, sagt Markus. »Wir hauen ab, bevor meine Kutsche abgeschleppt wird.«

Auf dem Weg zu seinem Opel kommen sie an einem kleinen Supermarkt vorbei. Ein Angestellter ist gerade dabei, vor dem Laden die letzten Steigen mit dem täglichen Angebot an Obst und Gemüse auf die Gestelle zu legen. Die beiden jungen Frauen geraten in Verzückung. Berge von Bananen, Ananas, Orangen in Hülle und Fülle – so viel davon haben sie noch nie auf einem Haufen gesehen. Wenn in der DDR ein Geschäft endlich seine Lieferung bekommt, bildet sich sofort eine Käuferschlange, und binnen fünf Minuten ist alles weg.

In der Auslage entdecken die beiden jungen Frauen jede Menge unbekannter Produkte.

»Markus, was ist das, diese braunen Dinger mit Pelz?«, fragt Katia.

»Kiwis, meine Hübschen.«

»Und das grüne, glänzende Zeug?«

»Avocados.«

Markus, den ihre Begeisterung amüsiert, geht in den Laden und wendet sich an den Verkäufer.

»Ich nehme alle Bananen, die Sie draußen habe.«

»Alle?«

»Ja, alle. Die bringen wir nach Ostberlin. Dazu nehme ich dann noch eine Ananas, ein Kilo Kiwis, drei Avocados und zwei Kilo Orangen.«

Markus verlässt den Laden mit zwei prall gefüllten Tüten, die er den jungen Frauen hinhält. Zusätzlich zu den Früchten hat er noch Schokolade und Pralinen gekauft.

Im Wedding öffnet Markus den Kofferraum und holt die Tüten heraus. Eine gibt er Marina. Das Gewicht ist fast zu viel für die junge Frau.

»Tut mir wirklich leid, aber ich habe euch so weit mitgenommen, wie es möglich war. Der Verkehr steht still. Es würde mindestens zwei Stunden dauern, euch bis zum Kiez am Prenzlauer Berg zu bringen, und ich muss zur Arbeit. Bei der Agentur werden sie sich schon fragen, wo ich abgeblieben bin. Von hier sind es 200 Meter bis zur Bornholmer Straße. Wenn ihr dort vorbeigeht, erwischt ihr die Tram.«

»Danke für den Supermarkt! Du kriegst das Geld, sobald wir …«

»Vergiss es. Es war mir ein Vergnügen. Wir sehen uns wieder, jetzt, wo die Mauer offen ist. Du lädst mich auf eine sozialistische Currywurst ein. Tschüss, Mädels.«

Markus klemmt sich wieder hinters Steuer und versucht zu wenden – mitten im Chaos der im Schritttempo rollenden ostdeutschen Autos, die den Anliegern ihre stinkenden Zweitaktfahnen um die Nase wehen lassen und dafür mit Beifall belohnt werden. Keiner beschwert sich. Alle haben sich lieb an diesem Morgen. In allen Autos sieht man nichts als strahlendes Lächeln und Freudentränen.

Die ersten »Ausflügler« kehren in die DDR zurück. Auf den überfüllten Bürgersteigen erkennt man sie daran, dass sie schwer an ihren ersten Einkäufen im Westen zu schleppen haben. Seit dem Morgen werden die Banken und Sparkassen gestürmt – sie bieten jedem ostdeutschen Bürger, der sich an einem ihrer Schalter meldet, 100 D-Mark Begrüßungsgeld. Das Geld war allzu schnell ausgegeben … und vor allem in Bananen investiert! Aber die Einkaufstüten quellen auch über von einem unwahrscheinlichen Mischmasch aus Schnickschnack jeder Art. Die einen haben einen Staubsauger erbeutet, andere einen Haartrockner. Eine Mutter hat für ihre Töchter drei Barbie-Puppen erstanden. Ihr Gatte stolziert mit zwei Stangen Marlboro unter dem Arm und Großpackungen mit Coca-Cola-Dosen einher.

In der Umgebung des Grenzpostens Bornholmer Straße geht es drunter und drüber. Die Brücke ist zu schmal und kann nicht gleichzeitig von allen passiert werden. Doch es gibt keinen, der die Ellenbogen einsetzen würde. Nach ihrem ersten Besuch in Westberlin sind die Leute friedlich und berichten einander von ihren Erfahrungen. Man tauscht sich über die Eindrücke von KaDeWe, Kudamm, Europacenter, Mercedes-Händlern, Elektromärkten, Möbelhäusern, Bekleidungshäusern und Spielzeuggeschäften aus. Sie haben die Schatzhöhle Ali Babas besucht. »Und die Bullen sind höflich und behandeln einen nicht wie einen Hund, das ist mal was anderes als mit den Vopos!«, merkt ein kleiner Mann mit Mütze an, und alle pflichten ihm bei.

Schritt für Schritt kommen die beiden jungen Frauen zum Grenzposten voran. Trotz der Befehle des Generalstabs haben die Wachsoldaten die Kontrollen nicht wieder aufgenommen. Manche gestehen den Passanten, sie würden sich gerne Zivilkleidung anziehen und mit ihnen den Westen besuchen. An der Bornholmer Straße ist der Stau noch beeindruckender als am Vortag.

Ein junger Autofahrer streckt den Kopf aus dem Fenster seines Wartburgs und spricht Marina an.

»Na, wie ist es so auf der anderen Seite?«

»Besser, als du dir hast träumen lassen!«

EPILOG

Berlin, Samstag, 11. November 1989

Ein von Paris kommender Privatjet landet auf dem Flughafen Tegel. Der einzige Passagier ist Mstislaw Rostropowitsch. Während der Cellist, geblendet von der Sonne Berlins, die wenigen Stufen auf das Vorfeld hinabsteigt, hält er sein kostbares Instrument fest an sich gepresst.

Tags zuvor hat er in seiner Wohnung an der Pariser Avenue Georges Mandel nicht mehr stillsitzen können. In seinem Salon, dessen Vorhänge mit den Wappen der Romanoffs bestickt sind, hat er den Fernseher nicht aus den Augen gelassen. Stundenlang hat er sich alle Sondersendungen über den Fall der Mauer angesehen. Das Schauspiel dieses Volkes, das nach so vielen Jahren kommunistischer Tyrannei die Freiheit wiederentdeckt, hat ihn zutiefst erschüttert.

Sein Freund, der Industrielle Antoine Riboud, hat ihn am Morgen angerufen, um diesen historischen Augenblick mit ihm zu teilen. Dabei hat ihm der Musiker anvertraut, wie sehr er es bedauere, nicht an der Seite der Berliner gewesen zu sein.

»Wollen Sie nach Berlin?«, hat Riboud ihn gefragt.

»Das würde ich liebend gern.«

»Ich stelle Ihnen mein Privatflugzeug zur Verfügung; Sie fliegen morgen am Vormittag.«

Vor dem Flughafen Tegel zwängt der Musiker sich in ein Taxi.

»Fahren Sie mich zur Mauer«, sagt er zu dem Fahrer.

»Die Mauer? Die Mauer! Da sind Sie immer richtig, alle wollen zur Mauer! Aber wohin an der Mauer? Die ist nämlich lang, die Mauer, werter Herr!«

»Wohin Sie wollen, fahren Sie mich an eine Stelle, wo viele Menschen in den Westen herüberkommen.«

Der Fahrer schlägt die Richtung zum Checkpoint Charlie ein. Während sie durch Charlottenburg fahren, verlangt Mstislaw Rostropowitsch plötzlich, er solle sofort anhalten und einen Augenblick warten. Der Musiker geht zu einer Dame auf dem Bürgersteig und spricht sie an:

»Guten Tag, Madame, ich bin der Cellist Rostropowitsch. Ich bin auf dem Weg, um vor der Mauer zu spielen, aber ich habe keinen Stuhl dabei. Könnten Sie einen für mich besorgen, bitte?«

Angesichts der zwei verrückten Tage, die sie erlebt hat, wundert sich die Berlinerin nur wenig über die Bitte und verschwindet in einem Haus in der Nähe. Ein paar Minuten später kommt sie strahlend wieder – wie eine Trophäe schwenkt sie einen alten ramponierten Bürostuhl, der mit Stoff bezogen ist. Der Konzertmusiker bedankt sich überschwänglich, als hätte sie ihm eine Kostbarkeit überreicht; den Sessel verstaut er schlecht und recht im Kofferraum des Taxis, dann fährt er weiter.

Als er in der Nähe der Mauer ist, hört Msistlaw Rostropowitsch das Hämmern der Mauerspechte, die mit Meißeln und Hämmern über den Beton herfallen. Die Polizei im Osten wie im Westen sieht lächelnd zu, ohne einzugreifen.

Der durch sein Instrument und den Sessel behinderte Cellist bahnt sich einen Weg durch die Menge und bleibt am

Fuß des Sperrwalls stehen – etwa hundert Meter vom Checkpoint Charlie entfernt und genau vor einer der hölzernen Plattformen, die der Berliner Senat hat errichten lassen, damit die Leute auf die andere Seite schauen können. Zunächst beginnt er, in aller Ruhe sein Cello zu stimmen, dann setzt er sich vor eine riesige Micky Maus, die ein Sprayer auf die Mauer gesprüht hat. Allmählich verstummen die Menschen; sie gehen ein wenig auf Abstand und bilden einen Ring um den Künstler. Journalisten richten ihre Kameras auf ihn.

An diesem Ort, in diesem Augenblick, kann er nur Bach spielen. Natürlich deswegen, weil Bach ein Deutscher war. Und weil er an der Orgel der Thomaskirche in Leipzig, wo alles begonnen hat, seine Zuhörer verzaubert hat.

Auf einmal schweben die Töne der ersten Suite für Violoncello über der Mauer, als sollte so die Schande abgewaschen werden. Der Dissident aus Russland spielt hier den Begräbnismarsch für den Mauerring aus Stahlbeton. Er spielt für die um ihn versammelten unbekannten Menschen, die ihren Augen und Ohren nicht trauen wollen. Ihnen allen gibt er ein Morgenständchen, hier, in aller Öffentlichkeit. Um jene zu würdigen, die gestorben sind, niedergemacht von den Grenzposten. Um denen zu danken, die es unter Lebensgefahr gewagt haben, »Wir sind das Volk!« zu schreien und die Mauer niederzureißen.

PIPER

Ehrhart Neubert
Unsere Revolution

Die Geschichte der Jahre 1989/90.
520 Seiten mit 16 Seiten s/w-Bildteil. Gebunden

Die friedliche Revolution 1988 bis 1990 und die Wiedervereinigung sind einzigartig – ebenso unwahrscheinlich in ihrem Verlauf wie in der Schnelligkeit und Wucht, mit der sie die Richtung der Weltgeschichte änderten. Zwanzig Jahre später unternimmt es Ehrhart Neubert zum ersten Mal, eine Gesamtdarstellung zu schreiben. Als Mithandelnder am Runden Tisch damals und Wissenschaftler heute vermag er das vielschichtige Geschehen nicht nur aus erster Hand zu erzählen, sondern es auch zu deuten und zu strukturieren. So kann er zeigen, wie der eine historische Augenblick möglich wurde, in dem sich die deutsche Revolution von unten entfalten, eine buchstäblich betonierte Herrschaft stürzen und die Weltpolitik verändern konnte.

01/1812/01/L

OFFERT À: ....

DE LA PART DE: ....

DATE: ....

Toute l'année avec Jésus

Charles F. Stanley

avec Tama Fortner

Toute l'année avec JÉSUS

POUR FAIRE GRANDIR TA FOI

LA MAISON DE LA BIBLE

Toute l'année avec Jésus
Titre original en anglais: *Every Day with Jesus*

Adapted by Tama Fortner from *Every Day in His Presence* © 2014 by Charles F. Stanley

Published in Nashville, Tennessee, by Tommy Nelson. Tommy Nelson is an imprint of Thomas Nelson. Thomas Nelson is a registered trademark of HarperCollins Christian Publishing, Inc.

© et édition (française): La Maison de la Bible, 2020
4e edition 2023
Case postale 50
Chemin de Praz-Roussy 4bis
1032 Romanel-sur-Lausanne, Suisse

info@bible.ch - www.maisonbible.net

Traduction: Colette Gauthier-Carr

Sauf indication contraire, les textes bibliques sont tirés de la version Segond 21 © 2007 Société Biblique de Genève - www.universdelabible.net Signification des abréviations relatives aux autres versions:
BFC = Bible en français courant
PDV = Parole de Vie
NBS = Nouvelle Bible Segond

Illustration couverture: Emeline Ferron
Graphisme couverture: Olivier Leycuras - Visuall

ISBN édition imprimée 978-2-8260-3586-2
ISBN format epub 978-2-8260-0441-7

Imprimé en République tchèque, sur les presses de Finidr

MIXTE
Papier | Pour une gestion forestière responsable
FSC
www.fsc.org
FSC® C014138

UN SI GRAND AMOUR

Dieu créa l'homme à son image,
il le créa à l'image de Dieu.
Genèse 1.27

Est-ce que tu as déjà réfléchi à l'amour de Dieu pour toi? En fait, même si tu passais toute ta vie à y penser, tu n'arriverais pas à comprendre à quel point il est immense. Car c'est impossible.

D'abord, Dieu t'a créé(e) *à son image*! Incroyable, non? Il voulait que tu lui ressembles; non pas au niveau de ton apparence physique, bien sûr, mais dans ton cœur et dans ton âme.

Ensuite, pense à toutes les choses merveilleuses qu'il a créées dans l'univers, puis dis-toi que, pour lui, tu as plus d'importance que tout ça. Tu as tant de valeur à ses yeux qu'il souhaite te parler et faire partie de ta vie à chaque instant. Il veut te remplir de son amour, pour que, quand les autres te voient, ils voient cet amour de Dieu en toi (Matthieu 5.16).

Donc si, parfois, tu te demandes si tu vaux vraiment quelque chose, rappelle-toi ceci: Dieu t'a créé(e), il t'aime et tu lui appartiens (Esaïe 43.1).

Seigneur, merci de m'aimer d'un
si grand amour. Amen.

AUJOURD'HUI, AVEC JÉSUS...
RAPPELLE-TOI COMBIEN DIEU T'AIME.

2 janvier

IL TE CONNAÎT PARFAITEMENT

Ô Dieu, tu es mon Dieu, je te cherche.
(...) ta bonté vaut mieux que la vie.
Psaume 63.2-4

Est-ce qu'il t'arrive de te faire passer pour ce que tu n'es pas et de faire des choses que tu préférerais ne pas faire, simplement pour que les autres t'aiment bien? Pourtant, tu as envie qu'on te connaisse comme tu es *vraiment* et qu'on t'apprécie justement pour ce que tu es... Bien sûr, il y a quand même un tas de personnes qui te connaissent et qui t'aiment. Mais une *seule* te connaît parfaitement et t'aime parfaitement: c'est *Dieu*. Il sait tout ce que tu as pensé, fait ou dit jusque-là, tout ce que tu penses, fais ou dis en ce moment et tout ce que tu penseras, feras ou diras encore (ce qui est bien comme ce qui est mal). Et il t'aime quand même.

Quand tu fais ce qui est mal, quand tu commets un péché, tu penses peut-être que Dieu ne t'aime plus ou qu'il ne veut plus que tu viennes lui parler. Mais ne crois pas ça un seul instant! Car il t'a créé(e) pour que tu vives avec lui, et il désire que tu sois *toujours* près de lui. Tu ne peux rien faire, penser ou dire qui l'empêchera de t'aimer. Jamais son amour ne t'abandonnera.

Père, merci de me connaître parfaitement
et de m'aimer malgré tout. Amen.

AUJOURD'HUI, AVEC JÉSUS... SOUVIENS-TOI QU'IL TE CONNAÎT PARFAITEMENT.

3 janvier

LAISSE-LE TE RENDRE LIBRE

Si donc le Fils vous libère, vous serez réellement libres.

Jean 8.36

Est-ce que tu as déjà vu un âne chargé de gros sacs? Si oui, tu as forcément remarqué qu'il ne pouvait pas se débarrasser lui-même de son lourd chargement. Les ânes n'ont pas de bras. Donc ils ont besoin que quelqu'un les libère de leur fardeau.

Eh bien, c'est pareil pour toi. Bien sûr, tu te dis: *Mais moi, je ne porte pas de gros sac sur mon dos...* Et tu as raison. En fait, ton gros sac est *en toi*. A l'intérieur, il y a tes mauvais sentiments, comme la colère ou la jalousie, mais aussi ta tristesse et ta souffrance.

Ces poids qui pèsent sur ton cœur sont peut-être enfouis très profondément, là où tu ne peux pas les atteindre. Et avec le temps, ils deviennent de plus en plus lourds et t'écrasent. Alors tu as besoin de quelqu'un qui te décharge. Tu as besoin de *Jésus*. Car lui seul peut te libérer.

Il te débarrassera de ton «gros sac». Il te consolera, t'aidera à pardonner et te donnera sa joie. Tout ce que tu dois faire, c'est le lui demander. Et il te rendra libre.

Seigneur mon Dieu, merci d'avoir envoyé
Jésus pour me rendre libre. Amen.

AUJOURD'HUI, AVEC JÉSUS... LAISSE-LE TE DÉBARRASSER DU POIDS QUI PÈSE SUR TON CŒUR.

4 janvier

LA JOIE MALGRÉ TOUT

Je vous ai dit cela afin que vous ayez la paix en moi. Vous aurez à souffrir dans le monde, mais prenez courage: moi, j'ai vaincu le monde.
Jean 16.33

Est-ce que ton cœur est rempli de joie dans n'importe quelle situation que tu peux rencontrer? C'est possible, avec Jésus.

Ça ne veut pas dire que si tu lui appartiens et le suis, tu n'as plus jamais de problèmes. Mais ça veut dire qu'il est toujours avec toi. Quand tu es triste, il te console. Quand tu as peur, il te donne du courage. Et quand tu vis des choses difficiles (ce qui arrive toujours à un moment ou à un autre dans ce monde), il te guide et vient à ton secours. Il utilise même les difficultés pour t'apprendre à lui faire plus confiance. Et il met dans ton cœur la joie de sa présence.

Jésus ne te laisse jamais seul(e): ni dans les bons moments ni (et surtout pas) dans les moments difficiles. Alors, la prochaine fois que tu passes par quelque chose de douloureux, n'abandonne pas. Au contraire, remercie-le pour l'aide et la joie qu'il va t'envoyer (Psaume 126.6).

Seigneur, quelle joie de savoir que tu es toujours avec moi. Merci pour ton aide. Amen.

AUJOURD'HUI, AVEC JÉSUS... LAISSE-LE TE DONNER SA JOIE, PEU IMPORTE CE QUI T'ARRIVE.

5 janvier

CROIS ET FAIS CONFIANCE

N'aie pas peur, car je suis moi-même avec toi.
Ne promène pas des regards inquiets, car je suis ton Dieu.
Je te fortifie, je viens à ton secours, je te soutiens
par ma main droite, la main de la justice.
Esaïe 41.10

Certaines personnes disent qu'elles croient en Dieu et qu'elles lui font confiance, mais elles ont tout le temps peur. Elles n'arrêtent pas de se faire du souci et de douter. Pourtant, ce n'est pas ce que Dieu veut pour nous. Tu *peux* lui faire confiance, et tu peux vraiment croire que toutes ses promesses sont vraies. Il veut seulement le meilleur pour toi. Si tu vis avec lui et cherches à obéir à sa Parole, il te donnera toutes les bonnes choses qu'il a préparées pour toi (Hébreux 11.6). Mais, et c'est important, *son* idée de ce qui est «le meilleur» est peut-être différente de la *tienne*. Fais-lui confiance: il sait ce dont tu as vraiment besoin.

Est-ce qu'il y a quelque chose qui te fait peur, qui t'inquiète? Dis-le-lui. Demande-lui de te débarrasser de ces craintes. Crois qu'il peut t'aider. Et n'oublie pas: il est bon. S'il ne te donne pas ce que tu veux, c'est qu'il a quelque chose d'encore meilleur en réserve pour toi.

Seigneur, je te fais confiance, et je crois que tu veux vraiment le meilleur pour moi. Amen.

AUJOURD'HUI, AVEC JÉSUS… CROIS QUE DIEU PRÉPARE DE BONNES CHOSES POUR TOI.

6 janvier

QUEL CHEMIN PRENDRE?

L'Eternel affermit les pas de l'homme,
et il prend plaisir à sa voie.
Psaume 37.23

Quand tu dois faire un choix, est-ce que tu aimerais parfois que Dieu te dise depuis le ciel ce que tu dois faire et où tu dois aller?

Il a promis de te guider et de t'aider, mais dans certaines situations, tu n'as peut-être pas l'*impression* qu'il le fait. Ne t'inquiète pas. Car même si tu ne le vois pas, il agit dans ta vie, te conduit et vient à ton secours.

Dieu entend quand tu le pries. Il sait tout ce qui se passe, tout ce que tu vis. Il voit quand tu hésites sur le chemin à prendre, et il sait exactement ce dont tu as besoin.

Et il te montrera le plan qu'il a pour toi (Jérémie 29.11-13). Mais il ne te le dévoilera probablement pas d'un seul coup et ne te montrera pas tout le chemin jusqu'au bout. Car il veut t'apprendre à lui faire confiance. Par contre, il t'indiquera la prochaine étape. Et il sera toujours près de toi.

Seigneur, parfois, c'est difficile, mais je te fais confiance.
Tu me montreras le prochain pas à faire. Amen.

AUJOURD'HUI, AVEC JÉSUS... CROIS QU'IL TE MONTRERA LE CHEMIN À EMPRUNTER.

7 janvier

«AVOIR LA FOI»

Or, sans la foi, il est impossible d'être agréable à Dieu, car il faut que celui qui s'approche de lui croie que Dieu existe et qu'il récompense ceux qui le cherchent.
Hébreux 11.6

Qu'est-ce que tu aimerais *vraiment*? Je ne parle pas d'un objet, comme un vélo, mais de choses plus grandes. Par exemple, tu aimerais peut-être beaucoup que tes parents arrêtent de se disputer ou que quelqu'un que tu aimes ne soit plus malade. Est-ce que tu en as parlé à Dieu? Et est-ce que tu crois qu'il peut faire quelque chose?

Croire en Dieu – ou «avoir la foi», comme disent certains – ce n'est pas savoir exactement comment les choses vont se passer. C'est savoir *qui est Dieu*: savoir qu'il est bon et le reste, croire que son amour dure toujours, avoir l'assurance qu'il pense vraiment ce qu'il dit et fera ce qu'il a promis (Esaïe 55.10-11). Tu te dis peut-être: *Mais ça fait si longtemps que j'attends, et il n'a pas encore réglé mon problème.* Oui, parfois, il te demande d'attendre avant de répondre (Psaume 130.5). L'important, c'est que tu continues à croire en sachant qu'il veut le meilleur pour toi. Tu n'as pas besoin de le supplier de tenir ses promesses, car il le fera toujours, selon son plan parfait.

Mon Dieu, je crois en toi. S'il te plaît, aide-moi à croire aussi quand je dois attendre. Amen.

AUJOURD'HUI, AVEC JÉSUS... CHOISIS DE CROIRE. CHOISIS D'AVOIR LA FOI.

8 janvier

LE PLUS BEAU DES CADEAUX

L'Eternel a établi son trône dans le ciel,
et son règne domine tout l'univers.
Psaume 103.19

Tu as reçu le plus beau des cadeaux. Lequel? Le cadeau qui consiste à *connaître Dieu*. Oui, *toi*, tu peux parler au Dieu qui a tout créé. Et tu peux le faire à n'importe quel moment. Tu ne trouves pas ça *incroyable*?

Dieu te connaît aussi. Et tu sais quoi? Il te connaît mieux que tu ne te connais toi-même! Il sait tout de ton passé, de ton présent et de ton avenir. Il sait exactement ce que tu penses et ce que tu ressens. Et quelles que soient les difficultés que tu pourras rencontrer aujourd'hui, il les connaît déjà et a déjà un plan parfait pour t'aider à les traverser.

Par sa main toute-puissante, Dieu peut tout. Par sa connaissance sans limites, il te conduira. Et par son amour éternel, il fera en sorte que tout ce qui t'arrive dans la vie serve à ton bien; même les choses difficiles (Romains 8.28).

Il n'y a rien de plus beau dans ce monde, et même dans l'univers tout entier, que de connaître Dieu et d'être connu de lui!

Mon Dieu, aide-moi à te connaître
un peu mieux chaque jour. Amen.

AUJOURD'HUI, AVEC JÉSUS... APPRENDS QUELQUE CHOSE AU SUJET DE DIEU.

9 janvier

TON ENNEMI

Nous faisons toute pensée prisonnière
pour qu'elle obéisse à Christ.
2 Corinthiens 10.5b

Le diable est ton pire ennemi. Il aime te faire croire des mensonges, murmurer à ton esprit des choses comme: «Tu ne vaux rien. Il n'y a pas d'espoir pour toi. Alors abandonne. De toute façon, Dieu ne répondra pas à ta prière» ou: «Dieu ne s'intéresse pas à toi.» Il sait exactement quoi dire pour te décourager.

Mais, et ne l'oublie surtout pas, il est un *menteur* (Jean 8.44). Alors ne l'écoute pas! Ces pensées terribles qu'il te «souffle à l'oreille» sont des mensonges. Crois ce que *Dieu* dit, car il ne ment *jamais*.

Et que dit Dieu? Quelle est sa vérité pour toi? Il dit que si tu lui fais confiance, tu es gagnant(e): «Recommande ton activité à l'Eternel et tes projets seront affermis» (Proverbes 16.3). Et parce que Jésus est de ton côté, il y a toujours de l'espoir (Jean 16.33). Non seulement Dieu entend tes prières, mais il répond à chacune d'elles (Matthieu 7.7-11). Et il t'aime tellement qu'il te tiendra *toujours* dans sa main (Jean 10.11, 27-29).

Fais-lui confiance. Il dit toujours la vérité.

Seigneur, aide-moi à repérer les mensonges du diable et à croire la vérité de ta Parole. Amen.

AUJOURD'HUI, AVEC JÉSUS… CROIS QUE LA PAROLE DE DIEU EST TOUJOURS VRAIE.

10 janvier

IL LE SAIT DÉJÀ

L'Esprit du Seigneur est sur moi, parce qu'il m'a consacré par onction pour annoncer la bonne nouvelle aux pauvres; il m'a envoyé pour guérir ceux qui ont le cœur brisé.
Luc 4.18

Est-ce qu'il y a dans ta vie des choses dont tu as honte: des mauvais choix, des erreurs, des choses que tu as faites ou dites et que tu regrettes? Et peut-être que certaines de ces choses sont si gênantes que tu voudrais que personne ne soit au courant, et surtout pas Dieu.

Mais il est *déjà* au courant. Il connaît tout de toi: ce qu'il y a de meilleur et ce qu'il y a de pire. Il connaît tes blessures les plus profondes, tes peurs les plus grandes et tes erreurs les plus grosses. Mais il t'aime malgré tout, et tellement qu'il a donné Jésus pour te sauver (Romains 5.8).

Il désire que tu sois son enfant, quel que soit ton passé. Il veut te parler et passer du temps avec toi. Il veut te libérer de la honte, guérir tes blessures et effacer tes péchés et tes fautes. N'aie pas peur de ce qu'il connaît à ton sujet. Dis-lui tout. Ensuite, laisse-le te dire combien il t'aime.

Mon Dieu, merci d'avoir donné Jésus pour me sauver. Amen.

AUJOURD'HUI, AVEC JÉSUS...
DEMANDE-LUI DE GUÉRIR TON CŒUR.

11 janvier

DONNE-LUI TOUT

Tu aimeras l'Eternel, ton Dieu, de tout ton cœur, de toute ton âme et de toute ta force.»
Deutéronome 6.5

Il est important que tu vives pour Dieu à chaque instant de ta vie (que tu sois à la maison, à l'école, avec tes ami(e)s ou à ton club de sport) et pas seulement quand tu es à l'église. Car si tu ne lui donnes pas tout, un mur se construira peu à peu entre toi et lui.

Peut-être que, parfois, tu décides de ne pas penser à lui quand tu es avec tes ami(e)s, parce que tu veux pouvoir faire des choses qui ne lui plaisent pas. Ou tu le «laisses en dehors de ta salle de classe», parce que tu veux pouvoir «tricher tranquillement». Ou bien encore tu préfères l'oublier quand tu es au sport, pour pouvoir te mettre en colère quand tu as perdu un match. Tu te dis que, si tu le laisses en dehors de ces domaines de ta vie, ces péchés passeront inaperçus à ses yeux. Mais il voit tout. Il est au courant de chaque péché que tu commets. Et toutes ces mauvaises décisions construisent un mur qui te sépare de lui. Heureusement, tu peux faire tomber ce mur en donnant à Dieu *toute* ta vie. Il t'arrivera encore de mal agir, mais si tu lui en parles, il te pardonnera toujours.

Mon Dieu, aide-moi à te donner chaque domaine de ma vie. Amen.

AUJOURD'HUI, AVEC JÉSUS...
VIS POUR LUI À CHAQUE INSTANT.

12 janvier

DEVANT UN CHOIX

Reconnais-le dans toutes tes voies et
il rendra tes sentiers droits.
Proverbe 3.6

Quand tu as une décision à prendre, qu'est-ce que tu fais? Est-ce que tu la prends vite, est-ce que tu choisis simplement de faire ce que font tes ami(e)s ou bien est-ce que tu prends vraiment le temps de réfléchir pour voir ce qui est le mieux?

En fait, la manière dont tu prends tes décisions en dit long sur toi. Elle montre si tu choisis plutôt ce qui te paraît le plus amusant, le plus facile ou le plus sûr. Elle permet de voir si tu es d'accord de prendre le risque de te tromper, de connaître un échec ou d'avoir l'air ridicule ou si, au contraire, tu fais tout ce que tu peux pour te protéger de toute souffrance ou tristesse.

Mais quelle que soit la façon dont tu fais tes choix, il y a une chose que tu ne dois jamais oublier: c'est d'en parler à Dieu. Soumets-lui toutes tes décisions. Lui seul sait ce qui est le mieux pour toi. Demande-lui de te guider par sa sagesse parfaite. Il ne te conseillera jamais de prendre un mauvais chemin.

Seigneur, dans tout ce que je vis, montre-moi
ce que tu veux que je fasse. Amen.

AUJOURD'HUI, AVEC JÉSUS... CROIS QUE
DIEU T'AIDERA À PRENDRE DE BONNES DÉCISIONS.

13 janvier

TOUT POUR TON BIEN

Du reste, nous savons que tout contribue au bien de ceux qui aiment Dieu, de ceux qui sont appelés conformément à son plan.
Romains 8.28

Est-ce qu'il y a un problème dans ta vie (qu'il soit grand ou petit) dont tu n'arrives pas à te débarrasser, une difficulté qui revient *toujours*? Tu as prié tellement souvent à ce sujet, et tu ne comprends pas pourquoi Dieu ne t'en libère pas.

Tu peux te demander pourquoi, et tu peux ne pas comprendre, mais ce qui est important, c'est que tu continues à faire confiance à Dieu. Car il a un plan pour toi. Il veut t'aider. Mais tu ne vois simplement pas encore comment il va le faire pour le moment.

Dieu domine sur tout. Oui, même sur tes difficultés (Psaume 103.19). Et puisque tu l'aimes, il promet qu'il utilisera tout ce qui arrive dans ta vie pour ton bien. *Tout.* Aussi ce fichu problème.

Alors la prochaine fois qu'il montre son nez, parles-en à Dieu. Puis crois non seulement qu'il va s'en occuper (à sa manière et en son temps, et en tout cas parfaitement), mais aussi que, d'une façon ou d'une autre, il l'utilisera pour te faire du bien.

Mon Père, je ne sais pas quel bien pourra sortir de ce problème, mais je crois que tu t'en occupes. Amen.

AUJOURD'HUI, AVEC JÉSUS... CHERCHE À VOIR LE BIEN QUE DIEU FAIT SORTIR DE TES DIFFICULTÉS.

14 janvier

RAPPROCHE-TOI DE LUI

Mais ces qualités qui étaient pour moi des gains, je les ai regardées comme une perte à cause de Christ.
Philippiens 3.7

Jésus est venu sur la terre pour mourir sur une croix et t'offrir le plus beau des cadeaux: le pardon des péchés. Il a pris sur lui la punition que tu méritais à cause de tes fautes, afin que tu puisses vivre pour toujours au ciel avec lui (Ephésiens 2.8-9). Grâce à ce qu'il a fait pour toi, tu peux parler à Dieu et savoir qu'il t'écoute.

Dieu veut passer du temps avec toi, t'écouter et t'aider. Il veut que tu te rapproches toujours plus de lui pour l'aimer toujours plus. Mais certaines choses t'en empêchent, comme l'égoïsme, la jalousie, la colère et la haine. Et pour te rapprocher de Dieu, tu dois les abandonner.

Le Seigneur veut que tu montres aux autres de la bonté et de la douceur, que tu leur pardonnes et que tu les aimes (Ephésiens 4.32). Mais avant tout, il désire que tu lui ressembles. En fait, en faisant ce qu'il te demande – en l'aimant et en aimant les autres – tu te rapprocheras toujours plus de lui.

Seigneur, aide-moi à t'aimer et à aimer les autres pour que je me rapproche toujours plus de toi. Amen.

AUJOURD'HUI, AVEC JÉSUS...
FAIS PASSER LES AUTRES AVANT TOI.

15 janvier

IL NE TE DÉCEVRA JAMAIS

Celui qui croit en elle [la pierre angulaire, Jésus] n'en aura jamais honte.
1 Pierre 2.6

Est-ce que tu as déjà entendu quelqu'un dire à Dieu: «Non pas ma volonté, Seigneur, mais la tienne»? Est-ce que tu comprends ce que ça veut dire? En fait, en priant comme ça, tu montres que tu crois que Dieu fait *toujours* ce qu'il y a de mieux pour toi. Même si tu aimerais bien qu'il exauce ta prière d'une certaine façon, tu sais que s'il y répond autrement, ce sera de toute façon beaucoup mieux. Si tu mets ta confiance en lui, tu ne seras jamais déçu(e).

Alors, quand tu rencontres un problème et que tu aimerais bien qu'il s'arrange d'une manière précise, tu as le choix entre faire confiance à Dieu et lui obéir, même si sa réponse ne correspond pas à ce que tu voulais, ou essayer de régler le problème comme tu le veux. Mais n'oublie pas: si tu mets ta confiance en Dieu, il ne t'abandonnera jamais. Il fera toujours ce qui est le mieux pour toi. Et ce sera même encore bien mieux que tout ce que tu peux demander ou imaginer!

Seigneur, je crois que tu fais toujours ce qu'il y a de mieux pour moi. Et je sais que tu ne m'abandonneras jamais. Amen.

AUJOURD'HUI, AVEC JÉSUS... PRIE POUR QUE LA VOLONTÉ DE DIEU SE FASSE.

16 janvier

FACE À L'INCONNU

Je ferai marcher les aveugles sur un chemin qu'ils ne connaissent pas, je les conduirai par des sentiers qu'ils ignoraient.
Esaïe 42.16

Il y a des moments, dans la vie, où Dieu te demande de faire un pas dans l'inconnu. Peut-être même que c'est le cas aujourd'hui. Peut-être qu'il te montre de faire quelque chose que tu n'as jamais fait ou de prendre une décision que tu ne prendrais pas de toi-même. Tout est nouveau, bizarre même, et tu as un peu peur. Alors tu as besoin de foi. C'est-à-dire que tu as besoin de faire confiance à Dieu, de croire qu'il te conduit.

Si tu savais toujours exactement quoi faire, et si tu pouvais régler tous les problèmes par toi-même, tu n'aurais pas besoin de foi. Tu n'aurais pas besoin de faire confiance à Dieu. Et tu ne verrais pas non plus son amour infini, sa sagesse parfaite et sa puissance incroyable à l'œuvre dans ta vie.

Quand il te demande de faire quelque chose – surtout si c'est quelque chose de nouveau – il utilise toute sa puissance pour t'en rendre capable. Alors fais-lui confiance, et suis-le, quel que soit l'endroit où il te conduit.

Seigneur, je veux te suivre là où tu m'envoies. Aide-moi à toujours faire ce que tu me demandes. Amen.

AUJOURD'HUI, AVEC JÉSUS…
VA OÙ IL T'ENVOIE.

17 janvier

QUAND TU NE COMPRENDS PAS

Le ciel est bien plus haut que la terre. De même,
mes voies sont bien au-dessus de vos voies,
et mes pensées bien au-dessus de vos pensées.
Esaïe 55.9

Est-ce qu'il t'arrive de ne pas comprendre ce que Dieu te demande? Si oui, il est important que tu saches une chose: il ne s'attend pas à ce que tu comprennes toujours sa manière d'agir. Il désire simplement que tu lui obéisses, même si ses instructions te semblent parfois étranges.

Réfléchis un instant: Pourquoi est-ce que Dieu a demandé à Abraham de quitter son pays sans lui dire où il le conduisait (Genèse 12.1-2)? Puis, pourquoi est-ce qu'il lui a promis un fils, alors qu'il avait déjà 75 ans? Et pourquoi est-ce qu'il a ensuite attendu 25 ans avant de réaliser sa promesse? Pour notre logique, ça n'a pas de sens! Eh bien, justement, nous ne sommes pas censés comprendre Dieu. Il est le Créateur. Et il domine sur tout. Il est infiniment grand et tout-puissant. Notre rôle, c'est de l'adorer et de le louer. Alors, ne cherche pas à le comprendre; c'est impossible. Fais-lui simplement confiance, et laisse-le te montrer sa grandeur et sa puissance merveilleuse.

Seigneur, je ne comprends pas tout ce que tu fais,
mais je sais que tu es merveilleux! Amen.

AUJOURD'HUI, AVEC JÉSUS... RÉFLÉCHIS À LA PUISSANCE MERVEILLEUSE DE DIEU.

18 janvier

QUELLE EST TA VALEUR?

Je te loue de ce que je suis une créature si merveilleuse.
Psaume 139.14

D'où est-ce que tu tires ta valeur? De ce que les autres disent de toi? De ton argent (ou de l'argent de ta famille)? De ton aspect physique? De tes habits? De tes notes? De tes exploits sportifs? Il est tentant de penser que tout ça détermine ce que tu vaux. Mais c'est faux! Parce que ce sont des choses qui changent tout le temps. Et en plus, parfois, ce qu'elles te disent n'est même pas vrai! Et, comme tu l'as peut-être remarqué, il est bien plus facile de croire ce genre de mensonges que de croire la vérité...

Mais la seule Personne qui puisse vraiment décider de ce que tu vaux, c'est Dieu, ton créateur, qui a envoyé son Fils mourir sur la croix pour toi. Et parce que Jésus est mort à ta place, Dieu t'aime d'un amour éternel (Jérémie 31.3), t'accepte (Romains 15.7), te rend capable (2 Corinthiens 3.5) et te donne la victoire (1 Corinthiens 15.57).

Alors crois ce qu'il dit à ton sujet, parce que ça, c'est la vérité.

Seigneur, apprends-moi à voir combien
j'ai de la valeur à tes yeux. Amen.

AUJOURD'HUI, AVEC JÉSUS... REGARDE-TOI
AVEC LES YEUX DE TON CRÉATEUR.

19 janvier

QUE CROIRE?

Eternel, rends-moi la vie conformément à ta bonté!
Le fondement de ta parole, c'est la vérité.
Psaume 119.159-160

Tu l'as déjà lu hier, mais c'est tellement magnifique que ça te fera du bien de le relire aujourd'hui: grâce à Jésus, Dieu t'aime d'un amour éternel (Jérémie 31.3), t'accepte (Romains 15.7), te rend capable (2 Corinthiens 3.5) et te donne la victoire (1 Corinthiens 15.57).

Pourtant, parfois, tu peux avoir du mal à croire ces vérités. Tes difficultés, tes soucis, tes erreurs, les blessures que les autres peuvent t'infliger ou leurs paroles méchantes: tout ça peut t'effrayer, te faire croire que tu ne vaux rien, que tu n'es tout simplement pas capable de faire face à tes problèmes et que tout est perdu.

Mais la Bible dit que «le cœur est tortueux plus que tout» (Jérémie 17.9). Ne l'oublie pas! Ça veut dire que, quand tu as fait une erreur, quand quelqu'un a dit quelque chose sur toi ou quand tu as tout simplement eu une mauvaise journée, tes pensées et tes sentiments peuvent te tromper. Ils ne disent pas forcément la vérité. Par contre, tu peux toujours croire ce que dit la Parole de Dieu. Alors, répète-toi ces mots régulièrement: *Grâce à Jésus, Dieu m'aime, m'accepte, me rend capable et me donne la victoire.* Voilà ce que tu dois croire!

Seigneur Jésus, aide-moi à toujours croire ta Parole. Amen.

AUJOURD'HUI, AVEC JÉSUS...
RAPPELLE-TOI CE QUE DIEU DIT DE TOI.

20 janvier

TU NE PEUX PAS GAGNER SON AMOUR

L'Eternel n'attend que le moment de vous faire grâce, c'est pourquoi il se lèvera pour vous manifester sa compassion. (...) Heureux tous ceux qui comptent sur lui!
Esaïe 30.18

Est-ce que tu as l'impression que tu dois *faire* quelque chose pour que Dieu t'aime? Que tu dois «gagner» son amour ou «faire bonne impression sur lui»? Dans ce cas, tu es en train d'essayer d'*acheter* son amour au lieu de croire qu'il te le *donne* tout simplement.

Tu ne dois pas lui obéir *pour* qu'il t'aime. Ce n'est pas ce qu'il veut. Bien sûr, il désire que tu lui obéisses. Quand il te montre ce que tu dois faire, fais-le. Quand il met son doigt sur un péché, demande-lui pardon et vis comme il te le demande. Mais ne fais pas tout ça pour *gagner son amour*. Fais-le parce qu'*il t'aime déjà*, parce que tu l'aimes et parce que tu as envie de lui plaire.

Par son amour, Dieu veut te faire *beaucoup plus de bien* que tu ne peux même l'imaginer. Alors, arrête de vouloir gagner cet amour. Reçois-le tout simplement. Puis aime-le en retour.

Mon Père, aide-moi à comprendre que je n'ai pas besoin de gagner ton amour, puisque tu m'aimes de toute façon. Amen.

AUJOURD'HUI, AVEC JÉSUS...
CROIS QUE DIEU T'AIME.

21 janvier

DU TEMPS POUR DIEU

Oui, mon âme, repose-toi sur Dieu,
car c'est de lui que vient mon espérance.
Psaume 62.6

Tu prends du temps pour aller à l'école, pour être avec tes copains, tes copines et ta famille et pour faire un tas de choses que tu aimes. Mais est-ce que tu prends du temps pour Dieu, pour penser à lui, pour l'écouter et pour lui permettre de te montrer ce qu'il veut que tu sois? Tu devrais! Parce que c'est comme ça que tu pourras le connaître et comprendre son plan pour ta vie. Mais ça ne se fera pas du jour au lendemain. Car tu n'as pas appris à connaître ton (ta) meilleur(e) ami(e) juste en un après-midi. Donc pour connaître Dieu, passe du temps avec lui chaque jour.

Si tu négliges de prendre ce temps, il utilisera peut-être un problème pour te ramener près de lui. En fait, il sait que quand tu as des soucis ou que quelque chose te contrarie, tu reviens vers lui. Et il ne t'aidera pas seulement avec ton problème, il remplira aussi ton cœur de son amour, de sa joie et de sa paix.

Il t'a *créé(e)* pour que tu vives avec lui. Alors, chaque jour, prends du temps pour être dans sa présence.

Seigneur, j'aimerais mieux te connaître. Aide-moi à prendre du temps avec toi chaque jour. Amen.

AUJOURD'HUI, AVEC JÉSUS...
PASSE DU TEMPS DANS SA PRÉSENCE.

22 janvier

QUAND ON TE DÉÇOIT

Si quelqu'un voit son frère commettre un péché (...), qu'il prie.
1 Jean 5.16

Quand tu vois une personne faire quelque chose de mal, tu as peut-être de la peine à comprendre pourquoi elle le fait. Mais si elle est chrétienne, c'est encore plus difficile, surtout si c'est quelqu'un que tu connais bien ou que tu admires. Dans ce cas, tu peux être troublé(e), blessé(e) et triste. Alors, qu'est-ce que tu dois faire?

D'abord, continue à faire ce qui est juste. Ne permets pas à cette personne de t'entraîner loin de Dieu. Et crois que, comme il l'a promis, lui ne te décevra jamais.

Ensuite, prie pour que cette personne obéisse au Seigneur et revienne à lui. Et si elle t'a fait du mal, pardonne-lui. Enfin, laisse-toi consoler par le Seigneur. C'est lui qui peut le mieux t'encourager. Laisse-le te redonner sa joie, et crois qu'il fera sortir quelque chose de bon de cette difficulté.

Continue à prier pour la personne qui t'a déçu(e), mais laisse Jésus s'occuper de tout le reste. Rappelle-toi qu'il aime cette personne encore plus que tu ne l'aimes.

Seigneur, je te prie pour ....
Aide-le (la) à revenir tout près de toi. Amen.

AUJOURD'HUI, AVEC JÉSUS...
PRIE POUR CEUX QUI FONT CE QUI EST MAL.

23 janvier

APPRENDS À L'ÉCOUTER

Si seulement mon peuple m'écoutait,
(...) je le rassasierais de miel sauvage.
Psaume 81.14, 17

Dieu ne veut pas être un Dieu «lointain». Il désire que tu le connaisses *personnellement*. En cet instant même, il est en train de t'attirer plus près lui. Il veut que tu ressentes, au plus profond de ton cœur, le grand amour qu'il a pour toi. Et il aimerait te révéler des choses merveilleuses. Mais pour ça, il faut que tu prennes le temps de l'écouter tranquillement.

Parfois, tu le pries parce que beaucoup de choses t'inquiètent, et c'est bien de venir à lui avec tes soucis. Mais le mieux, c'est de simplement chercher à l'écouter en lisant sa Parole. Car c'est dans ces moments tranquilles qu'il te donne des aperçus de sa grandeur et de sa puissance.

Connaître Dieu est quelque chose de merveilleux. Ne passe pas à côté de ce privilège. Il n'y a pas de plus grande joie que de passer du temps avec lui, et pas de meilleur moyen de le faire que de t'asseoir tranquillement pour l'écouter.

Seigneur, s'il te plaît, utilise ta Parole
pour me montrer qui tu es. Amen.

AUJOURD'HUI, AVEC JÉSUS... APPRENDS À ÉCOUTER CE QU'IL TE DIT PAR SA PAROLE.

24 janvier

À TOI DE CHOISIR

Un homme prudent (...) a construit sa maison sur le rocher. La pluie est tombée, les torrents sont venus, les vents ont soufflé et se sont déchaînés contre cette maison; elle ne s'est pas écroulée, parce qu'elle était fondée sur le rocher.
Matthieu 7.24-25

Les choses difficiles que tu vis aujourd'hui peuvent soit t'aider à grandir avec le Seigneur, soit te décourager complètement. Mais la bonne nouvelle, c'est que *tu as le choix*: tu peux soit demander à Dieu de t'aider et d'utiliser les difficultés pour rendre ta foi plus forte, soit laisser tes problèmes te mettre par terre, comme l'homme fou qui a construit sa maison sur le sable. C'est à toi de décider.

Si tu regardes à tes problèmes en te demandant comment *tu* vas bien pouvoir les régler, il y a des chances pour que tu te retrouves vraiment démoralisé(e). Tourne-toi plutôt vers Dieu. Demande-lui ce que *lui* peut faire dans ta situation, car peu importe ce que tu traverses, il a la puissance de t'aider; c'est certain. Lis sa Parole, puis fais ce qu'elle te dit. Alors, il ne te montrera pas seulement ce que tu dois faire, mais il rendra aussi ta foi plus forte et te fera connaître son extraordinaire façon d'agir.

Seigneur, rappelle-moi de me tourner vers toi et ta Parole quand j'ai des problèmes. Amen.

AUJOURD'HUI, AVEC JÉSUS... LAISSE-LE UTILISER TES DIFFICULTÉS POUR RENDRE TA FOI PLUS FORTE.

25 janvier

TON ANCRE

...nous dont le seul refuge a été de saisir l'espérance qui nous était proposée. Cette espérance, nous la possédons comme une ancre solide et sûre de l'âme.

Hébreux 6.18-19

Il y a des jours où tu peux avoir l'impression que Dieu est loin, particulièrement quand tu as plein de choses à faire ou quand tout change autour de toi. Peut-être qu'un(e) ami(e) que tu aimes beaucoup a déménagé, ou peut-être que c'est toi qui as déménagé, parce que ton père a trouvé un nouveau travail. Ou bien peut-être que tu as juste tellement à faire, avec l'école, les amis et tout le reste!

Mais peu importe ce qui se passe autour de toi et quels que soient les changements, n'oublie pas que Jésus, lui, ne change *jamais*. Il «est le même hier, aujourd'hui et pour l'éternité» (Hébreux 13.8). Son amour pour toi dure toujours (Jérémie 31.3). Il ne s'est pas éloigné de toi. C'est peut-être plutôt toi qui t'es éloigné(e) de lui.

Si tu as l'impression qu'il est loin, examine ton cœur. Est-ce que tu as été tellement occupé(e) par d'autres choses que tu l'as oublié? Ouvre ta Bible, parle-lui, puis écoute. Comme une ancre empêche un bateau de partir à la dérive, sa Parole t'empêchera de t'éloigner de lui.

Seigneur, ne me laisse pas partir à la dérive. Garde-moi ancré(e) en toi par ta Parole. Amen.

**AUJOURD'HUI, AVEC JÉSUS...
RESTE ATTACHÉ(E) À LUI.**

26 janvier

COMMENT EST DIEU?

Sache donc que c'est l'Eternel, ton Dieu, qui est Dieu. Ce Dieu fidèle garde son alliance et sa bonté jusqu'à la millième génération envers ceux qui l'aiment et qui respectent ses commandements.
Deutéronome 7.9

D'après toi, comment est Dieu? En fait, même si tu ne t'en rends pas compte, l'idée que tu te fais de lui influe sur la manière dont tu te comportes envers lui.

Par exemple, si tu penses qu'il est ton Père céleste, plein d'amour, parfaitement sage et merveilleux, qui prend soin de toi, tu l'aimeras et tu lui feras confiance. Tu auras envie de tout lui dire et de le suivre partout où il te conduira. Mais si tu l'imagines comme un maître dur, sévère et distant, qui attend juste de te voir tomber, tu auras probablement du mal à l'aimer et te confier en lui. Tu te diras peut-être qu'il *faut* prier, mais tu n'auras pas une relation d'amour avec lui.

Voilà pourquoi tu devrais lire sa Parole. Lis-la en lui demandant de te montrer qui il est vraiment, et tu verras que ton créateur qui t'aime est plus merveilleux que ce que tu imaginais!

Mon Dieu, délivre-moi de toutes les idées fausses que j'ai sur toi, et montre-moi qui tu es vraiment. Amen.

AUJOURD'HUI, AVEC JÉSUS... DEMANDE-LUI DE T'APPRENDRE QUELQUE CHOSE À SON SUJET.

27 janvier

CROIS CE QU'IL TE DIT!

Si l'un de vous manque de sagesse, qu'il la demande à Dieu (...). Mais qu'il la demande avec foi, sans douter.
Jacques 1.5-6

Dieu a un plan merveilleux pour toi (Jérémie 29.11). Mais est-ce que tu es prêt(e) à entrer dans ce plan? Est-ce que tu crois qu'il veut faire de grandes choses dans ta vie? Et quand il te montre le pas suivant, est-ce que tu es d'accord d'avancer dans cette direction?

Quand tu lui demandes de te conduire et qu'il te répond, crois ce qu'il te dit (Marc 11.23-24) et fais-le (Jérémie 7.23). C'est très important. Car sinon, c'est comme si tu lui disais que tu ne lui fais pas confiance.

Et comment est-ce que tu peux continuer à lui faire confiance quoi qu'il arrive? En pensant à lui, à ce qu'il est, à ce qu'il fait et à l'*immense* amour qu'il a pour toi. Crois ce qu'il promet, et crois qu'il le fera.

Ses plans pour toi sont plus grands que tout ce que tu pourras jamais imaginer.

Seigneur, aide-moi à croire en toi et à te suivre partout où tu me conduis. Amen.

AUJOURD'HUI, AVEC JÉSUS... CROIS QUE DIEU FERA CE QU'IL A PROMIS.

28 janvier

PAS UN SEUL INSTANT

Or tout ce qui a été écrit d'avance l'a été pour notre instruction afin que, par la persévérance et par le réconfort que donnent les Ecritures, nous possédions l'espérance.
Romains 15.4

Le diable est un menteur. C'est un fait. Et bien souvent, il cherche à te faire croire que tu dois te débrouiller seul(e) dans tes difficultés. C'est un de ses pires mensonges. *Ne crois surtout pas ça!* Car Dieu promet qu'«il ne te délaissera pas et ne t'abandonnera pas» (Deutéronome 31.6). Jamais. Pas un seul instant.

Est-ce que tu passes par un moment difficile, que ce soit à l'école, à la maison ou avec un(e) ami(e)? Dieu veut t'aider, et il en a la puissance. Il sait exactement ce dont tu as besoin et ne te laissera pas tomber. Ne l'oublie pas: il a délivré Joseph de la citerne, puis de la prison, pour le conduire dans un palais (Genèse 37–50). Il a guidé Moïse à travers la mer (Exode 14). Il a aidé Josué à renverser une muraille (Josué 6). Il a pardonné à David ses péchés (Psaume 51). Et il a nourri des milliers de personnes avec le pique-nique d'un seul garçon (Jean 6). Dans aucune de ces situations, il n'a laissé les gens se débrouiller seuls. Et il ne le fera pas non plus avec toi!

Seigneur, merci d'être toujours là pour m'aider et de me donner tout ce dont j'ai besoin. Amen.

AUJOURD'HUI, AVEC JÉSUS… RAPPELLE-TOI QUE TU N'ES JAMAIS SEUL(E).

29 janvier

UN JOUR, TU VERRAS PLUS CLAIR

Oh! si je n'étais pas sûr de voir la bonté de l'Eternel au pays des vivants...
Psaume 27.13

Est-ce qu'il t'est déjà arrivé de vivre une situation que tu ne comprenais pas et qui durait? Peut-être qu'un(e) élève de ta classe te faisait du mal, que tu ne t'en sortais pas dans une matière difficile, que tu étais malade et ne guérissais pas, ou encore que tu avais des problèmes dans ta famille... Pourquoi est-ce que Dieu permet des souffrances qui durent dans notre vie? Si tu t'es déjà posé cette question, tu n'es pas le (la) seul(e). Avant d'être roi, David a passé beaucoup de temps à fuir devant Saül, qui voulait le tuer! Dieu lui avait pourtant promis la royauté. Mais pourquoi est-ce qu'il a dû attendre si longtemps? Il ne comprenait peut-être pas la raison de ce «retard», mais Dieu, lui, savait exactement ce qu'il faisait. Il apprenait à David à lui faire confiance et le préparait pour les batailles qu'il aurait à livrer en tant que roi. Dieu utilise les difficultés pour fortifier ses enfants (Romains 8.28). Alors, ce problème désagréable que tu rencontres te prépare peut-être pour quelque chose de grand. Fais confiance au Seigneur (Proverbes 3.5-6). Un jour, tu y verras plus clair!

Mon Dieu, quand je ne comprends pas, rappelle-moi que tu as un plan. Amen.

AUJOURD'HUI, AVEC JÉSUS... CROIS QUE DIEU SAIT CE QU'IL FAIT.

30 janvier

IL TE MONTRERA QUOI FAIRE

Que le nom de Dieu soit béni d'éternité en éternité! (...)
C'est lui (...) qui donne la sagesse aux sages et (...)
dévoile ce qui est profondément enfoui et caché.
Daniel 2.20-22

Est-ce que tu confies tes problèmes à Dieu? Est-ce que tu es prêt(e) à faire tout ce qu'il te demande, même quand tu ne comprends pas? Si oui, il te dévoilera des choses merveilleuses, comme il l'a fait pour Daniel.

Le méchant roi Nebucadnetsar voulait que Daniel lui explique un rêve, mais il ne lui disait même pas ce qu'était ce rêve! Et si Daniel n'arrivait pas à lui en donner l'explication, il risquait la mort (Daniel 2). La situation avait l'air sans espoir. Mais Daniel s'est confié en l'Eternel. Dieu lui a alors dévoilé le rêve et lui en a révélé le sens. C'est comme ça que Daniel a pu répondre au roi: «Il y a dans le ciel un Dieu qui dévoile les secrets» (Daniel 2.28) et qu'il a pu échapper à la mort. Et la gloire de Dieu a éclaté!

Alors, quand tu as l'impression que la situation est désespérée, confie-toi entièrement dans le Seigneur, même si tu ne comprends pas, et obéis-lui. Tu seras étonné(e) de voir ce qu'il fait.

Seigneur, tu connais ma situation.
S'il te plaît, montre-moi quoi faire. Amen.

AUJOURD'HUI, AVEC JÉSUS... SI TOUT SEMBLE SANS ESPOIR, TOURNE-TOI VERS LUI.

31 janvier

TON DIVIN SOUTIEN

Que le Dieu de l'espérance vous remplisse de toute joie et de toute paix dans la foi, pour que vous débordiez d'espérance, par la puissance du Saint-Esprit!
Romains 15.13

Chaque jour, tu as des choses à accomplir et des décisions à prendre. Certains choix sont faciles à faire, mais d'autres sont plus difficiles, parce qu'ils concernent des choses plus importantes. Alors, parfois, tu te demandes peut-être: *Mais comment est-ce que je vais pouvoir y arriver aujourd'hui?*

Ecoute Dieu, quand, par son «doux murmure», il te dit: *Je t'aiderai à traverser cette épreuve* (2 Corinthiens 3.5). *Je te montrerai le chemin à suivre* (Psaume 32.8). *Je m'occuperai de toi* (Psaume 138.8). *Fais-moi confiance, je t'aiderai* (Proverbes 3.5-6).

Comment est-ce qu'il va t'aider aujourd'hui? Par son Saint-Esprit, ton divin soutien. Quand tu te donnes à Jésus pour le suivre, le Saint-Esprit vient habiter en toi. Il t'aide en t'instruisant, en te guidant et en te rendant capable de faire tout ce que Dieu demande de toi. Il n'arrête jamais d'agir en toi. Regarde ce qu'il fait, écoute son doux murmure et obéis à tout ce qu'il te montre.

Seigneur, merci pour ton Saint-Esprit. Je sais que, grâce à lui, je pourrai vivre tout ce qui m'attend aujourd'hui. Amen.

AUJOURD'HUI, AVEC JÉSUS... REGARDE CE QUE FAIT LE SAINT-ESPRIT DANS TA VIE.

1er février

NE RÉSISTE PAS

Aujourd'hui, si vous entendez sa voix, n'endurcissez pas votre cœur…
Hébreux 3.7-8

Entendre vraiment, c'est plus que percevoir des sons avec ton oreille. Qu'il s'agisse de tes parents, d'un(e) ami(e) ou de Dieu, c'est être d'accord d'*écouter* ce qui est dit. Et si c'est Dieu qui te parle (ou tes parents), ça veut dire aussi être d'accord de *faire* ce qu'il(s) te demande(nt).

Il est facile d'écouter Dieu quand il te dit: *Je t'aime* ou: *Sois gentil(le) avec tes ami(e)s.* Mais quand il te demande: *Aime tes ennemi(e)s* ou: *Pardonne à cette personne qui a dit des choses méchantes sur toi*, eh bien, c'est plus difficile…

Et quand tu cherches à l'écouter, ne t'étonne pas s'il te montre quelque chose que tu dois faire ou que tu dois changer dans ta vie. Prends ça au sérieux, puis obéis, sans oublier qu'il veut toujours le meilleur pour toi.

Seigneur, aide-moi à entendre et à écouter tout ce que tu veux me dire. Amen.

AUJOURD'HUI, AVEC JÉSUS… ÉCOUTE CE QU'IL TE DIT, MÊME SI CE N'EST PAS CE QUE TU AIMERAIS ENTENDRE.

2 février

CHOISIS DE PARDONNER

Autant l'orient est éloigné de l'occident,
autant il éloigne de nous nos transgressions.
Psaume 103.12

Qu'est-ce que tu fais quand on t'a fait du tort? Est-ce que tu cherches un moyen de te venger, de faire mal en retour? Cette pensée vient très facilement. Pourtant, Dieu te demande de pardonner... car il t'a pardonné. Mais comment faire? Eh bien, voilà quelques conseils:

- *Demande pardon à Dieu*, car oui, on t'a fait du tort, mais en refusant de pardonner tu l'attristes. Ensuite, avec son aide, pardonne à la personne qui t'a fait du mal.
- *N'y pense plus:* arrête d'attendre que cette personne fasse quelque chose pour se faire pardonner.
- *Laisse faire Dieu:* le mal qu'on t'a fait l'a attristé aussi, et il s'occupe de juger la personne. Tu n'as *pas* besoin de le faire.
- *Rappelle-toi* que toi aussi, tu as bien souvent besoin de son pardon.

Dieu ne peut pas pardonner à ceux qui ne pardonnent pas. Alors ne permets pas à la rancune de te gâcher la vie ou de t'éloigner du Seigneur. Pardonne, et ta vie sera bien plus agréable!

Seigneur, s'il te plaît, aide-moi à pardonner
comme tu pardonnes. Amen.

AUJOURD'HUI, AVEC JÉSUS...
CHOISIS DE PARDONNER.

3 février

QUAND TU AS PEUR

Quand je suis dans la crainte, je me confie en toi. Je loue Dieu pour sa parole. Je me confie en Dieu, je n'ai peur de rien: que peuvent me faire des créatures?
Psaume 56.4-5

Le verset d'aujourd'hui commence par: «*Quand* je suis dans la crainte.» Il ne dit pas: «*Si* je suis dans la crainte.» Le roi David a écrit ces paroles il y a bien longtemps, mais elles sont toujours d'actualité. Car il y a forcément des moments, dans la vie, où tu as peur. Et si la peur existe, c'est parce que le monde est abîmé par le péché. Mais n'oublie pas que tu n'es pas seul(e). Quand la crainte t'envahit, Dieu est là pour t'aider. Et ce n'est pas tout: il t'apprend aussi, par là, à lui faire confiance.

Qu'est-ce qui t'inquiète aujourd'hui? Est-ce qu'il y a quelque chose que tu ne penses pas pouvoir affronter? Si oui, fais comme David: *confie-toi en Dieu*. Il te rassurera et te protégera. Il prendra soin de toi et te donnera tout ce dont tu as besoin, à sa manière et parfaitement. Jamais il ne t'oubliera. Jamais il ne t'abandonnera (Deutéronome 31.6, 8). Fais-lui confiance. Il viendra à ton secours, c'est *certain*.

Mon Dieu, quand j'ai peur, rappelle-moi que tu veilles sur moi. Amen.

AUJOURD'HUI, AVEC JÉSUS... DIS À DIEU CE QUI TE FAIT PEUR ET QUI T'INQUIÈTE.

4 février

JÉSUS GUÉRIT

L'Eternel guérit ceux qui ont le cœur brisé et panse leurs blessures.
Psaume 147.2-3

Parfois, quand tu prends du temps avec Dieu pour lui parler, tu repenses peut-être tout d'un coup à des choses qui t'ont fait mal ou qui te rendent triste. Tu croyais les avoir oubliées, mais voilà que la douleur se réveille. C'est comme quand tu te recognes sur un bleu que tu croyais guéri et que tu te rends compte qu'il fait encore mal.

Pourquoi est-ce que le Seigneur permet à ces souvenirs tristes de réapparaître dans tes pensées? Parce qu'il veut te guérir *complètement* de tes blessures et te débarrasser de *toute* la douleur qu'elles provoquent.

Mais pour pouvoir le faire, il doit d'abord t'aider à les voir à travers sa lumière, son amour et sa vérité. Peut-être qu'il veut te montrer que tu n'as pas encore pardonné à quelqu'un ou que tu ne t'es pas encore pardonné à toi-même une erreur que tu as commise.

Repenser à ces choses tristes et qui font mal est difficile, mais fais confiance à Jésus. N'aie pas peur. Parle-lui, écoute ce qu'il te dit et laisse-le te guérir complètement.

Seigneur Jésus, je crois que tu peux guérir tout ce qui n'est pas encore guéri en moi. Amen.

AUJOURD'HUI, AVEC JÉSUS...
PARLE-LUI DE CE QUI TE FAIT MAL.

5 février

PARLES-EN À DIEU

Cependant je suis toujours avec toi: tu m'as empoigné la main droite, tu me conduiras par ton conseil, puis tu me prendras dans la gloire.
Psaume 73.23-24

Est-ce qu'il y a quelque chose de difficile dans ta vie dont tu ne veux parler à personne: ni à ton (ta) meilleur(e) ami(e), ni à ton moniteur ou ta monitrice d'école du dimanche, ni même à tes parents? Peut-être que tu te sens mal à l'aise ou que tu as peur de ce qu'on pourra penser de toi. Donc tu gardes ta difficulté pour toi, et tu finis par te sentir vraiment très seul(e).

Mais rappelle-toi: tu n'es *jamais* seul(e)! Quand tu te donnes à Jésus pour le suivre, l'Esprit de Dieu vient habiter en toi. Et ce qui est magnifique, avec Dieu, c'est qu'il en sait déjà plus que toi sur ton problème.

Alors ne lui ferme pas la porte. Prends le temps de lui parler. Dis-lui tout ce que tu penses et ressens. Demande-lui de te montrer ce que tu dois faire. Sa sagesse est infinie. Aucun(e) ami(e) ne pourra te donner d'aussi bons conseils ni t'aider aussi parfaitement. Tu peux lui confier tous tes soucis. Il ne te tournera jamais le dos.

Merci, mon Dieu, de me connaître aussi bien et d'être toujours prêt à m'aider. Amen.

AUJOURD'HUI, AVEC JÉSUS... DIS-LUI CE QUI TE TRACASSE.

6 février

BIEN ASSEZ FORT

Béni soit le Dieu et Père de notre Seigneur Jésus-Christ,
qui nous a bénis de toute bénédiction spirituelle
dans les lieux célestes en Christ!
Ephésiens 1.3

Dieu est assez grand et assez fort pour te donner tout ce dont tu as besoin aujourd'hui. Il ne se fatigue jamais, n'arrête jamais de te bénir et ne désire jamais que tu le «laisses tranquille». Il est *toujours* là pour toi. Si tu l'aimes et lui fais confiance, il promet de te donner toutes sortes de bénédictions spirituelles: des merveilleux cadeaux comme l'amour, la joie, le courage et la paix.

Mais est-ce que tu es d'accord de laisser le Seigneur t'aider et te faire du bien? Ou est-ce que tu n'oses pas lui faire confiance? C'est vrai, au début, ça peut faire peur, mais fais un essai, et tu verras. Commence par réfléchir à tout ce qu'il fait déjà dans ta vie. Crois en ses promesses et obéis à son commandement de l'aimer et d'aimer les autres.

Quand tu mets ta confiance en lui, tout le reste dans ta vie est bien à sa place. C'est comme les pièces dans un puzzle. Alors, avance en lui faisant confiance. Tu peux être sûr(e) qu'il prendra soin de toi.

Seigneur, je te loue parce que tu es assez grand et assez puissant pour prendre soin de moi. Amen.

AUJOURD'HUI, AVEC JÉSUS... CROIS QU'IL PRENDRA SOIN DE TOI.

7 février

QUAND DIEU PARLE

Dieu dit: «Je serai avec toi. Voici pour toi le signe que c'est moi qui t'envoie: (...) vous servirez Dieu sur cette montagne.»
Exode 3.12

Quand Dieu a voulu que Moïse fasse sortir les Israélites du pays d'Egypte pour qu'ils soient délivrés de l'esclavage, il lui a parlé «dans une flamme de feu, au milieu d'un buisson» (Exode 3). Pourquoi est-ce qu'il a choisi une façon aussi étrange de se révéler? Pour montrer à Moïse que, quand ils fuiraient l'Egypte, sa grande puissance serait avec lui et le peuple d'Israël. Et est-ce qu'il lui a montré à l'avance chaque étape de son plan? Non. Il lui en a dit juste assez pour qu'il puisse lui faire confiance et lui obéir.

Je ne pense pas que Dieu te parlera du milieu d'un buisson en feu qui ne se consume pas. Il te parlera plutôt par la prière, par la Bible et par les personnes qui t'entourent. Et il est presque sûr qu'il ne te montrera pas non plus à l'avance toutes les étapes de son plan pour toi. Par contre, il t'en montrera assez pour que tu puisses te confier en lui et faire le pas suivant. En fait, il veut que tu le *connaisses*. Il est ton protecteur, celui qui pourvoit à tous tes besoins et ton Roi. Ecoute ce qu'il te dit, puis obéis-lui.

Seigneur, merci de me parler. Apprends-moi à t'écouter et à t'obéir. Amen.

AUJOURD'HUI, AVEC JÉSUS...
COMPRENDS CE QU'IL VEUT TE DIRE.

8 février

LE PLUS GRAND DES JARDINIERS

Tout sarment qui porte du fruit, il le taille afin qu'il porte encore plus de fruit. (...) Le sarment ne peut pas porter de fruit par lui-même, sans rester attaché au cep; il en va de même pour vous si vous ne demeurez pas en moi.

Jean 15.2, 4

Si tu faisais une liste des ennuis et des obstacles que tu peux rencontrer ou des choses qui te rendent triste, ça te découragerait! Mais il faut que tu saches que si Dieu permet tout ça dans ta vie, c'est pour une raison. Il a un plan. Et puis, par là, il veut te transformer pour que tu ressembles plus à Jésus. Alors si tu vis des choses difficiles, ne te décourage pas. Ne t'inquiète pas et ne laisse pas tout tomber. Dieu ne t'a pas abandonné(e). Au contraire, tout ça montre qu'il désire faire de grandes choses en toi et à travers toi.

Tu vois, Dieu est comme un jardinier. Il est le plus grand des jardiniers. Il sait exactement ce dont tu as besoin pour grandir: une petite taille par-ci, un peu de pluie par-là... Il peut aussi te «changer de pot», te planter dans un endroit complètement différent. Mais rappelle-toi toujours qu'il le fait pour que tu grandisses, pour que tu deviennes plus comme Jésus et pour que ta foi soit plus forte.

Seigneur, tu es le grand Jardinier. Je crois que tu m'aideras à grandir dans la foi. Amen.

AUJOURD'HUI, AVEC JÉSUS... RAPPELLE-TOI QUE LES DIFFICULTÉS SERVENT À TE FAIRE GRANDIR DANS LA FOI.

9 février

TOUJOURS PLUS COMME JÉSUS

Et de même que nous avons porté l'image de l'homme fait de poussière, nous porterons aussi l'image de celui qui est venu du ciel.
1 Corinthiens 15.49

Il y a des choses que tu ne peux tout simplement pas faire toi-même: pardonner tes péchés, te donner la paix dans les moments difficiles ou t'ouvrir la porte du ciel. Tu as besoin que Dieu fasse ces choses pour toi, tout comme d'autres choses dont tu n'as même pas conscience. Alors, parfois, il permet que tu rencontres certaines personnes ou que tu vives certaines choses pour te faire connaître sa bonté ou pour t'apprendre à le suivre. Parce qu'il sait que tu en as besoin.

Dieu ne veut pas seulement que tu sois heureux(se), en bonne santé ou apprécié(e) des autres; il veut surtout que tu ressembles de plus en plus à son Fils (Romains 8.29). Tu ne sais peut-être même pas ce qui doit changer chez toi pour que tu deviennes plus comme Jésus. Mais Dieu, lui, le sait, parce qu'il est ton créateur. Alors, peu importe ce que tu vis aujourd'hui – encouragements ou difficultés – regarde tout comme un moyen qu'il utilise pour t'apprendre à ressembler un peu plus à son Fils.

Seigneur, merci de m'aider à ressembler toujours plus à Jésus. Amen.

AUJOURD'HUI, AVEC JÉSUS… CHERCHE DES OCCASIONS DE LUI RESSEMBLER UN PEU PLUS.

10 février

IL AGIT DANS TA VIE

Le Dieu de toute grâce (…) vous rétablira lui-même, vous affermira, vous fortifiera, vous rendra inébranlables.
1 Pierre 5.10

Dieu ne gaspille rien, pas même les difficultés. Il utilisera toutes les situations de cette journée pour rendre ta foi plus forte et t'attirer plus près de lui. Pense à David, qui a souvent eu l'occasion d'utiliser sa fronde pour combattre l'ours et le lion afin de protéger son troupeau. Eh bien, Dieu a permis tout ça pour le préparer à affronter le géant Goliath plus tard. C'était un entraînement. Ce n'était pas le hasard, c'était l'œuvre de Dieu dans sa vie!

Alors, même si tu ne le vois peut-être pas sur le moment, sois sûr(e) que le Seigneur veut utiliser ce que tu vas vivre aujourd'hui dans le but de te préparer pour ce qui viendra plus tard.

Ne l'oublie pas, il ne fait jamais de faute. Et il ne fait rien sans une bonne raison. Quand des choses désagréables t'arrivent, rappelle-toi qu'il veut les utiliser pour ton bien. Alors, souris, et remercie-le pour ce qu'il fait dans ta vie.

Mon Père, merci d'utiliser tout ce qui m'arrive pour me faire avancer avec toi. Amen.

AUJOURD'HUI, AVEC JÉSUS… RÉFLÉCHIS À CE QUE DIEU FAIT DANS TA VIE.

11 février

PEU À PEU

C'est peu à peu que je les chasserai loin de toi.
Exode 23.30

Parfois, quand tu rencontres des problèmes qui durent, tu as peut-être envie de tout abandonner. Mais ne fais pas ça! Rappelle-toi au contraire les promesses de Dieu, et crois qu'il les réalisera.

Avant que les Israélites entrent dans le pays promis, Dieu les a prévenus qu'ils auraient beaucoup de combats à mener et qu'il faudrait du temps jusqu'à ce que leurs ennemis soient tous vaincus.

Bien sûr, Dieu pouvait aussi dire juste une parole et faire disparaître tous ces ennemis en un instant. Alors, pourquoi est-ce qu'il ne l'a pas fait? Pourquoi est-ce qu'il les a seulement chassés petit à petit? Parce qu'il voulait que son peuple apprenne à lui faire confiance et à dépendre de lui jour après jour.

Et il agit de la même manière pour toi. Il utilise les problèmes qui durent pour t'apprendre à lui faire confiance et à dépendre de lui. Ça peut te sembler *interminable*, pourtant, sois sûr(e) qu'il agit. Et apprendre à lui faire confiance te sera utile pour toute ta vie.

Mon Dieu, j'ai confiance que tu t'occupes de mes problèmes. Tu agiras à ta manière, parfaitement et en ton temps. Amen.

AUJOURD'HUI, AVEC JÉSUS… COMPTE SUR LUI DANS TES DIFFICULTÉS.

12 février

RIEN NE PEUT TE SÉPARER DE LUI

En effet, j'ai l'assurance que ni la mort ni la vie, ni les anges ni les dominations, ni le présent ni l'avenir, ni les puissances, ni la hauteur, ni la profondeur, ni aucune autre créature ne pourra nous séparer de l'amour de Dieu.

Romains 8.38-39

Est-ce que tu as déjà dit ou fait quelque chose de tellement terrible que tu t'es dit: *C'est impossible que Dieu m'aime encore*? Si tu as pensé ça, tu t'es trompé(e). Car tu ne peux rien dire ou faire pour que Dieu arrête de t'aimer. Absolument rien. Aucune faute n'est assez grande pour te séparer de son amour.

En fait, quand tu te sens vraiment très mal, quand tu te rends compte que tu n'as vraiment pas mérité son amour, quand tu as l'impression d'avoir tout gâché, c'est là que Dieu t'attire tout près de lui. Le Psaume 34.19 promet: «L'Eternel est près de ceux qui ont le cœur brisé, et il sauve ceux dont l'esprit est abattu.»

La chose la plus dangereuse que tu puisses faire, c'est de t'éloigner de lui. Alors, cours vers lui, et prie. Parle-lui de ton péché. Explique-lui comment tu as tout gâché. Puis, demande-lui de te pardonner et de te changer. Ensuite, remercie-le pour son amour infini.

Seigneur, merci de m'aimer autant, même quand j'ai tout gâché. Amen.

AUJOURD'HUI, AVEC JÉSUS... RAPPELLE-TOI QUE L'AMOUR DE DIEU N'A PAS DE FIN.

13 février

LAISSE-LE TE SECOURIR

Il est intervenu d'en haut, il m'a pris, il m'a retiré des grandes eaux.
2 Samuel 22.17

Est-ce qu'il t'arrive de t'inquiéter? Est-ce que tu te dis parfois que ce serait bien si Dieu pouvait te téléphoner et te dire ce que tu dois faire avec tes problèmes? Mais tu ne verras jamais son nom s'afficher sur ton téléphone. Par contre, tu entendras son doux murmure. Et, là, sois prêt(e). Car si tu ne l'écoutes pas, il devra parfois permettre que tes problèmes deviennent pires... jusqu'à ce que tu ne saches plus quoi faire et que, finalement, tu sois d'accord d'écouter sa voix, de faire confiance à son plan et de lui obéir. En fait, la confiance en Dieu et l'obéissance à ce qu'il te dit sont deux choses qui vont ensemble. Ce sont comme deux pièces d'un même puzzle. Dieu t'appelle à lui *faire confiance* et à croire que son plan pour ta vie est le meilleur possible (pour ça, tu dois aussi reconnaître que tu ne peux pas tout diriger toi-même), et il t'appelle à lui *obéir*. Tant que tu ne fais pas ça, tu es comme quelqu'un qui est en train de se noyer: tu bouges dans tous les sens et repousses celui qui essaye de te sauver. Alors ne te «bats pas» avec Dieu. Crois en sa puissance, en sa sagesse et en son amour. Et crois qu'il veut venir à ton secours.

Seigneur, merci de venir à mon secours. Aide-moi à avoir confiance en ton plan et à le suivre. Amen.

**AUJOURD'HUI, AVEC JÉSUS...
LAISSE-LE VENIR À TON SECOURS.**

14 février

UN SEUL EST PARFAIT

Quant à nous, nous l'aimons parce qu'il nous a aimés le premier.
1 Jean 4.19

Il est facile de fixer tes pensées sur les difficultés que tu peux rencontrer dans les relations: peut-être qu'un(e) ami(e) t'a laissé(e) tomber, qu'un des grands à l'école te fait souffrir ou qu'une personne t'a menti. En fait, si tu y penses tout le temps, c'est parce que tu aimerais comprendre pourquoi ça s'est passé comme ça.

Mais tu sais quoi? Les autres ne seront jamais parfaits. Il y aura toujours chez eux des choses qui te décevront ou qui te feront de la peine; même chez les personnes que tu aimes le plus. Un seul aime parfaitement: c'est Dieu.

Les gens qui t'entourent peuvent prendre soin de toi, t'encourager et t'accepter comme tu es, mais personne d'autre à part Dieu ne peut te remplir d'un amour qui dure toujours. Si ta relation avec quelqu'un n'est pas comme tu l'aimerais, prie pour cette personne. Ensuite, tourne-toi vers Dieu, et demande-lui de te remplir de son amour parfait qui n'a pas de fin.

Mon Père, merci de m'aider à me réfugier dans ton amour quand je suis déçu(e) par les autres. Amen.

AUJOURD'HUI, AVEC JÉSUS... DEMANDE-LUI DE T'AIDER À AIMER LES AUTRES COMME IL T'AIME.

15 février

RIEN À CRAINDRE

Il n'y a pas de peur dans l'amour;
au contraire, l'amour parfait chasse la peur.
1 Jean 4.18

Est-ce que tu as parfois des doutes sur l'amour de Dieu? Est-ce que tu te demandes s'il t'aime vraiment ou s'il t'aimera toujours? Ces inquiétudes peuvent envahir ton cœur. Tu as peur d'être blessé(e), peur de mettre ta confiance en Dieu ou, peut-être même, peur qu'il te rejette. Et tout ça t'empêche de connaître la joie extraordinaire de son amour.

La vérité, c'est que tu n'as *rien* à craindre en ce qui concerne l'amour de Dieu. Quand tu te donnes à Jésus pour le suivre, il promet que personne ne pourra t'enlever de sa main (Jean 10.28). Et rappelle-toi, il dit aussi que rien ne pourra te séparer de son amour (Romains 8.38-39).

Son amour pour toi ne changera jamais et n'aura pas de fin. Il veut que tu le saches et que tu te réjouisses de tous les merveilleux cadeaux qu'il a préparés pour toi.

Alors demande-lui de te montrer son amour, puis laisse cet amour chasser tes craintes.

Mon Dieu, s'il te plaît, montre-moi combien
tu m'aimes, et chasse mes peurs. Amen.

AUJOURD'HUI, AVEC JÉSUS... OUVRE
LES YEUX À L'AMOUR DE DIEU DANS TA VIE.

16 février

VOULOIR CE QU'IL VEUT

Jamais on n'a appris ni entendu dire pareille chose, jamais aucun œil n'a vu un autre dieu que toi agir de cette manière pour ceux qui comptent sur lui.
Esaïe 64.3

Est-ce qu'il t'est déjà arrivé de devoir attendre avant que Dieu ne réponde à une de tes prières? Tu lui as exposé ton désir, tu lui as demandé de t'exaucer, mais maintenant, il te faut attendre. C'est là que la peur peut se glisser dans ton cœur. Tu te dis: *Et si Dieu ne voulait pas me bénir?* ou: *Et si j'avais fait trop de bêtises?*

Voilà pourquoi le roi David écrivait au Psaume 37.4: «Fais de l'Eternel tes délices, et il te donnera ce que ton cœur désire.» Bien sûr, ce verset ne veut pas dire que Dieu est comme un «génie dans sa lampe» qui te donnerait tout ce que tu veux. En fait, il veut dire que tu devrais penser à Dieu et chercher à mieux le connaître au lieu de penser à toi et à ce que tu veux. Parce que, quand c'est lui qui a la première place dans ta vie, tu désires ce qu'il veut vraiment te donner. Et ce qu'il veut te donner est plus merveilleux que tout ce que tu peux imaginer (Ephésiens 3.20)!

Seigneur, merci d'entendre mes prières.
Aide-moi à vouloir ce que tu veux. Amen.

AUJOURD'HUI, AVEC JÉSUS...
CHERCHE À LUI PLAIRE.

17 février

QUAND TU NE SAIS PAS

Je lève mes yeux vers les montagnes: d'où me viendra le secours? Le secours me vient de l'Eternel, qui a fait le ciel et la terre.
Psaume 121.1-2

Chaque jour, tu fais face à des situations plus ou moins difficiles. Parfois, ça ne te pose aucun problème, car tu sais exactement quoi faire. Mais d'autres fois, tu ne sais vraiment pas comment t'y prendre. Et ces difficultés qui te laissent perplexes finissent par envahir complètement tes pensées... si tu les laisses faire.

Mais rappelle-toi, Dieu les permet pour que tu apprennes à lui faire confiance et pour rendre ta foi plus forte. C'est pour ça qu'il te conduit parfois dans des situations où tu n'as *pas d'autre choix* que de compter sur lui (Romains 8.28).

Quand tu ne sais pas quoi faire, ne fonce pas en essayant de trouver une solution rapide. Tourne d'abord tes pensées vers Dieu et prie. Réfléchis aussi à la personne qu'il veut que tu deviennes. Ensuite, fais ce qu'il te montre, peu importe ce que c'est. Et crois qu'il s'occupera du reste.

Si toi, tu ne sais pas toujours quoi faire, lui le sait. Alors fais-lui confiance!

Seigneur, parfois, je ne sais vraiment pas quoi faire, mais je sais que je peux toujours te faire confiance. Tu me conduiras. Amen.

AUJOURD'HUI, AVEC JÉSUS... DIS-LUI QUAND TU NE SAIS PAS CE QUE TU DOIS FAIRE.

18 février

APPRENDS À LE CONNAÎTRE

Si quelqu'un veut se vanter qu'il se vante plutôt d'être capable de me connaître et de savoir que moi, le Seigneur, je travaille pour la bonté, le droit et l'ordre sur la terre.
Jérémie 9.23 (BFC)

Dieu *veut* que tu apprennes à le connaître et que tu comprennes ce qu'il a prévu pour ta vie. Parfois, tu as peut-être l'impression qu'il est loin et qu'il n'entend pas tes prières, surtout si tu attends une réponse. Mais ce n'est jamais la réalité, car il est toujours avec toi et il t'écoute toujours.

En fait, le problème, c'est peut-être plutôt que tu as peur de le connaître. Ou tu as peut-être peur qu'il ne te trouve pas assez bien. Peut-être encore que tu crains qu'il te demande de faire quelque chose de difficile, quelque chose que tu n'as vraiment pas envie de faire. Peut-être que tu as peur qu'il te demande de changer dans un domaine en particulier, par exemple d'arrêter de critiquer les autres ou de t'éloigner de certain(e)s ami(e)s.

Arrête de t'inquiéter! Il t'aime, quelle que soit ta situation, et il a un plan merveilleux pour ta vie. Alors, n'aie pas peur. Ouvre ta Bible, et apprends à le connaître. Car lui te connaît déjà. Et il t'aime.

Seigneur, j'aimerais apprendre à te connaître.
S'il te plaît, montre-moi qui tu es par ta Parole. Amen.

AUJOURD'HUI, AVEC JÉSUS…
APPRENDS À MIEUX LE CONNAÎTRE.

19 février

MÊME SI ÇA PREND DU TEMPS

Espère en l'Eternel! Fortifie-toi et que ton cœur s'affermisse! Espère en l'Eternel!
Psaume 27.14

Il n'est pas facile de devoir attendre pour obtenir ce que tu veux, surtout quand tu *sais* que ça doit venir un jour. Peut-être que tu as hâte que le jour de ton anniversaire soit là ou que le matin de Noël arrive. Et peut-être aussi que tu attends quelque chose de beaucoup plus grand, comme une belle chose que Dieu t'a promise.

Le roi David a souvent dû attendre. Il était jeune, quand Dieu lui a promis qu'il deviendrait roi d'Israël (1 Samuel 16), mais avant que la promesse se réalise (2 Samuel 5), il a dû attendre plus de 20 ans et traverser un tas de difficultés. Pourquoi? Parce que ça lui a permis de se rapprocher de Dieu (Psaume 119.71). Voilà pourquoi il pouvait dire: «Espère en l'Eternel!» Il savait que le Seigneur ferait ce qu'il avait promis, même s'il fallait attendre pour ça beaucoup de temps.

Est-ce que tu attends que Dieu accomplisse une promesse dans ta vie? Alors crois qu'il le fera. Il n'a pas oublié, et chaque instant qui passe est pour toi une occasion de te rapprocher de lui.

Seigneur, je te fais confiance. Je sais que tu tiens toujours tes promesses. Aide-moi à attendre que tu agisses. Amen.

AUJOURD'HUI, AVEC JÉSUS... PROFITE DES MOMENTS D'ATTENTE POUR TE RAPPROCHER DE DIEU.

20 février

LOUE DIEU

Venez, prosternons-nous et humilions-nous, plions le genou devant l'Eternel, notre créateur, car il est notre Dieu.

Psaume 95.6-7

Chaque journée est remplie de belles choses... et aussi de choses moins belles. Parfois, tu as peut-être du mal à ne pas laisser ce qui est difficile envahir tes pensées et te stresser. Mais tourne plutôt tes pensées vers Dieu, et rappelle-toi qu'il est assez puissant pour t'aider, quelle que soit la situation (Romains 8.37).

Pense à ce qu'il est, et adore-le. Rappelle-toi tout ce qu'il a fait pour toi jusque-là, et loue-le. Remercie-le d'avoir envoyé Jésus pour te sauver, de prendre merveilleusement bien soin de toi, de te protéger et de t'aimer. Ouvre ta Bible, et vois comment il est venu en aide à ses enfants par le passé. Remercie-le de manifester sa puissance dans ta vie, tout comme il l'a fait pour Moïse, Abraham, Esther ou Pierre.

Quand tu te rappelles sa grandeur et sa force, tes problèmes ont tout d'un coup l'air beaucoup plus petits. Alors reste près de lui, et tu auras toujours la victoire.

Mon Dieu, tu es plus puissant et plus sage qu'aucun homme. Et tu m'aimes plus que n'importe qui. Je te loue. Amen.

AUJOURD'HUI, AVEC JÉSUS... RAPPELLE-TOI QUE DIEU EST TOUT-PUISSANT ET PARFAITEMENT SAGE.

21 février

IL SUFFIT DE DEMANDER

Toute l'Ecriture est inspirée de Dieu et utile pour enseigner, pour convaincre, pour corriger, pour instruire dans la justice, afin que l'homme de Dieu soit formé et équipé pour toute œuvre bonne.
2 Timothée 3.16-17

Tu te poses sûrement un tas de questions sur... Dieu, sur le monde, sur toi-même et sur la manière dont tu devrais vivre. Et c'est normal. Parfois, Dieu te répond par la prière ou à travers quelqu'un d'autre; mais en général, il te répond par sa Parole, quand tu la lis et que tu y réfléchis.

Car la Bible, c'est vraiment la Parole de Dieu. Ce n'est pas un livre comme les autres. Le Saint-Esprit l'utilise pour t'enseigner et te transformer afin que tu ressembles plus à Jésus. Quand tu t'inquiètes ou quand tu as peur, il te conduit vers des versets qui parlent de réconfort. Quand tu as envie de tout laisser tomber, il te rappelle les promesses de Dieu, et elles te remplissent d'espoir. Il te conduit dans la vérité et t'aide à voir tes péchés.

A travers toute la Bible, Dieu répond à tes questions. En fait, il les utilise pour t'attirer plus près de lui. Alors, vas-y, expose-lui tes demandes... puis ouvre ta Bible pour entendre ses réponses.

Seigneur, merci pour ta Parole. Aide-moi à y trouver les réponses à mes questions. Amen.

AUJOURD'HUI, AVEC JÉSUS... LIS LA PAROLE DE DIEU, ET SOIS ATTENTIF(VE) À SES RÉPONSES.

22 février

DIS «OUI»

Mais moi, je me confie en toi, Eternel!
Je dis: «Tu es mon Dieu!»
Psaume 31.15

Dieu veut que tu apprennes à lui faire confiance toujours plus chaque jour. Et pour t'aider à progresser, il peut arriver qu'il te «mette à l'épreuve» en te demandant quelque chose de difficile.

C'est ce qui est arrivé à une veuve qui habitait la ville de Sarepta. A l'époque, il y avait une terrible famine dans le pays, et cette femme n'avait plus qu'un peu de farine et d'huile pour nourrir son fils et se nourrir elle-même. Elle a donc préparé ce qui devait être leur dernier repas. Car elle pensait qu'ensuite, ils mourraient de faim. Et à ce moment-là, Dieu l'a «mise au défi» de donner son reste de farine et d'huile au prophète Elie (1 Rois 17.8-16). Elle aurait pu facilement refuser, car c'était vraiment tout ce qu'il lui restait, mais elle a dit «oui». Et parce qu'elle a obéi, Dieu a permis que la farine et l'huile ne diminuent pas.

Un jour, Dieu te demandera peut-être d'abandonner une chose qui a beaucoup d'importance pour toi. Mais fais-lui confiance, et dis «oui». Puis regarde-le te bénir au-delà de ce que tu peux imaginer.

Seigneur, aide-moi à te faire confiance et à dire «oui» quand tu me demandes quelque chose de difficile. Amen.

AUJOURD'HUI, AVEC JÉSUS... DIS «OUI» À DIEU QUAND IL TE DEMANDE QUELQUE CHOSE DE DIFFICILE.

23 février

TON REFUGE

Dieu est pour nous un refuge et un appui,
un secours toujours présent dans la détresse.
Psaume 46.2

Dieu *peut* t'aider, et il le *veut*. Tu ne dois jamais en douter. Ta responsabilité, c'est de l'aimer et de lui obéir de tout ton cœur, de toute ton âme, de toute ta pensée et de toute ta force. C'est plus facile quand tout va bien, mais quand les choses se compliquent, ça devient beaucoup plus dur.

Pourtant, tu peux savoir que Dieu fera toujours ce qui est le mieux pour toi, même s'il ne le fait pas tout de suite. Parfois, il te demandera d'attendre, ou bien il permettra que tu traverses des difficultés. Mais c'est parce qu'il veut t'apprendre à lui faire confiance, *surtout* quand c'est difficile et que tu ne comprends pas.

Continue à lui parler et à lire sa Parole. Laisse ses promesses te remplir d'espoir. Rappelle-toi qu'il ne fait jamais de faute, qu'il ne se trompe jamais. Il a la solution à chacun de tes problèmes. Persévère à lui faire confiance. Il peut t'aider, et il le fera, à sa manière parfaite et en son temps.

Mon Dieu, je ne comprends pas toujours ce qui m'arrive,
mais ce que je sais, c'est que tu es mon refuge. Amen.

AUJOURD'HUI, AVEC JÉSUS...
TROUVE EN LUI TON REFUGE.

24 février

LAISSE-LUI LES COMMANDES

Ceux qui connaissent ton nom se confient en toi,
car tu n'abandonnes pas ceux qui te cherchent, Eternel!
Psaume 9.11

Tu le sais maintenant, Dieu ne te demande pas toujours des choses faciles. D'ailleurs, si lui obéir était facile, tout le monde le ferait. Mais quand ça t'oblige à te confier en lui alors que tu ne comprends pas son plan, ça peut être la chose la plus difficile que tu aies à faire.

Puisque tu es un être humain, tu aimes contrôler les situations. Mais si tu suis Jésus, tu dois apprendre à lui «laisser les commandes». Il sait que c'est difficile pour toi, mais il est un maître patient et bon, et il t'aidera quand tu feras des erreurs.

Par contre, son aide ne correspondra pas toujours à ce que tu te seras imaginé. Par exemple, pour t'apprendre à lui faire confiance, il permettra peut-être que tu rencontres tout d'un coup un problème que lui seul peut régler. Alors quand ça arrive, continue à lui parler et à lire sa Parole. Compte sur lui et, au moment voulu, il te montrera la solution.

Seigneur, j'aimerais te faire plus confiance. Ouvre mes yeux pour que je voie comment tu agis dans ma vie. Amen.

AUJOURD'HUI, AVEC JÉSUS... FAIS-LUI CONFIANCE, SURTOUT QUAND TU NE COMPRENDS PAS.

25 février

QUAND TOUT VA DE TRAVERS

Le cœur de l'homme peut méditer sa voie,
mais c'est l'Eternel qui dirige ses pas.
Proverbes 16.9

Est-ce que tu connais ces journées où *absolument rien* ne se passe comme prévu, où tout va de travers dès le moment où tu te lèves le matin? Ne pense pas que Dieu les permet pour te punir ou parce qu'il se serait trompé. Regarde-les plutôt comme des occasions d'apprendre à lui faire confiance. Rappelle-toi que ta vie est entre ses mains et que tu peux compter sur lui. Car il a promis qu'il prendrait soin de toi (Proverbes 3.5-6).

Tu as sûrement des projets pour aujourd'hui, mais le Seigneur a les siens aussi. Parfois, ils correspondront aux tiens, mais d'autres fois, non. Dans ces cas-là, ne lui résiste pas en essayant de faire réussir tes plans à toi coûte que coûte. Laisse-le te conduire, un pas à la fois, tout au long de la journée. Ça te semblera peut-être risqué, et tu auras peut-être un peu peur, mais crois qu'il a la puissance de faire sortir quelque chose de bon même des journées les plus décourageantes.

Seigneur, je ne veux pas résister à ton plan pour moi.
Aide-moi à te suivre, même les jours où tout va mal. Amen.

AUJOURD'HUI, AVEC JÉSUS...
ACCEPTE LE PLAN DE DIEU POUR TOI.

26 février

PAS PAR TA FORCE

Ce n'est pas par la violence ni par tes propres forces que tu accompliras ta tâche, mais c'est grâce à mon Esprit.

Zacharie 4.6 (BFC)

Est-ce que tu as parfois peur de ne pas être assez bien ou de ne pas y arriver et de te «casser la figure»? Tu ne le croiras peut-être pas, mais *tout le monde* a peur de ça. Il y a juste des personnes qui arrivent mieux à le cacher que d'autres.

Les gens qui ne connaissent pas Dieu ne peuvent compter que sur eux-mêmes pour réussir, mais quand tu te donnes à Jésus pour le suivre, tu n'as plus besoin d'avoir peur de ne pas être à la hauteur. Pourquoi? Parce que le Saint-Esprit vient habiter en toi. Il est ton aide. C'est lui qui te rappelle que tu es un(e) enfant de Dieu et que tu es précieux(se) à ses yeux. Et c'est lui qui te rend capable de faire tout ce que Dieu demande de toi (Philippiens 2.13).

Alors, si quelque chose ne réussit pas, tu peux savoir que ce n'était pas le plan de Dieu pour toi. Il peut même utiliser tes échecs pour te garder de quelque chose qui ne serait pas bon pour toi. Fais-lui confiance et crois que son plan est parfait. Il ne t'abandonnera pas.

Seigneur, je sais que tu m'aideras à faire tout ce que tu attends de moi. Amen.

AUJOURD'HUI, AVEC JÉSUS...
COMPTE SUR L'AIDE DU SAINT-ESPRIT.

27 février

NE BAISSE PAS LES BRAS

Oui, vous avez besoin de persévérance pour accomplir la volonté de Dieu et obtenir ainsi ce qui vous est promis.
Hébreux 10.36

Ne baisse pas les bras, même si tu en as envie, et même si tu as l'impression qu'il n'y a plus d'espoir. Tu ne vois peut-être pas le «soleil» briller à cause de la «pluie» qui tombe, mais il est *quand même* là. Les choses changeront et ta situation s'améliorera… si tu n'abandonnes pas.

Dieu peut agir à n'importe quel moment et te laisser complètement étonné(e). Il ne t'a pas abandonné(e), et il a la réponse parfaite à toutes les difficultés que tu traverses. En fait, il veut les utiliser pour te montrer combien il est grand, puissant et extraordinaire. Alors ne l'abandonne pas. Continue à l'écouter et à lui obéir. Persévère à faire ce qui est bien. Sans ça, tu passeras à côté de sa merveilleuse solution.

Espère en lui, attends son aide et laisse-le te redonner du courage (Psaume 27.13-14). Il viendra à ton secours et te bénira si tu continues à lui obéir (Galates 6.9).

Mon Dieu, je suis fatigué(e), mais je ne veux pas baisser les bras. Je veux continuer à compter sur toi et à attendre ton secours dans ma situation. Amen.

AUJOURD'HUI, AVEC JÉSUS… CONTINUE À FAIRE CE QUI EST BIEN ET N'ABANDONNE PAS.

28 février

DIEU EST PLUS GRAND

A celui qui est ferme dans ses intentions tu assures une paix profonde parce qu'il se confie en toi.
Esaïe 26.3

Quand tu as l'impression que tes problèmes te dépassent, tu es peut-être tenté(e) de douter de Dieu et de sa puissance. Car tu ne peux pas le voir ni le toucher, alors que tes problèmes, eux, sont là, juste sous ton nez. Et ils te *semblent* plus réels que Dieu. Alors tu te dis qu'il faut t'en sortir par toi-même. Mais penser ça finira par t'épuiser et par t'empêcher de voir tout ce que le Seigneur *fait* dans ta vie.

Alors, même si tes difficultés te paraissent énormes, rappelle-toi que Dieu est bien plus grand. Il a promis qu'il prendrait soin de toi (Psaume 138.8). Parle-lui. Apporte-lui tes doutes et tes questions (2 Corinthiens 10.5). Ensuite, remercie-le pour tout ce qu'il a déjà fait et dis-lui que tu abandonnes tes soucis entre ses mains. Non seulement il te débarrassera de tes doutes et de tes peurs, mais il te remplira aussi de son amour et de sa paix (2 Timothée 1.7).

Tu as peut-être de gros problèmes, mais ils ne sont en tout cas pas plus grands que Dieu. C'est impossible.

Seigneur, rappelle-moi que tu es assez puissant pour t'occuper de n'importe quel problème que je rencontre. Amen.

AUJOURD'HUI, AVEC JÉSUS... N'OUBLIE PAS QUE DIEU EST PLUS GRAND QUE TES PROBLÈMES.

29 février

UN JOUR EN PLUS

Rachetez le temps.
Colossiens 4.5

Le 29 février n'existe que tous les quatre ans, c'est-à-dire à chaque fois qu'il y a une année «bissextile». Pourquoi est-ce qu'on a des années bissextiles? Parce que, en réalité, une année ne fait pas exactement 365 jours, mais 365 jours plus 5 heures, 48 minutes et 46 secondes. C'est le temps qu'il faut à la Terre pour tourner autour du Soleil. Alors, tous les quatre ans, on ajoute ces heures, ces minutes et ces secondes en plus et on en fait une journée entière: le 29 février.

Qu'est-ce que tu pourrais faire de cette journée «en plus»? Utilise-la le mieux possible en faisant quelque chose de spécial pour Jésus. Par exemple, au lieu de lire seulement un verset ou deux dans ta Bible, tu peux lire un chapitre entier, ou bien même tout un livre. Tu peux aussi prendre plus de temps que d'habitude pour lui parler, ou encore montrer ton amour pour lui en faisant quelque chose de spécial pour une personne de ton entourage (comme faire plus de câlins ou rendre des services). Et d'ailleurs, tu n'as pas besoin d'attendre le 29 février pour ça... tu peux faire plus pour Jésus tous les jours de l'année!

Seigneur, merci pour cette journée en plus qui me permet de passer plus de temps avec toi. Amen.

AUJOURD'HUI, AVEC JÉSUS...
RAPPELLE-TOI QU'AVEC LUI, CHAQUE JOUR EST SPÉCIAL!

1er mars

REGARDE ET VOIS

...nous avons été accablés à l'extrême, au-delà de nos forces, au point que nous désespérions même de rester en vie (...) afin de ne pas placer notre confiance en nous-mêmes mais en Dieu qui ressuscite les morts
2 Corinthiens 1.8-9

Il y a des jours où, plus tu essayes d'arranger les choses qui ne vont pas, plus tu as l'impression qu'elles deviennent pires!

Qu'est-ce que tu dois faire dans ces cas-là? Tourne-toi vers Dieu. Parle-lui de toutes tes difficultés, et crois qu'il a la solution. Il t'aidera à les traverser. Il les utilisera aussi comme des outils pour te transformer, pour faire de toi la personne qu'il voulait que tu sois quand il t'a créé(e).

Il n'a jamais voulu que tu te débrouilles seul(e). Il désire que tu vives ta vie *avec lui*. Il veut être là pour toi et t'aider. Laisse-le simplement faire. Si tu le laisses agir, tu verras qu'il fera des choses que tu ne peux même pas imaginer.

Alors quand c'est difficile, n'aie pas peur. Fais confiance à Dieu, puis regarde de quelle manière étonnante il va t'aider.

Seigneur Jésus, je te confie tout ce qui est difficile, et j'ai hâte de voir comment tu vas m'aider. Amen.

AUJOURD'HUI, AVEC JÉSUS...
LAISSE-LE T'AIDER.

2 mars

IL VEUT LAVER TON CŒUR

Tous ont péché et sont privés de la gloire de Dieu, et ils sont gratuitement déclarés justes par sa grâce, par le moyen de la libération qui se trouve en Jésus-Christ.
Romains 3.23-24

Est-ce qu'il t'arrive de t'inquiéter à cause de tes péchés? Est-ce que tu as été en colère, jaloux(se) ou égoïste? Est-ce que tu as menti, triché ou dit du mal d'un(e) ami(e)? Et est-ce que tu as parfois peur que tout ça t'empêche d'aller au ciel? Car Paul dit: «…ceux qui ont un tel comportement n'hériteront pas du royaume de Dieu» (Galates 5.21). Est-ce que tu crains d'avoir fait quelque chose de tellement mal que Dieu ne pourrait plus te pardonner? *Ne pense pas ça!*

Tout le monde commet des péchés d'une manière ou d'une autre. Tes péchés ne sont pas une surprise pour Dieu. Et il sait que tu feras encore des erreurs. Voilà pourquoi il a envoyé son Fils. Si tu as accepté Jésus comme ton Sauveur et que tu reconnais tes péchés, son sang, le sang qui a coulé quand il est mort sur la croix, te lave entièrement. Par lui, tu es complètement réconcilié(e) avec Dieu. Tu n'as pas besoin de t'inquiéter ni d'avoir peur. Tu as simplement besoin de Jésus.

Seigneur Jésus, merci de me laver de mes péchés et de m'en libérer. Amen.

AUJOURD'HUI, AVEC JÉSUS… REMERCIE-LE DE TE DÉCHARGER DE TES PÉCHÉS.

3 mars

LES PIÈGES DU DIABLE

La femme vit que l'arbre était porteur de fruits bons à manger, agréable à regarder et précieux pour ouvrir l'intelligence. Elle prit de son fruit et en mangea.
Genèse 3.6

Le diable est rusé: comme il savait qu'Eve désirait l'intelligence, il lui a dit que le fruit de l'arbre dont elle n'avait pas le droit de manger la rendrait justement plus intelligente. Eh bien, tu peux savoir qu'il essayera de te tromper de la même manière: en te faisant croire qu'il te propose ce que tu veux. Et parce qu'il sait *exactement* ce que tu veux, il s'arrangera pour que sa proposition te pousse à pécher. Ensuite, s'il arrive à te faire tomber, il essayera de t'écraser par un sentiment de honte pour que tu t'éloignes de Dieu, comme Adam et Eve, qui se sont cachés dans le jardin.

Alors, d'abord, sache qu'aucun péché, même terrible, ne peut te séparer de l'amour de Dieu ou le conduire à ne plus vouloir de toi. Ensuite, quand tu pèches, ne te cache pas loin du Seigneur. *Cours vers lui.* Demande-lui de te pardonner, et il le fera, parce que c'est justement ce qu'il désire. Puis demande-lui de t'aider à ne plus tomber dans ce piège. Et il te gardera.

Mon Père, merci pour ton pardon. Je sais que je peux toujours venir à toi et te parler. Amen.

AUJOURD'HUI, AVEC JÉSUS... DEMANDE-LUI DE T'AIDER À VOIR LES PIÈGES DU DIABLE.

4 mars

AVANT TOUT, PARLE À DIEU

Le commencement de la sagesse, c'est la crainte de l'Eternel. La connaissance du Dieu saint, voilà en quoi consiste l'intelligence.
Proverbes 9.10

Quand tu te retrouves encerclé(e) par les problèmes, rappelle-toi que Dieu connaît tout et qu'il sait parfaitement comment t'aider dans chaque situation.

C'est une leçon qu'un homme appelé Guéhazi, qui vivait il y a longtemps, a dû apprendre. Il était serviteur du prophète Elisée. Un jour, le roi de Syrie a envoyé sa grande armée pour capturer Elisée, et Guéhazi a eu très peur. Car ils se retrouvaient entourés de soldats, de chevaux et de chars. Il a dit à Elisée: «Ah, mon seigneur, comment ferons-nous?» Alors Elisée a prié: «Seigneur, ouvre les yeux de mon serviteur.» Et, aussitôt, Guéhazi a vu l'armée de Dieu tout autour d'eux, prête à les défendre. En fait, la victoire était déjà remportée (2 Rois 6.8-23)!

Alors quand les problèmes sont là, ne t'appuie pas seulement sur ce que *tu* peux voir et sur ce que *tu* peux comprendre avec *ta* logique. Compte sur *Dieu*. Il est maître de la situation, et c'est lui qui gagnera la bataille pour toi.

Mon Dieu, toi seul connais tout. Aide-moi à t'apporter mes problèmes avant d'en parler aux autres. Amen.

AUJOURD'HUI, AVEC JÉSUS… RAPPELLE-TOI QUE LA BATAILLE EST DÉJÀ GAGNÉE.

5 mars

QUAND LA RÉPONSE EST «NON»

Je dis à l'Eternel: «Tu es mon refuge et ma forteresse, mon Dieu en qui je me confie!» Oui, c'est lui qui te délivre du piège de l'oiseleur et de la peste dévastatrice.

Psaume 91.2-3

Personne n'aime trop entendre le mot «non», même quand il vient de Dieu. Car, parfois, tu pries encore et encore, pour qu'il te réponde d'une certaine manière, et sa réponse est «non». Alors, tu as un choix à faire: tu peux soit accepter sa réponse, soit insister pour que ce que *tu* veux se fasse.

La première chose que tu dois te rappeler dans ces cas-là, c'est que Dieu t'aime plus que tu ne pourras jamais l'imaginer et qu'il veut seulement le meilleur pour toi. Alors, s'il dit «non», c'est vraiment pour une bonne raison. Il est peut-être en train de te protéger de quelque chose qui pourrait finir par te faire du mal. Ou bien il te refuse ce que tu demandes pour te donner plus tard quelque chose de mieux.

Si, maintenant, tu ne comprends pas pourquoi il dit «non», un jour, tu y verras plus clair. En attendant, fais-lui confiance, et dis-lui «oui», même quand sa réponse est «non».

Seigneur, je sais que tu veux le meilleur pour moi. Aide-moi à te faire confiance, surtout quand tu dis «non». Amen.

AUJOURD'HUI, AVEC JÉSUS... REMERCIE DIEU, MÊME QUAND SA RÉPONSE EST «NON».

6 mars

QUEL CHEMIN PRENDRE?

Recommande ton sort à l'Eternel,
mets ta confiance en lui, et il agira.
Psaume 37.5

Quand tu as une décision difficile à prendre, qu'est-ce que tu fais? Si tu es comme tout le monde, tu commences probablement par réfléchir aux différentes possibilités que tu as. Tu te demandes: *Qu'est-ce qui va se passer si je choisis ça... ou plutôt ça? Qu'est-ce qui sera le plus facile ou le plus difficile?* Et ce sont de bonnes questions. Sauf que, parfois, Dieu te demande de faire le choix le plus difficile, puis d'avoir simplement confiance en lui. Peut-être que c'est la décision la moins logique à tes yeux. Ou peut-être que tu sais qu'en la prenant, tu auras des difficultés que tu ne pourras pas affronter seul(e). Eh bien, c'est là que la foi entre en jeu. Crois simplement que Dieu sera avec toi et t'aidera à traverser les choses difficiles.

Le plus beau, quand tu te confies en lui pour tes choix, c'est qu'il te conduit dans des endroits où tu n'aurais jamais pensé aller et te fait vivre des choses que tu n'aurais même pas imaginé vivre. Alors ne passe pas à côté de tout ça; fais-lui confiance, obéis-lui, puis regarde sa puissance merveilleuse agir dans ta vie.

Seigneur, je sais que tu ne me conduiras jamais dans la mauvaise direction. Aide-moi à te suivre toujours. Amen.

AUJOURD'HUI, AVEC JÉSUS... DEMANDE-LUI DE TE CONDUIRE DANS TES DÉCISIONS.

7 mars

PARDON, SEIGNEUR

En effet, la tristesse selon Dieu produit une repentance qui conduit au salut et que l'on ne regrette jamais, tandis que la tristesse du monde produit la mort.
2 Corinthiens 7.10

Quand tu as tout gâché, quand tu as péché, il est important que tu demandes pardon à Dieu. Mais ce n'est pas tout. Car Dieu souhaite aussi que tu te *repentes*. C'est un mot un peu compliqué qui, dans la pratique, veut dire deux choses:

1. *Reconnais* que ce que tu as fait était bien un péché. En lisant la Bible, tu comprendras ce que Dieu appelle «péché». Si tu ne reconnais pas devant lui que tu as mal agi, c'est que tu ne regrettes pas vraiment ce que tu as fait. C'est comme quand tu t'excuses d'avoir crié sur ton frère ou ta sœur, non pas parce que tu regrettes, mais juste parce que tu ne veux pas d'ennuis.
2. *Tourne le dos* à ce péché. Avec l'aide du Seigneur, choisis de lui obéir et de ne plus recommencer. Et ce qui est incroyable, c'est qu'il t'en donnera vraiment la force.

Alors, oui, quand tu as fait ce qui est mal, demande pardon à Dieu, mais ensuite, *repens-toi* et obéis-lui avec son aide.

Seigneur, je vois maintenant que ce que j'ai fait était mal. S'il te plaît, pardonne-moi et aide-moi à t'obéir. Amen.

AUJOURD'HUI, AVEC JÉSUS...
QUAND TU AS MAL AGI, RECONNAIS-LE.

8 mars

QUI EST DIEU POUR TOI?

Je t'enseigne la voie de la sagesse,
je te conduis dans les sentiers de la droiture.
Proverbes 4.11

Qui est Dieu pour toi? Une sorte de force lointaine? Est-ce qu'il est le maître de l'univers, le créateur de tout ce qui existe et celui qui pardonne tes péchés? En fait, il veut être bien plus que tout ça. Il veut être proche de toi, être ton protecteur, ton guide, ton réconfort, ta force et ton Père plein de bonté. Il veut t'aimer et te conduire sur des chemins qui permettront à ta foi de devenir plus solide et qui t'aideront à ressembler toujours plus à son Fils, Jésus.

Alors, peu importe ce que tu traverses – que la vie soit belle ou difficile – rappelle-toi que *tout* sert à te rapprocher de Dieu. Quand tu rencontres des difficultés, viens à lui pour chercher de l'aide. C'est ce qu'il désire. Prie, lis sa Parole et écoute ce que le Saint-Esprit murmure à ton cœur.

Personne ne t'aimera jamais autant que Dieu t'aime. Crois qu'il te conduira sur le chemin qui est bon pour toi.

Seigneur, merci d'utiliser ce que je vis
pour me rapprocher de toi. Amen.

AUJOURD'HUI, AVEC JÉSUS… LAISSE-LE T'AIDER DANS LES BONS COMME DANS LES MAUVAIS MOMENTS.

9 mars

CE QUE TU PENSES DE TOI

Que Dieu soit remercié, lui qui nous fait toujours triompher en Christ.
2 Corinthiens 2.14

Qu'est-ce que tu penses de... toi-même? Est-ce que tu te dis des choses comme: *Je ne suis bon(ne) à rien. Pourquoi est-ce que Dieu m'aimerait? Personne ne veut être mon ami(e). Je rate tout ce que je fais*? Oui, peut-être que tu as fait des erreurs ou que tu as été blessé(e) par quelqu'un, mais sache que Dieu ne te voit pas comme ça. Quand tu te donnes à Jésus pour le suivre, il fait de toi une «nouvelle créature» (2 Corinthiens 5.17). Peu importe ce qui s'est passé dans ta vie avant, il te permet de prendre un nouveau départ.

Il t'aime tellement qu'il a envoyé son Fils unique pour te sauver et son Saint-Esprit pour habiter en toi. Alors, arrête de te dénigrer. Car tu es tellement précieux(se) pour lui qu'il t'appelle son enfant (1 Jean 3.1).

Seigneur, merci de m'appeler ton enfant. Aide-moi à me voir comme tu me vois. Amen.

AUJOURD'HUI, AVEC JÉSUS... DÉCOUVRE COMBIEN DIEU T'AIME EN LISANT 1 JEAN 3.1.

10 mars

AVANT LA BATAILLE

Les armes avec lesquelles nous combattons (...) sont puissantes.
2 Corinthiens 10.4

Quels sont tes points faibles? Je parle de ces choses qui, tu le sais, ne sont pas bonnes... mais auxquelles tu as bien du mal à résister. Est-ce que, par exemple, tu as tendance à dire du mal des autres? A toujours tout garder pour toi? A être jaloux(se)? Ou bien à te mettre vite en colère? Avec l'aide de Dieu, réfléchis *aujourd'hui* au moyen de lutter contre ces tentations. Parce que si tu attends que la tentation arrive, il est presque sûr que tu n'arriveras pas à tenir bon. Apprends à te défendre *avant* que la bataille commence.

D'abord, réfléchis aux pensées qui t'envahissent dans ces moments-là. Par exemple, peut-être que tu as l'impression que tu n'as pas de valeur, et ça te pousse à dénigrer les autres ou ça te rend jaloux(se) envers eux. Ensuite, fais ce que Jésus a fait! Quand le diable l'a tenté, il a utilisé la Parole de Dieu pour se défendre. Tu as l'impression que tu ne vaux rien, que tu n'es important(e) pour personne? Alors souviens-toi que Dieu t'appelle son enfant (1 Jean 3.1), et n'oublie pas qu'il a un plan pour ta vie (Jérémie 29.11). Avec l'aide de sa Parole, fais fuir le diable à chaque fois qu'il t'attaque (Jacques 4.7).

Seigneur, s'il te plaît, remplis mon cœur et mes pensées de ta Parole pour que je puisse me défendre contre le diable. Amen.

AUJOURD'HUI, AVEC JÉSUS...
SOUVIENS-TOI QUE TU LUI APPARTIENS.

11 mars

PLUS DE FRUIT DANS TA VIE

Mes chers amis, ne vous étonnez pas d'être en plein feu de l'épreuve, comme s'il vous arrivait quelque chose d'anormal.
1 Pierre 4.12 (BFC)

Est-ce que tes difficultés sont parfois si grandes que tu te demandes si Dieu t'a oublié(e)? Est-ce que tu ne comprends pas pourquoi il permet des choses aussi dures dans ta vie?

Ne te décourage pas. Il ne t'a *pas* oublié(e). Il est là, tout près de toi. Et rappelle-toi: s'il permet que tu passes par là, c'est dans un but précis; il veut que tu apprennes à mieux connaître Jésus, ton Sauveur, et que tu lui ressembles de plus en plus. Alors il utilise les choses difficiles pour faire grandir en toi le fruit de l'Esprit: l'amour, la joie, la paix, la patience, la bonté, la bienveillance, la foi, la douceur et la maîtrise de soi (Galates 5.22-23).

Et la bonne nouvelle, c'est que, dans ces moments-là, Jésus sait exactement ce que tu ressens (Hébreux 2.18), car lui aussi a souffert. Il sait comment t'encourager et te conduire. Fais-lui confiance, et laisse-le te redonner sa joie.

Seigneur, je crois que tu prendras soin de moi dans toutes mes difficultés. Amen.

AUJOURD'HUI, AVEC JÉSUS...
LAISSE-LE TE RÉCONFORTER.

12 mars

SEIGNEUR DES SEIGNEURS

Quand ils virent cela, tous les membres du peuple tombèrent le visage contre terre et dirent: «C'est l'Eternel qui est Dieu! C'est l'Eternel qui est Dieu!»
1 Rois 18.39

Tu crois en Dieu *ou* tu ne crois pas en lui. Tu ne peux pas être entre les deux. Soit tu te confies en lui et tu crois qu'il est toujours avec toi, soit tu penses qu'il n'existe pas et tu dois te débrouiller complètement par toi-même. A toi de choisir.

Le prophète Elie, lui, savait qu'il pouvait toujours compter sur Dieu. Il l'a prouvé en lançant un défi aux 850 prophètes de Baal et Astarté (faux dieux). Il leur a dit de prier leurs idoles de faire venir le feu du ciel. Alors, le dieu qui enverrait le feu – soit leurs idoles, soit le seul vrai Dieu d'Elie – serait vraiment le Seigneur des seigneurs. Elie a pris position pour le Dieu en qui il croyait, et Dieu a envoyé le feu du ciel (1 Rois 18). Il ne l'a pas abandonné.

Et il ne t'abandonnera pas non plus. Tu as peut-être l'impression qu'il n'y a pas de solution à ton problème, mais lui a un chemin pour t'en faire sortir. Il te le montrera. Il utilisera aussi cette difficulté pour te montrer qu'il est le seul vrai Dieu!

Seigneur, je sais que tu es Dieu, et je crois que tu répondras à mes prières. Amen.

AUJOURD'HUI, AVEC JÉSUS... CROIS QU'IL EST LE SEIGNEUR DES SEIGNEURS ET LE ROI DES ROIS.

13 mars

IL VEUT T'ÉCOUTER

Mais tu veux que la vérité soit au fond du cœur: fais-moi connaître la sagesse dans le secret de mon être!

Psaume 51.8

Est-ce que tu hésites à parler à Dieu de certaines choses? Est-ce qu'il y a des problèmes que tu as peur de lui apporter, parce que tu penses qu'ils sont trop grands ou, au contraire, trop petits? Ou bien est-ce que tu es gêné(e)?

Eh bien, tu peux arrêter de penser ça, parce que, en réalité, Dieu *veut* que tu lui parles de *tout*! Il veut que tu saches que son amour pour toi n'a pas de fin et qu'il ne t'abandonnera jamais, quels que soient les problèmes que tu lui exposes. Tout ce qui t'inquiète l'intéresse. Tu peux être totalement honnête avec lui.

En fait, il sait déjà tout ce que tu penses et tout ce que tu ressens. Mais en partageant avec lui tes soucis, en lui ouvrant tout ton cœur, tu montres que tu lui fais confiance.

Alors parle-lui, car il veut écouter.

Mon Père, merci de toujours m'écouter, quels que soient les problèmes que je t'apporte. Amen.

AUJOURD'HUI, AVEC JÉSUS... TROUVE UN ENDROIT TRANQUILLE POUR LUI OUVRIR TON CŒUR.

14 mars

UN PÈRE PARFAIT

Nos pères terrestres nous ont corrigés (...) Dieu le fait pour notre bien, afin que nous participions à sa sainteté.
Hébreux 12.9-10

Certains pères sont vraiment formidables; d'autres le sont moins. Mais peu importe comment est ton père sur la terre, tu as dans le ciel un Père qui t'aime, qui te protège et qui prend soin de toi. Il ne te quittera jamais, ne te rejettera jamais, ne te laissera jamais tomber. Quand tu te donnes à Jésus pour le suivre, tu es adopté(e) dans la famille de Dieu. Il envoie son Saint-Esprit qui habite en toi et qui est une preuve de son amour éternel (Ephésiens 1.13-14).

C'est magnifique. Mais pour bien comprendre tout ça, tu as besoin de changer de manière de penser. Et il te faut de l'aide. C'est pour ça que Dieu permet dans ta vie certaines choses comme les difficultés. Il s'en sert pour te montrer qui il est vraiment et combien il t'aime. Il te donne la preuve que tu peux vraiment lui faire confiance et qu'il s'occupe de toi.

Que ton père sur la terre soit formidable ou qu'il le soit moins, ton Père céleste, lui, est parfait.

Mon Père, merci de m'avoir adopté(e) dans ta famille. Je suis tellement heureux(se) d'être ton enfant! Amen.

AUJOURD'HUI, AVEC JÉSUS... RAPPELLE-TOI QUE DIEU EST TON PÈRE, PARFAIT ET PLEIN D'AMOUR.

15 mars

TU AS BESOIN DE LUI

C'est dans le retour à moi et le repos que sera votre salut, c'est dans le calme et la confiance que sera votre force.
Esaïe 30.15

Tu as besoin de Dieu, que tu t'en rendes compte ou non. Car il y a un vide dans ton cœur, comme dans le cœur de tout être humain. Et seul Dieu peut le remplir. Le problème, c'est que, parfois (ou souvent peut-être), tu fais comme si tu n'avais pas besoin de lui.

Peut-être que tu essayes aussi de t'en sortir par toi-même pour lui prouver combien tu es «quelqu'un de bien» ou de lui plaire par tes propres efforts. Mais la vérité, c'est que tu ne peux pas arriver à être parfait(e) par toi-même. Et tu n'as pas besoin de «prouver à Dieu» que tu es «assez bien». Il t'aime, simplement parce que c'est toi. Tu ne peux rien faire pour qu'il t'aime plus... et rien faire pour qu'il t'aime moins. Son amour pour toi est parfait et sans fin. Ce qu'il veut, c'est que tu lui fasses confiance et croies qu'il s'occupe de toi.

Alors, compte sur lui, dans les bons moments, quand c'est plus difficile et à chaque instant. Ecoute sa Parole et, avec son aide, obéis à ses commandements. Laisse-le prendre soin de toi.

Seigneur, je sais que j'ai besoin de toi. S'il te plaît, apprends-moi à me reposer sur toi. Amen.

AUJOURD'HUI, AVEC JÉSUS... NE COMPTE PAS SUR TES PROPRES FORCES MAIS SUR LUI.

16 mars

QUAND IL FAIT NOIR

Il me redonne des forces, il me conduit dans les sentiers de la justice à cause de son nom.
Psaume 23.3

Est-ce que tu as déjà essayé de traverser une pièce où il faisait tout noir? Si oui, tu sais qu'il faut avancer doucement, un pas à la fois, pour ne pas te cogner dans quelque chose et trébucher. Et parfois, c'est pareil dans la vie: tu dois avancer en tâtonnant, car il y a des obstacles, comme des choix difficiles à faire et des choses dures à vivre. Mais la bonne nouvelle, c'est que Dieu est là pour te guider au milieu de l'obscurité, un pas à la fois.

Il peut t'arriver d'avoir l'impression que les autres ont toutes les réponses à leurs questions et que leur chemin n'est pas aussi sombre ou difficile que le tien. Mais ne t'inquiète pas et ne te laisse pas troubler. Car Dieu sait quel chemin est le mieux pour chacun. Son but est de nous transformer pour que nous devenions ce qu'il a voulu que nous soyons.

Alors appuie-toi sur lui. Suis-le. Obéis-lui quand il te montre la prochaine étape. Il te gardera et te conduira dans les moments plus sombres et remplira ta vie de sa lumière (Psaume 18.29).

Mon Père, merci de me guider dans les moments plus sombres. Aide-moi à refléter ta lumière. Amen.

AUJOURD'HUI, AVEC JÉSUS...
DEMANDE-LUI DE TE GUIDER.

17 mars

NE PENSE PAS: *ET SI...*

Seulement, fortifie-toi et aie bon courage en te conformant fidèlement à toute la loi que Moïse, mon serviteur, t'a prescrite. Ne t'en écarte ni à droite ni à gauche afin de réussir où que tu ailles.

Josué 1.7

Tu n'as pas besoin d'avoir peur de ne pas être à la hauteur. Pourquoi? Parce que Dieu est ton créateur et qu'il est toujours avec toi, prêt à t'aider.

Josué le savait, et pourtant, il a souvent dû se demander: *Et si...* Quand Moïse est mort et que c'était à lui de conduire les Israélites dans le pays promis, il s'est probablement dit: *Et s'ils ne me font pas confiance comme ils ont fait confiance à Moïse? Et si je ne suis pas capable de relever tous les défis qui se présentent? Et si je n'entends pas la voix de Dieu comme Moïse l'entendait? Et si je ne suis tout simplement pas capable de conduire le peuple?* Face à ces questions, il aurait très bien pu se retrouver paralysé par la peur. Mais il a écouté Dieu et a cru qu'il lui montrerait le chemin.

Tu peux faire pareil. Dieu t'a mis(e) là où tu es pour une raison. Alors oublie les «Et si...», puis fais-lui confiance. La victoire, c'est lui qui s'en occupe. Ta partie, c'est de le suivre comme il te conduit.

Seigneur, je crois que tu me conduiras vers la victoire, et je te suis. Amen.

AUJOURD'HUI, AVEC JÉSUS... RAPPELLE-TOI QU'AVEC LUI, TU AS LA VICTOIRE.

18 mars

CE QUE TU CROIS

Souviens-toi de ta promesse à ton serviteur, puisque tu m'as donné l'espérance!
Psaume 119.49

Est-ce que tu t'inquiètes souvent? Est-ce que tu es souvent troublé(e)? Est-ce que tu laisses même les petits ennuis te gâcher la journée? Si oui, tu as peut-être besoin de réfléchir à ce que tu crois sur Dieu. Parce que ce que tu crois a un effet sur ta manière de vivre les choses.

Est-ce que tu penses par exemple que, si tu fais trop d'erreurs, Dieu ne te permettra *jamais* d'entrer au ciel? Si oui, il est normal que tu aies du mal à lui faire confiance. Et, forcément, tu es toujours en train d'essayer de gagner son amour et son pardon. Mais si tu acceptes que, comme il le promet (1 Jean 1.9), il te pardonne quand tu viens à lui, et si tu crois que rien ne peut te séparer de son amour (Romains 8.38-39), tu arrêtes de t'inquiéter.

Donc il est très important de savoir ce que tu crois et d'être sûr(e) que ça correspond à ce qui est écrit dans la Bible. Remplis tes pensées de la Parole de Dieu. Lis-la et réfléchis à ce qu'elle te dit. Laisse-la te libérer de tes peurs.

Seigneur, merci pour ta Parole et pour l'espérance qu'elle me donne. Amen.

AUJOURD'HUI, AVEC JÉSUS... LAISSE LA PAROLE DE DIEU CHASSER TES PEURS.

19 mars

LA FORCE DES MOTS

Ta parole, Eternel, est pour toujours établie dans le ciel. Je n'oublierai jamais tes décrets, car c'est par eux que tu me fais vivre.

Psaume 119.89, 93

Est-ce que tu as déjà entendu un proverbe qui dit: «Les coups blessent, mais pas les mots»? Eh bien, surtout, ne crois pas ça! Car au contraire, les mots ont une grande force. Ils peuvent t'encourager mais ils peuvent aussi te faire très mal. Alors voilà une vérité importante à te rappeler: peu importe ce que les autres disent de toi (qu'ils disent de bonnes choses ou te critiquent), ça n'est jamais aussi important ni aussi juste que ce que Dieu dit de toi dans sa Parole.

En lisant la Bible, tu apprendras des choses merveilleuses sur lui, sur sa personne et sur l'amour qu'il a pour toi. Tu découvriras aussi qu'il t'a créé(e), qu'il a fait de toi son enfant et que tu peux toujours lui faire confiance. Et tu comprendras comment lui plaire.

Il n'y a pas de mots plus importants que ceux de la Bible. Regarde-les comme les plus précieux pour toi. Alors, à travers eux, à travers sa Parole, Dieu te bénira.

Seigneur, ouvre mes yeux pour que je comprenne ta Parole. Aide-moi à comprendre qui tu es et qui je suis. Amen.

AUJOURD'HUI, AVEC JÉSUS... LIS LE PSAUME 139 POUR DÉCOUVRIR CE QUE DIEU DIT DE TOI.

20 mars

ARRÊTE DE TOUT CONTRÔLER

C'est l'Eternel qui dirige les pas de l'homme:
que peut comprendre l'être humain à sa voie?
Proverbes 20.24

Dieu désire que tu lui fasses confiance... mais pas juste un peu, ni même beaucoup: il veut que tu lui fasses *entièrement* confiance, au point d'arrêter de t'inquiéter et de cesser de penser que son plan pour toi n'est pas bon. Aussi quand les choses ne se passent pas comme tu le voudrais... Pourquoi? Parce qu'il a *vraiment* de bons projets pour toi. Demande-toi simplement si tu es d'accord de le laisser prendre ta vie en main et si tu es prêt(e) à accepter tout ce qu'il permet dans tes journées, même quand ça ne te plaît pas ou ne te paraît pas logique.

Tu crois peut-être que tu dois «maîtriser la situation» pour éviter que tout s'écroule. Mais en pensant ça, tu montres simplement que tu ne connais vraiment pas bien le Seigneur. En fait, il est possible que tout s'écroule *parce que* tu essayes de contrôler la situation au lieu de le laisser s'en occuper. Il promet de te fortifier, de venir à ton secours et de te soutenir (Esaïe 41.10).

Alors ne passe pas à côté des belles choses qu'il veut te donner, juste parce que tu as peur de le laisser contrôler la situation!

Seigneur, s'il te plaît, aide-moi à te laisser diriger ma vie. Amen.

AUJOURD'HUI, AVEC JÉSUS... LIS ESAÏE 41.10,
ET LAISSE DIEU PRENDRE LES CHOSES EN MAIN.

21 mars

LA VÉRITÉ

En effet, la parole de Dieu est vivante et efficace (...); elle juge les sentiments et les pensées du cœur.
Hébreux 4.12

Tout ce que la Bible dit est vrai. Tout. Alors, si on te dit autre chose que ce qu'elle dit sur Dieu, sur toi-même ou sur la manière dont tu devrais vivre, n'écoute pas. Rejette ces conseils. Ne les laisse pas diriger ta vie.

Et tu sais quoi? La Parole de Dieu est comme un bouclier: elle te protège contre les mensonges du diable. La Bible dit que tu es enfant de Dieu. Elle te montre comment vivre pour lui plaire et comment faire de bons choix. Et elle t'aide à faire la différence entre la vérité et le mensonge.

Alors, quand tu as une importante décision à prendre, quand tu as besoin d'aide dans une situation difficile ou quand tu as juste besoin de te rappeler que Dieu t'aime, ouvre ta Bible. Cherche les réponses de Dieu. Demande à tes parents, à ton pasteur ou à quelqu'un d'autre en qui tu as confiance de t'aider. Laisse la Parole de Dieu te guider. Elle ne te montrera jamais la mauvaise direction.

Mon Père, s'il te plaît, guide-moi par ta Parole pour que je sache reconnaître ce qui est vrai et ce qui ne l'est pas. Amen.

AUJOURD'HUI, AVEC JÉSUS... RAPPELLE-TOI QUE LA PAROLE DE DIEU EST TON BOUCLIER.

22 mars

RESTE TRANQUILLE

Arrêtez, et sachez que je suis Dieu!
Psaume 46.11

Le mot traduit par «arrêtez», dans ce verset, veut aussi dire «soyez tranquilles». Ça te fait sûrement penser aux fois où on te demande de rester tranquillement assis(e) sans bouger. Mais Dieu ne veut pas seulement dire ça. Il veut dire: «Arrêtez de vous agiter, de vous inquiéter et de vous débattre dans vos problèmes!» Alors *sois tranquille*, et n'oublie pas qu'il est plus grand que n'importe quelle difficulté, n'importe quel souci et n'importe quelle peur.

Est-ce que tu te rappelles les promesses qu'il a faites à Moïse, Abraham, Marie ou Pierre, par exemple? Eh bien, il les a toutes réalisées. Et il le fera aussi pour toi. Quand les Israélites se sont retrouvés coincés entre la mer Rouge et l'armée égyptienne, tout semblait perdu, mais les instructions qu'ils avaient étaient claires; Moïse avait dit: «C'est l'Eternel qui combattra pour vous. Quant à vous, gardez le silence!» (Exode 14.14). Et qu'est-ce que Dieu a fait? L'impossible. Il a repoussé les eaux de la mer et délivré son peuple!

Il veut te libérer toi aussi de tout ce qui t'inquiète. Mais d'abord, arrête de t'agiter. *Sois tranquille*... et crois qu'il agit dans ta vie.

Mon Dieu, je sais que tu es le Seigneur des seigneurs.
Tu es tout ce dont j'ai besoin. Je t'aime. Amen.

AUJOURD'HUI, AVEC JÉSUS... LIS PROVERBES 3.5-6 ET SOIS TRANQUILLE DEVANT DIEU.

23 mars

QUAND TU ES PRIS(E) AU PIÈGE

N'ayez pas peur et ne vous laissez pas effrayer (...), car ce ne sera pas vous qui combattrez, ce sera Dieu.
2 Chroniques 20.15

Est-ce qu'il t'arrive de te sentir comme pris(e) au piège, d'avoir l'impression qu'il y a des problèmes de tous les côtés: avec tes ami(e)s, dans ta famille, à l'école? Si tu n'avais qu'un seul de ces problèmes, ce serait déjà difficile, mais quand ils te tombent dessus tous en même temps, c'est écrasant!

C'est certainement ce que le roi Josaphat a ressenti quand trois armées se sont mises à marcher contre lui. Une seule, ça aurait déjà fait trop, mais repousser trois armées en même temps, c'était impossible! Il a donc fait la meilleure des choses: il a prié. Alors, Dieu lui a dit qu'il remporterait la victoire, non pas par les armes ou une bonne stratégie, mais par des chants de louange (2 Chroniques 20).

Quand tu vois des difficultés de tous les côtés, ne commence pas à préparer un «plan de bataille». Car, de toute façon, ce n'est pas vraiment «ta bataille». Mais arrête-toi et prie. Ecoute ce que Dieu dit, obéis à sa Parole, et remercie-le pour le merveilleux secours qu'il va t'envoyer.

Seigneur, merci de combattre pour moi. Ta bonté, ta puissance et ta sagesse n'ont pas de limite. Amen.

AUJOURD'HUI, AVEC JÉSUS... LOUE DIEU MÊME AU MILIEU DES DIFFICULTÉS.

24 mars

«C'EST PAS JUSTE!»

L'Eternel terminera ce qu'il a commencé pour moi.
Psaume 138.8

«C'est vraiment pas juste!» Est-ce que tu as déjà dit ça? Eh bien… tu as raison: parfois, la vie est injuste. Il y a des gens qui font le mal et qui ont l'air d'aller très bien, et toi, tu essayes de faire ce qui est juste, et tu as quand même des problèmes. Alors, tu ne comprends pas. Peut-être même que tu te demandes: *Est-ce que Dieu m'aime encore? Pourquoi est-ce qu'il ne m'aide pas?*

Quand la vie est injuste, ça fait mal. Mais rappelle-toi que Dieu utilise ces moments-là pour te transformer. Il veut que tu sois un instrument plus utile dans son royaume. Pense à Abraham, qui a dû attendre jusqu'à l'âge de 100 ans pour avoir le fils que Dieu lui avait promis. Pense à Joseph, qui a été esclave, puis prisonnier, pendant des années, avant de devenir gouverneur. Et rappelle-toi Paul, qui a reçu des coups, qui a fait naufrage et qui a été jeté en prison: aujourd'hui encore, ses lettres parlent de Jésus à tous. Alors, quand la vie est injuste, n'abandonne pas. Et ne doute jamais de l'amour de Dieu. Continue à faire ce qui est juste… et pense aux belles choses que les difficultés produiront dans ta vie.

Seigneur, quand la vie semble injuste, je veux continuer à te faire confiance et me réjouir de tes bienfaits. Amen.

AUJOURD'HUI, AVEC JÉSUS… VOIS LES BELLES CHOSES QUE DIEU TE DONNE MÊME QUAND LA VIE EST INJUSTE.

25 mars

TON TEMPS

Enseigne-nous à bien compter nos jours,
afin que notre cœur parvienne à la sagesse!
Psaume 90.12

Le temps est quelque chose de très précieux; il est plus précieux que l'or. Et souvent, tu n'en as pas assez. C'est comme si tes journées étaient trop courtes. Elles sont tellement remplies, avec l'école, les devoirs, l'aide à la maison, le sport, les loisirs, les ami(e)s, la famille... Mais ce que tu fais de ton temps montre ce qui est important pour toi. Alors, où est-ce que Dieu se trouve dans ton programme?

Est-ce que tu passes des heures à faire des jeux sur ta tablette ou ton téléphone, au point que tu n'as plus le temps de lire ta Bible? Est-ce que tu préfères assister à des matchs de foot que d'aller à l'église? Est-ce que tu as assez de temps pour regarder la télévision, mais pas assez pour prier? Est-ce que tu utilises tes moments libres seulement pour toi ou est-ce que tu penses à servir les autres?

Tu as à ta disposition 24 heures par jour. Ça fait 1440 minutes. Mais combien sont pour Dieu? Et est-ce que tes minutes parlent de ton amour pour lui? Dès aujourd'hui, prends du temps pour lui!

Seigneur, aide-moi à utiliser mon temps
d'une manière qui te plaît. Amen.

AUJOURD'HUI, AVEC JÉSUS... DEMANDE-LUI DE TE MONTRER COMMENT UTILISER TON TEMPS.

26 mars

TON PROTECTEUR

Toute arme préparée contre toi sera sans effet.
Esaïe 54.17

Il y a des jours où tu as l'impression que le monde entier est contre toi. Peut-être qu'un garçon t'embête tout le temps et te menace. Ou peut-être que des filles désagréables disent des choses sur toi derrière ton dos... Ou peut-être que tu as voulu défendre quelqu'un qui avait besoin d'aide et que, maintenant, tu es devenu(e) une cible à ton tour. Ou peut-être encore que tu as essayé de parler de Jésus à quelqu'un et que, depuis, tout le monde se moque de toi.

Mais ne baisse pas les bras. Remets ta vie et tous tes soucis dans les mains de Dieu. Il est ton protecteur et ton défenseur. Et rappelle-toi que s'il permet ces difficultés, c'est pour rendre ta foi plus solide.

Regarde ce qu'il a promis à Jérémie: «Ils te combattront, mais ils ne pourront rien faire contre toi, car je suis moi-même avec toi pour te délivrer» (Jérémie 1.19). Et il veut le faire aussi pour toi. Ne l'oublie pas. Rien, ni personne, ne sera jamais plus fort que lui. Crois qu'il prend soin de toi dans toutes les difficultés que tu peux vivre... et qu'il en fera sortir quelque chose de beau.

Seigneur, je te fais confiance, car je sais que rien ni personne ne sera jamais plus fort que toi! Amen.

AUJOURD'HUI, AVEC JÉSUS... FAIS CE QUI EST JUSTE, QUOI QU'IL ARRIVE.

27 mars

PLUS QUE BIEN

Au contraire, dans tout cela nous sommes plus que vainqueurs grâce à celui qui nous a aimés.
Romains 8.37

Parfois, tu as juste besoin de savoir qu'un jour, les choses s'arrangeront pour toi, que le problème que tu rencontres maintenant finira par disparaître et que Dieu est *vraiment* en train d'agir pour ton bien. Alors, peu importe ce que tu vis, sache que la victoire viendra. Le Seigneur t'aidera à traverser ces moments difficiles. Et ce n'est pas tout: il te rendra aussi «plus que vainqueur».

Est-ce que tu te souviens de Joseph? Ses frères l'ont vendu comme esclave, puis il s'est retrouvé en prison alors qu'il n'avait rien fait de mal. Mais Dieu a utilisé ces choses dures à vivre pour le préparer à la tâche qu'il allait lui confier ensuite: celle de gouverneur sur toute l'Egypte, juste après le pharaon (Genèse 39–50). En fait, s'il n'était pas allé en prison, il ne serait jamais arrivé au palais royal.

Quand tu as l'impression d'être enfermé(e) dans une prison de problèmes, pense au palais que Dieu a préparé pour toi. Grâce à lui, un jour, tout sera «plus que bien» et tu seras «plus que vainqueur».

Seigneur, je te fais confiance. Tu permettras que tout soit «plus que bien» dans ma vie. Amen.

AUJOURD'HUI, AVEC JÉSUS... PENSE À JOSEPH, ET CROIS QUE DIEU S'OCCUPE DE TES PROBLÈMES.

28 mars

PASSE À L'ACTION!

Mettez en pratique la parole et
ne vous contentez pas de l'écouter.
Jacques 1.22

Quand tu voudrais te rapprocher de Dieu, tu peux être tenté(e) de penser que, pour ça, tu dois te donner plus de peine, faire plus de choses, servir plus... Mais ce n'est pas la solution. Bien sûr, il est important que tu obéisses au Seigneur et que tu le serves, mais *pas pour qu'il t'aime plus*. Car il t'aime déjà parfaitement. Sers-le *simplement parce que tu l'aimes*.

Si tu désires te rapprocher de lui, lis sa Parole, dis-lui ce que tu en as retenu, puis fais ce qu'elle te montre.

N'oublie pas que Dieu sait exactement ce dont tu as besoin pour grandir dans la foi. Et il te le donnera par sa Parole, dans la prière ou à travers les autres. Tu le sauras exactement: tout d'un coup, un verset, ou bien le conseil de quelqu'un d'autre, touchera ton cœur et te fera réfléchir. Mais ne t'arrête pas là; *passe à l'action*! Reçois ce qui t'est dit, puis lève-toi et mets-le en pratique.

Seigneur, montre-moi ce que je dois apprendre dans ta Parole et, s'il te plaît, aide-moi à le mettre en pratique. Amen.

AUJOURD'HUI, AVEC JÉSUS...
LIS MATTHIEU 22.39, PUIS PASSE À L'ACTION.

29 mars

JÉSUS TE COMPREND

Par conséquent, il devait devenir semblable en tout à ses frères afin d'être un grand-prêtre rempli de compassion et fidèle dans le service de Dieu.

Hébreux 2.17

Est-ce que tu aimerais parfois que quelqu'un comprenne ce que tu ressens? Eh bien, Jésus te comprend. Toutes les difficultés que tu peux rencontrer, il les a vécues. Il a été rejeté, il a été trahi par ses amis, et on s'est moqué de lui. Il sait ce que c'est que de perdre une personne qu'on aime. Il a connu la tristesse et la souffrance. En fait, *tout* ce que tu pourras vivre de difficile, il le comprend. C'est pour ça qu'il a vécu sur la terre: pour passer par tout ce que tu aurais à traverser; donc aussi par la souffrance (Matthieu 9.36). Avant la croix, il est allé au jardin de Gethsémané pour prier. Il savait qu'il devait mourir pour sauver les hommes qui croiraient en lui. Et il savait que ce moment serait terrible. Alors, il a cherché le réconfort, la sagesse et la force auprès de son Père. Pas une fois, mais trois fois.

Quand tu vis des choses difficiles, trouve ton refuge en Jésus. Il t'aime et te comprend. Viens à lui chaque fois que tu en as besoin. Il est là.

Seigneur Jésus, je suis triste de voir tout ce que tu as dû souffrir, mais je te remercie parce que tu me comprends. Amen.

AUJOURD'HUI, AVEC JÉSUS...
RAPPELLE-TOI QU'IL TE COMPREND.

30 mars

RIEN SANS SON AUTORISATION

Tu n'aurais aucun pouvoir sur moi
s'il ne t'avait pas été donné d'en haut.
Jean 19.11

Rien n'arrive dans ta vie sans que Dieu le veuille bien; même pas tes difficultés.

C'est ce que Jésus a expliqué à Pilate, le gouverneur romain, juste avant de mourir sur la croix. Car Pilate pensait qu'il avait un pouvoir sur lui, qu'il avait l'autorité soit de le libérer, soit de l'envoyer à la croix (Jean 19.10). Mais Jésus lui a dit: «Tu n'aurais aucun pouvoir sur moi s'il ne t'avait été donné d'en haut.»

Parfois, tu as l'impression que quelqu'un d'autre est responsable de tes ennuis. Mais la vérité, c'est que Dieu les permet dans ta vie pour une raison: pour t'apprendre à lui faire confiance.

Jésus a donné sa vie pour sauver la tienne, ne l'oublie pas. Tu peux vraiment tout abandonner entre ses mains. Tu seras étonné(e) en voyant ce qu'il fait en toi et pour toi. Car sa manière d'agir est magnifique.

Seigneur, aide-moi à ne pas oublier que tout ce que tu permets dans ma vie m'apprend à te faire confiance. Amen.

AUJOURD'HUI, AVEC JÉSUS... PENSE MOINS À TES PROBLÈMES ET PLUS À JÉSUS.

31 mars

IL A CHOISI LA CROIX

Mais voici comment Dieu prouve son amour envers nous: alors que nous étions encore des pécheurs, Christ est mort pour nous.
Romains 5.8

Est-ce que tu as parfois du mal à croire que Dieu t'aime vraiment? Si oui, tu as besoin de te rappeler ce qui s'est passé à Golgotha. Car Jésus aurait pu ne *pas* aller à la croix. Il aurait pu refuser de se faire arrêter, d'être insulté, maltraité, frappé, puis cloué sur le bois.

Mais il *a choisi* ce chemin. Pourquoi? Parce que c'était le seul moyen pour que tu sois sauvé(e) de tes péchés. Il t'aime tellement qu'il a accepté de souffrir sur la croix pour toi (Jean 10.17-18). Tu ne peux rien faire pour gagner cet amour et rien faire pour le perdre. Il te le donne, tout simplement (Ephésiens 2.8-9).

Alors, si tu as peur d'avoir fait quelque chose de trop grave, si tu as peur que Dieu ne puisse plus te pardonner, arrête de t'inquiéter. Car il t'aime, que tu sois dans ton meilleur jour ou dans le pire. Tu ne peux pas l'empêcher de t'aimer… mais tu peux lui rendre gloire en donnant le meilleur de toi-même pour lui.

Seigneur Jésus, merci de m'avoir tant aimé(e) et d'avoir choisi d'aller à la croix pour moi. Amen.

AUJOURD'HUI, AVEC JÉSUS… PENSE À L'IMMENSE AMOUR QU'IL A MONTRÉ SUR LA CROIX POUR TOI.

1er avril

NE TE DÉCOURAGE PAS

Jésus dit: «Parce que tu m'as vu, tu as cru.
Heureux ceux qui n'ont pas vu et qui ont cru!»
Jean 20.29

Quand tu fais face à un gros problème, il est normal que tu te sentes seul(e), impuissant(e) et même désespéré(e). Mais tu n'es *jamais* seul(e), ne l'oublie pas! Même si tu as l'impression que tout est perdu, crois que Dieu, ton libérateur tout-puissant, est avec toi et qu'il continue à agir dans ta vie (Deutéronome 31.8). C'est très important!

Les disciples en sont un bon exemple. Jésus leur avait dit qu'il mourrait sur la croix, mais ils n'avaient pas compris. Alors, quand ils l'ont vu mourir, ils se sont sentis seuls, impuissants et désespérés. Mais trois jours après, quand il est ressuscité, il leur a donné un nouvel espoir et une foi bien plus solide qu'avant.

Et il fera pareil pour toi. Il ne te débarrassera pas toujours de tes difficultés, mais il sera toujours là pour te réconforter par sa Parole et sa présence. Alors, ne te décourage pas... Tu n'es jamais seul(e). Et quand il agira dans ta situation, il te donnera à toi aussi un nouvel espoir et une foi plus solide.

Mon Dieu, merci d'être toujours avec moi. Tu veux me redonner espoir même dans les moments les plus difficiles. Amen.

AUJOURD'HUI, AVEC JÉSUS...
CROIS QU'IL EST LÀ ET S'OCCUPE DE TOI.

2 avril

MORT POUR TOI

...nous qui étions morts en raison de nos fautes,
il nous a rendus à la vie avec Christ.
Ephésiens 2.5

Rappelle-toi: Jésus, le Fils de Dieu, *a choisi* de mourir sur la croix pour toi, alors qu'il aurait pu dire non. Surtout que, mourir cloué sur une croix était ce qu'il y avait de plus horrible. C'était terriblement humiliant et douloureux. C'était comme ça qu'on mettait à mort les pires criminels. Mais pour Jésus, il y avait quelque chose d'encore plus douloureux que la honte, les coups et les clous. Car pour la première fois de toute l'éternité, il a été séparé de Dieu, son Père. Voilà ce qui l'a fait le plus souffrir.

Pourquoi est-ce qu'il a choisi de mourir comme ça? La réponse est simple: à cause de l'immense amour qu'il a pour toi. Il a préféré souffrir sur la croix plutôt que tu sois séparé(e) de lui.

Alors, la prochaine fois que tu as l'impression que personne ne t'aime ou que tu n'es pas à la hauteur, souviens-toi de tout ce que Jésus a fait parce qu'il t'aime et parce qu'il désire que tu sois toujours avec lui.

Seigneur Jésus, parfois, j'ai du mal à croire que tu as choisi de mourir sur la croix pour me sauver. Mais je suis tellement reconnaissant(e) que tu l'aies fait. Amen.

AUJOURD'HUI, AVEC JÉSUS... RAPPELLE-TOI TOUT CE QU'IL A SOUFFERT POUR QUE TU PUISSES LE CONNAÎTRE.

3 avril

FAIS TOMBER LE MUR

...si nous sommes infidèles, lui reste fidèle, car il ne peut se renier lui-même.
2 Timothée 2.13

Est-ce que tu as parfois peur de tout gâcher, peur que Dieu te tourne le dos et dise: «Cette fois, j'en ai assez. Je le (la) laisse tomber!»? Eh bien, voici deux vérités importantes à te rappeler: d'abord, Dieu ne te tournera jamais le dos; ensuite, tu n'as pas besoin d'être parfait(e) pour qu'il t'aime.

Est-ce que ça veut dire que tu ne dois pas lui obéir? Non, bien sûr! Mais il sait que, parfois, tu continueras à faire des erreurs. Et ça ne change rien à son amour pour toi.

Par contre, si tes péchés ne diminuent pas son amour, ils construisent un mur entre toi et lui. Et quand la honte te pousse à lui cacher ce que tu as fait de mal (même si tu ne peux rien lui cacher), le mur devient encore plus grand.

Alors, quand tu as péché, reconnais-le devant lui, dis-lui tout, et le mur tombera. Et comme il l'a promis, il te pardonnera (1 Jean 1.9). Voilà l'immense amour qu'il a pour toi!

Seigneur, je regrette d'avoir ....
S'il te plaît, pardonne-moi et aide-moi à vivre autrement aujourd'hui. Amen.

AUJOURD'HUI, AVEC JÉSUS...
APPORTE À DIEU TES PÉCHÉS.

4 avril

SON INCROYABLE PUISSANCE

Béni soit Dieu, le Père de notre Seigneur Jésus-Christ! (…) il nous a fait naître de nouveau à travers la résurrection de Jésus-Christ pour une espérance vivante.
1 Pierre 1.3

Quand Jésus est mort et que son corps a été mis dans une tombe, ses disciples étaient complètement désespérés. Même s'il avait promis qu'il reviendrait, ils ne comprenaient pas comment il pourrait réaliser cette promesse. Pourtant, il l'a fait.

Quand tu vis des choses vraiment très tristes ou une situation impossible, est-ce que tu as du mal à croire les promesses de Dieu? Si oui, rappelle-toi ce que nous apprend la résurrection de Jésus:

1. C'est justement quand tout semble perdu que Dieu te montre son incroyable puissance.
2. Dieu est *toujours* vainqueur. Rien ne l'arrête.
3. Rien, pas même la mort, ne changera quoi que ce soit à son amour pour toi.

S'il a pu faire sortir Jésus du tombeau, il peut certainement t'aider dans ce que tu vis. N'abandonne pas, car il tiendra ses promesses.

Mon Dieu, tu es assez puissant pour vaincre la mort; alors je crois que tu peux vaincre n'importe quel problème que je peux rencontrer. Amen.

AUJOURD'HUI, AVEC JÉSUS…
LIS MATTHIEU 6.25-26 ET CROIS.

5 avril

IL PEUT TOUT

...la promesse faite à nos ancêtres, Dieu l'a accomplie pour nous, leurs descendants, en ressuscitant Jésus.
Actes 13.32-33

Le tombeau vide de Jésus nous rappelle de manière extraordinaire que Dieu tient toujours ses promesses. En fait, rien – pas même la mort – ne peut l'empêcher de faire ce qu'il a dit (Esaïe 55.11).

En mourant sur la croix, Jésus a remporté la victoire sur le péché. Puis, en ressuscitant, il a vaincu la mort. Grâce à lui, le péché et la mort – tes deux plus grands ennemis – *sont* vaincus. Quand Jésus devient ton Sauveur et ton Seigneur, tu es adopté(e) dans la famille de Dieu, et Jésus te donne la victoire sur le péché et sur la mort. Ils n'ont plus de pouvoir sur toi. Tu es complètement pardonné(e) et tu sais qu'un jour, tu seras avec Dieu dans le ciel pour l'éternité.

Est-ce qu'il y a quoi que ce soit qui puisse l'empêcher de réaliser ce qu'il t'a promis? *Non!* Car si le péché et la mort n'ont pas pu l'arrêter, aucun problème que tu peux rencontrer n'est trop grand pour lui. Fais-lui confiance. Il est fidèle.

Seigneur, mon Dieu, rien n'est trop difficile pour toi. Merci d'avoir utilisé ta puissance merveilleuse pour me sauver. Amen.

AUJOURD'HUI, AVEC JÉSUS...
CROIS EN LA PUISSANCE DE DIEU.

6 avril

CROIS SANS VOIR

Ne sois pas incrédule, mais crois!
Jean 20.27

Après être ressuscité, Jésus est retourné vers ses disciples. Ils l'ont vu, et ils ont cru. Mais Thomas n'était pas là. Et comme il n'avait pas vu le Seigneur, il ne croyait pas. Les autres lui disaient pourtant qu'ils l'avaient vu de leurs yeux, mais il ne voulait pas croire qu'il était vivant avant d'avoir touché ses mains percées et son côté blessé (Jean 20.25). Alors imagine combien il a dû être gêné quand Jésus leur est apparu et qu'il lui a donné la preuve qu'il demandait…

L'expérience de Thomas a quelque chose à t'apprendre: quand Dieu fait une promesse, il la tient, même s'il te demande d'attendre. Mais parfois, tu peux être fatigué(e) d'attendre et, comme Thomas, tu demandes peut-être un signe au Seigneur. Pourtant, Jésus a dit: «Heureux ceux qui n'ont pas vu et qui ont cru!» (Jean 20.29).

Alors, arrête de douter et *fais confiance*. Crois que Dieu est capable de faire ce qu'il a promis. Un jour, tu *verras* sa promesse devenir réalité.

Seigneur, je crois que tu tiens tes promesses. S'il te plaît, aide-moi à continuer à croire, même si je ne vois rien. Amen.

AUJOURD'HUI, AVEC JÉSUS… LIS DEUTÉRONOME 7.9, ET CROIS QUE DIEU TIENT SES PROMESSES.

7 avril

LE MEILLEUR CHEMIN

Quel est l'homme qui craint l'Eternel?
L'Eternel lui montre la voie qu'il doit choisir.
Psaume 25.12

Parfois, tu peux avoir l'impression que ta vie est une longue suite de décisions à prendre. Certaines, qui reviennent tous les jours, ne sont pas très importantes: tu dois par exemple choisir quels habits tu vas mettre ou ce que tu veux manger au goûter. Mais d'autres sont plus importantes, *bien plus importantes* même: tu dois par exemple décider comment aider un(e) ami(e) ou quoi faire quand une personne que tu aimes beaucoup tombe très malade. La bonne nouvelle, c'est que tu n'as jamais à décider seul(e). Dieu est toujours là pour te guider, à travers la prière et à travers sa Parole.

Et, ne l'oublie pas, quand il te montre ce que tu dois faire, il s'attend à ce que tu le fasses vraiment. Sa Parole dit même: «La crainte de l'Eternel est le commencement de la sagesse. Tous ceux qui respectent ses décrets ont une raison saine» (Psaume 111.10). Donc il attend que tu lui obéisses... même si son chemin ne correspond pas à ce que *tu* voulais. Alors, si tu as un choix à faire aujourd'hui (et il y en a toujours) parles-en à Dieu. Il te conduira pour le mieux.

Seigneur, tes réponses sont parfaites. Aide-moi à écouter ce que tu me dis, puis à t'obéir. Amen.

AUJOURD'HUI, AVEC JÉSUS...
DEMANDE-LUI CE QUE TU DEVRAIS FAIRE.

8 avril

PERDU ET RETROUVÉ

«...mon fils (...) était perdu et il est retrouvé.»
Et ils commencèrent à faire la fête.
Luc 15.24

La Bible raconte l'histoire d'un jeune garçon qui a pris l'argent de son père, qui a quitté la maison et qui est parti dans une région lointaine. Là, il a vécu une vie pleine de péchés. Puis, un jour, il n'a plus eu d'argent, et ses «amis» l'ont laissé tomber. Alors, il a dû accepter d'aller garder les cochons. Il était si affamé qu'il aurait même été prêt à manger ce qu'on leur donnait!

Finalement, il a décidé de rentrer chez lui. Il avait tellement honte qu'il espérait juste que son père accepterait de le prendre comme un serviteur. Mais quand son père l'a aperçu au loin sur le chemin, il a couru jusqu'à lui et l'a pris dans ses bras. Il lui a pardonné et l'a accueilli à la maison, comme son fils.

Ton Père céleste est comme le père de cette histoire. Peu importe ce que tu as fait, peu importe la distance qui te sépare de lui, sache qu'il attend que tu reviennes à lui. Alors, quand tu as mal agi, cours vers lui! Il te «sortira de l'enclos à cochons» et t'accueillera à la maison.

Seigneur, si je me suis éloigné(e) de toi, montre-le-moi, et aide-moi à revenir tout près de toi. Amen.

AUJOURD'HUI, AVEC JÉSUS... LIS L'HISTOIRE DU FILS PERDU DANS LUC 15.11-32.

9 avril

IL VIENT À TON SECOURS

Je tourne constamment les yeux vers l'Eternel,
car il dégagera mes pieds du piège.
Psaume 25.15

Quand les problèmes «débarquent» dans ta vie un peu comme un taureau en colère ou un train fou, qu'est-ce que tu peux faire? Eh bien, tu peux déjà faire cinq choses:

1. Repense à la façon dont Dieu t'a aidé(e) par le passé.
2. Demande-toi si tu es en train d'essayer de tout régler à *ta* manière ou si tu écoutes ce que le Seigneur te dit.
3. Ne baisse pas les bras! Il ne t'abandonnera jamais et ne te décevra pas. Sois attentif(ve) à sa voix, et obéis-lui.
4. Crois que, s'il permet des difficultés dans ta vie, il a vraiment une bonne raison. Cherche à voir les belles choses qu'il fera sortir de tout ça.
5. Appuie-toi sur sa puissance merveilleuse pour traverser ces moments difficiles. S'il a créé l'univers et tout ce qu'il contient, il peut certainement prendre soin de toi.

Fais-lui confiance, et obéis-lui. Il viendra toujours à ton secours.

Mon Dieu, s'il te plaît, aide-moi à me rappeler que je peux compter sur toi quand les problèmes surgissent. Amen.

AUJOURD'HUI, AVEC JÉSUS... LÈVE LES YEUX VERS LUI ET REMERCIE-LE DE VENIR À TON SECOURS.

10 avril

CE QUE TON CŒUR DÉSIRE

Fais de l'Eternel tes délices, et il te donnera ce que ton cœur désire.
Psaume 37.4

La valeur d'une promesse dépend de celui qui la fait. Avec Dieu, tu peux être absolument sûr(e) qu'il fera toujours tout exactement comme il l'a promis (Josué 21.45).

Par exemple, il promet que si tu l'aimes et que tu trouves ta joie en lui, il te donnera ce que ton cœur désire vraiment. En fait, il ne veut pas seulement que tu le *serves*, il veut aussi que tu le *connaisses*. Car alors, ta vie a un sens et est remplie de joie.

Si Dieu est ta joie, tu peux savoir qu'il accomplira la promesse du verset d'aujourd'hui. Mais n'oublie pas que «ce que tu désires» peut t'être donné d'une manière différente de ce que tu attends et d'une façon encore plus incroyable que ce que tu peux imaginer. Ou bien, alors que tu apprends à aimer et à vouloir ce que lui aime et veut, ton désir peut finir par changer complètement.

Mais il y a une chose dont tu peux être sûr(e): Dieu réalisera sa promesse *parfaitement* (1 Rois 8.56). Pourquoi? Parce qu'il est lui-même parfait.

Seigneur, s'il te plaît, aide-moi à aimer et à vouloir ce que tu aimes et veux. Amen.

**AUJOURD'HUI, AVEC JÉSUS...
APPRENDS À AIMER CE QU'IL AIME.**

11 avril

IL RÉPOND TOUJOURS

Ne vous inquiétez de rien, mais en toute chose faites connaître vos besoins à Dieu par des prières et des supplications, dans une attitude de reconnaissance.
Philippiens 4.6

Est-ce qu'il t'arrive d'être fatigué(e) d'attendre la réponse à tes prières? Tu sais que Dieu *répondra*, puisqu'il répond *toujours*, d'une manière parfaite et au moment parfait, mais parfois, tu as du mal à attendre. Dans ces moments-là, tu peux avoir envie de foncer et de faire ce que tu crois être la bonne chose à faire. Mais ce n'est pas la solution! Car ça ne fera qu'aggraver la situation. Continue à faire confiance au Seigneur, et il t'exaucera *parfaitement*.

C'est vrai, il ne répondra pas toujours aussi vite que tu le voudrais. Mais n'oublie pas qu'il connaît tout et, aussi, qu'il sait ce qui est le meilleur pour toi. Alors, s'il ne t'a pas encore répondu, sache qu'il a une bonne raison.

La prochaine fois que tu t'inquiètes parce que l'exaucement met du temps à venir, *arrête-toi*. Ouvre ta Bible, et lis ce qu'elle te dit sur Dieu. Comprends comment il est vraiment: loyal, fidèle et puissant. Crois que sa réponse «est en route», et laisse sa paix remplir ton cœur.

Seigneur, je sais que tu es bon. Aide-moi à attendre patiemment ta réponse à mes prières. Amen.

AUJOURD'HUI, AVEC JÉSUS... RAPPELLE-TOI QUE DIEU TE RÉPONDRA AU MOMENT PARFAIT.

12 avril

ACCROCHE-TOI À LUI

Mais moi, je veux me réjouir en l'Eternel, je veux être dans l'allégresse à cause du Dieu de mon salut.
Habakuk 3.18

Est-ce que tu as déjà eu des ennuis en montagne? Au début, tu avais l'impression que le chemin était assez facile et sûr, puis, tout d'un coup, tu as commencé à glisser et à trébucher, alors que la terre s'écroulait sous tes pieds. Tu as essayé de te rattraper à tout ce que tu pouvais trouver: un rocher, de l'herbe, des buissons, mais tu n'as pas pu éviter la chute.

C'est vrai que, quand les choses sur lesquelles tu t'appuies te laissent tomber, ça fait peur. Et parfois, ça arrive avec les gens. Tout d'un coup, quelqu'un en qui tu avais vraiment confiance change, et te voilà en train de tomber et d'essayer de te raccrocher à tout ce que tu peux trouver. Oui, c'est effrayant! Mais avec Dieu, une chose pareille n'arrivera *jamais*. Il ne changera pas et ne t'abandonnera pas. Il est solide comme un roc, et pour toujours.

Alors, quand quelqu'un te laisse tomber, accroche-toi au Seigneur. Il ne permettra pas que tu glisses. Il te rattrapera, enlèvera la terre de tes vêtements et te conduira sûrement jusqu'au sommet!

Seigneur, je te remercie de tout mon cœur, car tu es toujours là pour me rattraper quand les autres me laissent tomber. Amen.

AUJOURD'HUI, AVEC JÉSUS...
CROIS QU'IL TE RATTRAPERA SI TU TOMBES.

13 avril

IL ENTEND

Ayez recours à l'Eternel et à sa force,
recherchez constamment sa présence!
Psaume 105.4

Peut-être qu'hier, tu as passé une mauvaise journée et que tu as parlé à Dieu de tes difficultés. Il t'a encouragé(e) en te redisant combien il t'aime. Peut-être aussi que le jour d'avant n'était pas facile non plus. Alors, tu as lu sa Parole pour te rappeler qu'il prend toujours soin de ses enfants. En fait, peut-être même que ça fait déjà quelques jours ou quelques semaines que c'est dur pour toi. Et pour traverser tout ça, tu dois vraiment t'appuyer sur lui.

Mais tu sais quoi? C'est *formidable*! Non, tes difficultés n'ont rien de formidable, mais ce qui est formidable, c'est que tu sais où chercher de l'aide: auprès de Dieu! Te tourner vers lui est toujours la meilleure chose à faire. En lui, tu trouves le secours, la consolation et la force pour n'importe quelle situation. Il t'aime et *attend* que tu viennes à lui.

Parfois, les autres peuvent en avoir assez de t'écouter ou de t'aider, mais ce n'est jamais le cas de Dieu. Il veut t'encourager chaque instant de chaque jour, à cause son amour pour toi.

Mon Dieu, merci d'être toujours prêt
à m'écouter et à m'aider. Amen.

AUJOURD'HUI, AVEC JÉSUS... LIS PSAUME 34.3-8, ET SOUVIENS-TOI QUE DIEU ENTEND QUAND TU CRIES À LUI.

14 avril

TOTALEMENT MERVEILLEUX

En réalité, c'est lui qui nous a faits; nous avons été créés en Jésus-Christ pour des œuvres bonnes que Dieu a préparées d'avance afin que nous les pratiquions.

Ephésiens 2.10

Dieu est tellement merveilleux, et il sait absolument tout! Il ne sait pas seulement ce qui se passera aujourd'hui; il connaît tout de la journée d'hier et, *aussi*, de celle de demain. En fait, il est au courant de chaque détail de ta vie, du début à la fin. Et il a un plan pour toi.

Mais il ne te dira pas tout ce qu'il a prévu en une fois. Il te montrera juste la prochaine étape, ou éventuellement aussi celle d'après. Parfois, tu auras peut-être envie qu'il accélère un peu les choses, ou au moins qu'il te dévoile ses projets un peu plus. Mais ce n'est pas sa manière de faire. En te conduisant un pas après l'autre, il t'apprend à faire confiance à sa sagesse et à croire qu'il s'occupe de toi.

Quand tu as du mal à attendre qu'il agisse, rappelle-toi qu'il sait tout, qu'il sait ce qui est le mieux pour toi et qu'il sait dans quel but il t'a créé(e). Alors sois patient(e)... parce que son plan n'est pas seulement parfait; il est totalement merveilleux et étonnant.

Seigneur, attendre n'est pas ce que je préfère, mais je te fais confiance, et je crois que tu me conduiras. Amen.

AUJOURD'HUI, AVEC JÉSUS... PENSE AUX ŒUVRES BONNES QUE DIEU A PRÉPARÉES POUR TOI.

15 avril

EST-CE QU'IL EST TON DIEU?

Espère en l'Eternel, suis sa voie, et il t'élèvera pour que tu possèdes le pays.
Psaume 37.34

Oui, attendre n'est pas facile; surtout si tu attends quelque chose de vraiment important. Les jours passent et, chaque matin, tu te lèves en te demandant si ce que tu attends arrivera enfin.

Mais ne te décourage pas. Encore une fois, rappelle-toi que Dieu se sert de ces temps d'attente pour t'apprendre à lui faire confiance. Par contre, il y a une question que tu dois te poser: *Est-ce que j'ai décidé que je n'aimerais plus Dieu s'il ne me donnait pas ce que j'attends?* Si tu penses ça, ça pose vraiment un problème. Car en fait, ça veut dire que la chose que tu attends est devenue… ton dieu.

Alors réfléchis aux pensées et aux sentiments qui sont dans ton cœur. Est-ce que tu continueras à aimer Dieu s'il dit non? Est-ce qu'il est vraiment *ton* Dieu? Assure-toi que oui. Demande-lui de te débarrasser de tous tes faux dieux et de te donner l'assurance qu'il est le seul vrai Dieu. Ensuite, fais-lui confiance… surtout s'il te demande d'attendre.

Seigneur, tu es mon Dieu. Mon plus grand désir, c'est d'être près de toi. Amen.

AUJOURD'HUI, AVEC JÉSUS… LAISSE-LUI LA PREMIÈRE PLACE DANS TON CŒUR.

16 avril

LOUE-LE AUJOURD'HUI

Paul et Silas priaient et chantaient les louanges de Dieu (…).
Tout à coup, il y a eu un tremblement de terre (…).
Toutes les portes se sont immédiatement ouvertes.
Actes 16.25-26

Peu importe ce qui se passe autour de toi aujourd'hui, *pense à Dieu.* Il est ton aide et ton défenseur. Loue-le, et remercie-le pour sa puissance, sa sagesse et son amour. Quand tu prends le temps de t'arrêter pour le louer, il t'élève au-dessus de n'importe quel problème que tu peux traverser.

Est-ce que tu te rappelles l'histoire de Paul et Silas? Alors qu'ils n'avaient rien fait de mal, ils ont été arrêtés, battus à coups de fouet et jetés en prison (Actes 16.16-34). Pourtant, malgré ces terribles ennuis, ils se sont souvenus de Dieu et ont chanté ses louanges. Et parce qu'ils lui ont fait confiance, même en prison, il les a libérés.

Quand tu loues Dieu, tu lui dis (comme à ceux qui t'écoutent) que tu sais combien il est merveilleux, plein d'amour et puissant. Alors, que ta journée soit belle, horrible ou plutôt normale, décide de le louer. Il transformera ta tristesse en joie et rendra tes moments de bonheur encore plus beaux.

Seigneur, tu es mon Dieu! Je te loue pour ta puissance et ta gloire. Et je te remercie pour ton amour. Amen.

AUJOURD'HUI, AVEC JÉSUS… CHANTE UN CHANT DE LOUANGE À DIEU.

17 avril

IL AGIT À TRAVERS TOI

Nous portons ce trésor dans des vases de terre afin que cette puissance extraordinaire soit attribuée à Dieu, et non à nous.
2 Corinthiens 4.7

Dieu veut agir à travers toi. Oui, à travers *toi*! Peu importe ton âge, si tu t'es donné(e) à lui pour l'aimer et le suivre, il veut t'utiliser pour son œuvre. Il t'a donné de merveilleuses capacités et t'a créé(e) pour un but précis. Si tu lui fais confiance, il se servira de tes talents pour réaliser son plan. Plus tu compteras sur lui, plus il pourra agir à travers toi.

Le problème, c'est que tu t'inquiètes. Tu vois toutes tes erreurs et toutes les choses que tu ne sais pas bien faire, et tu te dis: *Comment est-ce que Dieu pourra utiliser quelqu'un comme moi?* Mais en te posant cette question, tu regardes à la mauvaise personne, c'est-à-dire à toi! Alors pense à Dieu, et rappelle-toi qu'il peut tout. C'est lui qui te rendra capable de faire ce qu'il a prévu pour toi (2 Corinthiens 3.5). Il remplacera ta faiblesse par sa force.

Confie-toi en lui, obéis-lui et regarde les choses magnifiques qu'il va accomplir à travers toi.

Mon Dieu, tu m'as créé(e) pour faire de bonnes choses pour ton royaume. Merci de m'utiliser. Amen.

AUJOURD'HUI, AVEC JÉSUS...
REGARDE COMMENT DIEU AGIT À TRAVERS TOI.

18 avril

ATTENTION À CE QUE TU SÈMES

Sachez-le, celui qui sème peu moissonnera peu et celui qui sème abondamment moissonnera abondamment.
2 Corinthiens 9.6

Tous les jours, tu as des choix à faire: tu dois choisir à côté de qui tu t'assois à la cantine à midi, choisir ce que tu vas dire au nouvel élève qui vient d'arriver, choisir de faire tes devoirs ou pas… Mais dans toutes tes décisions, n'oublie pas ces paroles de sagesse: «Ce qu'un homme aura semé, il le récoltera aussi» (Galates 6.7). Dans la pratique, ça veut dire que, par exemple, si tu sèmes des graines de gentillesse, tu récolteras des ami(e)s. Et si tu sèmes des graines de paresse en ne faisant pas tes devoirs, tu récolteras une mauvaise note.

Réfléchis à la personne que tu aimerais être, aujourd'hui et plus tard, puis demande-toi si les graines que tu es en train de semer par les choix que tu fais t'aideront à devenir cette personne.

Si tu veux aimer Dieu, sème des graines de prière et de lecture de sa Parole. Si tu veux aimer ceux qui t'entourent, sème des graines de patience, de bonté et de gentillesse. Fais bien attention à tes choix aujourd'hui, car chacun d'eux est une semence qui germera un jour.

Seigneur, aide-moi à semer des graines de ton amour et de ta bonté partout où je vais. Amen.

AUJOURD'HUI, AVEC JÉSUS… SÈME DES GRAINES DE GENTILLESSE.

19 avril

SON POINT DE VUE

Travaillez, non pour la nourriture périssable,
mais pour celle qui subsiste pour la vie éternelle,
celle que le Fils de l'homme vous donnera.
Jean 6.27

Quand tu as un problème, c'est tout à fait normal qu'il occupe tes pensées. Et, surtout, il est normal que tu réfléchisses à un moyen de t'en débarrasser. Mais n'oublie pas que, parfois, Dieu laisse certaines difficultés dans ta vie pour te transformer, afin que tu deviennes la personne qu'il veut que tu sois. Tu aimerais peut-être trouver une solution rapide, mais il permet au problème de rester, parce qu'il veut t'apprendre la patience et la confiance en lui.

Alors, essaye de voir ce qui t'arrive à travers son point de vue, et rappelle-toi que tout contribue au bien de ceux qui l'aiment (Romains 8.28). C'est très important! Dieu s'intéresse plus à ton âme et à ton avenir éternel qu'à ton confort d'aujourd'hui.

Quand un problème dure dans ta vie, parles-en au Seigneur. Demande-lui de te montrer à quoi il veut l'utiliser. Il ne le fera peut-être pas disparaître, mais il te donnera la force dont tu as besoin pour le surmonter.

Seigneur, aide-moi à voir mes difficultés avec ton regard, et montre-moi ce que tu veux que j'apprenne. Amen.

AUJOURD'HUI, AVEC JÉSUS... DEMANDE-LUI CE QUE TU PEUX APPRENDRE DE TES DIFFICULTÉS.

20 avril

C'EST LUI QUI PORTE

Béni soit le Seigneur chaque jour!
Dieu porte nos fardeaux, il nous sauve.
Psaume 68.20

Est-ce que tu essayes de tout gérer toi-même, ce qui est facile comme ce qui est difficile? Si oui, tu dois être assez fatigué(e). En fait, Dieu n'a *jamais* voulu que tu te débrouilles par toi-même pour tout. Au contraire, il est là pour t'aider. Et si tu ne le laisses pas faire, ne t'étonne pas que le fardeau qu'il permet dans ta vie soit trop lourd pour toi. Par là, il veut t'apprendre à chercher l'aide auprès de lui.

Mais le vrai problème, c'est peut-être que tu as du mal à lui faire confiance et à croire qu'il prendra vraiment soin de toi. Tu *sais* qu'il t'a sauvé(e), mais tu te dis qu'il est peut-être trop occupé pour s'intéresser à tes besoins de chaque jour et à tes petits ennuis. Eh bien, c'est faux!

Car Dieu n'a pas seulement donné son Fils pour toi, il compte aussi chacun de tes cheveux. Pour lui, rien n'est trop petit ou trop grand, rien n'est trop banal ou trop incroyable. Il veut t'aider dans *tout* ce qui se présente sur ton chemin.

Seigneur, rappelle-moi que tu n'es jamais trop occupé pour m'aider. Amen.

AUJOURD'HUI, AVEC JÉSUS...
N'OUBLIE PAS DE COMPTER SUR LUI.

21 avril

QUAND DIEU SEMBLE LOIN

C'est pourquoi, mes amis, prenez courage! J'ai confiance en Dieu: tout se passera comme cela m'a été dit.
Actes 27.25

Il y a des jours où tu es si près de Dieu que tu as presque l'impres*sion* de le *sentir* marcher à côté de toi. Mais d'autres jours, c'est comme s'il se trouvait aussi loin que la lune. Et tu te demandes pourquoi. Il y a peut-être un péché qui te sépare de lui et que tu devrais confesser. Mais ce n'est pas toujours le cas. En fait, Dieu cherche toujours à t'attirer plus près de lui. Ne l'oublie pas! Il ne t'abandonnera jamais, mais il peut parfois permettre que tu ne le voies plus pendant un temps. Pourquoi? Pour que tu le cherches.

Pense à ce qu'a vécu Paul: en tant que prisonnier, il était dans un bateau qui allait à Rome, quand une terrible tempête s'est déclenchée. Elle s'est déchaînée pendant deux semaines, mais il n'a jamais perdu confiance en Dieu. Il *savait* que Dieu faisait tout contribuer à son bien. Et finalement, il a été sauvé.

Alors, quand tu as l'impression que le Seigneur est loin, rappelle-toi qu'il a promis de ne jamais t'abandonner, et dis: «Je crois ce que Dieu promet.»

Mon Père, je n'ai pas beaucoup de courage quand j'ai l'impression que tu es loin. Mais je veux croire en tes promesses. Amen.

AUJOURD'HUI, AVEC JÉSUS... NE REGARDE PAS À CE QUE TU SENS, MAIS CROIS CE QUE DIEU A DIT.

22 avril

C'EST DÉJÀ FAIT

Il [Abraham] est notre père devant le Dieu en qui il a cru, le Dieu qui donne la vie aux morts et appelle ce qui n'existe pas à l'existence.

Romains 4.17

Dieu te promet des choses merveilleuses. Il te promet en particulier que tu vivras au ciel avec lui pour toujours. Mais ça peut te sembler très loin, et il t'est beaucoup plus facile de voir les problèmes qui sont juste devant toi aujourd'hui. Pourtant, *si Dieu l'a promis, c'est déjà fait.* C'est important que tu comprennes ça.

Abraham l'avait compris aussi. Dieu lui avait promis qu'il aurait un fils, mais les années passaient, et aucun bébé n'arrivait... Il aurait pu se décourager, arrêter d'espérer. Et tout le monde l'aurait compris. Car il avait quand même 100 ans, et sa femme en avait 90! Mais il a continué à croire. Il savait que, pour Dieu, la promesse était déjà accomplie et qu'il attendait simplement le moment parfait pour qu'elle devienne réalité dans sa vie.

Tu ne vois pas encore le ciel, mais Dieu te le promet. Et il a déjà préparé une place spécialement pour toi (Jean 14.2). Alors, ne t'inquiète pas si tu ne vois pas encore ce qu'il a promis. Crois qu'il a déjà tout préparé et qu'il te le donnera en son temps.

Seigneur, merci pour tes promesses. Je sais que, pour toi, elles sont déjà accomplies. Amen.

AUJOURD'HUI, AVEC JÉSUS... PENSE À LA PLACE QU'IL T'A PRÉPARÉE DANS LE CIEL.

23 avril

EST-CE QU'IL Y A DU VRAI?

Celui qui néglige l'instruction se méprise lui-même,
celui qui écoute un reproche acquiert du bon sens.
Proverbes 15.32

Quand quelqu'un t'accuse, te gronde ou te dit que tu as fait une erreur, ça peut faire mal, même *très mal.* Et tu peux avoir envie de répondre en utilisant à ton tour des mots pas très gentils. Mais Dieu ne veut pas que tu te mettes en colère ou que tu essayes de rendre la pareille (Hébreux 12.15). Réfléchis plutôt pour voir s'il n'y a pas un peu de vrai dans ce qu'on t'a dit. Bien sûr, parfois, ce sera complètement faux, mais d'autres fois, tu te rendras compte que quelque chose doit changer en toi.

Demande à Dieu de t'éclairer, car il sait tout. Dis-lui, comme le psalmiste: «Examine-moi, ô Dieu, et connais mon cœur (...)! Regarde si je suis sur une mauvaise voie!» (Psaume 139.23-24). Ce n'est pas une prière facile à faire, mais tu peux savoir que si quelque chose doit changer en toi, Dieu te le montrera. Dans ce cas, demande-lui de te transformer. Et sinon, pardonne à la personne qui t'a blessé(e) par ses paroles.

Seigneur, montre-moi ce que je dois changer en moi
et, s'il te plaît, aide-moi à le faire. Amen.

AUJOURD'HUI, AVEC JÉSUS… CHOISIS D'ÉCOUTER PLUTÔT QUE DE TE FÂCHER.

24 avril

CROIS QU'IL RÉPONDRA

La prière du juste agit avec une grande force.
Jacques 5.16

Quand les enfants de Dieu prient, des choses formidables arrivent: tu reçois de nouvelles forces, tu changes, les autres changent, des gens sont guéris, des péchés sont pardonnés... Tu sais tout ça, et pourtant, tu te dis parfois: *Je prie, mais je ne vois pas Dieu agir. Est-ce que je m'y prends mal?* Si tu ne vois pas de réponse à tes prières, tu devrais peut-être te poser ces questions:

- Est-ce que j'ai oublié que Dieu est le Roi des rois, le Seigneur des seigneurs, le créateur de l'univers? Ou est-ce que je pense qu'il est comme un «génie dans sa lampe», qui est juste là pour réaliser mes désirs?
- Quand je prie, est-ce que je crois vraiment qu'il répondra?
- Est-ce que j'accepte sa réponse, même si elle est différente de ce que je voulais?
- Est-ce que je suis prêt(e) à dire: «Que ta volonté soit faite, mon Dieu, et non la mienne»?

Si tu veux vivre de grands exaucements de prière, apprends à faire confiance au Seigneur quelle que soit sa réponse.

Mon Dieu, apprends-moi à prier et à croire que tu répondras. Amen.

AUJOURD'HUI, AVEC JÉSUS... CROIS QU'IL RÉPONDRA À TES PRIÈRES.

25 avril

JÉSUS PRIE POUR TOI

...il peut aussi sauver parfaitement ceux qui s'approchent de Dieu à travers lui, puisqu'il est toujours vivant pour intercéder en leur faveur.
Hébreux 7.25

Est-ce que, quand tu rencontres un problème, il t'arrive de te sentir seul(e) et de penser que personne ne te comprend vraiment? Si oui, rappelle-toi que Jésus, lui, te comprend. Et ce n'est pas tout: il prie pour toi. Oui, *Jésus* – le Seigneur lui-même – prie pour *toi*.

C'est ce qu'il a fait pour Pierre, un de ses disciples. Jésus savait qu'avant sa mort sur la croix, le diable allait tenter Pierre et que Pierre dirait qu'il ne le connaissait pas. Alors il lui a dit: «Mais moi, j'ai prié pour toi, afin que ta foi ne disparaisse pas; et toi, quand tu seras revenu à moi, affermis tes frères» (Luc 22.32). En fait, c'est comme s'il lui avait dit: «Ça va être dur, mais je suis avec toi. Et quand tu seras sorti de cette épreuve, aide ceux qui souffrent à leur tour.»

Jésus fait la même chose pour toi. Quand tu vis quelque chose de difficile, il prie pour toi. Il veut t'aider jusqu'à ce que le problème soit passé. Ensuite, à ton tour, tu pourras aider les autres à traverser leurs difficultés.

Seigneur Jésus, merci de prier pour moi. Je sais qu'avec toi, je peux traverser n'importe quel problème. Amen.

AUJOURD'HUI, AVEC JÉSUS...
RAPPELLE-TOI QU'IL PRIE POUR TOI.

26 avril

SOIS UNE LUMIÈRE

Quand on tourne les regards vers lui, on est rayonnant de joie, et le visage ne rougit pas de honte.
Psaume 34.6

Il y a des personnes qui semblent rayonner. Je ne sais pas si tu en as déjà rencontré. Tu as presque l'impression que l'amour de Jésus déborde de leur cœur sur leur visage. Le Saint-Esprit travaille tellement en elles et à travers elles qu'elles ne se rendent même pas compte qu'elles reflètent la lumière du Seigneur. Mais autour d'eux, tout le monde le voit.

Est-ce que tu as déjà été étonné(e) par un compliment que quelqu'un t'a fait? Est-ce que les gens voient en toi de bonnes choses que tu ne vois pas toi-même? Peut-être que quelqu'un a remarqué ton sourire joyeux, ton cœur généreux, ta gentillesse, ta fidélité ou ton attitude paisible...

Si c'est le cas, remercie Dieu, parce que ça veut dire qu'il agit à travers toi. Tu ne t'en rends peut-être pas compte, mais ceux qui t'entourent, eux, s'en aperçoivent. Alors, continue à briller; c'est la joie du Seigneur qui se voit dans ta vie.

Seigneur Jésus, merci de briller à travers moi. Aide-moi à toujours refléter ta lumière devant les autres. Amen.

AUJOURD'HUI, AVEC JÉSUS...
RAYONNE DE SON AMOUR.

27 avril

BIEN PLUS GRAND

Mais, comme il est écrit, ce que l'œil n'a pas vu, ce que l'oreille n'a pas entendu, ce qui n'est pas monté au cœur de l'homme, Dieu l'a préparé pour ceux qui l'aiment.
1 Corinthiens 2.9

Est-ce qu'il y a quelque chose que tu désires plus que tout? Un nouveau jeu, un vélo ou une chambre pour toi? Etre apprécié(e) des autres ou être la star de l'équipe de foot? Il n'y a pas de mal à avoir envie de ces choses ou à y réfléchir. Mais ne les laisse pas envahir complètement tes pensées. Sinon, tu commenceras à te concentrer sur toi-même et sur la manière dont *tu* peux arriver à avoir ce que tu veux, au lieu de croire que Dieu veut te donner ce dont tu as besoin. Et ça te conduira directement à pécher.

La bonne nouvelle, c'est que, même si tu as beaucoup d'imagination, Dieu est encore plus grand. Et quels que soient tes projets formidables, les siens sont encore plus merveilleux (Ephésiens 3.20).

Alors, si tu es contrarié(e) parce que tu n'as pas ce que tu veux, et si tu es tenté(e) de chercher à l'obtenir par tes propres moyens, arrête-toi! Rappelle-toi que Dieu est tout-puissant et crois qu'il prépare quelque chose qui dépasse tout ce que tu peux imaginer.

Seigneur, s'il te plaît, aide-moi à regarder à toi au lieu de regarder à ce que j'aimerais avoir. Amen.

AUJOURD'HUI, AVEC JÉSUS... NE CHERCHE PAS À OBTENIR CE QUE TU VEUX PAR TES PROPRES MOYENS.

28 avril

IL TE BÉNIRA

...l'Eternel Dieu est un soleil et un bouclier. L'Eternel donne la grâce et la gloire, il ne refuse aucun bien à ceux qui marchent dans l'intégrité.

Psaume 84.12

Parfois, Dieu te demande d'attendre pour te donner les bonnes choses qu'il a préparées pour toi. Et quand ça dure, tu commences peut-être à t'inquiéter. Tu te dis: *J'ai fait quelque chose de mal. C'est pour ça que ça prend du temps*, ou bien: *Dieu pense que je ne suis pas assez bien pour ça.*

Mais c'est faux! Rappelle-toi: s'il te demande d'attendre, c'est pour une raison. Peut-être que tu dois grandir un peu plus pour pouvoir apprécier vraiment ce qu'il va te donner. Ou peut-être qu'il faut du temps pour que cette bénédiction soit «prête». Ou bien il sait que ce que tu attends et lui demandes ne sera finalement pas bon pour toi. Il veut seulement le meilleur pour toi. Alors, parfois, il te protège des choses qui pourraient te faire du mal. Et d'autres fois, à travers tout ça, il te transforme et t'apprend à le suivre. Donc, si tu attends ses bénédictions, ne baisse pas les bras. Il ne te refusera rien de ce qui est vraiment bon pour toi. Fais-lui confiance, et crois qu'il te bénira.

Seigneur, alors que j'attends tes bénédictions, prépare-moi à les recevoir. Amen.

AUJOURD'HUI, AVEC JÉSUS...
CROIS QU'IL VEUT TE BÉNIR.

29 avril

RÉSISTE!

Qui me délivrera (...)? J'en remercie Dieu,
c'est possible par Jésus-Christ notre Seigneur.
Romains 7.24-25

Tu sais que tu n'aurais pas dû dire ce mensonge, prononcer ces mots, tricher à cette interrogation ou crier sur ton frère. Tu sais que tu n'aurais pas dû... Mais c'était tellement... *tentant.* Est-ce que tu t'es rendu compte que tu ne pouvais pas remporter la victoire sur la tentation par toi-même? Oui, tu as besoin d'aide. Tu as besoin de Jésus et de la Parole de Dieu.

Le péché commence dans tes pensées. D'abord, tu y penses, puis tu vois qu'il pourrait te donner ce que tu désires. Par exemple, tu aimerais être apprécié(e) de certaines personnes à l'école, alors tu te dis que si tu critiques les autres avec elles, tu te feras bien voir. Tu voudrais de bonnes notes, donc tu décides que tricher un peu t'aidera. Tu *penses* à ces choses et, tout d'un coup, voilà que tu les fais.

Résiste à la tentation par la Parole de Dieu. Tu n'as pas besoin d'être apprécié(e) à l'école pour être aimé(e). Et tu n'as pas besoin de bonnes notes pour avoir de la valeur. La vérité, c'est que tu es un(e) enfant de Dieu, parfaitement aimé(e) et précieux(se) à ses yeux. Combats la tentation avec sa vérité, et remporte la victoire.

Seigneur, aide-moi à vaincre la tentation par ta vérité. Amen.

AUJOURD'HUI, AVEC JÉSUS... RAPPELLE-TOI QUE TU ES UN(E) ENFANT DE DIEU.

30 avril

QUAND TU CROIS SAVOIR

Confie-toi en l'Eternel de tout ton cœur et ne t'appuie pas sur ton intelligence!
Proverbes 3.5

Est-ce que tu as déjà dû résoudre un problème de maths vraiment difficile? Tu pensais avoir compris, mais quand ton prof l'a corrigé, tu t'es rendu compte qu'en fait, tu avais *tout* faux. Tu avais compté sur ta manière de comprendre les choses, mais lui savait exactement ce qu'il fallait faire pour arriver au bon résultat.

Parfois, il se passe la même chose entre toi et Dieu. Devant un problème vraiment difficile, tu penses avoir tout compris, mais finalement, les choses ne se déroulent pas comme tu t'y attendais. En fait, c'est que seul Dieu sait tout. Tu peux voir certains aspects du problème, mais lui seul a une vue d'ensemble. Il connaît aussi le passé et l'avenir.

Alors, ne t'appuie pas sur ta propre sagesse, mais compte sur lui. Demande-lui de te montrer ce que tu dois faire. Sur le moment, tu ne comprendras pas toujours sa réponse, mais elle sera toujours parfaite pour toi.

Seigneur, quand je crois avoir tout compris, rappelle-moi de chercher ce que tu veux et de t'obéir. Amen.

AUJOURD'HUI, AVEC JÉSUS… CONFIE-TOI EN DIEU DE TOUT TON CŒUR.

1er mai

PRIE SANS T'INQUIÉTER

Votre Père céleste donnera d'autant plus volontiers de bonnes choses à ceux qui les lui demandent.
Matthieu 7.11

Quand tu pries, tu te poses peut-être ces questions: *Est-ce que je demande à Dieu ce qu'il faut? Comment est-ce que je peux savoir si ce que je demande lui plaît?*

Mais ne t'inquiète pas pour ça. D'abord, rappelle-toi que, quand tu deviens son enfant, il envoie son Saint-Esprit habiter dans ton cœur. Et l'Esprit travaille en toi pour t'aider à faire ce qui lui plaît (Philippiens 2.13). Il t'aide à prier, mais il te montre aussi pour quoi prier (Romains 8.26-27).

Ensuite, Dieu *veut* que tu saches ce qu'il aime. Il n'en fait pas un secret. Au contraire, il l'explique très clairement dans sa Parole. Ce qu'il désire, c'est que tu l'aimes lui et les autres (Matthieu 22.37-39). Si tu cherches vraiment à l'adorer et à lui plaire, il te montrera la meilleure façon de le faire (Psaume 25.12). Alors, ne t'inquiète pas quand tu pries… Prie, tout simplement.

Mon Dieu, merci pour le Saint-Esprit, et merci de m'apprendre à prier d'une manière qui te plaît. Amen.

AUJOURD'HUI, AVEC JÉSUS…
PRIE SANS T'INQUIÉTER.

2 mai

UNE RELATION PERSONNELLE

Appliquez maintenant votre cœur et votre âme à chercher l'Eternel, votre Dieu.
1 Chroniques 22.19

N'oublie jamais combien tu as de la valeur aux yeux de Dieu, *mais aussi* combien il désire avoir de la valeur à *tes* yeux. Il t'a créé(e) pour que tu le connaisses, pour que tu aies avec lui une relation vivante, basée sur son amour, et pour que tu parles de lui aux autres. Alors, oui, c'est une bonne chose de lire les histoires de la Bible et d'apprendre des versets par cœur, mais tant que tu ne connaîtras pas Jésus personnellement comme ton Sauveur, ton Seigneur et ton ami, et tant que Dieu ne sera pas ton protecteur, tu ne comprendras pas vraiment combien il t'aime ni combien ses plans pour toi sont merveilleux.

Quand tu lis la Bible, est-ce que tu ne t'intéresses qu'aux histoires ou est-ce que tu cherches vraiment à connaître le Seigneur? Et quand tu pries, est-ce que tu attends seulement les bonnes choses qu'il peut te donner ou est-ce que tu dis à Celui qui t'a créé(e) tout ce que tu vis? Dieu ne veut pas seulement que tu saches des choses *sur lui*; il veut que tu le *connaisses personnellement*.

Seigneur, j'aimerais vraiment te connaître. S'il te plaît, montre-moi qui tu es par ta Parole. Amen.

AUJOURD'HUI, AVEC JÉSUS... DEMANDE-TOI SI TU LE CONNAIS PERSONNELLEMENT.

3 mai

VOIR COMME IL VOIT

...car c'est auprès de toi qu'est la source de la vie,
et c'est par ta lumière que nous voyons la lumière.
Psaume 36.10

Quand tu laisses à Dieu la première place dans ton cœur, tu vois le monde et la vie d'une manière complètement différente. Les choses qui te faisaient peur ne te semblent plus aussi impressionnantes. Les problèmes devant lesquels tu te sentais faible et impuissant(e) t'ont l'air moins gros, comparés à sa puissance. Et la façon dont tu vois tes amis, ta famille, tes ennemis et toi-même change aussi, parce que tu vois chacun à travers le regard d'amour du Seigneur.

Mais ce changement ne se fait pas en un jour. Il faut du temps, du temps passé à lui parler, à l'écouter et à lire sa Parole. Et, petit à petit, tu comprendras qu'il peut t'aider dans tout ce que tu vis. Tu n'as pas besoin de t'inquiéter ni d'avoir peur, car rien ne peut lui résister. Il est au-dessus de tout. Il t'aime, te protège et prend soin de toi. Il sera ta lumière dans les moments les plus sombres et te donnera sa joie au cœur de la tristesse. Passe du temps avec lui et, avec son aide, apprends à regarder le monde avec ses yeux.

Mon Père, aide-moi à regarder ce monde avec tes yeux et fais de moi la personne que tu veux que je sois. Amen.

AUJOURD'HUI, AVEC JÉSUS...
PLACE DIEU AU CENTRE DE TES PENSÉES.

4 mai

OBÉIS ET CROIS

Ecoutez ma voix et je serai votre Dieu, et vous mon peuple. Marchez dans toutes les voies que je vous prescris afin d'être heureux!
Jérémie 7.23

Peu importe ce que tu dois affronter aujourd'hui, *obéis à Dieu*, et abandonne tout le reste entre ses mains en sachant que tu as fait ce qui était juste.

Si deux de tes ami(e)s se disputent, fais ce que tu peux pour les aider à se réconcilier (2 Timothée 2.24-26). Si un problème t'inquiète, parles-en au Seigneur (Esaïe 41.10). Si quelqu'un te fait du mal, n'essaye pas de te venger, mais pardonne (Ephésiens 4.32) et confie-toi en Dieu et en sa justice (Esaïe 54.17). Si quelqu'un souffre, cherche à le réconforter (2 Corinthiens 1.3-4). Et chaque fois que tu en as l'occasion, parle de Jésus aux autres (Jean 3.16).

Quand tu ne sais pas trop quoi faire, prie (Psaume 32.8). Quand tu es tenté(e) par quelque chose qui, tu le sais, n'est pas bien, éloigne-toi au plus vite (Proverbes 3.7). Fais *tout* comme si tu le faisais pour Dieu (Colossiens 3.23). Tu ne peux pas te tromper, si tu lui obéis. Alors fais-lui confiance, même quand c'est difficile, et il te bénira.

Seigneur, j'aimerais toujours t'obéir. S'il te plaît, montre-moi ce que je dois faire, et donne-moi la force de le faire. Amen.

AUJOURD'HUI, AVEC JÉSUS...
FAIS CE QU'IL TE DIT.

5 mai

JUSQU'À LA FIN DU MONDE

Et moi, je suis avec vous tous
les jours, jusqu'à la fin du monde.
Matthieu 28.20

Jésus est avec toi en ce moment même. Est-ce que tu le savais? Oui, je t'assure, c'est la vérité. Tu ne le sens peut-être pas toujours, mais *il est là*. Il ne t'abandonne jamais. *Jamais*. Quand tu as mal, quand tu es stressé(e) ou quand tu as des soucis, tu as peut-être *l'impression* qu'il est loin de toi, mais en fait, si tu t'es donné(e) à lui pour le suivre, le Saint-Esprit habite en toi. Et c'est comme ça qu'il est *toujours* avec toi (Ephésiens 1.13-14). Puisque tu es un(e) enfant de Dieu, il demeure en toi à chaque instant.

C'est merveilleux et incroyable à la fois! Le Dieu tout-puissant qui a tout créé, est là, avec toi, maintenant. Tu n'as vraiment pas besoin de t'inquiéter ou d'avoir peur, car il ne te laissera jamais affronter tes batailles ou régler tes problèmes seul(e). Sa puissance parfaite, sa sagesse sans limites et son amour qui dure toujours sont là pour toi, chaque jour et chaque instant, même si tu n'en as pas l'impression.

Alors, essaye de voir Jésus aujourd'hui. Il est là!

Seigneur Jésus, s'il te plaît, ouvre mes yeux pour que je voie que tu es présent dans ma vie. Amen.

AUJOURD'HUI, AVEC JÉSUS... RAPPELLE-TOI QU'IL EST AVEC TOI À CHAQUE INSTANT.

6 mai

ÇA CHANGERA!

Nous espérons en l'Eternel:
notre secours et notre bouclier, c'est lui.
Psaume 33.20

Est-ce que tu as parfois l'impression que les choses ne changeront jamais? Peut-être que tu rencontres un problème qui dure depuis tellement longtemps que, finalement, tu penses qu'il ne s'arrangera jamais. C'est comme si Dieu n'entendait pas tes prières. Et comme le roi David il y a longtemps, tu aurais envie de dire au Seigneur «Jusqu'à quand, Eternel, m'oublieras-tu sans cesse» (Psaume 13.2)?

Mais il ne t'a *pas* oublié(e), et il *entend* tes prières. Il te demande simplement d'attendre que son exaucement parfait vienne. Et il ne te fera pas attendre plus longtemps que tu ne peux le supporter... si tu comptes sur lui.

Alors, tourne-toi vers lui. Prie. Lis sa Parole. Et si tu as l'impression de ne pas pouvoir attendre une seconde de plus, dis-le-lui. Il te donnera la force pour continuer. Il est en train d'agir. Crois qu'il changera les choses pour ton bien.

Seigneur, je veux continuer à te faire confiance.
Je veux croire que tu agis dans ma vie
même quand je ne le vois pas. Amen.

AUJOURD'HUI, AVEC JÉSUS...
CROIS QUE DIEU EST EN TRAIN D'AGIR.

7 mai

PLUS FORT QUE LA TEMPÊTE

Il en va de même pour ma parole (...): elle ne revient pas à moi sans effet, sans avoir fait ce que je désire.
Esaïe 55.11

Quand une tempête arrive, le capitaine d'un bateau jette l'ancre. Comme ça, le bateau peut rester en place jusqu'à ce que l'ouragan soit passé. Eh bien, dans la vie, ton ancre, c'est la Bible. Quand, tout d'un coup, une «tempête» se déclenche, par exemple quand ton (ta) meilleur(e) ami(e) déménage, tes parents se disputent ou quelqu'un que tu aimes beaucoup meurt, la Parole de Dieu te garde fermement attaché(e) à lui. Comment? Par ses promesses, si tu crois qu'elles sont vraies, *même* quand les gens te disent le contraire.

Tu te souviens de Pierre? En pleine tempête, Jésus lui a dit de venir vers lui en marchant sur l'eau. Une chose impossible, non? Sauf pour Jésus! Et c'est comme ça que Pierre *est* sorti de la barque et qu'il *a* marché sur l'eau... jusqu'au moment où il a regardé à la tempête et a arrêté de croire que Jésus était plus fort (Matthieu 14.25-33). C'est là qu'il a commencé à couler.

Alors, quand la tempête arrive, crois en Dieu et en ses promesses, crois qu'il est plus grand, et tu ne te noieras pas.

Mon Dieu, aide-moi à croire en ta Parole, même quand la tempête est forte. Amen.

AUJOURD'HUI, AVEC JÉSUS... CROIS QU'IL EST PLUS FORT QUE N'IMPORTE QUELLE TEMPÊTE.

8 mai

REGARDE LA VÉRITÉ EN FACE

...l'Esprit de la vérité (...) vous conduira dans toute la vérité.

Jean 16.13

Quand tu pries, est-ce qu'il t'arrive de te sentir triste ou contrarié(e)? Est-ce que, par exemple, tu repenses tout d'un coup à quelque chose que tu devrais dire à Dieu ou à un péché que tu devrais lui confesser? Si oui, c'est peut-être que, justement, le Saint-Esprit te rappelle ces choses pour que tu règles le problème.

Par exemple, si tu es en train de prier pour quelqu'un et qu'en te souvenant d'un moment où cette personne t'a fait de la peine, tu ressens soudain de la colère, Dieu te montre probablement que tu dois pardonner. Ou si, quand tu pries pour quelqu'un de ton équipe qui est malade, tu te mets à penser que tu auras plus de chances de jouer s'il ou elle reste absent(e), le Seigneur met le doigt sur ton égoïsme et ta jalousie. Et il le fait pour que tu puisses lui confesser ces péchés.

Dieu veut guérir *toutes* tes blessures et effacer *tous* tes péchés, même ceux que tu as oubliés. Alors, quand il te rappelle un problème, regarde les choses en face et fais le nécessaire.

Seigneur, s'il te plaît, montre-moi mes péchés,
même ceux que j'ai oubliés. Et pardonne-moi. Amen.

AUJOURD'HUI, AVEC JÉSUS...
QUAND TU PRIES, LAISSE-LE ÉCLAIRER TON CŒUR.

9 mai

UN «PANNEAU VIVANT»

...celui qui croit en moi fera aussi les œuvres que je fais...
Jean 14.12

Quand on est un enfant, il y a un tas de choses qu'on ne peut pas encore faire. Par exemple, tu ne peux pas apporter à manger à quelqu'un qui est malade, parce que tu ne sais pas vraiment bien faire la cuisine, et parce que, de toute façon, tu ne conduis pas! Tu es trop jeune pour travailler et tu ne peux pas acheter toi-même tes habits et ta nourriture. Alors tu ne peux pas aider les autres pour ces choses-là. Donc tu te demandes peut-être: *Mais comment est-ce que Dieu peut m'utiliser?* Eh bien, il faut que tu saches qu'il *peut* t'utiliser et qu'il le fera si tu le laisses faire. N'oublie pas: quand tu acceptes Jésus comme ton Sauveur, le Saint-Esprit vient habiter en toi *et* agir à travers toi. Tu deviens comme un «panneau vivant» qui parle de la grande puissance de Dieu, de sa sagesse infinie et de son immense amour. Tu n'as pas besoin de savoir faire la cuisine, conduire ou travailler pour lui être utile. Laisse-le juste se servir de toi pour montrer son amour aux autres. Donc la question n'est pas: *Est-ce que Dieu peut m'utiliser?* Mais: *Est-ce que je le laisse m'utiliser?*

Sois prêt(e) à ce qu'il agisse à travers toi, et il s'occupera du reste.

Seigneur, utilise-moi pour dire aux autres combien tu es magnifique. Amen.

AUJOURD'HUI, AVEC JÉSUS...
LAISSE-LE T'UTILISER.

10 mai

LOUE-LE MALGRÉ TOUT

Loué soit l'Eternel! Je crie à lui et je suis délivré de mes ennemis.
Psaume 18.4

Il y a des jours où il n'est pas facile de louer Dieu; par exemple quand ton cœur et tes pensées sont remplis d'inquiétude ou bien quand tu es dans une situation particulièrement difficile. Dans ces cas-là, le remercier te semble presque impossible.

Pourtant, même dans les moments les plus durs, tu as des raisons d'être reconnaissant(e) au Seigneur et de le louer. Réfléchis-y: Jésus est mort pour effacer ton péché et te donner la vie éternelle (Jean 3.16). Il a déjà vaincu toutes les difficultés que tu pourras rencontrer dans ta vie, même si tu ne le vois pas encore. Dieu t'aime d'un amour qui n'a pas de fin (Jérémie 31.3) et il ne t'abandonnera *jamais* (Hébreux 13.5).

Quand tu penses à Jésus et à ce qu'il a fait pour toi, comment est-ce que tu pourrais ne *pas* le remercier? Regarde à lui et à ce qu'il a fait, au lieu de regarder à toi. Alors, le louer ne sera plus un problème!

Seigneur Jésus, tu es si bon et si merveilleux. Tu mérites toute ma louange et ma reconnaissance. Amen.

AUJOURD'HUI, AVEC JÉSUS... LOUE-LE POUR TOUT CE QU'IL A FAIT.

11 mai

TON DÉFENSEUR

En effet, ce n'est pas contre l'homme que nous avons à lutter, mais contre (...) les esprits du mal dans les lieux célestes.
Ephésiens 6.12

Est-ce que tu as parfois l'impression d'être au milieu d'une zone de guerre? Des amitiés se cassent, tes parents se disputent et où que tu regardes, tu vois des problèmes. Même les choses les plus simples deviennent difficiles: tu sors la poubelle, le sac se déchire et tu te retrouves avec un tas d'ordures dégoûtantes éparpillées par terre. Ou bien tu veux raconter une blague à ta sœur, mais elle croit que tu te moques d'elle. Bref, tout le monde est de mauvaise humeur et se met en colère rapidement. Alors te voilà bientôt vraiment découragé(e), et tu as l'impression d'être bon(ne) à rien.

Mais il faut que tu saches qu'il y a un combat spirituel. Le diable veut t'empêcher de te confier en Dieu en t'envoyant tous les ennuis possibles. Et s'il arrive à fixer tes pensées sur toi et tes problèmes, plutôt que sur Dieu et ton service pour lui, il a gagné. Alors ne tombe pas dans son piège! Résiste-lui en disant: «Je fais confiance à Dieu!» Rappelle-toi que tu appartiens à Dieu et qu'il est plus fort que le diable. Crois qu'il te défendra.

Mon Père, je veux te faire confiance. Merci de me défendre contre les attaques du diable. Amen.

AUJOURD'HUI, AVEC JÉSUS... RAPPELLE-TOI QUE DIEU A DÉJÀ VAINCU LE DIABLE.

12 mai

ABANDONNE TA COLÈRE

...si l'un de vous a une raison de se plaindre d'un autre, pardonnez-vous réciproquement. Tout comme Christ vous a pardonné, pardonnez-vous aussi.
Colossiens 3.13

Est-ce qu'il y a quelqu'un à qui tu devrais pardonner? Peut-être que là, maintenant, le Saint-Esprit murmure le nom de cette personne à ton cœur. D'ailleurs, tu croyais peut-être lui avoir déjà pardonné, mais finalement, tu te rends compte que tu n'avais pas complètement abandonné ta colère envers elle.

En réalité, quand tu refuses de pardonner, c'est à toi que ça fait le plus de mal. Ça t'abîme la santé, ça te vole ta paix, ça fait disparaître ta joie et ça empoisonne tes relations avec les autres. En refusant de pardonner, tu peux finir par te retrouver enfermé(e) dans une prison d'amertume et de colère. Et ce n'est pas ce que Dieu a voulu pour toi.

Le Seigneur sait exactement tout ce qui s'est passé, et il va s'occuper de la situation d'une manière parfaite, comme lui seul le peut. Alors arrête de réfléchir à la façon dont tu pourrais te venger, et pardonne, tout simplement. Abandonne à Dieu ta colère et ta blessure. Laisse-le te guérir et te libérer.

Seigneur, s'il te plaît, aide-moi à pardonner à .... et débarrasse-moi de ma blessure et de ma colère. Amen.

AUJOURD'HUI, AVEC JÉSUS... PARDONNE À CEUX QUI T'ONT FAIT DU MAL.

13 mai

APPRENDS LA PATIENCE

Retenons fermement l'espérance que nous proclamons, car celui qui a fait la promesse est fidèle.
Hébreux 10.23

Quand tu es devant un problème, il est tentant de vouloir te dépêcher d'essayer de le régler par toi-même. Mais sois patient(e), parles-en à Dieu et crois qu'il te montrera le chemin à suivre. Pense à la reine Esther: quand elle a appris que son peuple allait être attaqué par des gens qui voulaient le détruire, elle aurait pu courir chez le roi Assuérus pour lui demander son aide. Car il aurait pu tout arrêter. Mais elle savait que vouloir régler les choses par elle-même aurait été une erreur. Alors elle a demandé à tout le peuple juif de jeûner avec elle pendant trois jours. Ça leur a donné le temps de réfléchir et de prier. C'est seulement *ensuite* qu'elle est allée vers le roi. Et Dieu l'a utilisée pour sauver son peuple (Esther 3–7).

Quand tu rencontres des difficultés sur ton chemin, sois patient(e). Prends le temps de parler à Dieu, puis attends qu'il te montre le chemin à suivre. Il a promis de prendre soin de toi. Et il tient toujours ses promesses. Ne l'oublie pas!

Seigneur, c'est tellement difficile d'apprendre la patience,
mais je crois que tu sais ce qui est le mieux.
J'attendrai que tu me montres le chemin à suivre. Amen.

AUJOURD'HUI, AVEC JÉSUS...
CROIS QU'IL TE CONDUIRA.

14 mai

LAISSE-LUI LA PREMIÈRE PLACE

Recherchez d'abord le royaume et la justice de Dieu,
et tout cela vous sera donné en plus.
Matthieu 6.33

Qu'est-ce que tu aimerais le plus? Avoir le dernier jeu ou le gadget le plus à la mode? Etre aimé(e) par les autres à l'école? Etre accepté(e) dans ton équipe de sport? Ou bien mieux connaître Dieu?

Tu peux aimer les gens ou les choses qui sont dans ce monde. Le problème, c'est quand tu les aimes *plus* que Dieu. Si tes journées sont marquées par le doute, la colère, la jalousie, la peur, la tristesse ou l'inquiétude, alors peut-être que ce n'est plus lui qui est au centre de ta vie. Réfléchis: Est-ce que tes amitiés ou le sport ont plus d'importance pour toi que le temps que tu passes avec le Seigneur? Est-ce que tu as du temps pour jouer sur Internet, mais pas pour lire ta Bible?

Dis-le à Dieu. Demande-lui de te montrer tout ce qui est en train de devenir plus important que lui dans ton cœur. Si tu lui laisses la première place et fais ce qu'il désire, il te bénira toujours.

Seigneur, s'il y a quelque chose qui prend ta place dans ma vie, s'il te plaît, montre-le-moi. Aide-moi à te laisser la première place. Amen.

AUJOURD'HUI, AVEC JÉSUS...
LAISSE-LUI LA PREMIÈRE PLACE.

15 mai

LE VRAI SUCCÈS

Or le monde passe, sa convoitise aussi, mais celui qui fait la volonté de Dieu demeure éternellement.
1 Jean 2.17

Le succès, pour toi, qu'est-ce que c'est? Est-ce que c'est quand les autres t'aiment bien? Est-ce que c'est quand tu te sens fort(e)? Ou bien est-ce que c'est être riche, beau (belle) et célèbre? C'est souvent comme ça que les gens qui ne connaissent pas Dieu voient le succès. Pourtant, Dieu, lui, en a une idée très différente.

Avant tout, tu n'as pas besoin de «faire tes preuves» pour qu'il t'aime: tu as déjà de l'importance à ses yeux. Il t'aime *tellement* et tu as *tellement* de valeur pour lui, qu'il a envoyé son Fils unique pour te sauver. Pour lui, le succès n'a rien à voir avec la célébrité ou la richesse. L'aimer et devenir ce qu'il a voulu que tu sois, c'est ça, la réussite, à ses yeux.

Ne cours pas après les trésors de ce monde, parce que, de toute façon, ils ne durent jamais longtemps. Par contre, recherche les trésors de Dieu, comme l'amour, la joie, la paix, la patience, la bienveillance, la bonté, la foi, la douceur et la maîtrise de soi (Galates 5.22). Choisis de remplir ton cœur et ta vie de ce qui plaît au Seigneur. Car pour lui, c'est ça, la réussite.

Seigneur Jésus, aide-moi à faire ce que tu aimes. Amen.

AUJOURD'HUI, AVEC JÉSUS...
RECHERCHE LE VRAI SUCCÈS.

16 mai

QUAND ON EST COINCÉ

N'ayez pas peur, restez en place et regardez la délivrance que l'Eternel va vous accorder aujourd'hui.
Exode 14.13

Est-ce que tu t'es déjà retrouvé(e) coincé(e) dans une situation que tu ne maîtrisais pas du tout? Peut-être qu'il s'agissait juste d'un petit problème, comme une dispute avec ton (ta) meilleur(e) ami(e), ou bien d'une chose plus importante, comme une difficulté dans ta famille ou encore une maladie. Et à ce moment-là, tu as peut-être dit à Dieu: *Seigneur, pourquoi est-ce que tu permets ça?*

C'est exactement ce que les Israélites ont ressenti après avoir quitté l'Egypte. Ils se sont retrouvés piégés: coincés entre la mer Rouge et l'armée égyptienne. Et ils se sont probablement demandé où était Dieu. Mais il ne les avait pas abandonnés. En fait, il a permis qu'ils se retrouvent pris au piège pour leur montrer sa puissance, pour leur montrer qu'il pouvait les sauver. Alors qu'ils regardaient, impressionnés, il a séparé les eaux profondes de la mer Rouge, et ils ont pu s'échapper en traversant à pied sec. Alors, quand tu te retrouves coincé(e), n'oublie pas que Dieu est avec toi. Regarde comment il va manifester sa puissance et venir à ton secours.

Seigneur, quand je suis pris(e) au piège, je veux croire que tu vas ouvrir pour moi un chemin. Amen.

AUJOURD'HUI, AVEC JÉSUS... REMERCIE-LE POUR SA GRANDE PUISSANCE.

17 mai

UN DIEU QUI T'AIME

C'est pour la liberté que Christ nous a affranchis. Tenez donc ferme dans cette liberté et ne vous placez pas de nouveau sous la contrainte d'un esclavage.
Galates 5.1

Dieu t'aime de manière *inconditionnelle*. Ça veut dire que tu ne peux rien faire pour qu'il arrête de t'aimer. Il ne t'aime pas plus quand tu fais tout parfaitement, et il ne t'aime pas moins quand tu n'y arrives pas. Il t'aime parce que ça fait partie de sa personne: il *est* amour.

Penses-y dans ta journée. Par exemple, si les choses vont de travers et que tu te demandes si Dieu est en train de te punir, rappelle-toi que Jésus a déjà été puni à ta place sur la croix (1 Corinthiens 15.3). Dieu est peut-être en train de te corriger, de t'apprendre quelque chose, pour t'aider à ne plus pécher (Hébreux 12.5-11), mais si tu suis Jésus, il ne te déclarera plus jamais coupable de tes péchés (Romains 8.1). Il t'aime, tout simplement. Tu n'as pas besoin d'être «assez bien» pour gagner son amour. Reçois-le simplement et remercie-le pour ça en lui obéissant du mieux que tu peux.

Mon Dieu, merci de m'aimer comme je suis. J'aimerais te montrer mon amour en vivant d'une manière qui te plaise. Merci de m'aider. Amen.

AUJOURD'HUI, AVEC JÉSUS...
RÉJOUIS-TOI DE CE QUE DIEU T'AIME.

18 mai

EN SÉCURITÉ

Il a arrêté la tempête, ramené le calme,
(...) et l'Eternel les a conduits au port désiré.
Psaume 107.29-30

Le Seigneur place dans ton cœur des rêves (ou des désirs) et des objectifs. Parfois, ils sont pour maintenant, mais d'autres fois, ils sont pour plus tard. Quoi qu'il en soit, ne t'inquiète pas. Dieu sait ce dont tu as besoin pour pouvoir arriver jusque-là, même si c'est dans longtemps. Il a un chemin tout tracé pour toi, et il t'aidera à le suivre, un pas à la fois. Ce sera peut-être différent de ce que tu aurais choisi toi-même, mais tu peux être sûr(e) que ce qu'il a préparé pour toi est parfait.

Il y a des gens qui se détournent du sentier que Dieu leur montre, parce qu'ils ont peur. Peut-être qu'ils arrivent devant un gros obstacle à surmonter. Peut-être qu'une tempête d'ennuis leur barre le passage. Si ça t'arrive, n'abandonne pas. Confie-toi dans le Seigneur et continue à le suivre. En passant par-dessus l'obstacle, tu feras travailler les muscles de ta foi, et ça te rendra plus fort(e). Et en voyant que Dieu te garde dans toutes les tempêtes, tu apprendras à t'appuyer davantage sur lui.

Seigneur, je sais que le chemin que tu as préparé pour moi est parfait. Aide-moi à continuer à te suivre. Amen.

AUJOURD'HUI, AVEC JÉSUS...
CONTINUE À LE SUIVRE MALGRÉ LES OBSTACLES.

19 mai

ATTENDS-LE

Garde le silence devant l'Eternel et espère en lui (...)! Laisse la colère, abandonne la fureur, ne t'irrite pas: ce serait mal faire.
Psaume 37.7-8

Si tu sais ce que Dieu veut que tu fasses et que tu ne le fais pas, ce n'est *pas* une bonne chose. Et parfois, la chose la plus difficile qu'il te demande, c'est d'*attendre*.

C'est une leçon que le roi Saül a eu bien du mal à apprendre. L'armée ennemie était prête à attaquer, et Saül et ses hommes étaient terrifiés. Saül savait que Dieu avait dit au prophète Samuel qu'il fallait offrir des sacrifices avant la bataille, mais Samuel n'était toujours pas là, et l'ennemi commençait à devenir nerveux... Saül savait aussi qu'il leur serait impossible de vaincre leurs adversaires sans l'aide de Dieu. Il avait peur et était fatigué d'attendre Samuel. Alors il a décidé de désobéir et d'offrir le sacrifice lui-même. Et à cause de ça, le Seigneur lui a enlevé la royauté (1 Samuel 13.1-14).

Ne fais pas la même erreur. Ne permets pas à la peur de te pousser à faire quelque chose que tu ne devrais pas. Attends le moment de Dieu, et obéis-lui. Il te montrera quoi faire et te bénira.

Mon Père, aide-moi à comprendre ce que tu veux que je fasse, et aide-moi à le faire. Amen.

AUJOURD'HUI, AVEC JÉSUS... ATTENDS QUAND IL TE DEMANDE D'ATTENDRE.

20 mai

SÈME DE BONNES GRAINES

Ne négligeons pas de faire le bien, car nous moissonnerons au moment convenable, si nous ne nous relâchons pas.
Galates 6.9

Tu pries, tu lis la Bible, tu cherches à comprendre ce que Dieu veut te dire, puis tu attends qu'il te conduise… Mais parfois, quand tu regardes tout ce qui se passe autour de toi, tous les ennuis que tu peux rencontrer, tu te demandes peut-être si ça en vaut vraiment la peine. Eh bien, *oui*, ça en vaut la peine! Parce que quand tu parles à Dieu, quand tu lis sa Parole, quand tu écoutes sa voix, ça te rapproche de lui et ça lui permet de te transformer toujours plus.

Tu ne le vois peut-être pas là, maintenant, mais Dieu *est en train d'agir*. C'est comme quand tu plantes une minuscule graine: tu ne vois pas encore ce qu'elle deviendra, mais un jour, tu vois de belles fleurs apparaître. C'est pareil pour le temps que tu passes avec Dieu: tu ne vois peut-être pas ce que tu sèmes aujourd'hui, mais un jour, ta vie se couvrira de belles fleurs; des fleurs d'amour, de joie, de paix, de patience, de bienveillance, de bonté, de foi, de douceur et de maîtrise de soi. Alors persévère. Continue à semer en prenant du temps avec le Seigneur, et ta vie se remplira de ses fleurs magnifiques.

Seigneur, fais s'il te plaît que ton amour et ton Esprit couvrent ma vie de «belles fleurs» et que tous le voient. Amen.

AUJOURD'HUI, AVEC JÉSUS… PASSE DU TEMPS AVEC DIEU ET SÈME POUR L'AVENIR.

21 mai

LEÇON APPRISE

Il sait néanmoins quelle voie j'ai suivie.
Quand il m'aura mis à l'épreuve, je sortirai pur comme l'or.
Job 23.10

Si tu rencontres tout le temps le même genre de problème, encore et encore, c'est que le Seigneur veut te montrer quelque chose. Peut-être que tu dois apprendre à être plus généreux(se) et plus patient(e) avec les autres, ou à plus les aimer. Peut-être encore que tu devrais faire plus attention à ce que tu dis et à ta manière d'être. Mais peu importe de quoi il s'agit, Dieu va continuer à te donner des occasions d'apprendre ce que tu dois apprendre. Pourquoi? Parce qu'il veut que tu ressembles plus à Jésus. C'est vrai, ses leçons ne sont pas toujours drôles. En fait, elles peuvent même être parfois assez difficiles. Souvent, pourtant, c'est seulement quand tu souffres et ne sais plus quoi faire que tu apprends à compter entièrement sur lui. Et c'est là qu'il peut le mieux t'enseigner.

Est-ce qu'il y a un problème dans ta vie qui revient régulièrement? Demande-toi: *Qu'est-ce que Dieu pourrait vouloir m'apprendre?* Ensuite, fais-lui confiance, obéis-lui et apprends la leçon qu'il veut t'enseigner.

Mon Dieu, s'il te plaît, aide-moi à apprendre les leçons que tu veux m'apprendre. Amen.

AUJOURD'HUI, AVEC JÉSUS...
TIRE DES LEÇONS DE TES PROBLÈMES.

22 mai

SÛR À 100%

...je sais en qui j'ai cru et je suis persuadé qu'il a la puissance de garder le dépôt qu'il m'a confié jusqu'à ce jour-là.
2 Timothée 1.12

Confie-toi en Dieu. Crois de tout ton cœur qu'il réalisera chacune de ses promesses. Ne dis pas seulement: «J'espère que Dieu m'aidera» ou: «Je sais qu'il *peut* tout faire contribuer à mon bien.» Montre-lui combien tu lui fais confiance en disant avec détermination: «Je suis sûr(e) à 100% que mon Père céleste *m'aidera*. C'est comme si c'était fait.»

Si tu *sais* qu'il tient toujours ses promesses, tu n'as pas besoin de t'inquiéter. Tu sais que tu peux faire face à n'importe quelle difficulté, puisqu'il est avec toi et prend soin de toi. Il n'y a rien qui soit impossible pour lui!

Alors remercie-le de répondre à tes prières, même si tu ne vois pas encore ses réponses. Fais-lui totalement confiance. Il accomplira ses promesses et s'occupera de toi, c'est *certain*. Tu peux en être sûr(e) à 100%!

Seigneur, je suis complètement sûr(e) que tu m'aideras. Merci d'être toujours là pour moi. Amen.

AUJOURD'HUI, AVEC JÉSUS... FAIS CONFIANCE À DIEU À 100%.

23 mai

TA MANIÈRE DE VIVRE

...pour marcher d'une manière digne du Seigneur et lui plaire entièrement.
Colossiens 1.10

Tu as de la valeur. Ta taille, ton âge, ce que tu sais ou ne sais pas encore faire, tout ça n'a pas d'importance: Dieu t'a créé(e) avec sagesse, amour, et dans un but. Dans quel but? En grande partie pour que tu parles de lui aux autres. Si tu lui as donné ta vie, son Saint-Esprit habite dans ton cœur et ce que tu dis ou fais peut aider les autres à connaître Jésus.

Que tu t'en rendes compte ou pas, ta manière d'être envoie aux autres un message sur Dieu. Demande-toi si, quand tes amis voient que tu rencontres un problème, ils te voient chercher l'aide auprès du Seigneur. Ou si, quand ils regardent ta manière d'être avec les autres, ils voient son amour et sa douceur. Ou encore si, quand tu dois choisir entre faire ce qui est bien ou faire ce qui est mal, ils te voient choisir de lui obéir.

Montre à Dieu l'amour que tu as pour lui en vivant d'une manière qui aidera les autres à le connaître.

Seigneur, aide-moi à vivre d'une manière qui montre aux autres combien tu es merveilleux. Amen.

AUJOURD'HUI, AVEC JÉSUS...
MONTRE AUX AUTRES SON AMOUR.

24 mai

DONNE-LUI TA JOURNÉE

Je vous laisse la paix, je vous donne ma paix. Je ne vous la donne pas comme le monde donne. Que votre cœur ne se trouble pas et ne se laisse pas effrayer.

Jean 14.27

Quand tu regardes à ce que *tu* peux faire plutôt qu'à ce que *Dieu* peut faire, tu peux avoir l'impression que ta vie est une longue suite de problèmes. Mais quand tu regardes au Seigneur et à ce que lui peut faire, tu vois qu'il t'aide à surmonter tes difficultés, et ta vie est remplie de sa victoire, de sa paix et de sa joie.

Si tu t'inquiètes ou si tu es contrarié(e) là, maintenant, est-ce que ce ne serait pas parce que tu te confies en toi-même pour y arriver, plutôt qu'en lui?

Chaque jour, tu as le choix: tu peux soit essayer de vivre la journée en comptant seulement sur tes propres forces, soit te reposer sur Dieu en sachant qu'il va t'aider. Il est le seul qui puisse te débarrasser de tes soucis et te donner la paix. Et lui seul peut remporter une vraie victoire sur tous les problèmes de ce monde. Alors donne-lui ta journée et laisse-le la remplir des bonnes choses qu'il veut te donner.

Mon Dieu, aide-moi à regarder à tout ce que tu peux faire plutôt qu'à tout ce que je ne peux pas faire. Amen.

AUJOURD'HUI, AVEC JÉSUS...
CHOISIS DE LUI CONFIER TA JOURNÉE.

25 mai

COMMENT SAVOIR?

Voilà pourquoi mon peuple connaîtra mon nom. Voilà pourquoi il saura, ce jour-là, que c'est moi qui parle. Me voici!
Esaïe 52.6

Tu as prié pour ça. Tu as lu la Bible. Tu en as parlé avec quelqu'un en qui tu as confiance. Et tu penses savoir ce que Dieu veut que tu fasses. Mais comment en être sûr(e)? Prie encore en lui posant ces questions:

- Seigneur, est-ce que ce choix correspond à ce que la Bible enseigne? S'il te plaît, éclaire-moi par ta Parole.
- Est-ce que ce choix est en accord avec ton plan pour ma vie?
- En choisissant ce chemin, est-ce que je t'obéirai? Est-ce que je te rendrai gloire?
- Si c'est le bon choix, est-ce que tu peux remplir mon cœur de ta paix?

Ensuite, écoute attentivement ce que Dieu veut te dire, tout au long de la journée. Continue à prier et chercher à lui plaire. Et il te répondra certainement.

Père céleste, j'aimerais vivre d'une manière qui te plaît. Montre-moi, je te prie, ce que tu veux que je fasse. Amen.

AUJOURD'HUI, AVEC JÉSUS...
ÉCOUTE LA VOIX DE DIEU.

26 mai

QUAND TU TOUCHES LE FOND

Il m'a retiré de la fosse de destruction, du fond de la boue, et il a établi mes pieds sur le rocher, il a affermi mes pas.
Psaume 40.3

Est-ce que tu as déjà entendu quelqu'un dire: «Je touche le fond»? Ça veut dire que ce qu'il vit ne peut pas être pire. Oui, parfois, Dieu permet que tu touches le fond. Pourquoi? Parce que tu veux peut-être tellement faire les choses à ta manière, que c'est seulement comme ça qu'il peut attirer ton attention. Mais n'abandonne pas! Il ne te laissera pas au fond du trou. Au contraire, il utilisera tes difficultés pour t'apprendre quelque chose, puis il te relèvera.

C'est ce qui est arrivé au peuple de Juda il y a longtemps. Ils pensaient que leur valeur venait de leur pays, de leur histoire et de leur héritage, mais quand les Babyloniens les ont capturés, ils ont tout perdu. Ils ont touché le fond. Alors, ils ont compris que Dieu était plus important que tout ça. Ils ont compris que leur valeur et leur succès venaient de lui. Et une fois qu'ils avaient appris la leçon (il a fallu beaucoup de temps!), il les a délivrés et les a ramenés dans leur pays.

Quand tu touches le fond, rappelle-toi que le plus important de tout, dans ta vie, c'est Dieu. Et crois qu'il viendra à ton secours.

Seigneur, rappelle-moi toujours que le plus important de tout, dans ma vie, c'est toi. Amen.

AUJOURD'HUI, AVEC JÉSUS... REMERCIE DIEU POUR TOUT CE QU'IL A FAIT POUR TOI.

27 mai

SA FORCE

En effet, ce n'est pas un esprit de timidité que Dieu nous a donné, mais un esprit de force, d'amour et de sagesse.
2 Timothée 1.7

Quand tu traverses des difficultés qui t'écrasent, tu peux avoir du mal à te rappeler combien Dieu est bon et combien il t'aime. L'apôtre Paul savait que Timothée était confronté à toutes sortes de problèmes. Les chrétiens étaient persécutés. Des faux enseignants répandaient des mensonges au sujet de Jésus et causaient du trouble dans l'Eglise. Alors face à tout ça, Paul s'inquiétait pour son ami.

Donc il lui a expliqué comment rester fort: un conseil bien utile pour toi aussi (2 Timothée 1.3-14). Premièrement, reconnais que ce que tu vis est difficile. Deuxièmement, reste près de Dieu, même si tu as l'impression qu'il est loin. Comment? En priant, en lisant sa Parole, en lui obéissant et en te laissant encourager par d'autres chrétiens. Troisièmement, demande-lui de te pardonner tout péché.

Alors, tu te rappelleras combien il est bon et combien il t'aime. Si tu choisis de rester près de lui, même quand c'est dur, il fera de toi une lumière qui brille dans ce monde bien sombre.

*Mon Dieu, rappelle-moi chaque jour ta bonté
et la grandeur de ton amour. Amen.*

**AUJOURD'HUI, AVEC JÉSUS...
SOUVIENS-TOI DE LA BONTÉ DE DIEU.**

28 mai

IL NE T'OUBLIE PAS

Ne t'ai-je pas dit que si tu crois, tu verras la gloire de Dieu?
Jean 11.40

Tu as besoin d'aide, donc tu te tournes vers Dieu. Tu pries, tu lis sa Parole et tu cherches à écouter ce qu'il veut te dire. Mais parfois, tu as l'impression qu'il ne te répond pas. Alors tu te demandes s'il t'a oublié(e).

Marie et Marthe se sont posé la même question. Lazare, leur frère, était en train de mourir, et elles ont envoyé quelqu'un chercher Jésus. Car *lui* pouvait guérir leur frère. Mais il n'est pas venu, et Lazare est mort. Pourquoi? Est-ce qu'il les avait oubliées? Est-ce qu'il ne les aimait pas? Bien sûr que non! Il les aimait beaucoup. Quand, finalement, il est arrivé, il a redonné la vie à Lazare (il l'a ressuscité). Et par là, il a montré l'extraordinaire puissance de Dieu et amené beaucoup de gens à croire en lui. En fait, la mort de Lazare faisait partie de son plan merveilleux (Jean 11.1-45).

Si tu as l'impression que Dieu ne te répond pas, ne t'inquiète pas: il ne t'oublie pas. Regarde plutôt de quelle manière merveilleuse il va utiliser tes difficultés pour accomplir son plan.

Seigneur Jésus, je sais que tu réponds à chaque prière.
Alors, même si je ne vois pas ta réponse tout de suite,
je continue à te faire confiance. Amen.

AUJOURD'HUI, AVEC JÉSUS...
CROIS QU'IL NE T'OUBLIE PAS.

29 mai

PENSE À LUI

...je traite durement mon corps et je le discipline.
1 Corinthiens 9.27

La maîtrise de soi, tu sais ce que c'est? Eh bien... c'est se maîtriser soi-même. C'est se forcer à faire ce qu'on sait être bien, que ce soit faire de l'exercice, manger correctement, ne pas se mettre en colère quand on n'a pas ce qu'on veut, etc. On a aussi besoin de maîtrise de soi quand on prie, parce que c'est très facile de penser à autre chose.

Si tu as du mal à garder tes pensées fixées sur Dieu, commence à lire le livre des Psaumes. Demande à Dieu de t'aider à comprendre sa Parole. Tu peux lui dire par exemple: «Père céleste, s'il te plaît, montre-moi ce que veut dire ce texte. Utilise-le pour m'aider à comprendre qui tu es vraiment.»

Ensuite, continue ta lecture jusqu'à ce qu'il te parle. Tu n'entendras probablement pas une voix forte, comme celle que Moïse a entendue quand il a vu le buisson ardent. Tu entendras dans ton cœur le doux murmure d'une pensée te dévoilant un peu plus qui est Dieu et ce qu'il aimerait faire de toi. Mais pour l'entendre, il faudra écouter attentivement, et ça demande de la maîtrise de soi.

Père, aide-moi à contrôler mes pensées
et à les garder fixées sur toi. Amen.

AUJOURD'HUI, AVEC JÉSUS...
CHOISIS UN PSAUME, ET LIS-LE.

30 mai

APPRENDS LA RECONNAISSANCE!

Je te louerai, Eternel, de tout mon cœur.
Psaume 9.2

Si tu veux que ta vie soit remplie de joie, tu as besoin d'un cœur rempli de reconnaissance. Cherche à voir le bon côté de chaque situation (même si, parfois, c'est difficile) et choisis d'être reconnaissant(e), quelles que soient les circonstances.

Tu te demandes peut-être: *Mais comment? Comment est-ce que je peux être reconnaissant(e) quand c'est dur?* Eh bien, commence par compter toutes les bonnes choses que Dieu te donne. Parce que, même dans les pires moments, tu peux trouver beaucoup de choses qui sont encourageantes. Pense à Jésus et à tout ce qu'il a fait pour toi: il t'a pardonné tes péchés et t'a sauvé(e). Puis rappelle-toi combien Dieu est merveilleux: il ne t'abandonne jamais, ne t'oublie jamais. Il t'aime, il te protège et il prend soin de toi chaque jour. Et sois aussi reconnaissant(e) pour le Saint-Esprit qui te conduit et qui t'aide à vivre d'une manière qui plaît au Seigneur.

Alors peu importe ce qui se passe dans ta journée, souviens-toi que tu as un tas de raisons d'être reconnaissant(e). Loue Dieu pour tous ses bienfaits, et il te remplira de sa joie.

Seigneur, merci pour ton amour et pour tout ce que tu fais pour moi chaque jour. Amen.

**AUJOURD'HUI, AVEC JÉSUS...
CHANTE À DIEU UN CHANT DE LOUANGE.**

31 mai

COMME LES AIGLES

...mais ceux qui comptent sur l'Eternel renouvellent leur force. Ils prennent leur envol comme les aigles.
Esaïe 40.31

Faire ce qui est juste n'est pas toujours si facile, surtout quand tes amis non chrétiens te répètent que tu peux très bien faire ce qui est mal, que ça ne pose pas de problème. Et parfois, tu peux être fatigué(e) de lutter pour faire le bien. Que faire, dans ces cas-là? Céder et écouter tes copains? Non! Cherche l'aide auprès de Dieu.

Si tu te confies en lui, si tu regardes à lui au lieu de regarder à ce que te disent les gens qui ne le connaissent pas, il te donnera des nouvelles forces et tu pourras «prendre ton envol» comme un aigle.

Même quand un aigle vole haut dans le ciel, il peut fixer un poisson qui se trouve bien loin en dessous de lui. Et peu importe la force du vent, il peut descendre en piqué et l'attraper. Alors, un peu comme l'aigle qui garde les yeux fixés sur sa proie, garde les yeux fixés sur le Seigneur. C'est lui qui te donnera la force de continuer ta «course» jusqu'à ce que tu puisses recevoir ton prix, une fois que tu seras au ciel.

Seigneur, quand je suis fatigué(e) d'essayer de faire ce qui est juste, s'il te plaît, donne-moi la force de garder les yeux fixés sur toi. Amen.

AUJOURD'HUI, AVEC JÉSUS... DEMANDE-LUI DE T'AIDER À FAIRE CE QUI EST BIEN.

1er juin

FAIS-LE POUR LUI

Tout ce que vous faites, faites-le de tout votre cœur, comme pour le Seigneur et non pour des hommes.
Colossiens 3.23

Faire tes devoirs, aider à la vaisselle, sortir la poubelle, donner à manger au chat… ce qu'on te demande chaque jour n'est pas toujours très drôle. Peut-être que ça te fait rouspéter. Peut-être que tu te trouves déjà trop occupé(e) pour ça ou que tu penses mériter mieux… Mais la vérité, c'est que toute la vie, on te demandera de faire des choses que tu n'as pas spécialement envie de faire. Alors ne sois pas de mauvaise humeur, parce que, même si tu n'en as pas l'impression, à chaque fois, ça te donne l'occasion de *servir Dieu*.

Ta façon de réagir face à tous ces «trucs» qu'on attend de toi au quotidien est très importante. Pourquoi? Parce qu'un jour Dieu te demandera si tu as cherché à lui plaire en *toute* chose… Oui, même en sortant la poubelle!

Alors fais tout comme si tu le faisais *pour lui*… parce que, en fait, c'est justement le cas. Et un jour, il te récompensera!

Seigneur, aide-moi à faire tout ce qu'on me demande avec le sourire, parce que je suis à ton service. Amen.

AUJOURD'HUI, AVEC JÉSUS…
FAIS TOUT POUR LUI.

2 juin

ARRÊTE-TOI

Bénis l'Eternel, mon âme, et n'oublie aucun de ses bienfaits!
Psaume 103.2

On t'a sûrement déjà dit plusieurs fois: «Arrête-toi, regarde et écoute avant de traverser la rue.» C'est un bon conseil qui te gardera en sécurité. Mais ce n'est pas seulement un bon conseil à suivre quand tu es en ville. En fait, tu peux parfois remplir tes journées de tellement d'activités, que tu ne vois même plus les belles choses que Dieu a placées tout autour de toi. Alors *arrête-toi* et *regarde* les arbres, les fleurs, les moutons, les chiots, les chatons, l'arc-en-ciel, le ciel bleu... Vois tout ce que le Seigneur t'a donné: ta famille, tes ami(e)s, ta maison... Prends le temps d'*écouter* les bruits de la nature, un(e) ami(e) ou quelqu'un qui se sent seul.

Et ne fais pas non plus l'erreur de lire ta Bible à toute vitesse. *Arrête-toi* et reste simplement tranquille avec le Seigneur pendant quelques instants. *Regarde* ce qu'il te dit dans sa Parole. Et *écoute-le* pour comprendre le chemin qu'il te montre.

Seigneur, aujourd'hui, je voudrais m'arrêter, regarder et écouter, pour te voir et pour voir toutes les belles choses que tu m'as données. Amen.

AUJOURD'HUI, AVEC JÉSUS...
ARRÊTE-TOI, REGARDE ET ÉCOUTE-LE.

3 juin

POUR ARRIVER AU SOMMET

Toute vallée sera comblée, toute montagne et toute colline abaissées (...). Alors la gloire de l'Eternel sera révélée.

Esaïe 40.4-5

Il existe deux sortes de montagnes. Il y a d'abord celles qu'on peut voir autour de nous, dont le sommet s'élève vers le ciel. Quand tu te trouves en bas, tu as deux possibilités: rester où tu es ou bien te mettre à grimper.

Mais il y a aussi les «montagnes de difficultés», celles que tu peux rencontrer dans ta vie et qui sont parfois si grandes qu'elles menacent de t'écraser. Dans ces moments-là, tu as aussi deux possibilités: rester «en bas» de la montagne, parce que tu es paralysé(e) par la peur ou bien commencer à grimper, parce que tu sais que Jésus va t'aider.

Quelle que soit la montagne que tu as devant toi, que ce soit une montagne de rochers ou une montagne de problèmes, n'oublie pas ceci: le secret, ce n'est pas de regarder à la hauteur qu'elle fait, mais de regarder à la *grandeur de ton Dieu*. Aucune montagne n'est trop grande pour lui (Matthieu 21.21). Crois qu'il t'aidera à arriver jusqu'au sommet... un pas à la fois.

Seigneur, tu es plus grand que toutes les montagnes.
Je crois que tu m'aideras à arriver jusqu'au sommet. Amen.

AUJOURD'HUI, AVEC JÉSUS...
REGARDE À LUI ET NON À TA MONTAGNE.

4 juin

TA PLACE DANS LE CIEL

En effet, c'est par la grâce que vous êtes sauvés, par le moyen de la foi. Et cela ne vient pas de vous, c'est le don de Dieu.
Ephésiens 2.8

Est-ce que tu as déjà eu l'impression que Dieu était fâché contre toi? Peut-être que tu as pensé ça à un moment où tout allait mal dans ta vie. Alors, tu as commencé à te demander: *Est-ce que Dieu m'aime encore? Est-ce que je pourrai quand même aller au ciel?*

Eh bien, il faut vraiment que tu saches que ce genre de pensées et de peurs viennent du diable lui-même. C'est lui qui te les donne. Parce qu'il veut que tu t'inquiètes. Il veut que tu croies que Dieu est en colère contre toi. Il veut que tu aies peur de ne plus pouvoir aller au ciel. Mais ce qu'il dit est faux. Il est menteur. Donc ne l'écoute pas!

Voilà la vérité: Dieu n'arrête *jamais* de t'aimer. Ta place dans le ciel a été achetée et payée par le propre sang de Jésus sur la croix. Alors rien – *absolument rien* – de ce que le diable dit ou fait ne pourra te prendre ça. Si tu es devenu(e) enfant de Dieu, une place dans le ciel a vraiment été réservée pour toi. C'est sûr et certain. Alors ne permets pas au diable de te faire croire le contraire.

Seigneur Jésus, merci de m'aimer et de m'avoir sauvé(e). Tu es si bon pour moi. Amen.

AUJOURD'HUI, AVEC JÉSUS… REMERCIE-LE POUR LA PLACE QU'IL T'A RÉSERVÉE AU CIEL.

5 juin

UN TRAVAIL POUR TOI

Veille sur le service que tu as reçu dans
le Seigneur afin de bien l'accomplir.
Colossiens 4.17

Il y a du travail pour toi. Oui, il y a les services que tes parents te demandent à la maison et les devoirs que tes profs te donnent. Mais il y a aussi le travail que *Dieu* a pour toi. Est-ce que tu le laisses t'utiliser?

En fait, il t'a créé(e) avec des capacités et des talents particuliers. Et il aimerait que tu t'en serves pour lui et pour aider les autres à le connaître. Si tu sais bien chanter, est-ce que tu utilises ta voix pour le louer? Si tu es doué(e) pour raconter ou expliquer les choses, est-ce que tu saisis les occasions pour parler aux autres de Jésus? Ou si tu as la capacité de faire des choses avec tes mains, est-ce que tu t'en sers pour le Seigneur?

Dieu t'a créé(e) pour que tu fasses des «œuvres bonnes» dans son royaume (Ephésiens 2.10), et il t'a donné tous les dons et les talents qu'il te faut pour ça... Alors, lève-toi et sers-le avec confiance!

Seigneur, s'il te plaît, montre-moi le travail que tu as préparé pour moi, puis aide-moi à le faire. Amen.

AUJOURD'HUI, AVEC JÉSUS...
FAIS CE QU'IL TE DEMANDE.

6 juin

DE TOUT TON CŒUR

Vous me chercherez et vous me trouverez,
parce que vous me chercherez de tout votre cœur.
Jérémie 29.13

Parfois, tu peux avoir l'impression qu'il est difficile de trouver Dieu. C'est comme s'il était loin. Mais ne t'inquiète pas. Car il est toujours avec toi. Il veut juste t'apprendre à le chercher.

Comment? D'abord, il t'apprend à lui faire confiance. Dans Romains 8.24, on peut lire: «Or l'espérance qu'on voit n'est plus de l'espérance: ce que l'on voit, peut-on l'espérer encore?» Si tu pouvais entendre Dieu te parler du milieu d'un buisson ardent, comme c'est arrivé à Moïse, tu n'aurais pas besoin d'avoir la foi pour croire qu'il est là. Donc parfois, il reste silencieux pour que tu apprennes à le chercher. Ensuite, il t'apprend à dépendre de *lui*, et non de toi-même ou de qui que ce soit d'autre. Il aimerait que tu comprennes qu'il contrôle *tout* par sa puissance. C'est pour ça qu'il permet des fois que tu rencontres un problème que lui seul peut régler. Ça te rappelle que tu dois compter sur lui.

Alors, quand tu as l'impression qu'il est loin, cherche-le de tout ton cœur, car il promet de se laisser trouver!

Seigneur, je veux continuer à te chercher, car tu as promis que je te trouverai. Et je crois que ta promesse est vraie. Amen.

AUJOURD'HUI, AVEC JÉSUS...
CHERCHE DIEU DANS LA BIBLE.

7 juin

DIEU PARLE

...je mettrai ma loi à l'intérieur d'eux, je l'écrirai dans leur cœur, je serai leur Dieu et ils seront mon peuple.

Jérémie 31.33

Est-ce que tu aimerais que Dieu te parle là, maintenant? Est-ce que tu voudrais entendre sa voix et savoir ce qu'il veut que tu fasses? Eh bien, en fait, il te parle! Et il le fait avant tout par sa Parole, la Bible.

Même si elle a été écrite par des hommes, la Bible a été inspirée par l'Esprit de Dieu. Ça veut dire que Dieu leur a montré quoi écrire. En la lisant, tu pourras apprendre à le connaître et comprendre comment il agit pour ses enfants, comment il les utilise, combien il t'aime et comment il aimerait que tu vives. Dans sa Parole, tu trouveras tout ce qu'il veut te dire et tout ce que tu dois savoir.

Que tu sois face à un problème, que tu sois triste ou que tu passes une journée magnifique, ouvre ta Bible et laisse Dieu te parler. Il te dira exactement ce que tu as besoin d'entendre.

Seigneur mon Dieu, aide-moi à entendre ce que tu veux me dire par ta Parole. Amen.

AUJOURD'HUI, AVEC JÉSUS...
LAISSE DIEU TE PARLER PAR SA PAROLE.

8 juin

QUAND DIEU RÉPÈTE LES CHOSES

«Qui vais-je envoyer et qui va marcher pour nous?»
J'ai répondu: «Me voici, envoie-moi!»
Esaïe 6.8

Est-ce qu'il t'est déjà arrivé qu'un même verset biblique te soit rappelé plusieurs fois? Par exemple, tu l'as d'abord entendu dans un message à l'église, puis ton père en a parlé, et ensuite, tu es encore retombé(e) dessus toi-même en lisant. Et c'est vrai, parfois, Dieu te conduit encore et encore vers le même verset. Pourquoi? Pour te dire quelque chose.

Car il utilise sa Parole pour te parler. Peut-être que tu as prié par rapport à une décision que tu devais prendre, et il est en train de te montrer le chemin à suivre. Ou peut-être qu'il met le doigt sur un péché pour lequel tu as besoin de lui demander pardon. Peut-être encore qu'il a un travail particulier à te confier ou qu'il aimerait te rappeler combien il t'aime et combien tu es précieux(se) à ses yeux. Par ce que tu lis dans sa Parole, il veut te conduire, te faire réfléchir, t'avertir et te réconforter.

Alors, quand un verset revient encore et encore, écoute bien... Dieu est en train de te parler!

Père, merci pour ta Parole. S'il te plaît,
aide-moi à écouter quand tu me parles. Amen.

AUJOURD'HUI, AVEC JÉSUS... SOIS ATTENTIF(VE)
SI DIEU TE DIT PLUSIEURS FOIS LA MÊME CHOSE.

9 juin

PERDRE POUR RECEVOIR

Les renards ont des tanières et les oiseaux du ciel ont des nids, mais le Fils de l'homme n'a pas un endroit où il puisse reposer sa tête.
Matthieu 8.20

Dieu ne te demandera jamais d'accepter de perdre quelque chose sans te donner, à la place, quelque chose de beaucoup mieux. En fait, c'est ce qu'il a fait pour son propre Fils, Jésus.

Réfléchis à ça: Jésus a accepté de perdre toutes les richesses qu'il avait au ciel pour venir vivre sur la terre dans la pauvreté et finalement mourir sur la croix. Il a fait ça pour te sauver. Mais il a aussi reçu «quelque chose» de bien mieux en retour. Quoi? *Toi.* Oui, pour Jésus, la joie de t'avoir auprès de lui pendant toute l'éternité valait tous les sacrifices. Voilà la grandeur de son amour pour toi.

Alors, quand Dieu te demande d'être prêt(e) à perdre quelque chose qui a beaucoup d'importance pour toi (ton temps, ton argent de poche, ton confort...) rappelle-toi qu'il sait que c'est difficile. Et crois qu'il te donnera quelque chose d'encore mieux à la place.

Mon Dieu, Jésus a accepté de tout perdre pour moi. Donne-moi la force d'abandonner ce que tu me demandes d'abandonner, peu importe ce que c'est. Amen.

AUJOURD'HUI, AVEC JÉSUS... ABANDONNE ENTRE SES MAINS CE QUI EST LE PLUS IMPORTANT POUR TOI.

10 juin

PLUS QU'UN SAUVEUR

Ainsi je connaîtrai Christ, la puissance de sa résurrection....
Philippiens 3.10

Jésus aimerait que tu apprennes à le connaître, que tu saches combien il est grand et puissant, et que tu fasses l'expérience de son amour, de sa grâce et de sa joie. Pourquoi? Parce que, quand tu sais qui il est, tu peux mieux vivre pour lui et le servir. Avec lui, la vie vaut vraiment la peine!

L'apôtre Paul disait que son but le plus important dans la vie était de «connaître Christ». Et effectivement, il le connaissait. C'est pour ça que, même après avoir été accusé faussement, rejeté, frappé et arrêté, puis après avoir fait naufrage, il pouvait dire: «C'est le Seigneur qui m'a soutenu et fortifié (...). Le Seigneur (...) me sauvera pour me faire entrer dans son royaume céleste» (2 Timothée 4.17-18). Connaître Jésus lui donnait le courage, la force et la joie dont il avait besoin.

Quand tu connais Jésus personnellement, il te donne son courage, sa force et sa joie dans n'importe quelle situation. Il est plus que ton Sauveur, il est aussi celui qui te console, celui par qui tu peux recevoir le pardon et celui qui te guérit. Il est le Prince de la paix et ton meilleur ami.

Seigneur Jésus, j'aimerais te connaître.
Montre-moi qui tu es vraiment. Amen.

AUJOURD'HUI, AVEC JÉSUS... OUVRE TA BIBLE ET APPRENDS À LE CONNAÎTRE.

11 juin

QUI ES-TU?

C'est grâce à lui que vous êtes en Jésus-Christ, lui qui est devenu (...) la source de notre sainteté et notre libérateur.
1 Corinthiens 1.30

Est-ce qu'il y a dans ta vie des péchés qui reviennent encore et encore? Peut-être que c'est ta tendance à te mettre en colère ou à dire aux autres des paroles qui leur font mal. Ou peut-être que tu as du mal à respecter tes parents ou à être gentil(le) avec tes frères et sœurs. Si tu rencontres ces problèmes, il est possible que tu ne comprennes pas vraiment tout ce que Jésus a fait pour toi. Car oui, il est mort sur la croix et tes péchés sont pardonnés, mais ce n'est pas tout: grâce à lui, tu es *transformé(e)*. Quand tu lui donnes ton cœur, tu lui appartiens, et il commence à te changer. Tu n'es plus séparé(e) de Dieu; tu es son enfant, il t'accueille dans sa famille, il t'aime et vient à ton aide. Mais si tu continues à penser que tu es un pécheur (une pécheresse), il y a des chances pour que tu continues à faire de mauvais choix. Alors, regarde-toi comme le Seigneur te voit: comme son enfant pardonné(e). Parfois, tu oublies peut-être de l'appeler au secours. Ne t'inquiète pas, il veut te pardonner. Mais si tu comprends vraiment qui tu es maintenant – son enfant bien-aimé(e) et libéré(e) du péché –, ça t'aide à vivre d'une manière qui lui plaît.

*Seigneur, merci de m'avoir libéré(e) du péché.
Aide-moi à vivre d'une manière qui te plaît. Amen.*

**AUJOURD'HUI, AVEC JÉSUS...
RAPPELLE-TOI QUI TU ES GRÂCE À LUI.**

12 juin

ENTENDRE OU ÉCOUTER VRAIMENT?

...ils examinaient chaque jour les Ecritures pour voir si ce qu'on leur disait était exact.
Actes 17.11

Quand un moniteur ou un pasteur enseigne la Bible, tu peux l'écouter de deux manières: soit tu *entends simplement*, soit tu *écoutes vraiment*. Si tu *entends simplement*, tu prends ce qu'il dit et tu l'acceptes comme étant la vérité. Mais si tu *écoutes vraiment*, tu vérifies si ce que tu entends est juste. Tu cherches les versets dans ta Bible, peut-être même que tu prends des notes, et tu te demandes:

- *Est-ce que ces versets disent vraiment ce que le prédicateur dit qu'ils disent? Est-ce que ce qu'il enseigne correspond à ce que la Bible enseigne?*
- *Qu'est-ce que Dieu veut me montrer par là?*
- *Comment le mettre en pratique dans ma vie?*

Quand tu *écoutes vraiment*, tu es un peu comme un(e) «détective»: tu réfléchis à ce qu'on te dit et tu le compares avec ce que la Parole de Dieu dit. Et Dieu te bénit (Matthieu 7.7-8).

Mon Dieu, aide-moi à vraiment écouter ce que tu veux me dire. Amen.

AUJOURD'HUI, AVEC JÉSUS... SOIS UN(E) «DÉTECTIVE» ET PARS À LA RECHERCHE DE LA VÉRITÉ DE DIEU.

13 juin

UNE VRAIE PAIX

Gédéon construisit là un autel à l'Eternel,
et il l'appela «L'Eternel paix».
Juges 6.24

Si tu essayes de tout faire comme les gens qui ne connaissent pas le Seigneur, tu n'auras pas la paix dans ton cœur. Pour trouver une vraie paix, pour être libre des soucis, de la peur et du stress, cherche à plaire *à Dieu*, et non pas à tes ami(e)s qui ne croient pas en lui.

Tu connais Gédéon, ce héros de la Bible qui a vécu il y a longtemps? A cette époque, «chacun faisait ce qui lui semblait bon» (Juges 21.25). C'est-à-dire que tout le monde faisait simplement ce qu'il avait envie de faire. Mais ça n'a pas apporté la paix. Au contraire, le peuple d'Israël était toujours attaqué par des armées étrangères. Gédéon appartenait à la tribu la plus petite et la plus faible du pays. Donc quand Dieu lui a demandé d'aller se battre contre leurs ennemis, il ne croyait pas qu'il en était capable. Est-ce qu'il n'était pas plus facile d'essayer de s'entendre avec eux? Mais Dieu lui a dit: «Je serai avec toi» (Juges 6.16). Et quand Gédéon a obéi, Dieu lui a donné la victoire... et la paix. Il le fera aussi pour toi. Alors, même si c'est dur, même si les autres ne le font pas, obéis-lui, et il te donnera sa paix.

Seigneur, s'il te plaît, donne-moi ta paix. C'est toi que je veux suivre, et non pas les gens qui ne te connaissent pas. Amen.

AUJOURD'HUI, AVEC JÉSUS...
CHOISIS DE LE SUIVRE, LUI.

14 juin

FAIS-LE!

Les prêtres qui portaient l'arche de l'alliance de l'Eternel s'arrêtèrent de pied ferme sur le sec, au milieu du Jourdain, pendant que tout Israël passait à pied sec.
Josué 3.17

Les Israélites avaient été esclaves en Egypte. Mais une fois que Dieu les avait délivrés, ils lui ont désobéi en refusant d'entrer dans le pays qu'il leur avait promis. Ensuite, après avoir fait 40 ans de détours dans le désert, ils ont été finalement prêts à l'écouter et à lui obéir. Alors, il les a conduits vers le pays promis. Et quand il leur a dit de porter l'arche de l'alliance (qui était pour eux le plus précieux symbole de sa présence) au milieu du Jourdain, ils l'ont fait, même si ça leur faisait vraiment peur. Parce qu'ils ont obéi, Dieu a séparé le fleuve en deux, et tout le peuple a pu traverser à pied sec.

Le Seigneur te bénit quand tu lui obéis. Alors peu importe ce qu'il te demande, que ce soit d'aimer un ennemi, de t'excuser auprès de quelqu'un, de pardonner à quelqu'un d'autre ou d'être gentil(le), fais-le! Peut-être que ça te fait peur, ou peut-être que tu ne comprends pas, mais fais-le quand même. Ensuite, regarde tout ce qu'il fait pour toi.

Mon Dieu, j'aimerais faire ce que tu me demandes.
Aide-moi à t'obéir quoiqu'il arrive. Amen.

AUJOURD'HUI, AVEC JÉSUS...
OBÉIS-LUI MÊME SI TU NE COMPRENDS PAS.

15 juin

QUAND TU N'ARRIVES PAS À DORMIR

Cette nuit-là, le roi ne parvint pas à trouver le sommeil. Il se fit donc apporter (...) les annales, et l'on en fit la lecture devant lui.

Esther 6.1

Est-ce qu'il t'arrive d'être agité(e) et d'avoir du mal à dormir? Tu ne peux tout simplement pas arrêter de penser à ce qui s'est passé dans la journée, ou tu t'inquiètes pour ce qui se passera demain? Eh bien, peut-être que Dieu a quelque chose à te dire.

Dans le livre d'Esther, on lit que le roi Assuérus avait été amené, par la ruse, à signer une loi qui devait détruire le peuple juif. Puis, quelques nuits plus tard, quand il n'arrivait pas à dormir, il a demandé qu'on lui lise les annales de la cour. A ce moment-là, il s'est rendu compte qu'une erreur avait été faite, et ça a été une des choses que Dieu a utilisées pour sauver son peuple.

Alors, si tu n'arrives pas à dormir et que tu ne comprends pas pourquoi, demande-toi si Dieu n'est pas en train d'essayer de te parler. Peut-être qu'il permet ça pour attirer ton attention. La meilleure chose à faire, c'est de lui demander de te montrer ce qu'il veut dire.

Seigneur, quand je suis énervé(e) et que je n'arrive pas à dormir, s'il te plaît, montre-moi ce que je dois faire. Amen.

AUJOURD'HUI, AVEC JÉSUS...
SI TU TE SENS AGITÉ(E), DIS-LE-LUI.

16 juin

QUAND LES AUTRES ONT RAISON

Un anneau en or, un collier en or fin, voilà ce qu'est le reproche d'un sage pour l'oreille qui sait écouter.
Proverbes 25.12

Naaman avait une terrible maladie de la peau. Donc il a décidé d'aller voir Elisée, le prophète de Dieu, pour qu'il l'aide à guérir. Elisée a envoyé vers lui un messager pour lui dire de se plonger sept fois dans le fleuve du Jourdain. Mais Naaman était fier, et comme le prophète n'est pas venu le voir en personne, il a refusé... Alors ses serviteurs lui ont dit: «Mon père, si le prophète t'avait demandé quelque chose de difficile, ne l'aurais-tu pas fait? Tu dois d'autant plus volontiers faire ce qu'il t'a dit» (2 Rois 5.13). Et Naaman les a écoutés. Il a obéi, et il a été guéri.

Parfois, Dieu utilise quelqu'un d'autre pour te dire ce que tu as besoin d'entendre. Bien sûr, tu dois être sûr(e) que ça correspond bien à sa Parole. Par exemple, si quelqu'un te dit de te venger, ça ne vient pas du Seigneur, parce que la Bible nous appelle à pardonner. Par contre, si ce qu'on te dit correspond bien à sa Parole, écoute attentivement et obéis. Ne sois jamais trop fier(ère) pour ça. Tu risquerais de passer à côté de belles choses qu'il veut faire pour toi.

Seigneur, s'il te plaît, aide-moi à reconnaître quand tu me parles par quelqu'un d'autre. Amen.

AUJOURD'HUI, AVEC JÉSUS... S'IL TE PARLE PAR QUELQU'UN D'AUTRE, ÉCOUTE BIEN.

17 juin

BEAUCOUP À APPRENDRE

Mes petits enfants, je vous écris cela afin que vous ne péchiez pas. Mais si quelqu'un a péché, nous avons un défenseur auprès du Père, Jésus-Christ le juste.
1 Jean 2.1

Tu es jeune, et tu sais que tu as encore beaucoup de choses à apprendre avant de devenir un(e) adulte: par exemple apprendre à conduire, à payer les factures, à travailler...

Et c'est un peu pareil quand tu donnes ta vie à Dieu. Tu deviens son *enfant*, et il sait que tu as beaucoup à apprendre: par exemple apprendre à prier, à lire sa Parole, à l'écouter, à lui obéir, etc.

Il sait aussi que, comme tu es un(e) enfant, tu fais parfois des erreurs. Mais ne t'inquiète pas. Il ne s'attend pas à ce que tu sois parfait(e). Il ne t'aime pas moins quand tu te trompes. Rappelle-toi: il a envoyé Jésus, son Fils, pour enlever tes péchés, pour te sauver et pour venir à ton aide. Tout ça fait partie de sa grâce. Et elle est assez grande pour couvrir toutes tes fautes!

Mon Dieu, merci parce que tu comprends que je suis encore en train d'apprendre et parce que tu as envoyé Jésus pour pardonner mes péchés et mes fautes. Amen.

AUJOURD'HUI, AVEC JÉSUS... SOIS RECONNAISSANT(E) POUR LA GRÂCE QUE DIEU T'OFFRE.

18 juin

ACCEPTE SES RÉPONSES

Et pour que je ne sois pas rempli d'orgueil à cause de ces révélations extraordinaires, j'ai reçu une écharde dans le corps, un ange de Satan pour me frapper et m'empêcher de m'enorgueillir.
2 Corinthiens 12.7

Dieu répond toujours à tes prières; et ses réponses sont toujours parfaites. Mais… elles ne sont pas toujours comme *tu* aimerais et ne viennent pas toujours quand *tu* le voudrais.

Pense à l'apôtre Paul. Il avait un problème, qu'il appelait une «écharde dans le corps» (2 Corinthiens 12.7). Et il a demandé à Dieu de lui enlever ce problème. Mais Dieu ne l'a pas fait. Alors Paul a continué à demander, jusqu'à ce qu'il comprenne finalement que le Seigneur utilisait ça pour lui apprendre à dépendre de lui.

Parfois, Dieu répond à ta prière en disant: «Non» ou «Pas maintenant». Dans ces moments-là, parles-en avec lui. Demande-lui de te montrer si tu es en train de prier pour la mauvaise chose, ou bien si tu lui as désobéi d'une manière ou d'une autre. Ensuite, accepte sa réponse. Et n'oublie pas: quand il dit «Non» ou «Pas maintenant», c'est parce qu'il a préparé quelque chose de beaucoup mieux pour toi et qu'il ne veut pas que tu passes à côté.

Seigneur, aide-moi à accepter tes réponses et à croire que tu veux toujours ce qu'il y a de mieux pour moi. Amen.

AUJOURD'HUI, AVEC JÉSUS… CROIS QUE LES RÉPONSES DE DIEU SONT TOUJOURS LES MEILLEURES.

19 juin

VIVRE AVEC LUI

Heureux l'homme qui (...) trouve son plaisir dans la loi de l'Eternel et la médite jour et nuit!
Psaume 1.1-2

Tous les jours, tu as un choix à faire: vivre avec Dieu en passant du temps avec lui dans la prière et dans la lecture de sa Parole, ou le laisser en dehors de ta vie et faire comme s'il n'existait pas. Avec lui, tu trouveras la paix et la force dont tu as besoin. En comptant sur toi-même, tu trouveras l'inquiétude, la peur et le stress.

Quand tu te donnes au Seigneur pour le suivre, il ne te promet pas que tout sera facile. Mais il promet de te bénir. Comment? En t'aimant toujours et en étant toujours là pour toi. Il te donne sa sagesse pour que tu saches par exemple comment faire du bien à tes ami(e)s, comment respecter et aimer tes parents, comment être bon joueur ou bonne joueuse et comment aider les autres. Il change ta manière de voir les choses et te remplit de sa bonté, de sa force et de sa paix. Alors, tu peux traverser toutes les difficultés.

Aujourd'hui, vis avec lui en lui parlant et en lisant sa Parole.

Mon Dieu, j'aimerais que tu diriges ma vie dans tous les domaines. S'il te plaît, montre-moi, par ta Parole, comment vivre d'une manière qui te plaît. Amen.

AUJOURD'HUI, AVEC JÉSUS...
PARLE-LUI DE TOUT CE QUI TE CONCERNE.

20 juin

FACE À LA SURPRISE

*Moïse regarda et vit que le buisson
était tout en feu sans être consumé.*
Exode 3.2

Moïse avait sûrement vu plusieurs fois des feux, peut-être même qu'il avait déjà vu brûler des buissons... mais il n'en avait jamais vu un brûler sans se consumer! Et quand il s'est approché pour essayer de comprendre ce qui se passait, Dieu lui a parlé. Le Seigneur a utilisé quelque chose d'étrange pour attirer son attention.

Dieu se sert parfois de choses étonnantes pour tourner ton cœur vers lui. Si tu es son enfant, tu peux savoir qu'il n'y a pas de hasard ou de coïncidences. Un changement inattendu à l'école, une surprise d'un(e) ami(e) ou même une urgence... il sait tout d'avance, et il utilise peut-être cette chose étrange pour te parler.

Alors la prochaine fois que tu es surpris(e), que ce soit par quelque chose de bien ou par quelque chose de moins bien, parles-en avec lui. Demande-lui s'il ne veut pas utiliser ça pour te parler. Apprends à regarder à lui dans *n'importe quelle* situation, et particulièrement dans celles qui sont étonnantes.

*Seigneur, aide-moi à voir n'importe quelle situation
dans ma vie comme une occasion de te parler. Amen.*

**AUJOURD'HUI, AVEC JÉSUS... CHERCHE DIEU
DANS TOUTES LES SITUATIONS QUE TU RENCONTRES.**

21 juin

QUAND TU VIS UN ÉCHEC

Josué déchira ses vêtements et se prosterna jusqu'au soir, le visage contre terre, devant l'arche de l'Eternel.
Josué 7.6

Les Israélites venaient juste de gagner la bataille contre la grande ville de Jéricho protégée par sa haute muraille. Maintenant, ils étaient prêts à attaquer Aï, une petite ville qui aurait dû être facile à prendre. Mais le problème, c'est qu'ils avaient désobéi à Dieu. Et à cause de ça, Dieu a permis qu'ils se fassent battre. Ça leur a même coûté très cher. Mais ça leur a rappelé que leur force venait de leur obéissance à l'Eternel. Et ça a poussé Josué à chercher l'aide en Dieu.

Il y a une grande différence entre le fait de vivre un échec et le fait de toujours tout rater. Car si l'échec te pousse à compter sur le secours de Dieu, il peut finalement te conduire à la victoire.

Alors, quand tu vis un échec, parles-en au Seigneur. Remercie-le de ce qu'il utilise cette expérience désagréable pour attirer ton attention, puis demande-lui de t'aider. Ensuite, regarde comment il va s'en servir pour te conduire dans la victoire.

Père céleste, j'ai du mal à être reconnaissant(e) pour les échecs, mais je crois que tu veux les utiliser pour m'aider à remporter la victoire. Amen.

AUJOURD'HUI, AVEC JÉSUS...
APPRENDS DE TES ERREURS.

22 juin

TON PLUS GRAND BESOIN

Israël fut plongé dans une grande misère à cause de Madian, et les Israélites crièrent à l'Eternel.
Juges 6.6

Les histoires que tu peux lire dans le livre des Juges commencent toutes par le même problème: «Chacun faisait ce qui lui semblait bon» (Juges 17.6) au lieu de faire ce qui était juste aux yeux de Dieu. Tout ça a conduit les Israélites dans bien des péchés. Alors, à chaque fois, Dieu a permis qu'ils traversent des moments difficiles jusqu'à ce qu'ils reviennent à lui et comptent sur son secours. Quand est-ce qu'ils revenaient à lui? Quand il leur enlevait ce qu'ils avaient: leur argent, leurs biens, et même leurs réserves de nourriture. Voilà comment il les ramenait à lui.

Est-ce que le Seigneur t'a pris quelque chose? Quelque chose que tu aimais bien, des ami(e)s, une activité sportive ou l'admiration des autres? Si oui, c'est peut-être qu'il veut te ramener près de lui. Car il est possible que ces choses soient en train de devenir plus importantes que lui dans ta vie. Il a promis de répondre à tous tes besoins (Philippiens 4.19), et il le fera. Mais il sait aussi que ce dont tu as le plus besoin, c'est de sa présence. Donne-lui la première place.

Mon Dieu, tu es plus important que tout dans ce monde.
S'il te plaît, aide-moi pour que ma vie le montre. Amen.

AUJOURD'HUI, AVEC JÉSUS...
DONNE-LUI LA PREMIÈRE PLACE.

23 juin

QUAND TU ES MALADE

A cette époque-là, Ezéchias fut atteint d'une maladie mortelle. Il pria l'Eternel, et l'Eternel lui adressa la parole et lui accorda un signe.
2 Chroniques 32.24

Etre malade, ce n'est pas drôle. Tu te sens fatigué(e) et vraiment mal. Tu te demandes peut-être même si tu iras mieux un jour. Mais Dieu est tellement puissant qu'il peut te faire du bien même dans ces moments-là.

Comment? En fait, quand tu es malade, tu es obligé(e) de rester tranquille, et donc tu as le temps de réfléchir. Alors pense à Dieu. Parle-lui. Oui, demande-lui de te guérir, mais demande-lui aussi d'autres choses. Demande-lui par exemple de t'aider à mieux le connaître ou de te montrer comment il aimerait que tu le serves. Lis sa Parole ou, si tu n'as pas la force de lire, écoute-la en version audio. Laisse le Seigneur utiliser ce temps pour t'attirer plus près de lui. Et, si c'est une personne que tu connais qui est malade, montre-lui l'amour de Dieu en l'aidant et en lui rendant service.

Dieu a un plan merveilleux pour chaque période de ta vie, même pour les moments où tu es malade.

Seigneur, merci parce que tu utilises tout ce que je vis, même les temps de maladie, pour m'attirer plus près de toi. Amen.

AUJOURD'HUI, AVEC JÉSUS...
PENSE À LUI ET PARLE-LUI.

24 juin

RECONNAIS SA VOIX

Mes brebis écoutent ma voix, je les connais et elles me suivent.
Jean 10.27

Il y a un tas de voix autour de toi: il y a celle de tes parents, de tes professeurs, de tes ami(e)s et des autres enfants dans les couloirs de l'école. Et puis il y a aussi la voix de Dieu. Mais comment est-ce que tu sais qu'il te parle?

D'abord, il faut que tu comprennes qu'il te parle *vraiment* et qu'il aimerait que tu l'écoutes. Pour ça, tu dois apprendre à *reconnaître* sa voix. Comment? En passant du temps avec lui. Tu reconnais facilement la voix de ton (ta) meilleur(e) ami(e) parce que vous avez déjà passé plein de bons moments à discuter ensemble. Eh bien, c'est exactement pareil avec Dieu: tu reconnaîtras sa voix en passant du temps avec lui.

Ensuite, lis la Bible. Apprends à reconnaître la façon dont il parle et le genre de choses qu'il dit. Et rappelle-toi qu'il ne te dira jamais quelque chose qui ne correspond pas à sa Parole. En passant du temps avec lui et sa Parole, tu apprendras à reconnaître sa voix, et tu pourras dire: *Mais oui, c'est Dieu qui me parle!*

Père céleste, s'il te plaît, aide-moi à entendre ta voix et à la reconnaître en passant du temps avec toi. Amen.

AUJOURD'HUI, AVEC JÉSUS...
APPRENDS À RECONNAÎTRE SA VOIX.

25 juin

LA BONNE TERRE

Celui qui a reçu la semence dans la bonne terre,
c'est celui qui entend la parole et la comprend.
Matthieu 13.23

De la «bonne terre», qu'est-ce que c'est? C'est de la terre qui a été labourée et qui est prête à être ensemencée. C'est une terre riche, sans mauvaises herbes, dans laquelle les graines vont pouvoir plonger leurs racines pour donner plus tard une bonne récolte.

Pour les enfants de Dieu, la «bonne terre», c'est un cœur qui a envie de mieux connaître le Seigneur, qui l'aime, qui lui obéit et qui permet à sa Parole de prendre racine en lui.

Comment est-ce que ton cœur peut devenir de la «bonne terre» pour Dieu? Commence par penser à «tout ce qui est vrai, tout ce qui est honorable, tout ce qui est juste, tout ce qui est pur, tout ce qui est digne d'être aimé, tout ce qui mérite l'approbation» (Philippiens 4.8). Ne remplis pas tes pensées des «mauvaises herbes» qu'on peut trouver dans ce monde. Remplis-les au contraire des richesses de Dieu et de sa Parole. Ensuite, demande à Jésus de t'aider à lui obéir et à l'aimer toujours plus chaque jour. Si ta vie est une «bonne terre» pour Dieu, il te bénira en te faisant grandir d'une façon magnifique.

Seigneur, s'il te plaît, fais que mon cœur soit
comme de la «bonne terre» pour toi. Amen.

AUJOURD'HUI, AVEC JÉSUS...
PENSE À TOUT CE QUI EST BON.

26 juin

IL CHASSE TES PEURS

J'ai cherché l'Eternel, et il m'a répondu,
il m'a délivré de toutes mes frayeurs.
Psaume 34.5

La peur est quelque chose de terrible et de fort. Quand elle te prend, tu peux avoir du mal à réfléchir. Alors, qu'il s'agisse d'un mauvais rêve ou d'une situation difficile, il est très important que tu viennes à Dieu dans ces moments-là.

D'abord, demande-lui de te montrer d'où vient *vraiment* ta peur. Par exemple, si tu as peur du noir, c'est peut-être parce que tu as très peur de te retrouver seul(e). Ou si tu as peur de contrarier tes ami(e)s, c'est peut-être parce que tu as très peur d'être rejeté(e).

Ensuite, crois que le Seigneur veut t'aider à vaincre ces peurs. Demande-lui de les chasser par sa Parole. En fait, par sa promesse: «Je ne t'abandonnerai jamais» (Hébreux 13.5), ta crainte de te retrouver seul(e) ou d'être rejeté(e) est complètement vaincue. Car Dieu, lui, t'aime toujours, t'accepte toujours et est toujours là pour t'aider. Donc peu importe ce qui te fait peur, réfugie-toi en lui. Rien ne peut l'effrayer, parce qu'il est plus puissant que tout. Crois qu'il t'aidera, te protégera et prendra soin de toi.

Mon Dieu, quand j'ai peur, aide-moi à comprendre pourquoi et à trouver en toi la victoire. Amen.

AUJOURD'HUI, AVEC JÉSUS...
ABANDONNE-LUI TES PEURS.

27 juin

TOUJOURS CONTENT(E)

Ce n'est pas à cause de mes besoins que je dis cela, car j'ai appris à être satisfait de ma situation.
Philippiens 4.11

Si quelqu'un avait des raisons de se plaindre, c'était bien l'apôtre Paul: il s'est fait fouetter, il a fait naufrage, il a été jeté en prison plus d'une fois et il était toujours en danger. Il a aussi manqué de sommeil, de nourriture et d'eau bien trop de fois pour qu'on puisse les compter. Et puis, comme toi, il avait parfois du mal à faire ce que Dieu voulait qu'il fasse.

Alors, comment est-ce qu'il pouvait dire qu'il était «satisfait (...) partout et en toutes circonstances?» (Philippiens 4.11-12). Comment est-ce qu'il pouvait être en paix, content et même joyeux, avec une vie pareille? Eh bien, il le pouvait parce qu'il se confiait entièrement en Dieu et laissait le Saint-Esprit lui donner la force et le réconfort dont il avait besoin. Toi aussi, tu peux apprendre à être content(e) dans n'importe quelle situation. Comment? En faisant totalement confiance à Dieu. Il te donnera la force et le réconfort dont tu as besoin et t'aidera à être content(e), peu importe ce que tu as et ce qui se passe dans ta vie.

Seigneur Jésus, j'aimerais être content(e) de ma vie. Aide-moi à te faire entièrement confiance. Amen.

AUJOURD'HUI, AVEC JÉSUS...
FAIS-LUI ENTIÈREMENT CONFIANCE.

28 juin

DÉCHARGE-TOI

Déchargez-vous sur lui de tous vos soucis,
car lui-même prend soin de vous.
1 Pierre 5.7

Des problèmes, il y en a toujours. Ils font partie de la vie. Parfois, ils ne sont pas graves: ça peut être une interrogation surprise, un objet perdu, une petite brouille avec un copain ou une copine. Mais d'autres fois, ils sont bien plus grands: maladie, mort de quelqu'un que tu aimes, abandon d'un(e) ami(e) qui se retourne contre toi... Et ils peuvent vraiment te voler ta joie et te contrarier. Alors, ce n'est pas étonnant que tu te fasses du souci.

Pourtant, Dieu ne veut pas que tu t'inquiètes ou que tu essayes de régler tes problèmes par toi-même. Voilà pourquoi il te demande de t'en *décharger sur lui*. Pour ça, commence par lui en parler. Parce que quand tu pries, tu ne regardes plus à tes difficultés mais à lui, qui connaît la solution. Et si tu as fait quelque chose que tu n'aurais pas dû et qui a aggravé la situation, demande-lui pardon pour ça. Puis, dis-lui: *Mon Dieu, j'ai besoin que tu m'aides et que tu me consoles. S'il te plaît, sois avec moi, prends soin de moi et montre-moi ce que je dois faire.* Ensuite, crois qu'il va le faire!

Père céleste, je me décharge sur toi de mes soucis et de mes problèmes. S'il te plaît, console-moi et prends soin de moi. Amen.

AUJOURD'HUI, AVEC JÉSUS... PARLE-LUI DE TES PROBLÈMES, QU'ILS SOIENT PETITS OU GRANDS.

29 juin

REPÉRER CE QUI EST FAUX

...les brebis le suivent, parce qu'elles connaissent sa voix. Elles ne suivront pas un étranger, (...) parce qu'elles ne connaissent pas la voix des étrangers.
Jean 10.4-5

Est-ce que tu sais comment les détectives apprennent à reconnaître les faux billets? En fait, ils étudient les vrais pendant longtemps et en détail. Après ça, quand ils comparent un faux billet à un vrai, ils repèrent facilement le faux.

C'est aussi comme ça que tu peux apprendre à reconnaître la voix de Dieu: si tu étudies ce qu'il déclare lui-même dans sa Parole, tu arriveras mieux à repérer ce qui est faux dans ce que disent les gens, parce que tu verras que ça ne correspond pas à la vérité de la Bible.

Dieu ne dit jamais rien qui soit contraire à sa Parole. Alors, si cette petite voix – à la télévision, dans les couloirs de l'école ou dans tes pensées – te murmure quelque chose comme: *N'écoute pas tes parents! Tout le monde le fait!* ou: *Tu n'as pas besoin de lui pardonner. Elle a ce qu'elle mérite!* tu sauras qu'elle ne vient pas de Dieu. Ne l'écoute pas! Etudie la Bible pour pouvoir repérer les mensonges.

Mon Dieu, s'il te plaît, apprends-moi à entendre ta voix et à reconnaître quand ce n'est pas toi qui me parles. Amen.

AUJOURD'HUI, AVEC JÉSUS... ATTACHE-TOI À LA VÉRITÉ DE LA PAROLE DE DIEU.

30 juin

TU ES RICHE!

Je prie (...) pour que vous sachiez quelle est l'espérance qui s'attache à son appel, quelle est la richesse de son glorieux héritage au milieu des saints.
Ephésiens 1.18

Est-ce que tu sais ce que veut dire le mot «héritage»? Il décrit ce qu'on peut recevoir (hériter) d'une personne quand cette personne meurt. Pour les gens qui ne connaissent pas Dieu, un héritage, c'est surtout de l'argent, de l'or, des bijoux, une maison, etc. Mais si tu es un(e) enfant de Dieu, ton héritage est beaucoup plus précieux que tout ça: tu hérites de la vie éternelle et des richesses que Dieu donne (Romains 8.16-17). En plus, et c'est vraiment une bonne nouvelle, tu peux profiter dès maintenant de plusieurs de ces cadeaux. Tu n'as pas besoin d'attendre d'être au ciel!

Tu as besoin de force? Dieu a toute la force dont tu as besoin. Demande-lui simplement son aide. Tu as besoin de sagesse? Personne n'est plus sage que lui, et il a promis de te donner la sagesse si tu la lui demandes (Jacques 1.5). Les trésors de la terre peuvent être perdus ou volés, mais on ne pourra jamais te prendre les richesses de Dieu. Grâce à l'héritage qu'il t'a donné, tu es vraiment riche!

Seigneur Jésus, merci d'être mort sur la croix pour que je puisse hériter de la vie éternelle dans le ciel. Amen.

AUJOURD'HUI, AVEC JÉSUS... REMERCIE-LE POUR LES RICHESSES QUI SONT À TOI GRÂCE À LUI.

1er juillet

LES BIENFAITS DE DIEU

Or nous, nous n'avons pas reçu l'esprit du monde, mais l'Esprit qui vient de Dieu, afin de connaître les bienfaits que Dieu nous a donnés par sa grâce.
1 Corinthiens 2.12

Quand tu te donnes à Jésus pour le suivre, l'Esprit de Dieu vient *vivre en toi*. Il t'enseigne, te conduit et t'aide à connaître Dieu comme il est vraiment.

La Bible dit aussi que le Saint-Esprit nous aide à «connaître les bienfaits que Dieu nous a donnés par sa grâce». Ça veut dire qu'il remplit notre vie de toutes sortes de bonnes choses qui viennent de Dieu: par exemple l'amour, la joie et la paix, mais aussi la force de traverser les moments difficiles, la sagesse de savoir ce qui est juste et le courage de le faire. Mais, surtout, et c'est le plus beau, le Saint-Esprit nous aide à connaître le Seigneur et l'amour qu'il a pour nous.

Et comment est-ce qu'il fait tout ça? Par la Parole de Dieu. Quand tu passes du temps à lire la Bible, à prier et à écouter attentivement son «doux murmure», il te fait connaître les belles choses que Dieu t'a données.

Mon Dieu, merci pour ce magnifique cadeau de ton Esprit. Aide-moi à le laisser me conduire. Amen.

AUJOURD'HUI, AVEC JÉSUS… APPRENDS À COMPRENDRE CE QUE DIEU TE MONTRE PAR SON ESPRIT.

2 juillet

LE COMBAT CONTRE LE PÉCHÉ

Dieu est fidèle, et il ne permettra pas que vous soyez tentés au-delà de vos forces; mais avec la tentation il préparera aussi le moyen d'en sortir.
1 Corinthiens 10.13

Tu es engagé(e) dans un combat contre le péché. Chaque jour, il y a un tas de tentations autour de toi. Mais Dieu te donne tout ce dont tu as besoin pour remporter cette bataille! Il te suffit de faire trois choses:

1. Quand tu es tenté(e) de faire ce qui est mal, reconnais-le, puis rappelle-toi que Dieu est plus fort que la tentation.
2. Réfléchis à ce qui se passerait si tu acceptais de céder. Par exemple, si tu trichais pendant une interrogation, quels problèmes est-ce que tu aurais ensuite?
3. Le diable te tente en utilisant la peur. Par exemple, tu penses à tricher parce que tu as peur d'avoir une mauvaise note. Mais ne permets pas à la peur de te pousser à pécher. Fais ce qui est juste, et rappelle-toi que Dieu a promis de prendre soin de toi.

Quand tu es tenté(e), demande à Dieu de t'aider. Il le fera toujours!

Seigneur, je me bats contre des tentations, mais je sais que tu m'aideras à remporter la victoire. Amen.

AUJOURD'HUI, AVEC JÉSUS... DEMANDE-LUI SON AIDE FACE À LA TENTATION.

3 juillet

N'OUBLIE PAS DE DEMANDER

Vous ne possédez pas parce que vous ne demandez pas.

Jacques 4.2

Est-ce que tu as peur de demander des choses à Dieu? Est-ce que tu penses que tes espoirs et tes rêves n'ont pas assez d'importance et que tu ne peux pas lui en parler? Si oui, il faut que tu saches une chose: Dieu t'aime, et parce qu'il t'aime, *tout* ce qui te concerne l'intéresse. Alors n'hésite pas; apporte-lui tes espoirs, et demande-lui de les réaliser. Si tu ne le fais pas, il se peut que tu passes à côté d'une bénédiction.

Il te répondra peut-être par oui. Ou il te demandera d'attendre un peu, pour que les choses se fassent au moment parfait qu'il a choisi. Ou bien il te montrera que ce que tu veux n'est pas bon pour toi, mais que lui a préparé quelque chose de beaucoup mieux.

Donc il ne répondra pas forcément comme tu l'espères ou au moment que tu aimerais, mais il répondra toujours.

Parle à Dieu de tes espoirs et de tes rêves. Il t'aime, et il t'écoute.

Seigneur, merci de toujours m'écouter.
Je sais que je peux tout te dire. Amen.

AUJOURD'HUI, AVEC JÉSUS... PARLE-LUI DE TES ESPOIRS ET DE TES RÊVES.

4 juillet

VEUX-TU CHANGER?

...ne vous conformez pas aux désirs que vous aviez autrefois (...) Au contraire, puisque celui qui vous a appelés est saint, vous aussi soyez saints dans toute votre conduite.
1 Pierre 1.14-15

Est-ce qu'il y a des choses qui devraient changer dans ta vie? Ton comportement avec les gens que tu aimes (comme avec ceux qui tu aimes moins)? Ta manière de réagir quand tu dois faire tes devoirs ou quand on te demande un service à la maison? Ou le temps que tu passes (ou non) avec le Seigneur? Est-ce que tu es prêt(e) à prier: *Mon Dieu, j'aimerais faire ce qui te plaît. Quand je fais les choses à ma façon, ça ne marche pas; je veux vivre comme toi tu le veux.*

Si tu es d'accord de changer, demande à Dieu de te montrer par où commencer, de t'aider à voir ce qui ne lui plaît pas dans ta vie, à comprendre là où tu es égoïste et là où tu te trompes complètement. Peu importe ce à quoi il te fait penser, reconnais qu'il a raison, et décide de lui obéir. Sa Parole te montrera comment faire; par exemple comment aimer les autres, leur pardonner et être toujours bons envers eux. Et lui obéir ne changera pas seulement ta vie, ça te rapprochera vraiment de lui. Et ça, c'est magnifique!

Seigneur Jésus, s'il te plaît, montre-moi ce que tu veux que je fasse. Je veux t'obéir. Amen.

AUJOURD'HUI, AVEC JÉSUS... VIS D'UNE MANIÈRE QUI PLAÎT À DIEU.

5 juillet

TU AS DE L'IMPORTANCE POUR LUI

Même si mon père et ma mère viennent à m'abandonner, l'Eternel m'accueillera.
Psaume 27.10

Les gens peuvent être parfois méchants, et même cruels. Ils peuvent faire ou dire des choses qui te font mal et te font croire que tu ne vaux pas grand-chose. Quand on te laisse de côté ou qu'on ne veut pas être ton ami(e), tu te dis peut-être: *Je ne serai jamais assez bien* ou: *Jamais personne ne m'aimera*. Mais ces pensées sont fausses; ce sont des mensonges. Par contre, elles peuvent te blesser profondément.

N'oublie pas que, si tu t'es converti(e) à Jésus pour le suivre, tu appartiens à Dieu. Il t'aime, peu importe ce qui arrive. Il veut toujours être avec toi. Et il veut t'aider à faire de grandes choses. Il te donne même son Saint-Esprit, qui vient habiter dans ton cœur. Comme ça, il est toujours avec toi pour venir à ton secours.

Quand tu te sens rejeté(e) ou seul(e), qu'est-ce que tu devrais faire? En parler à Dieu. Laisse-le guérir tes blessures et te montrer combien tu as de l'importance pour lui.

Mon Dieu, merci, parce que j'ai de l'importance à tes yeux et que tu m'aimes. J'en suis très reconnaissant(e). Amen.

AUJOURD'HUI, AVEC JÉSUS... LIS LUC 12.6-7.
QU'EST-CE QUE DIEU SAIT SUR TOI?

6 juillet

UN REMÈDE CONTRE LE CAFARD

Et quoi que vous fassiez, en parole ou en acte, faites tout au nom du Seigneur Jésus en exprimant par lui votre reconnaissance à Dieu le Père.
Colossiens 3.17

Est-ce que tu te sens parfois déprimé(e)? Tu as un tas de choses à faire, mais tu n'as envie de rien. Tu te dis: *A quoi ça sert?* Tu en as marre de tout et tout t'ennuie (et peut-être aussi que tu ressens une certaine paresse). Dans ce cas, c'est un vrai «coup de cafard».

Mais il existe un moyen tout simple de lutter contre ces «coups de cafard»: en faisant juste une des choses que tu as à faire... comme si tu la faisais pour Dieu. Fais tes devoirs comme si c'était lui qui te les avait donnés. Range ta chambre comme s'il allait venir te rendre visite. Entraîne-toi au sport comme s'il te regardait depuis les gradins. Ensuite, remercie-le de te donner l'occasion de faire tout ça.

Si tu fais de ton mieux avec un cœur reconnaissant, tu n'en auras pas marre. Ce que tu fais ne t'ennuiera pas. C'est impossible.

Alors ferme les yeux, pense au Seigneur et remercie-le pour toutes les belles choses qu'il te donne. Et le cafard n'aura aucune chance.

Seigneur, s'il te plaît, aide-moi aujourd'hui à tout faire comme si je le faisais pour toi. Amen.

AUJOURD'HUI, AVEC JÉSUS... REMERCIE-LE POUR TOUT CE QU'IL T'AIDE À FAIRE.

7 juillet

MÊME EN PRISON

Le Seigneur me délivrera de toute œuvre mauvaise et me sauvera pour me faire entrer dans son royaume céleste.
2 Timothée 4.18

Quand l'apôtre Paul s'est retrouvé en prison après avoir parlé de Jésus, il ne s'est pas apitoyé sur son sort. Au contraire, il a écrit des lettres pour encourager ses amis à aimer Dieu, à lui faire confiance et, même, à être joyeux dans les moments difficiles.

On n'imaginerait vraiment pas qu'il soit possible d'être en paix dans cette situation. Pourtant, c'est justement ce qui remplissait le cœur de Paul: une paix de Dieu dépassant «tout ce que l'on peut comprendre» (Philippiens 4.7). Pourquoi? Parce qu'il ne faisait pas que *savoir* des choses sur Dieu; il le *connaissait*. Il avait une relation personnelle avec lui. Dieu était son Seigneur, son Sauveur et son ami. Il savait que, dans n'importe quelles difficultés qu'il aurait à traverser, la puissance, la sagesse et la paix de Dieu seraient avec lui.

Et cette puissance, cette sagesse et cette paix sont aussi pour toi. Peu importe ce qui se passe autour de toi, Dieu agit à travers toi et à travers ta vie, même si, souvent, tu ne peux pas le voir ni le comprendre. Alors fais-lui confiance, parce qu'il est toujours là pour toi.

Seigneur, quoi qu'il arrive, je sais que tu es avec moi. Je te fais confiance. Amen.

AUJOURD'HUI, AVEC JÉSUS...
DEMANDE-LUI DE TE REMPLIR DE SA PAIX.

8 juillet

TU ES CE QUE TU PENSES

Pensez à ce qui est en haut, et non pas à ce qui est sur la terre.
Colossiens 3.2 (NBS)

Est-ce que tu as déjà entendu ce dicton: «On est ce qu'on mange»? Eh bien, ce n'est pas seulement vrai pour la nourriture; c'est aussi vrai pour ce qu'on pense. Si tu as des problèmes avec des pensées qui, tu le sais, ne sont pas bonnes, tu devrais peut-être réfléchir à ce qui nourrit ton cœur.

Par exemple, si tu joues tout le temps à des jeux vidéo violents, tu as plus de chances d'avoir des pensées violentes. Ou si tu regardes un tas de vidéos et de films pleins de gros mots, les grossièretés te viendront plus facilement à l'esprit… et sur la langue!

Si tu veux pouvoir vivre comme Dieu l'a voulu en te créant, remplis tes pensées de tout ce qui est «juste», «pur» et «digne de louange» (Philippiens 4.8). Nourris ton cœur chaque jour de sa Parole. Puis, demande-lui de te montrer ce qui n'est pas bon dans tes pensées et de t'aider à chasser toutes celles qui n'ont rien à faire en toi.

Seigneur Jésus, remplis mon cœur de pensées tournées vers toi et ton amour, et chasse toutes les pensées qui n'ont rien à faire en moi. Amen.

AUJOURD'HUI, AVEC JÉSUS…
GARDE TES PENSÉES TOURNÉES VERS LUI.

9 juillet

IL Y A TOUJOURS DE L'ESPOIR

...nous avons mis notre espérance dans le Dieu vivant qui est le Sauveur de tous les hommes.
1 Timothée 4.10

Peu importe ce qui se passe dans le monde ou dans ta vie, tu as *toujours* l'espoir de voir les choses s'arranger... parce que ton Dieu est vivant. Tu peux continuer à avancer avec courage parce qu'il combattra pour toi et t'aidera à traverser chaque difficulté. N'oublie pas que, par Jésus, il a déjà vaincu n'importe quel ennemi (Apocalypse 17.14).

Voilà pourquoi les chrétiens peuvent se réjouir. Une fois que tu t'es donné(e) à lui pour le suivre et que tu crois en ses promesses (2 Corinthiens 1.20), tu sais que tu peux tout traverser, parce qu'il est avec toi. Le Dieu qui te défend est invincible. Son amour dure toujours et, un jour, tu hériteras de toutes les bénédictions du ciel.

Alors, si tu rencontres des difficultés – que ce soit un petit problème qui ne veut pas se régler ou une situation vraiment très dure qui semble t'écraser – rappelle-toi que Dieu est vivant et qu'il agit pour ton bien. Crois qu'il t'aidera à traverser tout ça.

Seigneur Jésus, tu es un combattant fort et redoutable. Tu es mon Sauveur victorieux. Je sais que tu ne m'abandonneras jamais. Amen.

AUJOURD'HUI, AVEC JÉSUS... SOUVIENS-TOI QU'IL EST VIVANT ET QU'IL AGIT DANS TA VIE.

10 juillet

ACCEPTE CE QU'IL TE DIT

Christ a aimé l'Eglise. Il s'est donné lui-même pour elle afin de la conduire à la sainteté après l'avoir purifiée et lavée par l'eau de la parole.
Ephésiens 5.25-26

Est-ce que, parfois, quand tu lis la Bible, tu te sens... mal à l'aise? Est-ce que tu aimerais pouvoir te cacher loin de Dieu? Si ça t'arrive, c'est parce que Dieu se sert de sa Parole pour mettre le doigt sur des choses qui doivent changer ta vie. Il te montre peut-être de pardonner à quelqu'un ou de faire plus attention à ce que tu dis. Ou il te fait comprendre que tu n'es pas prêt(e) à obéir à tes parents quand ils te demandent quelque chose. Ou bien encore il t'aide à te rendre compte que tu dois être plus gentil(le) avec tes ami(e)s.

Dans ces moments-là, tu as peut-être tout simplement envie d'arrêter de lire la Bible. Mais surtout, continue! Car elle est l'outil le plus puissant que Dieu utilise pour te transformer à l'image de Jésus (Romains 12.2).

Alors, ouvre ta Bible. Demande à Dieu de te parler et de te montrer ce qui doit changer dans ta vie. Si ton cœur est prêt à écouter et à se laisser transformer, le Seigneur fera de grandes choses à travers toi.

Seigneur, s'il te plaît, utilise ta Parole pour me transformer à l'image de Jésus. Amen.

AUJOURD'HUI, AVEC JÉSUS...
LIS TA BIBLE AVEC CONFIANCE.

11 juillet

LAISSE-TOI CHANGER

En effet, ceux qu'il a connus d'avance, il les a aussi prédestinés à devenir conformes à l'image de son Fils.

Romains 8.29

Dieu veut que tu lui ressembles toujours plus, mais pas au niveau de la forme de ton nez ou de la couleur de tes yeux; non, il veut que tu sois toujours plus rempli(e) de son amour, de sa bonté et de sa joie. Dans sa Parole, il te montre qui il est, puis il te demande de faire un choix: te laisser changer pour lui ressembler toujours plus ou rester comme tu es.

S'il nous a donné la Bible, ce n'est pas seulement pour que nous puissions lire toutes ses belles histoires. Elle est avant tout le moyen par lequel il nous parle et nous montre qui il veut que nous soyons. Alors, aujourd'hui, pose-toi cette question: *Est-ce que je suis en train de refuser que Dieu me change ou est-ce que je veux me laisser transformer à son image par la vérité de sa Parole?*

Ne pense pas que la Bible est un livre comme les autres. Laisse-la remplir ton cœur, diriger tes pensées et te changer... à Son image.

*Mon Dieu, ouvre mes yeux et mon cœur à ta Parole.
Change-moi par elle pour que je sois
comme tu le veux. Amen.*

AUJOURD'HUI, AVEC JÉSUS... LAISSE-TOI CHANGER PAR LA PAROLE DE DIEU.

12 juillet

CHOISIS DIEU

Conduis-moi dans ta vérité et instruis-moi, car tu es le Dieu de mon salut: je m'attends à toi chaque jour.
Psaume 25.5

Dieu ne te force jamais à faire quelque chose. Il ne t'oblige même pas à vouloir ce qui est le meilleur pour toi. Il te laisse libre de choisir si tu veux lui appartenir ou non. C'est un incroyable cadeau et, en même temps, une énorme responsabilité!

Chaque jour, tu dois faire toutes sortes de choix. Certains ne sont pas très importants, mais d'autres le sont vraiment. Certaines décisions que tu prends plaisent à Dieu, d'autres non. Certaines te rapprochent de lui et de la vie qu'il veut pour toi, d'autres t'en éloignent.

Une des plus grandes décisions que tu puisses prendre, c'est de lui faire confiance et de lui demander de te conduire dans tous tes choix. Si c'est ce que tu veux, demande-lui de te transformer à son image et d'utiliser toutes les belles choses, toutes les difficultés et chaque instant de ta vie pour t'aider à mieux le connaître et t'apprendre à vivre d'une manière qui lui plaise.

Seigneur, s'il te plaît, conduis-moi dans tous les choix que je dois faire. Aide-moi à toujours te suivre. Amen.

AUJOURD'HUI, AVEC JÉSUS...
CHOISIS DE LE SUIVRE.

13 juillet

LAISSE-LE TE PARLER

Ne t'empresse pas d'ouvrir la bouche!

Ecclésiaste 5.1

Est-ce que tu connais quelqu'un qui ne laisse jamais parler les autres? C'est difficile d'avoir ce genre de personnes pour amies, parce que tu ne peux jamais dire ce que tu penses!

Mais... est-ce que ça t'arrive parfois de faire pareil avec Dieu? Quand tu pries, est-ce que c'est toujours toi qui parles? Est-ce qu'il a la possibilité de te dire ce qu'il pense? Oui, c'est important de lui confier tout ce qui te tracasse, mais c'est tout aussi important de rester tranquille pour qu'il puisse te dire ce qu'il aimerait te dire. Non, tu n'entendras certainement pas une voix forte venant du ciel. En général, Dieu ne parle pas comme ça. Par contre, il te rappellera peut-être un verset de la Bible à mettre en pratique, te montrera un péché à confesser ou te fera penser à quelqu'un qui a besoin d'aide.

Pour le dire simplement: il te montrera le chemin à suivre (Proverbes 3.6).

Mais d'abord... tu dois l'écouter.

Seigneur, je veux rester tranquille pour entendre ta voix. Parle-moi. Je t'écoute. Amen.

AUJOURD'HUI, AVEC JÉSUS... PARLE À DIEU, PUIS ÉCOUTE CE QU'IL A À TE DIRE.

14 juillet

PRIE POUR TON PAYS

Heureuse la nation dont l'Eternel est le Dieu.
Psaume 33.12

Le jour de la fête nationale est un jour de fête, où on fait des pique-niques, où on s'amuse, où on peut voir des feux d'artifice. Mais ce jour-là, tu peux aussi prier pour ton pays. Que tout aille bien ou non, qu'il y ait la guerre ou la paix, peu importe ce qui se passe, tu peux demander à Dieu de bénir et de conduire ce pays.

Pour quoi est-ce que tu devrais prier, plus précisément? D'abord, prie pour tous ceux qui ne connaissent pas Jésus. Demande à Dieu de les aider à se convertir à lui. Parce qu'un pays rempli d'habitants et de dirigeants qui l'aiment est un pays où il est agréable de vivre. Ensuite, prie pour qu'il protège ton pays contre les catastrophes naturelles (les tempêtes, les inondations, les incendies, etc.) et contre les ennemis (les personnes qui pourraient faire du mal à ton pays ou vouloir ce qui est contraire à la volonté de Dieu). Et tu peux aussi prier pour qu'il garde les soldats qui défendent ton pays.

Tes prières sont importantes, parce que le peuple qui prie, qui cherche Dieu et qui lui obéit a la promesse de sa bénédiction (2 Chroniques 7.14).

Seigneur, je te prie pour mon pays aujourd'hui.
Protège-le, et aide ses habitants à te connaître. Amen.

AUJOURD'HUI, AVEC JÉSUS...
PRIE POUR TON PAYS.

15 juillet

UNE GRAINE DE MOUTARDE

Je crois, Seigneur, viens au secours de mon incrédulité!»

Marc 9.24

Il y a des jours où tu as vraiment l'impression que tout va mal. Tu essayes de te rappeler que le Seigneur est toujours avec toi et qu'il t'aide, mais tu ne le vois pas. Tu te sens fatigué(e), tu souffres et tu te demandes si ta foi va être assez forte et si Dieu va vraiment faire quelque chose pour toi cette fois.

Mais il faut que tu comprennes que, si tu te poses ces questions à son sujet et si tu espères qu'il va t'aider, tu as en fait assez de foi pour traverser ce moment difficile. Pourquoi? Parce que, malgré tout, tu crois qu'il a les réponses et qu'il va venir à ton secours, même si tu n'en as pas l'impression, là, maintenant (Hébreux 11.6). Il te suffit d'un petit peu de foi, comme une graine de moutarde, pour surmonter les problèmes que tu rencontres aujourd'hui. Dieu s'occupera du reste. Ta foi ne se mesure pas à ta force, mais à ta confiance en lui et à la façon dont tu comptes sur lui.

Tu n'as pas besoin d'être fort(e). Tu as juste besoin d'être à lui, d'être son enfant (Romains 8.15-16). Aujourd'hui, dis-lui que tu lui fais confiance.

Seigneur, je te fais confiance.
Je veux être entièrement à toi. Amen.

AUJOURD'HUI, AVEC JÉSUS…
CROIS QU'IL VA T'ENCOURAGER DANS LA FOI.

16 juillet

UN TEST

Ainsi, la valeur éprouvée de votre foi – beaucoup plus précieuse que l'or (...) – aura pour résultat la louange.
1 Pierre 1.7

Parfois, quand tu rencontres des difficultés bien plus grandes que toi, tu ne sais absolument pas quoi faire, et tout, en toi, te pousse à baisser les bras.

Mais n'abandonne pas! Pourquoi? Parce que Dieu permet ces situations difficiles pour tester ta foi. Il ne te punit pas, et il ne t'a pas oublié(e). Simplement, il te donne l'occasion de montrer que tu lui fais confiance. Et plus tu lui feras confiance, plus ta foi sera solide.

Alors, choisis maintenant de t'appuyer sur lui, quoi qu'il arrive. Quand les choses vont mal, ne regarde pas au monde qui t'entoure et n'écoute pas ce qu'il peut dire par rapport à tes problèmes. Ecoute ce que Dieu dit, parce que Jésus est vraiment la réponse à tous tes besoins. Il n'existe aucun problème trop grand, aucune difficulté trop terrible et aucun trou trop profond pour lui. Il peut venir à ton aide dans n'importe quelle situation.

Crois qu'il va agir... et il le fera!

Seigneur, parfois, mes problèmes sont vraiment trop gros pour moi, mais je te remercie de tout mon cœur, parce que, pour toi, rien n'est trop difficile! Amen.

AUJOURD'HUI, AVEC JÉSUS... SOUVIENS-TOI QU'IL A TOUJOURS UNE RÉPONSE PARFAITE À TES DIFFICULTÉS.

17 juillet

CE QU'IL ATTEND DE TOI

Que (...) votre lumière brille devant les hommes afin qu'ils voient votre belle manière d'agir et qu'ainsi ils célèbrent la gloire de votre Père céleste.

Matthieu 5.16

Si, parfois, tu as l'impression que tu n'es tout simplement pas capable de faire ce que Dieu veut que tu fasses, réfléchis à ça: ce qu'il attend de toi est peut-être différent de ce que tu penses. En fait, ce qu'il veut vraiment pour toi, c'est:

- *un cœur ouvert*, prêt à l'écouter et à lui obéir;
- *un cœur prêt à le servir*, qui lui donne la première place, met les autres à la deuxième et toi à la dernière;
- *un cœur généreux*, qui donne sans rien attendre en retour;
- *un cœur qui le cherche*, qui fait passer sa volonté en premier;
- *un cœur prêt à faire ce qui est juste*, même quand il serait plus facile de ne pas le faire.

Ne t'inquiète pas de ce que *tu* peux ou ne peux pas faire. Crois que Dieu te montrera les choses magnifiques que *lui* peut faire à travers toi.

Seigneur, merci de m'avoir choisi(e) pour te servir. Amen.

AUJOURD'HUI, AVEC JÉSUS... CROIS QU'IL AGIRA À TRAVERS TOI.

18 juillet

PARLE DE LUI PAR TA VIE

En effet, le message de la croix est une folie pour ceux qui périssent, mais pour nous qui sommes sauvés, il est la puissance de Dieu.
1 Corinthiens 1.18

La Bible a une puissance qu'aucun autre livre ne possède... parce qu'elle est la Parole vivante de Dieu lui-même. Elle est vivante, parce qu'elle peut agir avec force dans ton cœur. Par exemple, quand tu vis quelque chose de difficile et que tu lis le Psaume 23, elle te rappelle que Dieu veille sur toi. Ou quand tu te sens seul(e) et que tu lis Matthieu 28.20, elle te rappelle que Jésus est toujours avec toi.

Mais la Parole de Dieu ne fait pas que t'aider toi: si tu la mets en pratique, elle parle aussi du Seigneur aux autres à travers toi. Par exemple, quand tu fais du bien à un «ennemi» (Matthieu 5.44), tu montres aux autres la bonté de Dieu. Quand tu pardonnes, tu montres son pardon (Colossiens 3.13). Et quand tu aides des personnes dans le besoin, tu montres que Dieu aime ses enfants et prend soin d'eux (Jacques 1.27).

Alors, oui, lis la Bible, mais mets-la aussi en pratique. C'est comme ça que tu pourras vraiment parler du Seigneur aux autres.

Seigneur Jésus, s'il te plaît, aide-moi à mettre ta Parole en pratique. Utilise-moi pour parler de toi autour de moi. Amen.

AUJOURD'HUI, AVEC JÉSUS... COMPTE SUR LUI POUR QUE TA FAÇON DE VIVRE PARLE DE LUI.

19 juillet

VRAIMENT TOUT?

Si vous me demandez quelque chose en mon nom, je le ferai.
Jean 14.14

Quand la Bible dit: «Si vous demandez quelque chose en mon nom, je le ferai», est-ce que ça veut vraiment dire *tout*? Par exemple, si tu lui demandes le dernier jeu à la mode ou un nouveau vélo, ou si tu pries pour qu'un(e) ami(e) ne déménage pas loin de chez toi ou pour avoir un prof que tu aimes bien l'année prochaine, est-ce que Dieu dira forcément oui?

Euh, en fait... non. Regarde ce qui est dit au milieu du verset: «Si vous demandez (...) *en mon nom*...» Demander en son nom, ce n'est pas seulement dire: «Au nom de Jésus, amen» à la fin de ta prière. C'est demander au Seigneur de guider tes prières pour qu'elles correspondent à ce qu'il est, à ce qu'il aime, à ce qu'il a préparé et à ce qu'il veut. Tu ne peux pas y arriver par toi-même, mais le Saint-Esprit veut t'aider: «En effet, nous ne savons pas ce qu'il convient de demander dans nos prières, mais l'Esprit lui-même intercède pour nous» (Romains 8.26). Si tu pries au nom de Jésus, en laissant l'Esprit orienter tes demandes, le Seigneur te répondra.

Mon Dieu, s'il te plaît, guide-moi par ton Esprit quand je prie. Change mon cœur pour que je désire ce que tu désires. Amen.

AUJOURD'HUI, AVEC JÉSUS... DEMANDE À DIEU DE TE GUIDER PAR SON SAINT-ESPRIT QUAND TU PRIES.

20 juillet

NE RATE PAS L'OCCASION

Cherchez l'Eternel, et vous vivrez!
Amos 5.6

Tu es encore jeune, mais tes journées sont peut-être parfois déjà bien stressantes, même angoissantes. Est-ce que ça t'arrive de te dire: *Si seulement quelqu'un pouvait me débarrasser de mes peurs ou m'aider à voir ce qui me stresse avec un regard différent*? La plupart du temps, tu peux compter sur tes parents pour ça, et aussi sur tes ami(e)s. Et tu peux en tout cas *toujours* compter sur Dieu. Il veut t'écouter, chasser la peur de ton cœur, te donner sa paix et t'aider au milieu de tes journées difficiles. Mais il faut que tu le laisses faire. Comment? En prenant tranquillement le temps de lire sa Parole, pour qu'il puisse te parler et te montrer sa manière de voir les choses.

Tu penses peut-être que tu n'as pas le temps, que tu es trop occupé(e) avec l'école, ta famille, tes entraînements de sport, tes cours de musique, tes copains (copines)... Mais si tu as toujours trop à faire, tu passeras à côté de l'aide du Seigneur et, aussi, à côté de sa joie, de sa paix, de sa force, de son amour et de sa sagesse. *Tu rateras l'occasion de mieux le connaître.* Alors ne dis pas: *Je n'ai pas le temps!* Prends du temps pour lui.

Mon Père, aide-moi à passer du temps avec toi pour t'écouter. Amen.

AUJOURD'HUI, AVEC JÉSUS... PRENDS TRANQUILLEMENT DU TEMPS AVEC LUI ET SA PAROLE.

21 juillet

LAISSE-LE T'AIDER

Je crie au Dieu très-haut, au Dieu qui agit en ma faveur.

Psaume 57.3

« Je veux le faire tout(e) seul(e)!» Ça t'est sûrement arrivé de dire ça quand tu étais plus petit(e), par exemple quand tu voulais attacher tes lacets ou faire du vélo. Parce que, quand on grandit, on aime faire les choses soi-même. Et c'est bien d'apprendre à être indépendant(e). Tu ne voudrais quand même pas être un(e) adulte qui ne sait pas attacher ses lacets!

Mais est-ce que, parfois, tu dis à Dieu: *Je veux me débrouiller tout(e) seul(e)*? Peut-être que tu ne le dis pas avec des mots, mais par ton comportement. Tu fais des projets, tu fais tout pour qu'ils se réalisent, et ensuite, quand les choses ne se passent pas comme prévu, tu t'inquiètes et tu essayes encore plus d'y arriver. Mais est-ce que tu penses à t'arrêter pour en parler au Seigneur?

Dieu *veut* que tu apprennes à dépendre de lui. Il veut être ta force, ton guide et ton tout. Laisse-le t'aider et te conduire dans ses plans. Ils sont bien plus merveilleux que tout ce que tu peux imaginer toi-même.

Seigneur, je te demande pardon, parce que, souvent, je veux essayer de tout faire par moi-même. Mais je sais que j'ai besoin de toi. S'il te plaît, guide-moi aujourd'hui. Amen.

AUJOURD'HUI, AVEC JÉSUS...
LAISSE DIEU T'AIDER.

22 juillet

SOUVIENS-TOI DE DAVID

Avant tout, aimez-vous de tout votre cœur, parce que «l'amour efface beaucoup de péchés».
1 Pierre 4.8 (PDV)

Quand quelqu'un t'a fait de la peine, tu as peut-être tendance à t'isoler pour repenser à ce que cette personne t'a fait et à la douleur que tu ressens. Et c'est vrai que c'est facile... Mais ce n'est pas ce que Dieu veut. Il veut que tu pardonnes.

Souviens-toi de David. Si quelqu'un avait une raison d'être en colère, c'était bien lui. Quand il était encore un jeune homme, il a sauvé le roi Saül et le peuple d'Israël en tuant Goliath. Puis, il a fidèlement servi Saül en jouant de la musique pour le calmer quand il était agité. Il n'a jamais rien fait de mal envers Saül, mais le roi était tellement jaloux de lui qu'il a essayé plusieurs fois de le tuer. Est-ce que tu crois que David le détestait ou qu'il a cherché à se venger? Non. Il lui a pardonné et, en retour, Dieu l'a béni.

Dieu te demande à toi aussi de pardonner comme il t'a pardonné et te pardonne encore. Ne déteste pas ceux qui te font du mal et n'essaye pas de te venger. Aime et pardonne, et Dieu te bénira en retour.

Mon Dieu, s'il te plaît, aide-moi à laisser de côté ma colère et mes blessures et à pardonner comme tu me pardonnes. Amen.

AUJOURD'HUI, AVEC JÉSUS...
AIME ET PARDONNE.

23 juillet

NE TE CACHE PAS

«J'ai entendu ta voix dans le jardin et j'ai eu peur, parce que j'étais nu. Alors je me suis caché.»
Genèse 3.10

Est-ce que, quand tu étais plus petit(e), il t'est arrivé de faire une bêtise, puis d'essayer de le cacher à tes parents? Tu avais peut-être envoyé un ballon dans une jolie lampe ou écrit sur le mur, par exemple. Et tu avais honte, puis certainement un peu peur. Alors tu as décidé de cacher ce que tu avais fait.

Adam a fait pareil, quand il a mangé du fruit défendu: il a essayé de se cacher de Dieu. Alors, Dieu lui a demandé: «Où es-tu?» (Genèse 3.9). Mais ce n'était pas parce qu'il ne savait pas où était Adam. Bien sûr qu'il le savait! Simplement, il voulait qu'Adam lui dise *pourquoi* il se cachait.

Quand tu as mal agi, ne te cache pas et ne cherche pas d'excuses. Reviens vers Dieu pour qu'il puisse te pardonner, enlever de ton cœur la honte et la peur. Il connaît le passé, le présent et l'avenir. Donc il sait d'avance tous les péchés que tu vas encore commettre. Mais il t'aime quand même! Alors, n'essaye pas de te cacher. Cours vers lui et laisse-le te guérir.

Père, je t'ai caché .... , parce que j'avais honte. S'il te plaît, pardonne-moi. Merci. Amen.

AUJOURD'HUI, AVEC JÉSUS... S'IL T'ARRIVE DE MAL AGIR, REVIENS VITE VERS LUI.

24 juillet

UN PRIX À PAYER

Ainsi, l'Eternel Dieu le chassa du jardin d'Eden pour qu'il cultive la terre d'où il avait été tiré.
Genèse 3.23

Quand Adam et Eve ont péché en mangeant du fruit défendu, ils ont dû en payer le prix: ils ont été obligés de quitter le jardin d'Eden et de travailler dur pour manger. La maladie, le péché et la mort sont entrés dans leur vie. Tout ça leur est arrivé parce qu'ils ont désobéi.

Quand tu fais ce qui est mal, c'est pareil: ça a des conséquences. Par exemple, si tu triches à un devoir en classe, tu auras une mauvaise note. Si tu es méchant(e) avec un(e) ami(e), tu perdras son amitié. Si tu parles mal à tes parents, tu seras puni(e).

Quand tu désobéis à Dieu, il continue à t'aimer malgré tout et te pardonne si tu le lui demandes, mais ta désobéissance a des conséquences. Et ces conséquences sont là aussi pour t'apprendre à ne pas prendre la mauvaise décision la prochaine fois.

C'est pour ça qu'il est tellement important que tu écoutes le Seigneur et que tu lui obéisses. Tu vivras *beaucoup* mieux, et il te bénira.

Seigneur, si je me suis trompé(e) de direction, s'il te plaît, montre-le-moi. Je veux t'obéir. Amen.

AUJOURD'HUI, AVEC JÉSUS...
OBÉIS À CE QU'IL TE MONTRE.

25 juillet

DIEU D'ABORD

Et je considère même tout comme une perte à cause du bien suprême qu'est la connaissance de Jésus-Christ mon Seigneur.
Philippiens 3.8

Qu'est-ce qui occupe tes pensées aujourd'hui? Et qu'est-ce qui occupe ton temps? Ta réponse à ces questions en dit long sur ce qui est vraiment important pour toi.

Par exemple, est-ce que tu passes ton temps à t'inquiéter et avoir peur pour un tas de choses? Est-ce que tu es préoccupé(e) par ton émission de télé préférée, par le prochain match de foot, par les rendez-vous avec tes ami(e)s? Ou est-ce que tes pensées sont tournées vers le Seigneur? Est-ce que, dans tes journées, en plus de l'école, tu as du temps pour faire du sport, regarder des films, jouer aux jeux vidéo et faire un tas d'autres choses... mais *pas* pour Dieu?

Attention: si tu remplis ton cœur et ton temps de tout *sauf* de Dieu, tu finiras certainement par être frustré(e) et par rencontrer des difficultés. Parce qu'en choisissant de placer d'autres choses avant lui, tu perdras ta paix, ton énergie et ta joie. Alors donne-lui la première place. Passe du temps avec lui, et lis sa Parole. Dépends de lui dans tout ce que tu fais. Il te bénira et tu seras heureux(se).

Seigneur, montre-moi ce qui prend ta place dans ma vie,
et aide-moi à te donner la première place. Amen.

AUJOURD'HUI, AVEC JÉSUS...
DONNE-LUI LA PREMIÈRE PLACE

26 juillet

CE QU'IL VEUT

Nous demandons que vous soyez remplis de la connaissance de sa volonté en toutes sagesse et intelligence spirituelles.
Colossiens 1.9

Est-ce que, quand tu es devant un choix, tu te demandes: *Qu'est-ce que Dieu veut?* Parce que c'est la question la plus importante de toutes.

Tu peux te demander quel choix sera le meilleur, lequel sera le plus facile ou encore lequel fera le plus plaisir à tes parents. Mais ce n'est qu'en cherchant à savoir ce que Dieu veut que tu pourras prendre la meilleure décision. Et sa volonté n'est pas aussi difficile à trouver que tu l'imagines: il veut juste que tu lui obéisses. Et il veut vraiment t'aider à le faire.

Premièrement, parle-lui, lis sa Parole et écoute ce qu'*il* dit (et non pas ce que le monde dit). Parce qu'il ne te guidera jamais dans la mauvaise direction. Il te donnera la sagesse à chaque pas. Deuxièmement, demande-lui de te changer par son Saint-Esprit pour que tu désires les mêmes choses qu'il désire. Et troisièmement, fais-lui confiance. Il est assez puissant pour te sauver, et il t'aime aussi assez pour te montrer le chemin à suivre.

Seigneur, montre-moi ta volonté.
Puis, aide-moi à y obéir. Amen.

AUJOURD'HUI, AVEC JÉSUS...
DEMANDE-TOI: *QU'EST-CE QUE DIEU VEUT?*

27 juillet

IL T'A PROUVÉ SON AMOUR

Lui qui n'a pas épargné son propre Fils mais l'a donné pour nous tous, comment ne nous accorderait-il pas aussi tout avec lui?
Romains 8.32

Rappelle-toi que tu peux toujours compter sur Dieu. Que ton problème soit grand ou petit, il ne te laissera *jamais, jamais* tomber. Il t'a prouvé son amour en donnant son Fils unique pour te délivrer de ton plus grand problème: le péché qui te sépare de lui (Esaïe 59.2).

Il sait que tu as besoin de lui. Voilà pourquoi il a envoyé son Fils Jésus – qui est «au-dessus de (...) tout nom qui peut être nommé, non seulement dans le monde présent, mais encore dans le monde à venir» (Ephésiens 1.21) – pour que tu puisses le connaître. Et s'il a donné son propre Fils pour que tu puisses avoir une relation vivante avec lui, comment est-ce qu'il ne voudrait pas t'aider dans tes difficultés aujourd'hui? Tes problèmes ont de l'importance à ses yeux parce que *tu* as de l'importance à ses yeux.

Le Dieu qui a créé tout l'univers, le grand JE SUIS, le Roi des rois et le Seigneur des seigneurs *t'aime, toi.* Alors, c'est certain, tu peux compter sur lui aujourd'hui!

Mon Dieu, merci de tout mon cœur d'avoir donné ton Fils unique pour moi. Merci de m'aimer autant. Amen.

AUJOURD'HUI, AVEC JÉSUS...
PENSE À L'AMOUR DE DIEU POUR TOI.

28 juillet

IL LE FERA

«Je suis le Dieu tout-puissant. Marche devant moi et sois intègre. J'établirai mon alliance entre moi et toi, et je te multiplierai considérablement.»
Genèse 17.1-2

Dieu a conclu une alliance avec Abraham, et il lui a fait une promesse: si Abraham lui obéissait, Dieu lui donnerait un fils. Et Dieu a tenu parole. Il a accompli sa promesse.

Tu as demandé à Dieu quelque chose, mais sa réponse prend bien plus de temps à venir que tu ne le pensais? Tu as l'impression qu'il ne te donnera jamais ce pour quoi tu as prié? Dans ce cas, tu as peut-être très envie de te débrouiller par toi-même. Mais ne fais pas ça! Car la femme d'Abraham, Sarah, l'a fait, et les conséquences ont été tellement catastrophiques, qu'il y a encore des guerres aujourd'hui à cause de ça.

Quand tu as envie de prendre toi-même les choses en main, rappelle-toi que c'est *Dieu* qui agit en ta faveur (Psaume 57.3). La seule chose qu'il te demande – comme il a demandé à Abraham – c'est de lui obéir et de croire qu'il va s'occuper de tout. C'est sa responsabilité de prendre soin de ses enfants, et il le fera.

Seigneur, aide-moi à t'obéir et à croire que tu accompliras tes promesses. Amen.

AUJOURD'HUI, AVEC JÉSUS...
CROIS QU'IL FERA CE QU'IL A PROMIS.

29 juillet

QUAND TON ÂME A SOIF

Mon âme a soif de Dieu, du Dieu vivant.

Psaume 42.3

Imagine que tu marches dans un désert. Le soleil te brûle la peau, tu as la gorge sèche et tes lèvres sont toutes craquelées. Mais pas une goutte d'eau en vue… Alors, à quoi est-ce que tu penses tout le temps? A une seule chose: *à boire!* Tu n'as envie de rien d'autre.

Ton âme aussi peut traverser un désert. Les problèmes t'entourent de tous les côtés et t'écrasent, ton cœur souffre, tu sens la fatigue. Et tu as l'impression que Dieu n'est pas là. Alors, à quoi est-ce que tu penses tout le temps? *A Dieu*. Comme quelqu'un qui, dans le désert, cherche de l'eau, tu cherches le Seigneur, tu veux l'écouter et tu as soif de sa présence.

S'il permet parfois que tu traverses des déserts de difficultés, c'est pour que tu aies soif de lui et que tu le cherches. Mais si tu le cherches, tu le trouveras, parce qu'il l'a promis (Jérémie 29.13). Et si tu as soif de sa présence, tu peux savoir que tu seras rassasié(e) (Matthieu 5.6).

Mon Dieu, j'ai soif de toi. S'il te plaît, remplis-moi de ta merveilleuse présence. Amen.

AUJOURD'HUI, AVEC JÉSUS…
CHERCHE DIEU.

30 juillet

SI TU VEUX GRANDIR

...comme cela est écrit: Le juste vivra par la foi.
Romains 1.17

Il y a une chose en particulier qui empêche ta foi de grandir. Ce n'est pas ce qui se passe autour de toi, ce ne sont pas tes erreurs passées, et ce n'est pas non plus ce que quelqu'un d'autre a fait. C'est ton manque de confiance en Dieu. Quand tu ne fais pas entièrement confiance en sa sagesse et en son amour, ça empêche sa puissance de se manifester dans ta vie.

Tu aimerais grandir dans la foi? Alors, pour commencer, demande au Seigneur de tourner tes pensées vers lui. Comme ça, dès que tu rencontreras un problème – petit ou gros – tu auras le réflexe de prier pour lui demander son secours. Ensuite, arrête de vouloir tout contrôler toi-même. C'est lui qui est maître de la situation; ne l'oublie pas. Et s'il te demande de faire quelque chose, il te donnera tout ce dont tu as besoin pour ça.

Si tu veux grandir dans la foi, abandonne-toi entre ses mains, fais-lui confiance et regarde les belles choses qu'il va faire pour toi.

Seigneur, garde mon cœur et mes pensées tournés vers toi, surtout quand je rencontre des difficultés. Amen.

AUJOURD'HUI, AVEC JÉSUS...
TOURNE TES PENSÉES VERS LUI.

31 juillet

CE QU'IL FAIT POUR TOI

...courons avec persévérance (...). Faisons-le en gardant les regards sur Jésus, qui fait naître la foi et la mène à la perfection.

Hébreux 12.1-2

Quand tu as l'impression de rencontrer des problèmes de tous les côtés ou que tu traverses un moment particulièrement difficile, peut-être qu'il t'arrive de douter de Dieu. Dans ces cas-là, rappelle-toi qui il est et tout ce qu'il fait pour toi. C'est très important!

D'abord, il est ton Sauveur et ton Seigneur. C'est lui qui te donne la vie, qui te protège, qui prend soin de toi et qui te montre le chemin. Il sait tout de toi, même ce que tu ne sais pas toi-même! Et parce qu'il connaît tout, il sait toujours ce qui est le meilleur pour toi. Et parce qu'il t'aime, tu peux compter sur lui pour te donner justement ce qui est le meilleur pour toi.

Quand tu te convertis à lui pour lui obéir, il pardonne tes péchés (Colossiens 1.13-14), il te permet de vivre une vie épanouie en Jésus (Colossiens 2.10) et te donne tout ce dont tu as besoin pour le suivre fidèlement. Lui, le Seigneur des seigneurs et le Roi des rois, t'aime parfaitement. Et quand tout est sombre autour de toi, crois qu'il va te conduire à sa lumière.

Mon Dieu, tu sais ce qui est le meilleur pour moi. Je te fais confiance, car je sais que tu me le donneras. Amen.

AUJOURD'HUI, AVEC JÉSUS... RÉFLÉCHIS À TOUT CE QUE DIEU EST ET FAIT POUR TOI.

1er août

À TA PLACE

Ma grâce te suffit, car ma puissance s'accomplit dans la faiblesse.
2 Corinthiens 12.9

Est-ce que tu as déjà essayé de soulever un gros carton sans y arriver? Tu as fait tous tes efforts, mais il n'a pas bougé d'un pouce. Puis, quelqu'un est arrivé et t'a proposé son aide. Et tout d'un coup, le carton n'était plus aussi lourd!

C'est ce que Jésus fait pour ceux qui lui appartiennent. La vie est remplie de choses qui sont beaucoup trop lourdes à porter pour toi, comme les soucis, la peur, les ennuis et le stress. Mais en apprenant à faire confiance au Seigneur et à compter sur lui, tu verras qu'il t'aidera à porter toutes ces choses: en fait, il les portera *à ta place*. Donc tu n'as pas besoin de t'épuiser à essayer d'y arriver par toi-même.

Personne n'est le meilleur ou la meilleure en tout, et personne ne réussit toujours tout. Finalement, c'est dans les moments où tu as besoin d'aide que tu as le plus l'occasion de grandir dans la foi. Pourquoi? Parce que, alors, tu comprends que tu peux vraiment compter sur Jésus.

Père céleste, aide-moi à apprendre à dépendre de toi. Je sais que je peux toujours te faire confiance. Amen.

AUJOURD'HUI, AVEC JÉSUS...
LAISSE-LE PORTER TES FARDEAUX.

2 août

PRENDS TON TEMPS

Ce qui est tombé dans la bonne terre, ce sont ceux qui ont entendu la parole avec un cœur honnête et bon, la retiennent et portent du fruit avec persévérance.

Luc 8.15

La Bible est remplie de formidables conseils qui nous aident à faire de bons choix: elle nous encourage à parler à Dieu (Jérémie 33.3), à lui faire confiance (Proverbes 3.5-6) et à lui demander sa sagesse (Jacques 1.5). Par contre, elle ne nous dit nulle part de prendre une décision à toute vitesse. Bien sûr, il y a des moments où il faut décider vite, mais le Seigneur ne nous demande jamais de foncer dans une direction sans prendre le temps de prier. Satan, lui, veut que nous soyons toujours pressés. Pourquoi? Parce que si tu te dépêches de prendre une décision sans en parler à Dieu, tu risques plus de faire un mauvais choix. Et c'est justement ce que veut le diable.

Alors, quand tu as envie de décider très vite, oblige-toi à faire une pause pour en parler d'abord au Seigneur. Ensuite, accepte d'attendre sa réponse. Il ne te dira pas tout à l'avance dans les détails, mais il te conduira exactement au bon endroit, un pas à la fois.

Mon Dieu, guide-moi dans mes choix aujourd'hui. Je sais que tu me conduiras toujours dans le bon chemin. Amen.

AUJOURD'HUI, AVEC JÉSUS...
PARLE-LUI DES CHOIX QUE TU DOIS FAIRE.

3 août

UN CŒUR PUR

O Dieu, crée en moi un cœur pur,
renouvelle en moi un esprit bien disposé!
Psaume 51.12

Parfois, Dieu te montre des domaines de ta vie où tu as besoin de te laisser transformer. Et il arrive qu'il le fasse en permettant des difficultés. Par exemple, si tu te mets facilement en colère, il placera peut-être sur ton chemin une personne au caractère difficile pour t'apprendre la maîtrise de soi. Ou si tu as tendance à vouloir toujours plus et que tu es particulièrement égoïste, il permettra peut-être que tu perdes certaines choses pour t'apprendre qu'il y a plus important, dans la vie, que ce qu'on possède.

Dans ces moments-là, tu te demanderas peut-être s'il est fâché contre toi ou s'il t'aime encore. Mais il n'arrête *jamais* de t'aimer. En fait, c'est justement *parce qu'*il t'aime qu'il prend le temps de te montrer ce qui doit changer en toi. Il veut t'aider à remporter la victoire sur le péché pour que ton cœur soit pur pour lui. Alors, quand il met le doigt sur un péché, le mieux, c'est de confesser ce péché, de t'en détourner et, avec son aide, de chercher à faire ce qui est juste.

Seigneur, s'il te plaît, pardonne mes péchés.
Lave mon cœur et rends-le pur pour toi. Amen.

AUJOURD'HUI, AVEC JÉSUS... ACCEPTE QUAND DIEU MET LE DOIGT SUR UN PÉCHÉ DANS TA VIE.

4 août

SON ENFANT BIEN-AIMÉ(E)

Voyez quel amour le Père nous a témoigné pour que nous soyons appelés enfants de Dieu!
1 Jean 3.1

Dieu t'aime plus que n'importe qui pourra jamais t'aimer. Et il t'a créé(e) pour que tu l'aimes en retour et vives avec lui pour toujours.

Non seulement il t'aime, mais il veut aussi que tu *comprennes* la grandeur de son amour. Il te connaît parfaitement. Il sait tout ce que tu as fait, pensé ou dit jusqu'à aujourd'hui, et tout ce que tu feras, penseras ou diras encore. Rien ne l'étonne, et rien ne peut l'empêcher de t'aimer. Bien sûr, ça ne lui plaît pas de voir le péché dans ta vie, et il peut permettre que tu rencontres des difficultés pour t'aider à changer. Mais quand tu confesses ton péché, quand tu t'en détournes et quand tu te *repens*, Dieu t'accueille toujours à bras ouverts (1 Jean 1.9).

Il ne refusera *jamais* de t'aimer. En te donnant à lui, tu es devenu(e) son enfant bien-aimé(e) pour toujours. Et personne ne pourra jamais t'enlever de sa main.

Seigneur, merci pour ton amour qui n'a pas de fin.
Aide-moi à toujours te suivre. Amen.

AUJOURD'HUI, AVEC JÉSUS… RAPPELLE-TOI QUE TU ES SON ENFANT BIEN-AIMÉ(E).

5 août

UNE PLANTE RÉSISTANTE

...mais il n'a pas de racines en lui-même, il est l'homme d'un moment et (...) il trébuche.
Matthieu 13.21

Ce qui fait qu'une plante est résistante, ce sont ses racines. Elles s'enfoncent profondément dans la terre pour y trouver l'eau et les nutriments dont la plante a besoin pour grandir. Et quand l'orage arrive, ses racines la gardent fermement ancrée dans le sol.

La Parole de Dieu est comme les racines de ta foi. Et ton cœur, c'est la terre. Si tu lis la Bible régulièrement, tu verras que ces racines deviendront plus solides. Et si tu la lis avec un cœur malléable, en ayant envie de connaître le Seigneur, sa Parole prendra racine en toi. Elle te désaltérera avec l'eau vive que donne Jésus. L'amour de Dieu, sa joie et sa paix seront ta nourriture. Alors tu auras tout ce qu'il te faut pour grandir dans la foi. Et quand les orages de la vie viendront, tu resteras fermement ancré(e) en lui, parce que les racines de ta foi seront profondes.

Père, s'il te plaît, rends mon cœur malléable,
et plante ta Parole au plus profond de moi. Amen.

AUJOURD'HUI, AVEC JÉSUS...
PLANTE LA PAROLE DE DIEU DANS TON CŒUR.

6 août

PRIE AVEC ASSURANCE

...afin que tous soient un comme toi, Père, tu es en moi et comme je suis en toi, afin qu'eux aussi soient un en nous.
Jean 17.21

Tout en étant le Fils de Dieu, Jésus prenait toujours le temps de prier son Père. Et Dieu aimerait que tu fasses la même chose: que tu lui parles de tout ce qui te concerne (tes inquiétudes, tes peurs, tes difficultés, tes espoirs et tes demandes). Et fais-le avec assurance! La Bible nous encourage à nous approcher de lui librement quand nous avons besoin de son aide (Hébreux 4.16). Alors ose lui demander même de grandes choses!

Quand tu te donnes à Jésus, tu deviens un(e) avec celui qui a toutes les réponses, toutes les bénédictions et tout ce dont tu peux avoir besoin. Peu importe ce qui se passe autour de toi ou dans ta vie, garde les yeux fixés sur ton Dieu. C'est lui qui sauve, qui délivre et qui guérit. Il prendra soin de toi d'une manière que tu ne peux même pas imaginer.

Alors surtout, prie. Parle à ton Père, qui sait tout, qui contrôle tout, qui est tout-puissant et qui t'aime infiniment. Il viendra à ton aide.

Seigneur Jésus, merci parce que je suis un(e) avec toi et que, par toi, je peux parler à Dieu. C'est merveilleux. Amen.

AUJOURD'HUI, AVEC JÉSUS...
PRIE AVEC ASSURANCE.

7 août

LE MEILLEUR DES AMIS

Approchez-vous de Dieu et il s'approchera de vous.
Jacques 4.8

Dieu, le créateur de l'univers, aimerait avoir une relation étroite avec toi. Mais toi, est-ce que tu veux cette relation?

Dieu parlait à Moïse «comme un homme parle à son ami» (Exode 33.11), et il aimerait te parler de la même manière. Pour ça, tu as besoin de passer du temps avec lui. Loue-le, dis-lui combien tu l'aimes, et il te montrera qui il est et combien il t'aime.

Voilà une petite image pour t'aider à mieux comprendre: tu peux connaître le nom d'un garçon ou d'une fille de ta classe, savoir où il (elle) habite et dans quelle matière il (elle) a des bonnes notes, mais tu ne seras pas vraiment ami(e) avec lui (elle) tant que vous ne passerez pas du temps ensemble pour apprendre à vous connaître.

Dieu aimerait que tu le connaisses de mieux en mieux, que tu le voies agir dans ta vie, que tu saches qu'il est toujours avec toi et qu'il est le meilleur ami que tu puisses avoir. Et tout ça prend du temps, du temps passé avec lui.

Seigneur, j'aimerais te connaître. S'il te plaît, attire-moi plus près de toi et montre-moi qui tu es. Amen.

AUJOURD'HUI, AVEC JÉSUS… PRENDS LE TEMPS DE MIEUX CONNAÎTRE DIEU.

8 août

POUR LE SERVIR

En chacun l'Esprit Saint se manifeste
par un don pour le bien de tous.
1 Corinthiens 12.7 (BFC)

Dieu a toujours un plan. Il ne fait jamais *rien* sans une bonne raison. Par exemple, quand il a créé le monde, il a créé l'eau *avant* les plantes et les animaux, parce qu'il savait que les plantes et les animaux auraient besoin d'eau pour survivre. Quand il t'a créé(e), il avait aussi à l'esprit un plan pour toi, une œuvre qu'il voulait que tu accomplisses. Et il t'a donné tout ce dont tu as besoin pour ça.

Qu'est-ce qu'il a prévu pour toi? Et quels sont les dons et les capacités qu'il t'a donnés pour que tu fasses ce à quoi il t'a appelé(e)? Nous avons tous des talents différents, mais ce qui est sûr, c'est que si tu le lui demandes, il te montrera le plan qu'il a pour toi. Il ne te dévoilera peut-être pas tous les détails, mais il te montrera au moins le prochain pas à faire.

Ne cache pas tes dons et tes capacités; utilise-les pour le servir. Cela te remplira de joie, et tu glorifieras le Seigneur. D'ailleurs, tu as été créé(e) pour ça!

Père, merci pour les talents que tu m'as donnés. S'il te plaît, montre-moi comment les utiliser pour toi. Amen.

AUJOURD'HUI, AVEC JÉSUS...
UTILISE LES DONS QUE DIEU T'A DONNÉS.

9 août

POURQUOI L'ÉGLISE?

N'abandonnons pas notre assemblée, comme certains en ont l'habitude, mais encourageons-nous mutuellement.
Hébreux 10.25

Pourquoi est-ce que l'Eglise est si importante? Est-ce qu'on ne peut pas parler à Dieu et lire sa Parole n'importe où? L'Eglise est importante, parce que c'est là que tu peux construire des amitiés avec d'autres chrétiens et adorer, louer et servir Dieu avec eux. C'est aussi là que tu peux être encouragé(e) dans les difficultés et rencontrer des gens qui t'aideront à mieux connaître le Seigneur. Et, le plus important de tout, à travers l'amour que tu reçois dans l'Eglise, tu as un aperçu de l'immense amour de Dieu pour toi.

Mais il peut aussi arriver que tu vives des choses difficiles au milieu des autres chrétiens: par exemple, quelqu'un dit quelque chose qui te fait de la peine ou tu n'arrives pas bien à t'intégrer. Dans ces moments-là, rappelle-toi que l'Eglise n'est pas faite de gens parfaits, mais de gens qui adorent *un Dieu parfait*. Et ce Dieu ne t'a pas créé(e) pour que tu vives ta foi tout(e) seul(e). Voilà pourquoi il a créé l'Eglise. Il veut que ses enfants se réunissent pour s'aimer, s'aider et s'encourager les uns les autres à vivre avec lui jour après jour (Galates 6.2).

Seigneur, merci de placer autour de moi des personnes qui t'aiment et qui m'aideront à t'aimer toujours plus. Amen.

AUJOURD'HUI, AVEC JÉSUS... RÉFLÉCHIS À UN MOYEN D'ÊTRE UTILE DANS TON ÉGLISE.

10 août

POUR LUI PLAIRE

Maintenant, si j'ai trouvé grâce à tes yeux,
fais-moi connaître tes voies. Alors je te connaîtrai
et je pourrai encore trouver grâce à tes yeux.
Exode 33.13

Moïse aimait Dieu. Il ne croyait pas seulement en lui, il voulait aussi lui plaire par sa vie. Voilà pourquoi il le priait et cherchait à lui obéir dans tout ce qu'il faisait et disait. C'est pour ça que Dieu l'a beaucoup béni (Exode 33.19-23).

Prends exemple sur lui. Parle au Seigneur, lis sa Parole pour découvrir ce qui lui plaît, puis mets-la en pratique, et Dieu te bénira aussi. En comprenant peu à peu sa façon de penser et d'agir (même si, bien sûr, tu ne pourras jamais le comprendre entièrement!), tu seras émerveillé(e) de découvrir son grand amour pour toi et les choses magnifiques qu'il fait dans ta vie.

Connaître Dieu a changé la vie de Moïse. Il a été complètement transformé! De hors-la-loi en fuite, il est devenu chef de tout le peuple d'Israël. Et tu verras toi aussi que, plus tu connaîtras le Seigneur, plus ta vie sera transformée: elle sera épanouie, belle, remplie de sa joie et éternelle.

Mon Dieu, montre-moi comment vivre pour
te plaire, je te prie. Merci. Amen.

AUJOURD'HUI, AVEC JÉSUS... CHERCHE À COMPRENDRE CE QUI LUI PLAÎT.

11 août

NE SOIS PAS TÊTU(E)

Humiliez-vous devant le Seigneur et il vous élèvera.
Jacques 4.10

Passer du temps à *méditer* sur Dieu, c'est important. Méditer, c'est penser à lui, à sa Parole et à ce qu'elle devrait changer dans ta vie. Mais si tu es têtu(e), si tu ne veux toujours en faire qu'à ta tête, ce ne sera pas très agréable pour toi. Pourquoi? Parce que Dieu utilisera ce temps que tu passes avec lui pour te montrer ce qui ne va pas dans ton cœur. Et il continuera à le faire jusqu'à ce que tu reconnaisses que ces choses sur lesquelles il met le doigt sont vraiment des problèmes.

Si tu n'es pas prêt(e) à régler ces problèmes, tu seras peut-être tenté(e) de ne plus passer du temps avec lui, pour ne plus l'entendre te dire ce qui ne va pas dans ta vie. Mais ne fais pas ça, ce serait vraiment une grosse erreur! Ne permets pas au péché et à ton entêtement de t'éloigner de lui. Repens-toi, reconnais qu'il a raison et accepte d'avoir tort. Et réjouis-toi de passer du temps seul(e) avec lui. Il t'aime tant qu'il te montre ce qui t'empêche d'avancer pour que tu puisses en être délivré(e).

Seigneur, s'il te plaît, montre-moi ce qui, dans ma vie, est un péché. Aide-moi à m'en détourner et à me tourner vers toi. Amen.

AUJOURD'HUI, AVEC JÉSUS...
PENSE À DIEU ET À SA PAROLE.

12 août

FAIS APPEL À LUI

Fais appel à moi et je te répondrai. Je te révélerai des réalités importantes et inaccessibles, des réalités que tu ne connais pas.

Jérémie 33.3

On est tous d'accord là-dessus: traverser des moments durs et des ennuis, ce n'est pas drôle. Tôt ou tard, tu finis par te demander pourquoi ces difficultés ont surgi dans ta vie. Tu te demandes peut-être même si Dieu t'aime encore. Pourtant, c'est justement dans ces moments les plus durs que tu apprends les plus grandes leçons. Pourquoi? Parce que c'est là que tu t'accroches le plus à Dieu. Tu comprends que tu peux vraiment compter sur lui.

Donc quand tu passes par des situations qui ne sont pas faciles à vivre, ce n'est pas parce que Dieu te veut du mal (Lamentations 3.32-33). C'est parce qu'il aimerait t'apprendre des choses. Et certaines leçons ne s'apprennent qu'à travers les difficultés (Hébreux 5.8). Et puis, n'oublie pas qu'il ne te laisse jamais seul(e) dans ces moments-là. Il est même tout près de toi. Alors, fais appel à lui, et il t'apprendra des choses importantes, que tu as besoin de savoir.

Père, qu'est-ce que tu veux m'apprendre à travers mes difficultés? Enseigne-moi. Je veux t'écouter. Amen.

AUJOURD'HUI, AVEC JÉSUS... PARLE-LUI, ET ATTENDS-TOI À CE QU'IL TE RÉPONDE.

13 août

UNE LETTRE POUR TOI

Tu les écouteras donc [les commandements], Israël, et tu veilleras à les mettre en pratique afin d'être heureux et de devenir très nombreux.
Deutéronome 6.3

Et si Dieu t'envoyait une lettre, à toi, personnellement? Une lettre qui commencerait par: *Cher (Chère)* .... et qui serait signée: *Avec amour, Dieu.* Est-ce que tu la laisserais simplement traîner quelque part deux ou trois jours avant de la lire? Bien sûr que non! Tu la lirais tout de suite, et même plusieurs fois! Pourquoi? Parce que tu aurais envie de savoir ce que Dieu veut te dire.

En fait, nous avons tous reçu une lettre de sa part: la Bible. Pourtant, beaucoup de chrétiens la laissent sur une étagère et ne cherchent jamais à savoir ce qu'elle dit. Ou bien, quand ils la lisent, ils n'*écoutent* pas vraiment ce qu'elle a à leur dire. Ils ne la laissent pas pénétrer dans leur cœur et changer leur vie.

Tu n'as pas besoin de faire pareil. Lis la Parole de Dieu, et écoute vraiment ce qu'elle a à te dire. Réfléchis-y et laisse-la te transformer. Ne passe pas à côté de la joie, de l'amour et de la puissance de Dieu. Ecoute, et sois attentif(ve) à tout ce qu'il veut te montrer!

Mon Dieu, aide-moi à vraiment écouter ta Parole, pour qu'elle me transforme. Amen.

AUJOURD'HUI, AVEC JÉSUS... LAISSE-TOI CHANGER PAR LA PAROLE DE DIEU.

14 août

LAISSE-LE REMPLIR LE VIDE

Tu es mon Seigneur, tu es mon bien suprême.
Psaume 16.2

Tu ne peux pas enfoncer une clé dans un trou de serrure auquel elle ne correspond pas: il n'y a rien à faire, ça ne marchera pas. Il te faut simplement la bonne clé. Eh bien, dans ton cœur, il y a aussi une sorte de trou, ou plutôt un vide, que seul Dieu peut remplir. Les gens essayent souvent de le remplir avec un tas de choses, comme l'admiration des autres, l'argent, ou bien aussi la drogue et l'alcool. Mais ça ne peut pas fonctionner. Le Seul qui puisse remplir vraiment ce vide, c'est Dieu.

Si tu fais appel à lui pour lui demander de prendre cette place dans ton cœur, il te remplira entièrement. Il t'aidera à arrêter de penser toujours à toi-même et tournera tes pensées vers Jésus. Puis, il commencera à te transformer et à faire de toi la personne qu'il voulait que tu sois quand il t'a créé(e).

Mais tout ça n'est possible que si tu lui demandes d'être le Seigneur dans tous les domaines de ta vie et que tu ne gardes rien pour toi. Donne-toi entièrement à lui, et laisse-le remplir parfaitement le vide de ton cœur.

Seigneur, ouvre mon cœur,
et remplis-le de ton Esprit. Amen.

AUJOURD'HUI, AVEC JÉSUS…
OUVRE-LUI TON CŒUR.

15 août

MARCHE DANS SES VOIES

«En effet, vos pensées ne sont pas mes pensées
et mes voies ne sont pas vos voies», déclare l'Eternel.
Esaïe 55.8

Parfois, le Seigneur te demande certaines choses difficiles à comprendre. Par exemple, Jésus dit que si quelqu'un te donne une claque sur une joue, non seulement tu ne dois pas faire pareil, mais tu dois tendre l'autre joue (Matthieu 5.39). Ce n'est vraiment pas logique! Il dit aussi que si quelqu'un prend ton manteau, tu dois lui laisser en plus ta chemise (Luc 6.29). Il dit même que tu dois pardonner à ceux qui t'ont fait du mal et aimer ceux qui te détestent (Matthieu 6.14; Luc 6.27).

En fait, quand il était sur la terre, Jésus a souvent fait exactement le contraire de ce que les gens attendaient de lui. C'est parce que la vengeance ne l'intéresse pas. Ce qui l'intéresse, c'est de changer ton cœur et de montrer aux autres son amour à travers ta vie. Tu ne comprendras peut-être pas toujours ce qu'il te demandera de faire, mais tu peux savoir que ce sera toujours ce qu'il y a de mieux. Alors, accepte de faire les choses à sa façon, et Dieu te bénira.

Seigneur, aide-moi à marcher dans tes voies,
même quand elles ne me semblent pas logiques. Amen.

AUJOURD'HUI, AVEC JÉSUS... CROIS QUE SON CHEMIN EST TOUJOURS LE MEILLEUR.

16 août

PAS DE RACCOURCIS

Celui qui est fidèle dans les petites choses l'est aussi dans les grandes.
Luc 16.10

Aujourd'hui, parfois, tu auras la possibilité de «prendre un raccourci» et de ne pas faire de ton mieux. Par exemple, tu seras peut-être tenté(e) de cacher sous ton lit tout le désordre de ta chambre ou de vite faire tes devoirs en copiant sur un(e) ami(e). Tu as peut-être un tas de bonnes raisons de vouloir prendre un raccourci, mais alors, tu risques de rater une occasion de plaire à Dieu et de recevoir de lui une récompense. Est-ce que tu crois que ça en vaut la peine? Car Dieu bénit ceux qui choisissent de faire ce qui lui plaît.

Tu te souviens de Joseph? Alors qu'il avait été vendu comme esclave, il a choisi de travailler dur pour son maître (Genèse 39.2-3). Et même quand il s'est retrouvé en prison, il a continué à faire de son mieux (Genèse 39–40). Pas seulement pour plaire au chef de la prison, mais pour plaire à son Dieu. Et, plus tard, quand le bon moment est venu, Dieu l'a béni et a fait de lui l'homme le plus important d'Egypte après le roi (Genèse 41). Alors, ne prends pas de raccourcis. Fais toujours de ton mieux, et Dieu t'accordera sa bénédiction!

Seigneur, aide-moi à toujours faire de mon mieux, dans les petites choses, comme dans les grandes, pour te plaire. Amen.

AUJOURD'HUI, AVEC JÉSUS...
FAIS DE TON MIEUX.

17 août

LOUE-LE MAINTENANT!

Il est bon de te louer, Eternel, et de célébrer ton nom, Très-Haut.
Psaume 92.2

Quand tu pries Dieu, soit en le louant, soit en lui parlant de ta journée, soit en lui demandant quelque chose, est-ce que tu le fais avec un cœur reconnaissant? Parce que, quand tu t'approches de lui avec reconnaissance, tu te trouves immédiatement dans sa présence. Tu arrêtes de t'inquiéter au sujet de tes problèmes, pour adorer Celui qui peut les régler. Et c'est dans ces moments d'adoration où tu te réjouis de son amour qu'il te remplit de sa paix et te donne l'assurance qu'il s'occupe de toi.

Alors loue-le, là, maintenant! Remercie-le de ce qu'il est tout-puissant pour régler tes problèmes, parfaitement sage pour savoir ce qui est le mieux pour toi et rempli de compassion pour pardonner tes péchés. Loue-le pour son amour, son plan parfait pour ta vie et la place qu'il t'a préparée dans le ciel. N'attends pas; dis-lui ta reconnaissance à l'instant même!

Mon Dieu, tu es mon Sauveur, mon protecteur, mon guide et mon ami. Merci de m'aimer autant. Amen.

**AUJOURD'HUI, AVEC JÉSUS...
LOUE-LE DE TOUT TON CŒUR.**

18 août

CHOISIS DE LE SUIVRE

Si quelqu'un veut être mon disciple,
qu'il renonce à lui-même.
Matthieu 16.24

Est-ce qu'il t'est déjà arrivé de faire un mauvais choix et de te retrouver dans une situation que Dieu ne voulait pas pour toi? Est-ce que, par exemple, un(e) de tes ami(e)s est fâché(e) parce que tu l'as trahi(e)? Est-ce que, comme tu t'es énervé(e) pendant le dernier match, on t'a demandé d'arrêter de jouer? Ou est-ce que, parce que tu as triché en classe, tu te retrouves dans le bureau du directeur à te demander ce qui va t'arriver?

Alors tu dois savoir que Dieu est toujours là pour t'aider et te montrer le chemin, même dans les pires situations. Mais il ne le fera que si tu reconnais que tu as mal agi et acceptes de le suivre. Jésus était toujours là pour ses disciples, mais ils ont dû *choisir* de le suivre et de lui obéir. Penses-y. Il n'a jamais forcé personne à le suivre, mais ceux qui ont fait ce choix ont été changés pour toujours.

Toi aussi, tu peux faire ce choix aujourd'hui: décider, avec son aide, de le suivre et de lui obéir. Et tu verras, ta vie en sera pour toujours transformée.

Seigneur Jésus, je veux te suivre. S'il te plaît, aide-moi à t'obéir, peu importe où tu me conduis. Amen.

AUJOURD'HUI, AVEC JÉSUS...
CHOISIS DE LE SUIVRE.

19 août

NE TE LAISSE PAS TROUBLER

J'ai constamment l'Eternel devant moi; quand il est à ma droite, je ne suis pas ébranlé.
Psaume 16.8

L'ange Gabriel a annoncé à Marie qu'elle allait avoir un enfant alors qu'elle n'était pas mariée, et elle a accepté de prendre le risque d'être montrée du doigt et rejetée. Paul a reçu des coups et a été jeté en prison, mais il n'a pas arrêté de parler de Jésus. Le roi Saül a essayé de tuer David, pourtant, David a continué à louer Dieu.

Comment est-ce que ces personnes ont pu tenir bon dans des situations aussi difficiles? En faisant entièrement confiance à Dieu. Elles savaient que son amour ne change pas et dure toujours. Sa présence à leurs côtés les a aidées à lui rester fidèles, même dans les moments les plus durs.

Plus tu passeras du temps avec le Seigneur, plus tu apprendras, toi aussi, à lui faire entièrement confiance. En comprenant que sa puissance infinie est là pour t'aider, tu n'auras plus peur. En comprenant que son amour n'a pas de fin, tu trouveras la force de continuer. Et en voyant qu'il prend soin de toi quoi qu'il arrive, tu grandiras dans la foi et ne seras pas troublé(e).

Père, aide-moi à toujours mieux te connaître, pour que je ne me laisse pas troubler. Merci. Amen.

AUJOURD'HUI, AVEC JÉSUS… DÉCOUVRE LA GRANDE FOI DE MARIE DANS LUC 1.38.

20 août

DEMANDE D'ABORD À DIEU

Cela aussi vient de l'Eternel, le maître de l'univers. Il distribue de merveilleux conseils et augmente les capacités de discernement.

Esaïe 28.29

Dieu veut te conduire sur le chemin qui est le meilleur pour toi. Est-ce que tu crois cela? Souvent, les gens disent qu'ils ont confiance en lui, mais leur vie dit *complètement* autre chose.

Parfois, les autres te donnent des conseils qui ne correspondent pas à ce que Dieu veut. Par exemple, un(e) de tes ami(e)s t'a dit quelque chose qui t'a fait de la peine, tu sais que le Seigneur veut que tu lui pardonnes, mais voilà qu'un(e) autre ami(e) t'encourage à te venger et te donne même une «bonne idée» pour ça. D'autres fois, c'est ta propre fierté qui t'empêche d'obéir. Par exemple, tu t'es disputé(e) avec quelqu'un et tu sais que c'était de ta faute et que tu devrais t'excuser, mais tu ne veux pas reconnaître que tu as mal agi. Pourtant, il faut que tu saches qu'en refusant de faire ce que le Seigneur te montre, tu feras plus de mal aux autres et à toi.

Lui seul sait absolument tout; pas tes ami(e)s, et certainement pas un cœur rempli de fierté. Personne d'autre ne peut te guider parfaitement. Alors, écoute-le et obéis-lui, dans n'importe quelle situation.

Seigneur, apprends-moi à te demander conseil en premier, au lieu de me tourner vers mes ami(e)s ou moi-même. Amen.

AUJOURD'HUI, AVEC JÉSUS… CROIS QUE SON CONSEIL EST TOUJOURS LE MEILLEUR.

21 août

EN FORMATION

Avant de te former dans le ventre de ta mère, je te connaissais, et avant que tu naisses, je t'avais consacré.
Jérémie 1.5

Est-ce que, parfois, tu aimerais dire à Dieu: *Seigneur, je suis seulement un(e) enfant... Est-ce que tu peux vraiment te servir de moi?* Si oui, alors sache que, *oui, il peut t'utiliser!* Peu importe ton âge, il a des projets merveilleux pour toi. Et en ce moment même, il te prépare pour ça. Donc tu es en formation!

Tu peux être sûr(e) que Dieu veut t'utiliser, parce que, quand tu t'es donné(e) à lui pour le suivre, tu es devenu(e) son enfant bien-aimé(e). Et parce que tu es son enfant, il veut agir à travers toi. Pour ça, il n'utilise pas seulement la force, l'intelligence et les talents que tu as naturellement, mais il veut te donner aussi sa puissance, sa sagesse et les capacités qui viennent de lui. Alors, avec son aide et cette formation, tu pourras accomplir le beau travail qu'il a prévu pour toi, avant même que tu naisses. Il veut te bénir, mais il permettra aussi que tu rencontres des difficultés, parce qu'elles font partie de ta formation. Elles t'apprennent à dépendre de lui et à le suivre. Et tu peux savoir qu'il ne t'abandonnera jamais.

Mon Dieu, merci de me former et de me conduire pour que je puisse entrer dans tes plans pour ma vie. Amen.

AUJOURD'HUI, AVEC JÉSUS... CHERCHE À COMPRENDRE CE QU'IL VEUT FAIRE À TRAVERS TOI.

22 août

POUR LES BONNES RAISONS

Heureux ceux qui persévèrent dans mes voies!
Proverbes 8.32

A travers *tout* ce que tu vis – les moments formidables, comme le quotidien – Dieu te transforme. Il veut que tu comprennes combien il est grand, puissant et saint, mais aussi combien il t'aime, combien il est bon et bienveillant. Et il veut t'apprendre à être comme lui, c'est-à-dire à aimer les autres et à être bon(ne) et bienveillant(e) avec eux. Dans la pratique, ça veut dire qu'il désire que tu les aides et leur rendes service, mais pour les bonnes raisons: pas pour te vanter, pas pour avoir l'air bien et pas seulement parce que c'est ce que tu es censé(e) faire. Non, il veut que tu sois là pour les autres parce que tu les aimes et que tu veux le meilleur pour eux (tout comme lui les aime et veut le meilleur pour eux) et, aussi, parce que c'est pour ça qu'il t'a créé(e).

Le Seigneur te transforme pour que tu voies le monde à travers ses yeux et que tu aimes les gens avec son amour. Il t'apprend à te tourner vers les autres et te remplit de sa force et de sa paix parfaite. C'est comme ça que tu deviens la personne qu'il a voulu que tu sois et que tu trouves la vraie joie.

Seigneur, s'il te plaît, aide-moi à voir les autres à travers tes yeux et à les aimer avec ton amour. Amen.

AUJOURD'HUI, AVEC JÉSUS...
AIDE QUELQU'UN QUI EN A BESOIN.

23 août

AUCUN REGRET

J'écouterai ce que dit Dieu, l'Eternel,
car il parle de paix à son peuple et à ses fidèles.
Psaume 85.9

Des regrets, tout le monde en a. Il t'arrive de regretter d'avoir dit (ou fait) ceci ou cela. Mais il y a une chose que tu ne regretteras absolument jamais: d'obéir à Dieu. Malheureusement, c'est justement ce que bien des personnes ne veulent pas faire.

Par exemple, un tas de gens mentent, trichent ou volent, alors que Dieu a dit de ne pas le faire. Ensuite, ils ont peur d'être pris. D'autres parlent mal à leurs parents et sont insolents avec leurs profs. Mais après, ils craignent les conséquences. Ils refusent de rendre les services qu'on leur demande à la maison ou de faire leurs devoirs, puis ils s'inquiètent des problèmes que ça va leur attirer. Et ils continuent à prétendre que vivre comme ça est plus facile. Pourtant, c'est faux. En fait, les choses finissent toujours par être beaucoup plus difficiles que s'ils avaient simplement obéi à Dieu tout de suite.

Si tu demandes au Seigneur de t'aider à lui obéir, il le fera. Et il fera plus encore. Il te transformera pour que tu désires vraiment ce qu'il désire. Alors, tu n'auras aucun regret!

Seigneur Jésus, s'il te plaît, aide-moi à vouloir ce que tu veux et à t'obéir, pour ne rien regretter ensuite. Amen.

AUJOURD'HUI, AVEC JÉSUS...
FAIS CE QU'IL TE DEMANDE.

24 août

ATTACHE-TOI À LUI

L'Eternel est mon berger: je ne manquerai de rien.
Psaume 23.1

Parfois, la façon dont Dieu agit t'étonne, et tu as du mal à le comprendre. Il y a plusieurs raisons à ça, mais la première, c'est tout simplement qu'il est Dieu et, donc, qu'il est bien trop grand pour que tu puisses le comprendre. Il y a aussi le fait que toi, tu aimerais n'avoir jamais aucun problème, ne jamais vivre de déceptions et n'être jamais triste. Et quand un ennui surgit dans ta vie, tu veux que les choses s'arrangent vite.

Ce sont ces moments-là que le diable choisit pour t'attaquer. Quand un problème dure, quand il t'arrive un tas de choses tristes, quand les déceptions s'accumulent, Satan murmure ses mensonges à ton oreille et te dis: *Tu es sûr(e) que Dieu sait vraiment ce qui est le mieux pour toi?* Ne l'écoute pas! Car il veut seulement te faire du mal et t'éloigner du Seigneur. Mais Dieu, lui, t'aime, et il utilise tout ce que tu vis pour t'enseigner, t'aider et te transformer. Dans quel but? Pour que tu ressembles toujours plus à Jésus. Alors, attache-toi fermement à lui, et il te protégera contre les mensonges du diable. Car il veut vraiment le meilleur pour toi. Sois-en sûr(e)!

Seigneur, protège-moi des mensonges du diable. Je te fais confiance: tu veux ce qu'il y a de meilleur pour moi. Amen.

AUJOURD'HUI, AVEC JÉSUS... ATTACHE-TOI À DIEU ET N'ÉCOUTE PAS LES MENSONGES DE SATAN.

25 août

CHERCHE-LE

Mon âme désire ta présence pendant la nuit;
au plus profond de moi, mon esprit te recherche.
Esaïe 26.9

Tu *aimerais* passer plus de temps avec Dieu. Alors tu prévois un moment précis *pour ça*. Mais c'est comme si ça ne marchait jamais: tout d'un coup, tu te rends compte qu'il est l'heure d'aller au lit, et tu ne lui as toujours pas parlé ni lu sa Parole.

Pourtant, il te demande de le chercher, c'est-à-dire d'apprendre à le connaître et à comprendre sa volonté. Et il promet que, si tu le cherches, tu le trouveras.

Mais ça ne se fera pas tout seul: il faut pour ça que tu lui laisses la première place. Ne te donne pas des excuses comme tes devoirs, ce qu'on te demande de faire à la maison, le sport ou la musique. Ne dis pas que tu es trop occupé(e) ou trop fatigué(e). Ne laisse pas telle ou telle chose t'empêcher de prendre du temps avec lui. Cherche-le, et il te montrera qui il est et combien il t'aime. Cherche-le chaque jour. Alors, quand des moments difficiles viendront, tu sauras exactement où le trouver.

Seigneur, aide-moi à prendre du temps
avec toi chaque jour. Amen.

AUJOURD'HUI, AVEC JÉSUS...
METS DIEU À LA PREMIÈRE PLACE.

26 août

ATTENTION À L'AGITATION!

«Marthe, Marthe, tu t'inquiètes et tu t'agites pour beaucoup de choses, mais une seule est nécessaire.»
Luc 10.41-42

Marthe s'activait à préparer un repas pour Jésus et ses disciples, alors que Marie, sa sœur, était simplement assise à écouter le Seigneur. Mais plus Marthe s'agitait, plus elle était énervée. Finalement, elle en a eu assez et a dit: «Seigneur, (...) dis-lui donc de venir m'aider» (Luc 10.40). Mais Jésus n'a fait aucun reproche à Marie. Par contre, il a gentiment repris Marthe. Bien sûr, ce qu'elle faisait était important, puisqu'elle essayait de le servir, pourtant, ce n'était pas aussi important que d'*être* simplement avec lui.

Est-ce qu'il t'arrive parfois d'être tellement occupé(e) par tout ce qui remplit tes journées, et même par ce que tu peux faire pour Dieu, que tu en oublies d'*être* simplement avec lui? Lire sa Parole, le prier et le louer, tout ça est très important, mais rester simplement tranquille dans sa présence l'est aussi. C'est dans ces moments-là qu'il t'attire plus près de lui, t'encourage et te rappelle combien il t'aime.

Seigneur, je suis tellement reconnaissant(e) de pouvoir m'approcher de toi à tout moment. Attire-moi plus près de toi s'il te plaît. Amen.

AUJOURD'HUI, AVEC JÉSUS... RESTE TRANQUILLE DANS SA PRÉSENCE.

27 août

UN AVANT-GOÛT DU CIEL

«Tu es digne de prendre le livre et d'en ouvrir les sceaux, car tu as été offert en sacrifice et tu as racheté pour Dieu par ton sang des hommes de (...) toute nation.»
Apocalypse 5.9

Est-ce que, parfois, tu aimerais bien pouvoir jeter un coup d'œil derrière la porte du ciel pour voir à quel point c'est magnifique? L'apôtre Jean a eu ce privilège, et il a vu toutes sortes de choses incroyables. Mais ce qui l'a le plus émerveillé, c'est que tout ça l'a rempli du désir d'adorer le Seigneur. Et il n'était pas le seul: il y avait dans le ciel une immense foule d'anges, d'êtres vivants et d'anciens qui s'exclamaient: «L'Agneau qui a été offert en sacrifice est digne de recevoir la puissance, la richesse, la sagesse, la force, l'honneur, la gloire et la louange» (Apocalypse 5.12).

Un jour, tu seras toi aussi devant Jésus. Alors, tout le reste (même tes problèmes d'aujourd'hui qui te paraissent tellement énormes) te semblera si peu important. Ton cœur sera rempli du désir de te prosterner devant lui et de l'adorer. Mais tu n'as pas besoin d'attendre ce jour-là: tu peux l'adorer là, maintenant. Et ce moment passé dans sa présence te donnera un petit avant-goût du ciel.

Seigneur Jésus, merci de m'avoir sauvé(e).
Et merci pour ta grande bonté envers moi. Je te loue! Amen.

AUJOURD'HUI, AVEC JÉSUS...
ADORE-LE.

28 août

PERSONNE COMME LUI

L'Eternel donne de la force à son peuple,
l'Eternel bénit son peuple en lui procurant la paix.
Psaume 29.11

Il y a des gens qui ne veulent pas s'approcher de Dieu parce qu'ils ont peur qu'il leur demande de faire quelque chose de difficile ou de lâcher quelque chose qu'ils ne veulent pas lâcher. Ils pensent que s'ils ont des problèmes, c'est parce qu'il ne s'intéresse pas à eux ou bien parce qu'il les punit. Mais quand ils se donnent vraiment à lui, ils ne s'inquiètent plus de tout ça. Pourquoi? Parce qu'ils savent qu'il veut le meilleur pour eux et qu'ils peuvent donc lui faire confiance.

Dieu est Dieu. Il n'y a personne d'autre comme lui. Parfois, il permet que tu traverses des moments difficiles pour mettre le doigt sur un péché dont tu dois te débarrasser ou bien pour t'apprendre à vraiment compter sur lui. Car il sait que si tu n'avais jamais de problèmes, tu ne connaîtrais pas une des plus grandes joies qui existent: celle de le voir agir dans ta vie quand tu en as le plus besoin.

Seigneur, merci de m'aimer, de m'enseigner, de me protéger et de prendre soin de moi. Tu es si bon pour moi. Amen.

AUJOURD'HUI, AVEC JÉSUS...
RAPPELLE-TOI COMBIEN IL EST BON.

29 août

QUAND TU ES À UN CROISEMENT

Heureux l'homme qui place sa confiance en l'Eternel.
Psaume 40.5

Un *croisement*, c'est un endroit où deux routes se rencontrent, et où tu dois choisir laquelle prendre. Un jour – et peut-être que ce jour est déjà venu – tu arriveras à un croisement par rapport à ta foi, où tu devras te demander: *Est-ce que j'ai vraiment confiance en Dieu? Est-ce que je crois vraiment qu'il va venir à mon aide, ou est-ce que ce sont juste des paroles?*

Dieu sait que tu as parfois du mal à te confier en lui. Et il le comprend. Il sait qu'il faut du temps et de l'«entraînement» pour lui faire entièrement confiance. Mais il sait aussi qu'avec son aide, tu y arriveras.

Tu ne comprends peut-être pas toujours ses voies. Car elles sont bien au-dessus de nos voies et, aussi, bien plus belles (Esaïe 55.8). Mais tu peux savoir que, si tu t'es donné(e) à lui pour lui obéir, son Saint-Esprit vit dans ton cœur et veut conduire chacun de tes pas (Jean 16.13).

Alors, choisis le chemin de la confiance en lui, et il te bénira d'une manière que tu ne peux même pas imaginer.

Mon Dieu, merci pour ton Saint-Esprit qui me guide et m'aide à marcher dans tes voies. Amen.

**AUJOURD'HUI, AVEC JÉSUS...
APPRENDS À LUI FAIRE CONFIANCE.**

30 août

IL SAIT TOUT D'AVANCE

...à cause de ton nom tu me conduiras, tu me dirigeras.
Psaume 31.4

Dieu veille sur toi chaque instant de chaque jour. Il veut *toujours* ce qu'il y a de meilleur pour toi. Il n'en a jamais assez de s'occuper de toi, n'arrête jamais de te donner ce dont tu as besoin et ne cesse jamais de t'aimer. Il a promis que, si tu le suis, il te conduirait sur le meilleur des chemins (Psaume 16.11; 32.8).

Toi, tu sais ce qui se passe là, maintenant, tout de suite, mais Dieu, lui, sait ce qui s'est passé hier, ce qui se passera aujourd'hui et ce qui arrivera demain. Il sait tout d'avance. Alors, pourquoi est-ce que tu ne lui demanderais pas de te montrer le chemin à prendre (et pas seulement pour les grandes décisions de ta vie, mais aussi pour celles de tous les jours)?

Mais est-ce que tu *penses* à lui demander de te guider? Est-ce que tu permets à son Saint-Esprit de te montrer la voie à suivre? Ou est-ce que c'est toi qui lui dis comment tu voudrais que les choses se passent? Choisis maintenant de lui faire confiance, et laisse-le te conduire dans la direction qui est la meilleure pour toi!

Mon Dieu, j'aimerais que tu me guides dans tous mes choix, les petits comme les grands. Amen.

AUJOURD'HUI, AVEC JÉSUS... DEMANDE-LUI DE TE GUIDER DANS TOUTES TES DÉCISIONS.

31 août

LA RICHESSE DE SON AMOUR

C'est pourquoi je te le dis, ses nombreux péchés ont été pardonnés, puisqu'elle a beaucoup aimé.
Luc 7.47

Il y a des gens qui ne connaissent jamais la merveilleuse richesse de l'amour de Dieu pour eux. C'est peut-être parce qu'ils ne veulent pas croire qu'il existe, ou bien parce qu'ils ne lui font pas confiance. Mais c'est peut-être aussi qu'ils refusent de pardonner.

Est-ce qu'il y a quelqu'un à qui tu ne veux pas pardonner? Peut-être que c'est quelqu'un qui ne t'a jamais demandé pardon de son côté ou quelqu'un qui t'a fait tellement de peine que, d'après toi, il ou elle ne *mérite* pas que tu lui pardonnes.

Pourtant, en voyant les choses comme ça, c'est à toi que tu fais du mal. Jésus est mort sur la croix pour que tu puisses être pardonné(e), parce qu'il t'aime d'un amour infini. Mais si tu refuses de pardonner à ton tour, il y a comme un mur qui se dresse entre toi et Dieu et qui t'empêche d'avoir une relation profonde avec lui.

Alors pardonne, comme il t'a pardonné et veut encore te pardonner. Comme ça, il n'y aura pas de mur entre lui et toi, et tu auras la joie de connaître la merveilleuse richesse de son amour.

Seigneur, s'il te plaît, donne-moi la force de pardonner à ceux qui m'ont fait du mal. Amen.

**AUJOURD'HUI, AVEC JÉSUS…
CHOISIS DE PARDONNER.**

1er septembre

LAISSE TOMBER CE POIDS!

Si nous reconnaissons nos péchés, il est fidèle et juste pour nous les pardonner et pour nous purifier de tout mal.
1 Jean 1.9

Tu as fait une bêtise. Tu as tout gâché. Pourtant, tu savais que c'était la mauvaise chose à dire, la mauvaise chose à faire. Et maintenant, tu as tellement honte. Tu aimerais pouvoir te cacher dans un trou pour que plus personne ne te voie, ni même Dieu. Ça fait des jours, des semaines ou même des mois que c'est arrivé, mais ce terrible sentiment ne disparaît pas.

Mais tu dois savoir que Dieu ne veut pas que tu restes avec ce poids de honte. Quand il te pardonne, il prend aussi sur lui toutes les raisons que tu pourrais avoir de te sentir indigne et mal à l'aise. Il efface complètement ton péché (Psaume 103.12). Il lave ton cœur, le purifie et t'aime comme son enfant bien-aimé(e).

Alors, ne reste pas bloqué(e) dans le passé. Ne permets pas à tes erreurs de t'empêcher d'entrer dans le merveilleux plan que Dieu a préparé pour toi. Demande-lui pardon pour ce que tu as fait, puis pardonne-toi à toi-même. Souviens-toi que tu es son enfant, pardonné(e), lavé(e) et aimé(e). Et ton poids de honte? Laisse-le tomber!

Mon Dieu, merci de me pardonner. Aide-moi à me pardonner à moi-même et à abandonner ce poids de honte. Amen.

AUJOURD'HUI, AVEC JÉSUS...
LAISSE-LE LAVER TON CŒUR.

2 septembre

QUAND LA RÉPONSE EST NON

En effet, Christ est ma vie et mourir représente un gain.
Philippiens 1.21

Tu as prié, prié, et Dieu a répondu, mais sa réponse n'était pas celle que tu attendais. Et maintenant? Est-ce que tu te mets en colère contre lui parce qu'il ne t'a pas donné ce que tu voulais? Est-ce que tu commences à te demander s'il veut vraiment le meilleur pour toi ou s'il t'aime encore? Ou bien est-ce que tu lui dis: *Mon Dieu, je ne comprends pas, mais je te fais confiance. Je sais que tu veux ce qu'il y a de meilleur pour moi*?

La manière dont tu réagis quand le Seigneur dit non en dit long sur toi. Elle montre si tu es centré(e) sur toi-même ou sur lui, si tout ce qui t'intéresse, c'est d'avoir ce que *tu* veux ou bien de faire ce que *lui* veut.

Si ta réaction montre que tu as encore des progrès à faire, ne sois pas étonné(e) ou découragé(e). Car Dieu continue à te transformer. Il est en train de t'apprendre à lui faire entièrement confiance, *particulièrement* quand il dit non.

Seigneur, pardonne-moi pour toutes les fois où je ne pense qu'à ce que je veux. Aide-moi à vouloir ce que tu veux. Amen.

AUJOURD'HUI, AVEC JÉSUS...
CHERCHE À FAIRE CE QUI LUI PLAÎT.

3 septembre

NE T'INQUIÈTE PAS

Ne vous inquiétez pas de ce que vous mangerez et boirez pour vivre.
Matthieu 6.25

Est-ce que tu t'inquiètes... *souvent*? Quand tu te réveilles, le matin, est-ce que tu as peur de ce qui pourrait arriver dans la journée? Et est-ce que, le soir, quand tu vas au lit, tu te stresses en repensant à ce qui s'est passé ou, au contraire, à ce qui ne s'est pas passé? La peur vient dans ton cœur quand tu essayes de te débrouiller par toi-même, sans demander à Dieu son aide, son courage et sa force.

Il ne t'obligera jamais à faire appel à lui, car il te laisse libre. C'est à toi de *choisir* si tu veux lui demander son aide. Mais si tu choisis de ne compter que sur toi seul(e), il permettra peut-être que tu rencontres certains problèmes pour te rappeler que tu as besoin de lui.

Si tu t'inquiètes et que tu as peur, c'est clairement le signe que tu as besoin de lui parler. Approche-toi de lui par la prière et la lecture de sa Parole. Il est ton Père qui t'aime et ne veut pas que tu vives dans la crainte. Cherche-le, fais-lui confiance et abandonne-lui tous tes soucis.

Père, je ne veux pas m'inquiéter ni avoir peur, parce que je sais que tu es toujours avec moi. Amen.

**AUJOURD'HUI, AVEC JÉSUS...
ABANDONNE-LUI TES SOUCIS.**

4 septembre

IL TE MONTRERA

Demandez et l'on vous donnera, cherchez et vous trouverez, frappez et l'on vous ouvrira.
Matthieu 7.7

Est-ce que ta maman te demanderait de faire ton lit si elle ne t'avait jamais montré comment faire? Est-ce que ton papa te demanderait de sortir la poubelle s'il ne t'avait jamais montré où était le container? Est-ce que ton prof te donnerait un problème de maths très difficile s'il ne t'avait pas expliqué comment le résoudre? Bien sûr que non!

Eh bien, Dieu non plus ne te demande jamais de lui obéir sans te montrer comment. Si tu lui demandes ce que tu dois faire, il te le dira (Matthieu 7.11). Il te répondra par sa Parole, par quelqu'un de ton entourage ou bien d'une tout autre manière. Et il ne te montrera peut-être que le prochain pas, même si tu préférerais vraiment tout connaître d'avance. Mais ce qui est sûr, c'est qu'il te révélera exactement ce que tu as besoin de savoir.

L'important, c'est que tu lui parles et lui fasses confiance. Il te montrera sa volonté. Demande-lui son aide, puis écoute sa réponse. Car elle viendra, et elle t'indiquera le meilleur chemin pour toi.

Seigneur, tu sais ce qui est le mieux pour moi.
Montre-moi ce que je dois faire. Amen.

AUJOURD'HUI, AVEC JÉSUS...
CROIS QUE DIEU TE RÉPONDRA.

5 septembre

FAIS-LE QUAND MÊME

Simon lui répondit: «Maître, nous avons travaillé toute la nuit sans rien prendre; mais sur ta parole, je jetterai les filets.»
Luc 5.5

La manière dont Dieu agit est souvent très différente de la nôtre. Donc ses projets pour ta vie, même ceux qu'il a pour aujourd'hui, seront probablement différents des tiens (Esaïe 55.8-9).

Pense à Pierre: il avait pêché toute la nuit sans attraper aucun poisson. Alors, quand Jésus lui a dit de retourner pêcher, il a dû penser que ce n'était pas une très bonne idée. En plus, il était fatigué et venait juste de finir de nettoyer ses filets. Et puis, il se disait sûrement que Jésus n'était pas un pêcheur professionnel comme lui. Pourtant, il a choisi de lui obéir. Et qu'est-ce qui s'est passé? Il a attrapé tellement de poissons que ses filets ont failli se déchirer (Luc 5.1-11)! Le fait d'obéir à Jésus a changé sa vie pour toujours, et à partir de ce moment-là, il est devenu son disciple.

Obéir à Jésus changera complètement ta vie aussi. Fais ce qu'il te dit, même quand tu as l'impression que ce n'est pas logique. Tu verras que des choses formidables se produiront. Et tu ne veux en manquer aucune!

Seigneur, je veux t'obéir même quand je ne comprends pas. Amen.

AUJOURD'HUI, AVEC JÉSUS...
FAIS CE QUE DIT LA PAROLE DE DIEU.

6 septembre

CHOISIS D'OBÉIR

Tendez l'oreille et venez à moi,
écoutez donc et vous vivrez!
Esaïe 55.3

Aujourd'hui, avant de prier et de lire la Bible, soit prêt(e) à faire ce que Dieu te dira. Il te demandera peut-être quelque chose de difficile, mais il aura toujours une bonne raison, peu importe s'il te montre d'abandonner un péché ou d'accepter une situation permettant à ta foi de devenir plus forte. Tu peux être absolument sûr(e) qu'il veut le meilleur pour toi. Alors, ne t'étonne pas si ce n'est pas toujours facile. Mais décide maintenant de lui obéir malgré tout.

Il sait que c'est dur pour toi de te laisser transformer pour devenir la personne qu'il aimerait que tu sois. Mais ce qu'il permet pour ça te pousse à dépendre de lui.

Tu ne comprendras peut-être pas toujours pourquoi il te demande certaines choses, mais tu peux savoir qu'il te bénira si tu lui obéis quand même. Demande-lui de t'aider, et il le fera. Il te donnera le courage et la force dont tu as besoin, car il veut que tu aies la victoire et vives une vie vraiment heureuse.

Seigneur, aujourd'hui, je choisis de te suivre,
quoi qu'il arrive. Amen.

AUJOURD'HUI, AVEC JÉSUS...
CHOISIS DE LUI OBÉIR.

7 septembre

NE VA PAS TROP VITE

Les projets de l'homme actif sont tout profit, mais celui qui agit avec précipitation n'arrive qu'à la misère.

Proverbes 21.5

Il y aura des moments, dans ta vie, où tu seras tenté(e) de foncer et de prendre une décision sans en parler à Dieu d'abord. Et Satan sera là pour te murmurer: «Vas-y vite, c'est facile! N'embête pas Dieu avec ça. Tout ira bien!» Mais n'oublie pas qu'il est rusé et qu'il ne te dira jamais ce qui va se passer *après* que tu auras fait ce choix. Pourquoi? Parce que, ce qu'il veut vraiment, c'est te mettre par terre.

Dieu, au contraire, se soucie vraiment de toi, des décisions que tu prends et de leurs conséquences dans ta vie. Tu as de l'importance à ses yeux. Et il veut seulement le meilleur pour toi.

Et n'oublie pas: il n'est pas seulement Dieu d'aujourd'hui, il est aussi Dieu demain. Il connaît tout à l'avance. Il peut parfaitement te conseiller quand tu dois prendre une décision. Alors, demande-lui: *Si je choisis ça, quelles conséquences est-ce que ça aura? Qu'est-ce qui arrivera à ma famille ou à mes ami(e)s? Est-ce que ça me rapprochera ou est-ce que ça m'éloignera de toi?* Laisse-toi guider par lui, et il te donnera un avenir de paix et d'espérance (Jérémie 29.11).

Mon Dieu, tu connais tout, même l'avenir. S'il te plaît, guide-moi vers ce qui est, selon toi, le meilleur pour moi. Amen.

AUJOURD'HUI, AVEC JÉSUS...
CROIS QU'IL TE CONDUIRA BIEN.

8 septembre

CE QUI TE DONNE LA PAIX

Et la paix de Dieu, qui dépasse tout ce que l'on peut comprendre, gardera votre cœur et vos pensées en Jésus-Christ.
Philippiens 4.7

Parfois, quand tu commences à prier, tu sens que ce n'est pas la paix qui règne en toi. C'est plutôt la colère, l'inquiétude, le stress, la peur ou la tristesse. Mais quand Dieu te parle, une des premières choses que tu remarques, c'est un sentiment de paix. Et plus tu passes du temps avec lui, plus cette paix, qui «dépasse tout ce que l'on peut comprendre», remplit ton cœur.

C'est la présence du Seigneur et ses conseils qui te procurent cette paix, cette confiance et cette assurance. Bien sûr, si tu refuses de lui obéir, tu n'auras pas la paix, même si tu pries pendant très longtemps. Par exemple, tu ne peux pas mentir et t'attendre à ce qu'il te bénisse. Il faut d'abord que tu te débarrasses de ce péché. Mais quand il te parle et que tu acceptes de faire ce qu'il te dit, tu es sûr(e) que c'est la bonne chose à faire, parce que sa paix remplit ton cœur. Et tu es plein(e) de confiance, parce que tu sais que ce qu'il dit, il le fera.

Père, aide-moi à t'obéir aujourd'hui, afin que ta paix remplisse mon cœur. Amen.

AUJOURD'HUI, AVEC JÉSUS...
LAISSE DIEU TE REMPLIR DE SA PAIX.

9 septembre

TOURNE TES PENSÉES VERS LUI

Alors le roi David alla se présenter devant l'Eternel et dit...
2 Samuel 7.18

Le verset d'aujourd'hui montre que le roi David se présentait devant l'Eternel pour lui parler. Il prenait du temps pour penser à Dieu. C'était quelque chose de complètement naturel pour lui. D'ailleurs, la Bible dit qu'il était un «homme selon le cœur de Dieu». Il voulait connaître le plan du Seigneur pour sa vie. Et, souvent, c'était quand il pensait à Dieu que Dieu lui dévoilait son plan ou, en tout cas, le pas suivant.

Penser à Dieu et réfléchir à sa Parole: voilà quelque chose que tu devrais faire chaque jour toi aussi. Bien sûr, Satan fera tout ce qu'il peut pour t'en empêcher. Il te dira que tu as trop de choses à faire ou que ce n'est pas si important que ça. Il te distraira avec des hobbys, des films ou tes ami(e)s. Mais ne le lui permets pas. Car ce temps que tu passes avec ton Dieu est très précieux!

Quand tu rencontres un problème, quand tu es devant un choix ou quand tu veux simplement écouter ce qu'il veut te dire, tourne tes pensées vers Dieu. Et il sera avec toi, c'est certain.

Seigneur, aide-moi à penser à toi et à réfléchir à ta Parole. C'est le moment le plus important de ma journée. Amen.

AUJOURD'HUI, AVEC JÉSUS...
TOURNE TES PENSÉES VERS LUI.

10 septembre

METS-TOI À LEUR PLACE

...détourne-toi du mal et fais le bien,
recherche la paix et poursuis-la.
Psaume 34.15

La Bible dit: «Recherchez la paix avec tous» (Hébreux 12.14). Mais ça ne veut pas dire que tu dois faire des choses mauvaises juste pour préserver la paix. Non, ça veut dire que tu dois aimer les autres, être bienveillant(e) avec eux et toujours prêt(e) à leur pardonner et demander à Dieu son aide pour ça.

Demande-lui de t'aider à te mettre à la place de ceux qui t'entourent pour les comprendre. C'est une bonne manière de «rechercher la paix». Bien sûr, si, tout à coup, ton (ta) meilleur(e) ami(e) ne te parle pas gentiment, ça fait mal. Mais plus tard, peut-être, tu apprends qu'il (elle) venait juste de recevoir des mauvaises nouvelles de sa grand-mère qui est malade. Alors, tu comprends pourquoi, cette fois-là, il (elle) n'était pas aussi gentil(le) que d'habitude.

Si tu veux vivre en paix, tu as vraiment besoin de Dieu pour chercher à connaître les autres et à comprendre les soucis qu'ils portent (1 Jean 4.20). Demande-lui son aide pour voir avec ses yeux et aimer avec son amour. Il n'y a pas de plus sûr chemin vers la paix!

Mon Dieu, aide-moi à toujours aimer, à être bienveillant(e) envers tous et à vivre en paix avec chacun. Amen.

AUJOURD'HUI, AVEC JÉSUS... DEMANDE-LUI DE T'AIDER À VOIR LES AUTRES AVEC SES YEUX.

11 septembre

NON À LA VENGEANCE!

Heureux serez-vous lorsqu'on vous insultera, qu'on vous persécutera et qu'on dira faussement de vous toute sorte de mal à cause de moi.
Matthieu 5.11

Quand on se moque de toi ou qu'on est méchant avec toi, ça n'a rien d'amusant. Ça fait même mal, très mal. Mais tu dois savoir que si tu suis Jésus, il y aura des gens qui s'attaqueront à toi justement à cause de ça. Ils se moqueront de toi, feront tout pour t'intimider, ou pire encore. Et tu auras envie de te venger. Mais ne le fais pas! Laisse Dieu s'occuper de ça. Avec son aide, fais du bien à ceux qui s'en prennent à toi, prie pour eux et pardonne-leur. Parce qu'ils sont prisonniers des pièges du diable. Et en leur montrant l'amour de Dieu, il se pourrait bien que tu les aides à trouver le chemin de la liberté (2 Timothée 2.26).

Bien sûr, ce ne sera pas facile. Tu devras demander à Dieu de te donner sa force et croire qu'il est là pour t'aider à traverser ces moments difficiles. Mais surtout, n'abandonne pas, et ne rends pas le mal pour le mal. Réjouis-toi plutôt, car c'est l'occasion de montrer à tous combien ton Dieu est grand et plein d'amour.

Père, quand on est méchant avec moi, aide-moi à pardonner et à continuer à aimer. Amen.

AUJOURD'HUI, AVEC JÉSUS… PARDONNE À CEUX QUI TE FONT DU MAL.

12 septembre

PARCE QU'IL T'A PARDONNÉ

Si vous pardonnez aux hommes leurs fautes,
votre Père céleste vous pardonnera aussi.
Matthieu 6.14

Est-ce qu'il t'est déjà arrivé d'avoir été blessé(e) par un(e) ami(e)? Tu as peut-être eu envie de lui tourner le dos ou de lui faire mal à ton tour. Mais dans ces cas-là, choisis plutôt de pardonner. Pourquoi? Parce que, sinon, ta blessure pourra facilement se transformer en colère ou en amertume. Et ce n'est jamais bon.

Mais la pire chose qui arrive quand tu ne pardonnes pas, c'est que ça t'éloigne de Dieu. Jésus est mort sur la croix pour que tu puisses recevoir le pardon de tes péchés. Et en retour, il te demande de pardonner toi aussi. Tu ne peux pas t'attendre à ce qu'il te pardonne si tu refuses de pardonner aux autres.

Alors, sois bienveillant(e) avec la personne qui t'a blessé(e), tout comme Jésus est bienveillant et plein d'amour envers toi. Demande-lui de t'aider à te réconcilier avec cette personne et avec lui-même. Si tu choisis de pardonner, tu commenceras à comprendre ce qu'il a fait sur la croix pour toi, afin que tu puisses être pardonné(e).

Père, aide-moi à pardonner à ceux qui me font
du mal et à leur montrer ton amour. Amen.

AUJOURD'HUI, AVEC JÉSUS...
PARDONNE COMME IL T'A PARDONNÉ.

13 septembre

LA CRAINTE DE L'ETERNEL

La connaissance commence par la crainte de l'Eternel.
Proverbes 1.7

Peut-être que tu as du mal à comprendre ce qu'est «la crainte de l'Eternel». En fait, ce n'est pas une peur dans le sens auquel tu es habitué(e). Avoir la crainte de l'Eternel, c'est être envers Dieu dans une attitude de respect et d'adoration parce que tu sais qu'il est le Seigneur des seigneurs, le créateur de tout l'univers et, aussi, qu'il est parfaitement saint.

Dieu ne veut pas que tu aies peur de lui. Il veut que tu comprennes combien il t'aime et saches qu'il fera toujours ce qui est le mieux pour toi. Mais il veut aussi que tu lui obéisses. Et parfois, ce qu'il te demandera te fera peut-être peur, comme le fait de parler de lui à ceux qui t'entourent, d'aider quelqu'un en difficulté ou encore de prendre position contre ce qui n'est pas juste. Et c'est justement ta «crainte de l'Eternel» (ton respect pour lui) qui te donnera le courage de lui obéir.

Aujourd'hui, laisse cette «crainte de l'Eternel» chasser toutes tes peurs, pour que tu puisses lui obéir.

Seigneur, tu es parfait, saint et tout-puissant.
Aide-moi à t'obéir. Amen.

AUJOURD'HUI, AVEC JÉSUS...
RESPECTE SA SAINTETÉ EN LUI OBÉISSANT.

14 septembre

ENTENDS LE DOUX MURMURE

Qui parmi vous craint l'Eternel et écoute son serviteur? Si quelqu'un marche dans l'obscurité et manque de lumière, qu'il place sa confiance dans le nom de l'Eternel et s'appuie sur son Dieu!
Esaïe 50.10

Dieu te parle toujours: par sa Parole, par ce que peuvent te dire les autres, puis par les situations que tu peux rencontrer. Mais est-ce que tu l'écoutes?

Au début, sa voix ressemble à un doux murmure. Alors sois bien attentif(ve). Sinon, il devra te parler plus fort. Bien sûr, tu n'entendras pas une voix forte venant du ciel appeler ton nom, mais Dieu se servira des personnes et des circonstances de ta vie – aussi des difficultés – pour attirer ton attention.

Ne force pas Dieu à «crier». Lis sa Parole chaque jour, pour apprendre à le connaître et comprendre ce qu'il attend de toi. Il veut te guider (Psaume 48.15), te réconforter (2 Corinthiens 1.3) et te protéger (Genèse 19.17-26). Il veut aussi t'apprendre à lui obéir (Josué 6.18-19) et te montrer combien il t'aime (Jean 16.27). Ne permets pas au bruit de ce monde d'étouffer sa voix. Ecoute-le!

Seigneur, donne-moi un cœur prêt à t'écouter, pour que je puisse entendre tout ce que tu veux me dire. Amen.

AUJOURD'HUI, AVEC JÉSUS… DEMANDE-LUI DE TE DONNER UN CŒUR PRÊT À L'ÉCOUTER.

15 septembre

EN BONNE SANTÉ

Efforcez-vous de conserver l'unité de l'Esprit par le lien de la paix.
Ephésiens 4.3

Ton corps est un vrai miracle! Ses différentes parties travaillent ensemble d'une manière incroyable. D'ailleurs, même les scientifiques n'arrivent pas encore à tout expliquer. Pense seulement à ce qui se passe à l'instant où tu lis ces lignes: tes yeux voient les mots et envoient une image à ton cerveau, qui la traduit ensuite par un message que tu peux comprendre. Et en même temps, tu respires, tu clignes des yeux, tu tournes les pages et, peut-être aussi, tu gigotes sur ta chaise. Quand quelque chose ne va pas quelque part dans ton corps, tout le corps en souffre. Par exemple, quand tu te cognes un doigt de pied, tu as les larmes aux yeux et ta mâchoire se crispe.

Eh bien, c'est pareil avec l'Eglise, qui est le corps de Christ: chaque partie (ou personne) est importante et interagit avec les autres. Quand un membre a mal, le corps tout entier a mal. Voilà pourquoi Dieu nous demande d'être «bons et pleins de compassion les uns envers les autres» (Ephésiens 4.32), de nous pardonner, de nous aider et de nous encourager les uns les autres (Hébreux 3.13). C'est comme ça que tu peux aider le corps (l'Eglise) à rester fort et en bonne santé!

Mon Dieu, aide-moi à voir ceux qui souffrent
et à leur montrer ton amour. Amen.

AUJOURD'HUI, AVEC JÉSUS... FAIS DU BIEN À QUELQU'UN DE TON ÉGLISE.

16 septembre

LA VICTOIRE

...tout ce qui est né de Dieu remporte la victoire contre le monde, et la victoire qui a triomphé du monde, c'est votre foi.
1 Jean 5.4

Parfois, la vie est tout simplement dure. Il y a la maladie et la tristesse. Certain(e)s de tes ami(e)s déménagent ou te laissent tomber. Tu rates un contrôle à l'école ou tu n'arrives pas à te faire accepter dans l'équipe de sport... En fait, comme le péché fait partie de ce monde, les difficultés font partie de la vie. Mais le plus important, c'est la façon dont tu traverses ces moments durs à vivre: Est-ce que tu es complètement découragé(e)? Est-ce que tu es en colère? Est-ce que tu baisses les bras? Ou est-ce que tu as confiance en Dieu parce que tu sais qu'il sera là pour t'aider?

Si tu es son enfant, il promet de tout utiliser dans ta vie, même les difficultés, pour ton bien et pour sa gloire. Mais repenser à ses promesses quand on est en plein milieu des problèmes, ce n'est pas facile. Il est donc vraiment très important que tu cherches en lui le secours dont tu as besoin. Demande-lui de te rappeler ses promesses et de te remplir de force et d'espérance. Alors, peu importe ce que tu traverses, il t'aidera et te donnera la victoire!

Seigneur, quand la vie est difficile, aide-moi à m'accrocher encore plus à toi. Amen.

AUJOURD'HUI, AVEC JÉSUS... CROIS QU'IL T'AIDERA À TRAVERSER CE QUI EST DIFFICILE.

17 septembre

LES LEÇONS DE L'ÉCHEC

Sur Dieu reposent mon salut et ma gloire;
le rocher de ma force, mon refuge, est en Dieu.
Psaume 62.8

Est-ce qu'il t'arrive de te dire: *Si je rate, qu'est-ce que les autres vont penser?* Mais en réfléchissant de cette manière, tu risques fort de remplir ton cœur d'inquiétude. Par contre, tu peux réfléchir d'une autre manière. Tu peux te dire: *Et si, cette fois, Dieu permettait que je n'y arrive pas pour m'apprendre à lui faire confiance?*

Bien sûr, parfois, le Seigneur permet l'échec pour te montrer un péché dont il veut que tu te débarrasses. Mais peut-être aussi qu'il veut simplement t'apprendre à dépendre de lui. Sur le moment, ces leçons-là ne sont pas très amusantes, parce que, humainement, tout le monde a envie de réussir. Le problème, c'est que, bien souvent, tu voudrais y arriver par toi-même. Tu oublies Dieu. Alors il utilise des déceptions pour te rappeler que tu as vraiment besoin de lui.

Plus tu apprendras à compter sur lui, plus tu verras les échecs comme des étapes qui te conduisent à une plus grande victoire avec lui.

Père, aide-moi à te faire entièrement confiance,
surtout dans les moments d'échec. Amen.

AUJOURD'HUI, AVEC JÉSUS... APPRENDS À DÉPENDRE DE LUI POUR TOUT.

18 septembre

À QUI LA FAUTE?

Mais chacun est tenté quand il est attiré et entraîné par ses propres désirs.
Jacques 1.14

Quand Dieu a demandé à Adam s'il avait mangé du fruit défendu, Adam a fait ce que beaucoup de gens font encore aujourd'hui: il a rejeté la faute sur quelqu'un d'autre (Genèse 3.12). Au lieu de reconnaître qu'il avait mal agi, il a accusé Eve. Est-ce qu'il t'arrive aussi de rejeter la faute sur les autres autour de toi, au lieu de reconnaître que c'est *toi* qui as tort?

Humainement, c'est facile. Quelque part, ça te permet d'éviter les ennuis. Donc c'est tentant. Mais Dieu ne veut pas que tu choisisses la solution de facilité. Et de toute façon, ça ne marche pas. Tu arriveras peut-être à tromper tes ami(e)s, tes profs ou même tes parents (même si ce n'est pas une bonne idée!), mais tu ne pourras jamais tromper Dieu. Car il sait déjà exactement ce que tu as fait.

Alors ne joue pas à rejeter la faute sur les autres quand tu as mal agi. Avoue ton péché au Seigneur. Il attend simplement que tu viennes à lui pour te pardonner et t'aider à réparer les choses.

Mon Dieu, merci parce que je peux venir à toi quand j'ai péché. Tu me pardonnes et m'aimes toujours. Amen.

AUJOURD'HUI, AVEC JÉSUS... NE REJETTE PAS LA FAUTE SUR LES AUTRES.

19 septembre

POUR LUI RESSEMBLER

Soyez bons et pleins de compassion les uns envers les autres; pardonnez-vous réciproquement comme Dieu nous a pardonné en Christ.
Ephésiens 4.32

Il y a toujours quelqu'un à qui tu as besoin de pardonner: un(e) élève à l'école qui te critique derrière ton dos, un(e) ami(e) qui te déçoit, un prof qui t'accuse faussement d'avoir triché ou quelqu'un qui te méprise tout le temps. Pardonner, ce n'est pas facile, mais c'est nécessaire. Et plus tu attends, plus tu en veux à cette personne, et plus tu as du mal à lui pardonner.

Pourquoi est-ce que tu dois pardonner? Parce ce que Dieu t'a pardonné et te pardonne encore. Quand tu te donnes à Jésus pour le suivre, il te lave de tous tes péchés, parce qu'il t'aime. Montre-lui combien tu l'aimes aussi en pardonnant à ceux qui t'ont fait du mal.

S'il est important que tu pardonnes, c'est aussi parce que quand tu refuses de le faire, c'est… *toi* qui en souffres le plus. Ton cœur se remplit de colère et d'amertume, et ce n'est pas ce que Jésus veut pour toi. Alors, si tu veux lui ressembler de plus en plus, pardonne comme Dieu t'a pardonné.

Seigneur, donne-moi la force d'abandonner ma colère et de pardonner à ceux qui m'ont fait du mal. Amen.

AUJOURD'HUI, AVEC JÉSUS…
PARDONNE À CEUX QUI TE FONT DU MAL.

20 septembre

SA PERFECTION

Dieu peut vous garder de toute chute et vous faire paraître devant sa gloire irréprochables et dans l'allégresse...
Jude 24

Est-ce que tu aimerais être parfait(e)? L'élève parfait(e), le fils ou la fille parfait(e), l'ami(e) parfait(e), le sportif ou la sportive parfait(e), et même le chrétien ou la chrétienne parfait(e)? Mais est-ce que tu t'es rendu compte que c'était impossible?

La bonne nouvelle, c'est que tu n'as pas besoin d'être parfait(e) pour Dieu. Aucun être humain n'est capable de faire toujours ce qui est juste ni d'arriver à ne plus jamais pécher. Ne l'oublie pas! Seul Jésus était sans péché. Et il nous a lavés de nos fautes. Alors, tu n'es pas parfait(e), mais grâce lui, tu n'es plus coupable et tu peux te réjouir!

Le monde dans lequel tu vis est rempli de péché, et tu seras tenté(e) de faire le mal. Parfois, tu prendras de mauvaises décisions. Donc tu ne seras pas... parfait(e). Mais si tu appartiens à Jésus, il te couvre de sa perfection. Alors, quand Dieu te voit, il voit la force, la bonté et la perfection de Jésus. C'est pourquoi le salut est un salut *parfait*.

Mon Dieu, merci pour ton Fils parfait qui a pris sur lui mes péchés et mes fautes. Amen.

AUJOURD'HUI, AVEC JÉSUS... CROIS QUE, GRÂCE À LUI, TU N'ES PLUS COUPABLE.

21 septembre

RÉFLÉCHIS D'ABORD

De fait, la nature humaine tend vers la mort, tandis que l'Esprit tend vers la vie et la paix.
Romains 8.6

Dieu ne te dira jamais de faire simplement tout ce que tu veux et tout ce qui te plaît sans réfléchir aux conséquences. Bien sûr, il désire que tu profites de la vie qu'il t'a donnée, mais d'une manière qui lui plaise et, aussi, qui soit bonne pour toi (il ne veut pas que tu finisses par te faire du mal).

Alors fais attention et réfléchis bien. Il y a beaucoup d'autres voix, autour de toi, qui te diront de faire ce dont tu as envie (par exemple raconter des choses méchantes sur les autres, mentir, voler, essayer la drogue, boire de l'alcool…). Mais ne les écoute pas. Ecoute la voix de Dieu. Demande-lui de t'éloigner, par son Saint-Esprit, de ce qui peut te faire souffrir et te détruire, en particulier des choses qui ont l'air très agréables sur le moment, mais qui, en réalité, sont vraiment dangereuses.

Tourne tes pensées vers le Seigneur et vers sa Parole. Ecoute sa voix et obéis-lui. Alors, ta vie sera belle et remplie de joie.

Seigneur, aide-moi à reconnaître ta voix au milieu de toutes les autres, et aide-moi à te suivre. Amen.

AUJOURD'HUI, AVEC JÉSUS…
RÉFLÉCHIS AVANT D'AGIR.

22 septembre

IL TIENT TOUJOURS PAROLE

De toutes les bonnes paroles qu'il avait prononcées (...), aucune n'est restée sans effet.
1 Rois 8.56

Parfois, les gens ne tiennent pas leurs promesses. Mais ce n'est jamais le cas de Dieu. Il fait *toujours* ce qu'il a dit. Oui, toujours! Alors, s'il t'a promis quelque chose, tu peux croire qu'il le réalisera. Les choses ne se passeront peut-être pas au moment où tu le veux ou de la manière que tu le veux, mais ce sera parfait pour toi.

Beaucoup de gens se mettent à douter de Dieu quand ils ne le voient pas agir dans leur vie comme ils se l'étaient imaginé. Au début, quand ils le prient, ils croient qu'il va leur répondre, mais s'il ne le fait pas tout de suite, ils abandonnent.

Si tu pries pour quelque chose en particulier et attends que Dieu te réponde, ne perds pas courage. Crois qu'il est en train d'agir pour ton bien. S'il te demande d'attendre, c'est parce qu'il prépare tout pour que son plan s'accomplisse; un plan tellement merveilleux, qu'on ne peut pas le décrire avec des mots. Alors, fais-lui confiance. Il a toujours tenu ses promesses, et il n'arrêtera jamais de le faire.

Mon Dieu, je sais que tu tiens toujours parole. Aide-moi à m'en souvenir quand j'attends ta réponse. Amen.

AUJOURD'HUI, AVEC JÉSUS... CROIS QU'IL TIENDRA SES PROMESSES.

23 septembre

IMPOSSIBLE?

Seigneur Eternel, c'est toi qui as fait le ciel et la terre par ta grande puissance et ta force. Rien n'est trop difficile pour toi.
Jérémie 32.17

Le roi Hérode n'aimait pas les disciples de Jésus. Il les détestait tellement qu'il avait fait arrêter Pierre et l'avait fait jeter en prison. L'apôtre était attaché avec deux chaînes. Les autres chrétiens priaient beaucoup pour lui, mais ils avaient l'impression qu'il ne pourrait jamais être libéré. Pourtant, la veille de son procès, ce qui était impossible est justement arrivé.

Pierre dormait quand, tout d'un coup, un ange du Seigneur est apparu et lui a dit: «Lève-toi vite!» Ses chaînes sont tombées de ses mains, puis il s'est levé et est passé devant les gardiens sans qu'aucun ne le remarque. Ensuite, il est sorti de la prison et est allé à la maison où ses amis étaient rassemblés et priaient pour lui. D'abord, ils n'ont pas cru qu'il avait pu s'échapper. Mais ensuite, ils ont compris que Dieu avait répondu à leurs prières. Il avait rendu possible l'impossible (Actes 12). Car il est tout-puissant. Rien n'est trop difficile pour lui. Alors, quand certaines choses te semblent impossibles dans ta vie, fais-lui confiance. Il rend possible… l'impossible.

Père, tu as créé l'univers et tout ce qu'il contient.
Rien n'est trop difficile pour toi. Amen.

AUJOURD'HUI, AVEC JÉSUS… CROIS QU'IL PEUT RENDRE POSSIBLE CE QUI EST IMPOSSIBLE.

24 septembre

DU REPOS POUR TON CŒUR

Il me délivrera de leurs assauts et me rendra la paix, car ils sont nombreux contre moi.
Psaume 55.19

Quand est-ce que tu te sens le plus paisible? Tôt le matin, quand tout est encore calme et silencieux? Ou le soir, juste avant de t'endormir? Peut-être qu'il y a un endroit particulier – sous un arbre ou dans ton fauteuil préféré – où tu te sens en sécurité. Ce genre de paix est agréable, mais c'est une paix humaine, qui change en fonction du moment de la journée ou du lieu où tu te trouves. Il existe une autre paix que tu peux recevoir et qui dure, peu importe l'endroit où tu es et ce qui se passe autour de toi: c'est la paix de Dieu.

Dans le mot hébreu traduit par «paix», on retrouve l'idée de «solidité». Quand tu as l'impression que les soucis, les ennuis et les situations difficiles vont t'écraser, demande à Dieu son aide. Il rendra ta foi plus solide et te remplira de sa paix. Il calmera ton esprit inquiet et donnera du repos à ton cœur fatigué. Il détournera tes yeux des problèmes et te rappellera combien il t'aime. Tourne-toi vers lui, il t'enveloppera de sa douce paix.

Seigneur, merci pour ta paix. Tous mes soucis disparaissent quand je viens à toi. Amen.

AUJOURD'HUI, AVEC JÉSUS...
REPOSE-TOI SUR SA FORCE.

25 septembre

IL TE CONDUIRA

Regarde si je suis sur une mauvaise voie
et conduis-moi sur la voie de l'éternité!
Psaume 139.24

Est-ce que, parfois, quand tu demandes à Dieu ce que tu devrais faire, tu as de la peine à comprendre ce qu'il veut? Si oui, demande-lui de te parler par sa Parole, de te donner des promesses auxquelles tu pourras t'accrocher jusqu'à ce que tu sois sûr(e) de ce qu'il veut pour toi.

Ne fonce pas tête baissée dans ce que tu penses être la bonne chose à faire. Prends le temps d'ouvrir ta Bible et demande au Seigneur de te donner des versets qui pourront t'aider à comprendre ce qu'il veut pour toi. Comme une ancre empêche un bateau d'être emporté par les flots, sa Parole te gardera près de lui et t'empêchera de partir dans une mauvaise direction.

Et si tu ne sais toujours pas ce qu'il veut, continue à prier. Car Dieu *veut* que tu saches ce qu'il attend de toi. Il continuera à te guider et à t'éclairer jusqu'à ce que tu comprennes vraiment ses indications. Crois qu'il te montrera le chemin à suivre.

Mon Dieu, par ta Parole, montre-moi
ce que tu attends de moi. Amen.

AUJOURD'HUI, AVEC JÉSUS...
CROIS QU'IL TE PARLERA.

26 septembre

ANNONCE LA BONNE NOUVELLE

Christ (...) a lui-même porté nos péchés dans son corps à la croix afin que, libérés du péché, nous vivions pour la justice. C'est par ses blessures que vous avez été guéris.
1 Pierre 2.21-24

Jésus a un travail pour toi: annoncer aux autres la bonne nouvelle du salut (Matthieu 28.19); c'est-à-dire expliquer qu'à la croix, il a payé le prix pour que nous puissions recevoir le pardon des péchés. Ça *a l'air* simple, non? Car comment est-ce que tu n'aurais pas envie de parler de ce cadeau incroyable à tous?

Mais... si tu rencontres quelqu'un qui ne veut pas croire en Dieu et qui se moque de toi parce que tu crois en lui? Ou si tu rencontres quelqu'un dont la vie est remplie de péchés? Est-ce que, dans ces cas-là, tu décides que parler du Seigneur ne sert à rien? Si oui, rappelle-toi ce que dit Jésus lui-même: «Ce ne sont pas les bien portants qui ont besoin de médecin, mais les malades. Je ne suis pas venu appeler des justes, mais des pécheurs» (Marc 2.17). En fait, plus le péché remplit la vie d'une personne, plus elle a besoin d'entendre parler de Jésus. Et Dieu aimerait que ce soit toi qui fasses connaître à cette personne la bonne nouvelle du salut en Jésus.

Seigneur, montre-moi quelqu'un à qui parler de toi aujourd'hui, et donne-moi le courage de le faire. Amen.

AUJOURD'HUI, AVEC JÉSUS... MONTRE SON AMOUR À TOUS CEUX QUE TU RENCONTRES.

27 septembre

SAVOIR PERDRE

Il tient le succès en réserve pour les hommes droits.
Proverbes 2.7

Si tu fais du sport, tu sais qu'il est important de savoir perdre. Ça veut dire que, quand ça arrive, tu ne te mets pas en colère et tu ne te rends pas malade. Au contraire, tu te demandes comment tu pourras faire mieux la prochaine fois.

On peut perdre dans presque tous les domaines, et non pas juste dans le sport. Par exemple, tu as essayé de faire ce qui est bien, mais tu n'y es pas arrivé(e). Ou bien, tu *croyais* avoir pris le bon chemin, mais en fin de compte, tu t'es complètement trompé(e). Dans ces moments-là aussi, il est important de savoir perdre. Ne sois pas trop sévère avec toi-même, et ne te mets pas en colère. Cherche plutôt à comprendre ce que Dieu veut t'apprendre. Comme ça, tu pourras faire mieux la prochaine fois. Par exemple, tu dois peut-être comprendre qu'il y a certaines choses que tu ne peux pas faire seul(e) et que tu as besoin de son aide. Ou que chercher absolument à faire ce que *tu* veux ne mène à rien, mais que chercher ce que *lui* veut aboutit à quelque chose de beau. Alors, ne te laisse pas décourager par tes échecs, mais vois ce qu'ils peuvent t'apprendre!

Père, s'il te plaît, rappelle-moi que perdre est une occasion d'apprendre quelque chose de nouveau. Amen.

AUJOURD'HUI, AVEC JÉSUS... VOIS CE QUE TU PEUX APPRENDRE DE TES ÉCHECS.

28 septembre

LAISSE-LE RENDRE JUSTICE

...car l'Eternel aime ce qui est droit,
et il n'abandonne pas ses fidèles.
Psaume 37.28

Tu es tellement en colère contre cette personne que tu voudrais pouvoir oublier qu'elle existe. Mais pourquoi est-ce que tu continues à penser elle? En fait, c'est certainement Dieu qui la rappelle à ton souvenir parce qu'il sait que tu as besoin de lui pardonner. Et tu le sais aussi. Alors, pourquoi est-ce que tu n'abandonnes pas ta colère pour lui pardonner? Est-ce que tu as peur que Dieu soit trop bon avec elle, qu'il ne soit pas équitable avec toi, qu'il ne te fasse pas justice pour le mal qu'elle a commis contre toi?

Tu n'es pas le (la) seul(e) à penser ce genre de choses. Tu te souviens de Paul? Avant qu'il connaisse le Seigneur, il faisait terriblement peur aux chrétiens. Plus tard, après sa conversion, Dieu a demandé à ces chrétiens de lui pardonner. Et ce n'était pas facile. Mais ils l'ont fait. Et leur pardon a donné à Paul la liberté de devenir le plus grand prédicateur de l'Evangile (Actes 8–9).

Alors pardonne. Et laisse Dieu faire justice. Car tu ne sais jamais ce qu'il fera à travers toi... ou à travers la personne qui t'a fait du mal.

Mon Dieu, s'il te plaît, montre-moi à qui je dois pardonner, et aide-moi à le faire. Amen.

AUJOURD'HUI, AVEC JÉSUS...
ABANDONNE LA VENGEANCE.

29 septembre

QUAND LES MURS TOMBENT

«Poussez des cris, car l'Eternel vous a livré la ville!»
Josué 6.16

Josué regardait la muraille qui entourait Jéricho. Conquérir cette ville allait être vraiment très difficile. Il s'en rendait compte. Il ne voyait aucune possibilité de faire tomber l'épais mur. Pourtant, Dieu avait promis qu'Israël aurait la victoire, et Josué lui faisait confiance.

Et le peuple *a gagné* la bataille. Pendant toutes les années à venir, quand les enfants demanderaient à leurs parents comment la muraille était tombée, les parents répondraient que ça n'était pas arrivé grâce à un bélier ou à une stratégie militaire compliquée, mais grâce à leur obéissance. Dieu leur avait dit de faire le tour de la ville durant plusieurs jours, puis de crier au son de la trompette le dernier jour. Ils avaient suivi ses instructions, et les murs étaient tombés (Josué 6).

Est-ce qu'il y a des murs dans ta vie? Pas des murs de briques ou de pierres, mais des obstacles qui t'empêchent d'avancer? Pense à Josué et aux Israélites. Obéis à Dieu, plutôt que de suivre ton propre plan ou de compter sur ta force. C'est la solution. Parle-lui, puis fais exactement ce qu'il te dit. Ensuite, pousse des cris de joie et chante ses louanges quand les murs tombent.

Seigneur, je t'apporte tous les murs qu'il y a dans ma vie, car je sais que tu peux les faire tomber. Amen.

AUJOURD'HUI, AVEC JÉSUS... REMERCIE-LE DE TE CONDUIRE VERS LA VICTOIRE.

30 septembre

ATTENTION AUX IMPRESSIONS

C'est une preuve du juste jugement de Dieu, pour que vous soyez trouvés dignes du royaume de Dieu.
2 Thessaloniciens 1.5

Qu'est-ce que tu penses de toi-même? Est-ce que tu crois que tu es un(e) enfant bien-aimé(e) et chéri(e) de Dieu, pas parfait(e), mais parfaitement aimé(e) de lui? Ou est-ce que tu te demandes si tu es digne de son amour et assez bien pour lui (et pour les autres)?

Ce sont là des choses que tu ressens, mais ce n'est pas la réalité. Ces doutes te volent ta joie et t'empêchent de voir qui tu es vraiment: un(e) enfant de Dieu. Alors, quand tu te demandes si tu as de la valeur pour quelqu'un, ouvre ta Bible et regarde ce que Dieu dit de toi. Car c'est *ça*, la vérité.

Dieu sait tout. Il sait exactement quelle est ta valeur: tu as tellement de prix à ses yeux, qu'il a envoyé son Fils mourir sur la croix pour te sauver (Jean 3.16). Il a fait de toi son enfant (Romains 8.15). Il t'écoute (Jérémie 33.3) et il t'aime (1 Jean 3.1).

Quand il t'arrive de penser que tu n'as pas de valeur, demande-lui simplement de te rappeler la réalité. Crois ce que dit sa Parole et non ce que te disent tes impressions.

Seigneur, merci de m'avoir rendu(e)
digne de ton amour. Amen.

AUJOURD'HUI, AVEC JÉSUS... RAPPELLE-TOI QUE TU AS DE L'IMPORTANCE POUR DIEU.

1er octobre

AS-TU ÉTÉ AVEC LUI?

Lorsqu'ils virent l'assurance de Pierre et de Jean, ils furent étonnés, car ils savaient que c'étaient des hommes du peuple sans instruction et ils les reconnaissaient pour avoir été avec Jésus.
Actes 4.13

Est-ce que tu obéis au Seigneur parce que c'est «ce qu'il faut faire», ou parce que tu as vraiment envie de le suivre? Il aimerait que tu lui obéisses, bien sûr, mais pas seulement parce que tu dois le faire. Il voudrait que tu le serves avec joie parce que tu l'aimes et parce que tu es reconnaissant(e) de ce qu'il a fait pour toi. Il veut remplir ton cœur par son Esprit et briller à travers toi.

Quand Pierre et Jean, les disciples de Jésus, ont commencé à parler de Dieu autour d'eux, les gens ont vu leur joie et leur amour pour lui. Ils ont été tellement étonnés par leurs paroles et leur sagesse, qu'ils ont compris que tout ça venait de Dieu, et non pas de ces deux hommes qui n'avaient pas fait d'études.

Si passer du temps avec le Seigneur est pour toi une priorité, il brillera aussi à travers toi par son Esprit. Il te donnera sa sagesse, sa force et ses paroles. Et les gens sauront que tu as été avec lui.

Mon Dieu, remplis-moi de ton Esprit pour que les autres te voient briller à travers moi. Amen.

**AUJOURD'HUI, AVEC JÉSUS...
PASSE DU TEMPS AVEC LUI.**

2 octobre

«NE FAIS PAS ÇA!»

...mais tu ne mangeras pas le fruit de l'arbre de la connaissance du bien et du mal.
Genèse 2.17

Qu'est-ce qui se passerait si ta maman t'avertissait de ne pas toucher le four parce qu'il est brûlant et que tu le faisais quand même? Ou si tu copiais sur ton voisin en classe alors que ton prof a prévenu que les tricheurs seraient punis? Tu aurais des ennuis, non? Et, d'après toi, qu'est-ce qui arriverait si Dieu te disait: «Ne fais pas ça», mais que tu le faisais malgré tout? Oui, tu aurais des ennuis.

Souviens-toi d'Adam: il a bien entendu quand Dieu lui a dit de ne *pas* manger du fruit de l'arbre de la connaissance. Le message était très clair; il ne pouvait pas être mal compris. Pourtant, il a mangé du fruit. Et depuis, il y a toujours eu des problèmes sur la terre.

Alors, quand Dieu dit: «Ne fais pas ça», ce n'est pas parce qu'il veut te priver de quelque chose de magnifique. C'est parce qu'il veut te protéger de quelque chose qui te ferait du mal, à toi, son enfant bien-aimé(e). Il a tellement de bienfaits en réserve pour toi. Ne gâche pas tout en faisant ce qu'il te dit de ne pas faire.

Seigneur, je regrette toutes les fois où j'ai fait ce que tu me disais de ne pas faire. S'il te plaît, pardonne-moi. Amen.

AUJOURD'HUI, AVEC JÉSUS...
OBÉIS À CE QU'IL TE DIT.

3 octobre

LE PÈRE DU MENSONGE

«Dieu a-t-il vraiment dit: 'Vous ne mangerez aucun des fruits des arbres du jardin?'»
Genèse 3.1

La Bible dit que Satan est le père du mensonge. Il sait mieux mentir que n'importe qui. Il est sournois et rusé, et il connaît tous tes points faibles.

Rappelle-toi comment il a menti à Eve pour la prendre au piège: il a utilisé presque les mêmes mots que Dieu avait prononcés. Dieu avait dit: «Tu pourras manger les fruits de tous les arbres du jardin, mais tu ne mangeras pas le fruit de l'arbre de la connaissance du bien et du mal» (Genèse 2.16-17). Le diable a changé juste un mot. Il a demandé à Eve: «Dieu a-t-il vraiment dit: 'Vous ne mangerez *aucun* des fruits des arbres du jardin?'» Cette petite différence a poussé Eve à douter de Dieu.

Fais attention aux pièges de Satan. Si tu l'entends te murmurer quelque chose qui *ressemble* à ce que Dieu a dit ou qui te fait douter de Dieu et de sa bonté, ouvre vite ta Bible pour vérifier. Crois ce que Dieu a *vraiment* dit, et obéis-lui. N'écoute pas le père du mensonge (Jean 8.44).

Mon Dieu, aide-moi à reconnaître les mensonges du diable et à obéir à ta vérité. Amen.

AUJOURD'HUI, AVEC JÉSUS… LIS CE QUE DIT HÉBREUX 4.12 AU SUJET DE LA PAROLE DE DIEU.

4 octobre

TOUJOURS AVEC TOI

Il se réveilla, menaça le vent et dit à la mer: «Silence! Tais-toi!» Le vent tomba et il y eut un grand calme.
Marc 4.39

Quand un bateau est pris dans la tempête, il est secoué par le vent et les vagues. Mais sous les vagues, il n'y a pas de tempête. Tout est parfaitement calme et paisible. Est-ce que tu as déjà pensé à ça?

C'est une belle image de la paix que Jésus donne. Jésus lui-même a dit que, si nous le suivons, nous aurons des choses difficiles à vivre dans ce monde. Parfois, tu auras l'impression d'être comme une barque ballottée par d'énormes vagues et un vent très fort. Mais Jésus n'abandonne jamais ceux qui lui appartiennent. Il l'a promis. Et parce qu'il est avec toi, tu peux sentir sa paix dans ton cœur, même au milieu des plus grosses difficultés.

Pourquoi? Parce que tu sais que son amour pour toi n'a pas de fin. Il te donnera sa force quand tu seras trop fatigué(e) pour continuer. Et il te consolera, parce qu'il comprend toutes les difficultés que tu peux traverser. Oui, il y aura des tempêtes dans ce monde, mais Celui qui a déjà vaincu le monde est avec toi (Jean 16.33). Ne l'oublie pas!

Merci, Seigneur Jésus, d'être toujours avec moi, surtout quand je suis dans la tempête. Amen.

AUJOURD'HUI, AVEC JÉSUS... RAPPELLE-TOI QU'IL EST TOUJOURS AVEC TOI.

5 octobre

QUOI QU'IL ARRIVE

...celui qui est en vous est plus grand
que celui qui est dans le monde.
1 Jean 4.4

Même s'il est vraiment dur de passer par des difficultés et des moments de tristesse, ces situations peuvent servir à ton bien. *Comment?* En te permettant de voir Dieu agir dans ta vie, de le voir te réconforter par son amour et te donner sa force et sa sagesse. En fait, c'est souvent dans les moments les plus durs que tu *sais* qu'il est là, tout près de toi. Pourquoi? Parce qu'il te remplit de sa joie et de sa paix, peu importe ce qui se passe autour de toi.

Bien sûr, ça ne veut pas dire que les moments durs sont faciles à vivre et qu'ils ne font pas souffrir. Mais tu sais que tu n'es pas seul(e), parce que le Seigneur est là pour t'aider.

Tout le monde passe par des situations difficiles, même les enfants de Dieu. *Mais*, si tu lui appartiens, tu as un privilège que les autres n'ont pas: Dieu t'accompagne et te donne sa paix. Alors tu peux être sûr(e) qu'il va s'occuper de tout pour toi, même quand tu ne vois pas comment il va faire.

Seigneur, merci de m'accompagner dans
les bons comme dans les mauvais moments. Amen.

AUJOURD'HUI, AVEC JÉSUS... CROIS QU'IL PEUT TE FAIRE DU BIEN AUSSI DANS LES DIFFICULTÉS.

6 octobre

CE QU'IL VEUT T'APPRENDRE

Ton maître ne se cachera plus et tes yeux le verront.
Esaïe 30.20

Parfois, à cause des choses difficiles que tu vis, tu te sens seul(e) et tu as l'impression que personne ne s'intéresse à toi. Par exemple, il y a des moments où tes ami(e)s n'ont pas envie de t'écouter parler de tes problèmes. Et tu penses que tes parents ne peuvent pas comprendre ce que tu traverses. Même les choses que tu as l'habitude de faire tous les jours – comme aller à l'école, faire du sport ou passer du temps avec tes copains (copines) – sont difficiles pour toi. C'est comme si, tout d'un coup, tes espoirs, tes rêves et tes buts étaient devenus complètement impossibles à atteindre. Tu te demandes même peut-être: *A quoi ça sert d'aimer Dieu, si c'est si dur?*

Mais aimer Dieu en vaut *toujours* la peine. Ne l'oublie pas! Il ne t'a pas abandonné(e). Il permet ces moments difficiles pour t'apprendre à chercher l'aide auprès de lui. Si tu le cherches, il se fera connaître à toi de manière incroyable! Dans les situations impossibles, rappelle-toi que, pour lui, «tout est possible» (Matthieu 19.26). Cherche-le dans les bons comme dans les mauvais moments, et laisse-le te montrer son amour, sa puissance et sa gloire.

Père, merci d'agir dans ma vie, particulièrement dans les moments difficiles. Amen.

AUJOURD'HUI, AVEC JÉSUS... COMPRENDS CE QU'IL VEUT T'APPRENDRE.

7 octobre

MONTRE SON AMOUR

Vous êtes tous fils de Dieu par la foi en Jésus-Christ.
Galates 3.26

L'amour de Dieu est là pour tous les hommes, quels que soient leur âge, le pays d'où ils viennent et la couleur de leur peau. *Mais*... il a choisi de montrer cet amour à travers ceux qui ont accepté Jésus comme leur Sauveur, c'est-à-dire à travers ses enfants, donc à travers toi.

On pourrait dire que «tu es ses mains, ses bras et ses pieds» sur la terre. Ta mission, c'est de montrer son amour aux autres, à ceux qui habitent tout près de chez toi et à ceux qui vivent de l'autre côté de la planète. Aime-les comme lui le ferait. Ne les juge pas par rapport à leur physique, leur richesse, leur couleur de peau, leur langue ou, même, aux erreurs qu'ils peuvent faire. Parce que tous, qui qu'ils soient, ont besoin d'être sauvés par Jésus.

La Bible dit: «...pendant que nous en avons l'occasion, pratiquons le bien envers tous» (Galates 6.10). Alors, avec l'aide de Jésus, apprends à lui ressembler toujours plus. Partage son amour avec chacun, et fais le bien, peu importe où tu vas (Actes 10.38). Qui sait, peut-être que certains deviendront des enfants de Dieu à leur tour!

Seigneur Jésus, aide-moi à voir les autres comme tu les vois, avec un regard d'amour. Amen.

AUJOURD'HUI, AVEC JÉSUS... PARTAGE L'AMOUR DE DIEU AVEC TOUS CEUX QUE TU RENCONTRES.

8 octobre

UN TRÉSOR À PARTAGER

Mais vous recevrez une puissance lorsque le Saint-Esprit viendra sur vous, et vous serez mes témoins (...) jusqu'aux extrémités de la terre.
Actes 1.8

Dieu te parle encore et encore: par sa Parole, par les autres ou par ce qui se passe dans ta vie. Il le fait pour que tu puisses le connaître lui et son amour toujours plus. Mais il te parle aussi pour que tu puisses aider ceux qui t'entourent à découvrir sa Parole et le bonheur qu'il y a à lui appartenir.

Dieu nous donne des belles choses pour que nous les partagions avec les autres. En fait, juste avant de retourner au ciel, Jésus a dit à ses disciples de faire connaître autour d'eux tout ce qu'il leur avait appris: «Allez donc, faites de toutes les nations des disciples, baptisez-les au nom du Père, du Fils et du Saint-Esprit et enseignez-leur à mettre en pratique tout ce que je vous ai prescrit» (Matthieu 28.19). Puis, il leur a promis: «Et moi, je suis avec vous tous les jours, jusqu'à la fin du monde» (Matthieu 28.20). Ces paroles sont aussi pour toi. Alors, partage avec d'autres les belles choses que Dieu te donne!

Seigneur, aide-moi à parler autour de moi de toutes les belles choses que tu me donnes. Amen.

AUJOURD'HUI, AVEC JÉSUS...
PARLE DE LUI À QUELQU'UN.

9 octobre

EN CAS D'ATTAQUE

Soumettez-vous donc à Dieu, mais résistez au diable et il fuira loin de vous.
Jacques 4.7

Est-ce qu'il t'est déjà arrivé d'avoir l'impression d'être attaqué(e) par le diable lui-même, comme s'il s'était faufilé dans ta vie pour y faire tous les dégâts possibles, puis pour te murmurer quelque chose comme: «Si Dieu est avec toi, pourquoi est-ce que tout va si mal?»

Ne l'écoute pas, car il ment! Il est le père du mensonge. Résiste-lui. Comment? En disant: «J'ai confiance en Jésus. J'aime Jésus, et je le suivrai toujours!» La meilleure façon de faire taire le diable et ses mensonges, c'est de dire – à haute voix – combien tu aimes Dieu et combien tu as confiance en lui. Car Satan ne supporte pas d'entendre ces mots-là. Alors il s'enfuira.

Tu ne dois pas vivre dans la peur et l'inquiétude. Car le Seigneur te protégera et te sauvera. Alors, quand ton cœur commence à être envahi par le doute, comprends que le diable est en train de t'attaquer. Résiste-lui et fais-le fuir en louant le Seigneur Jésus!

Mon Dieu, merci parce que tu m'aimes, tu me sauves et tu me protèges des mensonges du diable. Amen.

AUJOURD'HUI, AVEC JÉSUS...
LOUE-LE À HAUTE VOIX.

10 octobre

CHANGE LES «INGRÉDIENTS»

En effet, c'est l'Eternel qui donne la sagesse, c'est de sa bouche que sortent la connaissance et l'intelligence.
Proverbes 2.6

Est-ce que, parfois, tu as l'impression de rencontrer toujours la même difficulté? Une nouvelle journée a commencé, tu es avec d'autres personnes, l'endroit est différent, mais le problème est le même. Par exemple, tu n'arrives pas à te débarrasser de ta tendance à te mettre en colère. Ou bien tu te retrouves toujours à mentir ou dire du mal des autres.

En fait, c'est comme un boulanger qui utilise du sel plutôt que du sucre pour faire un gâteau: il essaye des moules différents, il change de four, mais à chaque fois, son gâteau est impossible à manger. Et ce sera toujours comme ça tant qu'il ne changera pas ses ingrédients.

C'est aussi vrai pour toi: tu peux essayer un tas de «solutions» pour te débarrasser de tes défauts, mais si tu ne changes pas les «ingrédients» en toi, tu auras toujours le même résultat: tu n'y arriveras pas. Demande à Dieu de te montrer ce que tu dois faire. Demande-lui de te changer à l'intérieur. Il t'apprendra à régler tes problèmes d'une manière qui réjouira son cœur et te rendra heureux(se).

Seigneur, aide-moi à ne pas recommencer toujours les mêmes erreurs. Montre-moi ce qui doit changer en moi. Amen.

AUJOURD'HUI, AVEC JÉSUS... LAISSE-LE TE CHANGER À L'INTÉRIEUR.

11 octobre

UN TEMPS ET UNE RAISON

Ils s'approchèrent et le réveillèrent en disant: «Maître, maître, nous allons mourir.» Il se réveilla et menaça le vent et les flots. Ceux-ci s'apaisèrent et il y eut un calme plat. Puis il leur dit: «Où est votre foi?»

Luc 8.24-25

Jésus n'a jamais promis que le suivre serait facile. Il n'a pas dit à ses disciples qu'ils n'auraient jamais de problèmes et ne seraient jamais tristes. Il ne les a pas empêchés de traverser des moments difficiles. Non, il a permis qu'il y ait des orages dans leur vie.

Mais il *a* dit *aussi* que leurs difficultés ne dureraient pas toujours. Il a promis de les traverser avec toi. Et il a aussi promis de les utiliser pour ton bien. Les tempêtes de la vie ne viennent que *pour un temps*, et il les permet *pour une raison*. Alors ne pense pas que tes problèmes d'aujourd'hui vont durer toujours ou finir par t'écraser.

Jésus est *toujours* là, avec toi. Tu n'as donc pas besoin de t'inquiéter quand tu rencontres des moments difficiles ni de te laisser envahir par la tristesse. Tu peux traverser les orages de la vie. Et avec lui à tes côtés, tu peux les surmonter.

Seigneur Jésus, merci de toujours veiller sur moi et de m'aimer. Mon cœur est rempli de joie. Amen.

**AUJOURD'HUI, AVEC JÉSUS...
RAPPELLE-TOI QU'IL EST TA FORCE.**

12 octobre

N'IMAGINE PAS LE PIRE

Il fera appel à moi et je lui répondrai. Je serai avec lui dans la détresse, je le délivrerai et je l'honorerai.
Psaume 91.15

Est-ce que tu imagines toujours le pire? Si, par exemple, tu as oublié ton devoir de maths à la maison, est-ce que tu penses déjà que tu vas être ridiculisé(e) devant toute la classe, avoir zéro de moyenne dans cette matière, perdre tou(te)s tes ami(e)s, puis être renvoyé(e) de l'école pour de bon? En imaginant le pire on peut prendre des petits problèmes pour des énormes catastrophes.

Quand tu perds la maîtrise de ton imagination, il est temps de te rappeler qui contrôle tout: c'est Dieu. Depuis toute éternité, il n'a jamais perdu le contrôle de la situation. Pas même un seul instant. Et il veille sur toi.

Il est ton protecteur. Veiller sur toi, c'est sa responsabilité. La tienne, c'est de lui obéir, puis de croire qu'il prendra soin de toi. Quoi qu'il arrive, il veut te faire du bien et te récompenser par les bénédictions du ciel. Il utilisera tout ce que tu vis, même les difficultés, pour ton bien, *si* tu lui fais confiance. Alors, arrête d'imaginer le pire, et crois qu'il te donnera ce qu'il y a de meilleur pour toi.

Père, merci parce que tu contrôles tout.
Quoi qu'il arrive, je sais que tu prends soin de moi. Amen.

AUJOURD'HUI, AVEC JÉSUS... N'IMAGINE PAS LE PIRE, MAIS PENSE AU MEILLEUR QU'IL A PRÉPARÉ POUR TOI.

13 octobre

IL S'OCCUPE DE TOI

...ceux qui cherchent l'Eternel ne sont privés d'aucun bien.

Psaume 34.11

L'inquiétude, ce n'est pas ce que Dieu désire pour toi. Il ne veut pas que tu gaspilles une seule seconde à te demander par exemple: *Est-ce que, vraiment, quelqu'un m'aime? Comment est-ce que je vais bien pouvoir m'en sortir à l'école? Qu'est-ce qui va se passer si papa perd son travail?*

Il a promis de s'occuper de tous tes besoins (Philippiens 4.19). Tu peux en être sûr(e). Rien n'est trop difficile ou trop compliqué pour lui. Alors, pourquoi est-ce que tu continues à t'inquiéter?

En fait, peut-être que, dans ta tête, tu sais qu'il s'occupe de toi, mais que, dans ton cœur, tu as du mal à croire que tu peux lui faire *entièrement* confiance. Pourtant, la vérité pure et simple, c'est qu'il pourvoit à tes besoins. Si tu lui fais confiance et lui obéis, il prendra soin de toi et te donnera tout ce dont tu as besoin pour ta vie et ta relation avec lui (2 Pierre 1.3).

Alors, quels que soient tes besoins aujourd'hui – sa paix, un(e) ami(e), un encouragement... –, crois qu'il te donnera ce qu'il te faut. Ensuite, remercie-le et chante ses louanges.

Seigneur, merci de me donner tout ce dont j'ai vraiment besoin. Je crois que tu t'occupes de moi. Amen.

AUJOURD'HUI, AVEC JÉSUS... CROIS QU'IL TE DONNERA CE DONT TU AS BESOIN.

14 octobre

SANS LIMITES

...moi, je suis venu afin que les brebis aient la vie et qu'elles l'aient en abondance.
Jean 10.10

Est-ce que ce verset n'est pas magnifique? Quand tu reçois Jésus comme ton Sauveur, il ne te donne pas seulement la vie éternelle dans le ciel, il te donne aussi une vie abondante, ici, sur la terre. Une vie abondante, c'est une vie riche et remplie de bénédictions, qui te permet de faire tout ce qu'il a prévu pour toi.

Ça a l'air merveilleux, mais à quoi est-ce que ça ressemble dans la vraie vie? Dans la pratique, ça veut dire que, par exemple, si tu perds un(e) ami(e), Dieu en a préparé un(e) autre pour toi. Ou si tu n'es pas sélectionné(e) pour faire partie de l'équipe, il a quelque chose de meilleur en réserve pour toi.

Rappelle-toi toutes les fois où il a pris soin de son peuple d'Israël: il leur a donné la manne descendue du ciel (Exode 16.35), il a fait couler pour eux de l'eau du rocher (Exode 17.6), il a nourri des milliers de personnes avec le pique-nique d'un jeune garçon (Matthieu 14.14-21)... Et ce ne sont que quelques exemples. Sa puissance est sans limites et extraordinaire. Jamais il ne t'abandonnera (Josué 1.5).

Seigneur, merci de m'aimer et d'utiliser ta puissance pour prendre soin de moi. Amen.

AUJOURD'HUI, AVEC JÉSUS... RAPPELLE-TOI QUE SA PUISSANCE N'A PAS DE LIMITES.

15 octobre

TU ES UNIQUE!

...tous les peuples, issus d'un seul homme, habitent sur toute la surface de la terre, et il a déterminé la durée des temps et les limites de leur lieu d'habitation. Il a voulu qu'ils cherchent le Seigneur (...). En effet, c'est en lui que nous avons la vie, le mouvement et l'être.

Actes 17.26-28

Est-ce que, parfois, tu aimerais être comme quelqu'un d'autre? Par exemple, tu voudrais pouvoir chanter comme cette fille, dessiner comme ce garçon... Ou tu te dis: *Si seulement les autres m'aimaient autant qu'ils les aiment!* Est-ce que tu voudrais avoir les capacités que Dieu a données à quelqu'un d'autre, ou bien est-ce que tu es content(e) de ce que tu es et des talents qu'il t'a donnés?

Tu es *unique*: c'est lui qui t'a créé(e). Il t'a donné les capacités et la personnalité dont tu as besoin pour vivre le plan merveilleux qu'il a pour toi. Et quand tu acceptes Jésus comme Sauveur, il te donne aussi des dons spirituels (comme l'encouragement, le service, etc.) à utiliser pour sa gloire (Ephésiens 2.10). Alors, réjouis-toi, car tu es son enfant bien-aimé(e), créé(e) de façon merveilleuse (Psaume 139.14). Il n'y a jamais eu – et il n'y aura jamais – une personne exactement comme toi. Alors, sois content(e) de ce que tu es !

Père, aide-moi à être content(e) de la manière dont tu m'as créé(e). Amen.

AUJOURD'HUI, AVEC JÉSUS... DÉCOUVRE QUI IL A VOULU QUE TU SOIS.

16 octobre

AVEC SON AIDE

Je ne dis pas que nous soyons capables, par nous-mêmes, de concevoir quelque chose comme si cela venait de nous. Notre capacité, au contraire, vient de Dieu.
2 Corinthiens 3.5

Est-ce que, parfois, tu as l'impression que tu n'arriveras tout simplement pas à faire ce que tu dois faire? Est-ce que tu as peur de tout rater et de te ridiculiser devant les autres?

En fait, quelque part, c'est plutôt bien. Pourquoi? Parce que reconnaître que tu n'es pas capable de tout faire par toi-même, c'est aussi reconnaître que tu as besoin de Dieu. Et ça, c'est une très bonne chose. En fait, c'est ce qu'il a voulu pour toi.

Il t'a donné des capacités et des talents, avec lesquels tu peux faire d'assez belles choses. Mais si tu les utilises en dépendant de lui et en comptant sur son aide, tu pourras faire des choses *magnifiques* et *extraordinaires*. Et les autres pourront le voir agir à travers toi.

Alors, aujourd'hui, ne dis pas: «Je n'y arriverai pas.» Fais confiance au Seigneur, et dis haut et fort: «Avec son aide, j'y arriverai!»

Seigneur Jésus, je crois que tu m'aideras à faire tout ce que tu veux que je fasse. Amen.

AUJOURD'HUI, AVEC JÉSUS... RECONNAIS QUE TU AS BESOIN DE SON AIDE.

17 octobre

JÉSUS SAUVE

Alors toute personne qui fera appel
au nom du Seigneur sera sauvée.
Actes 2.21

Il y a des gens qui pensent: *J'ai commis trop de péchés pour être sauvé(e), Dieu ne me pardonnera jamais.* Ou: *Ce que j'ai fait est tellement horrible, je ne suis certainement plus sauvé(e).*

S'il t'est déjà arrivé d'avoir ce genre de pensées, rappelle-toi que Jésus a déjà payé le prix pour tout ça à la croix. Tu peux savoir que si tu l'as reçu comme ton Sauveur pour le suivre, il a pardonné chacun de tes péchés. *Tous.* Si tu l'aimes, il n'y a aucun péché qui soit trop grand pour être pardonné. Ensuite, tu dois savoir que rien de ce que tu fais ne peut changer l'amour de Dieu pour toi. Ton salut est un don gratuit, un cadeau, qu'il t'offre grâce à Jésus. Tu ne peux pas le mériter en essayant d'être parfait(e), et tu ne peux pas le perdre en faisant des erreurs.

N'aie pas peur, Jésus te sauvera, *c'est certain.* Repose-toi sur son amour, obéis à ses commandements et crois qu'il a payé le prix pour tes péchés à la croix. Ensuite, vis dans la reconnaissance envers lui.

Mon Dieu, merci de m'avoir sauvé(e). Je veux vivre
dans la reconnaissance envers toi chaque jour. Amen.

AUJOURD'HUI, AVEC JÉSUS... CROIS QUE,
GRÂCE À LUI, TU N'AS RIEN À CRAINDRE.

18 octobre

FACE À LA DÉCEPTION

Nous acceptons le bien de la part de Dieu, et nous n'accepterions pas aussi le mal?
Job 2.10

Ce n'est *vraiment pas* ce à quoi tu t'attendais... Tu es tellement déçu(e)! Et maintenant, tu es devant un choix: soit accuser Dieu de t'avoir laissé(e) tomber, soit lui faire confiance et croire qu'il fera sortir quelque chose de bon de cette déception.

Tu te souviens de Job? Il avait tout perdu: ses richesses, ses enfants, et même sa santé. Alors, sa femme a essayé de le pousser à accuser Dieu pour tous ses ennuis. Mais il ne l'a pas écoutée. Il a choisi de faire confiance à Dieu, et Dieu l'a béni en lui donnant plus de richesses, plus d'enfants et une bonne santé (Job 42.10-17).

Ta façon de réagir quand tu es déçu(e) est très importante. Si le diable te dit: «Accuse Dieu», ou: «Tu ne vaux rien», ou encore: «Dieu ne t'aime plus», surtout, ne l'écoute pas. Crois que le Seigneur a un plan parfait pour ta vie et que même cette déception en fait partie.

Si quelque chose ne se passe pas comme tu le voulais, c'est que Dieu a des projets bien meilleurs en réserve pour toi.

Père, cette situation ne correspond pas à ce que je voulais, mais je crois qu'elle fait partie de ton plan parfait pour ma vie. Amen.

AUJOURD'HUI, AVEC JÉSUS... QUAND TU ES DÉÇU(E), CROIS QUE DIEU VEUT TON BIEN.

19 octobre

UN CŒUR LÉGER

Seigneur, (...) c'est vers toi que je me tourne. Oui, tu es bon, Seigneur, tu pardonnes, tu es plein d'amour pour tous ceux qui font appel à toi.

Psaume 86.4-5

Quand on *regrette* d'avoir fait une chose, c'est qu'on se sent coupable. C'est ce que tu ressens quand tu avais la possibilité de faire ce qui est bien, mais que tu ne l'as pas fait. Peut-être que tu n'as pas été gentil(le) avec telle personne ou que tu ne l'as pas aidée quand tu aurais pu. Peut-être encore que tu as pris une mauvaise décision parce que tu n'as pas demandé à Dieu son avis. Bref, tu as mal agi, et maintenant, tu en payes les conséquences avec cette terrible mauvaise conscience.

Si ça t'arrive, surtout, ne reste pas avec un cœur rempli de regret. Tourne-toi vers Dieu, demande-lui pardon et laisse-le te débarrasser de ta culpabilité. Il te demandera peut-être de réparer ton erreur, de demander pardon à ceux que tu as blessés ou bien de pardonner à ceux qui t'ont fait du mal. Dans ce cas, obéis-lui sans attendre. Mais ensuite, continue ton chemin. Arrête de t'accuser pour quelque chose qu'il t'a déjà pardonné. Et pardonne-toi à toi-même.

Mon Dieu, merci de me pardonner. S'il te plaît, aide-moi à me pardonner aussi à moi-même. Amen.

AUJOURD'HUI, AVEC JÉSUS... LAISSE-LE TE DÉBARRASSER DE TA CULPABILITÉ.

20 octobre

NE TE TAIS PAS

Le Seigneur dit à Paul dans une vision pendant la nuit: «N'aie pas peur, mais parle et ne te tais pas.»
Actes 18.9

Dans l'Antiquité, vivre à Corinthe n'était pas facile, surtout si on était chrétien. Le port animé de cette ville située près de la mer attirait des gens de partout. Mais ces visiteurs apportaient aussi leur religion et leurs idoles, leurs habitudes immorales et un tas d'autres péchés.

Les habitants avaient donc vraiment besoin d'entendre parler du salut en Jésus. Et puisqu'il y avait tellement d'étrangers de passage dans la ville, beaucoup de gens pouvaient être touchés par l'Evangile. Alors Dieu a envoyé Paul pour prêcher. Bien des personnes voulaient qu'il se taise, mais il leur a quand même parlé de Jésus.

Dieu te demandera peut-être aussi un jour d'aller dans un endroit où les gens ne veulent pas entendre parler de lui. Et peut-être même que ce sera dans ta propre école ou ton propre quartier! Mais n'aie pas peur, et ne te tais pas. Il connaît toutes les difficultés que tu peux traverser, et il te donnera le courage et les mots pour parler. Tu es le messager ou la messagère de Jésus, et les gens ont besoin d'entendre la bonne nouvelle que tu as à leur annoncer.

Seigneur, donne-moi le courage de parler de toi. Amen.

AUJOURD'HUI, AVEC JÉSUS… PARLE DE LA BONNE NOUVELLE DU SALUT À QUELQU'UN.

21 octobre

PLUS JAMAIS SEUL(E)

Tout comme le Père m'a aimé, moi aussi,
je vous ai aimés. Demeurez dans mon amour.
Jean 15.9

Quand tu te sens oublié(e), abandonné(e) ou seul(e), tu peux aller mieux très vite. Comment? En *arrêtant* de penser à ce que tu n'as pas et en *commençant* à penser à ce que tu *as*. Et qu'est-ce que tu as? Tu as Dieu dans ta vie!

Quand tu reçois Jésus comme ton Sauveur pour le suivre, tu n'es plus jamais seul(e). Le Saint-Esprit vient habiter dans ton cœur. Et non seulement l'Esprit de Dieu vit en toi, mais Dieu veut aussi que tu vives avec lui, c'est-à-dire que tu lui parles de tout ce qui te préoccupe, que tu lises sa Parole et y réfléchisses, que tu croies qu'il prend soin de toi et que tu lui obéisses dans tous les domaines.

Ça demande de la pratique. Et tu n'y arriveras jamais parfaitement. Mais plus tu chercheras à vivre avec le Seigneur, plus il t'attirera près de lui. Il te montrera qu'il est toujours avec toi et qu'il n'arrête jamais d'agir dans ta vie. Et tu ne seras plus jamais seul(e).

Seigneur Jésus, merci pour ta merveilleuse présence, toujours à mes côtés. Je sais que je ne suis jamais seul(e). Amen.

AUJOURD'HUI, AVEC JÉSUS...
RÉJOUIS-TOI D'ÊTRE AVEC LUI.

22 octobre

«PAUVRE EN ESPRIT»

...laissez-vous instruire par moi, car je suis doux et humble de cœur, et vous trouverez le repos pour votre âme.
Matthieu 11.29

On peut dire que, dans un certain sens, tous les gens que tu vas rencontrer aujourd'hui sont «pauvres». Penses-y! Peut-être qu'ils sont pauvres parce qu'ils n'ont pas assez d'argent ou ne possèdent presque rien, mais peut-être aussi qu'ils sont pauvres dans leur cœur, parce qu'ils ont beaucoup souffert, parce qu'ils ont commis des erreurs dans le passé, ou encore parce qu'un de leurs rêves ne s'est pas réalisé. Ça s'appelle être «pauvre en esprit». Et ça peut être tout aussi difficile que d'être pauvre sur le plan matériel.

Que tes difficultés et ta tristesse viennent de ce qu'on t'a fait ou de ce que tu as fait, la douleur est là. Et tant que tu ne régleras pas le problème, tu continueras à avoir mal. Mais que faire avec ces émotions? En réalité, tu ne peux pas t'en débarrasser toi-même. Tu as besoin de Jésus. Et il désire tellement t'aider (Matthieu 5.3). Alors demande-lui son aide, parle-lui de ce qui te fait mal, et crois qu'il s'en occupera. Il portera tes fardeaux et te donnera le repos et la paix.

Seigneur Jésus, je suis pauvre de tellement de manières.
S'il te plaît, remplis-moi des richesses de ta présence. Amen.

AUJOURD'HUI, AVEC JÉSUS... RÉJOUIS-TOI DE TOUTES LES RICHESSES QU'IL TE DONNE.

23 octobre

LE SAINT-ESPRIT EN TOI

...mais le défenseur, l'Esprit saint que le Père enverra en mon nom, vous enseignera toutes choses et vous rappellera tout ce que je vous ai dit.

Jean 14.26

Dieu nous parle encore aujourd'hui. Il nous parle par sa Parole, la Bible. Il nous parle aussi par ce que les autres peuvent nous dire ou bien par ce qui arrive dans notre vie. Mais c'est son Saint-Esprit qui nous aide à écouter et à comprendre ce qu'il nous dit.

Si tu appartiens à Jésus, le Saint-Esprit habite en toi. Donc quand tu pries, n'imagine pas Dieu en train de t'écouter depuis là-haut, dans le ciel, à des milliers de kilomètres, toi qui es sur la terre. Car son Esprit est *là, en toi.* Il t'aide à prier et à entendre la réponse du Seigneur.

Mais comment est-ce que tu peux savoir ce que l'Esprit te dit? En l'écoutant et en croyant qu'il peut te répondre et te guider. Tout comme tu crois que Jésus te sauve, tu dois aussi croire que le Saint-Esprit te conduit. Alors, aujourd'hui, approche-toi de Dieu avec un cœur humble dans la prière, et compte sur le Saint-Esprit pour qu'il t'aide à comprendre sa réponse.

Seigneur, merci pour ton Saint-Esprit qui vit en moi et qui m'aide à comprendre ce que tu veux me dire. Amen.

AUJOURD'HUI, AVEC JÉSUS...
SOIS À L'ÉCOUTE QUAND TU PRIES.

24 octobre

TROP DE CHOSES À FAIRE?

Que ce livre de la loi ne s'éloigne pas de toi! Médite-le jour et nuit pour agir avec fidélité conformément à tout ce qui y est écrit.
Josué 1.8

Si tu appartiens à Jésus, il est très important que tu passes du temps à penser à lui et à sa puissance et à réfléchir à la Parole de Dieu. Beaucoup de gens croient qu'ils sont bien trop occupés pour «rester simplement assis tranquillement à penser à Dieu». Pourtant, si tu prends ce temps avec lui, tu verras qu'il t'aidera justement à traverser les moments les plus stressants de ta journée. Il t'aidera en particulier à faire la différence entre ce qui est important et ce qui ne l'est pas. Ce temps passé avec lui te permettra aussi de mieux le connaître. Alors, tu pourras plus facilement entendre sa voix au milieu de tous les bruits de ce monde.

Passer du temps avec le Seigneur chaque jour, ce n'est pas seulement pour les adultes. Il aimerait que toi aussi, tu prennes cette habitude. Et ce n'est pas difficile. Commence par trouver un endroit calme, lis un passage de la Bible, puis reste tranquille devant lui. Pense à lui et à ce qu'il te montre dans sa Parole. Ecoute sa voix, puis laisse-le te remplir de sa paix et te guider par son Esprit.

Seigneur, rappelle-moi que je ne suis jamais trop occupé(e) pour passer du temps avec toi. Amen.

**AUJOURD'HUI, AVEC JÉSUS...
PENSE À DIEU ET À SA PAROLE.**

25 octobre

CE QUI T'AIDERA LE PLUS

Venez à moi, vous tous qui êtes fatigués et courbés sous un fardeau, et je vous donnerai du repos.
Matthieu 11.28

Certains jours sont vraiment durs. Tu as l'impression que tout va mal. Et quand arrive le soir, tu es épuisé(e) et complètement découragé(e). Dans ces moments-là, rappelle-toi que plus ta journée est difficile, plus tu as besoin de passer du temps tranquille avec le Seigneur. Mais quand tout va de travers et que tu es tellement occupé(e), cela te semble être la dernière chose à faire. Pourtant, c'est la chose qui t'aidera le plus.

Alors, arrête-toi un moment et parle à Dieu de tout ce que tu vis. Dis-lui exactement ce que tu ressens. N'hésite pas. Car il sait que tu te sens démuni(e) et, peut-être même, affolé(e). Avoue-lui aussi tes péchés. Dis-lui ce que tu aurais aimé faire autrement. Apporte-lui tes soucis et tes peurs. Demande-lui de te pardonner et de te donner sa force et sa paix. Puis sois attentif(ve) quand son Esprit remplit ton cœur de son amour et de ses encouragements.

Quand la vie dans ce monde t'écrase, approche-toi de Dieu, et il te donnera tout ce dont tu as besoin.

Mon Dieu, certains jours sont vraiment durs. Mais merci de ce que je trouve en toi le repos et la force de continuer. Amen.

AUJOURD'HUI, AVEC JÉSUS... TROUVE EN LUI TOUT CE DONT TU AS BESOIN.

26 octobre

LA LUMIÈRE DANS LES TÉNÈBRES

«Je suis la lumière du monde. Celui qui me suit ne marchera pas dans les ténèbres, mais il aura au contraire la lumière de la vie.»
Jean 8.12

Entrer dans une pièce où il fait tout noir, ça peut faire peur. Pourquoi? Parce que tu ne sais pas ce qu'il y a à l'intérieur ni ce qui s'y passe.

Eh bien, dans ta vie, c'est pareil: il peut y avoir des endroits sombres qui t'impressionnent, parce que tu ne comprends pas vraiment ce qui s'y passe. Mais n'aie pas peur. Dieu veut faire briller sa lumière dans ces coins obscurs.

Rappelle-toi qu'au commencement, il a parlé, et la lumière est apparue, avant même qu'il crée le soleil, la lune et les étoiles (Genèse 1). C'est parce que sa présence seule donne de la lumière (Apocalypse 22.5). Et ce n'est pas seulement une lumière que tu peux voir avec tes yeux, mais une lumière spirituelle que tu peux voir avec ton cœur.

Alors, quand les ténèbres de la peur ou des soucis commencent à t'envahir, cours te réfugier en Dieu. Reste près de lui, dans sa lumière, et tu n'auras rien à craindre.

Seigneur, s'il te plaît, éclaire ma vie par ta présence et chasse toutes mes peurs et tous mes soucis. Amen.

AUJOURD'HUI, AVEC JÉSUS...
RESTE DANS SA LUMIÈRE.

27 octobre

POUR TROUVER TON CHEMIN

Eternel, enseigne-moi ta voie, conduis-moi dans le sentier de la droiture.
Psaume 27.11

Quand tu es perdu(e) et que tu ne retrouves plus ton chemin, est-ce que tu aimes le reconnaître? La plupart des gens n'aiment pas. Souvent, ils passent même des heures à essayer de retrouver la bonne route plutôt que de s'arrêter pour demander de l'aide.

Eh bien, il peut t'arriver la même chose dans ta vie chrétienne. Par exemple, tu *sais* que Dieu a un plan parfait pour ta vie, mais est-ce que tu lui demandes de te montrer le chemin? Ou est-ce que tu préfères essayer de te débrouiller par toi-même? C'est une question importante, parce que son chemin ne se découvre pas par hasard. Ce n'est pas non plus par toi-même que tu pourras le trouver. Lui seul peut te le montrer, un pas après l'autre, alors que tu passes du temps avec lui.

Si tu veux connaître le chemin qu'il a préparé pour toi, prends le temps de t'arrêter pour lui demander la direction à prendre. Il sait exactement où tu es, où tu dois aller et comment te conduire à destination.

Père, pardonne-moi de me tromper si facilement de chemin. S'il te plaît, montre-moi la voie à suivre. Amen.

AUJOURD'HUI, AVEC JÉSUS... DEMANDE-LUI DE TE MONTRER SON CHEMIN.

28 octobre

LAISSE-TOI TRANSFORMER

Je vous exhorte à vous offrir vous-mêmes en sacrifice vivant, réservé à Dieu et qui lui est agréable. (…) Ne vous conformez pas aux habitudes de ce monde, mais laissez Dieu vous transformer.
Romains 12.1-2 (BFC)

Le texte d'aujourd'hui te donne trois pistes pour ta vie chrétienne. La première consiste à t'offrir à Dieu comme un sacrifice vivant. Ça veut dire vivre en lui obéissant et pour lui plaire, même quand ça te conduit à faire ce que tu n'as pas envie de faire, comme aimer tes ennemis. La deuxième piste consiste à ne pas te conformer aux habitudes de ce monde, mais à faire ce qui est juste aux yeux de Dieu (même quand tes ami(e)s veulent te convaincre que faire ce qui est mal à ses yeux ne pose pas de problème). Et la troisième consiste à te laisser changer de l'intérieur, dans ta façon de penser. Comment? En laissant Dieu chasser tes pensées égoïstes pour les remplacer par son amour et sa bonté.

Ces trois choses te transformeront et te rendront toujours plus comme Jésus, c'est-à-dire toujours plus comme la personne que Dieu a voulu que tu sois. Ce ne sera pas facile, et tu auras besoin de son aide chaque jour. Mais cela en vaudra tellement la peine!

Seigneur, je t'offre ma vie entière. Fais de moi la personne que tu veux que je sois. Amen.

AUJOURD'HUI, AVEC JÉSUS…
LAISSE-LE TE TRANSFORMER.

29 octobre

IL NE DÉÇOIT JAMAIS

Mieux vaut chercher un refuge en l'Eternel que de mettre votre confiance dans l'homme.
Psaume 118.8

Peut-être qu'il t'arrive parfois de penser: *Si seulement elle était mon amie, ma vie serait parfaite.* Ou: *Si seulement il me choisissait pour faire partie de son équipe, ce serait magnifique.* Ou encore: *Si seulement mes parents ne divorçaient pas, je serais heureux(se).*

Mais la vérité, c'est qu'être apprécié(e) des autres, être choisi(e) pour faire partie de telle équipe ou, même, avoir une vie de famille parfaite ne te donnera pas le vrai bonheur. Seul Dieu sait de quoi tu as réellement besoin. Lui seul peut combler le vide de ton cœur. Et il est le seul qui ne te décevra jamais.

Mais souviens-toi qu'il est aussi un Dieu jaloux. Il veut avoir la première place dans ta vie. Et si tu la lui donnes, tu verras qu'il se passera quelque chose de magnifique dans ta vie: toutes tes autres relations et toutes tes amitiés deviendront plus belles.

Alors donne-lui la priorité dans tes journées et dans tes pensées, et crois qu'il répondra à tous les besoins de ton cœur.

Mon Dieu, s'il te plaît, aide-moi à te laisser la première place dans ma vie, et pardonne-moi quand je ne le fais pas. Amen.

AUJOURD'HUI, AVEC JÉSUS... LAISSE-LUI LA PREMIÈRE PLACE DANS TA VIE.

30 octobre

QUI EST DIEU VRAIMENT?

En effet, le Fils de l’homme est venu chercher et sauver ce qui était perdu.»
Luc 19.10

Qui est Dieu? En fait, cette question n’est pas difficile. Tu peux voir Dieu et comprendre qui il est en regardant la vie de Jésus. Jésus était plein de bonté et de respect envers tous. Il était rempli d’amour et faisait du bien aux gens, même aux gens comme Zachée, qui était collecteur d’impôts. Zachée travaillait pour les Romains et trompait les gens en leur demandant plus d’argent que nécessaire. Mais Jésus, quand il est passé dans sa ville, ne l’a pas ignoré. Il ne lui a pas non plus fait de reproches. Au contraire, il lui a dit de descendre de l’arbre dans lequel il était monté pour qu’il puisse connaître le Sauveur et recevoir le salut.

A travers tous les Evangiles, tu peux voir Jésus guérir, consoler et aider bien des personnes. Il pleurait quand ses amis souffraient, se réjouissait quand ils étaient heureux et pardonnait leurs péchés.

Voilà qui est Dieu: il est saint, bon, tout-puissant et plein d’amour. Lis sa Parole, apprends à le connaître, et tu comprendras toi-même qui il est vraiment.

Seigneur, par ta Parole, montre-moi qui tu es vraiment. Amen.

AUJOURD’HUI, AVEC JÉSUS… LIS L’HISTOIRE DE ZACHÉE DANS LUC 19.1-10.

31 octobre

DANS SES BRAS PUISSANTS

Le Dieu d'éternité est un refuge;
sous ses bras éternels est un abri.
Deutéronome 33.27

Tu sais que Dieu est avec toi... mais est-ce que tu t'es déjà demandé comment ce serait si tu te trouvais dans ses bras puissants, totalement en sécurité?

Eh bien, tu peux en avoir une idée à travers les personnes qu'il a placées autour de toi pour t'aider et veiller sur toi. Tes ami(e)s, puis ceux qui t'aiment et prennent soin de toi sont comme les «bras de Dieu» sur la terre.

Tu peux aussi te sentir en sécurité dans ses bras puissants à travers la paix et le réconfort qu'il te donne lui-même. Il y a des moments où – quand tu prends du temps avec lui – tu peux presque le sentir physiquement tendre sa main et te prendre dans ses bras. Là, quand tu es tout près de lui, il remplit ton cœur d'une paix parfaite.

Si tu as besoin de sentir le Seigneur proche de toi aujourd'hui, trouve un endroit calme et passe du temps avec lui. Attends tranquillement jusqu'à ce que tu ressentes son amour et sa présence: il veut t'entourer de ses bras puissants.

Père, j'ai besoin de toi aujourd'hui. Entoure-moi de tes bras et révèle-moi ton amour. Amen.

AUJOURD'HUI, AVEC JÉSUS...
RÉFUGIE-TOI DANS SES BRAS.

1er novembre

QUI A BESOIN DE TON PARDON?

Pardonnez et vous serez pardonnés.
Luc 6.37

Pardonner peut être très difficile. Mais ne *pas* pardonner peut causer toutes sortes de problèmes dans ta vie et ta relation avec Dieu. Réfléchis un instant et demande-toi s'il n'y a pas quelqu'un à qui tu devrais pardonner.

Même si tu penses que tu n'en veux à personne, il vaut la peine que tu te poses ces questions: *Est-ce que, au fond de moi, j'espère qu'une certaine personne sera punie comme elle mérite? Est-ce que je dis du mal de quelqu'un? Est-ce que j'imagine des moyens de me venger de quelqu'un? Est-ce que je continue à penser au tort que quelqu'un a commis contre moi? Est-ce que je suis content(e) quand quelqu'un qui m'a fait de la peine rencontre des problèmes?*

Si tu réponds «oui» à au moins une de ces questions, c'est que tu as besoin de pardonner. Alors demande à Dieu d'éclairer ton cœur et de te montrer qui a besoin de ton pardon. Ensuite, demande-lui de te pardonner à toi-même et de t'aider à pardonner à cette personne qui t'a fait du mal.

Seigneur, aide-moi à pardonner complètement, tout comme tu me pardonnes. Amen.

AUJOURD'HUI, AVEC JÉSUS... DEMANDE-TOI À QUI TU DEVRAIS PARDONNER.

2 novembre

DES PROJETS MERVEILLEUX

En effet, moi, je connais les projets que je forme pour vous, (...) afin de vous donner un avenir et de l'espérance.
Jérémie 29.11

Dieu sait exactement où tu es en ce moment même et ce que tu es en train de faire. Car contrairement à ce que certaines personnes disent, tu n'es pas un «accident de l'évolution», livré au hasard, quelque part dans le temps et l'espace.

Le Dieu qui a créé l'univers et qui a placé avec soin chaque étoile dans le ciel, t'a aussi créé(e), toi. Il a des projets magnifiques pour ton avenir... Et ton avenir ne commence pas seulement au ciel. Il commence maintenant, sur la terre. Oui, le Créateur a un plan merveilleux pour toi.

Si tu es son enfant, ton avenir éternel dans le ciel est assuré. Mais il s'intéresse aussi aux détails de ta vie de tous les jours. Toutes les joies et toutes les difficultés que tu aimerais partager avec ton (ta) meilleur(e) ami(e), Dieu souhaite que tu les lui dises aussi. Laisse-le t'accompagner dans ton quotidien. Il ne veut pas seulement savoir tout ce que tu vis; il a aussi des choses à te montrer et des chemins où te conduire.

Mon Dieu, tu es le créateur de l'univers, mais tu aimes que je passe du temps avec toi. Tu es merveilleux. Amen.

AUJOURD'HUI, AVEC JÉSUS...
DIS À DIEU CE QUE TU VIS.

3 novembre

UNE COLÈRE JUSTIFIÉE?

Mais le pardon se trouve auprès de toi afin qu'on te craigne.
Psaume 130.4

Certaines personnes disent qu'il n'y a pas de mal à se mettre en colère contre quelqu'un qui nous a fait du mal. Elles parlent même de «colère justifiée» et donnent l'exemple de Jésus qui a renversé les tables des changeurs de monnaie dans l'entrée du temple et fait des reproches très sévères aux chefs religieux.

Pourtant, si Jésus était en colère, c'est parce que les changeurs de monnaie donnaient une image de Dieu qui n'était pas juste. Et ça faussait la relation des gens avec Dieu. Sa colère l'a conduit à corriger cette fausse vision de Dieu et à montrer au peuple comment le suivre de la bonne manière. Il y a donc une grande différence.

Si ta colère n'est pas motivée par le désir d'aider les autres à mettre leur vie en ordre avec Dieu, si tu veux simplement te venger, ce n'est pas une bonne chose... *même si on t'a fait du mal.* Car Jésus te demande de pardonner à la personne qui t'a fait du tort, tout comme il a pardonné à ceux qui l'ont cloué sur la croix. Ne parle pas de «colère justifiée» pour excuser ton comportement. Cela ne plaît pas à Dieu. Au contraire, avec son aide, pardonne, et abandonne ta colère.

Père, si je dois pardonner à quelqu'un, s'il te plaît, montre-le-moi pour que je puisse régler les choses. Amen.

AUJOURD'HUI, AVEC JÉSUS...
ABANDONNE TA COLÈRE ET PARDONNE.

4 novembre

RAPPELLE-TOI

En effet, le salaire du péché, c'est la mort, mais le don gratuit de Dieu, c'est la vie éternelle en Jésus-Christ notre Seigneur.
Romains 6.23

Est-ce que quelqu'un t'a fait du mal cette semaine? Et est-ce que c'était volontaire? Si oui, qu'est-ce que tu devrais faire, d'après toi?

Spontanément, tu as envie de te venger. Tu te dis qu'après tout, tu mérites bien d'être traité(e) avec amour, douceur et respect. C'est bien ça? Oui... mais réfléchis à toutes les fois où toi, tu as désobéi à Dieu et péché contre lui parce que tu n'as pas agi avec amour, douceur et respect envers ceux qui t'entouraient. C'est si facile, d'oublier tout ça...

La Parole de Dieu dit: «...pardonnez-vous réciproquement comme Dieu nous a pardonné en Christ» (Ephésiens 4.32). Pense à tout ce que Jésus a souffert pour que tu puisses recevoir le pardon de tes péchés. Personne ne mérite sa grâce et sa bonté, mais il nous les donne malgré tout.

Alors, même si la personne contre qui tu es en colère ne mérite pas ton amour et ta bonté, pardonne-lui quand même, par reconnaissance pour tout ce que Jésus t'a donné.

Seigneur, merci pour ton pardon. Apprends-moi à pardonner comme tu pardonnes. Amen.

AUJOURD'HUI, AVEC JÉSUS... DONNE GRATUITEMENT, COMME IL T'A DONNÉ GRATUITEMENT.

5 novembre

UNE PLUS GRANDE VICTOIRE

Jésus dit à Pierre: «Remets ton épée dans son fourreau. Ne boirai-je pas la coupe que le Père m'a donnée à boire?»
Jean 18.11

Tu te rends peut-être compte, toi aussi, que si tu t'énerves parfois tellement, c'est parce que tu n'arrives pas à tout maîtriser. Tu fais des projets, mais ils ne se réalisent pas. Et tu n'aimes pas ça!

Pierre avait le même problème. A un moment donné, il a sorti son épée, prêt à se battre pour Jésus (Jean 18.10-11), et peu après, il a eu tellement peur qu'il a prétendu ne pas le connaître (Jean 18.25-27)! Peut-être qu'il a réagi de cette manière parce que les choses ne se passaient pas comme il l'avait imaginé et qu'il ne maîtrisait plus du tout la situation. Il savait utiliser une épée pour se battre, mais il n'avait pas compris que la mort de Jésus sur la croix devait conduire à une bien plus grande victoire: la victoire sur le péché.

Pierre voulait servir le Seigneur, mais il ne comprenait pas son plan. Toi aussi, tu feras cette expérience. Dieu agit de façon mystérieuse, et tu ne comprendras pas toujours sa manière de faire. Mais crois qu'il est maître de la situation, et obéis-lui malgré tout, parce qu'il remporte toujours la victoire!

Mon Dieu, je ne comprends pas toujours comment tu agis, mais je sais que tes plans sont meilleurs que les miens. Amen.

AUJOURD'HUI, AVEC JÉSUS… RAPPELLE-TOI QU'IL EST MAÎTRE DE LA SITUATION ET RÉJOUIS-TOI.

6 novembre

TOUJOURS PRÊT À T'AIDER

Jésus tendit la main, le toucha et dit: «Je le veux, sois pur.»
Matthieu 8.3

Le pauvre homme qui se trouvait à genoux devant Jésus avait la lèpre. Cette maladie était si terrible que les lépreux étaient obligés d'avoir sur eux des petites cloches pour que les gens les entendent venir, s'écartent de leur chemin et évitent de les toucher. C'était une maladie très douloureuse et humiliante, et ceux qui en souffraient étaient très seuls.

Quand ce lépreux a vu Jésus, il s'est approché de lui avec courage et a dit: «Seigneur, si tu le veux, tu peux me rendre pur» (Matthieu 8.2). Il savait que Jésus *pouvait* le guérir, mais il n'était pas sûr qu'il *voudrait* le faire. Bien sûr, Jésus le *voulait*! Il a guéri cet homme et l'a *touché*, ce que personne n'avait fait depuis bien longtemps.

Jésus *veut* toujours t'aider, peu importe ce qui te fait mal. Ne l'oublie pas, c'est très important! Parfois, il le fera en te guérissant d'une maladie ou en te débarrassant de tes difficultés, et d'autres fois, il te donnera sa force et te réconfortera pour que tu sois en paix au milieu de ce qui est dur à vivre. Mais ce qui est sûr, c'est qu'il est toujours prêt à t'aider. Demande-le-lui simplement!

Seigneur, je me prosterne devant toi. S'il te plaît, guéris les blessures de mon cœur. Amen.

AUJOURD'HUI, AVEC JÉSUS... LAISSE-LE GUÉRIR TES BLESSURES.

7 novembre

IL A PAYÉ LE PRIX

...car vous avez été rachetés à un grand prix.
Rendez donc gloire à Dieu dans votre corps.
1 Corinthiens 6.20

Est-ce qu'il t'est déjà arrivé d'être pris(e) sur le fait? Tu n'avais pas fini tes devoirs, mais en cachette, tu passais du temps sur ton téléphone. Puis, ta maman est entrée dans la chambre. Comment est-ce qu'elle a réagi? Qu'est-ce que ça a eu comme conséquences pour toi?

Cette situation est assez facile à imaginer, mais est-ce que tu t'es déjà demandé comment ça se passerait si tu étais en train de faire quelque chose qui, tu le sais, ne plaît pas à Dieu (regarder certaines vidéos, dire du mal des autres, mentir, te laisser envahir par la colère...) et qu'il entrait tout d'un coup dans ta chambre?

En fait, Dieu est *déjà* dans ta chambre. Il voit tout ce que tu fais. Et il y a un prix à payer pour tes péchés. Mais la bonne nouvelle, c'est que Jésus a déjà payé ce prix pour toi! Tu n'as plus besoin d'être condamné(e) pour tes fautes. Bien sûr, ça ne veut pas dire que tu peux faire n'importe quoi. Au contraire, ça t'encourage à lui montrer ta reconnaissance en lui obéissant.

Seigneur Jésus, merci d'avoir payé le prix pour mes péchés. Aide-moi à vivre d'une manière qui donne envie aux autres de te connaître. Amen.

AUJOURD'HUI, AVEC JÉSUS... CHERCHE À LUI PLAIRE DANS TOUT CE QUE TU FAIS.

8 novembre

DEVANT LES MONTAGNES

...si vous aviez de la foi comme un grain de moutarde, vous diriez à cette montagne: «Déplace-toi d'ici jusque-là», et elle se déplacerait; rien ne vous serait impossible.

Matthieu 17.20

Si tu appartiens à Dieu, tu peux savoir qu'il a des magnifiques promesses pour toi: il promet qu'une place est réservée pour toi dans le ciel, qu'il est toujours avec toi, qu'il te donne sa paix et qu'il pardonne tes péchés. Par contre, il ne promet pas que ta vie sera toujours facile. Parfois, tu rencontres des «montagnes»: des problèmes, des situations qui te rendent triste, des choses qui sont difficiles à vivre... Qu'est-ce que tu fais dans ces moments-là? Est-ce que tu abandonnes? *Non!*

Quand Dieu permet qu'il y ait des montagnes sur ton chemin, mets ta confiance en lui. Crois que, soit il déplacera ces montagnes, soit il te donnera tout ce dont tu as besoin pour les surmonter. Mais aie vraiment confiance qu'il va t'aider, peu importe la hauteur de ta montagne de problèmes. Reste attaché(e) à lui et laisse-le te conduire. Il te montrera un chemin et ne te laissera jamais tomber.

Seigneur, parfois, mes montagnes me paraissent immenses, mais je sais que tu es bien plus grand. Merci d'avoir préparé un chemin pour moi. Amen.

AUJOURD'HUI, AVEC JÉSUS... SOUVIENS-TOI QUE DIEU EST PLUS GRAND QUE N'IMPORTE QUEL PROBLÈME.

9 novembre

OFFRE-TOI LA LIBERTÉ

S'il a péché contre toi 7 fois dans une journée et que 7 fois dans la journée il revienne vers toi et dise: «J'ai eu tort», tu lui pardonneras.
Luc 17.4

Est-ce qu'il y a quelqu'un à qui tu n'as pas pardonné? Quand les autres t'ont fait du mal, il est facile de laisser la colère et l'amertume remplir ton cœur. Et si tu n'y fais pas attention, elles y resteront. Bien trop souvent, les gens n'écoutent pas ce que dit la Bible sur le pardon. Ils décident de garder leur colère et, même, de se venger.

Mais si tu laisses l'amertume te dominer, tu deviens beaucoup plus fragile face aux attaques du diable. Il aime te suggérer des mensonges comme: «Il (elle) t'a fait de la peine; c'est normal de lui en vouloir. Continue à trouver des moyens de te venger, il (elle) le mérite.» Tant que tu permets à Satan de te murmurer ces mensonges, tu restes prisonnier(ère) de ta colère et de ton amertume.

Mais ce n'est pas ce que Jésus veut pour toi. Voilà pourquoi il te demande de pardonner. Ta colère ne fait pas mal à celui ou à celle qui t'a fait du tort; elle te fait du mal à toi. Alors, si la rancune s'est installée dans ton cœur, chasse-la. Pardonne à la personne qui t'a fait du mal... et offre-toi la liberté!

Seigneur, si j'ai besoin de pardonner à quelqu'un, montre-le-moi, s'il te plaît. Amen.

AUJOURD'HUI, AVEC JÉSUS...
CHASSE L'AMERTUME DE TON CŒUR.

10 novembre

QUAND L'IMPOSSIBLE DEVIENT POSSIBLE

«Dieu a livré entre ses mains [Gédéon] Madian et tout le camp.»
Juges 7.14

Gédéon connaissait bien le sentiment de peur et de désespoir. Dieu l'avait appelé, lui et une *toute petite* armée, à combattre l'armée puissante et imposante des Madianites. Humainement, c'était *mission impossible*! Il n'y avait aucune chance qu'ils remportent la victoire. Puis, Dieu a dit à Gédéon que son armée serait finalement *encore plus petite*. Pourquoi? Parce que, comme ça, une fois qu'ils auraient gagné la bataille, tout le monde saurait que c'était Dieu qui avait combattu pour eux.

Est-ce que tu as déjà dû faire quelque chose qui avait l'air impossible? Et est-ce que, tout d'un coup, cette chose est devenue encore plus impossible? Dans ce genre de moments, la seule solution, c'est de faire confiance à Dieu et de croire qu'il va t'aider. En fait, plus la situation semble impossible, plus il te remplira de sa force, et plus il sera glorifié quand le problème sera réglé.

Alors, si ta situation à l'air impossible, fais-lui confiance. Par sa puissance, il rend possible ce qui est impossible.

Seigneur, tu es tellement puissant que tu peux rendre possible ce qui est impossible. Merci de me donner ta force. Amen.

AUJOURD'HUI, AVEC JÉSUS... CROIS QU'AVEC LUI, L'IMPOSSIBLE PEUT DEVENIR POSSIBLE.

11 novembre

QUAND LA PEUR TE PARALYSE

...les préoccupations de ce monde, l'attrait trompeur des richesses et les passions en tout genre pénètrent en eux, étouffent la parole et la rendent infructueuse.
Marc 4.18-19

Tu as déjà joué au «jeu de la statue»? Quand tu es touché(e), tu n'as plus le droit de bouger – un peu comme si tu étais paralysé(e) – jusqu'à ce que quelqu'un te libère. C'est un jeu amusant à faire avec tes copains et copines, mais il y a quelque chose de beaucoup moins drôle qui peut aussi te paralyser: c'est la peur.

Oui, la peur – comme sa meilleure amie, l'inquiétude – peut te paralyser et t'empêcher de faire ce que tu devrais ou ce que tu aimerais faire. Et la plupart du temps, tu as peur de ce qui ne va même pas se passer. En fait, tu as peur de ce qui *pourrait* arriver ou bien de *ce que tu ne sais pas.* Alors, comme dans le jeu de la statue, tu te retrouves immobilisé(e) et tu ne peux plus avancer. Mais là aussi, tu as un moyen d'être libéré(e). Comment? En ayant confiance en Dieu. Il sait à l'avance tout ce qui se passera aujourd'hui, demain et jusque dans l'éternité. Si tu lui fais confiance, il te donnera ce dont tu as besoin pour faire face à ce que te réserve l'avenir. Tu n'as rien à craindre!

Seigneur, je ne connais pas mon avenir, mais toi, tu sais tout d'avance. Je crois que tu m'accompagneras. Amen.

AUJOURD'HUI, AVEC JÉSUS...
TU ES EN SÉCURITÉ.

12 novembre

CONNAIS-LE PAR SA PAROLE

Comment le jeune homme rendra-t-il pur son sentier? En se conformant à ta parole.
Psaume 119.9

Si tu as donné ta vie à Jésus, est-ce que tu as compris ce que Dieu attend de toi? Est-ce que tu sais comment il aimerait que tu vives et te comportes avec les autres?

La réponse à ces questions, et à bien d'autres, se trouve dans la Bible. Le mieux, pour la lire, c'est de commencer par les Evangiles, et en particulier par l'Evangile de Jean. Passe du temps avec le Seigneur en lisant sa Parole, en lui parlant et en l'écoutant. Découvre comment il a vécu sur la terre et quel Dieu il est. Cherche à comprendre ce qu'il a dit, pourquoi il est venu et combien il t'aime.

Ensuite, tu peux continuer en lisant les Psaumes. Là, tu verras que David a traversé presque toutes les situations difficiles que tu peux imaginer. Il a posé beaucoup de questions, a exprimé son indignation, sa tristesse et son désespoir. En lisant les Psaumes, tu comprendras que tu n'es pas seul(e) avec tes questions, tes soucis et tes problèmes, mais que Dieu est toujours là, prêt à t'aider.

Seigneur Jésus, montre-moi qui tu es au travers de ta Parole. Je veux te connaître. Amen.

AUJOURD'HUI, AVEC JÉSUS... DÉCOUVRE QUI IL EST EN LISANT TA BIBLE.

13 novembre

NE TE CROIS PAS MEILLEUR(E)

Alors la femme (...) dit aux habitants: «Venez voir un homme qui m'a dit tout ce que j'ai fait. Ne serait-il pas le Messie?»
Jean 4.28-29

Est-ce qu'il t'arrive de penser que tu es meilleur(e) que telle ou telle personne? Est-ce que, parfois, tu te dis: *Au moins, je ne pèche pas autant que lui* ou: *Je fais des erreurs, mais je me débrouille mieux qu'elle*? Le problème, c'est que Dieu ne te juge pas sur la base de ce que font les autres.

Tu te souviens de la femme avec qui Jésus a parlé près du puits? Elle avait été mariée cinq fois, et quand elle a rencontré le Seigneur, elle vivait avec un homme qui n'était pas son mari. Pourtant, il ne lui a pas dit: «Il y a beaucoup trop de péchés dans ta vie. Ne m'adresse pas la parole.» Au contraire, il lui a offert l'eau vive de son amour et de sa bonté (Jean 4.4-41). Et cette femme – dont la vie était remplie de péchés – a conduit beaucoup de gens à Jésus.

Dieu peut utiliser chacun. Alors, ne juge pas les autres, et ne pense pas que tu es mieux qu'eux. Obéis à Dieu, donne le meilleur de toi-même et laisse-le faire le reste.

Mon Dieu, aide-moi à vivre d'une manière qui te plaît et à devenir la personne que tu veux que je sois. Amen.

AUJOURD'HUI, AVEC JÉSUS... RAPPELLE-TOI QUE DIEU PEUT UTILISER CHACUN.

LAISSE-LE TE GUÉRIR

...j'ai mission de remplacer les marques de leur tristesse par autant de marques de joie: (...) leur mine douloureuse par une huile parfumée, leur air pitoyable par un habit de fête.
Esaïe 61.3 (BFC)

En anglais, il existe une petite chanson pour enfants qui raconte l'histoire d'un homme qui s'était tellement blessé en tombant d'un mur, que tous les chevaux et les soldats du roi n'ont pas réussi à le remettre sur pied.

C'est une histoire inventée, mais c'est vrai que, parfois, il y a des blessures qui sont difficiles à guérir. Et il peut aussi arriver que tu revives encore et encore la même blessure. Alors, elle finit par «empoisonner» complètement ta vie. Ou bien certains font comme s'ils n'avaient pas mal. Mais ça ne fait que leur causer plus de stress et de souffrance. En fait, il n'y a qu'un moyen de guérir totalement de tes blessures: les abandonner à Dieu.

Ça demande peut-être un certain courage, surtout si tu t'étais habitué(e) à vivre avec. Mais fais confiance au Seigneur. Dis-lui tout. Puis, laisse-le te guérir par son amour et te «remettre sur pied». Il te montrera comment vivre heureux(se), avec lui.

Seigneur, s'il te plaît, guéris mes blessures,
et aide-moi à vivre avec toi. Amen.

AUJOURD'HUI, AVEC JÉSUS...
APPORTE-LUI TES BLESSURES.

15 novembre

IL EST AMOUR

L'Eternel (...) a décidé de faire de vous son peuple.
1 Samuel 12.22

Il y a des jours où tu te sens seul(e), incompris(e), mis(e) de côté, exclu(e). Dans ces moments-là, pense à Dieu et à son amour pour toi.

Pourquoi est-ce que tu peux être sûr(e) qu'il t'aime? Parce qu'il *est* amour. Il aime depuis toujours. Dans l'Ancien Testament, on voit qu'il tendait encore et encore la main à son peuple pour le sauver. Il voulait être avec eux, les accompagner. Et dans le Nouveau Testament, on voit que Jésus a traversé des moments de solitude, en particulier quand ses meilleurs amis l'ont abandonné, mais qu'il a été réconforté par son Père (Jean 16.32).

Tu vois, Dieu veut que tu saches qu'il est toujours avec toi, plus près encore que l'air qui t'entoure. Alors, peut-être qu'il t'arrive de te *sentir* seul(e), mais tu dois savoir que tu n'es jamais vraiment seul(e). Dieu sera toujours avec toi. Car il a dit: «Je ne te délaisserai pas et je ne t'abandonnerai pas» (Hébreux 13.5).

Seigneur, merci d'être toujours avec moi.
Je sais que je ne suis jamais seul(e). Amen.

AUJOURD'HUI, AVEC JÉSUS...
CROIS QU'IL EST AVEC TOI.

16 novembre

QUAND TU TE SENS COUPABLE

Jésus lui dit: «Moi non plus, je ne te condamne pas; vas-y et désormais ne pèche plus.»
Jean 8.11

La femme a dû avoir terriblement peur: elle avait été surprise en train de faire quelque chose de mal et, d'après la loi, elle devait être lapidée. Mais est-ce que Jésus a dit: «Oui, allez-y, lapidez-la»? Non! Il ne l'a pas condamnée. Il lui a dit de continuer son chemin et d'abandonner sa vie passée.

Abandonner le passé, ce n'est pas toujours facile à faire.

Pourquoi? Parce que les erreurs que tu as commises te reviennent souvent à l'esprit, un peu comme une «playlist» qui tourne en boucle. Peut-être aussi que tu n'arrêtes pas de penser à la manière dont les autres t'ont jugé(e) quand tu as mal agi. Et la culpabilité commence à t'écraser.

Il n'y a qu'un seul moyen de te débarrasser de ces pensées: laisser Jésus te montrer qui tu es vraiment. Tu n'es pas défini(e) par ton péché, par tes erreurs ou par ce que les autres pensent de toi. Tu es un(e) enfant bien-aimé(e) de Dieu dont les péchés ont été pardonnés. Alors, tourne-toi vers lui, et laisse derrière toi ton passé.

Merci, mon Dieu, d'avoir pris tous mes péchés.
Aide-moi à me rappeler que je suis ton enfant. Amen.

AUJOURD'HUI, AVEC JÉSUS...
SOUVIENS-TOI QUI TU ES GRÂCE À LUI.

17 novembre

TOUJOURS LÀ POUR TOI

Et mon Dieu pourvoira à tous vos besoins conformément à sa richesse, avec gloire, en Jésus-Christ.
Philippiens 4.19

Dieu est tout-puissant, et il sait absolument tout. Il est ton Père céleste. Il t'aime tant qu'il a envoyé son Fils pour te sauver. S'il a fait ça pour toi, est-ce que tu ne devrais pas avoir confiance qu'il pourvoira à tes besoins chaque jour?

Oui, tu peux être sûr(e) qu'il s'occupera parfaitement de toi. Car c'est sa responsabilité. La tienne, c'est de lui faire confiance, de lui obéir et de lui donner la première place dans ta vie. Pense à lui, à sa grandeur, à sa puissance et à tout le bien qu'il te fait.

Malheureusement, il est beaucoup plus facile de penser à tout ce que tu n'as pas et de vouloir essayer de trouver un moyen de l'avoir par toi-même. Mais ce que tu obtiens par tes propres efforts n'est jamais aussi bon que les belles choses que Dieu a préparées pour toi.

Alors, fais-lui confiance. Crois qu'il te donnera tout ce dont tu as besoin et sera toujours là pour toi.

Père, tu tiens toujours tes promesses. Je te fais confiance, car tu t'occupes de tout pour moi. Amen.

AUJOURD'HUI, AVEC JÉSUS... REMERCIE-LE DE CE QU'IL PREND SOIN DE TOI.

18 novembre

EN SÉCURITÉ

Je suis l'Eternel, je ne change pas,
et vous, (...) vous n'avez pas été détruits.
Malachie 3.6

Est-ce que tu crois que Dieu prendra soin de toi et te protégera? Est-ce que tu tournes tes pensées vers lui? Ou est-ce que tu te concentres sur les terribles nouvelles que tu entends aux informations? Si, au lieu de regarder au Seigneur, tu penses toujours à ce qui se passe dans le monde, tu auras un tas de raisons de t'inquiéter. Parce que le monde va vraiment mal. En plus, il y a tout le temps des changements!

Mais rappelle-toi que Dieu, lui, ne change jamais et qu'il sait absolument tout. Il est au-dessus de tout et est toujours avec toi. Il sait ce qui te fait peur et connaît les difficultés que tu peux traverser. Il a créé tout l'univers, et il contrôle toute chose.

Tu ne peux pas compter sur ce monde, mais tu peux compter sur Dieu. Il te conduira et t'aidera dans tout ce que tu vis. Alors, quoi qu'il arrive, fais-lui confiance. Avec lui, tu es en sécurité.

Seigneur, je suis tellement reconnaissant(e) que tu contrôles tout. Je te fais confiance. Je sais qu'avec toi, je suis en sécurité. Amen.

AUJOURD'HUI, AVEC JÉSUS... RAPPELLE-TOI QU'IL TE GARDE QUOI QU'IL ARRIVE.

19 novembre

QUAND TU PERDS DES AMI(E)S

La première fois que j'ai présenté ma défense, personne ne m'a soutenu, tous m'ont au contraire abandonné. (...) C'est le Seigneur qui m'a soutenu et fortifié.
2 Timothée 4.16-17

Est-ce que, quand ta journée se passe mal ou quand tu rencontres un gros problème, il t'arrive d'avoir l'impression que tou(te)s tes ami(e)s ont disparu, alors que tu as justement besoin d'eux? Si oui, pourquoi? En fait, peut-être qu'ils ne voient simplement pas combien tu as besoin d'eux et combien leur présence pourrait te réconforter. Pourtant, même quand tu as l'impression que tout le monde t'a abandonné(e), n'oublie pas que tu n'es jamais vraiment seul(e)!

La première fois que Paul a dû se défendre au tribunal, il s'est retrouvé seul, parce que tous ses amis l'avaient abandonné. Pourtant, en réalité, il n'était *pas* seul. Dieu était avec lui, et il lui a fait du bien en le remplissant de son courage et de sa force dans ces moments particulièrement difficiles (2 Timothée 4). Et il veut le faire aussi pour toi. Quand tu te sens exclu(e), abandonné(e) et seul(e), pense qu'il est là. Cherche refuge en lui, et il te donnera sa force, son réconfort et son amour pour traverser ce moment difficile.

Mon Dieu, je sais que tu ne m'abandonneras jamais et ne me laisseras jamais seul(e). Merci. Amen.

AUJOURD'HUI, AVEC JÉSUS...
TU N'ES PAS SEUL(E).

20 novembre

COMPTE SUR SA VICTOIRE

...nous sommes sans force devant cette foule nombreuse qui vient nous attaquer (...), mais nos yeux sont sur toi.
2 Chroniques 20.12

Le roi Josaphat avait un choix à faire. Les Moabites, les Ammonites et des Maonites s'étaient alliés pour former une grande et puissante armée. Ils voulaient détruire Josaphat et le peuple de Dieu. Mais au lieu de préparer ses soldats ou de réfléchir à des stratégies pour vaincre ses ennemis, Josaphat a choisi de se tourner vers Dieu avec tout le peuple. Il a prié et dit au Seigneur qu'ils comptaient sur lui pour les sauver. Car il était assez sage pour reconnaître qu'ils ne pourraient pas survivre sans son aide. Et par là, il a fait exactement ce que Dieu demande à ses enfants.

Quand tu es dans une situation où les choses risquent vraiment de mal tourner, pense au choix de Josaphat. N'aie pas peur et ne t'enfuis pas. Ne permets pas au diable de te mentir et de te faire croire qu'il n'y a aucun d'espoir. Tourne-toi vers le Seigneur. Prie-le humblement. Reconnais que tu ne peux pas régler ce problème par toi-même et que tu as besoin de lui. Ensuite, crois qu'il fera l'impossible et te donnera la victoire.

Père, merci, car je peux me tourner vers toi quand j'ai besoin d'aide. Amen.

AUJOURD'HUI, AVEC JÉSUS... N'AIE PAS PEUR, MAIS COMPTE SUR SA VICTOIRE.

21 novembre

C'EST LUI QUI DONNE

...tout bienfait et tout don parfait viennent d'en haut.
Jacques 1.17

Aujourd'hui, remercie Dieu pour tout ce que tu as. Tu n'as peut-être pas exactement tout ce que tu aimerais, et tu trouves peut-être qu'il te manque des choses. Mais remercie-le quand même. Pourquoi? Parce qu'il est le Seigneur et que, sans sa bonté, tu n'aurais rien du tout. Reconnais que toutes les bonnes choses que tu as te viennent de lui. C'est important!

Est-ce que tu connais ce verset: «Celui qui se confie dans ses richesses tombera, tandis que les justes verdiront comme le feuillage» (Proverbes 11.28)? Ça veut dire que ce qui est important, ce n'est pas *la quantité* d'argent ou de choses que tu as, mais *la manière dont tu utilises* ce que tu as. Est-ce que tu gardes tout égoïstement pour toi, ou est-ce que tu es prêt(e) à partager avec les autres? Est-ce que tu penses que tout ce que tu as est le résultat de tes efforts, ou est-ce que, au contraire, tu es reconnaissant(e) envers Dieu?

Le Psaume 34.10 dit: «Craignez l'Eternel, vous ses saints, car rien ne manque à ceux qui le craignent.» Crois qu'il te donnera ce dont tu as besoin, puis remercie-le!

Seigneur, merci pour tout ce que tu m'as donné. Je sais que tu t'occuperas toujours parfaitement de moi. Amen.

AUJOURD'HUI, AVEC JÉSUS... REMERCIE-LE POUR TOUT CE QU'IL T'A DONNÉ.

22 novembre

APPRENDS À L'ADORER

*Proclamez la grandeur de l'Eternel,
notre Dieu, et prosternez-vous à ses pieds.*
Psaume 99.5

Tu as été créé(e) pour adorer Dieu. Alors, pourquoi est-ce que tu as parfois tellement de mal à «proclamer sa grandeur et à te prosterner à ses pieds»? Pourquoi est-ce qu'il est plus facile de lui parler de tout ce qui ne va pas dans ta vie que de lui dire combien il est grand et magnifique?

Peut-être que tu es trop fier(ère), trop occupé(e) à penser à toi pour pouvoir penser à lui, ton merveilleux Sauveur. Ou bien peut-être que c'est le péché qui t'en empêche: tu as essayé d'obtenir ce que tu voulais par toi-même au lieu de croire que lui, le Seigneur, te donnerait ce dont tu as besoin.

Quand tu te prosternes à ses pieds et l'adores de tout ton cœur, il te remplit de sa paix et de sa liberté. Alors, pense à lui, à sa sainteté, à sa grandeur, à sa puissance infinie, à sa sagesse et à son amour éternel pour toi. Adore-le, et réjouis-toi simplement dans la présence de Celui qui t'aime plus que n'importe qui.

Mon Dieu, tu as créé tout l'univers. Je te loue et je t'adore pour tout ce que tu es et tout ce que tu as fait. Amen.

AUJOURD'HUI, AVEC JÉSUS... PROSTERNE-TOI DEVANT LUI ET ADORE-LE.

23 novembre

LA VRAIE LOUANGE

...les vrais adorateurs adoreront le Père en esprit et en vérité.
Jean 4.23

Est-ce que, quand tu es à l'église, tu sens que Dieu est près de toi? Et quand tu passes du temps seul(e) avec lui à lire sa Parole et à prier, est-ce que tu sais qu'il est là? Ou peut-être que, quand tu vois les autres le louer, tu as l'impression de ne pas ressentir ce qu'ils ont l'air de ressentir. Alors tu te demandes si tu es vraiment en communion avec lui.

En fait, tu dois savoir que, comme tu peux connaître des choses sur Dieu sans le connaître personnellement, tu peux prononcer des paroles comme: «Je t'aime, Seigneur» ou: «Je te remercie, Seigneur» sans vraiment le louer et l'adorer de tout ton cœur.

La vraie louange vient quand tu te donnes entièrement à lui. Paul dit: «Soyez (...) remplis de l'Esprit» (Ephésiens 5.18). Alors, tu peux chanter et célébrer de tout ton cœur ses louanges (Ephésiens 5.19). Tu ne peux le louer sincèrement que si tu te laisses remplir de son Esprit. Comment? En lui abandonnant le contrôle de ta vie.

Seigneur, montre-moi comment vraiment te louer,
par mes paroles et par ma vie. Amen.

AUJOURD'HUI, AVEC JÉSUS...
LOUE-LE DE TOUT TON CŒUR.

24 novembre

CHERCHE ET TROUVE

Celui qui offre en sacrifice sa reconnaissance m'honore, et à celui qui veille sur sa conduite je ferai voir le salut de Dieu.

Psaume 50.23

Aujourd'hui, offre à Dieu «ta reconnaissance en sacrifice». Comment? Simplement en lui donnant ton temps, en tournant tes pensées vers lui et en le louant, par reconnaissance pour tout ce qu'il a fait pour toi. Fais-le même quand tu as l'impression que tout va mal. Est-ce que c'est vraiment possible? Oui.

Pour ça, cherche des raisons de le remercier. Même quand tu vis une terrible journée, tu peux trouver des sujets de reconnaissance, si tu réfléchis. Pense à toutes les fois où le Seigneur t'a aidé(e). Loue-le pour ce qu'il est, loue-le pour son amour et loue-le parce qu'il t'a sauvé(e). Fais une liste de tous les merveilleux cadeaux qu'il te donne: le pardon, la paix, la joie... Pense aussi à tout ce qu'il t'a promis: par exemple de t'aimer toujours ou de ne jamais t'abandonner. Demande-lui de t'ouvrir les yeux par son Esprit pour que tu puisses voir le bien qu'il te fait tout au long de la journée.

En cherchant, puis en trouvant toutes les belles choses que Dieu te donne, tu seras rempli(e) de reconnaissance.

Père, tu m'as tout donné. Apprends-moi à voir tes nombreux bienfaits et à t'en remercier. Amen.

AUJOURD'HUI, AVEC JÉSUS... LIS LE PSAUME 23, ET REMERCIE-LE POUR TOUT CE QU'IL FAIT POUR TOI.

25 novembre

UN AVANT-GOÛT DU CIEL

La louange, la gloire, la sagesse, la reconnaissance, l'honneur, la puissance et la force sont à notre Dieu, aux siècles des siècles!
Apocalypse 7.12

Il n'y a rien de plus merveilleux que d'être simplement dans la présence de Dieu et d'apprendre à mieux le connaître. Bien sûr, si tu ne sais pas qui il est, tu auras du mal à prendre un moment tranquille avec lui pour le louer. Mais si tu comprends qui il est vraiment (ton créateur et le créateur de tout l'univers) et ce qu'il a fait pour toi, tu ne peux plus te taire: tu as envie de le louer de tout ton cœur.

Alors, là, maintenant, chasse les soucis qui te tracassent, et imagine que tu es assis(e) devant son trône, dans le ciel. Pense à sa majesté, à sa beauté, à sa puissance, à sa sagesse et à son amour pour toi.

Voilà le Dieu qui t'invite à t'approcher de lui et à passer du temps dans sa présence. C'est magnifique, incroyable, tu ne trouves pas? Remercie-le, adore-le, chante ses louanges et laisse-le te donner un avant-goût du ciel!

Seigneur, tu es magnifique, merveilleux et digne de toute ma louange. Je t'aime. Amen.

AUJOURD'HUI, AVEC JÉSUS...
LOUE SON NOM.

26 novembre

DIS-LUI TA RECONNAISSANCE

Soyez toujours joyeux. Priez sans cesse, exprimez votre reconnaissance en toute circonstance, car c'est la volonté de Dieu pour vous.
1 Thessaloniciens 5.16-18

Parfois, tu n'as vraiment pas envie d'être reconnaissant(e). Les soucis, les problèmes, les choses tristes, les gens qui ne sont pas gentils avec toi ou, simplement, les journées difficiles veulent te voler ta joie et t'empêcher de penser au Seigneur.

Mais si tu demandes à Dieu de te remplir de reconnaissance, il le fera! Si tu lui dis que tu désires vraiment le louer, mais que, à cause de ce que tu vis maintenant, tu as du mal, il te rappellera toutes les belles choses qu'il fait pour toi. Il t'aidera à arrêter de te concentrer sur tes difficultés et à penser à lui et à tous ses bienfaits.

Et pourquoi est-ce qu'il le fera? Parce qu'il te demande de lui exprimer ta reconnaissance et veut t'aider à lui obéir. Même dans les moments difficiles, il veut que tu saches voir combien ceux qui le suivent sont bénis (Romains 8.28). Demande-lui de te remplir de reconnaissance. Puis, une fois qu'il l'a fait, loue-le de tout ton cœur.

Mon Dieu, il y a des jours où j'ai du mal à être reconnaissant(e). Dans ces moments-là, s'il te plaît, rappelle-moi toutes les belles choses que tu fais pour moi. Amen.

AUJOURD'HUI, AVEC JÉSUS...
SOIS RECONNAISSANT(E).

27 novembre

L'ATTITUDE À AVOIR

Réjouissez-vous toujours dans le Seigneur!
Je le répète: réjouissez-vous!
Philippiens 4.4

Louer Dieu est une des meilleures choses que tu puisses faire si tu lui appartiens, parce qu'il agit à travers les louanges de ses enfants. En lui disant combien tu l'aimes et en le remerciant, tu reconnais que tu as besoin de lui; que tu as besoin qu'il prenne soin de toi et rende ta foi plus forte. Et c'est vraiment l'attitude à avoir si tu veux qu'il montre sa puissance à travers ta vie.

Pense à Paul et Silas. Alors qu'ils n'avaient rien fait de mal, ils ont été battus, arrêtés et jetés dans une prison de la ville de Philippes. Et qu'est-ce qu'ils ont fait? Ils ont chanté des louanges à Dieu! A ce moment-là, Dieu a permis qu'il y ait un tremblement de terre pour que les portes de la prison s'ouvrent. Et le gardien a été tellement impressionné en voyant ce que Dieu avait fait pour les libérer, que lui et toute sa famille se sont convertis à Jésus.

Alors, loue le Seigneur, peu importe ce qui se passe dans ta vie, puis regarde ce qu'il va faire à travers tes louanges.

Seigneur Jésus, je te loue! Car même quand tout va très mal, je sais que tu fais de grandes choses dans ma vie. Amen.

AUJOURD'HUI, AVEC JÉSUS...
LOUE-LE PAR TES CHANTS.

28 novembre

LA FORCE DE LA LOUANGE

Je serai par ta grâce dans l'allégresse et dans la joie,
car tu vois ma misère, tu connais les angoisses de mon âme.
Psaume 31.8

Alors que tu te prépares à commencer une nouvelle journée, tu as le choix: soit rouspéter et te plaindre par rapport à tout ce qui ne va pas, *soit* décider de louer le Seigneur quand même.

Mais d'abord, rappelle-toi cette vérité importante: il y a une force dans la louange. Car en louant Dieu, tu ne lui apportes pas seulement la reconnaissance qu'il mérite, tu tournes tes pensées vers lui et vers tout le bien qu'il te fait, au lieu de penser à toi-même et à tes problèmes. Et ça, c'est le meilleur moyen de bien commencer la journée.

Bien sûr, quand tu vis quelque chose de vraiment très dur, tu as peut-être du mal à le louer. Dans ces moments-là, demande-lui son aide. Dis-lui: *Seigneur, je n'arrive pas à voir tous tes bienfaits à cause de ce gros problème que je rencontre, mais je sais que tu es là et que tu viens à mon secours.* Crois qu'il contrôle tout et qu'il fera sortir du bien de tout ce que tu dois traverser. Et choisis de le louer.

Mon Dieu, je t'aime! Tu es merveilleux, magnifique
et digne de toutes mes louanges. Amen.

AUJOURD'HUI, AVEC JÉSUS... RAPPELLE-TOI QU'IL Y A UNE FORCE DANS LA LOUANGE.

29 novembre

LES MEILLEURES BÉNÉDICTIONS

Heureux ceux qui ont faim et soif de vivre comme Dieu le demande, car Dieu exaucera leur désir!
Matthieu 5.6 (BFC)

Tout le monde a envie de profiter des «belles choses» de la vie: avoir une belle famille, de bon(ne)s ami(e)s et bien s'amuser. Mais ce qui est «bon» pour toi n'est pas forcément ce qui est bon aux yeux de Dieu. Parfois, tu peux essayer d'avoir ce que tu veux par toi-même, mais tu risques de finir par être déçu(e). Par contre, les bonnes choses que Dieu donne ne déçoivent jamais.

Si tu le cherches chaque jour, tu trouveras une joie beaucoup plus grande que la joie d'être aimé(e) des autres, d'avoir le dernier jeu à la mode ou n'importe quoi d'autre que le monde peut t'offrir. Et plus tu apprendras à connaître le Seigneur, plus tu auras envie de mieux le connaître. Voilà pourquoi Paul pouvait dire: «Et je considère même tout comme une perte à cause du bien suprême qu'est la connaissance de Jésus-Christ mon Seigneur» (Philippiens 3.8). Les meilleures bénédictions sont celles qui t'attirent plus près de Jésus et qui te conduisent sur le chemin qu'il a préparé pour toi. Alors, cherche-le de tout ton cœur, et il te bénira en te faisant vraiment du bien.

*Seigneur Jésus, ce que je veux le plus,
c'est mieux te connaître. Amen.*

AUJOURD'HUI, AVEC JÉSUS... RÉJOUIS-TOI DE TOUT LE BIEN QU'IL TE FAIT.

30 novembre

NE JUGE PAS

Dieu, en effet, n'a pas envoyé son Fils dans le monde pour juger le monde, mais pour que le monde soit sauvé par lui.
Jean 3.17

Est-ce qu'il t'est déjà arrivé de faire une bêtise et d'avoir ensuite l'impression que tout le monde te regardait de travers, même d'autres chrétiens? Sentir le jugement n'est jamais drôle, mais quand ce sont des chrétiens qui te jugent et qui font comme si, eux, n'avaient jamais fait d'erreur ni commis de péchés, ça fait vraiment mal.

Quand un enfant de Dieu agit mal, Dieu veut que les autres chrétiens l'aiment et le ramènent à lui avec douceur. Malheureusement, certaines personnes se donnent tellement de peine pour «punir» celui ou celle qui a péché (en se félicitant d'être «meilleures»), qu'elles finissent par l'éloigner du Seigneur!

Si tu connais quelqu'un qui fait quelque chose de mal, ne le punis pas en le jugeant. Mais parle-lui de Dieu avec amour et douceur. Agis avec cette personne comme tu aimerais qu'on agisse avec toi. Car tout le monde fait des erreurs, et tout le monde pêche. C'est justement pour ça que Jésus est venu: pour que chacun puisse recevoir le pardon.

Seigneur, aide-moi à montrer aux autres le même amour et la même grâce que tu m'accordes. Amen.

AUJOURD'HUI, AVEC JÉSUS...
TRAITE LES AUTRES AVEC DOUCEUR.

1er décembre

UN ESPRIT ENCOMBRÉ

Celui qui a reçu la semence parmi les ronces, c'est celui qui entend la parole, mais les préoccupations de ce monde et l'attrait trompeur des richesses étouffent cette parole et la rendent infructueuse.
Matthieu 13.22

Est-ce qu'il t'arrive parfois d'écouter ce que ton prof dit en cours, puis, deux minutes plus tard, de ne plus te souvenir de rien? Peut-être que ça t'arrive aussi à l'église ou quand tu lis ta Bible. En fait, tes pensées peuvent être «encombrées par un tas de choses. Tu te soucies par rapport à tes erreurs d'hier ou tes problèmes d'aujourd'hui ou encore tes peurs de demain. Et quand ton esprit est occupé par tout ça, tu as du mal à entendre Dieu.

Bien sûr, c'est normal que tu réfléchisses. C'est même nécessaire. Mais Satan veut que ton cœur soit envahi par toutes sortes de pensées, pour que tu ne puisses pas bien écouter ce que Dieu veut te dire. Alors, résiste-lui en disant au Seigneur ce qui te tracasse et en croyant qu'il s'occupe de tout. Puis, lis les Psaumes. Laisse sa Parole t'encourager à le louer pour qui il est et pour ce qu'il a fait. Ton esprit commencera à s'apaiser et tes pensées à se tourner vers lui. Sa paix viendra dans ton cœur, et tu pourras entendre sa voix.

Père, je t'abandonne toutes mes inquiétudes.
Je sais que tu t'occupes de tout pour moi. Amen.

AUJOURD'HUI, AVEC JÉSUS… LIS LE PSAUME 19, PUIS RAPPELLE-TOI QUI EST DIEU ET CE QU'IL A FAIT POUR TOI.

2 décembre

ENTIÈREMENT LÀ POUR LUI

Vers le matin, alors qu'il faisait encore très sombre, il se leva et sortit pour aller dans un endroit désert où il pria.
Marc 1.35

Si Jésus, le Fils de Dieu, saint et parfait, avait besoin de s'isoler pour prier, est-ce que tu ne penses pas que toi, aussi, tu devrais rechercher la présence de Dieu?

Dieu aime que tu prennes du temps seul(e) avec lui. Pourquoi? Parce qu'il désire avoir toute ton attention. Pour ça, il est important que tu trouves un endroit où tu n'es pas dérangé(e) par un tas de choses: la télévision, les autres, le bruit, etc. C'est dans ces moments tranquilles, quand tu es seul(e) avec lui, que tu peux lui dire tout ce qu'il y a sur ton cœur: tes joies, tes peines, tes soucis et tes peurs.

Dieu veut que tes pensées soient entièrement tournées vers lui, pour pouvoir t'entourer de ses bras d'amour et te rappeler toutes ses promesses. Si tu n'es pas prêt(e) à prendre du temps seul(e) dans sa présence, tu ne connaîtras pas cette bénédiction. Ton cœur sera accaparé par un tas de choses. Alors, ne te laisse pas voler ce moment avec ton Dieu. C'est un de ses plus précieux cadeaux.

Mon Dieu, merci de vouloir que je passe du temps avec toi. Je t'aime de tout mon cœur. Amen.

**AUJOURD'HUI, AVEC JÉSUS...
PASSE DU TEMPS SEUL(E) AVEC LUI.**

3 décembre

DONNE-LUI TOUT

Ne savez-vous pas que si vous vous livrez à quelqu'un comme esclaves pour lui obéir, vous êtes les esclaves du maître à qui vous obéissez?
Romains 6.16

Est-ce que tu avais un tee-shirt que tu préférais à tous les autres, mais qui ne te va plus parce que tu as grandi? Il était encore en bon état, mais dans ton placard, il prenait la place de tes vêtements d'aujourd'hui, alors ta maman t'a demandé de t'en débarrasser.

Parfois, Dieu fait pareil avec nous. Il peut arriver qu'il nous demande de nous débarrasser de quelque chose (par exemple d'un loisir, d'un sport ou même d'une amitié), non pas parce que cette chose est un péché, mais parce qu'elle nous éloigne de lui. Elle ne correspond plus à sa volonté pour nous. Et elle nous prend du temps que nous pourrions utiliser pour lui.

Est-ce que tu es prêt(e) à tout abandonner pour lui? Pas seulement le péché, mais aussi, peut-être, des choses qui, en soi, sont bonnes? Demande-lui de t'aider à lui dire: *Tout ce que j'ai est à toi, Seigneur.* Car s'il te demande de lâcher quelque chose, peu importe ce que c'est, il te donnera quelque chose d'encore meilleur.

Seigneur, aide-moi à accepter de lâcher ce que tu me demandes de lâcher. Je veux être entièrement à toi. Amen.

AUJOURD'HUI, AVEC JÉSUS...
ACCEPTE DE TOUT LUI DONNER.

4 décembre

UN DE SES MEILLEURS OUTILS

C'est pourquoi je me plais (...) dans les détresses (...), car quand je suis faible, c'est alors que je suis fort.
2 Corinthiens 12.10

Des pressions énormes peuvent transformer un morceau de charbon en un magnifique diamant. Et c'est pareil dans ta vie: la pression des problèmes et des moments difficiles peut te transformer et faire de toi une lumière qui brille pour le Seigneur. Parce que Dieu agit dans ta vie à travers les difficultés. Il les utilise pour changer ton cœur et ta façon de penser et t'apprendre à lui faire confiance et à marcher près de lui.

En fait, les moments difficiles sont un de ses meilleurs outils. Il les utilise pour faire de toi la personne qu'il a prévu que tu sois, pour t'attirer plus près de Jésus et pour te former pour le servir.

Il a un but pour chaque problème qu'il permet dans ta vie. Alors, ne te décourage pas quand ce que tu vis est difficile. Demande-lui plutôt de te montrer ce qu'il veut t'apprendre. Puis laisse-toi transformer.

Seigneur, je crois que tu utiliseras pour mon bien chaque difficulté que je peux traverser. Amen.

AUJOURD'HUI, AVEC JÉSUS... COMPRENDS CE QU'IL VEUT T'APPRENDRE À TRAVERS LES DIFFICULTÉS.

5 décembre

ATTENTION AU PIÈGE!

«…mais Dieu sait que, le jour où vous en mangerez, vos yeux s'ouvriront et vous serez comme Dieu: vous connaîtrez le bien et le mal.»
Genèse 3.5

Satan a trompé Eve… d'une façon vraiment rusée. D'abord, il a flatté son orgueil en lui disant: «Tu seras comme Dieu. Tu connaîtras le bien et le mal.» Mais ce qu'il ne lui a *pas* dit, c'est que le jour où elle apprendrait ce que sont le péché et la mort serait tout sauf un jour heureux. Elle allait énormément regretter d'avoir désobéi.

Attention: n'importe qui peut tomber dans un piège du diable. Il aime mentir et te pousser à désobéir à Dieu en ne te disant qu'une partie de la vérité, exactement comme il l'a fait avec Eve. Il ne te dit pas ce qui arrive *une fois* que tu as désobéi. Parce que c'est toujours triste. Alors, ne te laisse pas prendre au piège.

Satan a utilisé l'orgueil d'Eve pour la tromper, et il essayera de faire pareil avec toi. En fait, chaque fois que tu choisis de désobéir à Dieu, c'est comme si tu disais: «Seigneur, je sais mieux que toi.» C'est de l'orgueil, et c'est vraiment fou de penser ça.

Ton Père céleste sait toujours ce qui est le mieux. Ecoute-le!

Père, je pense si vite que je sais mieux que toi.
Pardonne-moi, et aide-moi à croire que
tu sais vraiment ce qui est le mieux. Amen.

AUJOURD'HUI, AVEC JÉSUS… RAPPELLE-TOI QU'IL SAIT CE QUI EST LE MIEUX POUR TOI ET QU'IL TE LE DONNERA.

6 décembre

TU NE PEUX PAS TE CHANGER

...ce n'est plus moi qui vis, c'est Christ qui vit en moi; et ce que je vis maintenant dans mon corps, je le vis dans la foi au Fils de Dieu qui m'a aimé et qui s'est donné lui-même pour moi.
Galates 2.20

Tu sais ce que tu devrais faire: lire la Bible et y réfléchir chaque jour, croire les promesses de Dieu et avoir confiance qu'il prendra soin de toi dans les moments difficiles. Donc tu prends une décision: tu vas lire ta Bible et prier à un moment précis de la journée, et tu vas lui faire confiance, quoi qu'il arrive. Mais malheureusement, tu n'arrives pas à t'y tenir. Alors tu prends une autre décision... puis une autre, et encore une autre. Pourtant, ça ne marche pas vraiment...

Peut-être que le problème, c'est que, tout en croyant que Jésus est ton Sauveur, tu ne crois pas vraiment qu'il peut te changer. Alors, tu essayes de le faire par toi-même. Ce qui, bien sûr, ne marche pas. Car tu ne peux pas te changer toi-même. Mais Dieu, lui, peut te transformer! Quand tu te donnes à Jésus, son Saint-Esprit vient habiter dans ton cœur. Et c'est son travail de te changer. Ton travail à toi, c'est de le laisser faire!

Seigneur, toi seul peux vraiment me changer. S'il te plaît, transforme-moi pour que je te ressemble toujours plus. Amen.

AUJOURD'HUI, AVEC JÉSUS... DEMANDE-LUI DE TE CHANGER, PUIS LAISSE-LE FAIRE.

7 décembre

EXAMEN DU CŒUR

Que votre cœur ne se trouble pas!
Croyez en Dieu, croyez aussi en moi.
Jean 14.1

Il y a quelque chose que tu fais probablement tous les jours, sans même t'en rendre compte. Quoi? *Te laisser voler ta paix.*

Si facilement, tu détournes tes pensées de Dieu et tu permets au péché de se glisser dans ton cœur. Peut-être que tu y laisses entrer des choses qui, tu le sais, ne sont pas bonnes, mais peut-être qu'il s'agit aussi de choses que tu ne vois même pas comme des péchés: avoir une mauvaise réaction, être en colère contre quelqu'un ou vouloir faire les choses à ta façon au lieu de laisser Dieu te guider.

Mais il existe un moyen de ne pas perdre ta paix: examiner ton cœur chaque jour. Parle au Seigneur, et demande-lui de te montrer tout ce que tu as pu y laisser entrer qui n'est pas bon. Puis, demande-lui de te pardonner et de te ramener sur son chemin.

Aujourd'hui, commence ta journée en examinant ton cœur. Car si tu donnes ta journée à Dieu, il te remplira de sa paix.

Dieu saint, s'il te plaît, examine mon cœur et
montre-moi ce qui doit changer. Amen.

AUJOURD'HUI, AVEC JÉSUS... DEMANDE
À DIEU D'EXAMINER TON CŒUR.

8 décembre

SAVOIR DIRE NON

Faites donc bien attention à la façon dont vous vous conduisez: ne vous comportez pas comme des fous, mais comme des sages: rachetez le temps, car les jours sont mauvais.

Ephésiens 5.15-16

Est-ce que tu as peur de dire non parce que tu te demandes ce que les gens pourront penser? Bien sûr, tu dois dire non aux mauvaises choses, comme la drogue, l'alcool, les mauvais films, etc. Mais comment ça se passe pour les «bonnes» choses? Est-ce que tu dois aussi leur dire non?

Oui, parfois! Il existe des milliers de bonnes choses – tout ce qui concerne tes ami(e)s, ta famille, ton église et même les services rendus –, mais si tu dis oui à toutes, tu n'auras plus de temps pour le meilleur de tout: Dieu lui-même. Tu pourras faire un tas de choses formidables, aussi pour lui, mais passer à côté de la paix et de la joie qu'il t'a promises. Alors, par moments, il est important de savoir dire non pour pouvoir dire oui à Dieu. Ne l'oublie pas, Jésus laissait parfois de côté son magnifique ministère auprès des gens pour pouvoir passer du temps seul avec son Père. Et si lui avait besoin de le faire, tu en as encore beaucoup plus besoin!

Seigneur, s'il te plaît, montre-moi à quoi je devrais dire oui et à quoi je devrais dire non. Amen.

AUJOURD'HUI, AVEC JÉSUS… DIS OUI AU TEMPS PASSÉ AVEC LUI.

9 décembre

IL LES TRANSFORME EN BIEN

En effet, nos légères difficultés du moment présent produisent pour nous, au-delà de toute mesure, un poids éternel de gloire.
2 Corinthiens 4.17

Quand tu rencontres des problèmes et traverses des moments difficiles, il est facile de ne plus penser qu'à ça et à la façon dont ça te gâche la vie. Mais rappelle-toi que Dieu, lui, voit tes difficultés complètement d'une autre manière: pour lui, elles sont des *outils*. Il veut s'en servir pour réaliser son plan pour toi, c'est-à-dire pour te transformer, te rendre toujours plus comme Jésus et donner un vrai sens à ta vie.

Est-ce que, aujourd'hui, tu te débats avec des choses difficiles (qu'elles soient petites ou grandes)? Si oui, demande au Seigneur de t'aider à les voir comme il les voit. Alors, tu comprendras qu'il veut les utiliser pour te bénir... bien plus que tu ne peux l'imaginer.

Alors, quand tes problèmes commencent à t'écraser, demande-lui de les porter à ta place. C'est justement ce qu'il veut faire. Ensuite, crois qu'il ne t'aidera pas seulement à traverser ces difficultés, mais qu'il s'en servira aussi pour te faire du bien.

Père, il m'est si facile de ne voir que mes problèmes.
S'il te plaît, aide-moi aussi à voir que tu les
utilises pour me faire du bien. Amen.

AUJOURD'HUI, AVEC JÉSUS... CROIS QU'IL CHANGERA EN BIEN TES DIFFICULTÉS.

10 décembre

AIMER QUAND C'EST DIFFICILE

Si quelqu'un dit: «J'aime Dieu», alors qu'il déteste son frère, c'est un menteur. En effet, si quelqu'un n'aime pas son frère qu'il voit, comment peut-il aimer Dieu qu'il ne voit pas?
1 Jean 4.20

Il y aura toujours des gens qui t'énerveront. Ce n'est pas drôle, mais ça fait partie de la vie. Il y aura toujours des personnes qui sauront exactement quoi dire ou quoi faire pour te pousser à réagir, pour te mettre en colère, pour t'agacer ou bien pour te faire peur. Dans ces cas-là, il est si facile d'avoir des pensées de haine et, même, de chercher à te venger. Mais regarde ce que dit le verset d'aujourd'hui, et tu te rendras compte que ce n'est pas ce que Dieu te demande.

Ces personnes ne sont *pas* tes ennemis. En fait, Dieu se sert d'elles pour t'apprendre la patience, la douceur, le pardon et d'autres choses. Elles n'ont pas besoin de ta vengeance; elles ont besoin de ta grâce.

Montre au Seigneur que tu lui fais confiance en lui demandant de te donner la force d'être patient(e), de pardonner à ces personnes et de les aimer, comme il le fait pour toi. Ce n'est peut-être pas ce que tu as envie de faire, mais rappelle-toi que la patience, la douceur, le pardon et la grâce, c'est justement les cadeaux qu'il te donne, à toi.

Mon Dieu, s'il te plaît, donne-moi la force d'aimer et de pardonner comme tu m'aimes et me pardonnes. Amen.

AUJOURD'HUI, AVEC JÉSUS... AIME CEUX QUI SONT DIFFICILES À AIMER.

11 décembre

CHERCHE EN LUI LE SECOURS

...nous marchons par la foi et non par la vue.
2 Corinthiens 5.7

Dieu permet tout pour une raison dans ta vie, même ce qui est difficile. Bien sûr, parfois, les problèmes que tu rencontres sont le résultat de mauvais choix, mais d'autres fois, le Seigneur les permet pour t'apprendre des choses et rendre ta foi en lui plus solide (1 Pierre 1.6-7). Il sait *tout*, et il sait exactement ce qu'il te faut pour apprendre à compter sur lui plutôt que sur toi-même et ta manière de faire les choses. Ne l'oublie pas!

Mais tu te dis peut-être: *Je ne sais vraiment pas quoi faire avec ce problème. J'ai besoin d'aide, maintenant, tout de suite!* En fait, c'est exactement ce que Dieu veut. Parce que, généralement, c'est quand tu ne sais plus du tout quoi faire que tu cherches en lui le secours. Il veut que tu comprennes qu'il est tout-puissant et peut t'aider dans tout ce que tu vis.

Alors, parle-lui, dis-lui tout et crois qu'il viendra à ton secours. Puis, regarde, quand il te montre qui il est et manifeste sa puissance.

Seigneur, tu es tout-puissant et tu sais tout. Aide-moi à te faire confiance et à croire que tu prendras soin de moi. Amen.

AUJOURD'HUI, AVEC JÉSUS... CHERCHE EN LUI LE SECOURS DANS TES DIFFICULTÉS.

12 décembre

PENSE À TON CRÉATEUR

Quand je contemple le ciel, œuvre de tes mains, la lune et les étoiles que tu y as placées, je dis: «Qu'est-ce que l'homme, pour que tu te souviennes de lui, et le fils de l'homme, pour que tu prennes soin de lui?»

Psaume 8.4-5

Aujourd'hui, prends le temps de penser à Dieu. Sa puissance est infinie, tout comme sa sagesse et son amour pour toi. Rappelle-toi comment il a créé l'univers, comment il a fixé la place des étoiles, des planètes et des galaxies et, même, comment il a donné un nom à chacune d'elles! Puis pense que ce même Dieu te connaît, toi, personnellement, et aimerait que tu apprennes à le connaître toujours plus. Rien ne lui est impossible! Sur sa parole, la terre a été formée (Genèse 1), la mer Rouge s'est ouverte (Exode 14), et le soleil et la lune se sont arrêtés dans le ciel (Josué 10.13). Il a même donné son propre Fils pour que le péché et la mort, tes ennemis, soient vaincus à jamais (1 Corinthiens 15.54-57). Et il t'aime, *toi*!

Aujourd'hui, n'oublie pas qu'il est à tes côtés. Demande-lui son aide dans tout ce que tu vis. Il est ton protecteur et ton Seigneur. Alors, tu n'as rien à craindre!

Père, rien ne t'est impossible! Je te loue, et je te remercie pour ton amour. Amen.

AUJOURD'HUI, AVEC JÉSUS...
PENSE À TOUT CE QU'IL A CRÉÉ.

13 décembre

CROIS QU'IL PARDONNE

En effet, même si notre cœur nous condamne, Dieu est plus grand que notre cœur et il connaît tout.
1 Jean 3.20

Est-ce que tu t'es déjà dit: *Je sais que Dieu m'a pardonné, mais moi, je ne peux pas me pardonner*? Tu as mal agi, tu lui as demandé pardon, tu sais qu'il t'a pardonné, mais tu continues à avoir mauvaise conscience. Alors, qu'est-ce que tu dois faire?

- *Reconnaître* que tu ne t'es pas pardonné à toi-même.
- *Dire* à Dieu que tu sais que c'est aussi un péché, parce que, quand tu ne te pardonnes pas à toi-même, tu ne crois pas qu'il te lave entièrement comme il l'a promis.
- *Accepter* complètement son pardon.
- *Croire* qu'il a vraiment pris tes péchés: «...autant l'orient est éloigné de l'occident, autant il éloigne de nous nos transgressions» (Psaume 103.12).
- *Choisir* de te pardonner à toi-même, parce que Jésus est mort sur la croix pour toi.

Dieu a promis de te pardonner. Confie-toi en sa Parole, et laisse-le te débarrasser de ta culpabilité et de ta honte.

Seigneur, merci pour ton pardon. Aide-moi à croire en ta grâce et à me pardonner à moi-même. Amen.

AUJOURD'HUI, AVEC JÉSUS...
CROIS QU'IL TE PARDONNE.

14 décembre

UNE LUMIÈRE SUR TON CHEMIN

Ta parole est une lampe à mes pieds
et une lumière sur mon sentier.
Psaume 119.105

La Bible est une lumière pour ta vie. Elle chasse les ténèbres du diable. Mais si tu ne la lis pas régulièrement, Satan t'attaquera plus facilement. Une de ses stratégies préférées, c'est de te mentir par rapport à ce que Dieu dit dans sa Parole. Mais si tu connais la Bible, tu peux repérer ses mensonges.

N'oublie pas, il fera tout pour t'éloigner du Seigneur. Il te tentera, te découragera et te mentira, surtout par rapport aux promesses que Dieu te donne.

Par exemple, la Bible dit que si tu reconnais ton péché et que tu t'en détournes, Dieu te pardonne (1 Jean 1.9). Mais Satan cherchera à te mentir en te disant que ce que tu as fait est trop grave pour que tu puisses être pardonné(e). Ensuite, il essayera de t'empêcher de revenir près du Seigneur en te donnant un sentiment de honte et de culpabilité. Donc il est très important que tu laisses briller la lumière de la Parole de Dieu sur les mensonges du diable. Et pour ça, lis ta Bible régulièrement!

Mon Dieu, merci pour ta Parole qui
me garde et m'éclaire. Amen.

AUJOURD'HUI, AVEC JÉSUS... DÉCOUVRE L'ARMURE DU CHRÉTIEN EN LISANT ÉPHÉSIENS 6.10-18.

15 décembre

LES ORAGES DE LA VIE

J'estime que les souffrances du moment présent ne sont pas dignes d'être comparées à la gloire qui va être révélée pour nous.
Romains 8.18

C'est souvent à travers les orages de la vie que tu remporteras tes plus grandes victoires avec Dieu... *si* tu les traverses avec lui.

Un jour, quand les disciples de Jésus étaient sur la mer de Galilée, ils ont été pris dans une tempête si terrible qu'ils croyaient mourir. Mais le Seigneur a juste prononcé quelques paroles et, immédiatement, les vagues et le vent se sont calmés. Les disciples n'ont jamais oublié ça! Alors, quand ils ont dû affronter d'autres orages (la prison, les coups, les persécutions...), ils ont quand même continué à parler aux gens de Jésus. Pourquoi? Parce qu'ils savaient qu'il était plus fort que n'importe quelle tempête de la vie (Actes 5.40-42). Et grâce à eux, beaucoup ont donné leur vie à Jésus pour le suivre.

Si tu traverses une tempête tellement grosse que tu ne peux pas tenir le coup tout(e) seul(e), demande au Seigneur de t'aider. Apporte-lui tes peurs, tes blessures, tes soucis et ta tristesse. Laisse-le calmer ta tempête, puis laisse-le t'utiliser pour parler de lui aux autres.

Seigneur Jésus, parfois, la peur remplit mon cœur. Mais je veux te faire confiance, car tu m'aideras à traverser n'importe quelle tempête et tu me garderas. Amen.

AUJOURD'HUI, AVEC JÉSUS... TRAVERSE AVEC LUI LES ORAGES DE LA VIE.

16 décembre

RESTE PRÈS DE LUI

C'est par lui que toute personne qui croit est libérée de toutes les fautes dont vous ne pouviez pas être libérés par la loi.
Actes 13.39

Le péché n'est pas juste un problème; c'est un *très gros* problème. Il se glisse dans ta vie, met la pagaille dans tes pensées et te pousse à faire de mauvais choix. Mais Dieu savait que tu ne pourrais pas gagner la bataille contre le péché par tes propres forces. Alors il a envoyé Jésus pour qu'il remporte la victoire à ta place.

Pourtant... ce n'est pas parce que tu appartiens à Jésus que tu ne pèches plus jamais. Mais si tu restes près de lui jour après jour, il t'aide à ne pas pécher. Avant tout, sois honnête avec lui. Parle-lui des péchés qui reviennent tout le temps dans ta vie, et demande-lui de t'aider à t'en débarrasser. Reconnais que ce sont vraiment de mauvaises choses; ne cherche pas d'excuses et ne fais pas comme s'il n'y avait aucun problème. Ensuite, demande au Seigneur de te montrer comment penser et vivre d'une manière qui lui plaise.

Reste près de lui – en priant, en lisant sa Parole et en lui obéissant – et il t'aidera à rester loin du péché.

Seigneur, aide-moi à rester près de toi et à m'éloigner du péché. Amen.

AUJOURD'HUI, AVEC JÉSUS...
RESTE PRÈS DE LUI.

17 décembre

SURPRISE...

Pourquoi être abattue, mon âme, et gémir en moi?
Espère en Dieu, car je le louerai encore!
Psaume 42.6

Surprise! Ouah, tu ne t'attendais *vraiment* pas à ça! Et maintenant, tu as l'impression que ton cœur va exploser. Si c'est une bonne surprise et si ton cœur déborde de joie, tu es peut-être un peu secoué(e), mais tout va bien. Par contre, si c'est une mauvaise surprise, et si ton cœur est rempli de sentiments de colère, de douleur ou de tristesse, la blessure peut être profonde et te faire mal pendant longtemps.

Face à une surprise désagréable (que ce soit une mauvaise nouvelle, la trahison d'un(e) ami(e) ou des mots qui font mal), tu as un choix à faire: tu peux laisser exploser tes émotions *ou*... courir te réfugier en Dieu. Car cette mauvaise surprise pourra servir à ton bien si tu lui permets de l'utiliser pour t'attirer plus près de lui.

Alors, mets-toi à genoux, ouvre ta Bible, demande au Seigneur de te montrer ce que tu dois faire et ce qu'il veut t'apprendre dans cette situation. Ensuite, crois qu'il te tient dans sa main, puis laisse-le te consoler.

Mon Dieu, aide-moi à regarder à toi chaque jour,
et surtout quand j'ai des mauvaises surprises. Amen.

AUJOURD'HUI, AVEC JÉSUS... DEMANDE-LUI DE T'AIDER À MAÎTRISER TES ÉMOTIONS.

18 décembre

CROIS LA VÉRITÉ

...vous connaîtrez la vérité, et la vérité vous rendra libres.
Jean 8.32

Encore une fois, Satan aime mentir, et une des choses qu'il préfère, c'est de te faire croire que tu n'es pas assez bien, que tu n'es pas digne, pas capable et que personne ne t'aime. Il sait que s'il peut t'écraser avec ce genre de pensées, te faire croire ces mensonges, tu ne feras pas l'expérience de la puissance, de l'amour et de la liberté pour lesquels Dieu t'a créé(e). Alors n'écoute pas le diable.

Au contraire, écoute bien cette vérité: tu es un(e) enfant de Dieu, créé(e) par lui avec amour, racheté(e) par le sang de Jésus et habité(e) par le Saint-Esprit qui vit dans ton cœur. Dieu t'aime d'un amour infini, il te rend capable de faire tout ce qu'il te demande, et tu as de la valeur à ses yeux.

Voilà la vérité! Et la Bible nous la rappelle bien souvent. Alors, si tu commences à en douter, c'est que tu es train d'écouter un des mensonges de Satan. Crois ce que *Dieu* dit à ton sujet. Son avis est le seul qui compte.

Père, montre-moi les mensonges du diable, et aide-moi à voir qui je suis vraiment à tes yeux. Amen.

AUJOURD'HUI, AVEC JÉSUS... LIS TA BIBLE, ET DÉCOUVRE QUI TU ES VRAIMENT AUX YEUX DE DIEU.

19 décembre

FAIS DU BIEN À TES ENNEMIS

Aimez vos ennemis, faites du bien à ceux qui vous détestent, (...) priez pour ceux qui vous maltraitent.
Luc 6.27-28

Est-ce que, parfois, quand tu vis quelque chose de difficile, tu as l'impression que quelqu'un que tu connais rend la situation encore plus dure pour toi? Non seulement cette personne ne t'aide pas, mais en plus, on dirait qu'elle est contre toi. Par exemple, quelqu'un à l'école s'en est pris à toi et, au lieu de te défendre, une personne que tu considérais comme ton ami(e) s'est mise elle aussi à dire des choses méchantes sur toi! Qu'est-ce que tu fais dans ces cas-là?

Jésus savait que tu rencontrerais ce genre de personnes dans la vie. Et il te demande de les aimer. Pourquoi? Parce que lui les aime.

Tu ne peux pas changer ceux qui te font du mal; par contre, tu peux choisir ta manière de réagir envers eux (Luc 23.34). Jésus te demande de les traiter avec amour, pour qu'ils puissent apprendre à le connaître à travers toi. Alors, prie pour eux et fais-leur du bien. Par là, tu leur montreras qui est Jésus.

Seigneur, aide-moi à aimer chacun avec ton amour,
même mes ennemis, pour qu'ils puissent
apprendre à te connaître. Amen.

AUJOURD'HUI, AVEC JÉSUS...
FAIS DU BIEN À TES ENNEMIS.

20 décembre

DIS OUI QUAND MÊME

«Je suis la servante du Seigneur.
Que ta parole s'accomplisse pour moi!»
Luc 1.38

Si, quand Jésus te demande quelque chose, tu lui obéis, tu peux savoir qu'il te bénira. Et, souvent, ceux qui t'entourent seront bénis aussi.

Pense à l'histoire de Marie: l'ange Gabriel lui est apparu et lui a dit: «Voici que tu seras enceinte. Tu mettras au monde un fils et tu lui donneras le nom de Jésus» (Luc 1.31). Mais Marie était encore toute jeune. Et elle savait que les gens ne comprendraient pas ou ne croiraient pas ce que Dieu lui demandait: avoir un bébé alors qu'elle n'était pas encore mariée. Pourtant, elle a obéi, et grâce à ça, le monde entier a été béni par la venue du Sauveur.

Marie savait que ce chemin d'obéissance ne serait pas facile. Mais elle a quand même dit oui. Elle n'a pas remis en question le plan de Dieu ni essayé de trouver une autre solution. Elle lui a simplement fait confiance et a obéi. Et c'est aussi ce que Dieu attend de toi. Alors, ne doute pas et ne cherche pas un chemin plus facile. Fais-lui simplement confiance, et obéis, peu importe ce qu'il te demande.

Mon Dieu, aide-moi à te faire entièrement confiance
pour t'obéir, même quand c'est difficile. Amen.

AUJOURD'HUI, AVEC JÉSUS...
SOIS PRÊT(E) À LUI OBÉIR.

21 décembre

LA LUMIÈRE DU MONDE

Mais pour vous qui craignez mon nom le soleil de justice se lèvera, et la guérison sera dans ses rayons.
Malachie 3.20

Noël est une magnifique occasion de te rappeler pourquoi Jésus est venu. Ton Sauveur est venu faire briller sa lumière dans la nuit de ton péché. Il est venu pour que tu puisses être pardonné(e), guérir et retrouver la paix. Mais sa lumière n'est pas là seulement pour te montrer tes péchés. Elle dévoile aussi les peurs, les blessures et les fausses manières de penser qui te poussent à pécher.

Comment est-ce que Jésus t'éclaire? Par la Parole de Dieu. Si tu la lis et lui demandes de t'aider à la comprendre par le Saint-Esprit, il te montrera ce qui t'éloigne de lui et te pousse à pécher (Hébreux 4.12). Par exemple, tu te rendras peut-être compte que tu ne veux pas pardonner à quelqu'un, que tu as un mauvais comportement dans certaines situations ou que tu te mets facilement en colère.

Alors, cette année, à Noël, demande à Jésus d'éclairer ton cœur et tes pensées pour te montrer ce qui doit changer. Ensuite, remercie-le pour le merveilleux cadeau de son amour et de sa lumière.

Seigneur Jésus, fais briller la lumière de ta vérité dans mon cœur et mes pensées. Montre-moi ce qui doit changer. Amen.

AUJOURD'HUI, AVEC JÉSUS... LAISSE-TOI ÉCLAIRER PAR SA LUMIÈRE.

22 décembre

JÉSUS, TON GRAND-PRÊTRE

En effet, nous n'avons pas un grand-prêtre incapable de compatir à nos faiblesses; au contraire, il a été tenté en tout point comme nous, mais sans commettre de péché.
Hébreux 4.15

Quand tu rencontres un problème, tu as parfois du mal à savoir à qui en parler. Tu te demandes qui pourra te comprendre vraiment, qui saura quoi faire, qui sera prêt à t'aider... Dans l'Ancien Testament, quand les gens avaient besoin d'aide, ils allaient voir les prêtres, qui leur parlaient de la part de Dieu et essayaient de les aider à comprendre sa volonté. Mais ils n'étaient que des hommes et, parfois, ils se trompaient.

Quand Jésus est venu sur la terre, il est devenu un grand-prêtre différent de tous les autres. Car *il est Dieu*. Il connaît tout, donc il te comprend parfaitement et sait exactement comment t'aider. Puis, comme il est tout-puissant, il peut te donner exactement ce dont tu as besoin. Et son amour est infini, donc il est toujours prêt à t'aider.

Alors, dans les moments difficiles ou quand tout se passe bien, tourne-toi vers Jésus. Tu le trouveras. Et tu découvriras aussi sa sagesse, sa bonté, sa puissance et son amour.

Seigneur Jésus, merci parce que je peux toujours me tourner vers toi. Amen.

AUJOURD'HUI, AVEC JÉSUS...
TOURNE-TOI VERS LUI.

23 décembre

UN MEILLEUR PLAN

Mais, lorsque le moment est vraiment venu,
Dieu a envoyé son Fils.
Galates 4.4

Qu'est-ce que tu attends avec impatience, à l'approche de Noël? Les chocolats? La fête? Les cadeaux? Il y a tellement de choses que tu aimes bien pendant cette période, mais la plus belle de toutes est déjà là: c'est Jésus, ton Sauveur!

A l'époque, Jésus n'est pas venu au moment où les gens l'attendaient ni de la manière qu'ils imaginaient. Ils pensaient que le Sauveur viendrait comme un conquérant pour les libérer de leurs ennemis. Mais ce n'est pas ce qui s'est passé. Ils croyaient aussi qu'il viendrait comme un roi grand et puissant et gouvernerait la nation d'Israël sur la terre, mais il est venu sous la forme d'un nouveau-né, couché dans une mangeoire.

Les Israélites avaient un plan pour la venue de leur Sauveur, mais Dieu en avait un autre, bien meilleur. Il n'a pas envoyé son Fils pour sauver un pays, mais pour sauver des âmes. N'oublie pas: toi aussi, tu as peut-être un plan, mais Dieu en a un bien meilleur. Alors fais-lui confiance et obéis-lui.

Mon Dieu, je veux te faire confiance et croire que tes plans sont toujours meilleurs que les miens. Amen.

AUJOURD'HUI, AVEC JÉSUS...
AIE CONFIANCE EN SON PLAN PARFAIT.

24 décembre

PRINCE DE PAIX

«Gloire à Dieu dans les lieux très hauts, paix sur la terre et bienveillance parmi les hommes!»
Luc 2.14

Noël est une période où tout le monde est occupé: il y a des tas de spectacles, des fêtes, les cadeaux à acheter ou à préparer... Mais tout ça peut être aussi bien stressant.

Les anges qui sont venus annoncer la naissance de Jésus aux bergers ont aussi annoncé la paix aux hommes. Pourtant, ces jours-ci, la paix n'est peut-être pas du tout ce que tu ressens. Alors, quand toute l'agitation qui entoure Noël te fatigue et te dépasse, arrête-toi un moment et respire profondément. Puis, rappelle-toi que Jésus veut te donner sa paix et qu'il a la puissance de le faire, même au milieu du stress de cette fin d'année (Jean 14.27).

Quand tes journées ressemblent à un tourbillon d'activités, souviens-toi qu'il reste maître de la situation (Psaume 103.19). Cherche à lui obéir, et crois qu'il te donnera la paix dont tu as besoin. Il ne t'abandonnera jamais et ne te laissera jamais tomber. Ne l'oublie pas! Il est toujours prêt à t'aider et est tout-puissant (Psaume 46.2).

Seigneur Jésus, merci d'être mon Prince de paix.
Tu remplis mon cœur d'une joie qui dure toujours. Amen.

AUJOURD'HUI, AVEC JÉSUS...
LAISSE-LE TE DONNER SA PAIX.

25 décembre

SON CADEAU POUR TOI

La vierge sera enceinte, elle mettra au monde un fils et on l'appellera Emmanuel, ce qui signifie «Dieu avec nous».
Matthieu 1.23

Aujourd'hui, puisque c'est Noël, pense à cette merveilleuse réalité: le Seigneur, le créateur de toute chose, qui règne sur l'univers entier, est devenu homme, et il a marché dans la poussière de cette terre pour savoir ce que tu vis au quotidien (Hébreux 2.17).

Dans Philippiens 2.7-8, tu peux lire: «...mais il s'est dépouillé lui-même en prenant une condition de serviteur, en devenant semblable aux êtres humains. Reconnu comme un simple homme, il s'est humilié lui-même en faisant preuve d'obéissance jusqu'à la mort, même la mort sur la croix.» Voilà combien Jésus t'aime! Et ce n'est pas tout: Dieu a envoyé son Saint-Esprit pour qu'il habite dans ton cœur, te guide et te console.

Tu as reçu le plus beau cadeau qu'on puisse imaginer: un Sauveur qui t'aime, qui te comprend et qui t'aide à chaque instant. Tu n'es jamais seul(e) et jamais sans défense. Dieu lui-même est toujours avec toi. Alors, remercie-le pour ce cadeau extraordinaire!

Mon Dieu, merci pour ton Saint-Esprit qui est un merveilleux cadeau. Amen.

AUJOURD'HUI, AVEC JÉSUS... REMERCIE-LE POUR SON CADEAU EXTRAORDINAIRE.

26 décembre

L'AMITIÉ

Un ami véritable est plus loyal qu'un frère.
Proverbes 18.24 (BFC)

Jésus veut être ton meilleur et ton plus grand ami, mais il veut aussi que tu puisses vivre de belles et solides amitiés avec les gens qui t'entourent. Quand tu te sens seul(e), tourne-toi vers lui en premier, mais ensuite, va voir les personnes qu'il a placées autour de toi pour t'aider.

Les amitiés avec des personnes qui aiment le Seigneur et qui t'aident à l'aimer toujours mieux font partie des plus belles choses de la vie. Alors, quand tu te sens seul(e), quand tu es contrarié(e) par quelque chose ou quand tu as envie de tout abandonner, va vers tes ami(e)s. Dieu te les a donné(e)s pour ça. Les amis sont là pour s'aimer, pour passer de bons moments ensemble, pour rire et se réjouir ensemble et pour s'aider dans les moments difficiles.

Dieu n'a jamais voulu que tu te débrouilles tout(e) seul(e) dans la vie. Alors, va vers les autres, fais-toi des ami(e)s, puis remercie-le pour ces amitiés!

Père, s'il te plaît, place autour de moi des ami(e)s qui t'aiment et qui m'aideront à t'aimer toujours mieux. Puis, aide-moi à être pour eux (elles) l'ami(e) que tu veux que je sois. Amen.

AUJOURD'HUI, AVEC JÉSUS… CHERCHE DES AMIS QUI AIMENT DIEU.

27 décembre

IL CONNAÎT TES PEURS

Qui de vous peut, par ses inquiétudes,
ajouter un instant à la durée de sa vie?
Luc 12.25

Est-ce que tu as peur de l'avenir? Là, alors qu'une nouvelle année va commencer, est-ce que tu t'inquiètes en pensant à ce qui pourrait arriver? Est-ce que tu te demandes si ça va bien se passer à l'école avec les autres, si tu vas avoir des bonnes notes, si tes parents vont pouvoir garder leur travail ou si tu vas rester en bonne santé?

Les soucis peuvent te stresser, te décourager et te voler ta force. Mais ce qui est sûr, c'est qu'ils ne peuvent *rien* faire pour t'aider! Alors, au lieu de te tracasser, parle à Jésus. Lui seul peut te protéger, venir à ton aide dans les difficultés et te remplir de sa paix.

Dis-lui ce qui te préoccupe, car il comprend tes peurs. Pourquoi? Parce que, quand il était sur la terre, il a été un être humain comme toi. Il veut t'attirer plus près de lui et t'aider dans tout ce qui te fait peur. Il ne t'abandonnera pas un seul instant. Bien sûr, tu rencontreras toujours des problèmes et tu auras toujours des moments difficiles à traverser, mais aussi longtemps que tu restes près de lui, il prendra soin de toi et s'occupera de tout pour toi.

Seigneur Jésus, s'il te plaît, chasse de mon cœur l'inquiétude et la peur. Aide-moi à te faire confiance. Amen.

AUJOURD'HUI, AVEC JÉSUS... PENSE À LUI AU LIEU DE PENSER À CE QUI TE FAIT PEUR.

28 décembre

TOUJOURS BIENVENU(E)

Approchons-nous donc avec assurance du trône de la grâce afin d'obtenir compassion et de trouver grâce pour être secourus au moment opportun.

Hébreux 4.16

Comme tu es encore un(e) enfant, il y a certains endroits où tu n'as pas le droit d'entrer, en tout cas pas si tu es seul(e): par exemple la salle des profs, le bureau où travaille ta maman, peut-être même le garage de ton père… Mais en tant qu'*enfant de Dieu*, il y a un endroit où tu es toujours bienvenu(e): près de lui.

Même quand tu as péché, ton Père céleste veut que tu viennes à lui. Reconnais devant lui ce que tu as fait, et il te pardonnera entièrement. Tu n'auras plus besoin d'avoir honte. Mais fais attention au diable, car il aime que tu sois écrasé(e) par le poids de la honte et que tu n'oses plus revenir à Dieu, comme c'est arrivé à Adam et Eve (Genèse 3.10). Et plus il arrive à tourner tes regards vers cette honte, plus il réussit à t'éloigner du Seigneur. Pourtant, ton Père céleste est toujours prêt à te pardonner. Il te veut tout près de lui, peu importe ce que tu as fait et ce que tu ressens (Psaume 34.19). Alors, reviens à lui! Il t'attend pour te prendre dans ses bras d'amour et te pardonner.

Père, merci parce que tu pardonnes mes péchés et que je peux toujours m'approcher de toi. Amen.

AUJOURD'HUI, AVEC JÉSUS… RAPPELLE-TOI QUE TU ES TOUJOURS BIENVENU(E) AUPRÈS DE LUI.

29 décembre

QUAND C'EST PERDU D'AVANCE

«Levez-vous, car l'Eternel a livré le camp de Madian entre vos mains.»
Juges 7.15

Gédéon se trouvait devant le plus grand défi de sa vie: il devait aller combattre une immense armée de Madianites avec seulement 300 hommes. Mais Dieu était de son côté, et il est venu à son aide d'une manière extraordinaire.

Alors que Gédéon espionnait le camp ennemi, il avait vraiment peur. Mais, à un moment, il a entendu deux soldats parler d'un rêve que l'un d'eux avait fait. Ce rêve montrait que Dieu allait donner la victoire à Gédéon, et les soldats étaient terrifiés. Gédéon, au contraire, était très encouragé, et il a remercié Dieu. Sa peur a laissé la place au courage, parce qu'il a compris que son Dieu avait déjà vaincu ses ennemis. Il n'avait plus qu'à attendre et à regarder ce qu'il allait faire.

Quand tu as l'impression que tout est perdu d'avance, rappelle-toi que Dieu ne te laisse pas seul(e) dans tes combats. Il a déjà préparé un «plan de sauvetage». Alors loue-le, et laisse-le chasser la peur de ton cœur et te remplir de courage et de force.

Seigneur, je veux te faire confiance, même quand j'ai l'impression que tout est perdu. Je sais que tu vas m'aider. Amen.

**AUJOURD'HUI, AVEC JÉSUS...
LAISSE-LE TE REMPLIR DE COURAGE.**

30 décembre

CROIS QU'IL VA T'AIDER

Tu me fais connaître le sentier de la vie; il y a d'abondantes joies dans ta présence, un bonheur éternel à ta droite.

Psaume 16.11

Est-ce que, quand tu penses à la nouvelle année, il y a des choses que tu as hâte de vivre? Et est-ce qu'il y a des choses qui, au contraire, te font peur? Ou est-ce que Dieu te demande quelque chose qui te semble impossible? Peut-être qu'il s'agit d'aider quelqu'un qui en a besoin, de rendre des services dans ton église ou bien de parler de Jésus justement à un(e) élève de ta classe qui est méchant(e) avec toi.

Alors rappelle-toi ceci: toi, tu ne vois peut-être pas comment tu peux faire, mais Dieu, lui, le sait. Et il te donnera tout ce dont tu as besoin pour lui obéir.

Et en attendant, qu'est-ce que tu dois faire? Repense à toutes les fois où il est venu à ton secours jusqu'à aujourd'hui. Demande-lui de te guider, et prends le temps de lire sa Parole. Puis, remercie-le pour l'aide qu'il va t'envoyer.

Mon Dieu, parfois, ce que tu me demandes me paraît impossible, mais je crois que tu le rendras possible. Amen.

AUJOURD'HUI, AVEC JÉSUS...
CROIS QU'IL TE DONNERA LA FORCE D'OBÉIR.

31 décembre

ROI DES ROIS

Il portait sur son vêtement et sur sa cuisse un nom écrit: «Roi des rois et Seigneur des seigneurs».
Apocalypse 19.16

Aujourd'hui, c'est le dernier jour de l'année. Quand tu repenses à tout ce qui s'est passé ces douze derniers mois, est-ce que tu peux dire que ta vie a changé? De quelle manière est-ce que Dieu t'a fait du bien? Quelles difficultés est-ce que tu as pu surmonter? Qu'est-ce qui t'a surpris(e)? Tu es encore jeune, mais tu t'es certainement rendu compte que la vie était pleine de changements.

Et peut-être que ça t'inquiète. Peut-être que tu te fais du souci par rapport à ton avenir. Mais voilà une vérité qui te redonnera courage et espoir: *Dieu, lui, ne change jamais.* Il reste fidèle et est toujours avec toi. Il n'arrête jamais de t'aimer et est maître de n'importe quelle situation. Aucun problème n'est trop difficile pour lui. Peu importe ce que tu dois traverser cette année, il sera assez puissant pour t'aider et aura toujours la solution.

Rappelle-toi que celui qui est Roi des rois est aussi celui qui est toujours avec toi. Et ça ne changera jamais. Alors, réjouis-toi!

Mon Dieu, merci d'être toujours avec moi. S'il te plaît, aide-moi à mieux te connaître pendant cette nouvelle année. Amen.

AUJOURD'HUI, AVEC JÉSUS... DEMANDE-LUI DE T'AIDER À MIEUX LE CONNAÎTRE.

Au sujet de l'auteur

Charles Stanley a été pasteur de la *First Baptist Church* à Atlanta pendant plus de 40 ans. Il est aussi l'auteur d'une soixantaine de livres, dont *Cherchez et trouvez la paix*, et le fondateur de l'organisation *In Touch Ministries.* Ses émissions sont retransmises dans le monde entier par plus de 1200 radios et 130 chaînes de télévision et dans plus de 50 langues différentes. En outre, le journal gratuit *In Touch* est traduit en quatre langues et imprimé à plus de 20 millions d'exemplaires chaque année.

Le verset d'Actes 20.24 résume particulièrement bien ce qui motive le Dr Stanley:

Mais ma propre vie ne compte pas à mes yeux;
ce qui m'importe, c'est d'aller jusqu'au bout de ma mission
et d'achever la tâche que m'a confiée le Seigneur Jésus:
proclamer la Bonne Nouvelle de la grâce de Dieu. (BFC)

Car, comme il le dit souvent: «C'est la Parole de Dieu et l'œuvre de Dieu qui changent les vies.»

Pour noter ce que tu veux